本书得到国家自然科学基金（项目号：52278062）、教育部哲学社会科学研究后期资助项目（项目号：22JHQ080）、中央高校基本科研业务费（项目号：2021WKZDJC015）的联合资助

四千年城市增长：历史人口普查

FOUR THOUSAND YEARS OF URBAN GROWTH: A HISTORICAL CENSUS

［美］特蒂斯·钱德勒　著

单卓然　袁满　黄亚平　彭翀　刘合林　译

中国建筑工业出版社

著作权合同登记图字：01-2022-5962 号
图书在版编目（CIP）数据

四千年城市增长：历史人口普查 /（美）特蒂斯·钱德勒著；单卓然等译 . —北京：中国建筑工业出版社，2023.12
书名原文：FOUR THOUSAND YEARS OF URBAN GROWTH: A HISTORICAL CENSUS
ISBN 978-7-112-27479-6

Ⅰ.①四… Ⅱ.①特…②单… Ⅲ.①人口—历史—研究—世界 Ⅳ.① C924.1

中国版本图书馆 CIP 数据核字（2022）第 105417 号

Four Thousand Years of Urban Growth：A Historical Census by Tertius Chandler

All rights reserved. No part of this publication may be reproduced or transmitted in any form or by any means，electronic or mechanical，including photocopying，recording or any information storage or retrieval system，without prior permission in writing from the publishers.

© Tertius Chandler，2013
Translation copyright © 2022 China Architecture & Building Press
This translation is published by arrangement with The Edwin Mellen Press.

责任编辑：黄翊　段宁
责任校对：王烨

四千年城市增长：历史人口普查
FOUR THOUSAND YEARS OF URBAN GROWTH: A HISTORICAL CENSUS
[美]特蒂斯·钱德勒　著
单卓然　袁满　黄亚平　彭翀　刘合林　译
*
中国建筑工业出版社出版、发行（北京海淀三里河路9号）
各地新华书店、建筑书店经销
北京雅盈中佳图文设计公司制版
北京中科印刷有限公司印刷
*
开本：787 毫米 ×1092 毫米　1/16　印张：30$\frac{1}{4}$　字数：693 千字
2023 年 12 月第一版　2023 年 12 月第一次印刷
定价：95.00 元
ISBN 978-7-112-27479-6
（39496）

版权所有　翻印必究
如有内容及印装质量问题，请联系本社读者服务中心退换
电话：（010）58337283　QQ：2885381756
（地址：北京海淀三里河路9号中国建筑工业出版社604室　邮政编码：100037）

主要翻译人员

单卓然　袁　满　黄亚平　彭　翀　刘合林

参译人员

夏洋辉　李鸿飞　贺晨静　徐　蕾　王兴娥
沈雪涵　刘承楷　潘浩澜　刘　彧　朱俊青
姜　浩　安月辉　林樱子　陈思宇　李月雯
尹智文　陈　丹　赵佩青　张馨月　薛慧元
何　易　周明智　盛心仪　邵佳慧　刘思杰
崔　澳　余春洪　陈玥迪　林慧珍　游丽霞
向采妮　曾紫依　谢泽霖

序

本书梳理了城市自起源以来的人口规模演化过程。它取代了我与吉拉尔德·福克斯（Gerald Fox）撰写的《三千年城市增长》（*Three Thousand Years of Urban Growth*）一书。

像《三千年城市增长》一样，本书也制作了大量表格，它们对应着不同的历史时期，彼此形成了数据间的对照。相较于我的前一部著作，本书依据更新的数据进行了大篇幅的改进和优化。

特蒂斯·钱德勒
写于美国伯克利，1986 年

致 谢

感谢吉尔伯特·罗兹曼（Gilbert Rozman）纠正了我对日本江户（Yedo）时期城市规模的过小推测。感谢埃勒·劳尔森（Elle Laursen）指出腓特烈西亚（Fredericia）是日德兰半岛的一座城镇，因此它并非哥本哈根（Gopenhagen）的郊区。感谢刘涵（Liu Han）证明了16世纪的呼和浩特（Kukukhoto）尚未形成规模庞大的城市，并指出该时期的南京（Nanking）人口数量比我想象的少。

特蒂斯·钱德勒

中文版序

城市是人类文明进化的伴生载体，是人类创造的最复杂、最高等的人造生命体。城市伴随着人类的文明不断发展与迭代，经历诞生、发展、兴盛、衰败、消亡、更新再生等"生命过程"。

反思人类逾五千年的城市文明史，虽各文明、各地区和各国的城市各具特色，然其共性规律却不容置疑。一直以来，城市学界都极为渴望以宏大叙事、全景视野观察世界城市之生长、发育与成熟过程，以把握城市生命规律，系统解构城市化的体系要素。只是因为历史城市资料之匮乏，各国数据统一之艰难，获取可信的城市历史人口数据，相对于城市物质空间留下的历史记印的可见性，尤为难中之难。因此，对于所有的城市学者，有一份可靠的城市人口数据，尤其是跨千年度、跨各文明的历史人口数据，也成为研考之珍宝。

得益于信息时代的高速发展，我们如今有能力将分散于世界各地的相关数据整理起来，建立全球城市大数据库，但系统性地梳理数千年时间跨度内的上万座城市人口信息，仍需要花费巨大的心力、人力、财力。

特蒂斯·钱德勒（Tertius Chandler）先生的著作《Four Thousand Years of Urban Growth: A Historical Census》正是推动上述复杂工程的珍贵支撑材料。他与合作者花费了30余年的心血，勾勒了人类城市历史文明发展的社会人口线条，立体地展示了人类文明进程中世界城市的人口在各时期的规模及其变化过程。自首次出版以来，原著的内容与数据在全球范围内获得了惊人的引用，足见其对多学科、多行业、多领域产生的广泛而深远的影响。

或许出于难度、强度、繁琐程度等诸多原因，该著作迄今未有中译版。我很高兴地看到，华中科技大学单卓然副教授等带领的译文团队，极有勇气地承接了这份艰难的工作，并在三年多的时间里不遗余力地开展翻译、研讨，对人口和地理信息反复校核。这份热忱与潜心的付出，让中国读者有幸以更亲切、更轻松的方式，来获得一笔世界城市研究的宝贵财富。

我相信，这部宏著的翻译出版将在我国城市研究及社会科学学界引起广泛关注，并以其可靠的历史数据服务于我国的城市学、历史学、政治学、经济学、人类学、地理学、城乡规划学等相关领域的学术研究、理论创新和科学普及。

是为序。

2022 虎年春节
于同济大学文远楼

译者序

城市是文明进步的重要标志。其在诞生以来的数千年时间里，孕育和荟萃了光辉灿烂的人类社会进化硕果，并伴随生产力提高而发展成熟。因此，全球史范畴内的城市史研究，是演绎长时段人类文明历程的重要工具，是辨析洲际、国家间城市兴衰更替的依据，更是启迪当代世界城市网络建构的明鉴。

古今各时期的城市规模及其变化是城市史研究的重要领域，国际通用"城市人口"与"城市面积"等衡量指标。鉴于"规模增长"在一定程度上表征了城市文明传播与扩张的历史进程，因此人口与面积是公认的考察世界城市化规律的基础要素。全景式地梳理历史时期的城市人口或面积演化，时空跨度极大，被认为是几乎不可能完成的任务。其中最具挑战的，莫过于核定年代如此久远的数据。与当今开放、多元、便捷的数据获取渠道不同，历史时期的人口资料轻则匮乏，重则缺漏，而且分散不成体系。由此，研究者不得不依据纷乱浩繁的零碎信息，"合理地"推算城市规模。正如詹姆斯·E. 万斯（James E. Vance）在原著第二版的导言中所说，"公元18世纪末以前鲜有人口普查，'估测'在任何数据校正中均承担主导作用。"城市规模推测中的种种困难，无疑大幅度地推高了工作强度与难度，并使得前途未知，进而"劝退"了世界各地"野心勃勃"的科学家们。

美国历史学家特蒂斯·钱德勒的著作《四千年城市增长：历史人口普查》，填补了全球史范畴内城市规模研究的空白。这项持续了近半个世纪的卓越成就，以大量数据表格的形式，展现了横跨欧洲、美洲、亚洲、非洲大陆，纵跨公元前3100年至公元1975年的城市人口演进图谱，囊括了"四大洲主要城市的人口规模""城市人口规模的估测依据""各历史时期，世界上人口最多的城市"三篇主体内容。此外，钱德勒先生详细地阐述了人口数据的来源及估测方法，例如对倍增系数的解释，又如运用面积（城墙围合等）、制度（军事、宗教、商业、纳税等）、本地生活（报纸、旅馆、面包及稻谷、澡堂、茶和白酒等）、灾害（战争、鼠疫）等途径估测人口的步骤。这份惊人的信息财富，如刘易斯·芒福德（Lewis Mumford）先生所评，"建立在钱德勒近乎狂热的信念之上"。

阅读及钻研该部作品，不必"吹毛求疵"于某座城市在特定历史时期人口规模的绝对准确，那是钱德勒先生在艰苦信息条件下作出的较合理的推测——并非言之凿凿的官方报表。相较于截面式的个案研究，对本书更加有效的应用需要由更广博的史观支配，即理解城市的崛起或收缩，不应局限于"国家史"框架，更应树立跨国视野、进化认识和系统结构性思维。同时，如能辅以世界范围内的民族史、政治史、军事史、战争史等知识体系，将会更加深刻地领悟全球城市发展的脉络、跌宕与趋势。

本书是原著第二版（1987年，The Edwin Mellen Press出版）的译著，翻译过程历时近四年，极为不易。挑战的来源，一是许多古代城市的名字几乎无法直译，它们很少被"译名手册"及汉语文献提及；二是众多古代城市即使在外文语境也难觅"踪迹"；三是原著中含有大量备注、批注，它们往往是钱德勒先生对文献观点或历史数据的评论，呈现出鲜明的口语化、个性式特点；四是不同国度、时期、历史文化背景下的有关计量单位（如长度单位、面积单位、货币单位等），往往具有地方表述和显著差异，等等。为攻克难题，翻译团队先后花费数个月开展了若干国家（及地区）的相关分析研讨，搜集并梳理了一批论文、典籍、网站甚至绘画和影像资料；五是，由于部分城市在世界范围内存在英文重名的现象，一个字母的差别或许会导致指向的骤然改变，因而工作组竭尽所能地还原钱德勒先生的本意。少量城市有多个中译版本，我们将"普及""常用"视为筛选原则。

全书由单卓然、夏洋辉、李鸿飞、沈雪涵校核统稿，具体翻译工作分工如下：前言（单卓然、袁满）、数据源及统计方法（单卓然）、第1章（李鸿飞、刘承楷、安月辉译，夏洋辉、单卓然、刘彧、袁满、沈雪涵、张馨月校）、第2章（李鸿飞、王兴娥、贺晨静、徐蕾、刘承楷、潘浩澜、单卓然、林樱子、陈思宇、李月雯、尹智文、陈丹、赵佩青译，彭翀、刘合林、夏洋辉、黄亚平、刘思杰、崔澳、余春洪、张馨月、游丽霞、向采妮、曾紫依、谢泽霖、姜浩、林慧珍校）、第3章（贺晨静、李鸿飞、王兴娥、徐蕾、夏洋辉、刘承楷、潘浩澜、刘彧译，单卓然、袁满、黄亚平、朱俊青、陈玥迪校）、附表1（夏洋辉、刘承楷、潘浩澜、刘彧译，单卓然校）、附表2（夏洋辉、刘承楷、潘浩澜、刘彧译，单卓然校）、索引列表（薛慧元、何易、周明智、盛心仪、邵佳慧）。

译著并未囊括原文的全部内容。例如，原著对国家边界的绘制并不精细，加大了重绘及地图审查工作的复杂性。鉴于1975年至今，一些国家和地区疆域已改变或尚存领土争议，译文团队选择规避，仅以城市的形式进行表述。此外，钱德勒先生对已消失或"下落"陌生的城市进行了位置描述，但多与图件关联，本版译著暂缓处理。对上述内容有兴趣的读者，可参考原著插图，我们力争在修订版中适当补充。

中国城市是世界城市体系的重要组成。中国城市规模在岁月长河中的增减，既是其兴替的关键佐证，又是古老而持续的中华文明与世界各国、各民族文明交流、交手、交融的生动映射。洞悉四千余年星球大地上的城市人口变迁规律，对迈入新时代的中国特色社会主义及人类命运共同体意识下的中华民族伟大复兴，都将大有裨益。

原著虽已出版三十余年，但至今仍被世界各国专家学者广泛引用。本书作为全球首部中文版译本，饱含了翻译团队对已故的特蒂斯·钱德勒先生的不懈努力及其非凡成就的敬佩，凝聚了中国学者及研究人员付出的巨大心血，终得以出版。是为译者序。

单卓然

2021年12月

shanzhuoran@hust.edu.cn

译者特别说明

为了真实地遵从钱德勒先生的原著语义、便于读者理解，此处对译著中的部分情况作出特别说明。

凡是表格中绘制了"下划线"的数据，表明其源于钱德勒先生与福克斯先生的共同估测。据钱德勒先生表示，这种做法是金斯利·戴维斯（Kinsley Davis）教授提议的。表格中的"—"符号说明原著此处无任何数字或文字批注（绝大多数情况如此）。

书中大量城市的人口规模过万，且不少估测值采用多个"0"取整。但是，译著中并未普遍采用"万"这个数量单位，主要原因是尊重原著的表达方式，避免因四舍五入、保留小数点后有效数字等做法带来对数据的人为修改。

第2章（即"城市人口规模的估测依据"）的"2.2—2.5"部分中几乎每一个表格都从属于一座城市（被置于城市名称下方），用来展示该城市在各历史时期的人口规模及推算依据。由于不少城市在数千年时光中几经更名，因此钱德勒先生在原著的部分城市名称后作了说明，例如"纳亚（现为蒂比里）"，这无疑是"贴心"且"严谨"的举动。然而多数时候，钱德勒先生的备注方式并不统一，选择备注的城市并不全面，城市的多项历史称谓也非枚举。"它们"更像是钱德勒先生在开展复杂研究期间所作的"工作提示"，而不是他希望传递给读者的正式讯息。考虑到本书版面的简洁及一致性，翻译团队仅翻译了城市的一个名称，即原著若干备注里距今最近的那一个。

不能回避的一个事实是，部分城市在历史的不同时期隶属于不同国家（本质是部分国家的领土疆域发生变化）。原著中的城市隶属关系，可能源于参考文献的表述摘录，也可能反映了钱德勒先生对当时历史情况的推断，因此可能与现代认知有所差别。本书中的表述仅作为原著译文，不代表译著团队及个人的政治立场。此外，部分专家提议在原著基础上增补近万座城市现在的地址与发展情况、历史上哪段时期兴盛以及如今是否荒废等信息列表。我们盼望在拥有了更加翔实的史料和更充足的人力后，推进这项有意义的工作。

此外，受制于历史数据收集的局限性，原著的部分城市人口规模估测结果可能与其他领域学者的研究成果略有出入（这是不可避免的）。读者可基于多源渠道的数据开展比照、校验，本书的数据汇编仅供参考。

前 言

城市，无论纵观历史还是反观当下，都是人类最伟大的艺术品。本书正是讲述了这件艺术品的历史。

特蒂斯·钱德勒先生收集了特定城市的人口数据，这些数据经推测或估算得来。公元18世纪末以前，由于鲜有人口普查，因此在过去的两个世纪里，"估测"在任何校正数据的过程中都承担主导作用。一些人对早期数据吹毛求疵或存有异议，认为它们是错误的、不可信的、与其他估测矛盾，或认为它们"未经检验"。但正如钱德勒阐明，当缺乏更"好"或更加"经得起推敲"的数据时，同时期的推测数据具备相当高的价值。这些推测由那些在特定时期到访过实地的人们得出，或依据其他同时期资料进行过重新计算。只有缺乏思想的人才会奢望年代如此久远的人口报告像现阶段清点人数一般精确。但是，我们不会因那些无足轻重的抱怨而舍弃好奇心（虽然客观上些人希望如此）。钱德勒坚信，在给出来源并指出证据的情况下，具备独立思维的人们应能很好地运用这些数据。

同样观察一条挂毯，有的人只会盯着针缝和孔隙，而有的人则会退一步以视全图，避免因局部瑕疵而否定整体益处。我赞同整体观而非局部意识。在人们可能产生的有关城市演进的诸多疑惑里，我会聚焦于某些非常实用的问题，比如，不同历史时期，哪个地区的城市数量最多，哪个地区的城市人口规模最大？钱德勒的著作编制了许多表格来协助回答这些问题。这些表格的内容不仅针对一个地区或一个案例，而是贯穿了城市发展的历史长河并且遍及全世界。阅读本书还能帮助读者了解到：历史上的多数城市一直是形态学意义上相对简单的独立实体。它们或是被城墙包围的一个整体单元，或是由一组紧密联系的单元组群集合而成（受城墙环绕），通常拥有等级鲜明的居住分区以及远郊的散居地带，呈现出环形的城市增长等共性特点。现如今，城市的复杂性成为全球现象，既有工业化生产下的跨越式发展（欧洲与北美洲地区），也有细胞分裂般的城市扩张（拉丁美洲、非洲和部分亚洲欠发达地区）。

人口增长是欠发达地区的城市重要特征，墨西哥城、开罗等地尤为显著，拉丁美洲、撒哈拉沙漠以南的非洲地区、南亚和东南亚地区的多数首都城市亦有类似表现。上述过程孕育的一个普遍认识是，城市一直"产生自"乡村，并与乡村发展相互依存，例如克里斯塔勒（Walter Christaller）的"中心地理论"即建立在"城市与乡村的相互依存"思想之上。但是，钱德勒的数据显示，农村生产力格局很难充分地解释中世纪城市的区位分布和人口规模等级。同样的证据还表现在：近十年间，许多欠发达地区出现爆发式的城市人口增长，但这不能代表农村生产力也以同等力度提高（事实上，诸多情况可能证明结论恰好相反）。

城市和乡村，似乎数千年来有着相当不同的社会和经济组织模式，它们无疑会相互影响，但城市发展对农村生产力的依赖并非固定的、恒久不变的绝对真理。相反，乡村一直为城市补给年轻人群。这一方面源自农村经济发展的不充分，导致大量乡村人口到城市寻求不稳定庇护所；另一方面源于城市愈发健康与活力的发展状况，吸引越来越多的年轻乡村劳动力，进而推动了统计学意义上的城市人口增长。但是，自20世纪初以来，城乡之间的依存关系已经减弱。现如今，乡村人口向城市的涌入正在塑造一类新兴城市和一种新型的城乡依存关系。

本书中，钱德勒透过多种渠道、付出多年劳动而积累的这笔信息财富，帮助读者加深对全球城市发展脉络的理解。他证明，一本富含图表的著作，既能解答许多读者的疑惑，还能引发我们思考，即在四千余年的历史长河中，城市曾经有什么，曾经意味着什么？正如刘易斯·芒福德在本书第一版的前言中指出，"历史城市研究最严重的缺陷之一，就是缺乏面积、密度、人口数量等方面的详细数据，""凡是追求光鲜学术成就的学者，都会对全心投入此类毫无把握的探索而犹豫不决……值得庆幸的是，钱德勒先生汇集了完成冗长枯燥、困难重重且结果未知工作的不可或缺的品质。那就是，他对于数据的热忱、对探究根源的坚持不懈的毅力、抱着努力终有收获的近乎狂热的信念，这些珍贵品质支撑他献身此项工作超过三十年"。距芒福德发表此言已逾十载，但钱德勒至今仍在继续着他近半个世纪的工作，它悄无声息却贡献极大。正是钱德勒先生执着而无私的努力，让我们比以往任何时期都更加了解历史上的城市，我们都应对他怀揣感激。

詹姆斯·E. 万斯

目 录

序 ··· IV
致谢 ·· V
中文版序 ··· VI
译者序 ·· VII
译者特别说明 ·· IX
前言 ··· X

数据源及统计方法 ·· 001
第 1 章　四大洲主要城市的人口规模 ··· 010
  1.1　欧洲城市的人口规模 ·· 010
    1.1.1　公元 800 年，规模大于 1.5 万人的欧洲城市 ···················· 010
    1.1.2　公元 1000 年，规模大于 1.5 万人的欧洲城市 ·················· 010
    1.1.3　公元 1200 年，规模大于 1.5 万人的欧洲城市 ·················· 011
    1.1.4　公元 1300 年，人口最多的百座欧洲城市 ······················· 012
    1.1.5　公元 1400 年，人口最多的百座欧洲城市 ······················· 013
    1.1.6　公元 1500 年，人口最多的百座欧洲城市 ······················· 014
    1.1.7　公元 1600 年，人口最多的百座欧洲城市 ······················· 015
    1.1.8　公元 1700 年，人口最多的百座欧洲城市 ······················· 016
    1.1.9　公元 1750 年，人口最多的百座欧洲城市 ······················· 017
    1.1.10　公元 1800 年，人口最多的百座欧洲城市 ······················ 018
    1.1.11　公元 1850 年，人口最多（含郊区人口在内）的百座欧洲城市 ········· 019
    1.1.12　公元 1700 年，规模大于 2 万人的欧洲城市 ·················· 020
    1.1.13　公元 1750 年，规模大于 2 万人的欧洲城市 ·················· 020
    1.1.14　公元 1800 年，规模大于 2 万人的欧洲城市 ·················· 021
    1.1.15　公元 1850 年，人口规模排在百名之外的欧洲城市 ········ 021
  1.2　美洲城市的人口规模 ·· 024
    1.2.1　公元 800 年，美洲主要城市及人口规模 ························ 024

1.2.2　公元 1000 年，美洲主要城市及人口规模 …………………………………… 024
　　　1.2.3　公元 1200 年，美洲主要城市及人口规模 …………………………………… 024
　　　1.2.4　公元 1300 年，美洲主要城市及人口规模 …………………………………… 024
　　　1.2.5　公元 1400 年，美洲主要城市及人口规模 …………………………………… 024
　　　1.2.6　公元 1500 年，美洲主要城市及人口规模 …………………………………… 024
　　　1.2.7　公元 1600 年，美洲主要城市及人口规模 …………………………………… 025
　　　1.2.8　公元 1700 年，美洲主要城市及人口规模 …………………………………… 025
　　　1.2.9　公元 1750 年，美洲主要城市及人口规模 …………………………………… 025
　　　1.2.10　公元 1775 年，美洲主要城市及人口规模 ………………………………… 025
　　　1.2.11　公元 1800 年，美洲主要城市及人口规模 ………………………………… 026
　　　1.2.12　公元 1800 年，美洲主要城市及人口规模 ………………………………… 026
　　　1.2.13　公元 1800 年，规模大于 1.8 万人（含郊区人口在内）的美洲城市 …… 027
　　　1.2.14　公元 1850 年，规模大于 4 万人（含郊区人口在内）的美洲城市 ……… 028
　　　1.2.15　公元 1850 年，规模为 2 万—4 万人的美洲城市 ………………………… 028
　　　1.2.16　公元 1861 年，规模大于 1.8 万人的美洲城市 …………………………… 029
　1.3　非洲城市的人口规模 ……………………………………………………………… 029
　　　1.3.1　公元 800 年，非洲主要城市及人口规模 …………………………………… 029
　　　1.3.2　公元 1000 年，非洲主要城市及人口规模 …………………………………… 029
　　　1.3.3　公元 1200 年，非洲主要城市及人口规模 …………………………………… 030
　　　1.3.4　公元 1300 年，非洲主要城市及人口规模 …………………………………… 030
　　　1.3.5　公元 1400 年，非洲主要城市及人口规模 …………………………………… 030
　　　1.3.6　公元 1500 年，非洲主要城市及人口规模 …………………………………… 031
　　　1.3.7　公元 1600 年，非洲主要城市及人口规模 …………………………………… 031
　　　1.3.8　公元 1700 年，非洲主要城市及人口规模 …………………………………… 032
　　　1.3.9　公元 1750 年，非洲主要城市及人口规模 …………………………………… 032
　　　1.3.10　公元 1800 年，非洲主要城市及人口规模 ………………………………… 032
　　　1.3.11　公元 1850 年，非洲主要城市及人口规模 ………………………………… 033
　　　1.3.12　公元 1850 年人口规模为 2 万—4 万人的非洲城市 ……………………… 033
　1.4　亚洲城市的人口规模 ……………………………………………………………… 034
　　　1.4.1　公元 800 年，规模大于 4 万人的亚洲城市 ………………………………… 034
　　　1.4.2　公元 1000 年，规模大于 4 万人的亚洲城市 ………………………………… 034
　　　1.4.3　公元 1200 年，规模大于 4 万人的亚洲城市 ………………………………… 035
　　　1.4.4　公元 1300 年，规模大于 4 万人的亚洲城市 ………………………………… 035
　　　1.4.5　公元 1400 年，规模大于 4 万人的亚洲城市 ………………………………… 036

1.4.6　公元 1500 年，规模大于 4 万人的亚洲城市 036
1.4.7　公元 1600 年，规模大于 4 万人的亚洲城市 037
1.4.8　公元 1700 年，规模大于 4 万人的亚洲城市 038
1.4.9　公元 1750 年，规模大于 4 万人的亚洲城市 039
1.4.10　公元 1800 年，人口最多的百座亚洲城市 040
1.4.11　公元 1850 年，人口最多的百座亚洲城市 040
1.4.12　公元 1850 年，人口规模排在百名之后的亚洲城市 041

第 2 章　城市人口规模的估测依据 045
2.1　公元 800 年前的城市人口规模估测依据 045
2.2　公元 800—1850 年，欧洲城市的人口规模估测依据 051
2.3　公元 800—1850 年，美洲城市的人口规模估测依据 147
2.4　公元 800—1850 年，非洲城市的人口规模估测依据 164
2.5　公元 800—1850 年，亚洲城市的人口规模估测依据 190

第 3 章　各历史时期，世界上人口最多的城市 290
3.1　公元前 2250—公元 1975 年，世界上人口最多的城市 290
3.2　公元 1400—1875 年，世界上人口最多的百座城市 341
3.3　公元前 1360—公元 1975 年，世界上人口最多的 8 座~12 座城市 352
3.4　公元前 3100 年以来，世界上人口最多的城市 354
3.5　公元 800—1975 年，各大洲人口最多的 2 座~6 座城市 355
3.6　公元前 1360—公元 1975 年，世界上人口最多的 5 座~7 座城市 362
3.7　公元前 1360—公元 1968 年，世界上人口最多
（含郊区人口在内）的 7 座~12 座城市 366
3.8　公元前 430—公元 1975 年，世界上人口最多的 10 座~16 座城市 369
3.9　公元 1650—1975 年，世界上人口最多的 15 座城市 371
3.10　公元 1575—1975 年，世界上人口最多的 40 座城市 373
3.11　公元 1825—1900 年，世界上人口最多（含郊区人口在内）的 60 座城市 376
3.12　公元 622—1900 年，世界上人口最多的 30 座城市 379
3.13　公元 900—1950 年，欧洲人口最多的 19 座~30 座城市 381
3.14　公元 900—1950 年，南美洲人口最多的 10 座城市 386
3.15　公元 900—1950 年，美洲人口最多的 10 座城市 387
3.16　城市规模首次超过 10 万人的历史时期 388
3.17　公元 100—1970 年，各国城市规模的此消彼长 391

3.18　公元 1400—1975 年，世界上人口规模前 40 位的城市 …………………… 392
　　3.19　主要历史时期，西亚城市的人口规模 …………………………………… 398

附表 ………………………………………………………………………………… 401
参考文献 …………………………………………………………………………… 405
部分国家、地区及城市名称索引 ………………………………………………… 443

数据源及统计方法

迄今为止，许多城市的历史人口数据都是明显不正确的。由于很少开展人口普查，因此，城市人口数据主要依赖随机观察者（多数是旅行者）作出的随意推测。此类零散的、偶然的数据，对系统地理解全球城市史是远远不够的。任何对重大历史事件或历史脉络的研究，都需要掌握更加全面的信息，以便知晓有多少人经历其中。

准确的城市人口数量不可能简单地获取，即便它们客观存在。长期以来，大量研究人员对历史时期的城市人口开展过估测，很多成果都被正式发表。但即使如此，目前人类储备的相关数据也只能支离破碎地揭示小部分城市的人口状况及其发展历史。

为了尽可能地填补空缺，本书一方面试图收集任何可以获得的、看似可信的世界主要城市人口普查的相关数据，另一方面开发了各种从贫乏数据中估测人口规模的方法。

此项工作建立在我与吉拉尔德·福克斯持有的"公元 1400 年后世界主要城市的人口数据"之上。"国际人口和城市研究"（IPUR）的金斯利·戴维斯教授负责筹措资金。我在堆叠于美国加州大学的浩瀚资料中搜寻更多的数据。

本书应该更加准确地被描述为："由特蒂斯·钱德勒编纂、吉拉尔德·福克斯校对"。第一版中，除了后期补充的数据外，所有的数据都经过了两位作者的仔细研究、多次讨论，有时甚至需要我和福克斯经过更深入的图书资料研究才能达成一致。

本书数据覆盖的时间跨度最初设定为公元 1200—1800 年，而后又扩展至公元 800—1850 年。除了与福克斯的共同工作以外，我自己后期又作了更大程度的扩展，把数据覆盖的时间跨度延伸至公元前 2250 年（萨尔贡统治时期），并梳理了同时期的全球 75 座主要城市的人口数据。

凡是在表格中添加下划线的，都代表它是我与福克斯先生共同估测的数据。这种做法是金斯利·戴维斯教授提议的。

"城市"这个词汇，在本书中多指市区，它包括近郊区，但不包括区域内的农用地，因此是一个与"建设区域"紧密相关的概念。只有在公元 1962—1975 年的若干数据估测中，"城市"概念的地域尺度才被扩展（即包含了更多分散在外围的通勤地区），以适应汽车时代的变化。

公元 1962 年、1968 年、1980 年的部分数据由理查德·福斯特尔（Richard Forstall）、吉拉尔德·福克斯获准提供，前者任职于兰德·麦克纳利公司（Rand McNallay）。

数据源

我从一系列较易获得的数据源中，尽可能多地收集了人口数据。我并未特意地校对19世初的欧洲城市人口数据，所以结果可能存有一些小错误。数据的来源囊括了从权威发布的精深学术报告到各类旅行者日记等资料。"百科全书"被作为参考的首选材料。

其他数据信息多源自我与城市研究学者、图书馆长、档案管理员等的信息交换。这样的例子甚多，因此对每一个人作出单独感谢是不可能的，但上述学者在回答我的问题时都相当慷慨，对本书的成册作出了突出贡献。其中，来自城市图书馆的资料极为珍贵。排除极少发生的婉拒情况，全世界范围内的许多馆藏丰富的图书馆均在数据收集过程中发挥了重要作用。为获得更加全面的信息，我们努力地扩大了数据源范畴。其中，地名辞典和旅游指南经常提及城市的规模，宗教史料提供了每座教堂的落成时间，等等。

此项工作无法自称完整至极，有些专家可能会对个别城市的未提及材料格外了解，如果能够慷慨提供，我们将十分感谢。

统计方法

为了估测一座城市的人口规模，掌握两类极为关键的数据至关重要：一类是例如家庭数量、房屋数量、教区数量等统计数据，另一类是其对应的倍增系数。

极个别情况下，需要通过多元估测、比照核对等方式，来提高推算的准确性。给出一个简单的例子来解释估测过程：公元1514年的阿姆斯特丹，建有2507栋房屋、2907个灶台（或可将其转译为家庭单位）和9000名基督教徒（领受圣餐者）。这些数字共同指向了约14000的人口规模，最终该数据被本书采用了。另外一个例子，是公元932年的巴格达。在那个时期，医生、公共澡堂的数量、面积等都是有记录的，这些数据可互相支持、检验，可基于它们推测出一个超过100万的合理人口规模。

很多时候，诸如旅行日记等数据记录会夸大一座城市的人口数量。但有时也会遇到相反的情况，在海得拉巴（Hyderadad）的例子中，旅行者显然严重低估了这座城市的人口规模，估测误差达到了惊人的20000人。

有时，可以参照前后年份或周边城市的相关数据，推测特定历史时期的城市人口规模。以安尼华达（Anhilvada）为例，在公元1197年以前，除了城市周长和拥有的市场数量外，没有任何数据记录在册。公元1197年，有文献记载约15000名安尼华达居民被杀害，20000人被俘虏。其中，被杀害的人推测均为成年男性，故而城市人口总量约达15000的4倍。那么，在已知处于巅峰时期（公元1094—1143年）的安尼华达的城市面积的条件下（与公元996年面积相当），如何推测同时期的城市人口规模呢？我们可以比照与它邻近的城市艾哈迈达巴德（Ahmedabad），将"城市巅峰时期人口与面积的比例"作为固定参数，根据19世纪处于巅峰时期的艾哈迈达巴德人口数量（125000人），估测出公元1000年前后安尼华达约有100000人。

本书偶尔会基于长时段人口数量的连续变化趋势，估测特定时期城市人口的增减量，但一般仅用于人口长期稳定增长的情况下。推算早期日本京都的人口规模就是一个例子，并且过程中总是会调用历史资料来支撑我的判断。

总量估测

此项研究中，仅有有限的例子可以直接获得普查数据。如果这些普查是准确的，那么它们就是理想的数据，但是即使在现代，它们的准确性仍然经常存疑。最常见的错误是简单地低估了人口数量。出现这种错误主要源自两方面原因：①普查工作常常是由效率各异的当地官员主导；②公众经常对开展人口普查的目的产生怀疑并因此采取不合作态度（如部分国家的民众质疑人口普查目的是政府用于拟定服军役人员名单，并且定位所有纳税人）。

另一种在人口普查时常出的错误，是对一类或多类人群的遗漏。即使是勤勉的卡尔·朱利叶斯·贝洛赫（Karl Julius Beloch），在统计意大利公民数据时也承认部分人群未能纳入。例如，公元1757年对马德里（Madrid）的人口普查遗漏了神职人员和守卫；公元1433年对特鲁瓦（Troyes）的人口普查未包含穷人（这当然是一个相当大的数字）；公元1845年对伯南布哥（Pernambuco）的人口普查漏掉了奴隶。令人不可思议的还有公元1735年对欧鲁普雷图（Ouro Preto）的人口普查竟然只计算了奴隶数量！此外，极为常见的情况是遗漏了犹太人数量。

与前述遗漏情况形成鲜明对比的是乡村人口往往被包括在了普查数据中。这种情况，在意大利南部、西西里岛（Sicily）和墨西拿（Messina）很常见，这类地区的普查数据往往比真正的城市人口数量多出近三分之一。早期的人口普查不会提供乡村人口比例的信息，必须通过查找近期有人口详细分类的普查数据，或参照地图才能综合判定。

人口数据被夸大，有时源于统计时间的特殊性。比如，旅行者有时会在盛大的节日拜访某地，这使得被记载的人口规模偏大。尤其是从公元1600年开始，每个世纪末罗马教皇均按惯例举行大赦年祭典，致使世纪末的罗马人口普查规模非常庞大。

旅行者——由于缺乏必要设备——较难作出精确的人口估测。即使是当代的警务人员和训练有素的人口统计学家，在实施大规模人口推算时也存在困难。尽管如此，旅行者提供的数据通常来说是可靠的，因为他们记录人口数量的动机除了好奇心没有其他特殊目的。并且，他们获得的信息往往来源于消息灵通的当地居民甚至当地官员。

然而，也有带着特殊目的进行人口普查的臭名昭著的例子。公元1300年，根特（Ghent）的执政官被要求估测人口，以便帮助教皇确定被分配到城市里的神职人员数量。最终，市民人口的统计结果被篡改，只为能调拨更多神职人员。将当时的统计结果与现在的人口数量相比，凸显出神职人员的比例失调，因此显得十分可笑。

采用当代方法估测的人口规模，与我们在历史资料中获取的人口信息可能存在矛盾。例如，估测公元1798年拉博尔德（Laborde）的人口规模时，采用了公元1797年的人口普查结果。该方法虽普遍适用于同时期的城市人口推算，但却远远超出历史上任意时期西班牙城市的人口规模，如公元1236年的科尔多瓦（Cordova）人口规模、公元1000年的托莱多（Toledo）人口规模等。类似地，当弗兰卡（Franca）教授采用某种当代方法估测早期的里斯本（Lisbon）人口规模时，他承认结果与历史资料并不一致。

除此之外，个别搜寻到的历史数据还可能存在时间错位。比如某文献记载的公元1850年旧金山的人口为"34000人"，但经过认真核实，其实际反映的是公元1854年的旧金山人口规模。

另外一位需谨慎对待的数据提供者是曼里克先生（Manrique）。他对若开（Arakan）与阿格拉（Agra）两座城市人口规模的估测高得不可置信（相对其城市面积来看）。但如今已证实，在他记录的历史时期，这两座城市的人口规模确实如此。

众多的资料提供者中，有一位特别重要，他是一位旅行者，名叫利奥·阿非利加努斯（Leo Aficanus）。利奥游遍了大部分信仰伊斯兰教的非洲大陆城市。尤其是，他从撒哈拉（Sahara）南部游历至廷巴克图（Timbuktu），甚至到达过廷巴克图以外的地方。利奥拥有高贵的出身并接受过良好教育，他提供的各方面数据都值得信任。几个世纪以来，如此优质的数据源在任何类型的人口统计研究中都空前绝后。幸亏有他，公元1500年前后关于非洲城市人口的估测表格成了本书编撰的最佳内容之一。

面积

面积是确定城市人口数量的"利器"。有时，城市面积数据会标明数据源，但更多的时候，它需要通过城墙的周长和形态推算得出。需要注意的是，偶尔会有位于城墙之外的近郊区存在。对统计学家来说，幸运的是，除了英国的新兴工业城市外，近郊区的人口快速增长在公元1850年前尚未开始。

城墙的围合形状有所不同。如是正方形的城墙，将它的单边长度平方化，就可以轻易得到它的面积。对于圆形的来说，面积会比正方形时大四分之一。对于比例为4：1的长方形城墙来说，面积会比相同周长的正方形城墙小三分之一。一旦城市面积得以确定，人口数量即可通过人口密度来推测。大量证据表明，由于城内生活方式的连续性，几个世纪内的古代城市人口密度甚至可能没有大幅改变（改变现代生活的发明在公元1850年后才开始发挥它们的作用）。除英国和美国的部分城市外，公元1850年前后的世界多数城市均被城墙围绕，全部或几乎所有的人口都居住在其中。本书中，我编纂了表格，用来表示城墙周长从1英里至23英里时，城墙围合区域的面积。在此基础上，还编纂了另外一些表格，展示当人口密度分别为100人/公顷、150人/公顷、200人/公顷时，围合区域内的人口规模。

然而这里存在一个问题，即人口数量的增长通常意味着城市地理范围的扩大，但多数古代城市的城墙位置是固定的（常见的情景是，尽管城内的人口密度已达到拥挤的地步，老城墙的形态却仍保留其初建时的模样）。因此，偶尔会出现城墙在局部地区向外新增突出的情况，最终在老城墙外建成一堵新城墙。因此，老城墙内的人口密度往往会比新城墙内高得多。我把这个发现称为福克斯法则。在大量的例子中，面积可以通过周长数据推算得出，而新、旧城墙的周长数据一般均可获取，这就提供了扩张量的比率。我们已经习惯了将东方城市和大部分欧洲城市的人口密度标准化为 100 人 / 公顷（1 公顷等于 0.01 平方公里或是 1/259 平方英里），并将新城墙内的人口密度定义为 75 人 / 公顷。按此办法，我们推测出中世纪后期的热那亚（Genoa）是当时欧洲人口最密集的城市（人口密度约达 500 人 / 公顷），而公元 1750 年前的爱丁堡（Edinburgh）也有着类似的人口密度。这两座城市都被群山环绕，这可能是导致其人口密度高于常规水平的原因（在此背景下，城市内的建筑甚至可达 14 层之高）。

　　中国古代城市趋向于较低的人口密度。由于古代中国人不愿就寝于他人的下方位，所以他们的房屋几乎全都是一层的。因此，古代中国的内陆城市只有大概 75 人 / 公顷的人口密度。即使是都城或港口城市，也鲜有超过 100 人 / 公顷的情况。

　　尼科洛·达·康提（Niccolò de Conti）提供的城墙长度数据可能并不准确。经过与其他数据的比照，我们认为他记载的城墙长度值显然是过大的（尼科洛·达·康提的数据是其他数据的两倍之多）。所以，我将他提供的城墙长度减半再加以使用。

制度因素

　　家庭户数、房屋栋数、国民军 / 武装人员总量都是十分有用的人口规模数据源。与人口密度类似，单位房屋的人口数量可以看作家庭的倍增系数。大量事实证明，这种倍增系数随时间变化的幅度很小。

　　下面这个表格给出了特定历史时期，部分城市的单栋房屋平均人口数量。

　　需要指出的是，这里所说的"房屋"通常用来指代一个家庭或是一户。下表中，那些量值在 10~30 之间的数据往往指的是整幢建筑内的全部人口数量（不只一户家庭）。

　　各类文献中，经常出现男性国民军或武装人员的数量，这给估测打下了良好的基础。通常情况下，国民军的抽调比例约在六分之一，战争或灾难时期可能提高至五分之一。尽管有些人（例如神职人员）可以免除兵役，但犹太人的服兵役情况通常不会被遗漏。当一座城市长期处于免受威胁侵扰的状况时，它的参军率会大幅降低（但历史上拥有如此安稳状态的城市例子实在太少了）。此外，一座城市的外来驻兵对该地的数据统计影响很小。对人口学家来说，它们通常不具有统计价值。相比之下，选拔自市民的士兵是本地人口数量的坚实基础。以下是部分城市的例子。

　　基于上述数据分析，我们认为：将"6"作为城市人口规模与国民军 / 武装人员数量的倍增系数较为合适。

特定历史时期，部分城市的单栋房屋平均人口数量

城市名称	时期（年）	每栋"房屋"内的平均人口数量（人）
科尔多瓦	公元1000	4.5
热那亚	公元1460	15
马德里	公元1597	11
图尔	公元1598	15
布拉格	公元1605	30
华沙	公元1609	12
哈勒姆	公元1632	6.1
安特卫普	公元1645	5
列日	公元1650	6
圣地亚哥	公元1657	10
莱顿	公元1659	5
海牙	公元1732	5.5
阿斯特拉罕	公元1767	8
布鲁塞尔	公元1783	7
马德里	公元1787	11
科克	公元1800	8
布拉格	公元1810	25
波尔图	公元1810	4.5

在大部分亚洲地区和少数其他地区，军队中的骑兵通常驻守城内，步兵则往往从乡村人口中抽调。因此，首都的人口规模可用骑兵数量乘以6来大致推算。这里的"骑兵数量"也包括了驯马人、御车者和驯象人，一辆战车通常承载两人。在不少古代城市里，几乎所有身体健全的男性都会被编入骑兵中。例如，来自奥约（Oyo）的诸多难民回忆道，他们都来自拥有马匹的家庭。与驻守的军队不同，有些武装力量处于移动状态，比如奥朗则布（Aurangzeb）的大量武装营地（它们于公元1681—1707年不断在印度周边移动）。这部分人群很难被定义为城市人口，因为他们没有定居的意图。

或许是出于军事或税收方面的考虑，"成年男性"数量经常被作为一个统计项。例如，公元1336年的威尼斯（Venice）、公元1377年的约克（York）、公元1228年比萨（Pisa）分别将20—60岁的男性、14岁以上男性、15—70岁的全部居民纳入人口统计范畴。类似地，公元1403年的布雷斯劳（Breslau）对男性公民进行了单独统计。维也纳（Vienna）、法兰克福（Frankfurt）、伦敦（London）则单独统计了选民，他们可以大体等同于男性公民。

天主教会对不同性别的领受圣餐者都有记录。截至公元1672年，图尔（Tours）的此项纪录已持续了七年之久。公元1758年，里斯本将所有七岁以上的领受圣餐者均记载下来。基督教神职人员的数目由于各地区差异太大而不能作为令人满意的人口统计项。

商人及手工业者的群体数量通常只用来校核人口规模。但面包师是个例外，因为在欧洲的大部分城市人们都以面包为食，因此面包师的数量对人口估测十分有用。

有一点或许会令人感到惊讶：诸如教区、教堂、清真寺、修道院等宗教场所的数量，适宜作为人口测算依据。每个教区3000人的规模，对于大多信奉基督教的国家（或地区）来说都是适合的。对大清真寺（或星期五当天的清真寺）而言，9000人的容纳规模被大部分伊斯兰国家证明为可接受。然而，并非所有教堂或清真寺的数据都具有一致性。对某

部分城市的人口规模与国民军（武装人员）数量的倍增系数关系

城市名称	时期（年份）	国民军、武装人员数量（人）	城市人口总量（人）	倍增系数（人口规模/国民军数量）
克雷莫纳	公元1160	—	20000	6
	公元1259	5000	30000	6
	公元1304	6400	—	—
	公元1502	—	40000	—
里昂	公元1546	1800	12000	6.7
	公元1549	—	120000	—
巴黎	公元1313	50000	—	5.5
	公元1328	—	274000	—
科隆	公元1359	1500	—	26
	公元1400	—	40000	—
汉堡	公元1600	6600	40000	6
	公元1680	10260	60000	6
诺夫哥罗德	公元1471	10000	60000	6
杭州	公元1273	—	43200	6
	公元1350	7200	—	—

些富人自建的礼拜场所，我们采用了每个教区1250人、每座清真寺800人的倍增比例。在中世纪早期的印度城市人口估测中，我们认同"五人中有一名僧侣的比例"的估测方法。它基于跟·坎宁安（Gen. Cunningham）的估测，该比例在卡瑙季（Kanauj）和瓦拉纳西（Varanasi）获得了较高的契合度（数据显示：瓦拉纳西约有44000名公民，其中约有10000名僧侣）。对于投入使用的印度寺庙，一般的倍增比例为300~500人/寺庙。

纳税人数量通常与家庭数量相当。但也存在一些例外，如在西班牙的主要城市塞维利亚（Seville），一名纳税者往往供养着7~10人（与马德里类似），被供养的人中有很大比例的不交税官员、军人与神职人员。同时期规模较小的西班牙城市的供养比例则往往较低，例如哈恩（Jaén）为5，埃西哈（Ecija）为4。自由资本市场时期的俄罗斯城市有着另一番景象，莫斯科（Moscow）、普斯科夫（Pskov）和诺夫哥罗德（Novgorod）的纳税人供养比例约为1∶7，其他较小城市的比例通常是1∶5。

市场被证实是令人失望的人口统计项。许多城市均有市场数据，但它们与其他数据常不兼容，导致我们无法得出一个可靠的倍增系数。但在印度西部地区的部分城市，一座市场对应3000人的倍增系数还是值得相信的。

公元1325年，从非洲西部的马里（Mali）和杰内（Jenné）出发前往麦加朝圣的人口规模大约占城市总人口的1/5。所有能够出行的男性居民几乎都有朝拜的意愿。杰内的城市面积数据提供了一个核查人口规模的机会，证实了1/5比例的正确性。

对于巴比伦（Babylon），我们已知：几乎所有居民都是先前被带至此处的5000名妇女的后代，在这里我们假设妇女的规模是常量。在某一历史时期，巴比伦不足15岁的儿童数量占人口总量的40%，年龄大到无法生育的居民数量占总人口数量的10%。我们假设剩余的50%人口中，妇女比例达到1/2。因此，用"4"作为倍增系数，可以估测出20000

人的人口规模，它与巴比伦的城市面积及历史地位是匹配的。

本地生活

在一些案例中，如哈拉和林（Karakorum）、维也纳（Vienna），每日报刊的印刷量、销售量等均有数据记录在档。我在推测公元1250年前后的哈拉和林人口规模时调用了它们。幸运的是，这被其他多种方法证实是可行的。

客栈旅馆数量被证实在估测人口规模方面并不可靠。一部分原因可能是关于旅馆数量丰富的传言越来越多。

通过比照热那亚和比萨（Pisa）的文献数量，能够帮助我们有效确定公元1200年前后的比萨人口规模。

在意大利等地，面包的销售量是很好的人口估测参数。例如，公元1280年佛罗伦萨（Florence）比米兰（Milan）的面包销售量多出七分之三，这一记录在案的事实有助于推算公元1300年的城市人口规模。

公共澡堂的数量被证实对推测穆斯林城市规模很有效。大多数情况下，穆斯林学者认为"1000人/澡堂"是较通用的估测标准。

当一座城市成为或不再作为首都时，当地的活动往往会有显著变化。皇室的离开必定意味着数千人的迁居，导致当地人口的减少；相反地，王室的迁入将极有可能促进地方繁荣。上述两种变化一般都较为迅速，一座繁华都市可能在五年间就"突然"变得名不见经传。

商业活动数据可能很有用。在估测公元1700年广州、郝雷斯（Xérez）的人口规模时，茶和白酒的交易量起到了重要作用。

自然灾害

有一类信息令人不寒而栗，但对人口统计很有帮助，是在各类自然灾害中丧生的人数（比如瘟疫、火灾、地震或洪水）。被记载的丧生人数有时是可靠的，但往往需要其他方法辅助验证。

一座城市的衰败甚至毁灭过程，不管是自然灾害所为，还是人类战争导致，对人口统计学家来说都具有参考价值。某些处于灾害或战争中的城市，可能因为吸纳难民或扩充屯兵等原因，在特定时期内拥有更多的人口规模。尽管如此，人们仍习惯于将战争或灾害发生前的人口数量重复地记录成战争或灾害后的城市人口规模。

历史资料中有一个特例，讲述了20000名少女从肯帕德（Cambay）被带离囚禁的事件。为了确认肯帕德城市的人口规模，福克斯和我对于这项可叹的偶然事件展开了深入的讨论，同时也辅助其他证据。我们认为被带离的少女数量占到城市人口总量的一半。但之后，我把剩余人口的比例提高至三分之二，从而估测肯帕德的人口规模约为60000。

公元1347年爆发的鼠疫使欧洲和非洲北部近三分之一的人口死亡。克雷顿（Greighton）

指出，"大瘟疫"爆发（公元1625年）的两年之后，英国伦敦的人口生育率就完全恢复了。他由此推测，公元1347—1349年，即黑死病肆虐后的三年，伦敦的人口生育率也恢复了。我接受了他的观点，据此推测了黑死病暴发后的三年间，欧洲与北美城市的人口生育率的恢复过程。进而判断出，直至公元1350年，上述城市的人口数量仍未超过灾前的规模。

军队预备役的信息也有助于估测人口数量。广为人知的例子即公元1576年西班牙军队对安特卫普（Antwerp）的洗劫，导致了安特卫普城市经济的严重衰退。

"府"这个词汇，在古代中国的不同时期具有不同含义，所指对象及其地域范围有所差别。此外，一些文献夸大了古代中国部分城市的死亡人口数量。例如，公元1642年的开封、公元1862年的杭州都记载了过高的死亡规模，我们认为该数据很可能统计的是更大地域范围内的死亡人口数量。所以，对应时期的城市死亡人数必须被削减。如果可以同时获得更大地域范围内的人口数量及城市所占比例，那么便可以对照类似地区的数据，来推测城市人口规模。

比较等级

有时，我们依据具可比性的城市的人口规模进行数量推测。比如，本书中对公元1500年亚历山德里亚（Alexandria）的人口规模的估测，是基于一位旅行者将其与科隆（Cologne）开展的类比。又如，公元1600年的卡诺（Kano）恰巧与加奥城（Gao）情况类似，可互为对照。再如，有资料显示，公元1700年卢安果（Loango）的城市面积与鲁昂（Rouen）相当，但前者的屋均面积更小。基于此，再考虑与其他非洲西部城市的类比，我们成功地估测出其人口规模。

在某些情况下，我会将一座城市的人口规模赋予另一个城市，因为前者似乎接替了后者的历史角色。例如，公元800年前后，一位国王在玛雅的科潘（Copan）离开人世后，蒂卡尔（Tikal）似乎成了玛雅的新首都。因此，我将专家估测的蒂卡尔人口数据用于推算公元800年的科潘人口规模。

请允许我再提醒一次，本书给出的数据，不可能全部经得起严格、精确的推敲。为了获取历史上那些有依据的估测数据，我和福克斯在编纂本书第一版时，预先去到了任何可能获取微小信息的地方。事实上，我们有时会被诱惑着迈向更深层次的探究，比如，推断过去一个世纪以来，未受战争侵扰的城市的人口连续变化过程，但我们克制地"抵御了这种诱惑"。我希望本书第二版能够尽量接近心中的标准，我相信本书的大量结论为社会学、历史阐释等现实工作奠定了坚实的基础。

对于本书的任何部分，都欢迎各位读者指正。事实上我很希望能够得到一些修正意见！不过，目前还没有人敢于对第一版作出修编，除了吉尔伯特·罗曼兹（Gilbert Rozman）对于京都数据的极好的更正。

第 1 章
四大洲主要城市的人口规模

1.1 欧洲城市的人口规模

1.1.1 公元 800 年，规模大于 1.5 万人的欧洲城市

城市名称	人口规模（人）	城市名称	人口规模（人）
君士坦丁堡	250000	墨西拿	25000
科尔多瓦	160000	帕维亚	22000
罗马	50000	图尔	20000
萨罗尼加	40000	兰斯	20000
塞维利亚	35000	赫尔松	20000
普利斯卡	34000	雪城	接近 20000
维罗纳	30000	科林斯	接近 20000
梅里达	30000	马拉莫科	接近 20000
那不勒斯	30000	卡塔赫纳	15000—25000
贝内文托	接近 30000	科隆	15000
梅斯	25000	特里尔	15000
巴黎	25000	埃尔维拉	15000
米兰	25000	里斯本	15000
托莱多	25000		

1.1.2 公元 1000 年，规模大于 1.5 万人的欧洲城市

城市名称	人口规模（人）	城市名称	人口规模（人）
科尔多瓦	450000	米兰	30000
君士坦丁堡	300000	拉昂	25000
塞维利亚	90000	美因茨	25000
巴勒莫	75000	赫尔松	25000
基辅	45000	埃尔维拉	22000
威尼斯	45000	科隆	21000
奥赫里德	40000	巴黎	20000
萨罗尼加	40000	鲁昂	20000
阿尔梅里亚	35000	帕尔马（西班牙）	20000
阿玛尔菲	35000	维罗纳	20000
罗马	35000	特里尔	20000
卡塔赫纳	33000	普利斯卡	20000
托莱多	31000	普罗夫迪夫	20000
帕维亚	30000	赫雷斯	19000
那不勒斯	30000	穆尔西亚	19000

续表

城市名称	人口规模（人）	城市名称	人口规模（人）
诺夫哥罗德	18000	埃斯泰尔戈姆	15000
雷焦	17000	波兹南	15000
布尔戈斯	16000—19000	格涅兹诺	15000
巴达霍斯	16000	普瓦捷	15000
奥尔良	15000—20000	伦敦	15000
阿尔勒	15000—20000	里斯本	15000
沃尔姆斯	15000—20000	布拉格	15000
萨莱诺	15000—20000	雷根斯堡	15000
马格德堡	15000—20000	热那亚	15000
巴埃萨	15000—16000	克里莫纳	15000
罗斯基勒	15000		

1.1.3 公元1200年，规模大于1.5万人的欧洲城市

城市名称	人口规模（人）	城市名称	人口规模（人）
巴勒莫	150000	里昂	22000
君士坦丁堡	150000	布拉格	22000
塞维利亚	150000	不伦瑞克	21000
巴黎	110000	爱尔福特	21000
威尼斯	70000	巴伦西亚	21000
米兰	60000	特鲁瓦	20000
科尔多瓦	60000	普罗万	20000
格拉纳达	60000	马赛	20000
科隆	50000	贝济耶	20000
莱昂	40000	卢卡	20000
伦敦	40000	帕多瓦	20000
鲁昂	40000	布雷西亚	20000
墨西拿	35000	列日	20000
博洛尼亚	35000	普罗夫迪夫	20000
罗马	35000	昂热	20000
那不勒斯	35000	图尔	20000
斯摩棱斯克	35000	图卢兹	20000
特尔诺沃	35000	卡昂	20000
维罗纳	33000	皮亚琴察	19000
托莱多	32000	都柏林	19000
热那亚	30000	博尔加尔	18000—25000
比萨	30000	巴达霍斯	18000—21000
基辅	30000	马拉加	18000—21000
萨罗尼加	30000	费拉拉	18000
施派尔	30000	埃斯泰尔戈姆	18000
奥尔良	27000	弗拉基米尔	18000
奥恩特	25000	布尔戈斯	18000
布鲁日	25000	阿尔勒	17000
克里莫纳	25000	阿尔梅里亚	15000—18000
帕维亚	25000	锡耶纳	15000
诺夫哥罗德	25000	亚历山德里亚	15000
科英布拉	25000	佛罗伦萨	15000
普瓦捷	25000	皮斯托亚	15000
沃尔姆斯	25000	维也纳新城	15000
雷根斯堡	24000	索斯特	15000
梅斯	23000	萨拉戈萨	15000
帕尔马（西班牙）	23000	巴塞罗那	15000

城市名称	人口规模（人）	城市名称	人口规模（人）
赫雷斯	15000	塞克什白堡	15000
里斯本	15000	克拉科	15000
波尔多	15000	波兹南	15000
拉昂	15000	普里兹伦	15000
伊珀尔	15000	阿德里安堡	15000
纳博讷	15000	罗斯基勒	15000

1.1.4　公元1300年，人口最多的百座欧洲城市

城市名称	人口规模（人）	城市名称	人口规模（人）
巴黎	228000	彼尔姆	30000
威尼斯	110000	苏达克	30000
拔都萨莱	100000	马拉加	30000
君士坦丁堡	100000	巴塞罗那	30000
格拉纳达	90000	波尔多	30000
塞维利亚	90000	特维尔	27000
热那亚	85000	图尔	25000
米兰	60000	墨西拿	25000
佛罗伦萨	60000	比萨	25000
科隆	54000	列日	25000
鲁昂	50000	斯摩棱斯克	25000
布鲁日	50000	阿尔梅里亚	25000
萨罗尼加	50000	穆尔西亚	25000
伦敦	45000	莱昂	25000
根特	42000	帕尔马（西班牙）	25000
卡法	40000	诺里奇	25000
那不勒斯	40000	都柏林	25000
博洛尼亚	40000	雅典	25000
布拉格	40000	布雷西亚	24000
科尔多瓦	40000	美因茨	24000
帕多瓦	39000	费拉拉	23000
克里莫纳	38000	皮亚琴察	23000
巴伦西亚	37000	昂热	22000
奥尔良	36000	吕贝克	22000
维罗纳	36000	罗斯基勒	22000
图卢兹	35000	维也纳	21000
里昂	35000	亚琛	21000
巴勒莫	35000	锡耶纳	21000
蒙彼利埃	35000	布尔戈斯	21000
里斯本	35000	特鲁瓦	20000
特尔诺沃	35000	卡昂	20000
托莱多	33000	马赛	20000
梅斯	32000	阿拉斯	20000
弗拉基米尔	31000	圣奥梅尔	20000
普罗万	30000	沃尔姆斯	20000
纳博讷	30000	乌得勒支	20000
伊珀尔	30000	雷根斯堡	20000
罗马	30000	萨拉戈萨	20000
帕维亚	30000	普罗夫迪夫	20000
爱尔福特	30000	第戎	18000
施派尔	30000	不伦瑞克	18000
诺夫哥罗德	30000	卢卡	18000

续表

城市名称	人口规模（人）	城市名称	人口规模（人）
阿德里安堡	18000	哈恩	>15000
阿尔勒	17000	尼科西亚	>15000
肯普隆格	17000	兰斯	15000
斯特拉斯堡	16000	维斯比	15000
特拉卡	>15000	特里尔	15000
普斯科夫	>15000	马格德堡	15000
克里姆	>15000	布达	15000
曼图亚	>15000	伯根	15000

1.1.5 公元1400年，人口最多的百座欧洲城市

城市名称	人口规模（人）	城市名称	人口规模（人）
巴黎	280000	布尔戈斯	27000
威尼斯	110000	吕贝克	27000
布拉格	95000	奥格斯堡	27000
格拉纳达	90000	布鲁塞尔	26000
鲁昂	80000	布雷西亚	26000
米兰	80000	图尔	25000
卡法	75000	图卢兹	25000
君士坦丁堡	75000	梅斯	25000
根特	70000	斯摩棱斯克	25000
热那亚	66000	特尔戈维什特	25000
佛罗伦萨	61000	巴勒莫	25000
布鲁日	60000	费拉拉	25000
塞维利亚	60000	曼图亚	25000
里斯本	55000	阿尔梅里亚	25000
特拉卡	50000	维也纳	24000
伦敦	50000	皮亚琴察	24000
诺夫哥罗德	45000	列日	23000
巴伦西亚	45000	卢卡	23000
博洛尼亚	43000	汉堡	22000
萨洛尼卡	42000	库伯	22000
那不勒斯	40000	布雷斯劳	21000
科隆	40000	特鲁瓦	20000
巴塞罗那	36000	伊珀尔	20000
科尔多瓦	36000	马格德堡	20000
阿德里安堡	36000	维尔纳	20000
里昂	35000	布达	20000
维罗纳	35000	特维尔	20000
克里莫纳	35000	阿维尼翁	20000
雅典	35000	索非亚	20000
托莱多	34000	第戎	19000
罗马	33000	里尔	19000
帕多瓦	32000	瓦朗谢讷	19000
爱尔福特	32000	图尔奈	19000
罗斯基勒	31000	鲁汶	19000
奥尔良	30000	萨拉戈萨	19000
索耳得亚港	30000	布尔日	18000—19000
普斯科夫	30000	卡昂	18000
莫斯科	30000	斯特拉斯堡	18000
马拉加	30000	索斯特	18000
波尔多	30000	纽伦堡	18000

续表

城市名称	人口规模（人）	城市名称	人口规模（人）
克拉科	18000	乌得勒支	16000
尼科西亚	18000	不伦瑞克	16000
维琴察	17000—20000	锡耶纳	16000
蒙彼利埃	17000	普罗夫迪夫	16000
法兰克福	17000	雷根斯堡	15000
帕维亚	17000	施派尔	15000
帕尔马（意大利）	17000	哈勒姆	15000
加利波利	16000—20000	波尔图	15000
亚琛	16000—17000	墨西拿	15000
亚眠	16000	梅迪纳德尔坎波	15000

1.1.6　公元1500年，人口最多的百座欧洲城市

城市名称	人口规模（人）	城市名称	人口规模（人）
巴黎	185000	亚琛	18000
米兰	88000	瓦朗谢讷	18000
热那亚	62000	布拉格	70000
鲁昂	50000	贝尔格莱德	25000
里昂	40000	布达	23000
布尔日	32000	布雷斯劳	21000
马赛	30000	斯摩棱斯克	50000
奥尔良	28000	但泽	30000
图卢兹	25000	维尔纳	25000
卡昂	25000	克拉科	22000
皮亚琴察	25000	波兹南	20000
第戎	24000	苏恰瓦	33000
特鲁瓦	23000	莫斯科	80000
图尔	20000	普斯科夫	45000
迪耶普	20000	诺夫哥罗德	37000
波尔多	20000	君士坦丁堡	200000
蒙彼利埃	20000	阿德里安堡	127000
亚眠	20000	特尔戈维什特	50000
伦敦	50000	库伯	45000
爱丁堡	22000	萨洛尼卡	40000
罗斯基勒	27000	雅典	35000
威尼斯	115000	卡法	35000
那不勒斯	114000	普罗夫迪夫	29000
佛罗伦萨	70000	罗马	38000
博洛尼亚	55000	墨西拿	31000
布雷西亚	40000	帕多瓦	29000
克里莫纳	40000	曼图亚	26000
维罗纳	39000	卢卡	23000
巴勒莫	39000	锡耶纳	22000
费拉拉	38000	维琴察	19000
里尔	25000	帕尔马（意大利）	17000
斯特拉斯堡	22000	格拉纳达	70000
汉堡	22000	塞维利亚	46000
马格德堡	22000	巴伦西亚	40000
不伦瑞克	20000	巴利亚多利德	40000
斯海尔托亨博斯	19000	托莱多	35000
爱尔福特	18000	科尔多瓦	30000
不来梅	18000	巴塞罗那	29000

续表

城市名称	人口规模（人）	城市名称	人口规模（人）
赫雷斯	21000	纽伦堡	31000
梅迪纳德尔坎波	20000	布鲁塞尔	31000
萨拉戈萨	20000	梅斯	30000
哈恩	19000	吕贝克	29000
里斯本	55000	列日	25000
埃武拉	18000	巴切沙雷	25000
根特	80000	赛里斯	25000
布鲁日	60000	索非亚	22000
维也纳	40000	维丁	21000
科隆	38000	尼什	20000
安特卫普	37000	斯库塔里	19000
奥格斯堡	34000		

1.1.7 公元1600年，人口最多的百座欧洲城市

城市名称	人口规模（人）	城市名称	人口规模（人）
君士坦丁堡	700000	爱丁堡	35000
巴黎	245000	华沙	35000
那不勒斯	224000	巴塞罗那	35000
伦敦	187000	帕多瓦	34000
威尼斯	151000	布雷斯劳	33000
阿德里安堡	150000	雅典	33000
塞维利亚	126000	帕尔马（意大利）	33000
布拉格	110000	费拉拉	33000
米兰	107000	科尔多瓦	32000
巴勒莫	105000	曼图亚	31000
罗马	102000	皮亚琴察	31000
里斯本	100000	根特	31000
莫斯科	80000	图卢兹	30000
马德里	80000	里昂	30000
格拉纳达	68000	波尔多	30000
热那亚	65000	维也纳	30000
佛罗伦萨	65000	列日	30000
墨西拿	63000	莱切	30000
博洛尼亚	62000	里尔	30000
巴伦西亚	61000	卡法	30000
鲁昂	60000	索非亚	30000
布加勒斯特	60000	巴切沙雷	30000
托莱多	57000	汉堡	29000
维罗纳	54000	吕贝克	28000
库伯	50000	赛里斯	28000
萨洛尼卡	50000	布雷西亚	28000
但泽	49000	普罗夫迪夫	28000
安特卫普	49000	拉罗谢尔	27000
阿姆斯特丹	48000	塞戈维亚	26000
奥格斯堡	42000	萨拉戈萨	26000
巴利亚多利德	42000	克拉科	26000
维尔纳	40000	卡昂	25000
贝尔格莱德	40000	南特	25000
科隆	37000	哈勒姆	25000
克里莫纳	37000	斯特拉斯堡	25000
马赛	36000	哥尼斯堡	25000

续表

城市名称	人口规模（人）	城市名称	人口规模（人）
布鲁塞尔	25000	马格德堡	23000
布鲁日	25000	帕尔马（意大利）	23000
哈恩	25000	都灵	23000
哥本哈根	25000	赫雷斯	21000
波兹南	25000	不来梅	21000
萨拉热窝	25000	阿维尼翁	21000
布达	25000	维琴察	21000
特鲁瓦	24000	图尔	20000
第戎	24000	昂热	20000
都柏林	24000	蒙托邦	20000
莱顿	24000	巴埃萨	20000
纽伦堡	24000	特尔戈维什特	20000
萨拉曼卡	24000	慕尼黑	20000
卢卡	24000	斯摩棱斯克	>15000

1.1.8 公元1700年，人口最多的百座欧洲城市

城市名称	人口规模（人）	城市名称	人口规模（人）
君士坦丁堡	700000	斯德哥尔摩	48000
伦敦	550000	布拉格	48000
巴黎	530000	墨西拿	45000
阿姆斯特丹	210000	都灵	43000
那不勒斯	207000	巴塞罗那	43000
里斯本	188000	南特	40000
威尼斯	144000	波尔多	40000
罗马	138000	布雷斯劳	40000
巴勒莫	124000	维尔纳	40000
莫斯科	114000	贝尔格莱德	40000
米兰	113000	萨洛尼卡	40000
维也纳	105000	巴伦西亚	40000
马德里	105000	土伦	39000
里昂	97000	图卢兹	38000
阿德里安堡	85000	奥尔良	37000
都柏林	80000	哥尼斯堡	37000
塞维利亚	80000	科隆	37000
马赛	75000	帕多瓦	37000
布鲁塞尔	70000	卡昂	35000
佛罗伦萨	68000	爱丁堡	35000
热那亚	67000	列日	35000
安特卫普	67000	法兰克福	35000
鲁昂	63000	帕尔马（意大利）	35000
汉堡	63000	布鲁日	35000
博洛尼亚	63000	格拉纳达	35000
哥本哈根	62000	第戎	34000
莱顿	56000	图尔	33000
里尔	55000	亚眠	32000
鹿特丹	55000	皮亚琴察	31000
但泽	50000	克拉科	30000
布加勒斯特	50000	索非亚	30000
维罗纳	50000	马拉加	30000
根特	49000	诺里奇	29000
哈勒姆	48000	萨拉戈萨	29000

续表

城市名称	人口规模（人）	城市名称	人口规模（人）
梅斯	28000	阿尔勒	24000
斯特拉斯堡	27000	慕尼黑	24000
科尔多瓦	27000	美因茨	24000
普罗夫迪夫	27000	瓦莱塔	24000
费拉拉	27000	西里斯特拉	24000
赛里斯	27000	圣马洛	23000
海牙	26000	昂热	23000
奥格斯堡	26000	艾克斯	23000
柏林	26000	多德雷赫特	23000
路斯契克	26000	克里莫纳	23000
布里斯托尔	25000	阿维尼翁	23000
纽卡斯尔	25000	波尔图	23000
米德尔堡	25000	卡法	23000
卡迪斯	25000	不来梅	22000
穆尔西亚	25000	卢卡	22000
托莱多	25000	帕维亚	22000

1.1.9 公元1750年，人口最多的百座欧洲城市

城市名称	人口规模（人）	城市名称	人口规模（人）
伦敦	676000	爱丁堡	55000
君士坦丁堡	625000	布鲁塞尔	55000
巴黎	556000	巴塞罗那	55000
那不勒斯	310000	哥尼斯堡	52000
阿姆斯特丹	219000	都灵	52000
里斯本	213000	布雷斯劳	51000
维也纳	169000	维罗纳	49000
威尼斯	158000	斯特拉斯堡	47000
莫斯科	146000	但泽	47000
罗马	146000	科克	46000
都柏林	125000	布里斯托尔	45000
柏林	113000	萨洛尼卡	45000
里昂	111000	格拉纳达	45000
巴勒莫	111000	科隆	44000
米兰	110000	安特卫普	43000
马德里	110000	图卢兹	42000
阿德里安堡	82000	鹿特丹	42000
哥本哈根	79000	帕多瓦	40000
佛罗伦萨	74000	巴伦西亚	40000
圣彼得堡	74000	南特	39000
汉堡	72000	哈勒姆	38000
热那亚	72000	法兰克福	38000
马赛	71000	卡塔赫纳	38000
塞维利亚	68000	列日	37000
鲁昂	67000	诺里奇	36000
博洛尼亚	66000	莱顿	36000
里尔	62000	海牙	36000
波尔多	61000	马拉加	36000
德累斯顿	60000	根特	35000
斯德哥尔摩	60000	萨拉戈萨	35000
卡迪斯	60000	凡尔赛	34000
布拉格	58000	图拉	34000

续表

城市名称	人口规模（人）	城市名称	人口规模（人）
帕尔马（意大利）	34000	纽卡斯尔	29000
穆尔西亚	33000	墨西拿	29000
卡昂	32000	奥格斯堡	28000
奥尔良	32000	赛里斯	28000
波尔图	32000	卡法	28000
卡卢加	32000	土伦	27000
梅斯	31000	布鲁日	27000
尼姆	31000	曼图亚	27000
第戎	31000	瓦莱塔	27000
里窝那	31000	路斯契克	27000
慕尼黑	30000	雷恩	26000
莱比锡	30000	卡塔尼亚	26000
贝尔格莱德	30000	华沙	26000
普罗夫迪夫	30000	布雷西亚	25000
费拉拉	30000	伦贝格	25000
皮亚琴察	30000	帕尔马（西班牙）	25000
亚眠	29000	布加勒斯特	25000
蒙彼利埃	29000	阿维尼翁	24000
南锡	29000		

1.1.10　公元1800年，人口最多的百座欧洲城市

城市名称	人口规模（人）	城市名称	人口规模（人）
伦敦	861000	布拉格	77000
君士坦丁堡	570000	利物浦	76000
巴黎	547000	华沙	75000
那不勒斯	430000	伯明翰（英）	71000
莫斯科	248000	南特	70000
里斯本	237000	波尔图	67000
维也纳	231000	布鲁塞尔	66000
圣彼得堡	220000	布里斯托尔	66000
阿姆斯特丹	195000	博洛尼亚	66000
马德里	182000	弗罗茨瓦夫	64000
柏林	172000	萨洛尼卡	62000
都柏林	165000	德累斯顿	61000
威尼斯	146000	佛罗伦萨	61000
罗马	142000	鹿特丹	60000
巴勒莫	135000	巴伦西亚	60000
米兰	122000	都灵	57000
汉堡	117000	里尔	55000
巴塞罗那	113000	维罗纳	55000
里昂	111000	萨拉戈萨	55000
哥本哈根	100000	布达佩斯	54000
塞维利亚	96000	安特卫普	53000
波尔多	92000	科克	53000
卡迪斯	87000	哥尼斯堡	53000
格拉斯哥	84000	格拉纳达	53000
马赛	83000	里窝那	52000
爱丁堡	82000	根特	51000
曼彻斯特	81000	利兹	51000
鲁昂	80000	热那亚	49000
阿德里安堡（埃迪尔内）	80000	马拉加	49000

续表

城市名称	人口规模（人）	城市名称	人口规模（人）
慕尼黑	48000	诺里奇	36000
卡塔尼亚	48000	亚眠	35000
斯特拉斯堡	46000	瓦莱塔	35000
索非亚	46000	布加勒斯特	35000
帕多瓦	45000	马格德堡	34000
图卢兹	44000	帕尔马（意大利）	33000
谢菲尔德	44000	奥尔良	32000
穆尔西亚	44000	赫尔	32000
普利茅斯	42000	蒙彼利埃	31000
法兰克福	42000	布鲁日	31000
伦贝格	42000	莱顿	31000
科隆	41000	不伦瑞克	31000
但泽	41000	莱比锡	31000
朴茨茅斯	40000	巴斯	31000
列日	39000	帕尔马（西班牙）	31000
尼姆	37000	亚尼纳	30000
梅斯	37000	普罗夫迪夫	30000
海牙	37000	卡昂	29000
墨西拿	37000	利默里克	29000
纽卡斯尔	36000	卡塔赫纳	29000

1.1.11　公元1850年，人口最多（含郊区人口在内）的百座欧洲城市

城市名称	人口规模（人）	城市名称	人口规模（人）
伦敦	2320000	波尔多	142000
巴黎	1314000	谢菲尔德	141000
君士坦丁堡	785000	威尼斯	141000
圣彼得堡	502000	马赛	139000
柏林	446000	哥本哈根	135000
维也纳	426000	都灵	125000
利物浦	425000	塞维利亚	117000
曼彻斯特	416000	布拉格	117000
那不勒斯	413000	慕尼黑	115000
莫斯科	373000	布雷斯劳	115000
格拉斯哥	345000	伍尔弗汉普顿	114000
伯明翰	294000	鹿特丹	111000
都柏林	263000	纽卡斯尔	110000
里斯本	262000	热那亚	110000
阿姆斯特丹	225000	根特	108000
里昂	220000	佛罗伦萨	107000
马德里	216000	鲁昂	104000
布鲁塞尔	210000	安特卫普	103000
汉堡	194000	普利茅斯	100000
爱丁堡	191000	巴伦西亚	100000
利兹	184000	里尔	99000
米兰	182000	布拉德福德	99000
巴勒莫	170000	贝尔法斯特	99000
巴塞罗那	167000	波尔图	99000
华沙	163000	德累斯顿	97000
罗马	158000	南特	95000
布达佩斯	156000	布加勒斯特	95000
布里斯托尔	150000	科隆	95000

续表

城市名称	人口规模（人）	城市名称	人口规模（人）
诺丁汉	93000	奥尔德姆	71000
斯德哥尔摩	93000	布雷斯特	70000
列日	92000	鲁贝	70000
科克	89000	普雷斯顿	69000
卡迪斯	88000	土伦	68000
阿德里安堡	85000	诺里奇	67000
里窝那	84000	墨西拿	66000
赫尔	83000	海牙	65000
斯托克	82000	桑德兰	65000
朴茨茅斯	77000	但泽	64000
邓迪	77000	莱比锡	63000
哥尼斯堡	76000	的里雅斯特	63000
图卢兹	75000	布赖顿	63000
斯特拉斯堡	75000	卡塔尼亚	62000
马拉加	75000	里加	61000
萨洛尼卡	75000	梅瑟蒂德菲尔	61000
埃尔伯费尔德	75000	萨拉戈萨	60000
法兰克福	72000	博尔顿	60000
博洛尼亚	71000	萨拉托夫	59000
伦贝格	71000	莱斯特	59000
敖德萨	71000	格拉纳达	58000
阿伯丁	71000	梅斯	57000

1.1.12　公元1700年，规模大于2万人的欧洲城市

城市名称	人口规模（人）	城市名称	人口规模（人）
布雷西亚	22000	曼图亚	21000
兰斯	22000	伦贝格	20000
蒙彼利埃	22000	乌得勒支	20000
德累斯顿	22000	代尔夫特	20000
莱比锡	21000	特尔戈维什特	20000
吕贝克	21000	瓦朗谢讷	20000
华沙	21000	凡尔赛	20000
梅赫伦	21000		

1.1.13　公元1750年，规模大于2万人的欧洲城市

城市名称	人口规模（人）	城市名称	人口规模（人）
阿维尼翁	24000	托莱多	22000
帕维亚	24000	西里斯特拉	22000
克里莫纳	24000	美因茨	22000
普雷斯堡	24000	阿尔勒	22000
布达佩斯	24000	马格德堡	22000
杰尼瓦	23000	科尔多瓦	22000
图尔	23000	代尔夫特	22000
喀山	23000	维尔纳	21000
纽伦堡	23000	普里兹伦	21000
伯明翰	23000	吕贝克	21000
不来梅	23000	圣埃蒂安	21000
兰斯	23000	布尔日	21000
格勒诺布尔	23000	格拉斯哥	21000
米德尔堡	23000	乌得勒支	20000
基辅	23000	卢卡	20000

续表

城市名称	人口规模（人）	城市名称	人口规模（人）
昂热	20000	多德雷赫特	20000
布雷斯特	20000	克莱蒙	20000
德布勒森	20000	雅西	20000
利物浦	20000		

1.1.14　公元1800年，规模大于2万人的欧洲城市

城市名称	人口规模（人）	城市名称	人口规模（人）
赛里斯	29000	塞格德	23000
里加	29000	萨莱诺	23000
南锡	28000	亚琛	23000
昂热	28000	的里雅斯特	23000
路斯契克	28000	雷根斯堡	23000
科尔多瓦	28000	吕贝克	23000
格拉茨	28000	格罗宁根	22000
皮亚琴察	28000	斯托克	22000
不来梅	28000	布伦	22000
奥格斯堡	28000	图尔	22000
诺丁汉	28000	雅罗斯拉夫尔	22000
费拉拉	28000	曼图亚	22000
苏博蒂察	28000	沃特福德郡	22000
德布勒森	27000	奥廖尔	22000
乌得勒支	27000	格勒诺布尔	21000
布雷斯特	27000	费罗尔	21000
布雷西亚	27000	西斯托瓦	21000
赫雷斯	26000	库尔斯克	21000
阿伯丁	26000	哈勒姆	21000
杰尼瓦	26000	图尔奈	21000
贝尔格莱德	26000	敦刻尔克	21000
贝桑松	25000	维尔茨堡	21000
邓迪	25000	克里莫纳	21000
克拉科	25000	第戎	21000
凡尔赛	25000	土伦	21000
维尔纳	25000	阿尔梅里亚	21000
纽伦堡	25000	萨拉托夫	21000
维丁	25000	圣马洛	20000
喀山	25000	斯图加特	20000
舒姆拉	25000	洛尔卡	20000
哈恩	25000	兰斯	20000
巴利亚多利德	24000	圣奥梅尔	20000
克莱蒙	24000	查塔姆	20000
雷恩	24000	卡卢加	20000
埃西哈	24000	迪耶普	20000
帕维亚	24000	艾克斯	20000
泰恩茅斯	24000	普里兹伦	20000
佩斯利	23000	西里斯特拉	20000
美因茨	23000	雅西	20000

1.1.15　公元1850年，人口规模排在百名之外的欧洲城市

城市名称	人口规模（人）	城市名称	人口规模（人）
泰恩茅斯	57000	波里纳日	55000
维尔纳	55000	圣埃蒂安	55000

续表

城市名称	人口规模（人）	城市名称	人口规模（人）
利默里克	54000	巴塞尔	37000
格拉茨	54000	格里诺克	36000
图拉	54000	皮亚琴察	36000
不来梅	54000	莱顿	35000
布特	54000	卡塞尔	35000
勒阿弗尔	54000	奥格斯堡	35000
斯托克波特	53000	约克	35000
尼姆	53000	苏黎世	35000
雅西	53000	凡尔赛	35000
基辅	52000	普罗夫迪夫	35000
马格德堡	52000	辛比尔斯克	35000
维罗纳	52000	雅罗斯拉夫尔	35000
帕多瓦	51000	利摩日	34000
布伦	51000	科尔多瓦	34000
布鲁日	50000	哈勒	34000
瓦莱塔	50000	南安普顿	34000
纽伦堡	50000	切尔滕纳姆	34000
塞格德	49000	苏博蒂察	34000
亚琛	49000	克莱蒙	33000
查塔姆	49000	贝桑松	33000
什切青	48000	杜塞多夫	33000
斯图加特	48000	图尔	33000
亚眠	47000	开姆尼斯	32000
汉诺威	47000	爱尔福特	32000
佩斯利	47000	伊普斯威奇	32000
波森	46000	波茨坦	32000
普雷斯堡	46000	哥德堡	32000
布莱克本	45000	阿维尼翁	32000
兰斯	45000	路斯契克	32000
基什尼奥夫	45000	哈利法克斯	32000
阿斯特拉罕	44000	瓦萨赫利	32000
南锡	44000	赫雷斯	31000
喀山	44000	诺夫哥罗德	31000
蒙彼利埃	43000	第戎	31000
昂热	43000	威根	31000
塞瓦斯托波尔	43000	卡塔赫纳	31000
别尔季切夫	43000	格勒诺布尔	31000
美因茨	43000	巴里	31000
杰尼瓦	42000	法兰克福	30000
克拉科	42000	斯旺西	30000
穆尔西亚	42000	布洛涅	30000
奥尔良	41000	贝里	30000
帕尔马	41000	雅茅斯	30000
法尔马	40000	库尔斯克	30000
埃克塞特	40000	哈德斯菲尔德	30000
尼古拉耶夫	39000	梅赫伦	30000
雷恩	38000	图尔奈	30000
乌得勒支	38000	雅典	30000
费拉拉	38000	舒姆拉	30000
麦克尔斯菲尔德	38000	加拉茨	30000
斯库塔里	38000	赛里斯	30000
克雷菲尔德	38000	德布勒森	29000

续表

城市名称	人口规模（人）	城市名称	人口规模（人）
鲁汶	29000	曼海姆	24000
维捷布斯克	29000	多佛尔	23000
卡卢加	29000	埃尔布隆格	23000
尼斯	29000	艾克斯	23000
米卢斯	29000	维丁	23000
克里斯蒂昂	29000	韦尔维耶	23000
卡利亚里	28000	卢卡	23000
敦刻尔克	28000	沃灵顿	23000
格罗宁根	28000	阿尔勒	23000
曼图亚	28000	塔甘罗格	23000
罗奇代尔	28000	亚历山德里亚	23000
克里莫纳	28000	布罗德	23000
普里兹伦	28000	吕贝克	23000
瑟堡	27000	亚尼纳	23000
牛津	27000	卡尔斯鲁厄	23000
剑桥	27000	费思	23000
伍斯特	27000	布尔戈斯	22000
切斯特	27000	罗斯托克	22000
柯鲁拉	27000	雷根斯堡	22000
达姆施塔特	27000	锡利斯特拉	22000
奥廖尔	27000	维琴察	22000
帕维亚	27000	克拉约瓦	22000
勒芒	26000	特鲁瓦	21000
伊斯梅尔	26000	圣奥梅尔	21000
北安普顿	26000	韦克菲尔德	21000
林茨	25000	佩皮尼昂	21000
比萨	25000	科马	21000
卡莱尔	25000	康布雷	21000
哈勒姆	25000	科孚	21000
沃特福德郡	25000	潘普洛纳	21000
普瓦捷	25000	基尔马诺克	21000
伯根	25000	雷丁（英国）	21000
哈尔科夫	25000	昂古莱姆	21000
喀琅施塔得（俄罗斯）	25000	斯海尔托亨博斯	21000
喀琅施塔得（罗马尼亚）	25000	赫尔辛福斯	21000
阿拉斯	25000	锡耶纳	21000
罗兹	25000	蒂米什瓦拉	21000
莫迪卡	25000	内加帕坦	21000
马斯特里赫特	25000	阿尔梅里亚	20000
福沙尼	25000	布勒伊拉	20000
沃尔索尔	25000	乌尔姆	20000
维尔茨堡	24000	格尔利茨	20000
雷瓦尔	24000	丰沙尔	20000
明斯克	24000	萨拉热窝	20000
圣康坦	24000	萨萨里	20000
布尔日	24000	摩德纳	20000
芒斯特	24000	雷焦卡拉布里亚	20000
戈尔韦	24000	多德雷赫特	20000
赫尔松	24000	卡斯特尔	20000
叶列茨	24000	梅德斯通	20000
埃西哈	24000	杜埃	20000
罗什福尔	24000		

1.2 美洲城市的人口规模

1.2.1 公元800年，美洲主要城市及人口规模

城市名称	人口规模（人）	城市名称	人口规模（人）
托兰	>40000	彼德拉斯内格拉斯	接近40000
科潘	>40000	阿尔班山遗址	30000
塔金	40000	蒂亚瓦纳科	20000
蒂卡尔	40000	瓦里	接近20000
乔卢拉	接近40000	蒂兰顿戈	>15000

1.2.2 公元1000年，美洲主要城市及人口规模

城市名称	人口规模（人）	城市名称	人口规模（人）
托兰	>50000	乌斯马尔	接近50000
塔金	50000	霍奇卡尔科	接近50000
乔卢拉	接近50000	蒂亚瓦纳科	20000
奇琴伊察	接近50000	瓦里	接近20000

1.2.3 公元1200年，美洲主要城市及人口规模

城市名称	人口规模（人）	城市名称	人口规模（人）
特纳尤卡	50000	乔卢拉	接近50000
特斯科科	接近50000	玛雅潘	25000
阿斯卡波察尔科	接近50000	乌斯马尔	接近25000

1.2.4 公元1300年，美洲主要城市及人口规模

城市名称	人口规模（人）	城市名称	人口规模（人）
特斯科科	50000	里奥班巴	30000
乔卢拉	接近50000	基多	30000
阿斯卡波察尔科	接近50000	玛雅潘	25000

1.2.5 公元1400年，美洲主要城市及人口规模

城市名称	人口规模（人）	城市名称	人口规模（人）
阿斯卡波察尔科	>60000	乌塔特兰	30000
特斯科科	60000	玛雅潘	25000
特诺奇提特兰	接近60000	蒂奥	25000
乔卢拉	接近60000	查坎普通	25000
里奥班巴	50000	昌昌	25000
基多	接近50000	库斯科	20000
卡哈马基亚	40000		

1.2.6 公元1500年，美洲主要城市及人口规模

城市名称	人口规模（人）	城市名称	人口规模（人）
特诺奇提特兰（墨西哥城）	80000	特斯科科	60000

续表

城市名称	人口规模（人）	城市名称	人口规模（人）
库斯科	50000	伊西姆切	30000
特拉斯卡拉	40000	基多	30000
钦春钱	40000	蒂奥（梅里达）	25000
乌塔特兰	40000	马尼	22000
乔卢拉	36000	查坎普通	20000
塞姆博拉	30000	波哥大	20000

1.2.7 公元1600年，美洲主要城市及人口规模

城市名称	人口规模（人）	城市名称	人口规模（人）
波托西	105000	萨卡特卡斯	25000
墨西哥城	58000	库斯科	24000
普埃布拉	25000	万卡韦利卡	20000
危地马拉	25000	基多	20000

1.2.8 公元1700年，美洲主要城市及人口规模

城市名称	人口规模（人）	城市名称	人口规模（人）
墨西哥城	85000	基多	30000
波托西	82000	危地马拉	30000
普埃布拉	63000	巴伊亚	26000
利马	37000	哈瓦那	25000
萨卡特卡斯	36000	里约热内卢	25000
奥鲁罗	35000	瓜纳华托	24000
库斯科	30000	梅里达	23000

1.2.9 公元1750年，美洲主要城市及人口规模

城市名称	人口规模（人）	城市名称	人口规模（人）
墨西哥城	102000	阿雷基帕	26000
普埃布拉	53000	瓜纳华托	25000
萨卡特卡斯	50000	累西腓	23000
库斯科	40000	奥鲁罗	21000
利马	40000	波士顿	20000
欧鲁普雷图	40000	梅里达	20000
波托西	39000	瓦哈卡	20000
巴伊亚	37000	瓜亚基尔	20000
哈瓦那	34000	瓜达拉哈拉	20000
危地马拉	34000	科恰班巴	20000
基多	30000	马里亚纳	20000
里约热内卢	29000		

1.2.10 公元1775年，美洲主要城市及人口规模

城市名称	人口规模（人）	城市名称	人口规模（人）
墨西哥城	113000	里约热内卢	35000
普埃布拉	68000	费城	34000
利马	48000	萨卡特卡斯	30000
哈瓦那	43000	阿雷基帕	28000
巴伊亚	40000	累西腓	27000
库斯科	40000	梅里达	26000
瓜纳华托	38000	波托西	25000

城市名称	人口规模（人）	城市名称	人口规模（人）
加拉加斯湾	24000	科马亚瓜	15000
纽约	24000	韦拉克鲁斯	15000
基多	24000	丘基萨卡	14000
布宜诺斯艾利斯	24000	莱昂（尼加拉瓜）	13000
瓦哈卡	23000	卡塔赫纳	13000
欧鲁普雷图	22000	万卡韦利卡	12000—13000
瓜达拉哈拉	22000	查尔斯顿	12000
瓜亚基尔	22000	圣萨尔瓦多	12000
科恰班巴	21000	卡哈马卡	12000
圣地亚哥（智利）	20000	圣皮埃尔	12000
圣地亚哥（古巴）	19000	金斯敦	12000
波士顿	19000	奥鲁罗	12000
拉巴斯	19000	马拉尼昂	11000
波哥大	19000	布里奇敦	11000
里奥班巴	18000	克萨尔特南戈	11000
普林西比港	18000	魁北克	10000
海地角	16000	太子港	10000
克雷塔罗	16000	马拉开波	10000
哈拉帕	15000	圣克鲁斯	10000
莫雷利亚	15000	巴基西梅托	10000
圣多明各	15000	帕拉	10000
昆卡	15000	巴拿马	10000

1.2.11 公元 1800 年，美洲主要城市及人口规模

城市名称	人口规模（人）	城市名称	人口规模（人）
墨西哥城	128000	基多	30000
费城	68000	梅里达	28000
普埃布拉	65000	金斯敦	27000
纽约	63000	巴尔的摩	26000
哈瓦那	60000	阿雷基帕	26000
利马	54000	瓦哈卡	25000
瓜纳华托	53000	危地马拉	25000
里约热内卢	44000	瓜纳华托	25000
巴伊亚	43000	瓜亚基尔	23000
波士顿	35000	科恰班巴	22000
布宜诺斯艾利斯	34000	拉巴斯	22000
库斯科	34000	波哥大	21000
萨卡特卡斯	33000	圣地亚哥	21000
瓜达拉哈拉	31000	卡托尔塞	20000
累西腓	31000	欧鲁普雷图	20000
加拉加斯湾	30000		

1.2.12 公元 1800 年，美洲主要城市及人口规模

城市名称	人口规模（人）	城市名称	人口规模（人）
墨西哥城	128000	瓜纳华托	53000
费城	68000	里约热内卢	44000
普埃布拉	65000	巴伊亚	43000
纽约	63000	波士顿	35000
哈瓦那	60000	布宜诺斯艾利斯	34000
利马	54000	库斯科	34000

续表

城市名称	人口规模（人）	城市名称	人口规模（人）
萨卡特卡斯	33000	危地马拉	25000
瓜达拉哈拉	31000	瓜纳华托	25000
累西腓	31000	瓜亚基尔	23000
加拉加斯湾	30000	科恰班巴	22000
基多	30000	拉巴斯	22000
梅里达	28000	波哥大	21000
金斯敦	27000	圣地亚哥	21000
巴尔的摩	26000	卡托尔塞	20000
阿雷基帕	26000	欧鲁普雷图	20000
瓦哈卡	25000		

1.2.13　公元1800年，规模大于1.8万人（含郊区人口在内）的美洲城市

城市名称	人口规模（人）	城市名称	人口规模（人）
纽约	1295000	里士满	39000
费城	590000	洛厄尔	37000
波士顿	318000	波士顿	35000
巴尔的摩	217000	塞勒姆	35000
辛辛那提	200000	布宜诺斯艾利斯	34000
新奥尔良	183000	库斯科	34000
圣路易斯	176000	萨卡特卡斯	33000
墨西哥城	128000	瓜达拉哈拉	31000
芝加哥	124000	累西腓	31000
匹兹堡	115000	梅里达	30000
蒙特利尔	93000	加拉加斯湾	30000
路易斯维尔	88000	基多	30000
布法罗	81000	莫比尔	30000
华盛顿	73000	哈特福德	30000
费城	68000	哈利法克斯	29000
普埃布拉	65000	雪城	29000
旧金山	65000	金斯敦	27000
普罗维登斯	64000	巴尔的摩	26000
纽约	63000	阿雷基帕	26000
奥尔巴尼	63000	诺福克	26000
哈瓦那	60000	伍斯特	26000
魁北克	56000	波特兰	26000
利马	54000	瓦哈卡	25000
瓜纳华托	53000	危地马拉	25000
查尔斯顿	50000	瓜纳华托	25000
底特律	50000	新贝德福德	25000
罗彻斯特	49000	孟菲斯	24000
特鲁瓦	48000	雷丁	24000
密尔沃基	47000	萨凡纳	23000
克利夫兰	46000	尤蒂卡	23000
瓦尔帕莱索	45000	科恰班巴	22000
里约热内卢	44000	拉巴斯	22000
亚松森	44000	威尔明顿	22000
拉巴斯	44000	圣约翰	22000
多伦多	44000	圣地亚哥	21000
巴伊亚	43000	波哥大	21000
加拉加斯湾	43000	林恩	21000
库斯科	41000	帕特森	21000
圣约翰	41000	代顿	21000
纽黑文	40000	欧鲁普雷图	20000

城市名称	人口规模（人）	城市名称	人口规模（人）
印第安纳波利斯	20000	莫雷利亚	18000
曼彻斯特	20000	哥伦布	18000
圣地亚哥	19000	彼得斯堡	18000
太子港	19000	劳伦斯	18000
班戈	19000	特伦顿	18000
哈密尔顿	19000	兰开斯特	18000
查尔斯顿	18000	渥太华	18000

1.2.14 公元1850年，规模大于4万人（含郊区人口在内）的美洲城市

城市名称	人口规模（人）	城市名称	人口规模（人）
纽约	645000	瓜达拉哈拉	63000
费城	425000	奥尔巴尼	55000
波士顿	209000	波哥大	53000
墨西哥城	170000	普罗维登斯	52000
巴尔的摩	169000	蒙特利尔	48000
里约热内卢	166000	华盛顿	48000
新奥尔良	132000	路易斯维尔	45000
哈瓦那	131000	查尔斯顿	42000
辛辛那提	130000	布法罗	42000
累西腓	106000	魁北克	40000
巴伊亚	100000	危地马拉	40000
圣地亚哥	84000	纽黑文	20000
圣路易斯	77000	圣皮埃尔	20000
布宜诺斯艾利斯	74000	苏克雷	20000
普埃布拉	70000	巴伦西亚	20000
利马	70000	密尔沃基	20000
匹兹堡	69000	旧金山	20000

1.2.15 公元1850年，规模为2万—4万人的美洲城市

城市名称	人口规模（人）	城市名称	人口规模（人）
纽约	38000	莫雷利亚	25000
罗彻斯特	36000	乔治城（圭亚那）	25000
特洛伊	36000	圣地亚哥（古巴）	24000
基多	36000	科尔多瓦	24000
瓜纳华托	33000	波托西	23000
洛厄尔	33000	杜兰戈	22000
蒙得维的亚	33000	雪城	22000
金斯敦	33000	科利马	22000
莱昂（尼加拉瓜）	32000	马坦萨斯	22000
帕拉	32000	阿雷基帕	21000
马拉尼昂	32000	太子港	21000
阿瓜卡连特	31000	底特律	21000
圣路易斯波托西	30000	圣约翰	20000
莱昂（墨西哥）	30000	圣约翰斯	20000
克雷塔罗	29000	波特兰（缅因州）	20000
萨卡特卡斯	29000	莫比尔	20000
芝加哥	28000	纽黑文	20000
里士满	27000	圣皮埃尔	20000
多伦多	27000	苏克雷	20000
瓜亚基尔	25000	瓦伦西亚（委内瑞拉）	20000
瓦哈卡	25000	密尔沃基	20000
塞勒姆	25000	旧金山	20000
梅里达	25000		

1.2.16　公元 1861 年，规模大于 1.8 万人的美洲城市

城市名称	人口规模（人）	城市名称	人口规模（人）
墨西哥城	215000	帕拉	28000
里约热内卢	208000	马坦萨斯	27000
哈瓦那	199000	瓜亚基尔	27000
布宜诺斯艾利斯	125000	莫雷利亚	26000
巴伊亚	114000	梅里达	26000
累西腓	111000	库斯科	26000
圣地亚哥	105000	阿雷基帕	26000
利马	102000	科尔多瓦	25000
瓜达拉哈拉	71000	波托西	25000
普埃布拉	69000	苏克雷	24000
瓦尔帕莱索	62000	科利马	22000
波哥大	60000	萨卡特卡斯	22000
加拉加斯湾	55000	阿瓜卡连特	22000
蒙得维的亚	51000	麦德林	22000
瓜纳华托	48000	圣保罗	22000
亚松森	48000	巴伦西亚	22000
拉巴斯	47000	太子港	21000
危地马拉	45000	圣皮埃尔	20000
圣地亚哥	38000	太子港	20000
基多	36000	昆卡	20000
莱昂	35000	巴基西梅托	20000
圣路易斯波托西	34000	阿亚库乔	20000
金斯敦	33000	托卢卡	18000
马拉尼昂	33000	布里奇敦	18000
克雷塔罗	29000	圣胡安	18000
乔治城	29000	帕拉马里博	18000
瓦哈卡	28000		

1.3　非洲城市的人口规模

1.3.1　公元 800 年，非洲主要城市及人口规模

城市名称	人口规模（人）	城市名称	人口规模（人）
福斯塔特	100000	突尼斯	接近 40000
亚历山德里亚	95000	提尼斯	接近 40000
凯鲁万	80000	塔赫特	>24000
加奥	72000	梅克内斯	>24000
古斯	40000	锡吉勒马萨	24000
达米埃塔	接近 40000	阿克苏姆	>15000

1.3.2　公元 1000 年，非洲主要城市及人口规模

城市名称	人口规模（人）	城市名称	人口规模（人）
开罗	135000	非斯	30000
提尼斯	83000	索巴	30000
凯鲁万	80000	加纳	30000
古斯	45000	东格拉	25000
马赫迪耶	接近 45000	塞拉	>15000
达米埃塔	接近 45000	塔德梅卡	>15000
特莱姆森	接近 45000	马南	>15000
君士坦丁	接近 45000	津巴布韦	>15000
梅克内斯	>30000		

1.3.3　公元1200年，非洲主要城市及人口规模

城市名称	人口规模（人）	城市名称	人口规模（人）
开罗	200000	马赫迪耶	接近40000
非斯	200000	锡吉勒马萨	接近40000
马拉喀什	150000	东格拉	接近30000
达米埃塔	100000	加奥	>25000
古斯	50000	艾斯尤特	25000
亚历山德里亚	50000	索巴	25000
拉巴特	50000	加纳	25000
布日伊	50000	卡诺	25000
休达	40000	布萨	接近25000
突尼斯	接近40000	恩加拉	接近25000
梅克内斯	接近40000	恩吉米	20000—25000
特莱姆森	接近40000	瓦拉塔	20000—25000
君士坦丁	接近40000	扎哈	20000
凯鲁万	接近40000	基尔瓦	20000

1.3.4　公元1300年，非洲主要城市及人口规模

城市名称	人口规模（人）	城市名称	人口规模（人）
开罗	400000	马赫迪耶	接近40000
非斯	150000	君士坦丁	接近40000
达米埃塔	108000	奥兰	接近40000
马拉喀什	75000	荣枯	30000—40000
亚历山德里亚	65000	艾斯尤特	30000
古斯	50000	东格拉	30000
突尼斯	50000	卡诺	30000
特莱姆森	50000	曼苏拉	接近30000
布日伊	50000	加奥	25000
恩吉米	>40000	津巴布韦	25000
梅克内斯	40000	索巴	20000
休达	40000	基尔瓦	20000
塞拉	40000	杰内	20000
马里	40000	瓦拉塔	20000—25000

1.3.5　公元1400年，非洲主要城市及人口规模

城市名称	人口规模（人）	城市名称	人口规模（人）
开罗	360000	马里	50000
非斯	125000	奥约	50000
达米埃塔	90000	亚历山德里亚	40000
特莱姆森	70000	布日伊	40000
古斯	50000	加奥	40000
突尼斯	50000	艾斯尤特	接近40000
马拉喀什	50000	曼苏拉	接近40000

续表

城市名称	人口规模（人）	城市名称	人口规模（人）
安贝西	>35000	阿泽穆尔	接近30000
梅克内斯	35000	克雷尼克	接近30000
塞拉	35000	伊费	接近30000
津巴布韦	35000	贝宁	接近30000
努佩	30000—50000	瓦加杜古	接近30000
休达	30000	东格拉	25000
君士坦丁堡	30000	荣枯	20000—30000
阿克苏姆	30000	杜比	20000—30000
基尔瓦	30000	拉奥	20000—30000
卡诺	30000	廷巴克图	20000
马赫迪耶	接近30000	杰内	20000
奥兰	接近30000		

1.3.6 公元1500年，非洲主要城市及人口规模

城市名称	人口规模（人）	城市名称	人口规模（人）
开罗	400000	罗塞塔	接近35000
非斯	130000	达米埃塔	接近35000
突尼斯	65000	艾斯尤特	接近35000
加奥	60000	阿克苏姆	33000
奥约	60000	荣枯	30000—40000
努佩	接近60000	梅克内斯	30000
伊费	接近60000	奥兰	30000
贝宁	接近60000	基尔瓦	30000
瓦加杜古	接近60000	戈比尔	28000
伊杰布	接近60000	马赫迪耶	25000—30000
马拉喀什	50000	塔扎	25000
卡诺	50000	廷巴克图	25000
布日伊	40000	阿泽穆尔	24000
君士坦丁堡	40000	阿加德兹	20000—25000
塔古斯特	40000	卡齐纳	20000—25000
恩加扎尔加穆	40000	拉奥	20000—25000
马里	40000	恩加拉	20000—25000
圣萨尔瓦多	40000	阿尔及尔	20000
奇陶尔加尔	接近40000	泰西	20000
亚历山德里亚	35000	东格拉	20000
特莱姆森	35000	杰内	20000

1.3.7 公元1600年，非洲主要城市及人口规模

城市名称	人口规模（人）	城市名称	人口规模（人）
开罗	200000	苏拉梅	40000
马拉喀什	125000	森纳尔	40000
非斯	100000	戈比尔	35000
阿尔及尔	75000	格巴拉	33000
恩加扎尔加穆	60000	伊费	接近33000
扎里尔	60000	基基瓦里	接近33000
卡齐纳	60000	君士坦丁堡	30000
奥约	60000	塔古斯特	30000
突尼斯	50000	阿加德兹	30000
贝宁	50000	东戈	30000
卡诺	40000	罗安达	30000

续表

城市名称	人口规模（人）	城市名称	人口规模（人）
奇陶尔加尔	接近 30000	廷巴克图	25000
卢安果	接近 30000	马塞尼亚	20000
达米埃塔	25000—30000	布拉格	接近 25000
特莱姆森	25000	梅克内斯	接近 25000

1.3.8　公元1700年，非洲主要城市及人口规模

城市名称	人口规模（人）	城市名称	人口规模（人）
开罗	175000	吉马	35000
布拉格	接近 175000	君士坦丁堡	30000
阿尔及尔	85000	邦加	30000
非斯	80000	森纳尔	30000
贡德尔	72000	马塞尼亚	30000
达米埃塔	接近 72000	阿拉达	30000
艾姆弗拉斯	接近 72000	纳亚	30000
梅克内斯	70000	东戈	30000
突尼斯	69000	卢安果	30000
卡齐纳	60000	门戈	30000
塞勒—拉巴特	50000	扎姆法拉	接近 30000
恩加扎尔加穆	50000	马拉喀什	25000
扎里尔	50000	贝宁	25000
奥约	50000	普吉	接近 25000
阿加德兹	45000	伊费	接近 25000
卡诺	35000		

1.3.9　公元1750年，非洲主要城市及人口规模

城市名称	人口规模（人）	城市名称	人口规模（人）
开罗	175000	马拉喀什	30000
阿尔及尔	75000	君士坦丁堡	30000
卡齐纳	75000	森纳尔	30000
奥约	75000	穆赞加耶	30000
突尼斯	70000	邦加	25000
非斯	60000	盖穆	25000
恩加扎尔加穆	50000	塞古	25000
贝宁	50000	伊费	24000—45000
塞拉	45000	延迪	24000—45000
扎里尔	45000	格博贡	24000—45000
纳亚	45000	奥博莫绍	24000—45000
贡德尔	40000	普吉	24000—45000
吉马	40000	库马西	24000—45000
扎姆法拉	40000	阿波美	24000
阿加德兹	40000	达米埃塔	23000
梅克内斯	35000		

1.3.10　公元1800年，非洲主要城市及人口规模

城市名称	人口规模（人）	城市名称	人口规模（人）
开罗	186000	奥约	80000
突尼斯	90000	阿尔及尔	73000

续表

城市名称	人口规模（人）	城市名称	人口规模（人）
卡齐纳	70000	比尔宁凯比	30000
恩加扎尔加穆	50000	卡诺	30000
阿尔卡拉瓦	50000	基亚马	30000
梅克内斯	45000	基洼岛	接近30000
巴特—萨里	43000	艾斯尤特	25000
非斯	40000	君士坦丁堡	25000
扎里尔	40000	穆赞加耶	25000
库马西	40000	延迪	24000—30000
伊洛林	30000—40000	布拉格	24000
格博贡	30000—40000	阿波美	24000
伊费	30000—40000	格巴拉	24000
奥博莫绍	30000—40000	桑加河	接近24000
马拉喀什	30000	达米埃塔	23000
塞古	30000	的黎波里	20000
邦加	30000	凯鲁万	20000
马塞尼亚	30000		

1.3.11 公元1850年，非洲主要城市及人口规模

城市名称	人口规模（人）	城市名称	人口规模（人）
开罗	256000	阿尔及尔	54000
亚历山德里亚	138000	马拉喀什	50000
突尼斯	90000	库卡	50000
非斯	85000	扎里尔	50000
伊洛林	70000	路易港	49000
桑给巴尔岛	60000	奥博莫绍	45000
阿贝奥库塔	60000	雅各巴	40000
贝宁	60000	卡诺	40000
梅克内斯	56000	沙基	40000
伊巴丹	55000		

1.3.12 公元1850年人口规模为2万—4万人的非洲城市

城市名称	人口规模（人）	城市名称	人口规模（人）
哈姆达拉西	>36000	门戈	25000—26000
阿尔卡拉瓦	>36000	艾斯尤特	25000
拉巴特	36000	迪夸	25000
塞古	36000	邦加	25000
莫达克克	35000—36000	的黎波里	25000
伊贾耶	35000	伊塞因	24000
奥绍博	35000	爱斯那	22000
索科托	33000	得土安	21000
伊沃	30000—33000	基亚马	20000
特雷德	30000	坦塔	20000
穆桑巴	30000	喀土穆	20000
凯比	30000	马塞尼亚	20000
奥发	30000	阿多	20000
奥肯	28000	维达	20000
君士坦丁堡	28000	阿波美	20000
达米埃塔	27000	梅迪内特法尤姆	20000
开普敦	26000	安戈尔诺	20000
埃代	25000—26000		

1.4 亚洲城市的人口规模

1.4.1 公元 800 年，规模大于 4 万人的亚洲城市

城市名称	人口规模（人）	城市名称	人口规模（人）
巴格达	700000	普兰巴南	60000
长安	600000	开封	55000
洛阳	300000	甘吉布勒姆	45000—70000
京都	200000	贝拿勒斯	45000—70000
巴士拉	100000	查亚普拉	45000—70000
雷伊	100000	乌贾因	45000—70000
苏州	84000	耶路撒冷	45000—60000
武昌	84000	梅尔夫	45000—60000
麦加	80000	布哈拉	45000
曲女城	80000	埃洛拉	45000
撒马尔罕	75000	凯撒里亚	>40000
大理	75000	克尔曼沙阿	>40000
成都	75000	内沙布尔	>40000
帕特纳	70000—80000	因陀罗补罗	>40000
马杜赖	70000	庆州	>40000
杭州	70000	广州	>40000
扬州	70000	南京	>40000
大马士革	60000—75000	南昌	>40000
古法	60000—75000	安尼华达	40000
曼苏拉	60000	毕万达	40000
安巴尔	60000		

1.4.2 公元 1000 年，规模大于 4 万人的亚洲城市

城市名称	人口规模（人）	城市名称	人口规模（人）
开封	400000	南宁	58000
京都	175000	肯帕德	54000—65000
吴哥	140000	曼尼亚凯塔	54000—65000
巴格达	125000	索姆纳特	54000
内沙布尔	125000	设拉子	52000
哈萨	110000	尸罗夫	50000
雷伊	100000	巴士拉	50000
伊斯法罕	100000	平壤	50000
安尼华达	100000	洛阳	50000
杭州	90000	西安	50000
青岛	85000	扬州	50000
苏州	78000	福州	45000
坦贾武尔	75000—100000	大马士革	40000—60000
阿尼	75000	襄阳	40000—45000
曲女城	75000	凯撒里亚	>40000
布哈拉	75000	贝拿勒斯	>40000
撒马尔罕	75000	塔内瑟尔	>40000
南京	70000	蒲甘	>40000
久纳尔	65000—75000	乌贾因	>40000
曼苏拉	65000	讹迹邗	>40000
耶路撒冷	60000	八剌沙衮	>40000
加兹尼	60000	喀什	>40000
松都	60000	阿米达	40000
北京	60000	阿勒颇	40000
武昌	58000—70000	克久拉霍	40000

续表

城市名称	人口规模（人）	城市名称	人口规模（人）
辽阳	40000	成都	40000
广州	40000	泉州	40000

1.4.3　公元1200年，规模大于4万人的亚洲城市

城市名称	人口规模（人）	城市名称	人口规模（人）
杭州	255000	撒马尔罕	60000
蒲甘	180000	会宁	60000
镰仓	175000	布里	>50000
吴哥	150000	开塞利	50000
北京	130000	摩苏尔	50000
南京	130000	巴士拉	50000
广州	110000	库姆	50000
巴格达	100000	古尔	50000
京都	100000	肯帕德	50000
大理	100000	卡琳加尔	50000
开封	100000	成都	50000
大马士革	90000	扬州	50000
第比利斯	80000	景德镇	50000
雷伊	80000	福州	50000
武昌	80000	洛阳	50000
波隆纳鲁瓦	75000	八剌沙衮	47000
科尼亚	70000	襄阳	47000
伊斯法罕	70000	阿勒颇	45000
布哈拉	70000	赫拉特	44000
泉州	70000	梅尔夫	>40000
上饶	63000—70000	甘吉布勒姆	>40000
苏州	63000	哈利奔猜	>40000
西安	60000—100000	阿卡	40000
德里	60000	基什岛	40000
高尔	60000		

1.4.4　公元1300年，规模大于4万人的亚洲城市

城市名称	人口规模（人）	城市名称	人口规模（人）
杭州	432000	大马士革	64000
北京	401000	伊斯法罕	62000
镰仓	200000	特拉布宗	60000
大不里士	150000	马杜赖	60000
广州	150000	成都	54000
西安	118000	霍尔木兹	50000
德里	100000	奎隆	50000
高尔	100000	安尼华达	50000
南京	95000	卡亚勒	50000
苏州	91000	喀什	50000
卡塔克	90000	景德镇	50000
吴哥	90000	云南府	50000
开封	90000	塔纳	48000
扬州	85000	太原	48000
武昌	84000	巴格达	40000
瓦朗加尔	80000	科尼亚	40000
泉州	80000	亚兹德	40000
福州	70000	果阿	40000

城市名称	人口规模（人）	城市名称	人口规模（人）
素可泰	40000	满者伯夷	40000
维贾亚	40000	京都	40000

1.4.5 公元1400年，规模大于4万人的亚洲城市

城市名称	人口规模（人）	城市名称	人口规模（人）
南京	487000	勃固	60000
毗奢耶那伽罗	400000	太原	51000
杭州	235000	特拉布宗	50000
大不里士	150000	卡拉曼	50000
京都	150000	苏丹尼耶	50000
北京	150000	霍尔木兹	50000
广州	150000	卡利卡特	50000
撒马尔罕	130000	成都	50000
苏州	129000	云南府	50000
西安	115000	阿瓦	50000
汉城	100000	琅勃拉邦	50000
巴格达	90000	维贾亚	50000
古尔伯加	90000	河内	46000
开封	90000	徐州	45000
武昌	90000	比哈尔	40000—50000
福州	81000	江布尔	40000—50000
设拉子	80000	洛阳	>40000
阿勒颇	75000	阿瑜陀耶	>40000
卡塔克	75000	加德满都	>40000
景德镇	75000	布哈拉	40000
大马士革	74000	契托	40000
布尔萨	70000	贝努贡达	40000
泉州	65000	果阿	40000
奎隆	60000	山口	40000
肯帕德	60000	高尔	40000
班杜瓦	60000	卡马塔普尔	40000
安尼华达	60000	吴哥	40000
宁波	60000	满者伯夷	40000
扬州	60000	锦石	40000
南昌	60000		

1.4.6 公元1500年，规模大于4万人的亚洲城市

城市名称	人口规模（人）	城市名称	人口规模（人）
北京	672000	成都	85000
毗奢耶那伽罗	500000	福州	83000
大不里士	250000	德里	80000
杭州	250000	开封	80000
高尔	200000	曼杜	70000
广州	150000	阿勒颇	67000
南京	147000	肯帕德	65000
卡塔克	140000	武昌	64000
西安	127000	太原	61000
阿瑜陀耶	125000	大马士革	60000
汉城	125000	设拉子	60000
苏州	122000	撒马尔罕	60000
艾哈迈达巴德	100000	艾哈迈德讷格尔	60000

续表

城市名称	人口规模（人）	城市名称	人口规模（人）
泉州	60000	清迈	45000
扬州	60000	卡利卡特	42000
阿瓦（缅）	60000	马达班	>40000
徐州	55000	勃固	>40000
霍尔木兹	50000	河内	>40000
布哈拉	50000	平壤	>40000
契托	50000	赫拉特	40000
安伯	50000	比贾布尔	40000
江布尔	50000	贝努贡达	40000
萨德冈	50000	果阿	40000
布尔汉普尔	50000	斯利那加	40000
云南府	50000	焦特布尔	40000
南昌	50000	九江	40000
若开	50000	京都	40000
布尔萨	45000	琅勃拉邦	40000
伊斯法罕	45000	文莱	40000
特达	45000		

1.4.7　公元1600年，规模大于4万人的亚洲城市

城市名称	人口规模（人）	城市名称	人口规模（人）
北京	706000	布尔萨	70000
阿格拉	500000	肯帕德	70000
大阪	360000	徐州	65000
京都	300000	果阿	63000
杭州	270000	阿勒颇	61000
比贾布尔	200000	大马士革	60000
南京	194000	加兹温	60000
艾哈迈达巴德	190000	卡塔克	60000
广州	180000	乌贾因	60000
西安	138000	胡格利	60000
苏州	134000	江户	60000
伊斯法罕	100000	贝努贡达	60000
骏府城	100000	东吁	60000
阿瑜陀耶	100000	扬州	58000
布哈拉	100000	柯钦	56000
成都	100000	泉州	56000
若开	90000	麦加	50000
长春	85000	安伯	50000
大不里士	80000	第乌	50000
帕特纳	80000	宁波	50000
拉杰马哈尔	80000	厦门	50000
开封	80000	云南府	50000
山口	80000	金泽	50000
海得拉巴	80000	博多	50000
太原	79000	马杜赖	50000
福州	78000	布尔汉普尔	50000
苏拉特	75000	顺化	50000
梧州	75000	万丹	50000
景德镇	75000	伊凯里	48000
艾哈迈德讷格尔	75000	斯利那加	45000—50000
乌代布尔	72000	瓜廖尔	45000—50000

城市名称	人口规模（人）	城市名称	人口规模（人）
天津	45000—50000	哈马丹	>40000
辽阳	45000—50000	克尔曼	>40000
焦特布尔	45000	淮安	>40000
南昌	45000	巴尔赫	>40000
鹿儿岛	45000	蒙吉尔	40000
卡利卡特	42000	曼杜	40000
贝拿勒斯	40000—45000	古尔冈	40000
士麦那	>40000	戈拉尔	40000

1.4.8 公元1700年，规模大于4万人的亚洲城市

城市名称	人口规模（人）	城市名称	人口规模（人）
江户	688000	加兹温	60000
北京	650000	德里	60000
艾哈迈达巴德	380000	乌贾因	60000
大阪	380000	塞林加帕坦	60000
伊斯法罕	350000	长沙	60000
京都	350000	厦门	60000
杭州	303000	长崎	59000
奥兰加巴德	200000	顺化	59000
广州	200000	济南	55000
西安	167000	台北	55000
汉城	158000	广岛	55000
达卡	150000	平壤	55000
阿瑜陀耶	150000	安伯	54000
苏州	140000	拉合尔	54000
南京	140000	乌代布尔	54000
士麦那	135000	鹿儿岛	51000
斯利那加	125000	麦加	50000
武昌	110000	巴格达	50000
帕特纳	100000	卡西姆巴扎尔	50000
景德镇	100000	苏拉特	50000
布哈拉	80000	焦特布尔	50000
大不里士	75000	钱达	50000
贝拿勒斯	75000	成都	50000
阿瓦（缅）	75000	佛山	50000
徐州	75000	淮安	50000
大马士革	70000	阿钦	48000
阿格拉	70000	安卡拉	45000
贝德努尔	70000	克尔曼	45000
若开	70000	扬州	45000
天津	70000	上海	45000
镇江	68000	湘潭	45000
阿勒颇	67000	冈山	45000
金泽	67000	海得拉巴	42000—50000
福州	67000	底村	42000
名古屋	65000	锡拉	40000
仙台	61000	河内	40000
布尔萨	60000		

1.4.9 公元1750年，规模大于4万人的亚洲城市

城市名称	人口规模（人）	城市名称	人口规模（人）
北京	900000	平壤	65000
江户	694000	那格浦尔	62000
大阪	413000	阿格拉	60000
广州	400000	帕特纳	60000
京都	362000	松格阿德	60000
杭州	340000	塞林加帕坦	60000
马什哈德	200000	锡拉	60000
西安	195000	法扎巴德	60000
汉城	187000	法鲁卡巴德	60000
穆尔斯希达巴德	180000	阿瓦	60000
海得拉巴	175000	厦门	60000
苏州	173000	上海	60000
阿瑜陀耶	160000	济南	60000
德里	150000	台北	60000
武昌	136000	鹿儿岛	57000
景德镇	136000	和歌山	56000
士麦那	130000	布尔萨	55000
焦特布尔	129000	马德拉斯	55000
贝拿勒斯	125000	扬州	55000
加尔各答	110000	广岛	52000
艾哈迈达巴德	101000	巴士拉	50000
斯利那加	100000	麦加	50000
达卡	100000	加兹温	50000
南京	100000	乌贾因	50000
金德讷格尔	95000	勒克瑙	50000
斋浦尔	90000	巴雷利	50000
名古屋	90000	乌代布尔	50000
苏拉特	85000	巴拉特布尔	50000
福州	83000	马尼拉	50000
大马士革	80000	河内	50000
天津	80000	拉萨	50000
佛山	80000	淮安	50000
镇江	80000	香顿	50000
开封	78000	克尔曼	45000
孟买	77000	伊斯法罕	45000
宁波	77000	朋迪谢里	45000
坎大哈	75000	若开	45000
贝德努尔	75000	阿钦	45000
徐州	75000	梧州	45000
成都	74000	贵阳	45000
阿勒颇	71000	巴达维亚	44000
苏拉卡尔塔	70000	泉州	43000
长沙	70000	云南府	42000
顺化	68000	迪亚巴克尔	40000
仙台	66000	设拉子	40000
金泽	66000	朗布尔	40000
巴格达	65000	布罗奇	40000

1.4.10　公元 1800 年，人口最多的百座亚洲城市

城市名称	人口规模（人）	城市名称	人口规模（人）
北京	1100000	法鲁卡巴德	66000
广州	800000	扬州	65000
杭州	387000	济南	65000
苏州	243000	贵阳	65000
勒克瑙	240000	厦门	65000
西安	224000	巴雷利	65000
汉城	194000	迈索尔	62000
穆尔斯希达巴德	190000	巴士拉	60000
贝拿勒斯	179000	浦那	60000
海得拉巴	175500	阿格拉	60000
阿玛拉布拉	175000	镇江	60000
帕特纳	170000	金霞	60000
景德镇	164000	台北	60000
加尔各答	162000	热河	60000
武昌	160000	河内	60000
德里	140000	湘潭	55000
孟买	140000	重庆	53000
天津	130000	巴达维亚	53000
福州	130000	斯利那加	52000
士麦那	125000	布尔萨	50000
佛山	124000	伊斯法罕	50000
苏拉特	120000	喀布尔	50000
马德拉斯	110000	南京	50000
达卡	106000	拉萨	50000
乌贾因	100000	喀什	50000
成都	97000	汉中	50000
苏拉卡尔塔	95000	班加罗尔	50000
大马士革	90000	米尔扎布尔	50000
兰州	90000	沙贾汉布尔	50000
上海	90000	顺化	50000
艾哈迈达巴德	89000	埃尔祖鲁姆	48000
长沙	85000	淮安	47000
巴罗达	83000	梧州	47000
巴格达	80000	云南府	46000
白沙瓦	80000	赫拉特	45000
宁波	80000	印多尔	45000
开封	80000	同州	45000
马尼拉	77000	伊犁	45000
焦特布尔	75000	芜湖	45000
斋浦尔	75000	曼谷	45000
巴拉特布尔	75000	法扎巴德	45000
徐州	75000	金德讷格尔	45000
那格浦尔	74000	泉州	43000
阿勒颇	72000	兰布尔	41000
平壤	68000	大不里士	40000

1.4.11　公元 1850 年，人口最多的百座亚洲城市

城市名称	人口规模（人）	城市名称	人口规模（人）
北京	1648000	孟买	575000
广州	875000	杭州	434000
江户	780000	加尔各答	413000

续表

城市名称	人口规模（人）	城市名称	人口规模（人）
苏州	330000	米尔扎布尔	77000
京都	323000	南昌	75000
大阪	320000	厦门	75000
马德拉斯	310000	同州	75000
勒克瑙	300000	徐州	75000
西安	275000	河内	75000
帕特纳	226000	布尔萨	73000
海得拉巴	200000	浦那	73000
成都	200000	芜湖	72000
天津	195000	鹿儿岛	72000
贝拿勒斯	185000	瓜廖尔	71000
武昌	185000	德黑兰	70000
上海	185000	大不里士	70000
汉城	183000	济南	70000
福州	175000	斯利那加	70000
佛山	175000	安拉阿巴德	70000
景德镇	170000	法鲁卡巴德	68000
曼谷	158000	伊斯法罕	67000
德里	156000	台北	65000
士麦那	150000	汉中	65000
班加罗尔	130000	兰布尔	65000
金泽	116000	松前城	65000
马尼拉	114000	广岛	65000
那格浦尔	111000	湘潭	63000
大马士革	108000	沙贾汉布尔	62000
坎普尔	108000	平壤	62000
阿格拉	108000	巴格达	60000
苏拉卡尔塔	103000	马斯喀特	60000
阿姆利则	101000	扬州	60000
巴雷利	101000	伊犁	60000
巴罗达	100000	顺化	60000
斋浦尔	100000	达卡	60000
长沙	100000	占西	60000
兰州	100000	印多尔	60000
苏拉特	99000	喀布尔	60000
艾哈迈达巴德	96000	巴达维亚	60000
穆尔斯希达巴德	96000	泗水（苏腊巴亚）	60000
拉合尔	94000	马图拉	56000
名古屋	93000	蒂鲁吉拉帕利	55000
阿勒颇	90000	密拉特	55000
开封	90000	和歌山	55000
宁波	90000	仙台	55000
阿玛拉布拉	90000	帕格尔布尔	54000
贵阳	85000	迈索尔	54000
重庆	83000	莫拉达巴德	54000
木尔坦	80000	白沙瓦	53000

1.4.12　公元1850年，人口规模排在百名之后的亚洲城市

城市名称	人口规模（人）	城市名称	人口规模（人）
韦洛尔	51000	西贡	50000
南京	50000	焦特布尔	50000

续表

城市名称	人口规模（人）	城市名称	人口规模（人）
加雅	50000	西宁	39000—40000
卢迪亚纳	50000	柴阳	39000—40000
莎车	50000	高知	39000
塔什干	50000	漳州	38000—39000
温州	50000	贝拉里	38000
梧州	48000	加兹普尔	38000
戈拉克普尔	48000	卡利卡特	38000
埃尔祖鲁姆	47000	常德	37000—38000
日惹	47000	临清	37000—38000
德岛	46000	福井	37000
赣州	46000	秋田	37000
滕州	45000—46000	阿里格尔	36000
麦加	45000	萨哈兰普尔	36000
坦贾武尔	45000	科伦坡	36000
巴拉特布尔	45000	道德纳加尔	36000
太原	45000	梅县	35000—36000
淮安	45000	台北	35000—36000
马什哈德	45000	照金	35000—36000
万县	45000	松江	35000
摩苏尔	45000	喀什	35000
法扎巴德	45000	贡伯戈讷姆	35000
纳加帕蒂南	45000	平凉	35000
萩市	45000	保定	35000
哈马	44000	泰安	35000
泉州	43000—44000	三居	35000
桂林	43000	艾丁	35000
福州	43000	甘吉布勒姆	35000
拉萨	42000	佛山	35000
博多	42000	第比利斯	34000
马杜赖	41000	肯帕德	34000
库库托	40000—41000	塞康德拉巴德	34000
嘉兴	40000—41000	布尔汉普尔	34000
热河	40000	托卡特	33000
乌鲁木齐	40000	班达	33000
济宁	40000	香港	33000
巨港	40000	熊本	33000
吉林	40000	阿钦	33000
贾朗达尔	40000	科尼亚	33000
蒙吉尔	40000	埃泽萨	33000
恰普拉	40000	本地治里	32000
南宁	40000	弘前	32000
潮州	40000	科塔	32000
大同	40000	富山	32000
多久	40000	布罗奇	31000
呼和浩特	40000	锡瓦斯	31000
萨纳	40000	襄阳	30000—31000
三宝垄	40000	亚兹德	30000
卡塔克	40000	辽阳	30000
比哈尔	40000	奉天	30000
查谟	40000	湖州	30000
安庆	40000	金德讷格尔	30000
荆州	39000—40000	哈马丹	30000

续表

城市名称	人口规模（人）	城市名称	人口规模（人）
乌尔加	30000	艾哈迈德讷格尔	26000
新潟	30000	河州	25000—26000
博尔本德尔	30000	大理	25000—26000
卡瓦巴	30000	沙市	25000—26000
德拉伊耶	30000	合肥	25000—26000
绍兴	30000	纽约	25000—26000
宜昌	30000	凉州	25000—26000
凡城	30000	婺城	25000—26000
奥兰加巴德	30000	马尼萨	25000
康定	30000	清迈	25000
齐齐哈尔	30000	米尔塔	25000
塔尔苏斯	30000	皮利比特	25000
坎大哈	30000	曼德维	25000
巴特冈	30000	松山	25000
阿瑜陀耶	30000	霍姆斯	25000
加兹温	30000	安卡拉	25000
洛阳	30000	卡斯塔莫努	25000
卡尚	30000	阿拉	25000
金边	30000	马扎里沙里夫	25000
贾夫纳	30000	阿马西亚	25000
屈塔希亚	30000	兰基	25000
阿拉布克尔	30000	琼山	25000
雷扎维	30000	萨达拉	25000
冈山	30000	迪纳杰普尔	25000
静冈	30000	南定	25000
阿勒楚喀	30000	荷台达	25000
德拉加齐汗	30000	卡尔什	25000
卡尔干	30000	仰光	25000
巴亚齐德	30000	米泽	25000
乌贾因	30000	金福	25000
布里	30000	山田	25000
加勒	29000—30000	赫拉特	25000
镇江	29000—30000	博帕尔	25000
中山	29000—30000	纳西克	25000
大邱	29000—30000	长春	24000—25000
松都	29000	东奈	24000—25000
澳门	29000	尼赞伯德讷姆	24000
皮瓦尼	29000	海得拉巴	24000
青海	28000	彦根	24000
蒂鲁内尔维利	28000	松江	24000
安洛哈	28000	乌代布尔	24000
默苏利珀德姆	27000	设拉子	23000
迪亚巴克尔	27000	伊塔瓦	23000
阿杰梅尔	27000	德伦格巴尔	23000
釜山	27000	阿克苏	23000
长崎	27000	希尔德斯海姆	22000
江布尔	27000	希瓦	22000
胡格利	27000	乌尔米亚	22000
阿查尔布尔	27000	纽汉	22000
雷瓦里	26000	库姆	22000
奥皮恩—卡拉希萨	26000	长冈	22000
易卜拉欣普尔	26000	卡拉奇	22000

续表

城市名称	人口规模（人）	城市名称	人口规模（人）
库尔贾	22000	若松	20000
普杰	22000	函馆	20000
拉杰沙希	22000	钱多西	20000
维沙卡帕特南	22000	贝鲁特	20000
高冈	21000	锦石	20000
安巴拉	21000	库纳乌	20000
兵库县	21000	卡拉曼	20000
布道恩	21000	盛冈	20000
安条克	21000	泽扬	20000
伏见	21000	梅迪尼普尔	20000
奈良	21000	拉瓦尔品第	20000
津市	21000	杭州	20000
卡尔皮	21000	包普拉	20000
毛淡棉	21000	宾德拉邦	20000
哈特勒斯	21000	特里凡得琅	20000
威海卫	20000—21000	哈伊勒	20000
嘉定	20000—21000	叻空	20000
莱阳	20000—21000	鹿港	20000
福州	20000—21000		

第 2 章
城市人口规模的估测依据[1]

2.1 公元 800 年前的城市人口规模估测依据

时间（年）	城市	估测依据	数据来源
公元前 2250	埃卜拉	城墙内约有 30000 人	La Fay, p.741
公元前 2000	乌尔	城墙内约有 34000 人，城墙外的 4 英里郊区范围内共有约 250000—500000 人（可能被高估）	Wolley, p.193
公元前 2000	孟菲斯	约有 10000 名不纳税的人（可能是军人，是人口总量的 1/6）	Lichtheim, Ⅰ, p.104
公元前 2000	苏萨	周长约 21.6 公里（可能被高估；其大小是公元前 430 年埃克巴坦那的 1/3）	Strabo, 15: 3: 2: 728
公元前 1800	摩亨朱达罗	城市面积约 1 平方英里，周长约 3 英里	Chambers, 1976 M. Wheeler, p.26
公元前 1600	阿瓦里斯	城市面积约 1000 公顷	Manetho, fragment 42
公元前 1600	巴比伦	参见公元前 1360 年	Gonen, p.68
公元前 1600	哈措尔	40% 的迦南定居人口，每 250 公顷的土地上容纳了约 150000 人（但似乎应按照每公顷 100 人估算）	Broshi & Gophna, pp.42–45
公元前 1360	底比斯	周长大约 6—8 英里，不是首都（参见公元前 1200 年底比斯的情况）	Reclus, 1884: Africa, Ⅰ, map p.380
公元前 1360	杜尔·库里加尔祖	在汉谟拉比时期约有 10000 名士兵（人口总量约是士兵数量的 6 倍）。这个地区的遗址普遍比汉谟拉比时期小 30%	Sohmōkel, p.54
公元前 1360	波格斯凯	周长约 3.5 英里（面积约 200 公顷）。公元前 1286 年，约有 2500 辆战车投入卡德什战役中，每辆车承载 3 名士兵（人口总量约是士兵数量的 6 倍）	Bittel, map p.26 Breasted, Ⅲ, p.153
公元前 1360	大敖国	城市面积约 320 公顷	Ency. Britannica, 1969, V, p.573
公元前 1360	孟菲斯	公元前 1157 年，城内有 32988 个粮食单位	Breasted, Ⅳ, p.106
公元前 1360	迈锡尼	并未超过 30000 人	Alsop, p.99
公元前 1360	阿玛纳	约有 30000 人	Griffith, p.304
公元前 1360	赫利奥波利斯	公元前 1157 年，城内约有 41492 个粮食单位	Breasted, Ⅳ, p.106
公元前 1360	克诺索斯	是斯巴达顶峰时期人口数量的 3/4，约有 40000 人	Strabo, 2: 196
公元前 1360	埃雷克	城市面积不超过 450 公顷，约有 50000 人。虽然已过人口规模顶峰，但仍是巴比伦尼亚的主要地区中心（人口规模大约是顶峰时期的 1/3）	R. Adams, 1966, p.69 Ency. Britannica, 1910
公元前 1360	乌加里特	约有 2000 匹马（用于战车，通常每匹承载 2 名士兵，因此城市约有 4000 名战士，人口总量约是战士数量的 6 倍）	Astour, p.107
公元前 1200	孟菲斯	公元前 1157 年，有 32988 个粮食单位。公元前 1205—前 1188 年间，它可能作为首都	Breasted, Ⅳ, p.106; Chandler（g）, p.129
公元前 1200	波格斯凯	约有 8000 名"士兵指挥官"	Breasted, Ⅲ, p.154

---

[1] 下划线的数据（如 2000 等）为原著者估算。

续表

时间（年）	城市	估测依据	数据来源
公元前 1200	底比斯	在拉美西斯三世（公元前 1188—前 1157 年）的统治下，拥有约 106181 个粮食单位。公元前 1184 年约有 10000 名随从、20000 名士兵（人口总量约是随从和士兵总量的 6 倍）。此时的首都可能是孟菲斯	"Ⅳ, p.106" p.200 Homer, "Iliad" 9：380-7
公元前 1200	杜尔·库里加尔祖	与公元前 1360 年的人口规模相当	—
公元前 1200	苏萨	公元前 1200 年，国王出兵征服了巴比伦	Enci. Italiane, "Elam"
公元前 1200	迈锡尼	公元前 1194 年，约有 100 艘船从该地区驶出（约 50 艘来自迈锡尼，40 艘来自阿尔戈斯。来自迈锡尼和阿尔戈斯的船只数量分别约是其人口总量的 1/600）	Homer, "Iliad" 2：611-8
公元前 1200	阿尔戈斯	约有 80 艘船从阿戈利德驶出（可能被高估，实际可能为 40 艘船；人口总量约是船只数量的 600 倍）	Homer, "Iliad" 2：600-10
公元前 1200	特洛伊	养有约 3000 匹母马（毫无疑问是为战车而备）	Diodorus, 4：75：2
公元前 1200	皮洛斯	约有 90 艘船在内斯特航行（约有 30 艘船从塔架驶出，人口总量约是驶出船只数量的 600 倍）	Homer, "Iliad" 2：715
公元前 1200	底比斯	约有 6000 名战士从博奥提亚出征（也许一半来自底比斯）	2：505-10
公元前 800	撒马利亚	公元前 722 年，约有 27290 人	Sargon Ⅱ in New Int. Ency.
公元前 650	尼尼微	约有 120000 人，城墙周长约 39600 英尺（围合面积达 900 公顷）	Jonah 4：11 in Bible Felix Jones, p.430
公元前 650	临淄	周长约 12 公里（面积约 1100 公顷，人口总量约为面积数值的 75 倍）	Hsu, p.137 Franke, p.163
公元前 650	洛阳	公元前 723—前 464 年间，城墙周长约 13.8 公里（折合约 8.5 英里，围合面积达 1170 公顷）。人口总量约为面积数值的 100 倍	Franke, p.163
公元前 650	巴比伦	毁于公元前 691 年，但很快又被重建为亚述的陪都（因此，其规模比公元前 1200 年要小一些）	Ency. Brit., 1910
公元前 650	米利都	希腊最大的城市	Ency. Brit., 1910
公元前 650	赛斯	公元前 719 年，派出约 8000 名士兵（人口总量约是派出士兵数量的 6 倍）	Breasted, Ⅳ, p.433
公元前 650	马里卜	城墙周长约 6 罗马英里（折合约 5.2 英国英里）。随着马里卜大坝完工，城市开始繁荣发展	Pliny, 6：23：160
公元前 650	新店	公元前 537 年，拥有约 4900 辆战车（每辆战车约承载 2 名士兵）。城市地位于公元前 650 年前后有所下降	Walker, p.55
公元前 650	卡拉（尼姆鲁德）	公元前 706 年，城市面积约 360 公顷。尼尼微城市面积达到近 750 公顷	Oates, pp.42-43
公元前 650	耶路撒冷	公元前 840 年，约有 2000 辆战车，每辆车大约承载 3 名士兵（总计约 6000 名士兵，人口总量约是士兵数量的 6 倍）。公元前 598 年被围困时，拥有约 7000 名士兵	Vieyra, p.81
公元前 650	平壤	公元前 1050 年前后，城市发展非常稳定，人口可能略有增长	2 Kings 24：16
公元前 430	巴比伦	公元前 520 年，约有 50000 名妇人被带到这里。人口全部集中在周长约 11 英里（面积约 2000 公顷）的城市里。房屋多为 3—4 层	Herodotus, 3：159 Ency. Brit., 1973 Kinner, p.270
公元前 430	燕下都	公元前 464 年，城墙周长约 23 公里（围合面积约达 3000 公顷，人口总量约为面积数值的 60 倍，参见公元 2 年的长安）	Hsu, p.136
公元前 430	雅典	约有 155000 人	Gomme, p.47
公元前 430	雪城	拥有超过 100000 人，但比雅典少	Beloch, 1886, p.478
公元前 430	洛阳	城市面积和公元前 650 年相当	Hsu, p.134
公元前 430	孟菲斯	约有 100000 人，城市面积和底比斯相当（参见公元前 1200 年的底比斯情况）	Beloch, 1886, p.477 Diodorus in Beloch, 1886, p.482
公元前 430	帕特纳	印度主要王国的首都。公元前 477 年，拉贾格里哈约有 90000 人。公元前 326 年，它拥有约 20000 名骑兵、2000 辆战车和 3000 头战象	Dey Puri, p.96
公元前 430	埃克巴坦那	文献认为巴比伦的周长约 14.4 公里，占地面积达 1000 公顷。城市拥有约 15000 名士兵（人口总量约是士兵数量的 6 倍）	Diodorus in Beloch, 1886, p.482；New International Ency. Ency. Brit., 1910, XXI, p.209
公元前 430	迦太基	公元前 310 年，拥有约 40000 名战士（人口总量约是战士数量的 6 倍）。上述比例在公元前 149 年的斯特拉（Strabo）数据中有所体现	Diodorus, 20：10; Strabo, 17：833 and 18：3：15

第2章　城市人口规模的估测依据

续表

时间（年）	城市	估测依据	数据来源
公元前 430	会稽	顶峰时期，城市周长约 8.4 公里（围合面积约达 1000 公顷，人口总量约是面积数值的 75 倍）	Wheatley, 1971, p.183 Franke, p.188
公元前 430	科林斯	约有 70000 人	Beloch, 1886, p.478
公元前 430	苏萨	周长约 36 公里（约有 12000 人，参见埃克巴塔纳）	Strabo, 15; 3; 2: 728
公元前 430	临淄	不如公元前 650 年那般强大	Crow, pp.173–176
公元前 430	瓦拉纳西	公元前 440 年，拥有约 10000 名僧侣和 44000 名非僧侣	"Bihar," 1940, p.355
公元前 430	波斯波利斯	规模略大于伊什塔克尔	Ency. of Islam, 1913, "Istakhr"
公元前 430	舍卫城	公元前 500 年，拥有约 57000 户家庭	Buddhaghosha in puri
公元前 430	毗舍离	拥有约 7707 名户主	S.Roy in Georage, p.200
公元前 430	马里卜	公元前 650 年，示巴王国仍兴旺发达	S.Roy in Georage, p.200
公元前 430	潞城	顶峰时期，城市周长达 8.75 公里（围合面积约达 900 公顷，人口总量约是面积数值的 75 倍）	Wheatley, 1971, p.183
公元前 430	耶路撒冷	公元前 445 年，约有 49942 人	Nehemiah 7: 66 in Bible
公元前 430	占婆	公元前 475—前 450 年是印度重要的王国首都，城市周长约 7 英里	Dey Hsüan Dsang, II, p.191
公元前 430	咸阳	公元前 762—前 350 年为秦国首都	Franke, pp.184–5
公元前 430	斯巴达	约有 40000 人	Beloch, 1886, p.483
公元前 430	长沙	公元前 487—前 222 年为楚国首都，直到公元前 200 年左右这个角色才发生了变化	Ency. Brit., 1973 "China"
公元前 430	阿格里真托	约有 40000 人	Beloch, 1886, p.478
公元前 430	阿尔戈斯	约有 40000 人	Beloch, 1886, p.478
公元前 430	塔兰托	约有 40000 人	Beloch, 1886, p.478
公元前 430	墨西拿	公元前 396 年，约 4000 名步兵、400 名骑兵。拥有约 30 艘船，每艘船可容纳 174 名船手。因此，总计约 9620 名士兵（人口总量约是士兵数量的 6 倍，再减去 1/3 农村人口）	Diodorus, 14: 40, in Pardi, 1921, p.14
公元前 430	萨迪斯	公元前 550 年，首都约有 50000 人	Pedley, p.122
公元前 430	罗马	城市面积约 250 公顷，人口总量约是面积数值的 100 倍	Ency. Brit., 1910, "Rome" and "Veil"
公元前 430	克罗顿	人口总量在 40000 人以下，拥有超过 10000 名市民	Beloch, 1886, p.479
公元前 430	提尔	公元前 332 年，约 8000 人被杀害，约 30000 人被奴役	Curtius and Arrian in Cummings, p.183
公元前 430	昔兰尼	人口规模在 4000 人以下	Beloch, 1886, p.478
公元前 430	科尔丘拉岛	人口规模在 4000 人以下	Beloch, 1886, p.478
公元前 430	杰拉	人口规模在 4000 人以下	Beloch, 1886, p.478
公元前 430	王舍城	不再是印度的首都。公元前 477 年时拥有约 90000 人	Puri, p.96
公元前 430	太原	公元前 457—前 424 年是赵国都城	Franke, pp.180–1
公元前 430	大马士革	公元前 859—前 824 年约有 1200 名骑兵、1200 辆战车。因此，总计约 3600 名士兵（人口总量约是士兵数量的 6 倍）	Vieyra, p.81 Strabo, 16: 2; 20
公元前 430	伊利斯	公元前 418 年，拥有超过 10000 名市民，被斯巴达征服	Beloch, 1886, p.478 Ency. Brit., 1910
公元前 200	长安	拥有约 100000 户新移民家庭（人口总量约是家庭数量的 4 倍）	Ma, p.109
公元前 200	帕特纳	周长约 21 英里，顶峰期至少拥有 350000 人。至少拥有 30000 名骑兵、9000 头战象。公元前 200 年，总计拥有约 64000 名士兵（人口总量约是士兵数量的 6 倍）	Basham, p.201 Brockhaus, 1864 Sharma, 1966, p.19
公元前 200	亚历山德里亚	公元前 250 年，拥有约 40000 名骑兵、2000 辆战车、300 头战象（合计约 50000 名战士）	Appian in Gardner, p.229 Diodorus, 17: 52: 6
公元前 200	塞琉西亚	与安条克共享塞琉古王朝的首都地位。大约公元 1 年时，达亚历山大的规模	Beloch, 1886, p.479
公元前 200	迦太基	兵营共容纳约 24000 人（人口总量约是兵营人数的 6 倍）。公元前 146 年，拥有约 30000 名民兵（人口总量约是民兵数量的 5 倍）	W. Smith, p.109 Strabo, 18: 3: 15
公元前 200	罗马	公元前 147 年，约有 322000 人	Ency. Brit., 1853, XIX, p.362n
公元前 200	安条克	公元前 145 年，约有 120000 人	I Maccabees in Douai Bible
公元前 200	巴克特拉	城市周长约 6.5 英里	Ency. Brit., 1910
公元前 200	孟菲斯	人口规模仅次于亚历山大	Ency. Brit., 1910
公元前 200	科林斯	大约在公元前 150 年达到人口规模顶峰，城市周长达 9 英里	Strabo in Enci. Italiana

047

续表

时间（年）	城市	估测依据	数据来源
公元前 200	阿努拉德普勒	公元前 160 年，锡兰约有 40000 名士兵	De Camp，p.337 from the "Mahavamsa"
公元前 200	拜滕	公元 100 年前后，已经成为安得拉邦首都	
公元前 200	塔克西拉	公元前 200 年，成为希腊王国的首都，城市周长约 6 英里	Dey Cummings，p.318
公元前 200	耶路撒冷	托勒密统治下，城市兴旺发达（因此，可能比公元前 445 年的规模略大）	Ency. Judaica
公元前 200	罗得斯	约有 21000 名 18 岁以上的公民、10000 名外邦人士	Livi，p.29
公元前 200	布罗奇	公元前 300 年，拥有约 5000 名骑兵和 1600 头战象	Megasthenes，fragment 56
公元前 200	以弗所	公元前 300 年修建有 6 英里长的城墙（形状不规则，围合面积约达 400 公顷）。人口数量在公元 1 年前后达到峰值	Miltner，p.13；Enci. Italiana，"Efesos" Miltner，p.31
公元前 200	长沙	公元前 118 年，拥有约 10000 名骑兵（人口总量约是骑兵数量的 6 倍）。第一道城墙建于公元前 202 年，城墙长约 5.5 英里（围合面积约达 500 公顷，人口总量约为面积数值的 75 倍）	Crow，p.129 Enciclopedia Universal
公元前 200	白沙瓦	由国王波尔斯于公元前 325 年建立	Ency. Brit.，1973
公元前 200	伊萨帕	顶峰时期拥有超过 80 座寺庙（人口总量约寺庙数量的 900 倍，参见卡霍基亚），可能一半是在公元前 200 年建造的	Coe，1966，p.60
公元前 200	帕加马	公元前 190 年，约 3800 人（包含一个小规模军队）	Livy，37：39-44
公元前 200	墨西拿	约有 50000 人（减去 1/3 农民数量）；人口规模与公元前 396 年相当	Pardi，1921，p.6
公元前 200	奥尔比亚	城墙形状近似等腰三角形，围合面积约达 250—300 公顷，人口总量约为面积数值的 125 倍	Boardman，p.261
公元前 200	昔兰尼	公元前 321—前 100 年，人口数量缓慢下降	Ency. Brit.，1910
公元前 200	特雷斯萨波特斯	城市面积约 300 公顷，人口总量约为面积数值的 100 倍	Bernal，1969，p.430
公元前 200	斯巴达	城市地位几乎与公元前 431 年同等重要。6 英里长的城墙被攻破（输掉了一场战争）	Ency. Brit.1910
100	罗马	占地可达 1305 公顷（人口密度较高，约达每公顷 300 人）。相比之下，奥古斯都的城墙稍大一些，奥古斯都养育了约 350000 人	Ency. Brit.，1853，XIX，p.362n letter from Josiah Cox Russell
100	洛阳	公元 2 年，约有 195504 人，军队约有 70000 名士兵（人口总量约是士兵数量的 6 倍）。公元 150 年，合计约 500000 人，其中包括约 100000 名官员	Loewe，1965，p.129 Fitzgerald，p.196 Ency. Brit.，1973，V，p.580 Bielenstein，lecture Feb.10，1977
100	塞琉西亚	公元 50 年，约有 600000 人（可能被高估）。公元 165 年，约 300000 人（包括泰西封在内）。城市面积约达 400 公顷，人口密度约每公顷 200 人	Pliny，6：30：120 Dio Cassius，71 Adams，1965，pp.175，70
100	亚历山大	公元前 60 年，约有 300000 名公民。至公元 250 年，公民数量近剩余一半	Diodorus，17：52：6 Bishop Dionsius in Durant，1944，p.666
100	安条克	公元 125 年，拥有约 200000 人（可能被高估，参见公元 363 年）	Chrysostom in Downey，1961，p.583
100	阿努拉德普勒	约有 200000 人（可能被高估），周长 15 公里左右（围合面积达 1300 公顷，人口总量约为面积数值的 100 倍）	Pliny，6：24：86 Madrolle，1916
100	白沙瓦	库山首都，围合面积约达 800 公顷，人口总量约为面积数值的 150 倍（参见斯利那加）	Hsüan Dsang，I，p.97
100	士麦那	公元 50 年，约有 100000 人。人口密度达到每 150 公顷约 90000 人	—
100	长安	公元 2 年，约有 246200 人，周长约 26 公里（围合面积约达 4000 公顷）。公元 23 年前后，城市遭到劫掠和破坏，不再作为首都	Loewe，1965，p.245 Reischauer and Fairbank，1960，pp.12-14
100	拜滕	安得拉邦（娑多婆诃）首都，与勋空争夺地区控制权	Sircar，pp.12-4
100	雅典	哈德良领导下，城墙扩建了 20%（人口密度可能低于公元前 430 年）。公元 143 年，城市面积是当时尼姆的 2 倍	Enci. Italiana Ency. Britannica，1910
100	成都	公元 2 年，约有 70537 人（参见公元 1290 年）	Loewe，1968，p.129
100	加的斯	384 公顷的土地面积上，约容纳了约 65000 人	Russell，1958，p.74
100	哈维里	公元 50 年前后成为乔拉首都	Hemingway，p.29
100	扎法尔	建有 9 座城门；拥有约 10000 名士兵（人口总量约是士兵数量的 6 倍）	Hamdani，p.22

续表

时间（年）	城市	估测依据	数据来源
100	以弗所	公元 100 年，人口规模达到顶峰，人口密度达到约 51000 人/150 公顷	Beloch, 1886, p.480 Miltner, p.31 Russell, 1958, p.80
100	里昂	公元前 43 年，约有 5000 人。公元 1 世纪前后，城市面积快速增长至 163 公顷（人口总量约为面积数值的 200 倍）。至公元 197 年，已拥有近 40000 名基督徒	Steyert, Ⅰ, p.129 Steyert, Ⅰ, p.417
100	科林斯	约 480 公顷的土地面积上，容纳了约 50000 人	Russell, 1958, p.77
100	马杜赖	城市地位和公元 1300 年几乎一样重要	Husaini, pp.7—20
100	大莱普提斯	是公元 200 年迦太基城市规模的 4/5；城墙周长约 7 英里，占地约 800 公顷	Raven, p.79 Blaquiere, p.19
100	孟菲斯	埃及的第二大城市，有一个罗马军团驻扎在这里	Strabo, 8:89
100	特奥蒂瓦坎	公元 150 年，约 450000 人	Bernal, 1968, p.30
100	尼姆	公元 1 世纪，城市围合面积约达 220 公顷（人口总量约是面积数值的 200 倍）	Lot, 1947, p.398
100	帕加马	公元前 170 年，约有 120000 人、7000 名士兵（人口总量约是士兵数量的 6 倍）。至公元前 100 年，一直是当地的首都，人口密度达到每 150 公顷 24000 人	Beloch, 1886, p.480 Livy, 42:50—60 Ency. Brit., 1910 Russell, 1958, p.80
100	阿帕米亚	约有 370000 人。包含周边地区在内，总共约有 1170000 人	Chambers, 1967 Enci. Italiana Russell, 1958
100	卡普阿	公元 59 年，约 20000 人在此定居，占地面积约达 180 公顷（人口总量约是面积数值的 200 倍）	Ency. Brit., 1973 Russell, 1958, p.72
100	拜占庭	城墙约长 4.5 英里，围合面积达 330 公顷。人口密度较高，达到每 180 公顷 24000 人	Strabo in W. Smith, p.113 Russell, 1958, p.77
100	米兰	133 公顷的土地面积上，有约 30000—40000 人	Beloch, 1886, p.486
100	萨罗尼加	234 公顷的土地面积上，有约 350000 人	Russell, 1958, p.77
100	俄克喜林库斯	160 公顷的土地面积上，有约 340000 人	Russell, 1958, p.79
100	安戈拉	238 公顷的土地面积上，有约 340000 人	Russell, 1958, p.81
100	奥斯蒂亚	城市面积约 100 公顷，房屋高达 5 层，因此人口数量约是城市面积数值的 300 倍	Enci. Italiana, XXV, p.746
100	伦敦	城墙周长约 3.1 英里（占地约 200 公顷，人口总量约是面积数值的 150 倍）	Pennant（1）, p.9
100	彼德	约有 30000 人	Abercrombie, p.246
100	戈尔廷	建有长约 9000 米的城墙，围合面积 500 公顷（可能被高估）	Strabo, 2:199
361	君士坦丁堡	首都面积达到 330.969 公顷，于公元 447 年建成	Stein in Russell, 1958, p.66
361	泰西封	城市处于兴旺发达时期（参见公元 100、622 年）	—
361	罗马	至公元 410 年，规模已达 100000 人	Enci. Italiana
361	亚历山大	公元 250 年，人口数量已达历史峰值的一半。公元 250—350 年，埃及的人口规模急剧减少	Durant, 1944, P.666 Arkell, pp.171—2
361	帕特纳（巴连弗邑）	城墙周长约 11 英里，围合面积约 2200 公顷，城市面积约是围合面积的 2/3，人口数值约是围合面积数值的 100 倍，再乘以 2/3	Mookerji, pp.52, 102 Hsüan Dsang, Ⅲ, p.320
361	南京	中国南方地区的中心，可与长安相媲美	Rogers, p.167
361	安条克	公元 363 年，约有 150000 人	Libanius in Downey, 1961, p.583
361	特奥蒂瓦坎	至公元 350 年，人口规模达 90000 人	Bernal, 1968, p.30
361	长安	公元 352—370 年作为首都；公元 383 年，拥有 270000 名骑兵（骑兵数量约为人口总量的 1/6）；公元 387 年，拥有约 30000 户家庭（家庭数是人口数的 1/5）	Ross, pp.80, 105 Rogers, p.167 Ross, p.110
361	乌贾因	克沙特拉帕首都。公元 120—395 年，曾拥有约 18000 名牧师（牧师数量约为人口总量数的 1/5）	Mookerji, p.6 Hsüan Dsang, Ⅰ, p.120
361	埃泽萨	公元 214—500 年，人口持续增长（参见公元 500 年）	Segal, p.180
361	特里尔	城市面积约达 285 公顷，比米兰大	Ewig, p.123 Lot, 1947, pp.397—8 Ausonius in Lot, 1947, p.403
361	耶路撒冷	重建于公元 135 年前后，人口数量约是它拥有 10000 名士兵时期的 1/2	Ency. of Islam, 1913; Jewish Ency.
361	内沙布尔	城墙周长约 15000 步，于公元 4 世纪前后建成，长 9 英里，城市面积约达 1300 公顷（参见公元 400—1000 年）	Bosworth, p.159
361	纥升骨城	公元 341 年，50000 人撤离此地。公元 427 年，作为首都被重建	Ross, p.72

续表

时间（年）	城市	估测依据	数据来源
361	迦太基	公元 439 年，建有约 22 座大教堂（教堂数量约是人口总量的 1/3000）	Ency. Brit., 1910
361	维埃纳	公元 300 年前后，城市面积已超过里昂（占地达 225 公顷，面积数值约是人口总量的 1/200）	Russell, 1958, p.84 Larousse
361	萨罗尼加	公元 390 年，约有 7000 名叛军被杀，其中一些是妇女（人口总量约是叛军人数的 300 倍）	Durant, 1950, p.26
361	大马士革	建有 15 座教区教堂（教堂数量约是人口总量的 1/3000），再加上犹太人数量（与公元 364 年相当）	Russell, 1958, p.80 Ibn Asakir, pp.216–221 and 215n
361	米兰	城市面积约是 1860 年的 1/6。公元 400 年时，已至少建有 6 个教区	Enci. Italiana, map New Catholic Ency. Ausonius in Ency. Brit., 1910
361	大雷普提斯	公元 200 年左右人口规模达到峰值	Raven, p.30
361	辽东	至少拥有 40000 人	Ross, p.67
361	阿尔勒	建有能容纳 25000 人的剧院。城墙围合面积约为 18 公顷。君士坦丁时常住在此地	Ency. Brit., 1910, "Trier" and "Arles"
361	希波	约有 40000 人	Durant, 1950, p.67
500	查尔斯顿	公元 622 年前后正是波斯繁荣发展的时期	—
500	君士坦丁堡	城市面积在 447—960 公顷之间，人口密度非常高	Stein in Russell, 1958, p.66 Downey, 1960 Jacoby in Ency. of Islam, 1960
500	安条克	与公元 361 年的情况类似	
500	阿约提亚	公元 414—530 年（除去 495—510 年），一直是古普塔首都（参见帕特纳在公元 361 年的人口规模）	Mookerji, p.102
500	特奥蒂瓦坎	约 125000 人，城墙占地面积约 1000 公顷	Millon, p.1, 080
500	迦太基	公元 439—533 年，是万达尔首都	Ency. Brit., 1910
500	罗马	在西奥多里克的领导下，公元 550 年的人口已达约 120000 人	Enci. Italiana
500	埃泽萨	公元 525 年，约有 30000 人死亡，约占当时城市人口总量的 1/3	Procopius in Segal, p.156
500	锡亚尔科特	公元 495—540 年，是埃夫塔利特首都	Sir J. Marshall, p.46 Ency. Brit., 1910, "Ephthalites"
500	阿米达	公元 502 年前后，约有 80000 人遭到杀害	Ency. Brit., 1910, "Diarbekr"
500	耶路撒冷	公元 614 年前后，拥有约 92000 人（包括难民在内）	Cambridge Medieval History, II, p.290 Theophanes, sec.108
500	平壤	公元 427 年，约有 10000 名士兵	Choy, pp.21, 26
500	内沙布尔	公元 438—456 年，沙赫·亚兹德盖德二世常居于此。公元 495 年，被伊夫特匈奴人占领	Ency. Brit., 1910
622	泰西封	公元 575 年，拥有约 100000 户家庭	Ling-hu Te-fen in Roy Miller, p.13 Ency. Brit., 1910, "Persia"
622	长安	公元 583 年修建了约 22.4 英里长的城墙，100 多年间人口数量持续增长。公元 618—906 年，军队均维持 100000 名士兵的规模	A.Wright, pp.143–6 Ma, p.19
622	亚历山大	总共缴纳了约 32000 第纳尔的人头税（每名成年男性被要求缴纳 2 纳尔。人口总数约是成年男性人数的 4 倍）	Lane-people, 1901, p.15n
622	洛阳	公元 605 年，至少有 100000 人移居到此；公元 605—618 年，被设立为都城	Ma, p.19
622	曲女城	城市周长约 9 英里（占地约 1300 公顷）；拥有约 20000 名骑兵（人口总量约是骑兵人数的 6 倍）	Playfair, V, p.420 Sharma, 1966, p.49
622	卑谬	至少拥有约 20000 户家庭（家庭数量约是人口总数的 1/5）；城墙周长 8 英里左右，形态为圆形（占地约 1000 公顷，面积数值约是人口数量的 1/100）	Wheatley, 1971, p.250
622	成都	拥有 16256 户家庭	24 Histories, XIX, p.14, 703
622	阿勒颇	公元 637 年，约有 120000 名民兵	Baurain, p.22
622	甘吉布勒姆	约 10000 名佛教僧侣，建有约 80 座印度教寺庙	Hsüan Dsang, II, pp.228–9
622	瓦塔比	城墙周长 40 里左右（折合约 7 英里，占地约 700 公顷）	Hsüan Dsang, II, p.254
622	马杜赖	城墙周长 40 里左右，拥有约 10000 名僧侣，建有数百座印度教寺庙	Hsüan Dsang, II, p.230
622	阿努拉德普勒	城墙周长 40 里左右	Hsüan Dsang, II, p.235

续表

时间（年）	城市	估测依据	数据来源
622	伊萨纳普	公元 610—637 年，为柬埔寨首都，拥有约 20000 户家庭	Briggs, pp.49, 51
622	特奥蒂瓦坎	约有 60000 人	Bernal, 1968, p.30
622	平壤	公元 427 年起，人口数量开始快速增长	Ross
622	杭州	公元 591 年建有 6 英里城墙，城市占地约 600 公顷，人口总量约是面积数值的 100 倍	Crow, p.94
622	毕万达	城墙周长约 40 里（城市地位低于甘吉布勒姆或卡努伊重要）	Hsuan Dsang, Ⅱ, p.323
622	南京	公元 604 年，城市被大面积毁坏（城市面积缩小为公元 361 年的 1/3）	Franke, Ⅱ, p.323
622	罗马	约有 50000 人	Enci. Italiana
622	大马士革	建有约 15 座教堂（约是人口总量的 1/3000），还应再加上公元 634 年的犹太人数量	Ibn Asakir, pp.216 21 and 215n
622	耶路撒冷	公元 630 年，约有 620000 人	Margoliouth, p.195
622	迦太基	与公元 439 年的规模相当，但商业日趋衰落	—
622	埃泽萨	参见公元 500 年	Segal, p.114
622	埃罗	公元 711 年，约有 15000 名卫士被杀害，另约 9000 人被掳走	Ferishta, Ⅳ, p.238
622	德温	公元 640 年，约有 12000 人死亡，约 35000 人被转移	Ency. of Islam, 1960
622	撒马尔罕	公元 712 年的城墙面积，是公元 1405 年的 2/7	Muminov, map p.165
622	萨罗尼加	参见公元 361 年、800 年情况	—
622	塞维利亚	公元 586—712 年，为西班牙首都。因此，规模可能比公元 889 年时略大	Enci. Universal Dozy, pp.337–338, 348
622	憍赏弥	城墙周长 5 英里左右（围合面积达 400 公顷）	Hsüan Dsang, Ⅰ, p.235
622	瓦拉比	城墙周长 5 英里左右。公元 632 年，拥有约 6000 名佛教僧侣（可能还有一些印度教徒）	Hsüan Dsang, Ⅱ, p.266
622	伊什塔克尔	在公元 649 年约有 40000 人	Ency. of Islam, 1913
622	迪摩缕波	城墙周长 5 英里左右	Hsüan Dsang, Ⅱ, p.195
622	奔那伐弹那	城墙周长 5 英里左右（约 15 里）	Hsüan Dsang, Ⅱ, p.194
622	辽东	公元 645 年前后，约有 40000 人	Ross, p.157

2.2 公元 800—1850 年，欧洲城市的人口规模估测依据

亚历山德里亚

时间（年）	人口规模（人）	估测依据	数据来源
1174	15000	起初的人口规模	Haulleville, Ⅱ, p.194
1200	15000	—	—
1542	8800	约有 1387 户家庭	Beloch, 1937, Ⅲ, p.229
约 1600	13900	—	Beloch, 1937, Ⅲ, p.229
1734	11619	—	Beloch, 1937, Ⅲ, p.229
1774	18581	—	Beloch, 1937, Ⅲ, p.229
1848	22994	包括驻军人数在内	Harper
1862	27027	更大范围内拥有 56545 人	Ency. Brit., 1902

阿玛尔菲

时间（年）	人口规模（人）	估测依据	数据来源
975	—	比那不勒斯大，是意大利本土最大的城市	Ibn Hawqal in Enci. Italiana
巅峰期	—	约有 70000 人（包括部分城外人口在内）	Ency. Brit., 1910
1000	35000	参见那不勒斯	—
1320	10000—15000	包括郊区人口在内	Beloch, 1937, Ⅰ, pp.243, 272
1854	3000	—	Ungewitter, Ⅰ, p.804

巴里

时间（年）	人口规模（人）	估测依据	数据来源
885—1071	—	位于拜占庭首都的南部	
1278	10000	拥有约 2000 个壁炉	Beloch, 1937, Ⅰ, p.256
1532	7000	拥有约 1557 个壁炉	Beloch, 1937, Ⅰ, p.256
1669	11000	拥有约 2345 个壁炉	Beloch, 1937, Ⅰ, p.256
1800	18000		Enci. Italiana
1850	31000		
1861	34000		Enci. Italiana

贝加莫

时间（年）	人口规模（人）	估测依据	数据来源
1000	13000	建有 11 座教堂	Belotti, p.237
1548	10000	人口总量按照 17707 人的 58% 估算，参见 1861 年	Beloch, 1937, Ⅲ, p.145
1596	13000	人口总量按照 23393 人的 58% 估算	Beloch, 1937, Ⅲ, p.145
1702	17000	人口总量按照 30000 人的 58% 估算	Beloch, 1937, Ⅲ, p.145
1776	16000	人口总量按照 28581 人的 58% 估算	Enci. Italiana
1785	20000	人口总量按照 35880 人的 58% 估算	Beloch, 1937, Ⅲ, p.145
1800	16000	—	—
1805	14000	人口总量按照 24459 人的 58% 估算	Morse, Ⅱ, p.394
1843	18000	人口总量按照 31771 人的 58% 估算	Cantù, Ⅰ, p.237
1850	19000		
1857	20000	人口总量按照 35733 人的 58% 估算	Cantù, Ⅰ, p.237
1861	22639	更大范围内有 38705 人	Enci. Italiana

博洛尼亚

时间（年）	人口规模（人）	估测依据	数据来源
12 世纪	—	人口快速增长	Hessel, pp.437–438
1200	35000		
1206	40000	城墙围合面积达 407 公顷	Ency. Brit., 1910 Enci. Italiana
约 1200—1238	—	建有 4 个新教区	Hessel, pp.438–40
1249	55000	约有 50000 多人，拥有 160000 户家庭（公元 1371 年减至 110000 户）	Hessel, p.271n
1300	40000		Beloch, 1937, Ⅱ, p.98
1371	40000	—	Beloch, 1937, Ⅱ, p.98
1400	43000		—
1496	55000		Beloch, 1937, Ⅱ, p.98
1500	55000		
1569	61731		Beloch, 1937, Ⅱ, p.98
1588	72395	不包括位于郊区地带的 19225 人	Beloch, 1937, Ⅱ, p.101
1600	62844		Beloch, 1937, Ⅱ, p.101
1680	65002		Beloch, 1937, Ⅱ, p.101
1700	63000		—
1701	63346		Beloch, 1937, Ⅱ, p.101
1741	64429		Beloch, 1937, Ⅱ, p.101
1750	66000		
1759	68882		Beloch, 1937, Ⅱ, p.101
1800	66948		Beloch, 1937, Ⅱ, p.101
1844	75000		Ency. Brit., 1853
1850	71500		Harper

布雷西亚

时间（年）	人口规模（人）	估测依据	数据来源
1100	18000	约有 3000 人在"十字军东征"中宣誓	Foggiali，Ⅳ，p.49
1249	21000	建有 7 座教堂	Treccani，1961，Ⅰ，p.673
1258	24000	拥有约 4000 名民兵（民兵数量约是人口总数的 1/6）	Treccani，1961，Ⅰ，p.680
1300	24000	—	—
1388	26000	建有 22 座教堂	Lonati，p.31
1400	26000		
1440	30000	—	Beloch，1937，Ⅱ，p.121
1493	37000	公社人数约达 56000 人（人口总量约是公社人数的 2/3；参见公元 1871 年）	Beloch，1937，Ⅱ，p.122
1500	40000		
1505	43000	公社人数约达 65000 人（人口总量约是公社人数的 2/3；参见公元 1871 年）	Beloch，1937，Ⅱ，p.124
1598	28000	公社人数约达 42000 人（人口总量约是公社人数的 2/3；参见公元 1871 年）	Beloch，1937，Ⅱ，p.124
约 1630	28000	公社人数达 43235 人（人口总量约是公社人数的 2/3；参见公元 1871 年）	Beloch，1937，Ⅱ，p.124–5
1632	20010	瘟疫后的人口规模	Beloch，1937，Ⅱ，p.125
1700	22000	—	—
1730	23000	公社人数约达 35000 人	Beloch，1937，Ⅱ，p.126
1750	24000		
1764	25000	公社人数达 38889 人	Beloch，1937，Ⅱ，p.126
1785	25000	公社人数达 38291 人	Beloch，1937，Ⅱ，p.126
1800	27000		
1805	27000	公社人数达 41972 人	J. Morse，Ⅰ，p.394
1849	—	大量城镇居民被杀害	Ency. Brit.，1910，"Haynau"
1850	17000	公社人数达 34995 人（人口总量约是公社人数的 0.5 倍）	Harper
1871	38906	所属区域内拥有 60230 人	Enci. Italiana

卡塔尼亚

时间（年）	人口规模（人）	估测依据	数据来源
1169	15000	几乎所有人都死于火山喷发	Burigny，Ⅰ，p.490
1194		城市被摧毁	—
1277	10000	根据税收总量估测	Beloch，1937，Ⅰ，p.144
1501	10000	人口总量按照 14216 人减去 1/4 的农村人口估算	Beloch，1937，Ⅰ，p.145
1595	18000	人口总量按照 25024 人减去 1/4 的农村人口估算	Beloch，1937，Ⅰ，p.145
1616	20000	人口总量按照 27788 人减去 1/4 的农村人口估算	Beloch，1937，Ⅰ，p.145
1681	14000	人口总量按照 18914 人减去 1/4 的农村人口估算	Beloch，1937，Ⅰ，p.145
1693	—	火山喷发造成约 9000 人死亡	Beloch，1937，Ⅰ，p.146
1713	16222	—	Beloch，1937，Ⅰ，p.145
1747	25715	—	Beloch，1937，Ⅰ，p.145
1750	26000		
1798	48000	包含 45081 名神职人员在内	Beloch，1937，Ⅰ，p.145
1800	48000		
1831	52433	—	Hoffmann
1850	62000		
1861	68810		Enci. Italiana

克里莫纳

时间（年）	人口规模（人）	估测依据	数据来源
1160	20000		Haulleville，Ⅱ，p.161
1200	25000		

时间（年）	人口规模（人）	估测依据	数据来源
1259	30000	拥有约 5000 名民兵	Cavitelli, p.92
1300	38000	—	
1304	38000	拥有约 6400 名民兵	Cavitelli, p.103
1360	—	拥有约 5000 名骑兵	Cavitelli, p.134
1400	35000		
1502	40000		Beloch, 1937, Ⅲ, p.202
1599	37184		Beloch, 1937, Ⅲ, p.203
1686	23000		Beloch, 1937, Ⅲ, p.205
1700	23000		
1750	24110		Beloch, 1937, Ⅲ, p.205
约 1800	21111	—	Ungewitter, Ⅰ, p.741
1846	28325		Blackie

费拉拉

时间（年）	人口规模（人）	估测依据	数据来源
1850	28000		Ungewitter, Ⅰ, p.741
1851	28328		—
768	—	建有约 3 座教堂	Mari & Savonuzzi, p.2
1000	—	建有约 6 座教堂	Scalabrini, pp.63, 67, 232, 298, 354, 590
1200	18000	拥有 18 个教区（教区数量约是人口总量的 1/1000，参见公元 1300—1310 年）	Scalabrini as above and pp.2, 32, 64, 67, 73, 75, 130, 314, 336, 341, 358, 369
1300	23000	建有 23 座教堂（教区数量约是人口总量的 1/1000，参见公元 1300—1310 年）	Scalabrini, pp.63, 67, 232, 298, 354, 590 and pp.72, 163, 259, 300, 362
1300	—	城市面积约达 150 公顷，相当于 1492 年的 1/3（似乎被低估，参见公元 1310 年）	Russell, 1972, p.67
1310	23000	约有 3470 名公民宣誓（宣誓人数约是人口总量的 1/6，再加上神职人员和犹太人数）	Istoja, p.2
1400	25000	建有约 25 座教堂	Scalabrini, as above, and pp.64, 161
1500	38000	城市地位日益提高	Ency. Brit., 1910
1500	—	城墙周长 4.6 英里（围合面积约达 340 公顷）	Correspondence with ferrare city library
1577	46000	除 41710 人外，还应加上约 2800 名神职人员和 1500 名犹太人	Beloch, 1937, Ⅱ, p.112
1599	34600	除 32000 人外，还需加上郊区地带的 2621 人	Beloch, 1937, Ⅱ, p.111
1600	33000	—	—
1601	32860		Beloch, 1937, Ⅱ, p.112
1676	28000		Beloch, 1937, Ⅱ, p.112
1700	27000		
1701	27326		Beloch, 1937, Ⅱ, p.112
1740	30291		Beloch, 1937, Ⅱ, p.112
1750	30000		
1797	30117		Beloch, 1937, Ⅱ, p.112
1800	28000		J. Morse, Ⅱ, p.395
1805	24444		
1850	38000		Enci. Italiana
1853	39367		—

佛罗伦萨

时间（年）	人口规模（人）	估测依据	数据来源
1172—1200	—	城墙围合面积达 105 公顷	Beloch, 1937, II, p.128
1198	15000	粗略地估计	Beloch, 1937, II, pp.129, 179
1200	15000	—	—
1200—1300	—	人口规模增长了 5 倍	Dante in Lestocquoy, p.176
1280	—	人口规模是米兰的 3/7	Renouard, pp.278, 491
约 1300	60000	城墙围合面积约达 512 公顷	Beloch, 1937, II, p.128
1338	—	面包消耗量是公元 1280 年的 85%	Renouard, p.491
1347	55000	—	Beloch, 1937, II, p.128
1380	61500	—	Beloch, 1937, II, p.128
1400	61000	—	—
1400	—	瘟疫造成 11492 人死亡	Beloch, 1937, II, p.128
1401	50000	拥有约 12662 户家庭	Beloch, 1937, II, p.148
1470	54000	—	Beloch, 1937, II, p.148
1500	70000	处于人口规模高峰时期	—
1520	70000	—	Beloch, 1937, II, p.148
1562	59216	—	Beloch, 1937, II, p.148
1600	65000	—	—
1629	70000	—	Beloch, 1937, II, p.143
1700	68000	—	—
1738	77835	—	Beloch, 1937, II, p.148
1750	74000	—	—
1751	73951	—	Beloch, 1937, II, p.148
1799	58716	—	Hoffmann
1800	61000	—	—
1806	78093	—	Beloch, 1937, II, p.148
1847	102154	—	Enci. Italiana
1850	107000	—	—
1852	110714	—	Ency. Brit., 1853

热那亚

时间（年）	人口规模（人）	估测依据	数据来源
925	—	城墙扩大	Enci. Italiana
1000	15000	建有约 5 座教堂	Catholic Ency.
1200	30000	建有约 10 座教堂	Catholic Ency.
1265—1291	—	公证文件数量增加了约 40%	Renouard, p.159
1300	85000	—	Heers in Russell, 1972, p.69
1397	66000	约有 11000 名市民参与内战	Garden, p.37
1400	66000	—	—
1460	78000	建有约 7800 栋房屋，拥有约 100000 人（可能被高估，参考 1397 和 1500 年，人口总数约是房屋数量的 10 倍；参考 1597 年）	Heers, pp.44–45
1500	62000	拥有约 11500 户家庭，还应加上约 1500 名神职人员、1000 名医护人员及住在郊区地带的约 2000 人	Beloch, 1937, III, p.288
1597	65000	城内住有 59329 人，郊区地带约有 2000 人，再加上 1867 名神职人员、2124 名贵族。建有房屋 6729 栋	Beloch, 1937, pp.289–291
1600	65000	—	—
1681	65000	—	Beloch, 1937, p.295, 360
1700	67000	—	—
1750	72000	—	—
1788	77563	—	Beloch, 1937, p.294
1799	90835	—	Beloch, 1937, p.294
1800	49000	经历公元 1800 年被围攻后的人口规模	Hoffmann

续表

时间（年）	人口规模（人）	估测依据	数据来源
1802	86063	—	Beloch, 1937, Ⅲ, p.294
1848	107000	除100382人外，还应加上在圣皮埃尔体育场的约7000人	English Cyclopaedia; Ungewitter, Ⅰ, p.773
1850	110000		
1855	120000	除112000人外，还应加上圣彼得堡的人口	Ency. Brit., 1853—（1860）

莱切

时间（年）	人口规模（人）	估测依据	数据来源
1532	17000	拥有3711个壁炉，约20400人（可能被高估，应减去13%）	Enci. Italiana；Beloch, 1937, Ⅰ, p.258
1595	31000	拥有6529个壁炉，约36000人（可能被高估，应减去13%）	Enci. Italiana；Beloch, 1937, Ⅰ, p.258，Ⅲ, p.357
1600	30000	—	
1648	22000	25400人（可能被高估，应减去13%）	Enci. Italiana
1669	15000	18000人（可能被高估，应减去13%）	Enci. Italiana
约1800	13000	15500人（可能被高估，应减去13%）	Beloch, 1937, Ⅰ, p.258
1861	18000	21300人（可能被高估，应减去13%）	Enci. Italiana
1921	—	文献记载人口39290人，其中约87%住在城内	Enci. Italiana

里窝那

时间（年）	人口规模（人）	估测依据	数据来源
1563	563	—	Beloch, 1937, Ⅱ p.177
1601	3958		Beloch, 1937, Ⅱ p.178
1700	15000	加上犹太人和驻军共有13532人	Beloch, 1937, Ⅱ p.178
1738	28273	包括犹太人在内	Beloch, 1937, Ⅱ p.178
1750	31000		
1766	36500	加上犹太人共有32753人	Beloch, 1937, Ⅱ p.178
1800	52611		Beloch, 1937, Ⅲ, p.361
1845	80195		Hoffmann
1850	84000		
1851	84907		Hoffmann

卢卡

时间（年）	人口规模（人）	估测依据	数据来源
约1200	10000	城墙围合的面积约75公顷	Beloch, 1937, Ⅱ p.165
1300	18000		
1331	—	约有18000—20000人（参见1333年）	Beloch, 1937, pp.165-166, 179
1333	23000	有4746人宣誓效忠（占人口总量的约1/5）	Russell, 1972, p.45
1400	23000		
1500	23000	公元1354—1847年，城市和平发展	Ency. Brit., 1910
16世纪	—	城墙围合面积约95公顷	Russell, 1972, p.45
1583	24000		Beloch, 1937, Ⅱ, p.166
1600	24000		
1645	25000		Beloch, 1937, Ⅱ, p.166
1700	22000		—
1744	20770		Beloch, 1937, Ⅱ, p.166
1750	20000		
1806	17160		Hassel, 1819, Ⅵ, p.531
1839	24092		Gazetteer of World
1855	23323		Ungewitter, Ⅰ, p.789

曼图亚

时间（年）	人口规模（人）	估测依据	数据来源
1000	12000	拥有4个教区	Enci. Italiana,"Mantova"
1200	12000	拥有4个教区	Quazza, p.38
14世纪	—	对外贸易大幅增长	Quazza, p.63
1400	25000	—	—
1463	26407	—	Beloch, 1937, Ⅱ, p.287
1491	23185	—	Beloch, 1937, Ⅱ, p.287
1500	26000	—	—
1511	30000	包括郊区人口在内	Beloch, 1937, Ⅱ, p.288
1592	31422	—	Beloch, 1937, Ⅱ, p.290
1624	30991	—	Beloch, 1937, Ⅱ, p.290
1676	21238	—	Beloch, 1937, Ⅱ, p.292
1700	21000	—	—
1714—1727	21000	根据人口出生率推测	Beloch, 1937, Ⅱ, p.292
1750	27000	—	—
1751	27000	含郊区人口在内共23668人	Beloch, 1937, pp.293–294
1789	24000	含犹太人在内共21787人	Beloch, 1937, pp.293–294
1800	22000	—	—
1802	21902	—	Beloch, 1937, pp.293
1850	28000	—	—
1857	29884	—	Brockhaus, 1864

墨西拿

时间（年）	人口规模（人）	估测依据	数据来源
800	25000	约50000人（人口总量按50000人的1/2推测；参见公元1275—1982年）	Pardi, 1921, p.21
11世纪	—	1096年起成为主教辖区	Trasselli, p.12
12世纪	—	十字军东征后，人口快速增长	D. Smish, pp.31, 55
1194	35000	不超过70000人（人口总量按70000人的1/2推算；参见公元1275—1282年）	Pardi, 1921, p.29
1200	35000	—	—
1223	25000	约50000人（人口总量按50000人的1/2推算）	Pardi, 1921, p.32
1230—1266	30000	文献记载人口约60000人	Pardi, 1921, p.32
1277	33000	税率是巴勒莫的2/3	Beloch, 1937, Ⅰ, pp.136, 152
1282	35000	卡萨利斯约有70000人，与公元1194年的人口规模相当	Pardi, 1921, p.33
1300	25000	—	—
1302	25000	不超过50000人（人口总量按50000人的1/2推算）	Pardi, 1921, p.35
1348	22000	约45000人（人口总量按45000人的1/2推算）	Pardi, 1921, p.38
1396	15000	约30000人（人口总量按30000人的1/2推算）	Pardi, 1921, p.40
1500	31000	—	—
1501	31000	根据5700个壁炉推算出28500人（未包括神职人员）	Pardi, 1921, p.43
1502	31383	—	Pardi, 1921, pp.42–43
1559	33000	约50000人（人口总量按其2/3推算；参见公元1713、1501年）	Pardi, 1921, p.45
1570	50000	约75000人（人口总量按其2/3推算；参见公元1713、1501年）	Pardi, 1921, p.45
1583	53000	约80000人（人口总量按其2/3推算；参见公元1713、1501年）	Pardi, 1921, p.45
1600	63000	—	—
1606	67000	文献记载人口100774人	Pardi, 1921, p.45
1653	47000	加上卡萨利斯共有71462人	Pardi, 1921, p.53

续表

时间（年）	人口规模（人）	估测依据	数据来源
1695	45000	少于 50000 人	Pardi, 1921, p.55
1700	45000	—	—
1713	44000	40393 人再加上神职人员数量（神职人员约为 40393 人的 10%，参见公元 1798 年）	Beloch, I, pp.141–142
1748	29000	26699 人再加上神职人员数量	Pardi, 1921, pp.59–60
1750	29000	—	—
1798	37000	包括卡萨利斯在内有 48304 人	Pardi, 1921, p.61, citing oliva
1800	37000	—	—
1834	52896	不含卡萨利斯有 31810 人	Pardi, 1921, p.63
1837	54637	不含卡萨利斯有 33131 人	Pardi, 1921, p.64
1850	66000	文献记载人口 97074 人	Ency. Bist., 1853
1854	70307	不含卡萨利斯有 33017 人	Pardi, 1921, p.66

米兰

时间（年）	人口规模（人）	估测依据	数据来源
罗马时期	30000—40000	城市面积为 133 公顷	Beloch, 1937, III, p.175
8 世纪	—	墙壁已被严重腐蚀	Enci. Italiana
800	25000		
约 875	—	城墙重建	Enci. Italiana
975	—	人数少于阿玛尔菲（参见阿玛尔菲）	
1000	30000		
1100	42000	约 7000 人参与东征（占人口总量的约 1/6）	Poggiali, IV, p.49
1162	48000	拥有 16 座教堂	Giulini, map p.1xiv
约 1170	58000	面积约为 234 公顷	Beloch, 1937, III, p.175
1200	60000		
1237	60000	约有 10000 名军人	Modignani et al, I, p.29
1274	70000	约有 13000 栋房屋	Bonvesin in Renouard, p.478
1288	60000	约有 12500 个壁炉	Beloch, 1937, III, p.176
1295	—	文献记载人口约 150000 人（可能被高估）	Calco in Renouard, p.491
1300	60000		
1348	—	意大利暴发瘟疫，仅米兰幸免于难	Muir, p.39
1401	80000	拥有约 12000 名骑兵（参见公元 1714 年）	Muir, p.118
1428	83000	约有 90000 名居民（应减去科皮桑蒂人口规模，参见公元 1714 年）	Beloch, 1937, III, p.179
1492	83000	约有 18300 个壁炉（应减去科皮桑蒂的人口规模）	Beloch, 1937, III, p.179
1500	89000		
约 1510	98000	不超过 110000 人（根据人口死亡率推算）	Beloch, 1937, III, p.179
1576	98000	约有 110000 人（应减去科皮桑蒂的人口数量）	Beloch, 1937, III pp.182–183
1600	107000		
1628	118000	约有 130000 人（应减去科皮桑蒂的人口数量）	Beloch, 1937, III, p.190
1688	113000	文献记载人口 125829 人（应减去科皮桑蒂的人口数量）	Beloch, 1937, III, p.190
1700	113000	公元 1701—1713 年战争前的人口数据	—
1714	103082	科皮桑蒂的农村人口约达 12000 人	Beloch, 1937, III, p.190
1750	110118		Beloch, 1937, III, p.190
1800	122000	包括科皮桑蒂的部分人口在内	Beloch, 1937, III, p.190
1846	178000	加上科皮桑蒂人口共有 189380 人	Gazetteer of World
1850	182000		
1851	183000	加上科皮桑蒂人口共有 194792 人	English Cyclopaedia

蒙多维

时间（年）	人口规模（人）	估测依据	数据来源
1571	20000	按照城市公社数量推算有 25999 人（参见公元 1871 年）	Beloch, 1937, III, p.279

续表

时间（年）	人口规模（人）	估测依据	数据来源
1600	8000	不再是首都	—
1612	8000	按照城市公社数量推算有 10903 人	Beloch, 1937, Ⅲ, p.279
1734	5000	按照城市公社数量推算有 6975 人	Beloch, 1937, Ⅲ, p.279
1774	12000	按照城市公社数量推算有 17614 人	Beloch, 1937, Ⅲ, p.279
1809	16000	按照城市公社数量推算有 21577 人	J. Morse, Ⅱ, p.390
1848	13000	按照城市公社数量推算有 18000 人	Ungewitter, Ⅰ, p.767
1871	11958	按照城市公社数量推算有 16543 人	Enci. Italiana

那不勒斯

时间（年）	人口规模（人）	估测依据	数据来源
763—1300	30000—35000		Enci. Italiana
800	30000	—	—
1000	30000		Doria, p.44
1200	35000		Doria, p.71
1278	30000—36000	依据所得税数量估算	Beloch, 1937, Ⅰ, p.170
1300	40000		
1340	60000		Enci. Italiana
1399	40000		Enci. Italiana
1400	40000		
1435	60000		Enci. Italiana
1450	75000		Doria, p.125
1500	114000		
1501	—	约 115000—120000 人	Pardi, 1924, p.66
1547	209637	约有 245000 人（包含 3 处郊区，但未包含 3 岁以下儿童）	Beloch, 1937, Ⅰ, p.177
1553	208000	约有 220000 人（包含部分郊区）	Pardi, 1924, p.72
1600	224110		Pardi, 1924, p.77
1656	—	约 160000 人死于瘟疫	Beloch, 1937, Ⅰ, p.180
1688	186769		Beloch, 1937, Ⅰ, p.185
1700	207000		
1707	220000	城内居民 215588 人（不含神职人员）	Beloch, 1937, Ⅰ, p.181
1742	305021		Beloch, 1937, Ⅰ, p.181
1750	310000		
1766	322786		Beloch, 1937, Ⅰ, p.176
1797	438000		Enci. Italiana
1800	430000		
1801	426339		Beloch, 1937, Ⅰ, p.183
1845	400813		Gazatteer of World
1850	413000		
1851	416475		English Cyclopaedia

帕多瓦

时间（年）	人口规模（人）	估测依据	数据来源
601	—	建有 2 座教堂	Foligno, p.10
11 世纪	10000	不超过 10000 人	Beloch, 1937, Ⅲ, p.65
1174	17500	根据 2614 座房屋估算	Beloch, 1937, Ⅲ, p.65
1195	—	城市面积约为 76 公顷	Beloch, 1937, Ⅲ, p.65
1200	20000		—
1281	39000		Torres, p.58
1300	39000		
1320	40000	拥有 7635 户家庭（家庭数量是人口总量的约 1/5）	Russell, 1972, p.66
1397	34200		Beloch, Ⅲ, p.74

续表

时间（年）	人口规模（人）	估测依据	数据来源
1400	32000	—	—
1418	20000	约有 18000 人（未含车站地区人口）	Russell，1972，p.66
1500	29000	约有 27000 人再加车站地区人口数量	Beloch，1937，Ⅲ，p.74 cf.p.69
1586	30600	—	Beloch，1937，Ⅲ，p.70
1600	34000	—	—
1605	36054	—	Beloch，1937，Ⅲ，p.70
1648	32714	—	Beloch，1937，Ⅲ，p.74
1700	37000	—	Beloch，1937，Ⅲ，p.74
1730	40000	—	—
1750	40000	—	Beloch，1937，Ⅲ，p.74
1766	40795	—	Beloch，1937，Ⅲ，p.74
1785	41753	—	—
1800	45000	—	—
1802	45475	—	Beloch，1937，Ⅲ，p.74
1837	35225	—	Hoffmann
1850	51000	—	—
1852	53990	—	Correnti，p.451

巴勒莫

时间（年）	人口规模（人）	估测依据	数据来源
831	—	约有 3000 名成年男性	Diehl，p.56
1000	75000	—	Enci. Italiana
1061	—	不超过 100000 人	Amari，Ⅲ，p.75n
1061	90000	由 15000 人保卫（保卫人数占人口总量的约 1/6）	—
1127—1197	—	意大利南部诺曼首都	—
1200	150000	—	—
1277	50000	根据所得税数量估算	Beloch，1937，Ⅰ，p.152
1300	35000	"西西里晚祷"之后人口规模骤减	—
1374	23000	城内有 4082 个壁炉（壁炉数为人口总量的约 1/5；参见公元 1479 年），还应加上神职人员和犹太人数量	Beloch，1937，Ⅰ，p.135
1400	25000	—	—
1479	30000	城内有 5109 个壁炉（壁炉数为人口总量的约 1/5），还应加上神职人员和儿童数量	Beloch，1937，Ⅰ，p.120
1500	39000	—	—
1501	40000	约有 8000 个壁炉	Beloch，1937，Ⅰ，p.120
1570	70000	以西西里岛的人口总量为基础	Beloch，1937，Ⅰ，p.125
1591	99631	按照城市公社数量推测有 114131 人	Beloch，1937，pp.127–129
1600	105000	—	—
1606	110000	城内有 18518 个壁炉；文献记载人口 104983 人，还应加上神职人员数量	Beloch，1937，pp.127
1625	136000	城内有 19246 个壁炉；文献记载人口 128417 人，还应加上神职人员数量	Beloch，1937，pp.130
1690	126000	按照城市公社数量推算有 139960 人	Handwörterbuch，Ⅱ，p.683
1700	125000	—	—
1723	108000	战后有 99805 人，再加上神职人员	Beloch，1937，Ⅰ，p.83
1747	110000	按照城市公社数量推算有 117600 人，再加上神职人员	Beloch，1937，Ⅰ，p.132
1750	111000	—	—
1798	133000	按照城市公社数量推算有 140540 人，再加上神职人员	Beloch，1937，Ⅰ，p.133
1800	135000	—	—
1815	144000	按照城市公社数量推算有 152294 人	Beloch，1937，pp.133–134
1831	—	按照城市公社数量推算有 173478 人	Hoffmann
1850	170000	—	Correnti，p.450
1853	—	按照城市公社数量推算有 184541 人	—

帕尔马（意大利）

时间（年）	人口规模（人）	估测依据	数据来源
1395	20000	—	Beloch，1937，Ⅱ，p.243
1400	17000		
1404	15000	—	Beloch，1937，Ⅱ，p.243
1500	18000		—
1509	19034		Beloch，1937，Ⅱ，p.243
1600	33000	根据基督教受洗人数推测	Beloch，1937，Ⅱ，p.243
1700	35000		Beloch，1937，Ⅱ，p.243
1750	34000		—
1800	33000		—
1820	32640		Beloch，1937，Ⅱ，p.243
1844	40927	—	Gazetteer of World
1851	40536	—	Brockhaus，1851

帕维亚

时间（年）	人口规模（人）	估测依据	数据来源
774—1024		首都	
800	22000	公元774—888年间，意大利人口数量增长缓慢	Ency. Brit.，1910
911	22000	城市面积约88公顷（面积数值是人口总量的1/250；参照那不勒斯）	Beloch，1937，Ⅲ，p.212
964	—	是意大利人口数量排名第二的城市，仅次于罗马	Liutprand in Butler，p.57
1000	30000	—	
约1200	25000		
1250	30000		Beloch，1937，Ⅲ，p.213
1300	30000		—
1400	17000	不再承担政治中心职能	
1480	17000		Beloch，1937，pp.213，217
1542	16000		Beloch，1937，Ⅲ，p.217
1576	17000		Beloch，1937，pp.215，217
1600	18000		—
1700	22000		—
1750	24432		Beloch，1937，p.217
1800	23772		Beloch，1937，Ⅲ，p.271
1846	28169		Gazetteer of World
1850	27000		
1857	25006	—	Hoffmann

皮亚琴察

时间（年）	人口规模（人）	估测依据	数据来源
1134		拥有8座教堂	Poggiali，Ⅳ，p.119
1192		拥有9座教堂	Poggiali，Ⅴ，p.58
1216	20000	约有3300名民兵（民兵人数约占总人口数量的1/6）	Poggiali，Ⅴ，p.110
1316	24000	约有4000名民兵（民兵人数占总人口数量的1/6）	Poggiali，Ⅵ，p.185
1400	24000		
1447	25000	—	Beloch，1937，Ⅱ，p.252
1546	26760	—	Beloch，1937，Ⅱ，p.252
1579	30000	—	Beloch，1937，Ⅱ，p.252
1600	31000		
1618	33038		Beloch，1937，Ⅱ，p.252
1700	31000		
1750	30000		
1758	30590	—	Beloch，1937，Ⅱ，p.252

时间（年）	人口规模（人）	估测依据	数据来源
1800	28000	—	
1820	27920	—	Beloch, 1937, Ⅱ, p.252
1850	36000	—	
1861	39318	—	Brockhaus, 1864

比萨

时间（年）	人口规模（人）	估测依据	数据来源
1000	9000	至少有 3 座教堂	Catholic Ency.
1100	20000	文献记载约 20000—25000 人	Miss Rossi in Renouard, p.36
1152	—	城墙围合的面积为 114 公顷	Beloch, Ⅱ, p.161
1164	20000	约有 3400 名士兵（士兵人数约占总人口数量的 1/6）	Russell, 1972, p.42
12 世纪		建有 1 座新英国式教堂	Catholic Ency.
1200	25000		
1228	25000	有 4240 名公民参加宣誓（指 15—70 岁的男性公民；参加宣誓的人数约占总人口数量的 1/6）	Beloch, 1937, Ⅱ, p.161
1284	—	舰队战败；约 5000 人被杀害，9272 人被俘	Canale, Ⅲ, p.32
1298	—	1000 名囚犯被释放回到此地	Bragadin, p.106
1300	25000		
1551	9940		Beloch, 1937, Ⅱ, p.162
1642	12902		Beloch, 1937, Ⅱ, p.162
1745	14015		Beloch, 1937, Ⅱ, p.162
约 1800	17000		Hassel, 1819, Ⅵ, p.568
1840	21670	仅指城内人口数量	Ency. Brit., 1902
1850	23000		
1855	23755		Gazetteer of World

雷焦卡拉布里亚

时间（年）	人口规模（人）	估测依据	数据来源
10 世纪	17000		Enci. Italiana
1300	9000	少于 10000 人	Enci. Italiana
约 1850	20000		Ungewitter, Ⅰ, pp.806–807

罗马

时间（年）	人口规模（人）	估测依据	数据来源
600—800	50000		Enci. Italiana
800	50000		—
900	40000		Enci. Italiana
970	35000		Enci. Italiana
1000	35000		
1200	35000		
1300	30000	直到 1304 年，教皇仍生活在此	
1377	17000		Beloch, 1937, Ⅱ, p.1
1400	33000		
1458	33500	约有 6700 个壁炉	Beloch, 1937, Ⅱ, p.5
1500	38000		
1513	40000		Enci. Italiana
1600	102000	按 109729 人的 93% 推测；参见公元 1809 年	Beloch, 1937, Ⅱ, p.13
1700	138000	按 149447 人的 93% 推测；参见公元 1809 年	Beloch, 1937, Ⅱ, p.13
1750	146000	按 157882 人的 93% 推测；参见公元 1809 年	Corridore, p.56
1800	142000	按 153004 人的 93% 推测；参见公元 1809 年	Beloch, 1937, Ⅱ, p.16

续表

时间（年）	人口规模（人）	估测依据	数据来源
1809	134242	城市与郊区共有 144242 人	Le Mée, p.505
1850	158000	按 170824 人的 93% 推测；参见公元 1809 年	Annuario Stat. Roma, p.16

萨莱诺

时间（年）	人口规模（人）	估测依据	数据来源
1075—1127	—	意大利南部诺曼地区首府	Enci. Italiana
1075—1127	50000	建有 16 座教堂、17 个教区（教区数量约为总人口数量的 1/3000）	Mazza, pp.62–63
1320	10000	税收规模是那不勒斯的 1/3，是阿玛尔菲的 2/3	Beloch, 1937, I, p.272
1455	3500	有 697 个壁炉	Beloch, 1937, I, p.244
1595	11000	有 2233 个壁炉	Beloch, 1937, II, p.244
1788	9181	—	
1854	11500	—	Ungewitter, I, p.804

锡耶纳

时间（年）	人口规模（人）	估测依据	数据来源
1200	15000	人口处于增长期；参见佛罗伦萨	
1250	20000		Lestocquoy, p.176
1300	21000		
1300	20000	城市面积约为 50 公顷，面积数值约为人口数量的 1/400	Russell, 1972, pp.42–43
1347	22000	按 20000 人再加上神职人员和犹太人数量推测	Beloch, 1937, II, p.160
1380	14500	按 12500 人再加上神职人员和犹太人数量推测	Beloch, 1937, II, p.160
1500	22000		
16 世纪	—	城墙拓展使围合面积增加至 101 公顷	Beloch, 1937, II, p.150
1540	25000	按 23000 人再加上神职人员和犹太人数量推测	Beloch, 1937, II, p.160
1579	18779		Beloch, 1937, II, p.160
1612	18659		Beloch, 1937, II, p.160
1717	15963		Beloch, 1937, II, p.160
1784	16173		Beloch, 1937, II, p.160
1843	20333		Enci. Italiana
1850	21000		
1855	22435	—	Ungewitter, I, p.786

都灵

时间（年）	人口规模（人）	估测依据	数据来源
1377	3500	约有 700 个壁炉	Beloch, 1937, III, p.276
1571	15000	按 14244 人再加上 2 岁以下儿童数量推测	Beloch, 1937, III, p.276
1600	23000		
1612	27000	按 24410 人再加上犹太人、神职人员及 2 岁以下儿童数量推测	Beloch, 1937, III, p.276
1631	40000	—	Beloch, 1937, III, p.276
1700	43000		
1702	43936	含郊区的 1459 人在内	Beloch, 1937, III, p.277
1750	52000	按 61516 人的 6/7 推算；参见公元 1809 年	Beloch, 1937, III, p.277
1800	57000	按 66220 人的 6/7 推算；参见公元 1809 年	Beloch, 1937, III, p.277
1809	56066	城市与郊区共有 65100 人	Le Mée, p.500
1838	104078	城市与郊区共有 117072 人	Bartolotti, p.15
1850	125000		
1852	130000	按 143157 人减去 13000 人推算；参见公元 1838 年	Ency. Britannica, 1853

威尼斯

时间（年）	人口规模（人）	估测依据	数据来源
906	35000—40000	—	Hazlitt，Ⅰ，p.71n
1000	45000	—	—
1170	64000	—	Hazlitt，Ⅰ，p.71n
1200	70000	—	—
1300	110000	处于人口规模高峰时期	—
1339	—	约有40100名20—60岁的男性	Hazlitt，Ⅰ，p.556；Ⅱ，p.741
1347	110000	瘟疫暴发前，约有100000人	Beloch，1937，Ⅲ，p.3
1379	110000	—	Beloch，1937，Ⅲ，pp.3–4
1400	110000	—	—
1500	115000	—	—
1509	115000	城市与郊区共有约105000人	Beloch，1937，Ⅲ，p.17，cf.p.7
1563	182000	按168626人再加上犹太人、穷人和郊区人口数量推测	Beloch，1937，Ⅲ，p.17，cf.p.7
1593	150000	按139459人再加上郊区人口数量推测	Beloch，1937，Ⅲ，p.17，26
1600	151000	—	—
1624	156000	按142804人再加上犹太人、穷人和郊区人口数量推测	Beloch，1937，Ⅲ，p.17，cf.9–10
1696	143000	按132637人再加上郊区人口数量推测	Beloch，1937，Ⅲ，p.17，cf.9–10
1700	144000	—	—
1750	158000	—	—
1761	161000	按149476人再加上郊区人口数量推测	Beloch，1937，Ⅲ，pp.17，26
1790	148000	按136803人再加上郊区人口数量推测	Beloch，1937，Ⅲ，p.17
1800	146000	—	—
1802	146000	按134398人再加上郊区人口数量推测	Beloch，1937，Ⅲ，p.17
1850	141000	按126768人再加上郊区人口和奥地利驻军数量推测	Harper

维罗纳

时间（年）	人口规模（人）	估测依据	数据来源
800	30000	建有近30座教堂	A. Allen，p.3
1000	20000	经历困难时期	—
1100a	—	至少建有4座新教堂	Enci. Italiana
1200	33000	—	—
1234	—	城内及周边地区共有约8000名纳税人	Moscardo，p.161
1238	34000	建有34座教堂	Moscardo，p.182
1270	—	建成了1座新教堂	Enci. Italiana
1300	36000	—	—
1330	—	城市面积约436公顷	Russell，1972，p.64
1400	35000	—	—
1473	30000	文献记载人口27378人	Beloch，1937，Ⅲ，p.101
1491	38500	—	Beloch，1937，Ⅲ，p.102
1500	39000	—	—
1502	40000	—	Beloch，1937，Ⅲ，p.102，cf. p.117
1577	53280	—	Beloch，1937，Ⅲ，p.117
1600	54000	—	—
1604	55176	—	Beloch，1937，Ⅲ，p.117
1700	50000	—	—
1738	48013	—	Beloch，1937，Ⅲ，p.117
1750	49000	—	—
1785	52978	—	Beloch，1937，Ⅲ，p.117
1800	55000	—	—
1805	55887	—	J. Morse，Ⅱ，p.398
1837	51615	—	—
1850	52000	—	Correnti，p.451
1852	52052	—	—

维琴察

时间（年）	人口规模（人）	估测依据	数据来源
1539	19000	城市公社内有约 28400 人（总人口数量约是城市公社人数的 2/3 倍；参见公元 1548 年）	Beloch, 1937, Ⅲ, p.357
1548	—	城市公社内有 30948 人	Beloch, 1937, Ⅲ, pp.87–88
1548	21268	城内人口数量	Beloch, 1937, Ⅲ, p.87
1600	21000	城市公社内有 30000 人（或 24000 人）	Beloch, 1937, Ⅲ, p.91
1656	16000	城市公社内有 25000 人	Beloch, 1937, Ⅲ, p.94
1710	17000	城市公社内有 25802 人	Beloch, 1937, Ⅲ, p.97
1766	19000	城市公社内有 28289 人	Beloch, 1937, Ⅲ, p.94
1802	19000	城市公社内有 28995 人	Beloch, 1937, Ⅲ, p.97
1850	22000	—	—
1857	22000	城市公社内有 33306 人	Brockhaus, 1864
1901	32200	城市公社内有 47558 人	Enci. Italiana

瓦莱塔

时间（年）	人口规模（人）	估测依据	数据来源
1632	21075	包括驻军人数在内	Beloch, 1937, Ⅰ, p.166
1700	24000		
1750	27000		
1782	28500	包括郊区人口在内	Hassel, 1819, Ⅶ, p.583
1798	39000	城中有 23680 人	J. Morse, Ⅱ, p.409
1800	—	拥有驻军约 6000 人	Ency. Brit., 1878
1800	35000		
1807	41222	包含在哥斯皮瓜、维多利亚和森格里亚的 16676 人	Martin, 1839, p.575
1826	45806		Martin, 1839, p.575
1826	—	马耳他有 106040 人	Prico, p.227
1850	—	马耳他有 120270 人	Prico, p.227
1850	50000		

阿尔梅里亚

时间（年）	人口规模（人）	估测依据	数据来源
831	—	城市建立	Ency. Of Islam, 1913
1000	35000	城市面积约 118 公顷	Russell, 1958, p.92
1147	—	城内约有 3800 名织工	Maqqari, p.51
1288	—	被格拉纳达吞并	Ency. Of Islam, 1913
1300	25000	该时期城市稳定发展	
1400	25000		
1487—1489	—	格拉纳达唯一的港口城市（参见马拉加）	
1489	25000	建有约 5000 栋房屋（房屋数量是人口总量的 1/5）；城市被西班牙军队征服	Münzer, p.30
1594	4000	拥有 966 名纳税人（参见其他西班牙城市）	Gonzalez, p.92
约 1800	7200		Hassel, 1819·Ⅸ, p.280
1850	21000		
1857	23018	—	"Censo," 1857, p.863

巴达霍斯

时间（年）	人口规模（人）	估测依据	数据来源
875—890	—	首都	
982	—	取代梅里达成为路西塔尼亚的重要城市	—
约 1000	16000	城市面积约 81 公顷（人口总量约是城市面积数值的 200 倍）	Russell, 1958, p.92
约 1250	15000	有 5 个教区	

续表

时间（年）	人口规模（人）	估测依据	数据来源
1787	5000	相比 1905 年减少了 1/6（1905 年约有 6000 人）	Whittington，p.221
1849	9000	文献记载人口 11715 人	Blackie，"Spain"
约 1905	25012	文献记载人口 30899 人	Enci. Universal

巴埃萨

时间（年）	人口规模（人）	估测依据	数据来源
1227	—	约有 4000 户家庭逃离乌贝达	Büsching，1769，p.47
1407	8000	有 1785 名男性公民	Gonzalez，p.92
1530	13000	有 2635 名纳税人（人口总量约为纳税人的 5 倍；参照哈恩）	Gonzalez，p.92
1594	20000	有 5172 名男性公民（人口总量约是男性公民的 5 倍，参照塞维利亚、萨拉戈萨）	Gonzalez，p.92
1600	20000		
约 1625	17000	有 3496 名男性公民（人口总量约是男性公民的 5 倍）	Ximenes，pp.226–7
约 1850	10800		Hoffmann

巴塞罗那

时间（年）	人口规模（人）	估测依据	数据来源
950	2000	占地面积约 10 公顷	Bonnassie 9 pp.115–6
1009	9000	有 3 个教区	pp.489–91
1100	12000	有 4 个教区	Bonnassie 9 pp.489–91
1200	15000	—	
1200ᵦ		长期作为阿拉贡首都	Tasis，pp.48–9
1300	30000	城市面积约 100 公顷（人口总量约为面积数值的 300 倍；参见公元 1000 年的阿尔梅里亚）	Jurgens p.28
1359	38000	有 7651 个壁炉（参见公元 1385 年）	Bofarull p.1
1365	—	有 7641 个壁炉；大约 34384 人（可能忽略了神职人员数量）	Gran Enci. Catalana
1385	36000	根据 7295 个壁炉推算	Russell9 1972，p.169
1400	36000		
1463	35000		Tasls，p.162
1492	28500		Tasls，p.162
1500	29000		
1516	31000	有 6372 个壁炉（人口数量约是壁炉数量的 5 倍）；约有 28750 人（忽略了神职人员数量）	Gran Enci. Catalana
1553	34000	有 6999 个壁炉	Nadal & Giralt，p.202
1589—1590	—	约 12690 人死于瘟疫	Tasis，p.181
1600	35000		
1618	—	人口规模恢复至公元 1589 年数量	Carrera，p.168
1627	43000	约有 8600 个壁炉	Carrera，p.169
1657	64000		Tasls，p.216
1667	60000	拥有 10000 名士兵（人口总量约是士兵数量的 6 倍）	Carrera，p.169
1700	43000		—
1706	43000	有 5155 栋房屋（人口总量约是房屋数量的 8 倍；参见公元 1719 年）	Iglesies，p.27
1716	32791	经历战争	Vilar，Ⅱ，p.47
1719	51000	超过 14 岁的居民数量达 34005 人；建有 6043 栋房屋	Iglesies，p.105
1740	49000	建有 5822 栋房屋（人口总量约是房屋数量的 8 倍；参见公元 1719 年）	Carrera，p.173
1750	53000		
1759		驻军人数约 8000 人；约有 70000 人（可能被高估）	Gran Enci. Catalana
1769	62000	约有 54000 人（含驻军人数在内）	Carrera，p.180；Laborde，Ⅰ，p.29

续表

时间（年）	人口规模（人）	估测依据	数据来源
1786	114100	按 94880 人再加上驻军和神职人员数量推测	Laborde，I p.29
1796	117000	建有 10767 栋房屋；拥有 20508 户家庭（可能被高估）	Laborde，I p.29
1799	11500	—	Gran Enci. Catalana
1800	113000	—	
1818	83829		Sanchez M.，IV，p.31
1849	164000	包括巴塞罗那人口在内	Etocl. Italiana
1850	167000	—	
1857	195772	包括格拉西亚的 17147 人在内	"Censo" 1857, pp.96, 863

伯巴斯特罗

时间（年）	人口规模（人）	估测依据	数据来源
900	36000	拥有 6000 名骑兵（人口总量约是骑兵数量的 6 倍）	Dozy，p.376

布尔戈斯

时间（年）	人口规模（人）	估测依据	数据来源
884	9000	有 3 座教堂（可能是教区教堂）	Torres，p.39
1163	18000	有 6 座教堂（可能是教区教堂）	Torres，p.39
13 世纪	—	有 1 个新的教区教堂	Enci. Universal
1300	21000		
14 世纪	—	建有 2 座新的教堂	Enci. Universal
1400	27000		Enci. Universal
1408	—	建有 1 座新教堂	
15 世纪	—	文献记载人口约 80000 人（显然被高估）	Ency. Brit，1878
1530	7000	约有 1500 名男性公民	Gonzalez，p.7
1596	10000	约有 2040 名男性公民	Lopez，p.283
1694	9000	有 1881 名男性公民	Gonzalez，p.7
1787	10000	—	Whittington，p.221
1850	22000	—	
1857	24329	—	"Censo," 1857，p.863

拜占庭

时间（年）	人口规模（人）	估测依据	数据来源
1594	10000	有 1681 名纳税人（人口总量约是纳税人数量的 6 倍）	Gonzalez，p.84
1694	31000	有 5191 名男性公民	Gonzalez，p.84
1700	31000	战争爆发前	—
1712	28000	拥有 4043 户纳税家庭，再加上圣玛丽亚港的至少 733 户纳税家庭	Uztariz，pp.75–6
1750	60000		
1787	97000	按照 65987 人加上圣玛利亚港（约 16000 人）、圣费尔南多（约 15000 人）的人口推测；参照公元 1879 年	Hassel, 1819, IX, pp.248, 251
1800	87000		
1849	85470	按 53920 人加上圣玛丽亚港（17930 人）、圣费尔南多（9729 人）和雷亚尔港（3981 人）的人口推测	Lippincott，1868
1850	88000		
1857	115773	按 63513 人再加上郊区人口数量推测	"Censo," 1857, pp.180, 863

卡塔赫纳

时间（年）	人口规模（人）	估测依据	数据来源
约 1000	33000	城市面积约 110 公顷（人口总量约是面积数值的 300 倍）	Russell，1958，p.92
1530	2000	有 505 名纳税人（人口总量约是纳税人数的 5 倍；参照哈恩）	Gonzalezt p.75

续表

时间（年）	人口规模（人）	估测依据	数据来源
1594	5000	有 1034 名纳税人（人口总量约是纳税人数的 5 倍；参照哈恩）	Gonzalezt p.75
1694	12000	有 2447 名男性公民	Gonzalezt p.75
1736	38971	—	Bleiberg，Ⅶ，p.188
约 1800	29000	—	Hassel，1819，Ⅸ，p.286
1845	27727	—	English Cyclopaedia
1850	31000	—	—
1852	33593	—	"Censo," 1857, pp.xvi xvii

科尔多瓦

时间（年）	人口规模（人）	估测依据	数据来源
约 800	16000	约有 23000 名居民住在不到 1/8 的城市区域内	Madoz，Ⅵ，p.652
900	—	人口规模骤减	Lane-Poole，1907，pp.106–107
约 1000	—	人口规模达到顶峰；建有约 200000 栋房屋（包含城外地区）	Ency. Brit.，1910
约 1000	450000	—	—
约 1000	—	文献记载人口约 500000 人；建有约 113000 栋房屋	Dozy，Ⅱ，p.174
1103	60000	—	Lafuente，Ⅰ，p.273
1200	60000	城市稳定发展	—
1236	—	建有 5 座修道院	Ramirez，Ⅰ，p.349
1300	40000	人口总量约是修道院数量的 6700 倍（参见罗斯基勒）	—
1400	36000	—	—
1408	36000	有 12 个教区，人口总量约是教区数量的 3000 倍	Enci. Universal
1500	30000	按 35000 人的 6/7 推算，参照公元 1910 年	Vicens，p.243
1530	30000	有 5845 名纳税人（人口总量约是纳税人数的 6 倍，参照公元 1594—1646 年）	Gonzalez，p.85
1594	32000	有 6257 名纳税人	Gonzalez，p.84
1600	32000	—	—
1646	34000	约有 8000 名男性公民（人口总量约是男性公民的 5 倍，再减去 1/7）	González，p.85
1694	27000	有 6911 名男性公民	González，p.85
1700	27000	—	—
约 1750	22000	按 26000 人的 6/7 推算	Büsching，1784，Ⅶ，p.38
1787	28000	按 35000 人的 6/7 推算	Laborde，Ⅱ，p.119
1800	28000	—	—
1849	34000	按 41976 人的 6/7 推算	Blackie，"Spain"
1850	34000	—	—
1857	31000	按 36501 人的 6/7 推算	"Censo," 1857, p.863
1910	55514	城市与郊区的总人口约达 64407 人	Enci. Universal

埃西哈

时间（年）	人口规模（人）	估测依据	数据来源
1587	20000	按 23076 人加上 1000 名神职人员后的 6/7 推算；参见公元 1910 年）。城内建有 5379 栋房屋；有 6958 名纳税人	González，p.335
1594	15000	有 5078 名纳税人	González，p.83
1694	10000	有 2465 名男性公民（人口总量约是男性公民的 5 倍再减去 1/7）	González，p.86
约 1800	24000	按 28176 人的 6/7 推算	J. Morse，Ⅱ，p.159
约 1849	24000	按 28370 人的 6/7 推算	Harper
1850	24000	—	—

埃尔维拉

时间（年）	人口规模（人）	估测依据	数据来源
1000	22000	参见格拉纳达	—
1019	—	全部人口迁往格拉纳达	Gallego，p.70

格拉纳达

时间（年）	人口规模（人）	估测依据	数据来源
1000	22000	城市面积约 75 公顷（人口总量约是面积数值的 300 倍；参见阿尔梅里亚）	Torres，Ⅲ，pp.55–56
1030—1055	—	人口数量快速增长	Ency. Of Islam，1913
1066	—	约有 4000 名犹太人被杀害	Simonet，p.22
1090—1232	—	人口规模变化不大	Ency. Of Islam, 1960, "Gharnata"
1200	60000		
约 1300	90000	人口数量多于大马士革	Abulfeda，Ⅱ，part l，p.253
1311	—	文献记载人口约 200000 人（参见公元 1360、1400 年）	Letter cited in Durant, 1950, p.300
1400	90000	拥有 15000 名民兵（人口总量约是民兵数量的 6 倍）	Qalqashandi in Bosque，p.79
1476	200000	拥有约 33000 名民兵、30000 名纳税人	Marmol in Bosque，p.79
1492	—	拥有超过 20000 名武装人员	Irving，p.44
1494	70000	约有 40000 名摩尔人、20000 名犹太人、10000 名基督徒	Münzer，p.44
1568—1574	—	该地区陷入混乱并被摧毁	Ency. Brit.，1910
1569	—	约有 3500 人被杀害、5500 人被驱逐出境	Ency. Brit.，Spain Enci. Universal
1587	—	有 8767 名男性公民（似乎不包括莫里斯科人）	González，p.247
1590	—	有 9705 名男性公民（似乎不包括莫里斯科人）	González，p.375
1594	68000	有 13757 名纳税人（人口总量约是纳税人数的 5 倍）	González，p.375
1600	68000	—	
1604	—	第 24 个教区成立	Henríquez，p.540 Twiss，p.236
1610	—	700 户莫里斯科家庭被驱逐	Henríquez，p.565
1611	53000	15000 名莫里斯科人迁离后的人口数据	—
1638	45000	约有 7000 名士兵（人口总量约是士兵数量的 6 倍）	Henríquez，pp.805 and 745–746, 762, 764, 787, 789, 800
1700	35000		
18 世纪	—	建有 6 个街区	Gallego，p.81
1750	45000		
1764	52000	按 14000 户家庭的 11/3 倍推算（参见公元 1843 年）	Büsching，1784，Ⅶ，p.328
1787	52345	—	J. Morse，Ⅱ，p.357
1797	52000	有 14225 名男性公民（人口总量按男性公民数量乘以 11/3 推算；参见公元 1843 年）	Bosque，p.94
1800	53000		
约 1804	54962		Nadal，p.107
1843	55000	有 15079 名男性公民	Bosque，p.100
1850	58000		
1857	63113		"Censo，" 1857，p.863

哈恩

时间（年）	人口规模（人）	估测依据	数据来源
1500	19000		
1530	19000	有 4253 名纳税人（人口总量约是纳税人数的 5 倍再减去 8%；参见公元 1594 年、1920 年）	González，p.86
1594	—	有 5595 名纳税人	González，p.85
1595	25000	按 26856 人加上 1000 名神职人员再减去 8% 推算，参见公元 1920 年	Bleiberg，Ⅺ，p.205

续表

时间（年）	人口规模（人）	估测依据	数据来源
1600	25000		
1646	18000	有 3787 名男性公民（人口总量约是男性公民人数的 5 倍再减去 8%）	González, p.86
约 1750	20000	拥有 4439 户家庭（应按其减去 8% 推算）	Büsching, 1784, Ⅶ, p.399
1792	17000	按 17849 人加上牧师人数再减去 8% 推算	Bleiberg, Ⅺ, p.206
1857	18000	按 19738 人的 92% 推算	"Censo," 1857, p.863
1920	30727	仅指城内人口	Enci. Universal

赫雷斯

时间（年）	人口规模（人）	估测依据	数据来源
913—996	—	卡斯蒂利亚部分地区的首府	Ency. Brit., 1910
996	—	城市被抢掠	Enci. Universal
999	—	城市被摧毁	Enci. Universal
1002—1230	—	人口高峰时期建有 13 个教区	Laborde, Ⅱ, p.475
1200	40000	根据教区数量乘以 3000 估算	—
1752	—	建有 1116 栋房屋	Bleiberg, Ⅺ, p.457
约 1800	6170	—	Townsend in Hassel, 1819, Ⅸ, p.178
1860	9866		"Censo," 1877, pp.xvi–xvii

马德里

时间（年）	人口规模（人）	估测依据	数据来源
1530	3000	有 748 名纳税人	González, p.70
1571	42000	约有 4000 栋房屋（参见公元 1597 年）	Madoz, Ⅹ, p.682
1597	75000	拥有 11857 户家庭；建有 7016 栋房屋（参见公元 1646 年）	González, p.69
1600	80000		
1617	108000		Vicéns, p.439
1659	129653		Ringrose, p.27
1685	105000	超过 7 岁的居民超过 96000 人（应按其 110% 推算，参见公元 1757 年）	Ringrose, p.27
1700	105000		
1723	104000	文献记载人口 95473 人	Ringrose, p.27
1743	111268		Ringrose, p.27
1750	110000		
1757	109753	101057 名居民领圣餐	Ringrose, p.27
1787	156672	建有约 14100 栋房屋	González, p.389
1799	184404	包括军队和宗教人士的人数在内	Ringrose, pp.332-3
1800	182000		
1804	176374	包括军队和宗教人士的人数在内	Ringrose, pp.332-3
1825	201344	警察口径的人口数据	Ringrose, pp.332-3
1850	216571		Ringrose, pp.332-3

马拉加

时间（年）	人口规模（人）	估测依据	数据来源
1100	11000	城市面积约 37 公顷（人口总量是面积数值的 300 倍；参见阿尔梅里亚）	Torres, pp.55-6
12 世纪	—	城市面积扩张	Torres, p.56
1234—1487	—	城市稳定发展，是格拉纳达的重要港口城市	—
1234—1487	—	高峰时期规模约达 80000 人（可能被高估）	Laborde, Ⅳ, p.11
1300	30000		
1400	30000		

续表

时间（年）	人口规模（人）	估测依据	数据来源
1485—1487	—	大量农民涌入城市	Fitton, pp.58-9
1487	—	建有约 7000 栋房屋	Münzer, p.57
1487	—	城市约有 14 个教区	Guillén, pp.308, 348
1594	16000	有 3357 名纳税人（人口总量约是纳税人数的 5 倍；参见哈恩）	González, p.88
1600	16000	—	—
1700	30000	—	—
约 1750	36000	公元 1746—1959 年的人口数据	Büsching, "Magazin," 1769, II, p.107
1764	42000	拥有约 8000 户家庭；约有 2000 名神职人员	Büsching, "Magazin," 1769, II, p.107
1787	41592	—	Hassel, 1819, IX, p.276
1800	49000	—	—
1804	52376	流行病期间，有 21637 人丧生	Jacob, p.237
1804	36054	流行病过后的人口数量	Nadal, p.107
1847	68577	—	Ency. Brit., 1853
1850	75000	—	—
1857	92611	—	"Censo," 1857, p.863

梅迪纳德尔坎波

时间（年）	人口规模（人）	估测依据	数据来源
1302—1431	—	卡斯蒂尔的议会常在这里召开	Enci. Universal
1500	20000	—	—
1530	19000	有 3872 名纳税人（人口总量约是纳税人数的 5 倍）	González, p.22
1594	13000	有 2760 人纳税人（人口总量约是纳税人数的 5 倍）	González, p.20
1646	3000	约有 650 名男性公民	González, p.22
1692	4000	有 942 名男性公民	González, p.22
约 1850	2700	—	Gazetteer of World

梅里达

时间（年）	人口规模（人）	估测依据	数据来源
前 25—928	—	卢西塔尼亚的首府	Ency. Brit., 1910 Maqqari, p.61
800	30000	—	—
约 10 世纪	40000	人口规模达到峰值	Laborde, IV, p.11
928	—	权力仅次于科尔多瓦；起义被镇压	Maqqari, p.61
1834	5000	—	Moreau, p.58

穆尔西亚

时间（年）	人口规模（人）	估测依据	数据来源
约 1000	19000	城市面积约 65 公顷（人口总量是面积数值的 300 倍；参见公元 1000 年时的阿尔梅里亚）	Russell, 1972, p.92
1500	—	文献记载约 25000 人（显然被高估）	Vicéns, p.243
1530	12000	有 2595 名纳税人（人口总量约是纳税人数的 5 倍；参见哈恩）	González, p.75
1594	16000	约有 3370 名纳税人	González, p.75
1646	19000	有 3960 名男性公民	González, p.75
1694	25000	有 5154 名男性公民	González, p.75
1700	25000	—	—
1750	33000	—	—
1787	38000	—	Playfair, I, p.114
1800	44000	—	—

续表

时间（年）	人口规模（人）	估测依据	数据来源
1801	44000	—	J. Morse，Ⅰ，p.358
1844	55053	—	Ency. Brit.，1853
1850	42000	—	
1857	26888	—	"Censo,"1857，p.863

帕尔马（西班牙）

时间（年）	人口规模（人）	估测依据	数据来源
1100	27000	城市面积约90公顷（人口总量约是面积数值的300倍；参见阿尔梅里亚）	Torres，1955，pp.55–6
1184	25000	约4200人参与海外作战	Marcais，p.190
1200	23000		
1229	20000	2898栋房屋被占用（人口总量约是被占房屋数量的7倍；参见巴伦西亚），494栋房屋未被占用	Russell，1972，p.173
13世纪—1349	—	阿拉贡王国的首都	Ency. Brit.，1910，"Balearics"
1300	25000		
1400	15000	不再是首都	
1559	15000	建有2155栋房屋（人口总量约是房屋数量的7倍；参见巴伦西亚）	Russell，1972，p.173
1591	23161	—	García p.
1600	23000		
1650	—	马略卡岛的人口比公元1787年增加了44%	J.Vargas，p.78
1715	—	多于10000人	Damento，p.74
1787	29529		J.Vargas，p.159
1800	31000		
约1809	33000		Laborde
约1848	40892		Madoz，Ⅻ，p.581
1850	41000		
1857	42910		"Censo,"1857，p.863

萨拉曼卡

时间（年）	人口规模（人）	估测依据	数据来源
中世纪	14000		Mier，p.lxix
1530	12000	有2459名纳税人（人口总量约是纳税人数的5倍）	González，p.57
1594	24000	有4953名纳税人（人口总量约是纳税人数的5倍）	González，p.49
1600	24000		—
1646	14000	有2965名男性公民	González，p.57
1694	12000	有2416名男性公民	González，p.57
约1800	9500		Hassel，1819，Ⅸ，p.201
1857	10339		"Censo,"1857，p.640

塞戈维亚

时间（年）	人口规模（人）	估测依据	数据来源
1530	14000	有2850名纳税人（人口总量是纳税人数的5倍）	González，p.66
1594	27000	有5548名纳税人（人口总量是纳税人数的5倍）	González，p.61
1600	26000		—
1694	8000	有1625名男性公民	González，p.66
1787	15000		Whittington，p.221
1857	10339		"Censo,"1857，p.640

塞维利亚

时间（年）	人口规模（人）	估测依据	数据来源
800	35000	—	
889	35000	约20000名非阿拉伯人遭到杀害	Dozy, pp.337-8, 348
约915	50000	城墙长约6.5公里的（占地约250公顷；人口总量约是占地面积数值的200倍）	Lévi-Provencal, 1953, p.338 and map
约970	—	税收规模超过科尔多瓦（可能包括关税收入）	Maqqari, pp.56, 213
约1000	90000	城市面积约300公顷（人口总量约是面积数值的300倍；参见阿里亚）	Jürgens, p.59
约1100	—	阿尔摩哈德王朝时期，城市快速发展	Cagigas, p.5
1200	150000	—	
1248	—	建有15座大清真寺（人口总量是大清真寺数量的约9000倍；参见君士坦丁堡）	Ballesteros, p.135
1248	—	建有5.5英里长的摩尔墙（占地约达490公顷）	Laborde, Ⅱ, p.45
1248	—	约有300000名摩尔人逃离此地	Laborde, Ⅱ, p.45
1248	75000	建有20个基督教区，人口总量约是教区数量的3000倍	Hazañas, p.55
1248	—	3座清真寺被改建成犹太教堂	Universal Jewish Ency.
1300	90000		
1391	—	有6000—7000户犹太家庭遭到驱逐	Crescas in Universal Jewish Ency.
1391	—	23座犹太教堂全部被毁	New Jewish Ency.
1400	60000		
约1450	—	约有13000名工匠	Grande Ency.
1500	46000		
1520	46000	按45395人再加上神职人员推算	Bleiberg, XV, p.642
1530	—	有6634名纳税人；建有32个教区（14世纪后逐渐减少）	González, p.83
1588	125000	按121990人再加上神职人员推算	Bleiberg, XV, p.642
1594	126000	约有18000名纳税人（人口总量是纳税人数的7倍，参见公元1520—1530年）	González, p.84
1600	126000	西班牙发展巅峰时期	
1644	120000	约有24000名男性公民（参见公元1694—1712年）	Méndez in Bennassar, p.199
1646	—	约有18000名男性公民（可能被低估）	González, p.83
1649	—	约有60000人死于流感	Vicéns, p.437
1694	80000	有16081名男性公民	González, p.83
1700	80000		
1712	81844	—	Uztariz, p.73
1746	67000	按65545人再加上1400余名神职人员推算	Matute, Ⅱ, p.65
1750	68000		
1787	80268		Hassel, 1819, Ⅸ, p.243
1797	96000		Hassel, 1819, Ⅸ, p.243
1800	96000	—	
约1845	121872		Madoz, XIV, p.288
1850	117000		
1857	112139		"Censo," 1857, p.863

托莱多

时间（年）	人口规模（人）	估测依据	数据来源
711—1085	—	在穆斯林时期，有5个（教区）教堂（人口总量是教堂数量的3000倍）	Enci. Universal
10世纪	—	新建了2座清真寺	Enci. Universal
1000	31000	人口总量是面积数值的约300倍；城市面积参见公元1100年	—
1085	—	有11个教区	Compiled from Enci. Universal
1100	—	城市面积约106公顷	Torres, 1955, p.55

续表

时间（年）	人口规模（人）	估测依据	数据来源
1200	32000	建有 14 座教堂	Enci. Universal
1300	33000	建有 17 座教堂	Enci. Universal
1400	34000	建有 18 座教堂	Enci. Universal
1500	35000	建有 19 座教堂	Enci. Universal
1530	35000	有 5898 名纳税人（人口总量是纳税人数的约 6 倍；参见塞维利亚和哈恩）	González, p.71
1571	—	有 27 个教区	González, pp.345–6
1571	74000	有 12412 名纳税人	Ringrose, p.373
1594	65000	有 10933 名纳税人（人口总量是纳税人数的约 6 倍）	González, p.70
1600	57000		
1630	20000		Weisser in Ringrose, p.373
1646	25000	约有 5000 名男性公民	González, p.71
1694	25000	约有 5000 名男性公民	González, p.71
1700	25000		
1750	22000		
1787	21000	有 4263 户家庭	Laborde, Ⅲ, p.249
约 1800	18000		Playfair, Ⅰ, p.128
1845	13431	—	English Cyclopaedia

巴伦西亚

时间（年）	人口规模（人）	估测依据	数据来源
1100	13000	城市面积约 44 公顷（人口总量是面积数值的约 300 倍；参见公元 1000 年的阿尔梅里亚）	Torres in "Studia Islamica," 1955, pp.55–56
1212	21000	拥有约 3500 名骑兵	Mariana, p.188
1238	27000	有 3970 栋房屋（人口总量是房屋数量的 7 倍；参见公元 1820 年）	Russell, 1958, p.104
1238		文献记载人口约 50000 人（可能被高估）	Boix, 1845, Ⅰ, p.145
1300	37000		
约 1350	—	城墙围合面积约为 160 公顷	Jürgens, p.41
1355	47000	有 6729 个壁炉（人口总量是壁炉数量的约 7 倍；参见公元 1820 年）	Russell, 1972, p.171
1361	47000	有 6754 个壁炉	Russell, 1972, p.171
1400	45000		
1500	40000		
1510	40000		
1510—1609	—	该时期人口规模增长了 75%	González, p.390
1600	61000		
1609	61000	建有 12327 栋房屋（人口总量是房屋数量的约 5 倍）	González, p.390 Riera, p.902; Miñano
1700	40000		
1700—1713		经历战乱	Miñano
1718		全区约有 255000 人	Miñano
1750	40000		
1761		全区有 604612 人	Miñano
1783		全区有 783084 人	Madoz, XV, p.340
1794	—	城内有约 100614 名居民（可能被高估），郊区约有 18000 名居民（参见公元 1355 年）	Cavanilles, p.403
1800	60000	全区有 771881 人	Boix, 1862, pp.xxv
1803—1826	—	该时期人口规模增长了 52%	Moreau, p.384
约 1823	66840	全区有 1042740 人	Miñano
约 1847	98505	—	Madoz, XV, p.331
1850	100000		
1857	106435	—	"Censo," 1857, p.863

巴利亚多利德

时间（年）	人口规模（人）	估测依据	数据来源
1074	6000	有 2 个教区	Enci. Universal
1100	9000	有 3 个教区	—
1406—1561	—	卡斯蒂利亚的首都	—
1500	40000		
1530	40000	有 6750 名纳税人（人口总量是纳税人数的 6 倍；参见科尔多瓦、托莱多）	González，p.22
1591	48000	有 8112 名纳税人	González，p.20；Bennassar，pp.165-6 for date
1600	42000		
1646	15000	约有 3000 名男性公民	González，p.22
1694	18000	有 3637 名男性公民	González，p.22
1700	18000		
约 1750	25000	约有 5000 个壁炉	Ensenada in Bennassar, p.199
1787	—	文献记载人口约 30000 人	Whittington，p.221
1788	21000		Bleiberg
1800	24000		
1850	40000		"Censo," 1857，p.863
1857	41913		

赫雷斯

时间（年）	人口规模（人）	估测依据	数据来源
约 1000	19000	城市面积约 96 公顷（人口总量是面积数值的约 200 倍）	Russell，1958，p.92
1200	15000	建有 5 座清真寺	Enci. Universal
1300	9000	有 3 个教区（人口总量是教区数量的约 3000 倍）	Enci. Universal
1400	15000	有 5 个教区	Enci. Universal
1500	21000	有 7 个教区	Enci. Universal
1500	—	文献记载人口约 35000 人（可能被高估）	Vicéns，p.243
1587	19000	有 6154 名纳税人，建有 4564 栋房屋；城市总计 21721 人（应加上约 1000 名神职人员，再减去 13%；参照 1800 年）	—
1594	21000	有 6816 名纳税人	Vicéns，p.83
1600	21000		
1643	—	雪利酒（赫雷斯酒）的出口量几乎与公元 1795 年相当	Bleiberg，"Jérez"
约 1750	18000	按 21136 减去 13% 推测；参见公元 1800 年	Bleiberg，"Jérez"
约 1800	26000	文献记载人口 30888 人	Góngora，p.21
约 1800	—	农村地区建有 811 栋房屋（人口总量是房屋数量的 5 倍）	Jacob，p.43
1850	31000		
1910	53320	文献记载人口 61250 人（其中 7930 人零散分布于城市周边）	Enci. Universal

萨拉戈萨

时间（年）	人口规模（人）	估算依据	数据来源
1118	20000	包括郊区人口在内	Lacarra in Bleiberg，XVIII，p.570
1118	—	城墙围合面积约为 47 公顷	Torres，p.55-6
1200	15000	建有 5 个教区（人口总量是教区数量的约 3000 倍）	Asso，p.200
1300	20000		
1311	21000	建有 7 个教区	Asso，p.200
1385	19000	根据房屋数量推算	Russell，1972，p.172
1400	19000		
1495	19840	3968 名男性公民	Asso，p.186
1500	20000		
1548	26000	4451 栋房屋，约有 25000 人	Asso p.201

续表

时间（年）	人口规模（人）	估算依据	数据来源
1600	26000	人口高峰期	—
1626	24000		Anon. in Asso，p.186
1650	28000	5588 名男性公民	Anon. in Asso，p.186
1700	29000		
1725	30000		Díaz de Arce，p.186
1750	35000		
1787	42600		Laborde，Ⅱ，p.254
1797	55000	—	Hassel, 1819，Ⅸ，p.296
1800	55000		
1850	60745	—	Madoz，ⅩⅥ，pp.534 and 532（for date）

科英布拉

时间（年）	人口规模（人）	估算依据	数据来源
1147—1256	—		
1200	25000	参见公元 1256 年里斯本人口及公元 1732 年的教区人口规模	
约 1280—1380	—		
1527	6000	建有 1209 栋房屋	Russell，1972，p.194
1537—1911	—	葡萄牙主要大学的所在地	
1732	15000	超过 7 岁的人数约有 11871 人；城内共有 3063 个壁炉；建有 9 个教区	Büsching，1784，pp.87–8
1766	—	约有 24000 人	Gorani，p.273
约 1795	15000	建有 3003 栋房屋	Hassel, 1819，Ⅸ，p.458
1865	18147	—	Meyer，1874

埃武拉

时间（年）	人口规模（人）	估算依据	数据来源
1448—1578			
约 1500	18000	—	MacBride，p.8
1732		年龄不足 7 岁者有 1903 人	Büsching，1784，pp.136–7
1758	15000	年龄不足 7 岁者约有 2500 人	Pereira，p.254
约 1800	14200		J. Morse，Ⅱ，p.377
1868	11965		Meyer，1874

里斯本

时间（年）	人口规模（人）	估算依据	数据来源
700	15000		Enci. Italiana
800	15000		—
1000	15000		
1147	15000		Grande Enci. Portuguesa，ⅩⅤ，p.196
1200	15000		
1256—1448	—	人口迅速增长至约 30000 人	Ency. Brit.，1970
1300	35000		
1375	—	城墙围合面积约 101 公顷	Franca，p.16
1400	—	约有 60000 人	Franca，p.17
1400	55000		
1430	64000		Vivien
1500	—	约有 80000 人	Franca，p.17
1500	55000		

续表

时间（年）	人口规模（人）	估算依据	数据来源
1527	58860	—	Lach cited in Lal，p.55n
1551	62500	建有 29 个教区	Brandão，p.226
1593	—	建有 34 个教区	Franca，p.17
1600	100000		
1620	1132665	—	Grande Enci. Portuguesa，XV，p.197
1626	126000		Franca，p.17
1639	165000		Franca，p.17
1700	188000		
1729	200000		Franca，p.17
1750	213000		
1755	—	约有 10000 人在地震中丧生	Pereira，p.652
1758	208000	年龄大于 7 岁者有 156359 人（约占公元 1911 年人口数量的 10%）	Pereira，pp.923-5
1800	237000		Grande Enci. Portuguesa，XV，p.197
1841	241500		Brockhaus，1864
1850	262000		
1855	275286		Petermann，1856，p.393

波尔图

时间（年）	人口规模（人）	估算依据	数据来源
1147	—		Vivien
1383	15000	城墙周长约 1.75 英里，围合面积约 50 公顷，人口总量是面积数值的约 300 倍	Vivien
1383	—	城墙围合面积约 54 公顷，大约是里斯本面积的一半	Russell，1972，p.194
1622	19000	年龄大于 7 岁者有 14581 人	Rebello，p.45
1700	23000		
1732	25000	年龄大于 7 岁者有 20737 人	Rebello，p.45；Büsching，1767，I，p.265
1750	32000		
1766	40000		Gorani，p.277
1787	63505	—	Rebello，p.46
1800	67000		
1810	70505	建有 15138 栋房屋	J. Morse，II，p.376
1850	99690	包括维贾亚新城、圣若昂—福兹等郊区在内	Harper

艾克斯

时间（年）	人口规模（人）	估算依据	数据来源
794—814	—	只有一座教堂	Sullivan，pp.40，60
13 世纪	—	拥有 49 个壁炉，人口总量是壁炉数量的约 300 倍	Fabre，III，p.61
1263	9000	拥有 1176 个壁炉（人口总量是壁炉数量的 8 倍）	Février，p.121
1700	23000	约为公元 1690—1700 年出生人口数量的 28 倍，再减少 15%	Messance，1766，p.194
1750	19000	约为公元 1752—1762 年出生人口数量的 28 倍，再减少 15%	Messance，1766，p.194
1800	20000	—	
1801	20000	—	Lecasseur，II，p.346
1809	18575	更大的地域范围内居住着 21960 人	Le Mée，p.470
1850	23000		
1851	23000	27255 人（参见公元 1809 年）	Ungewitter，I，p.917

亚眠

时间（年）	人口规模（人）	估算依据	数据来源
1260	—	城墙周长增加至 3800 米，约 2.3 英里；围合面积约 85 公顷	Correspondence from Francois Vasselle
1471	—	城墙周长增加至 5660 米，约 3.5 英里；围合面积约 200 公顷	Correspondence from Francois Vasselle
1500	20000		
1594	18000	约有民兵 3000 人（人口总量是民兵数量的 6 倍）	Correspondence from Francois Vasselle
1698	32000	包含周边村庄居民在内约有 35000 人	Deyon, p.7
1700	32000		
1745	29000	按 32648 人减去 11% 推算	Orry in mols, Ⅱ, p.514
1750	29000		
1768	32000	按 35000 人减去 11% 推算	Enci. Italiana
1787	34000	按 37935 人减去 11% 推算	Levasseur, Ⅰ, p.227
1800	35000		
1801	35000	按 40289 人减去 11% 推算	Levasseur, Ⅱ, p.345
1809	35876	—	Le Mée, p.490
1850	47000		
1851	47000	按 53619 人减去 11% 推算	Ungewitter, Ⅰ, p.884

昂热

时间（年）	人口规模（人）	估算依据	数据来源
1000	10000	建有 5 个教区（人口总量是教区数量的约 2000 倍；参见公元 1583—1606 年）	Rangeard, pp.449–458
1200	20000	建有 10 个教区	Rangeard, pp.449–458
1300	22000	建有 11 个教区	Rangeard, pp.449–458
14 世纪	—	新建了 1 座修道院（截至 14 世纪建成 7 座，截至 15 世纪建成 10 座）	Anon. in L'Anjou Historique, 1908, p.577
1529	16000	建有 8 个教区	Bourdigné, p.119
1583	—	建有 8 个教区；至公元 1680 年前后增长至 17 个	Jouber, p.88
1589—1599		瘟疫暴发	Jouber, p.73
1600	20000		
1606	22000	用公元 1600—1611 年出生的人口数量乘以 26 再减掉 13%	Lebrun, p.162
1657	28000	用公元 1652—1663 年的出生人口数量乘以 26 再减去 13%	Lebrun, p.162
1700	23000	用公元 1690—1701 年的出生人口数量乘以 26 再减去 13%	Lebrun, p.162
1745	19000	按 22607 人减去 13% 推算	Orry in mols, Ⅱ, p.514
1750	20000		
1757	21000	按公元 1752—1763 年人口数量的 26 倍推算	Lebrun, p.162
1769	21579	建有 4116 栋房屋	Lebrun, p.161
1787	24000	按照 28188 人减去 13%（农村人口）推算	Lecasseur, Ⅰ, p.227
1800	28000		
1801	29000	按照 33000 人减去 13%（农村人口）推算	Lecasseur, Ⅱ, p.345
1809	25442	更大的地域范围内居住着 28927 人	Le Mée, p.479
1850	43000		

阿尔勒

时间（年）	人口规模（人）	估算依据	数据来源
879—1150	—		Ency. Brit., 1910
10 世纪	17000	略小于马赛	Fabre, Ⅲ, p.62
1271	17000	建有 14 个教区（人口总量是教区数量的 1250 倍）	Février, p.150
1320	17000	约有 2138 个壁炉	Russell, 1972, p.164
约 1450	6000	约有 752 个壁炉	Février, p.150
1700	24000		

续表

时间（年）	人口规模（人）	估算依据	数据来源
1720	23178	—	Fabre，IV，p.252m
1750	22000		
1765	21562		Masson，p.28
1787	16281		Levasseur，I，p.227
1801	17187		Levasseur，II，p.346
1851	23208		Ungewitter，I，p.917

阿拉斯

时间（年）	人口规模（人）	估算依据	数据来源
1194	6000	约有1000名民兵	Luchaire，p.180
13世纪	—	产生了令人难以置信的增长	Lestocquoy，p.177
1300	20000		Lestocquoy，p.177
1400	9500		Lestocquoy，p.177
1500	12000	与阿姆斯特丹的规模相近	Venetian envoy in Russell，1958，p.47
约1700	17000		Lestocquoy，p.177
1787	21492		Levasseur，I，p.227
1801	19364		Levasseur，II，p.346
1846	24321		Ency. Brit.，1853
1850	25000		
1851	25271		Ungewitter，I，p.157-8

阿维尼翁

时间（年）	人口规模（人）	估算依据	数据来源
1200	6000	面积42—45公顷（人口总量是城市面积数值的约150倍；参见公元1348—1370年的梅茨、卢卡、比萨）	Lot，1945，I，pp.157-8
1309—1377	—		
1348	35000	暴发瘟疫，约700栋房屋空置	Ziegler，p.66
1361	—	瘟疫造成约17000人死亡	Okey，p.161
1370	30000	城市面积约151公顷	Lot，1945，I，pp.157-8
年份不详	—	约有50000人（可能包括部分农村人口）	Okey，p.288
1379—1402	—		Okey，pp.188-204
1400	20000		
1539	15340		Lot，I，pp.159
1600	21000		
1616	23000	按26000人减去10%推算，参见公元1809年	Ploetz，II，p.34
1700	23000		
1700	—	公元1691—1700年出生人口相当于公元1763—1763年出生人口的97%	Messance，1766，p.246
1750	24000		
1759	24000	按26823人减去10%推算	Okey，p.161
1800	19000		
1801	19000		Levasseur，II，p.345
1809	21237	更大范围内的人口数量超过23789人	Le Mée，p.492
1850	32000		
1851	32000	按35899人减去10%推算	Ungewitter，I，p.919

贝桑松

时间（年）	人口规模（人）	估算依据	数据来源
1687	14209	—	Fohlen，II，p.85
1709	16929		Fohlen，II，p.85

续表

时间（年）	人口规模（人）	估算依据	数据来源
1745	12480	—	Orry in mols，Ⅱ，p.514
1750	15000		
1758	22000	按公元1753—1762年出生人口数量的28倍再减去16%推算，参见公元1809年	Messance，1766，p.277
1771	—	38720人，可能包括驻军人数	Fohlen，p.156
1787	23000		Levasseur，Ⅰ，p.227
1800	25000		
1801	25000		Levasseur，Ⅱ，p.345
1809	24140	更大范围内居住着28727人	Le Mée，p.473
1846	25000	按29854人减去16%推算	Hoffmann
1850	33000		
1851	35000	更大范围内居住着41295人	Ungewitter，Ⅰ，p.896

贝济耶

时间（年）	人口规模（人）	估算依据	数据来源
1200	20000		
1304	14476	—	Lot，Ⅰ，p.159
1342	—	约有4336个壁炉	Russell，1972，p.163
1418	4280	—	Lot，Ⅰ，p.159
1698	18000	约有3639户家庭	Boulaincilliers，Ⅷ，p.475
1787	13149		Levasseur，Ⅰ，p.227
1801	13915		Levasseur，Ⅱ，p.345
1851	17376		Ency. Brit.，1853

波尔多

时间（年）	人口规模（人）	估算依据	数据来源
1200	15000		
13世纪	—	人口高速增长	Higounet，Ⅱ，p.84
1300	30000		Higounet，pp.224-5
1400	30000		
1500	20000	经历漫长的战争	
16世纪	—		Grande Ency.
1550	30000	建有3767栋房屋（人口总量是房屋数量的8倍；参见公元1628年）	Higounet，Ⅳ，p.153
约1570	26000	建有3332栋房屋（人口总量是房屋数量的8倍）	Higounet，Archives de la Gironde，XLVI，pp.99-100
1585	—	约14000人死于瘟疫	Grande Ency.
1600	30000		
1628	36000	建有约4700栋房屋；约6000名男子携带武器（该数字是人口总量的约1/6）	Grande Ency.Archives Municipales de Bordeaux，Ⅸ，p.270
1698	40000	文献记载约有42000人	Higounet，Ⅳ，p.522
1700	40000		
1715	50000	文献记载约有55000人	Higounet，Ⅴ，p.325
1750	61000		Higounet，Ⅴ，p.325
1790	104000	文献记载人口109499人	Higounet，Ⅴ，p.327
1800	92000		
1801	91000	文献记载人口95957人	Higounet，Ⅴ，p.327
1809	88397	文献记载人口93699人	Le Mée，p.475
1850	142000		
1851	143827	包括贝格勒、巴斯蒂、布斯卡和科德郎的人口在内共有130927人	Ungewitter，Ⅰ，p.908；Forstall

布尔日

时间（年）	人口规模（人）	估算依据	数据来源
1100	10000	面积约为 100 公顷（可能被低估）	Amman, 1958, p.144
1487	32350	—	Lot, Ⅱ, pp.73-4
1500	32000	—	—
1697	14800	—	Boulaincilliers, Ⅵ, p.238
1750	21000	—	—
1775	24543	根据公元 1770—1780 年的出生人口数量估算	Messance, 1788, p.50
1787	20574	—	Levasseur, Ⅰ, p.227
1801	15340	—	Levasseur, Ⅱ, p.345
1850	24000	—	—
1851	25037	—	Ungewitter, Ⅰ, p.908

布雷斯特

时间（年）	人口规模（人）	估算依据	数据来源
1660	—		Bernard, p.15
1710	16000		Bernard, p.14
1750	20000	包括郊区人口在内	Bernard, p.15
1789	33852		Gazetteer of World
1800	27000		—
1801	27000		Levasseur, Ⅱ, p.345
1846		文献记载人口 35163 人	Hoffmann
1850	70000	包括兰贝赛莱克和圣皮埃尔奎尔比尼翁在内	Forstall, letter Sept. 101970
1851	—	布雷斯特有 61160 人，其中兰贝赛莱克有 11031 人	Ungewitter, Ⅰ, p.902; Lippincott, 1868

卡昂

时间（年）	人口规模（人）	估算依据	数据来源
约 1060	20000	城市划分 4 个区域，每个区域约有 5000 人	Prentout, pp.12, 31
1200	20000		
1200	—	据说与巴黎的人口规模相当	Boulaincilliers, Ⅴ, p.55
1300	20000		
1346	18000	比除伦敦以外的任何英国城市都大；约有 3000 名民兵（人口总量是民兵数量的 6 倍）	Prentout, pp.20, 28
1400	18000		
1436	—		Ency. Brit., 1910
1500	25000		
1542	36000	拥有约 6000 名民兵	Delarue, Ⅱ, p.365
1572	—	诺曼底流失了近 10% 人口	Albert-Petit, pp.205, 218
1584	—	约 10000 人死于流行病	Delarue, Ⅱ, p.391
1600	25000		
1697	35000	35000—40000 人（参见公元 1809 年）	Boulainvilliers, Ⅴ, p.76
1700	35000		
1726	34000	文献记载人口 36000 人	Saugrain in Mols, Ⅱ, p.514
1745	33000	文献记载人口 34784 人	Orry in Mols, Ⅱ, p.514
1750	32000		
1775	29000	按 31374 人减去 5% 推算	Messance, 1788, p.49
1787	29000	文献记载人口 31266 人	Levasseur, Ⅰ, p.227
1801	29000	文献记载人口 30900 人	Levasseur, Ⅱ, p.345
1809	34250	文献记载人口 36231 人	Le Mée, p.470
1850	43000		—
1851	43000	文献记载人口 45280 人	Ungewitter, Ⅰ, p.883

克莱蒙

时间（年）	人口规模（人）	估算依据	数据来源
1646	9000	建有 3 个教区	Planche in Leclerc, p.30
1700	17108	按公元 1690—1700 年出生人口数量的 28 倍推算	Messance, 1766, p.198
1750	20000	—	—
1758	20888	按公元 1753—1763 年间的出生人口数量的 28 倍推算	Messance, 1766, p.198
1787	21357	—	Levasseur, I, p.227
1800	24000	—	—
1801	24478	—	Levasseur, II, p.345
1851	33516	—	Ungewitter, I, pp.808-9

迪耶普

时间（年）	人口规模（人）	估算依据	数据来源
1406	—	有 6 艘船驶离该城市	Mollat, p.609
1470—1480	18000	有 63 艘船驶离（参见拉罗谢尔，公元 1599—1600 年）	Mollat, p.609
1500	20000	—	—
1550	—	文献记载人口 60000 人（显然被高估）	Guilbert, V, p.513
顶峰期	25000	每 2 个教区中有 10—12 名神父（人口总量约为神父人数的 1250 倍）	Desmarquets, p.138
1562	21000	按 3600 名男性的 6 倍推算	Desmarquets, p.171, cf.160
1600	10000	建有 8 座教堂（人口总量约是教堂数量的 1250 倍）	Desmarquets, pp.80-7
1775	16686	根据公元 1771—1780 年的出生人口数量估算	Messance, 1788, p.49
1778	—	有 28000—30000 人（明显被高估）	Dainville, p.468
1787	18954	—	Levasseur, I, p.227
1800	20000	—	—
1801	20000	—	Levasseur, II, p.346
1851	16216	—	Ency. Brit., 1853

第戎

时间（年）	人口规模（人）	估算依据	数据来源
903	—	建有 3 个教区	Ganshof, p.49
1200	—	建有 5 个教区	Ganshof, p.49
13 世纪—1477	—	成为勃艮第的首都	—
1300	18000		
1320	18000	约有 3000 人宣誓	Russell, 1972, p.89
1376	18000	约有 2353 个壁炉（人口总量约是壁炉数量的 8 倍；参见公元 1550—1745 年）	Levasseur, I, p.185n
1470	21000	约有 2614 个壁炉（人口总量约是壁炉数量的 8 倍）	Levasseur, I, p.185n
1500	24000		
1550	30000		Courtpé in Roupnel, p.108
1572	25000	约有 3198 个壁炉（人口总量约是壁炉数量的 8 倍）	Roupnel, p.108
1600	24000		
1602	24000	约有 3029 个壁炉（人口总量约是壁炉数量的 8 倍）	Roupnel, p.108
1698	34000	约有 4331 个壁炉（人口总量约是壁炉数量的 8 倍）	Roupnel, p.108
1745	34000	—	Courtpé in "Roupnel, p.108"
1750	31000		
1753	30302		Roupnel, p.108
1787	20025	—	Levasseur, I, p.227
1800	21000		
1801	21000	—	Levasseur, II, p.345
1841	28356		Hoffmann
1851	32253	—	Ungewitter, II, p.895

敦刻尔克

时间（年）	人口规模（人）	估算依据	数据来源
1698	13200	—	Boulainvilliers, IV, p.527
1726	8190	—	Saugrain in Mols, II, p.514
1745	3504	—	Orry in Mols, II, p.514
1775	26000	—	Messance, 1788, p.49
1787	25243	—	Levasseur, I, p.227
1801	16259	—	Levasseur, II, p.345
1850	28000	—	—
1851	29080	—	Ungewitter, I, p.887

格勒诺布尔

时间（年）	人口规模（人）	估算依据	数据来源
1475	10000	约有 22170 户家庭	Lot, I, p.62
1643	14000	—	Lot, p.63
1698	18000	—	Boulainvilliers, VII, p.234
1726	22622	—	Lot, I, p.63
1750	23000	—	—
1775	23856	根据公元 1771—1780 年的出生人口数量估算	Messance, 1788, p.51
1801	22000	文献记载约有 23500 人	Levasseur, II, p.345
1809	22650	城市被吞并	Le Mée, p.477
1850	31000	—	—
1851	31340	—	—

勒阿弗尔

时间（年）	人口规模（人）	估算依据	数据来源
1516	—	从村庄进化为城市	Ency. Brit., 1910
1700	13860	根据出生人口数量估算	Messance, 1766, p.243
1757	14767	根据公元 1752—1762 年的出生人口数量估算	Messance, 1766, p.243
1787	22059	—	Levasseur, I, p.227
1801	16000	—	Levasseur, II, p.345
1846	52259	包括因古维尔和格拉维尔在内	Forstall
1850	53000	—	—
1851	53662	文献记载人口 28954 人	Forstall

拉昂

时间（年）	人口规模（人）	估算依据	数据来源
898—991	28000	法国首都；建有 23 个教区（人口总量是教区数量的 1205 倍；参见梅茨）	Lemaitre, pp.2-3
1000	25000	—	—
1112	—	10 座教堂被烧毁	LeLong, p.210
1112—1331	—	—	—
1769	1000	—	Guilbert, II, p.176
1791	7034	—	Verauteren, p.360n
1841	9466	—	Hoffmann

拉罗谢尔

时间（年）	人口规模（人）	估算依据	数据来源
1423	—	有 6 艘船驶离	Trocmé, p.70
1523	—	有 10 艘船驶离	Trocmé, p.70
1550	6000	有 16 艘船驶离	Trocmé, p.70
1565	—	有 61 艘船驶离	Trocmé, p.70

续表

时间（年）	人口规模（人）	估算依据	数据来源
1592—1594	—	航运发展达到顶峰	Trocmé, p.198
1599	—	有 84 艘船驶离	Trocmé, p.104
1600	27000		
1628	—	城市面积大致和公元 1573 年相当，仅有约 650 公顷	Trocmé, p.2 and maps before p.1
1628	27000	遭围困后，规模锐减 5000 人	Guilbert, Ⅲ, p.587
1787	17253	—	Levasseur, Ⅰ, p.227
1801	18000	—	Levasseur, Ⅱ, p.346
1856	14157	—	Ency. Brit., 1853—(60)

里尔

时间（年）	人口规模（人）	估算依据	数据来源
1030	—	被城墙围合	Ency. Brit., 1910
1144	8000	建有 4 个教区（参见公元 1300 年）	Brosse, Ⅴ, p.73
1300	—	建有 7 个教区	Brosse, Ⅴ, p.73
1300s	15000	为文献估算值	Mols, Ⅱ, p.520
1382	24000	约有 4000 名武装人员（人口总量是武装人数的 6 倍）	Froissart, Ⅲ, p.332
1415—1470	15000	年均约产生 55 名新市民，接近 14 世纪的水平	Marquant, p.23
1500	25000		
1566	—		St. Léger, p.163
1600	30000		
1617	32604		St. Léger, p.238
1669	64000	年均死亡约 2400 人（人口总量是年均死亡人数的 27 倍）	St. Léger, p.351
1698	55000		Boulaincilliers, Ⅳ, p.563
1700	55000		
1726	50780		Saugrain in Mols, Ⅱ, p.514
1740	61028	包括驻军和神职人员在内	Messance, 1766, p.176
1750	62000		
1775	65644	根据公元 1771—1780 年的人口出生情况估算	Messance, 1788, p.49
1787	65907	—	Levasseur, Ⅰ, p.227
1800	55000		
1801	54756		Levasseur, Ⅱ, p.346
1846	95781	除法夫斯、穆兰、瓦泽梅斯和埃斯奎尔姆外，约有 75430 人	Forstall
1850	99000		
1851	100501	除郊区外，约有 75795 人	Forstall

利摩日

时间（年）	人口规模（人）	估算依据	数据来源
1200s	4000	—	Russell, 1972, p.158
1698	14000	—	Boulainvilliers, Ⅴ, p.509
1775	17000	文献记载人口 21627 人	Messance, 1788, p.50
1787	19000	文献记载人口 24003 人	Levasseur, Ⅰ, p.227
1801	16000	文献记载人口 20550 人	Levasseur, Ⅱ, p.345
1809	16436	更大的地域范围内居住着 20254 人	Le Mée, p.493
1850	34000		
1851	34000	文献记载人口 41630 人（参见公元 1809、1906 年）	Ungewitter, Ⅰ, p.905
1906	75906	更大的地域范围内居住着 88597 人	Ency. Britannica, 1910

里昂

时间（年）	人口规模（人）	估算依据	数据来源
800	12000	建有 4 座教堂	Brosse, Ⅱ, p.85

第2章 城市人口规模的估测依据

续表

时间（年）	人口规模（人）	估算依据	数据来源
1090—1173	—	增设 3 个教区	Brosse，p.86
1200	22000	—	—
约 1230	—	建有 6 家医院	Steyert，Ⅱ，p.392
约 1250	30000	大约建有 10 座教堂及 80 个城市街区	Steyert，Ⅱ，p.393
1300	35000	处在和平时代	—
1400	35000	—	Steyert，Ⅱ，p.517
1446	33000	建有 1909 栋房屋（人口总量是房屋数量的 16 倍；参见公元 1545—1550 年）	Chanut & Gascon，p.397
1450	—	文献记载人口 20000 人（可能被低估；参见公元 1446 年）	Chanut & Gascon，p.397
1500	40000	—	Chanut & Gascon，p.397
1545	—	建有 3644 栋房屋	Chanut & Gascon，p.397
1550	58000	根据受洗人数估算	Benedict，p.3
1564	—	约 4000 人死于瘟疫	Steyert，Ⅱ，p.253
1596	30000	约有 5000 名民兵（人口总量是民兵数量的 6 倍）	Steyert，Ⅱ，p.218
1600	30000	—	—
1610	—	仅存 1800 名丝绸工人（曾约有 7000 名丝绸工人）	Kleinclausz，Ⅱ，p.15
1632	30000	纳税人达到约 300000 名（参见公元 1667—1688 年）	Kleinclausz，Ⅱ，p.67
1652	—	海关税纳税人约 36600 名；货物入市税纳税人约 102000 名	—
约 1667	117000	—	Steyert，Ⅱ，p.344
1673	—	海关税纳税人约 573000 名；货物入市税纳税人约 143000 名	Kleinclausz，Ⅱ，p.78
1688	—	纳税人约 1128000 名	Kleinclausz，Ⅱ，p.78
1692	—	丝绸工人数量从 10000 名减少到 3500 名	Kleinclausz，Ⅱ，p.74
约 1690	105700	按公元 1690—1700 年出生人口数量的 28 倍估算	Messance，1766，p.57
1700	97000	—	Garden，p.34
1701	—	人头税纳税人约 215000 名	Kleinclausz，Ⅱ，p.79
1702	—	丝绸和黄金工人总数从 12000 人骤减至 3000 人	Kleinclausz，Ⅱ，p.74
1705	—	人头税纳税人约 540000 名	Kleinclausz，Ⅱ，p.79
1726	95000	—	Saugrain in Mols，Ⅱ，p.514
1745	108000	—	Orry in Mols，Ⅱ，p.514
1750	111000	—	—
1756	115836	根据公元 1752—1761 年人口出生情况估算	Messance，1766，p.42
1775	151786	根据公元 1771—1780 年人口出生情况估算	Messance，1788，p.50
1787	135207	—	Levasseur，Ⅰ，p.227
1800	111000	—	—
1801	109000	—	Levasseur，Ⅱ，p.345
1846	—	文献记载人口 155939 人	Gazetteer of World
1850	220000	—	—
1852	220000	除卡鲁尔、克鲁瓦·鲁斯、吉洛蒂埃、维泽和维勒班外，约有 156169 人	Gazetteer of World

马赛

时间（年）	人口规模（人）	估算依据	数据来源
972	6000	—	Fabre，Ⅰ，p.261
1200	20000	—	—
13 世纪	—	比阿尔勒略大	Fabre，Ⅲ，p.62
13 世纪	—	当地居民靠商业致富	Rambert，Ⅱ，entire
13 世纪	25000	粗略估算	Baratier，p.102
13 世纪	—	公元 1294 年，城内建有 3 座教堂，城外建有 5 座教堂	Lesage，maps pp.32，34
13 世纪	—	公元 1298 年，城市面积达 65 公顷，郊区面积达 20 公顷	Russell，1972，p.164
13 世纪	25000	阿尔勒人口总量是其教堂数量的约 1250 倍	—

续表

时间（年）	人口规模（人）	估算依据	数据来源
1263—1302	—	粮食供应下降 1/3	Rambert, p.314
1300	20000	—	—
1361	10000	粗略估算	Baratier, p.102
1263—1423	—	粮食供应下降 4/5	Rambert, Ⅱ, p.315
1400	10000	—	—
自 1423	—	城市繁荣发展，特别是公元 1434—1480 年	Rambert, Ⅱ, pp.319, 334
1500	30000	—	—
1520	—	约有 15000 人（根据食物供应量估算）	Billioux in Baratier, p.138
1544	—	约有 26000 人（根据食物供应量估算）	Billioux in Baratier, p.138
1563	—	约 40000 名新教徒逃离	Fabre, Ⅱ, p.94
1574	30000	根据食物供应量估算	Billioux in Baratier, p.138
1582	36000	约有 6000 名民兵	Fabre, Ⅱ, p.111
1600	36000	按 45000 人减去 1/5 农村人口推算	Baratier, p.165
1630	48000	瘟疫暴发，50000 余人逃离，约 9000 人死亡，约 1000 人幸存下来	Méry, Ⅵ, p.ix
1660	52000	按 65000 人减去 1/5 推算	Baratier, p.166
1666	—	农村地区有 4000—5000 户	Baratier, p.200, citing Arnoul
1694	—	文献记载人口约 87700 人（包括农村人口在内）	Guibert, Ⅰ, p.615
1696—1715	70000—75000	—	Busquet, p.295
1700	—	约 97020 人，根据公元 1696—1702 年出生人数的 28 倍估算	Messance, 1766, p.192
1700	75000	参见 1666 年	—
1716	—	文献记载人口 88645 人	Carrière, p.15
1745	70000	文献记载人口 88420 人	Orry in Mols, Ⅱ, p.514
1750	71000	—	—
1755	72000	根据公元 1752—1758 年出生人数的 28 倍估算	Messance, 1766, p.192
1790	106585	—	Masson, p.28
1800	83000	—	—
1801	81000	按 101000 人减去 1/5 推算	Baratier, p.279
1809	78445	文献记载人口 99169 人	Le Mée, p.470
1850	139000	—	—
1852	141577	—	Harper; Baratier, p.311

梅斯

时间（年）	人口规模（人）	估算依据	数据来源
800	25000	建有 20 个教区（估算人口数是教区数的 1250 倍；公元 1300 年人口数量约达 32000 人）	Dollinger-Leonard, p.199
10 世纪	14000	城市面积约 71 公顷	J. Schneider, p.28
1100	21000	建有 17 个教区（人口总量是郊区数量的 1250 倍）	Bégin, p.51
1200	23000	建有 19 个教区（人口总量是郊区数量的 1250 倍）	Bégin, pp.51, 129
1300	32000	建有 26 个教区（人口总量是郊区数量的 1250 倍）；城市面积 159 公顷	J. Schneider, p.28, 55
1326	—	报道显示此地超过 30000 人	J. Schneider, p.60
1390	—	约 7000 人死于瘟疫	Guilbert, Ⅳ, p.465
1400	25000	约 6000 人死于瘟疫	Guilbert, Ⅳ, p.465
1400	—	城墙内围合面积约 155 公顷	Planitz, p.204
1405	30000	—	Guilbert, Ⅳ, p.465
1500	30000	—	—
1553	—	约有 60000 人（可能被高估）	Ency. Brit., 1910
1553	22000	—	Ency. Brit., 1910
1570	23000	年均 869 人受洗（假设出生率为 27‰）	—
1600	18000	年均受洗人数降至 673 人	Ency. Brit., 1910

续表

时间（年）	人口规模（人）	估算依据	数据来源
1610	19432	—	Zeller, p.60n
1675—1680	28000	年均受洗 1056 人	Mols, Ⅲ, p.83
1698	—	建有 16 个教区	Boulainvilliers, Ⅲ, p.360
1700	28000	—	—
1715	—	略少于 30000 人	Mols, Ⅱ, p.516
1726	23000	—	Saugrain in Mols, Ⅱ, p.514
1750	31000	—	—
1775	39256	根据公元 1701—1780 年的人口出生情况估算	Messance, 1766, p.49
1787	45090	—	Levasseur, Ⅰ, p.227
1800	37000	—	—
1804	34659	—	Hocquard, p.28
1851	57713	—	Ungewitter, Ⅰ, p.891

蒙托邦

时间（年）	人口规模（人）	估算依据	数据来源
1600	20000	繁荣发展	—
1623	24000	约有 4000 名民兵（占人口总量的 1/6）	Ioly, p.45
1700	12000	按公元 1701—1710 年人口出生情况估算，约达 16006 人	Messance, 1766, p.201
1809	18891	更大范围内的人口数量约有 25130 人	Le Mée, p.491
1851	18000	按 24726 人减去 1/4 推算	Ungewitter, Ⅰ, p.909

蒙彼利埃

时间（年）	人口规模（人）	估算依据	数据来源
1090	1000	城墙围合面积约 10 公顷	Russell, 1962, p.358
1200	12000—15000	城墙围合面积约 40 公顷	Russell, 1962, pp.356-357
约 1300	35000	规模略大于波尔多	Higounet, Ⅲ, p.224
1347	40000	—	Russell, 1962, p.352
1349	—	约有 7000 个壁炉	Grande Ency.
1367	22000	建有 4520 栋房屋	Tilley, p.208
1396	17200	—	Russell, 1962, p.349
1477—1480	13560	—	Russell, 1962, p.349
1508	6000	—	Russell, 1962, p.349
1550	—	建有 4 座教堂	Platter, p.34
约 1630	—	成为区域性资本中心	—
约 1700	22500	—	Leroy, p.297
1745	32000	文献记载人口 34880 人	Orry in Mols, Ⅱ, p.514
1750	29000	—	—
1775	29000	根据公元 1771—1780 年人口出生情况推算，按 31388 人减去 6% 估测	Messance, 1788, p.49
1787	26000	根据公元 1771—1780 年人口出生情况估算，按 28836 减去 6% 推测	—
1800	31000	—	—
1801	32000	根据公元 1771—1780 年人口出生情况估算，按 33913 减去 6% 推测	Messance, 1788, Ⅱ, p.345
1809	31237	文献记载人口 33090 人	Le Mée, p.475
1851	43000	按 45811 人减去 6% 推算	Ungewitter, Ⅰ, p.913

南锡

时间（年）	人口规模（人）	估算依据	数据来源
1698	8000	城内有 1745 户家庭	Boulainvilliers, Ⅲ, p.398
1726	7970	—	Saugrain in Boulainvilliers, Ⅱ, p.514

续表

时间（年）	人口规模（人）	估算依据	数据来源
1745	27000	文献记载人口 28676 人（参见公元 1809 年）	Orry in Mols，Ⅱ，p.514
1750	28000	—	
1775	32000	根据公元 1771—1780 年人口出生情况估算	Messance，1788，p.49
1789	32000	文献记载人口 33432 人	Hoffmann
1800	28000	—	
1801	28000	文献记载人口 29740 人	Levasseur，Ⅱ，p.345
1809	28950	文献记载人口 30139 人	Le Mée，p.481
1850	44000	—	
1851	45129	—	Ungewitter，Ⅰ，p.889

南特

时间（年）	人口规模（人）	估算依据	数据来源
1500	12000	约有 2000 人死亡	Guépin，p.201
1557	14000	约有 2300 名民兵	Guépin，p.224
1600	25000	—	Benedict，p.3n
1700	40000	按 42309 人减去 4% 推算	Guilloux，cited in letter from Nantes city library
1745	37000	按 38728 人减去 4% 推算	Orry in Mols，Ⅱ，p.514
1750	39000	—	
1775	54000	按 56927 人减去 4% 推算	Messance，1788，p.50
1800	70000	—	Levasseur，Ⅰ，p.227
1801	70000	按 73879 人减去 4% 推算	Levasseur，Ⅱ，p.345
1809	74524	文献记载人口 77226 人	Le Mée，p.478
1846	94194	—	Forstall
1850	95000	—	
1851	96362	—	Forstall

纳博讷

时间（年）	人口规模（人）	估算依据	数据来源
13 世纪	31000	约有 6229 户家庭	Tilley，p.208
1300	30000	—	
1378	1000	约有 250 户家庭	Tilley，p.208
1698	8000	约有 1626 户家庭	Boulainvilliers，Ⅷ，p.472
1801	9086	—	Levasseur，Ⅱ，p.346
1841	11907	—	Hoffmann

尼姆

时间（年）	人口规模（人）	估算依据	数据来源
1300	15000	—	
1320	16000	建有 2075 个壁炉（壁炉数量是人口总量的 1/8；参见阿尔勒）	Russell，1972，p.164
1399	1000	约有 200 户家庭	Maucomble，p.49
1592	10000	—	Ploetz，Ⅱ，p.34
1682	18000	约有 3000 人参加游行	Aillaud，p.60
1698	—	约有 10590 户家庭（可能被高估）	Boulainvilliers，Ⅷ，p.486
1722	18141	—	Maucomble，p.158n
1734	20225	—	Maucomble，p.158n
1750	31000	—	
1775	47000	根据公元 1771—1780 年人口出生情况估算	Messance，1788，p.51
1787	41000	文献记载人口 43146 人	Levasseur，Ⅱ，p.346
1800	37000	—	

续表

时间（年）	人口规模（人）	估算依据	数据来源
1801	37000	文献记载人口 38800 人	Levasseur，Ⅱ，p.345
1809	39921	文献记载人口 41195 人	Le Mée，p.474
1851	53619	—	Ungewitter，Ⅰ，p.914

奥尔良

时间	人口规模（人）	估算依据	数据来源
996—1108	—	法国国王约 7/8 的时间在此地度过	Lemoine，p.56
999	—	大部分地区被烧毁	Buzonniere，p.37
1200	27000	建成早期的城墙（参见公元 1300 年）	—
1300	36000	城墙围合面积扩大了 1/3	Illiers，p.51
1400	30000		
1428	30000		Gower，p.45
1428	28000	约有 5000 名民兵（占人口总量的 1/6）	Illiers，p.87
1484	26000—28000		Buzonniere，p.132
1500	28000		
16 世纪	—	城市面积约 150 公顷	Ganshof，p.59
1594	15000	约一半的城市人口死亡	Ganshof，p.59
1644	24000	约有 4000 名民兵	Babeau，Ⅱ，p.23
1685	48000	按 54000 人减去 10% 推算	Guilbert，Ⅱ，p.599
1685	—	约有 10000 新教徒移民	Guilbert，Ⅱ，p.599
1700	37000		
1738	32000	按 35811 人减去 10% 推算	Crozet，p.257
1745	33000	按 36830 人减去 10% 推算	Orry in Mols，Ⅱ，p.514
1750	32000		
1762	32000	按 35764 人减去 10% 推算	Crozet，p.257
1787	36000	按 41040 人减去 10% 推算	Levasseur，Ⅰ，p.227
1800	32000		
1801	32000	按 36165 人减去 10% 推算	Levasseur，Ⅱ，p.345
1846	38000	按 42584 人减去 10% 推算	Hoffmann
1850	41000		
1851	42000	按 47393 人减去 10% 推算	Ungewitter，Ⅰ，p.899
约 1870	44205	—	Grande Ency.

巴黎

时间（年）	人口规模（人）	估算依据	数据来源
741—768	—	首都	Ency. Brit.，1910
约 800	25000	建有 20 座教堂（教堂数量是人口数量的 1/1250）	Poëte，pp.101–106
约 1000	20000	建有 17 座教堂	Poëte，pp.147–149
1106—1223	—	建有 14 个新的教区	Lavallée，p.15
1108—1137	—	建有 2 座新教堂	Lavallée，p.7
1137—1180	—	建有 2 座新教堂	Lavallée，p.8
1180—1223	—	建有 10 座新教堂	Lavallée，p.9
1194—1211	—	城墙围合面积为 252 公顷	Géraud，pp.470–471 Lemoine，pp.61–62
1200	110000		
1220		文献记载约有 120000 人	Pessard，p.1188
1292	216000		Levasseur，Ⅰ，p.170
1300	228000		
1313	—	约有 50000 人手持武器	Géraud，p.467
1328	274000		Levasseur，Ⅰ，p.170
1328	—	建有 35 个教区	Lavallée，p.16

续表

时间（年）	人口规模（人）	估算依据	数据来源
1348	—	约有 50000 人死于瘟疫	Lemoine，pp.89
1367	—	城市面积约 439 公顷	Géraud，p.467
1382	300000	约有 60000 人手持武器（至少占人口总量的 1/5）	Froissart，Ⅲ，p.381
1400	280000		
1418	280000	近 40000 名民众参与暴乱（占人口总量的 1/7）	Monstrelet，Ⅷ，p.94
1418	—	约有 40000 人死于流行病	Mezerai in Lacombe，p.320
1438	—	约有 50000 人死于饥荒	Dulaure，p.261
1467	174000	16—60 岁的人口数量达 28000—30000 人（占人口总量的 1/6）	Poëte（a），pp.41
1500	185000		—
约 1550	210000		Larousse
1590	220000		Voltaite in Levasseur，Ⅱ，p.357
1596	230000		Pessard，p.1188
1600	245000		
1637	412000		Levasseur，Ⅱ，p.357
1675	540000		Levasseur，Ⅱ，p.357
1683	559000	公元 1717—1721 年是人口出生高峰期	
1700	530000	战争之前的数字	
1714	509640	根据公元 1709—1719 年人口出生情况估测	Messance，1766，p.176
1748	553000		Pessard，p.1188
1750	556000		
1756	576630	根据公元 1752—1761 年人口出生情况估测	Messance，1788，p.49
1775	600600	根据公元 1771—1780 年人口出生情况估测	Messance，1788，p.49
1800	547000	公元 1800—1801 年，法国人口波动不大	—
1801	547756		Levasseur，Ⅱ，p.345
1846	1270000	城市建设密集	Forstall
1850	1314000		
1851	1325000	福斯托尔的面积略有减少	Forstall

普瓦捷

时间（年）	人口规模（人）	估算依据	数据来源
741	5000—9000	包括郊区人口在内	Claude，p.64
800	10000		—
1000	15000		—
1083	18000	建有 5 个教区（参见公元 1698 年）	Claude，pp.122–123
1100	20000	城市面积约 200 公顷	Ammann，1958，p.144
1200	25000	建有 7 个教区（教区数量是人口总量的 1/3.6；参见公元 1083 年）	Claude，pp.122–123
1700	18000	—	
1775	17172	根据公元 1771—1780 年人口出生情况估测	Messance，1788，p.50
1801	18223		Levasseur，Ⅱ，p.345
1850	25000		
1851	25308		Ungewitter，Ⅰ，p.903

普罗万

时间（年）	人口规模（人）	估算依据	数据来源
1200	20000		
1201—1253	—	约有 3200 名布商和 1700 名刀匠	Bourquelot，Ⅰ，pp.252–253
1247	21000	城北分为 4 个教区，城南分为 3 个教区	Bourquelot，Ⅰ，pp.190–193
巅峰期	30000	建有超过 20 座教堂	Bourquelot，Ⅰ，p.358
巅峰期	—	约有 60000 人（可能被高估）	Guibert，Ⅲ，p.19

续表

时间（年）	人口规模（人）	估算依据	数据来源
1361	3000	税收总量是特鲁瓦的 1/6	Aufauvre，p.19
1856	6198	—	Ency. Brit.，1853

兰斯

时间（年）	人口规模（人）	估算依据	数据来源
9 世纪	20000	建有 17 座教堂	Vercauteren，p.65
1200	12000	—	Boussinesq，I，p.356
13 世纪	—	中世纪城墙周长约 6 公里（围合面积约 250 公顷）	Ganshof，pp.44，46
1300	15000	—	—
1325	15000	建有 8 个教区（参见公元 1700 年）	Desportes，p.472
1360	15000—20000	—	Handwörterbuch，II，p.680
1416	10000	—	Desportes，p.495
1482	12000	—	Desportes，p.467
1594	14000	—	Desportes，p.495
1600	18000	—	Crouvezier，p.82
1615	21000	有 4335 名纳税人	Jadart，p.151
1700	22000	—	—
1700	—	建有 14 个教区	Grouvezier，p.69
1720	—	拥有约 5000 户家庭	Vercauteren，p.360n
1726	22300	—	Saugrain in Mols，II，p.514
1745	22810	—	Orry in Mols，II，p.514
1750	23000	—	—
1773	27554	—	Vercauteren，p.361n
1800	20000	—	—
1801	20295	—	Levasseur，II，p.345
1850	45000	—	—
1851	45754	—	Ungewitter，I，p.888

雷恩

时间（年）	人口规模（人）	估算依据	数据来源
872—1212	—	布列塔尼的首都	—
1568	8000	拥有 1456 名民兵（包含郊区在内）	Ogée，II，p.532
1726	18600	—	Saugrain in Mols，II，p.514
1750	25000	—	—
1775	32000	按 34832 人减去 6% 推算	Messance，1788，p.50
1787	31000	按 33021 人减去 6% 推算	Levasseur，II，p.227
1800	24000	—	—
1801	24000	按 25904 人减去 6% 推算	Levasseur，II，p.345
1809	27538	文献记载人口 29225 人	Le Mée，p.476
1846	36000	按 39218 人减去 6% 推算	Hoffmann
1850	38000	—	—
1851	38000	按 41295 人减去 6% 推算	Ungewitter，I，p.901

鲁贝 – 图儿昆

时间（年）	人口规模（人）	估算依据	数据来源
1804	8703	—	Blanchard，p.441
1846	66609	瓦特洛斯约有 8736 人	Hoffmann
1850	70000	—	—
1851	71745	除瓦特洛斯外约有 62313 人	Brockhaus，1864 Lippincott，1868

鲁昂

时间（年）	人口规模（人）	估算依据	数据来源
1000	20000		
1100	20000	城市面积约200公顷	Ammann，1958，p.144
1200	40000	根据33个教区估算（教区数是人口总量的1/1250）	
1246	—	新城墙开始修建，新建了5个新教区，共有38个教区	Guibert，V，pp.419，431-2
1272	45000	约有40000人，根据其大主教数量估算（加上神职人员和犹太人）	Levainville，p.373
1300	50000		
1364	60000	约有10000名民兵	Guibert，V，p.448
14世纪	—	公元1272—1417年城市扩张（集中在公元1300—1400年）	T. Cook，p.197
1400	80000		
1417	80000	约有16000名民兵（民兵数量占人口总量的1/5）	Monstrelet，VIII，p.108
1417	80000	城市面积翻倍	T. Cook，maps B，D and E
1418	—	约有50000人死亡，绝大部分源于饥荒	Monstrelet，VIII，p.118
1419—1449	—	到1430年基本还清了战争债务	T. Cook，p.95
1500	80000	比纽伦堡大	Duby & Mandrou，I，p.224
1500—1550	—	新建了许多精美的住宅	T. Cook，p.322
16世纪30年代	78000	根据受洗人数估算	Benedict，p.3，261
1550	74000	根据受洗人数推测，有71000—78000人	Benedict，p.3
16世纪	70000	约有3000名布商	Levainville，p.188
1600		根据受洗人数估算，约有71000人	Benedict，p.3，261
1600	60000	根据公元1600年的受洗人数估算	Bardet，II，p.34
1685	80000		Levainville，p.374
1694	60000		Levainville，374
1700	63000	根据当年受洗人数估算	Bardet，II，p.34
1700	—	城内有13316个壁炉	Levainville，p.374
1726	80690		Saugrain in Mols，II，p.514
1745	—	文献记载人口92690人	Orry in Mols，II，p.514
1750	67000		Bardet，II，p.34
1756	63588	根据公元1752—1761年受洗人数估算	Messance，1766，p.81
1787	68040		Levasseur，I，p.227
1800	80000	根据受洗人数估算	Bardet，II，p.34
1850	104000		—
1851	105225	除索特维尔外有100265人	Forstall

圣埃蒂安

时间（年）	人口规模（人）	估算依据	数据来源
1700	—	不超过20000人	—
1705	23436	根据公元1700—1710年人口出生情况估算	Messance，1766，p.196
1726	16000		Saugrain in Mols，II，p.514
1750	21000	公元1748—1756年为法国和平时期	—
18世纪50年代	23424	根据公元1748—1758年人口出生情况估算	Messance，1766，p.196
1787	28392		Levasseur，I，p.227
1801	16259		Levasseur，II，p.345
1841	48554		Hoffmann
1850	55000		
1851	56030		Ungewitter，I，p.907

圣马洛

时间（年）	人口规模（人）	估算依据	数据来源
1600	13000	约有14600人，根据公元1601—1610年的人口婚姻状况估算	Delumeau，p.16

第 2 章　城市人口规模的估测依据

续表

时间（年）	人口规模（人）	估算依据	数据来源
1700	23000	根据公元 1701—1710 年的人口婚姻状况估算。按 25100 人减去 8% 推测	Delumeau，p.16
1750	10000	根据公元 1751—1760 年的人口婚姻状况估算，按 11700 人减去 8% 推测	Delumeau，p.16
1787	15000	文献记载人口 16767 人	Levasseur，Ⅰ，p.227
1792	—	圣赛尔成为一座独立的城镇	Vivien
约 1805	20000	包括圣赛尔在内共 22750 人，按该数字减去 8% 推测	Dic. Stat. France
1809	17358	包括圣赛尔在内共 19857 人	Le Mée，p.476
1852	17000	包括圣赛尔在内共 19400 人，按该数字减去 8% 推测	Lippincott，1868

圣奥梅尔

时间（年）	人口规模（人）	估算依据	数据来源
13 世纪	20000	—	Lestocquoy，p.177
1300	20000	—	
1787	16254	—	Levasseur，Ⅰ，p.227
1800	20000	—	
1801	20100	—	Levasseur，Ⅱ，p.346
1841	20661	—	Hoffmann
1850	21000	—	
1851	22054	—	Ungewitter，Ⅰ，p.885

苏瓦松

时间（年）	人口规模（人）	估算依据	数据来源
11 世纪	—	建有 21 座教堂	Vercauteren，pp.129–30
1720	8654	—	Guilbert，Ⅱ，p.176

斯特拉斯堡

时间（年）	人口规模（人）	估算依据	数据来源
1100	—	城墙围合面积约 15 公顷	Planitz，p.201
1150	10000	—	Schmoller，p.82
1220	10000	城墙围合面积约 71 公顷	Ganshof，p.58
1300	15000	城墙围合面积约 99 公顷	Ganshof，p.58
1477	20722	农村人口有 5476 人	Keyser，1941，p.265
1500	22000	—	
1537	25000	—	Schmoller，p.82
1600	25000	—	
1650	20000	约有 25000 人（可能包含农村人口）	Ford，p.2
1697	26481	—	Ford，p.115
1700	27000	—	
1709	32500	—	
1726	43780	—	Saugrain in Mols，Ⅱ，p.514
1745	76425	—	Orry in Mols，Ⅱ，p.514
1750	47000	按 49870 人减去 5% 推测，参见公元 1809 年	Schmoller，p.82
1787	47000	按 49705 人减去 5% 推测，参见公元 1809 年	Levasseur，Ⅰ，p.218
1800	46000	—	
1802	46000	文献记载人口 49056 人	J. Morse，Ⅱ，p.269
1809	48213	文献记载人口 51831 人	Le Mée，p.485
1846	71992	—	
1850	75000	—	
1851	75565	—	Ungewitter，Ⅰ，p.891

土伦

时间（年）	人口规模（人）	估算依据	数据来源
1314	3000	约有 700 户家庭	Février, p.121
1409	1000	约有 374 户家庭	Février, p.121
1600	18000	—	Lenthéric, p.215
1700	39648	根据公元 1690—1700 年人口出生情况估算，出生人口数量占人口总量的 1/28	Messance, 1766, p.188
1720	26277	处于和平时期	Fabre, IV, p.252n
1750	27000	处于和平时期	—
1757	30044	根据公元 1752—1762 年人口出生情况估算	Messance, 1766, p.188
1787	27540	—	Levasseur, I, p.227
1800	21000	—	—
1801	20500	—	Levasseur, II, p.345
1850	68000	—	—
1851	69474	—	Ungewitter, I, p.918

图卢兹

时间（年）	人口规模（人）	估算依据	数据来源
1100	10000—12000	—	Correspondence from Coppoland
1200	—	约有 12000 人（可能被低估）	Sicard in Coppoland, p.2
1200	20000	—	Correspondence from Coppoland
1300	35000	—	—
1335	35000	—	Wolff, p.161
1335	—	约有 5700 名纳税人，人口规模小于公元 1273 年	Russell, 1962, p.356
1398	24000	—	Wolff, p 161
1400	23000	—	—
1405	22136	—	Dickinson in Russell, 1958, p.110
1500	25000	—	—
1500—1550	—	人口快速增长	Wolff, pp.204–206
1536	36000	约有 6000 人列队参加了皇室访问（该数字是人口总量的 1/6）	Wolff, pp.208, 212
—	—	约有 50000 人（可能被高估）	Coppoland, p.21
1562	28000	约有 3000 名天主教徒与 1700 名新教徒作战	Wolff, pp.230–1
约 1600	30000	人口规模逐渐下降	Wolff, p.253
1640	42000	—	Wolff, p.253
1698	38237	—	Coppoland, p.23
1700	38000	—	—
1750	42000	按 48000 人减去 12% 推算；参见公元 1809 年	Coppoland, pp.23–4
1790	52000	按 59000 人减去 12% 推算；参见公元 1809 年	Coppoland, pp.24
1800	44000	—	—
1801	44000	按 50171 人减去 12% 推算；参见公元 1809 年	Levasseur, II, p.345
1809	45094	包括城市在内共计 51202 人	Le Mée, p.475
1846	75000	按 94236 人减去 1/5 农村人口推算	Gazetteer of World
1851	75000	文献记载人口 94195 人	Ungewitter, I, p.912
1872	100582	文献记载人口 124852 人	Larousse

图尔

时间（年）	人口规模（人）	估算依据	数据来源
700	17000	建有 14 座教堂	Giraudet, I, p.51
800	20000	—	—
850	—	建有 21 座教堂	Leveel, p.29
853—903	—	—	Vivier, p.26
906—918	—	新城墙建成后，可容纳约 20000 人	Vivier, p.26; Julian, p.22

续表

时间（年）	人口规模（人）	估算依据	数据来源
997	—	28座教堂几乎全部被烧毁	Brosse，Ⅲ，p.160
1073—1300	—	建有5个新教区	Giraudet，Ⅰ，pp.115-8
1100s	—	建有3个新教区	Brosse，Ⅲ，pp.164-6
1200	20000	—	—
1300	25000	—	—
约1340	26000	—	Russell，1972，p.148
1354	25000	开始修建约4500米的围墙（围合面积约130公顷，不包括两个郊区）	Leveel，p.43
1400	25000	—	—
1500	20000	—	His. De Tours，1985，p.144
16世纪90年代	56000	有55331名信徒	Giraudet，Ⅱ，p.97
1596	—	下降至原来人数的2/3	His. De Tours，1985，p.178
1600	20000	—	—
1639	22000	参见公元1672、1698年	City records
1672	60000	大量信徒	Boulainvilliers，Ⅵ，p.2
1698	33000	约有6678个壁炉	Boulainvilliers，Ⅵ，p.2
1700	33000	—	—
1726	26600	—	Saugrain in Mols，Ⅱ，p.514
1750	23000	—	—
1775	21195	根据公元1771—1780年人口出生情况估算	Messance，1788，p.50
1787	28161	—	Levasseur，Ⅰ，p.227
1800	22000	—	—
1801	22000	—	Levasseur，Ⅱ，p.345
1850	33000	—	—
1851	33530	—	Ungewitter，Ⅰ，pp.899-900

特鲁瓦

时间（年）	人口规模（人）	估算依据	数据来源
1125	—	城市面积约为59公顷，郊区面积约为43公顷	Ganshof，p.45
1125—1324	—	—	—
1200	20000	—	—
中世纪	—	有50000—60000人	Boulainvilliers，Ⅲ，p.548
中世纪	—	城市面积约99公顷	Ganshof，p.59
1300	20000	—	—
1400	20000	盎格鲁—勃艮第人入侵之前	—
1433	18000	文献记载人口15309人	Desportes，p.467n
1500	23000	—	Grande Ency.
1590	24000	约有4000名民兵	Aufauvre，p.121
1600	24000	—	—
约1625	24000	约有4000名民兵	Babeau，Ⅱ，p.23
1698	19000	—	Boulainvilliers，Ⅲ，p.548
1726	13500	—	Saugrain in Mols，Ⅱ，p.514
1745	14000	按18000人的1/1.25倍推算；参见公元1809年	Orry in Mols，Ⅱ，p.514
1750	17000	—	—
1775	25000	根据公元1771—1780年人口出生情况估算	Messance，1788，p.49
1787	23000	按29682人的1/1.25倍推算；参见公元1809年	Levasseur，Ⅰ，p.227
1800	19000	—	—
1801	19000	—	Levasseur，Ⅱ，p.345
1809	21357	文献记载人口27196人	Le Mée，p.469
1850	21000	—	—
1851	21000	文献记载人口27376人	Ungewitter，Ⅰ，p.887

瓦朗谢讷

时间（年）	人口规模（人）	估算依据	数据来源
1367	18000	税收总量为海诺的 1/5；1406 年有 23467 户家庭，其中 1/5 家庭居住在农村地区，参见公元 1872 年	Arnould, pp.68n, 101n, 107
1385	20000	约有 4000 栋房屋	Froissart, IV, p.23
1400	19000	—	
1477	19000	建有 8 个教区；按教区数量的 3000 倍再减去 1/5 推测	Paillard, p.305
1500	17000		
1569	12000	约有 3000 个壁炉；按壁炉数量的 5 倍再减去 1/5 推测	Arnould, p.305
1700	20000	按 20278 人减去 1/5 推测，再加上驻军人数	Loridan, p.15
1708	—	2 个骑兵团和 3 个步兵营	Loridan, pp.310–311
1726	22000	按 22550 人减去 1/5 推测，再加上驻军人数	Saugrain in Mols, II, p.514
1745	19000	按 16440 人减去 1/5 推测，再加上驻军人数	Orry in Mols, II, p.514
1788	—	拥有 8174 名驻军	Loridan, p.33
1801	13000	按 17180 人减去 1/5 推测	Levasseur, II, p.346
1853	18000	按 23263 人减去 1/5 推测	Ungewitter, I, p.887
1872	19609	文献记载人口 24662 人	Larousse

凡尔赛

时间（年）	人口规模（人）	估算依据	数据来源
1700	20000		Levron, p.67
1750	34000	—	
1775	43960	根据公元 1771—1780 年人口出生情况估算，出生人口数量占人口总量的 1/28	Messance, 1788, p.49
1787	37530		Levasseur, I, p.227
1801	25000		Levasseur, II, p.345
1850	35000		
1851	35367		Ungewitter, I, p.880

杰尼瓦

时间（年）	人口规模（人）	估算依据	数据来源
1000	1300		Blondel, I, p.71
1200	3300		Blondel, I, p.71
1404	8000		Blondel, I, p.71
1475	11000		Blondel, I, p.71
1537	10300		Blondel, I, p.227
1589	13000		Blondel, I, p.227
1698	16934		Handwörterbuch, II, p.678
1711	18500		Blondel, I, p.228
1750	23000		
1755	—	文献记载人口 21816 人	Handwörterbuch, II, p.678
1800	26000		
1802	26394	除卡鲁日外，有 23309 人	J. Morse, II, p.342
1850	42123	除卡鲁日、日内瓦、普兰帕莱和小沙冈奈外，有 31238 人	Blondel, II, pp.92, 97 Hoffmann

安特卫普

时间（年）	人口规模（人）	估算依据	数据来源
1200	—	城市面积仅 31 公顷	Ganshof, pp.45, 52
1374	—	约有 1500 名纳税人	Cuvelier, 1912, p.11 cf. pp.462–70
1437	19000	建有 3440 栋房屋（房屋数量是人口总量的 1/5；参见公元 1646 年）	Cuvelier, 1912, pp.462–463

续表

时间（年）	人口规模（人）	估算依据	数据来源
1496	36000	建有 6586 栋房屋（房屋数量是人口总量的 1/5）	Cuvelier，1912，pp.462–463
1500	37000		
1526	46000	建有 8479 栋房屋	Cuvelier，1912，pp.462–463
1568	104984	包含 14981 名外国人	Werveke，1944，p.61
1595	47000	新教徒被驱逐后的人口规模	Roey，p.99
1600	49000		
1612	53918		Roey，p.99
1645	56948	建有 10485 栋房屋	Cuvelier，1912，p.xxxii
1699	67132	城墙围合范围内的人口规模	Blockmans，1952，p.396
1700	67000		
1750	43000	公元 1740—1748 年战争后的人口规模	—
1755	43215	包括马克格雷夫和博彻姆在内，共 42375 人	Blockmans，1952，pp.375–376
1800	53906		Heis，p.11
1850	103328	包括博尔赫霍特和伯加姆在内，共 93118 人	Hoffmann；Gazetteer of World；Ungewitter，I，p.858

波里纳日

时间（年）	人口规模（人）	估算依据	数据来源
1806	19830	仅指蒙斯人口规模	Le Mée，p.495
1850	55671	包括蒙斯、杜尔、霍努、杰玛普斯、夸里尼翁、圣吉斯拉因和瓦姆斯的人口在内	Hoffmann Gaz. World（for Jemappes）

布鲁日

时间（年）	人口规模（人）	估算依据	数据来源
961	12000	建有 4 个教区（参见公元 1100 年）	Duclos，p.102
约 1000	12000	—	Dickinson，p.363n
1006	—	约有 12000 人死于瘟疫（可能被夸大）	Duclos，p.102
1089	—	围合面积约为 70 公顷	Ganshof，pp.45，52
1100	15000	平均 3 个教区可容纳约 8000—10000 人（城市中共有 5 个教区）	Duclos，p.102
1200	25000		
13 世纪	36000	建有 12 个教区（8 个在城内，4 个在郊外）	Duclos，pp.102–103
1292	50000	约有 9300 名市民	Häpke，p.175
1300	50000		
1340	35000		Smet，pp.631–636
1340	35000	拥有 6253 名民兵、981 名搬运工	Verbruggen，p.80
1400	60000		
巅峰期	—	编年史记载约有 150000 人	Duclos，p.103
1437	80000	按 20000 人的 4 倍推测	Monstrelet，VI，p.384
1490	—	河流淤塞	Ency. Britt.，1910 "Flanders"
1494		有 4000—5000 栋空置房屋	Duclos，p.104
1500	60000		
1537	58000	城内有 14683 个壁炉（壁炉数是人口总量的 1/4）	Duclos，p.104
1550	60000	约有 38000 名传教者，包括神职人员及学生等	Duclos，p.104
1579	—	约有 8000 栋房屋空置	Duclos，p.104
1584	29000		Duclos，p.104
1600	25000		
1699	35156	—	Wijffels，pp.1243–1276
1700	35000		
1738	27821		Wijffels，pp.1243–1276
1750	27000		

续表

时间（年）	人口规模（人）	估算依据	数据来源
1768	26000	—	Duclos，p.105
1796	31319	—	Wijffels，pp.1243–1276
1800	31000		
1804	30826	—	Duclos，p.106
1850	50698	—	Duclos，p.106

布鲁塞尔

时间（年）	人口规模（人）	估算依据	数据来源
1357—1379	—	城市面积约 450 公顷	Cuvelier，1912，p.cxxiv
1374	—	至少比鲁汶大 1/5	Cuvelier，1912，p.cxxiv
1374	—	有 4875 名纳税人	Cuvelier，1912，p.15
1374	18000—22000	建有 3300—4100 栋房屋，房屋数量是人口总量的 1/5；参见公元 1464 年	—
1400	26000		
1437	35000	建有 6376 栋房屋（房屋数量是人口总量的 1/5.5）	Cuvelier，1912，pp.446–447
1464	—	建有 7165 栋房屋	Cuvelier，1912，pp.446–447 also cccxxvii
1496	31000	建有 5750 栋房屋（房屋数量是人口总量的 1/5.5）	Cuvelier，1912，pp.446–447
1500	31000		
1526	32000	建有 5953 栋房屋（房屋数量是人口总量的 1/5.5）	Cuvelier，1912，p.cclxxxiii
1600	25000		
1622	—		Henne & Wauters，II，p.55
1631	30000	有 4000—5000 名民兵欢迎玛丽·德·美第奇即位（法国国王亨利四世的王后）	Henne & Wauters，II，pp.47–48
1686	75000	文献记载约有 80000 人	Verniers，p.337
1700	70000	根据公元 1686 年情况估测	Henne & Wauters，II，p.53
1750	55000		
1755	54280		Mols，III，p.198
1780	—	建有 10669 栋房屋	Henne & Wauters，II，p.296
1783	74427	—	Henne & Wauters，II，p.296
1800	66297		Henne & Wauters，II，p.297
1850	210000		
1851	214000	包括安德莱赫特、伊克塞尔、拉肯、莫伦贝克、圣吉尔、尔贝克和乌克勒在内	Brockhaus，1851

根特

时间（年）	人口规模（人）	估算依据	数据来源
1100	12000	建有 4 个教区；城市面积约 80 公顷	Werveke，1946，pp.19–20
约 1150	—	法兰德斯的主要城镇	Edrisi in Fris，p.23
1191	—	接替阿拉斯成为佛兰芒地区的首府	
1200	25000		
1300	—	城市面积约 644 公顷	Werveke，1946，p.46
1300	42000		
1309	42000	参见公元 1309 年的鲁格斯	
1358	60000	拥有 12142 名民兵	Werveke，1946，p.64
1359	59000	建有 10780 栋房屋（房屋数量是人口总量的 1/5.5；参见安特卫普）	Russell，1958，p.47
1380	60000—70000		Fris，p.vii
1397	—	周长约 13 公里（即 8 英里）	Fris，p.vii
1400	70000		
1467	80000	约有 20000 个壁炉	Schaschek in Fris，p.vii
15 世纪	80000	根据公元 1467 年的情况估算	Enci. Italiana

续表

时间（年）	人口规模（人）	估算依据	数据来源
1500	80000	—	
1566	—	建有 55 座教堂（每座教堂对应约 1250 人）	Guicciardini in Fris, p.186
1584	—	约有 1/3 的人口逃离至西班牙	American Cyclopaedia
1600	31000		
1610	31000	根据出生和结婚状况估算	Werveke, 1946, p.9
1690	52000	根据出生和结婚状况估算	Werveke, 1946, p.9
1700	49000		
1740	38000	根据出生和结婚状况估算	Werveke, 1946, p.9
1750	35000		
1786	26337	—	Blockmans, 1952, p.400
1800	51000		
1802	55161		J. Morse, II, p.245
1850	108256		Hoffmann

列日

时间（年）	人口规模（人）	估算依据	数据来源
978	5000	建有 2 个教区（参见公元 1015 年）	Kurth, 1910, I, p.71
1000	12000		
1015	17000	建有 7 个教区、14 座教堂（人口总量是教区数量的 1250 倍）	Kurth, 1905, p.376
1200—1800	—	巅峰时期建有 24 个教区	Kurth, 1910, I, p.171
1200	20000		
1300	25000		
1400	23000		
1407	—	约有 23000 人因叛乱被杀	Meyer, 1898, I, p.292
1467	30000	招募了约 5000 名士兵	Kurth, 1910, III, p.304
1500	25000		Harsin, II, p.119
1600	30000		
约 1650	30000—36000	根据房屋数量估算	Hélin, pp.31, 35
1700	35000		
1750	37000		
1798	39208		Hélin, p.23
1800	39000	卷入战争，人口增长可能性很小	
1850	92164	包括格兰、安格尔、切尼和弗莱马勒在内，共有 79901 人	Hoffmann

鲁汶

时间（年）	人口规模（人）	估算依据	数据来源
1100	—	占地约 60 公顷	Werveke, 1946, p.21
1106—1383	—	布拉班特地区首府	
1200	7000		Cuvelier, 1935, p.148
1252	—	建有 4 个教区	Cuvelier, 1935, pp.148-149
1300	14000		Cuvelier, 1935, p.148
1350	20000	布拉班特更大	Cuvelier, 1935, p.148; 1912, p.cxxiii
1357—1363	—	城墙围合面积约为 410 公顷	Ganshof, pp.52, 59
1374		约有 3850 名纳税人	Cuvelier, 1912, p.15
1374	13000—17000	有 2500—3150 栋房屋（房屋数量是人口总量的 1/6；参见公元 1730—1945 年）	
1437	21000	建有 3579 栋房屋（房屋数量是人口总量的 1/5.5）	Cuvelier, 1912, pp.432-433
1496	18000	建有 3069 栋房屋（房屋数量是人口总量的 1/5.5）	Cuvelier, 1912, pp.432-433
1526	19000	建有 3299 栋房屋（房屋数量是人口总量的 1/5.5）	Cuvelier, 1912, pp.432-433

续表

时间（年）	人口规模（人）	估算依据	数据来源
1597	9000	建有1658栋房屋（房屋数量是人口总量的1/5.5）	Cuvelier, 1935, p.176
1640	12649	根据出生人口数量估算	Verbeemen, p.1051
1730	15235	根据出生人口数量估算	Verbeemen, p.1051
1745	—	建有2497栋房屋	Cuvelier, 1935, p.176
约1800	18587	—	Dic. Stat. France
1850	29747	—	Hoffmann

图尔奈

时间（年）	人口规模（人）	估算依据	数据来源
1365	—	包括学徒在内有3991名男子	Mols, Ⅱ, p.7n
1385	20000	建有约4000栋房屋	Froissart, Ⅳ, p.23
1400	19000	参见巴黎、瓦伦西亚	
1800	21000	—	
1802	21349	—	J. Morse, Ⅱ, p.245
1850	29000	—	
约1855	30225	—	Ungewitter, Ⅰ, p.691

伊珀尔

时间（年）	人口规模（人）	估算依据	数据来源
1258	—	包括城墙外农村地区在内，约有40000人	Papal Bull in Demey, pp.1034, 1048
1300	30000	—	—
14世纪		城市面积约112公顷	Dickinson, p.366
1309	30000	参见公元1309年的布鲁格斯	—
1311	30000	—	Demey, p.1040
1316	—	瘟疫造成3012人死亡	Demey, p.1036
1345	—	约有6000名纺织工人	Demey, p.1038
1365	—	约有7000人死于瘟疫	Demey, p.1037
1383	28000	罚款约是巴黎的1/10	Froissatr, Ⅲ, pp.380, 413
1400	20000	—	—
1408		约有3000—4000名纺织工	Demey, p.1031
1408	20000	—	Werveke in Demey, p.1042
1412	10736	—	Demey, p.1035
1491	7390	—	Demey, p.1035
1506	9563	—	Demey, p.1035
1600	5000	—	Hymans, p.80
1699	11900	—	Demey, p.1047
1786	11860	—	Handwörterbuch, Ⅱ, p.681
约1803	15148	—	Dic. Stat. France
约1850	16800	—	Brockhaus, 1864

阿姆斯特丹

时间（年）	人口规模（人）	估测依据	数据来源
1300	1000	—	Blok, 1882, Ⅰ, p.67n
1494	10000	建有1919栋房屋（房屋数量是人口总量的1/5.6；参见公元1514年）	Brugmans, p.48
1514	—	建有2507栋房屋；拥有约9000名信徒	Brugmans, p.48
1514	14000	建有2907个壁炉	Brugmans, p.48 Peters, Ⅱ, p.466
1556	30000	人口数量是房屋数量的2倍多	Brugmans, p.48
1600	48000	—	Schraa, p.10; cf.p.17

续表

时间（年）	人口规模（人）	估测依据	数据来源
1622	104932	—	Stat. Amsterdam. p.32
1645	145000	—	Brugmans，p.107
1662	200000	约有 210000 人（战争前）	Brugmans，p.108
1682	187000	—	Petty in Durant，1963，p.502
1685	—	许多适婚青年在公元 1672—1678 年的战争中阵亡	Schraa，p.10；cf. p.17
1685	212000	约 30000 人逃至阿姆斯特丹	Blok，1898，Ⅳ，p.456
1688—1702	—	荷兰与英国联合，同法国交战	Blok，1898，Ⅳ，p.532
1700	210000	—	
1750	219000	—	Schraa，p.10：cf.p.17
1795	217024	—	Stat. Amsterdam. p.32
1796	200560	—	Stat. Amsterdam. p.32
1800	195000	—	
1802	193083	—	Hassel，1819，Ⅸ，p.599
1849	224035	—	Stat. Amsterdam. p.32
1850	225000	—	
1859	243755	—	Petermann，1861，p.431

代尔夫特

时间（年）	人口规模（人）	估测依据	数据来源
1514	13000	建有 2616 个壁炉	Brugmans & Peters，Ⅱ，p.467
1557	15000	城市税收为 5440 英镑	Lange，Ⅱ，p.316
1600	18000		
1680	24000	近 5 年每年约 800 人受洗（人口总量是年受洗人数的近 30 倍）	Keerseboom，pp.39–41
1700	20000	近 5 年每年约 680 人受洗（人口总量是年受洗人数的近 30 倍）	Keerseboom，pp.39–41
1732	—	建有 4870 栋房屋（人口总量是房屋数量的 5.5 倍）	Büsching，1767，Ⅴ，p.406
1750	14000	近 5 年每年约 475 人受洗（人口总量是年受洗人数的近 30 倍）	Keerseboom，pp.39–41
1796	13737	—	J. Morse，Ⅱ，p.236
约 1850	17500	—	Ency. Brit.，1853

多德雷赫特

时间（年）	人口规模（人）	估测依据	数据来源
1514	7000	约有 1500 个壁炉	Brugmans & Peters，Ⅱ，p.467–468
约 1660	17000	建有 3274 栋房屋，人口总量是房屋数量的 5.4 倍	Oudenhoven，pp.136–137 Mols，Ⅱ，p.160
1700	23000	达到人口高峰	
1710	23000	近 5 年每年约 770 人受洗（人口总量是年受洗人数的近 30 倍）	Keerseboom，pp.39–41
1732	19000	建有 3950 栋房屋（人口总量是房屋数量的 5 倍）	—
1750	14000	近 5 年每年约 475 人受洗（人口总量是年受洗人数的近 30 倍）	Keerseboom，pp.39–41
1850	20878	—	Ency. Brit.，1853，"Dort"

格罗宁根

时间（年）	人口规模（人）	估测依据	数据来源
1796	21000	人口规模按照 23700 人减去 8% 推算	J. Morse，Ⅱ，p.236
1800	22000		
1809	24905	—	Le Mée，p.508
1840	27000	人口规模按照 30260 人减去其 8% 推算	Ungewitter，Ⅰ，p.850

时间（年）	人口规模（人）	估测依据	数据来源
1850	28000	—	—
1855	28000	人口规模按照 31200 人减去其 8% 推算	Lippincott，1868

哈勒姆

时间（年）	人口规模（人）	估测依据	数据来源
1427	15000	征税规模是阿姆斯特丹的 5/3 倍	Orlers，p.51
1514	13000	拥有 2714 个壁炉	Brugmans & Peters，Ⅱ，p.469
1572	18000	—	Nieuwenhuis，1946，p.37
1600	25000	人口在公元 1600—1622 年快速增长	—
1622	39455	—	Nieuwenhuis，1946，p.37
1632	—	建有约 6490 栋房屋	Nieuwenhuis，1946，p.37
1700	48000	达到人口高峰	—
1732	48000	建有 7963 栋房屋（人口总量是房屋数量的 6.1 倍；参见公元 1622—1632 年）	Nieuwenhuis，1946，p.37
1750	38000	—	—
1798	21227	—	Nieuwenhuis，1946，p.37
1800	21000	—	—
1850	25778	—	Ency. Brit.，1853

海牙

时间（年）	人口规模（人）	估测依据	数据来源
1514	6000	—	Enci. Italiana，"L'Aia"
1622	16000	人口规模按照 17430 人减去其 8% 推算	Ency. Brit.，1878
1680	24000	人口规模按照 26000 人减去其 8% 推算	Stat. Yearbook of Kingdom，1956，p.10
1700	26000	—	—
1732	31000	人口规模按照 34000 人减去其 8% 推算	Ency. Brit.，1878
1732	—	—	Büsching，1767，V，p.416
1750	36000	—	—
1755	37000	人口总量约为 41500 人，包括斯海弗宁恩的人口在内	Stat. Yearbook of Kingdom，1956，p.10
1796	37000	文献记载人口 41266 人	Ency. Brit.，1878
1800	37000	—	—
1809	38737	—	Le Mée，p.507
1837	59000	按照 54000 人再加上斯海弗宁恩的人口推算	English Cyclopaedia
1850	65000	—	—
1854	69600	按照 64000 人再加上斯海弗宁恩的人口推算	English Cyclopaedia；Ency. Brit.，1853

斯海尔托亨博斯

时间（年）	人口规模（人）	估测依据	数据来源
1374	—	有 3647 名纳税人	Cuvelier，1912，p.15
1374	13000—16000	建有 2400—3100 栋房屋（人口总量是房屋数量的 5.5 倍）	—
1437	15000	建有 2883 栋房屋（人口总量是房屋数量的 5.5 倍）	Cuvelier，1912，pp.476–477
1496	19000	建有 3456 栋房屋（人口总量是房屋数量的 5.5 倍）	Cuvelier，1912，pp.476–477
1526	21000	建有 3841 栋房屋（人口总量是房屋数量的 5.5 倍）	Cuvelier，1912，p.cclxxxiv
1796	12627	—	J. Morse，Ⅱ，p.237
约 1850	21000	—	Ency. Brit.，1853，"Boisle-Duc"

莱顿

时间（年）	人口规模（人）	估测依据	数据来源
1502	6000	城内有 976 个炉灶	Brugmans & Peters，Ⅱ，p.469
1550	—	15000 人（可能被高估）	Blok，1882，Ⅲ，p.1
1557	12000	税收约 4300 英镑	Lange，Ⅱ，p.316
1600	24000	人口规模在公元 1600—1622 年成倍地增长	—
1622	44745		Blok，1882，Ⅲ，p.6
1659	70000	建有 13000 栋房屋	Blok，1882，Ⅲ，p.6 Leewen，p.72
1700	56000	—	
1700—1704	54000		Leewen，Ⅲ，p.1038
1725	49000	近 5 年每年约 1650 人受洗，人口总量是年受洗人数的近 30 倍	Leewen，Ⅱ，p.882
1732	54000	平均每栋房屋人数 5 人	Blok，1882，Ⅲ，p.7
1750	36000	近 5 年每年约 1200 人受洗，人口总量是年受洗人数的近 30 倍	Posthumus，Ⅱ，p.882
1798	30967		Blok，1882，Ⅲ，p.1
1800	31000	—	—
1805	31000		Blok，1882，Ⅲ，p.1
1849	35895		U.S. Census，1860，p.liii

米德尔堡

时间（年）	人口规模（人）	估测依据	数据来源
1600	20000	城市繁荣发展	Ency. Brit.，1910
17 世纪 30 年代	26000	根据出生人口数量估算	Mols，Ⅰ，p.288
17 世纪 30 年代	30000	根据出生人口数量估算	Mols，Ⅰ，p.288
1700	25000	根据出生人口数量估算	Mols，Ⅰ，p.288
1750	23000	—	—
约 1790	22000	根据出生人口数量估算	Mols，Ⅰ，p.288
1796	17687		J. Morse，Ⅱ，p.478
1855	16253		Ency. Brit.，1853

鹿特丹

时间（年）	人口规模（人）	估测依据	数据来源
1496	5000	建有 972 栋房屋（人口总量是房屋数量的 5.5 倍）	Hazewinkel，p.127
1514	6000	建有 1137 栋房屋（人口总量是房屋数量的 5.5 倍）；拥有 3500 名教徒	Brugmans & Peters，Ⅱ，p.469
1553	6000	建有约 1200 栋房屋	Hazewinkel，p.127
1622	19780	包括库尔地区（1622 年以后）	Van de Woude & Mentink，p.Ⅰ，173
1632	30000	建有 5048 栋房屋（人口总量是房屋数量的约 6 倍）	Correspondence from Rotterdam City Library
1650	—	约有 55000 人（可能被高估）	Enci. Italiana
1675	45000	—	Van de Woude & Mentink，p.Ⅰ，175
1700	55000	公元 1698—1702 年每年约 1850 人受洗（人口总量是年受洗人数的近 30 倍）	Van de Woude & Mentink，p.Ⅰ，175，chart on p.Ⅰ，175
1732	39000	建有 6621 栋房屋（人口总量是房屋数量的约 6 倍）	Büsching，1767，V，p.412
1750	42000	公元 1748—1752 年每年约 1400 人受洗（人口总量是受洗人数的近 30 倍）	Van de Woude & Mentink，chart on p.Ⅰ，175
1795	—	57510 人	Van de Woude & Mentink，p.Ⅰ，175
1800	60000	约 58000 人加上斯希丹人口	
1809		59118 人	Van de Woude & Mentink，p.Ⅰ，175
1850	111957	88812 人加上德尔福沙文、斯希丹和富拉尔丁根的人口	Harper；Blackie，suppl.

乌得勒支

时间（年）	人口规模（人）	估测依据	数据来源
1100	3000	建有 1 个教区	Ganshof, p.48
1200	12000	建有 4 座教堂，即 4 个教区	Allan, pp.63–75
1300—1600	—	建有 7 座教堂（教区）	Allan, pp.63–75
1300	20000		—
1480	12000	拥有约 2000 名民兵	Correspondence from Utrecht Archive
1557	13000	人口总量按照教区内 40000 人的 1/3 推算	Allan, p.16
1672	17000	人口总量按照 22000 人减去其 20% 推算	Allan, p.216
1700	—	建有 8 座教堂	Allan, pp.63–75
1700	20000		
1748	20000	人口总量按照 25244 人减去其 20% 推算	Correspondence from Utrecht Archive
1750	20000		
1796	25000	人口总量按照 32294 人减去其 20% 推算	Correspondence from Utrecht Archive
1800	27000		
1800	—	建有 9 座教堂，1 座犹太教堂	Allan, pp.63–75
1809	27454	人口总量超过 33881 人	Le Mée, p.510
1849	38000	人口总量按照 47781 人减去其 20% 推算	U.S. Census, 1860, p.Iiii
1850	38000		
1853	39000	49176 人	Allan, p.48n

阿伯丁

时间（年）	人口规模（人）	估测依据	数据来源
1396	2977		Groome
1581	5833		Groome
1643	8750		Groome
1708	5556		Groome
1755	15730		Groome
1800	26000		—
1801	26992		Groome
1841	63288		Groome
1850	71000		—
1851	71973		Groome

巴斯

时间（年）	人口规模（人）	估测依据	数据来源
1700	2000	出生人口数量是公元 1800 年的 1/4	Warner, pp.266–72
1800	31000		
1801	32150	包括郊区人口在内	Capper
1841	52346		Hoffmann
1851	54240		English Cyclopaedia

贝尔法斯特

时间（年）	人口规模（人）	估测依据	数据来源
1757	8549	—	Wakefield, II, p.593
1791	18320		Wakefield, II, p.593
1800	18000		Wakefield, II, p.593
1802	19001		
1841	75308		English Cyclopaedia
1850	99000		
1851	102103		Ency. Brit., 1853

伯明翰

时间（年）	人口规模（人）	估测依据	数据来源
1700	15000	—	Ency. Brit., 1910
1750	23688	—	Law, p.93
1770	30804	—	Chambers
1800	71000	—	—
1801	73670	—	Capper
1841	235207	182922人加上汉兹沃思、哈勃尼、斯梅西克、温斯伯里和西布罗姆维奇的人口数量	Harper；Gazetteer of World Hoffmann
1850	294000	—	—
1851	300826	232841人加上汉兹沃思、哈勃尼、斯梅西克、温斯伯里和西布罗姆维奇的人口数量	English Cyclopaedia Blackie, supplement

布莱克本

时间（年）	人口规模（人）	估测依据	数据来源
1801	11980	—	Capper
1841	36629	—	Hoffmann
1850	45000	—	—
1851	46536	—	English Cyclopaedia

博尔顿

时间（年）	人口规模（人）	估测依据	数据来源
1801	17416	—	Capper
1841	49763	—	English Cyclopaedia
1850	60000	—	—
1851	61171	—	English Cyclopaedia

布拉德福德

时间（年）	人口规模（人）	估测依据	数据来源
1801	7302	—	Capper
1841	66718	—	Gazetteer of World
1850	99000	—	—
1851	103778	—	Ency. Brit., 1853

布赖顿

时间（年）	人口规模（人）	估测依据	数据来源
1801	7339	—	Capper
1841	46601	—	English Cyclopaedia
1850	63000	—	—
1851	65569	—	Ency. Brit., 1853

布里斯托尔

时间（年）	人口规模（人）	估测依据	数据来源
1568	7339	—	Brown & Harris, p.74
1607	12000	10549人再加上郊区人口	Latimer, 1900, p.2
1700	25000	—	Latimer, 1893, p.6
1750	45000	—	—
1753	46692	—	Brown & Harris, p.123
1800	66000	—	—
1801	66933	包括贝德明斯特的人口在内	Capper
1841	140158	包括克利夫顿的人口在内	Hoffmann
1850	150000	—	—
1851	151528	包括克利夫顿的14200人在内	Ency. Brit., 1853

查塔姆

时间（年）	人口规模（人）	估测依据	数据来源
1801	20285	10505 人加上吉林厄姆和罗契斯特的人口数量	Capper
1841	35905	17903 人加上吉林厄姆和罗契斯特的人口数量	Gazetteer of World
1850	49000	—	—
1851	51314	28424 人加上吉林厄姆和罗契斯特的人口数量	Ency. Brit., 1853

科克

时间（年）	人口规模（人）	估测依据	数据来源
约 13 世纪 80 年代	—	城市面积约为 12 公顷	Russell, 1966, p.506
1462	—	建有 11 个教区	C. Smith, Ⅰ, p.371
1659	4826		O'Sullivan, p.86
1710—1750	—		O'Sullivan, p.224
1732	39000	拥有 7967 户家庭，每户家庭按 7 个人推算	Wakefield, Ⅱ, p.600
1749	46000	建有 7366 栋房屋，人口总量是房屋数量的约 9 倍	C. Smith, Ⅰ, p.389
1750	46000		—
1750	46000		
1791	50000	更大范围内居住着 73000 人	Beaufort in O'Sullivan, p.255
1800	53000		
1811	56904	建有 6416 栋房屋	Wakefield, Ⅱ, p.601
1831	84000	城市与郊区总计约 84000 人在；更大范围内居住着 107000 人	Lewis
1841	80723		Ency. Brit., 1853
1850	89000		
1851	90022	包括在救济院的人数在内	English Cyclopaedia

德比

时间（年）	人口规模（人）	估测依据	数据来源
1801	10382		Capper
1841	36395		Hoffmann
1850	40000		—
1851	40609		English Cyclopaedia

都柏林

时间（年）	人口规模（人）	估测依据	数据来源
约 1050	4000—5000	城市面积约为 47 公顷（人口数量可能被低估）	Russell, 1966, p.505
1171	18000	建有约 20 个教区（其中有 15 个教区可能建在市内）	Russell, 1972, p.136 Chart, p.24
1246	20000	—	Hollingsworth, p.269
1280	25000	城市占地面积约为 112 公顷	Hollingsworth Russell, 1962, pp.505–506
1300	25000		
1300—1399	—	人口规模不断减少	Chart, p.32
1349	—	约 14000 人死于瘟疫	Otway-Ruthven, p.268
1398	—	又一次暴发了瘟疫	Otway-Ruthven, p.269
1400	12000	人口数量是公元 1349 年瘟疫前的约 1/2	Otway-Ruthven, p.270
1541	12000	约有 2000 名男性（人口规模是男性数量的约 6 倍）	Maxwell, 1923, p.103
1592—1601	—	爱尔兰爆发战争	Ency. Brit., 1910
1600	24000		
1610	26000		Speed in Maxwell, 1936, pp.46, 48
1682	64483		Lewis
1700	80000		

第 2 章　城市人口规模的估测依据

续表

时间（年）	人口规模（人）	估测依据	数据来源
1750	125000	—	
1753	128570	—	Lewis
1777	138208	—	Lewis
1800	165000	—	
1802	167899	—	J. Morse，Ⅱ，p.133
1804	172370	人口数量包括布莱克罗克、哈罗德十字和桑迪山的4148人	Ency. Edinensis
1841	238819	232726人加上布莱克罗克、哈罗德十字和拉尼拉格的人口数量	Ency. Brit.，1853，Gazetteer of World
1850	263000	—	
1851	265896	258361人加上布莱克罗克、哈罗德十字、拉尼拉格和拉斯敏斯的人口数量	English Cyclopaedia Blackie, supplement

邓迪

时间（年）	人口规模（人）	估测依据	数据来源
1651	8047	—	New Statistical Account
1746	5302	—	New Statistical Account
1766	12477	—	New Statistical Account
1788	19329	—	New Statistical Account
1800	25000	—	—
1801	26084	—	Capper
1841	63732	—	Groome
1850	77000	—	—
1851	78931	—	Groome

爱丁堡

时间（年）	人口规模（人）	估测依据	数据来源
1327	1000	是伯威克人口数量的1/8（7000名伯威克人于公元1297年被杀害）	H. Maxwell，pp.72-74，350n
1385	—	约2000人	J. Grant，p.26；etc
1385	10000	建有约2000栋房屋（人口总量是房屋数量的约5倍）	Froissart，Ⅳ，p.23
1460—1513	—	人口数量激增	Ency. Brit.，1910
1500	22000		
1500s	—	人口规模持续增加	Watkeys，Ⅰ，p.120
1551	26000	拥有178名裁缝（人口总量是裁缝数量的约150倍；参见公元1387年的法兰克福和公元1363年的纽伦堡）	Inventory，p. Ⅺ vii
约1600	—	人口非常密集；建筑层数可建设至15层	Smeaton，p.74 Watkeys，pp.101，124，188
约1600	35000		
1636	—	文献记载约有60000人（可能被高估）	Scott-Moncrieff，p.45
1645	—	立斯郊区有2421人死于瘟疫	Groome
1650	48000	拥有约8000支步枪（人口规模是步枪数量的约6倍）	J. Grant，Ⅰ，p.54
1678	35000	—	J. Morse，Ⅱ，p.102
1700	35000		
1705	35692		Gazetteer of World
1750	55000		
1755	57195	—	Ency. Brit.，1853
1791	85486		Gazetteer of World
1800	82000		
1801	82560	包括立斯的16016人在内	J. Morse，Ⅱ，p.103
1841	164363		Gazetteer of World
1850	191000		
1851	193930		Groome

格拉斯哥

时间（年）	人口规模（人）	估测依据	数据来源
1300	1500	—	Groome, p.727
1450	2000	—	Groome, p.727
1600	7000	—	Groome, p.727
1660	14678	—	Groome, p.727
1708	12766	—	Groome, p.727
1750	21000	—	—
1757	23546	—	Groome, p.727
1780	42832	—	New Statistical Account
1791	66578	—	Ency. Brit., 1853
1800	84000	—	—
1801	86630	77386人再加上郊区和邻近地区的人口数量	Capper
1841	274366	255650人再加上加文、波洛克索斯和卢森格林的人口数量	Groome, p.727 Gazetteer of World; Hoffmann
1850	345000	—	—
1851	353981	329096人再加上郊区和科特布里奇的人口数量	Groome, p.727 Blackie, supplement

赫尔

时间（年）	人口规模（人）	估测依据	数据来源
1792	22286	—	Law, p.93
1800	32000	—	—
1801	33064	包括斯库科茨的5448人在内	Capper
1841	67308	—	Hoffmann
1850	82000	—	—
1851	84690	—	English Cyclopaedia

利兹

时间（年）	人口规模（人）	估测依据	数据来源
1771	16380	—	Law, p.93
1775	17117	—	Law, p.93
1800	51000	—	—
1801	53162	—	Capper
1841	165400	152054人再加上霍尔贝克的人口数量	Gazetteer of World
1850	184000	—	—
1851	186422	172270人再加上霍尔贝克的人口数量	Ency. Brit., 1853 Blackie, suppl.

莱斯特

时间（年）	人口规模（人）	估测依据	数据来源
1801	16953	—	Capper
1841	50365	—	Hoffmann
1850	59000	—	—
1851	60584	—	English Cyclopaedia

利默里克

时间（年）	人口规模（人）	估测依据	数据来源
1584	4800	拥有约800名民兵（民兵数量占人口总量的约1/6）	Lewis
1610	5000	建有4座教堂（教堂数量为人口规模的1/1250）	Westropp, p.11
1659	3105	—	Begley, p.348
1760	16000	相比公元1831年，人口减少了约1/3	O'Brien, p.372

续表

时间（年）	人口规模（人）	估测依据	数据来源
约1797	27000	建有约4900栋房屋（人口规模是房屋数量的8.5倍，再减去1/3）	Crutwell
1800	29000	—	—
1821	39000	人口数量按照59045人减去其1/3推算	Lewis
1831	44100	城市和郊区共计有44100人	Lewis
1831	—	平均每栋房屋有8.5个人	Ersch & Gruber, "Irland"
1841	48391	—	Gazetteer of World
1850	54000	—	—
1851	55268	—	Hoffmann; Ency. Brit., 1853

利物浦

时间（年）	人口规模（人）	估测依据	数据来源
1700	5000	—	Ency. Brit., 1910
1750	20000	—	—
1760	25787	—	J. Morse, II, p.60
1787	56670	—	J. Morse, II, p.60
1800	76000	—	—
1801	77653	—	J. Morse, II, p.60
1841	297587	286487人加上伯肯黑德和利斯卡德的人口数量	Ency. Brit., 1853 Gazetteer of World Hoffmann
1850	425000	—	—
1851	440323	376065人加上郊区和西德比的人口数量	Ency. Brit., 1853 Blackie, suppl.

伦敦

时间（年）	人口规模（人）	估测依据	数据来源
1014—1042	—	丹麦人在此地建了2座新教堂	Benham & Welch, p.4
1086	—	约17000人（可能被低估）	Russell, 1948, p.142
约1199	40000	—	Peter of Blois in Ency. Brit., 1910
1200	40000	—	—
1200	—	约30000人	Russell, 1948, p.286
1275—1381	—	建有3个新教区	G. Williams, p.17
1300	45000	人口略多于40000	G. Williams, p.317
1327	—	拥有32个公会	Loftie, p.113
1348	65000	60000人再加上威斯敏斯特的人口数量	Russell, 1948, pp.286—287
1348—1349	—	约40000人死于瘟疫	Ency. Brit., 1910
1373	—	拥有约50个公会	Robertson, p.132
1377	50000	44770人再加上威斯敏斯特的人口数量	Creighton, I, p.201
1384	—	拥有24座病房	Robertson, pp.72—73
1400	50000	—	—
1407	—	约30000人死于瘟疫	Capper
1500	50000	—	—
1532—1535	62000	—	Creighton in Ency. Brit., 1910
1593—1595	152000	—	Creighton in Ency. Brit., 1910
1600	187000	—	—
1605	224000	—	Creighton in Ency. Brit., 1910
1690	527000	—	G. King, p.18
1700	550000	—	Ency. Brit., 1910
1750	676000	—	Ency. Brit., 1910
1800	861000	—	—
1801	864845	—	J. Morse, II, p.59

续表

时间（年）	人口规模（人）	估测依据	数据来源
1841	1948417	—	Hoffmann
1850	2320000	—	—
1851	2362236	—	English Cyclopaedia

曼彻斯特

时间（年）	人口规模（人）	估测依据	数据来源
1588	10000	—	Ency. Brit.，1853
1708	8000	—	J. Morse，II，p.62
1758	19839	包括索尔福德的人口在内	Law，p.91
1773	29151	包括索尔福德的人口在内	Law，p.91
1800	81000	—	—
1801	84020	70409人再加上索尔福德的人口数量	Capper
1841	312965	240367人再加上巴顿、德罗伊尔斯登、彭德尔伯里、索尔福德和斯特雷特福德的人口数量	English Cyclopaedia Hoffmann Gazetteer of World
1850	404000	—	—
1851	414870	303382人再加上郊区人口	English Cyclopaedia Blackie, suppl.

梅瑟蒂德菲尔

时间（年）	人口规模（人）	估测依据	数据来源
1841	42917	—	Gazetteer of World
1850	61000	—	—
1851	63080	—	U.K. Census，1851 report on religious worship

纽卡斯尔

时间（年）	人口规模（人）	估测依据	数据来源
1400	4000	—	Middlebrook，p.321
1560	10000	—	Middlebrook，p.321
1636	—	5027人死于瘟疫，超过515人死在盖茨黑德	Howell，p.7
1665	—	拥有2513户家庭、5187个壁炉（包括盖茨黑德在内）	Howell，p.351
17世纪90年代	—	盖茨黑德约有7000人	Brand，I，p.485
1700	25000	18000人再加上盖茨黑德的人口数量	Middlebrook，p.321
1740	28000	21000人再加上盖茨黑德的人口数量	Middlebrook，p.321
1750	29000	—	—
1770	31000	24000人再加上盖茨黑德的人口数量	Middlebrook，p.321
1800	36000	—	—
1801	36891	28294人再加上盖茨黑德的人口数量	Capper
1841	90009	70504人再加上盖茨黑德的人口数量	Middlebrook，p.321 Gazetteer of World
1850	110000	—	—
1851	113352	87784人再加上盖茨黑德的人口数量	Middlebrook，p.321 English Cyclopaedia

诺里奇

时间（年）	人口规模（人）	估测依据	数据来源
1086	5000	—	Domesday Book in Chambers's Ency.，1907
1300	24000	—	—
1311	25000	建有4808栋房屋	Hollingsworth，p.364
1377	7000	3952名居民缴纳人头税（人口数量是缴税人数的1.75倍，Russell记载的倍数是1.5）	Russell，1948，p.51

续表

时间（年）	人口规模（人）	估测依据	数据来源
1524	12000	—	Rozman, 1976, p.224, using Hoskins
1579	16000	—	Ency. Brit., 1970
1693	28881	—	Gazetteer of World
1700	29000	—	—
1750	36000	—	—
1752	36169	—	Law, p.92
1800	36000	—	—
1801	36832	—	Capper
1841	62294	—	Gazetteer of World
1850	67000	—	—
1851	68195	—	English Cyclopaedia

诺丁汉

时间（年）	人口规模（人）	估测依据	数据来源
1739	10720	—	Law, p.92
1779	17711	—	Law, p.92
1800	28000	—	—
1801	28862	—	Capper
1841	84142	包括贝斯福德、伦敦、拉德福德和斯宁顿的人口在内	Church, p.8
1850	93000	—	—
1851	94976	包括贝斯福德、伦敦、拉德福德和斯宁顿的人口数量	Church, p.8

奥尔德姆（现在建在曼彻斯特）

时间（年）	人口规模（人）	估测依据	数据来源
1801	12024	—	Gazetteer of World
1841	60451	—	Hoffmann
1850	71000	—	—
1851	72357	—	Hoffmann

佩斯利

时间（年）	人口规模（人）	估测依据	数据来源
1753	4195	—	Groome
1800	23000	—	—
1801	24324	—	Groome
1841	48125	—	Gazetteer of World
1850	47000	—	—
1851	47952	—	Groome

普利茅斯

时间（年）	人口规模（人）	估测依据	数据来源
1377	7256	—	Russell, 1948, p.142
1500	2000—3000	—	Correspondence with Plymouth Public Library
1600	7000	—	Correspondence with Plymouth Public Library
1700	8000	—	Correspondence with Plymouth Public Library
1750	13000	包括德文波特的4000人在内	Correspondence with Plymouth Public Library

续表

时间（年）	人口规模（人）	估测依据	数据来源
1800	42000	—	
1801	43194	包括德文波特和斯通豪斯的人口在内	Ency. Brit.，1853
1841	80058	36527 人加上郊区人口	Ency. Brit.，1853
1850	100000		
1851	102380	52221 人加上郊区人口	Ency. Brit.，1853

朴茨茅斯

时间（年）	人口规模（人）	估测依据	数据来源
1792	—	波特西建立（公元 1801 年约有 24000 人）	Ency. Brit.，1902
1800	40000		
1801	43461	人口规模包括波特西人口有 32166 人，加上戈斯波特的 11295 人	Capper
1841	61889	包括波特西的 53027 人，再加上戈斯波特人口	Hoffmann
1850	77000	—	
1851	79510	包括波特西的 72096 人，再加上戈斯波特人口	Hoffmann

普雷斯顿

时间（年）	人口规模（人）	估测依据	数据来源
1801	14300	—	Gazetteer of World
1841	50073	—	M'Culloch
1850	69000	—	
1851	72136	—	Gazetteer of World

谢菲尔德

时间（年）	人口规模（人）	估测依据	数据来源
1615	2152	—	J. Morse，Ⅱ，p.62
1736	14105	—	Law，p.93
1755	12983	—	Law，p.93
1800	44000	—	
1801	45755	—	Ency. Brit.，1878
1841	118166	110891 人再加上奈瑟哈勒姆人口	Hoffmann
1850	141000	—	
1851	144207	135310 人再加上奈瑟哈勒姆人口	Blackie, suppl.

斯托克波特

时间（年）	人口规模（人）	估测依据	数据来源
1801	14830	—	Capper
1841	50154	—	Hoffmann
1850	53000	—	—
1851	53835	—	Hoffmann

斯托克

时间（年）	人口规模（人）	估测依据	数据来源
1800	22000	—	—
1801	22992	16414 人再加上伯斯勒姆人口	Capper
1841	68444	包括伯斯勒姆和汉利的人口在内	Hoffmann
1850	82000	—	—
1851	84027	包括伯斯勒姆和汉利的人口在内	English Cyclopaedia

桑德兰

时间（年）	人口规模（人）	估测依据	数据来源
1801	12412	—	Capper
1841	53335	—	Hoffmann
1850	65000	—	—
1851	67394	—	English Cyclopaedia

泰恩茅斯

时间（年）	人口规模（人）	估测依据	数据来源
1801	24182	13171人再加上南希尔兹人口	M'Culloch, 1854, I, p.403
1841	48491	25419人再加上南希尔兹人口	M'Culloch, 1854, I, p.403
1850	57000	—	—
1851	58144	29170人再加上南希尔兹人口	M'Culloch, 1854, I, p.403

伍尔弗汉普顿

时间（年）	人口规模（人）	估测依据	数据来源
1801	12566	—	Ency. Brit., 1853
1841	68185	—	M'Culloch
1850	114000	—	—
1851	119748	—	Ency. Brit., 1853

伯根

时间（年）	人口规模（人）	估测依据	数据来源
1110—1299	—	挪威首都	Stagg, p.38
约1270	16000	建有13座教堂（教堂数量为人口规模的1/1250）	Stagg, p.64
1300	15000	—	—
1769	13735	—	Büsching, "Magazin," 1774, p.230
1801	18080	包括郊区人口在内	Büsching, "Magazin," 1774, p.230
1845	25611	—	Ency. Brit., 1853
1850	25000	—	—
1855	25797	—	Ungewitter, II, p.110

哥本哈根

时间（年）	人口规模（人）	估测依据	数据来源
12世纪	12000	建有4个大型教区	F. Schneider, p.131
14世纪	—	3000—4000人（可能被低估）	Bredsdorff, p.41
15世纪	8000—10000	1443年成为丹麦首都	Bredsdorff, p.41
1600	25000	—	—
1640	29850	人口规模是出生人数数量的约30倍	Fussing, p.23
1699	62000	—	Nordisk Familjebok
1700	62000	—	—
1728	76000	—	Salmonsen
1750	79000	—	—
1769	82086	—	Stat. Aarbog København, p.1
1787	92671	—	Stat. Aarbog København, p.1
1800	100000	—	—
1801	100975	—	Ency. Brit., 1878
1850	135641	—	Stat. Aarbog København, p.1

莱尔

时间（年）	人口规模（人）	估测依据	数据来源
9 世纪	—	丹麦的首都；获得人口数值唯一的办法是与鲁昂作对比，鲁昂作为该时期丹麦的重要城市，人口规模达到约 20000 人	—

罗斯基勒

时间（年）	人口规模（人）	估测依据	数据来源
10 世纪—1443	—	丹麦首都	—
1274	20000	建有 3 座修道院（参见公元 1500 年）	Knudsen, p.71
1300	22000		
1400	31000		
1443	36000	建有 12 个教区和 5 座修道院；同时期的哥本哈根建有 4 座教堂和 2 座修道院	Bredsdorff, p.41
1443	—	建有 27 座教堂	Büsching, 1767, I, p.141
1443	—	约有 70000 人（可能被高估）	Mayer, 1839
1500	27000	3 座教堂被关闭	Knudsen, pp.43–44
约 1800	2000		Hassel, 1819, X, p.76

斯德哥尔摩

时间（年）	人口规模（人）	估测依据	数据来源
1255	—	城市建立	
1461	4000—8000	拥有 1002 户家庭	Ahnlund, pp.296–298
1517	10000	拥有 1171 户家庭；包括宫廷佣人、守卫、贵族和神职人员在内共计约 10000 人	Elers, pp.273, 275
1600	16000		Enci. Universal,"Estocolmo"
1625	—	约有 10000 人（可能被低估）	Enci. Italiana
1622—1650	—	城市急速扩张	Gutkind, pp.432–433
1663	40000		Nordisk Familjebok
1700	48000		
1750	60018		Stat. Arsbok Stockholms, p.6
1800	75517		Stat. Arsbok Stockholms, p.6
1850	93070		Stat. Arsbok Stockholms, p.6

维斯比

时间（年）	人口规模（人）	估测依据	数据来源
13 世纪	—	建造教堂	Ency. Brit., 1910
1300	15000		
1361	17000	建有 13 座教堂（教堂数量为人口规模的 1/1250）	Enci. Italiana
1361		城市面积约 56 公顷	Russell, 1958, p.54
1361	—	城市被破坏	Nordisk Familjebok
1800	3730		Nordisk Familjebok
1845	4260	—	Black2ie, "Sweden"

亚琛

时间（年）	人口规模（人）	估测依据	数据来源
768—814	—	查理曼时期的首都，建有 1 座教堂	Sullivan, p.173
12 世纪	—	城墙围合的面积从 8 公顷增长至约 44 公顷	Planitz, p.201
1300	21000	城墙围合的面积增至约 175 公顷（面积数值是人口规模的 1/125）	Planitz, p.201
1500	18000	15000—20000 人	Deutsche Städtebuch, III, part 3, p.33
约 1600	—	20000—25000 人，该数字遭到沃尔海及（Wohlhage）的质疑	Deutsche Städtebuch, III, part 3, p.33
约 1600	15000—17000	建有 5000—6000 栋房屋	Wohlhage, p.5

续表

时间（年）	人口规模（人）	估测依据	数据来源
1700	15000	遭受诸多灾难	Wohlhage，p.27
1750	19000	—	
1799	23699		
1800	23000		
1849	50533		Ency. Brit.，1853
1850	49000		
1851	48688		Hoffmann；Ungewitter，I，p.528

奥格斯堡

时间（年）	人口规模（人）	估测依据	数据来源
约 800	6000	查理大帝建造第 2 个教区	Püschel，p.169
1200	12000	建有 4 个教区	Püschel，p.169
1364	—	建有 2249 栋房屋	Russell，1958，p.52
1364	26000	根据 5176 名纳税人推算	Adele Schreiber in Russell，1972，p.83
1373	—	税收不低于乌尔姆（乌尔姆面积约有 300 平方英里）	Kallsen，p.608
1400	27000		
1408	27000	建有 2343 栋房屋；拥有 2957 户家庭（房屋数量为人口规模的 1/11.5；参见公元 1364 年）	Russell，1958，p.52
1471	32000	建有 2836 栋房屋（房屋数量为人口规模的 1/11.5）	Russell，1958，p.52
1498	34000	建有 3046 栋房屋（房屋数量为人口规模的 1/11.5）	Russell，1958，p.52
1500	34000		
约 1590		55000—60000 人（可能被高估）	Enci. Italiana，"Augusta"
约 1600	42000		Krieger，p.18
1620	45000		Enci. Italiana，"Augusta"
1632	90000	人口总数包括布拉格难民数量	Weitnauer，p.359
1635	16432	城市被围攻	Bátori，p.14
1646	—	拥有 506 名纳税人	Weitnauer，p.59
1700	26000		
1703	26300		Enci. Italiana，"Augusta"
1750	28000		
1770	30000	18 世纪的人口峰值	Bátori，p.14
1790	28534		Bátori，p.15
1792	—	约有 36000 人（可能被高估）	Enci. Italiana，"Augusta"
1800	28000		
1807	28534		J. Morse，II，p.307
1846	38206		Hoffmann
1850	35000		
1852	34211		Hoffmann

巴门－埃尔伯费尔德

时间（年）	人口规模（人）	估测依据	数据来源
1817	19171	此时期，巴门或许还未并入埃尔伯费尔德	Hoffmann
1849	—	巴门居住着 35984 人	Hoffmann
1850	75000		
1851	—	埃尔伯费尔德居住着 39944 人	Hoffmann

柏林

时间（年）	人口规模（人）	估测依据	数据来源
1600	14000		Ency. Britannica，1910
1698	22400	—	Schmoller，p.95

时间（年）	人口规模（人）	估测依据	数据来源
1700	26000	—	
1709	56600	—	Keyser，1941，p.375
1750	113289	—	Keyser，1941，p.375
1800	172132	—	Keyser，1941，p.375
1850	446000	约 437000 人再加上夏洛滕堡的人口数量	Hoffmann

不来梅

时间（年）	人口规模（人）	估测依据	数据来源
自 848	—	建有一个大主教管区	Ency. Brit.，1910
12 世纪	—	城墙围合面积从 12 公顷增长至 49 公顷	Planitz，p.201
约 1348	—	约有 7000 人死于瘟疫	W. King，p.429
1494	18000	拥有约 3000 名民兵	Spiess，p.24
1521	18000	拥有约 3000 名民兵	Spiess，p.24
1600	21000	—	
1623	23000	—	Schwarzwälder，p.97
1700	22000	—	
1744	22000	拥有 4550 名成年男子	Büsching，1767，X，p.2599
1750	23000	—	
1800	28000	参见公元 1805 年	
1800	—	约有 36600 人	Brockhaus，1966
1803	—	城市面积扩大	Ency. Brit.，1910
约 1805	28000	约有 42000 人（人口总量按 28000 的 1.5 倍推算，参见公元 1842 年）	J. Morse，Ⅱ，p.305
1836	36000	整个地区共有 54581 人（是城市人口规模的 1.5 倍，参见公元 1842 年）	Gazetteer of World
1842	49788	整个地区共有 72908 人	Gazetteer of World
1849	53478	—	Hoffmann
1850	54000	—	
1855	67000	—	Enci. Italiana

弗罗茨瓦夫

时间（年）	人口规模（人）	估测依据	数据来源
1242	12000	建有 4 座教堂	Maleczynski，map p.64
1250	—	城墙围合的面积约 62 公顷	Planitz，p.202
1300	14000	—	
1325	15000	—	Dlugoborski，p.900
1327	—	城墙围合面积约 133 公顷	Maleczynski，p.83
1329	16000	—	Maleczynski，p.85
1348	21866	—	Handwörterbuch，Ⅱ，p.675
1400	21000	—	
1403	21000	—	Schmoller，p.95
1403	—	拥有 2510 名市民、108 名面包师	Bücher，p.111
1470	21000	18500—21000 人	Eulenburg in Maleczynski，p.206
1500	21000	—	
1505	—	约有 30000 人（可能被高估）	Keyser，1941，p.196
1525	22000	—	Burgemeister in Maleczynski，p.206
1550	35000	参见公元 1579 年	Schmoller，p.95
1579	34200	—	Eulenburg in Maleczynski，p.207
1599	—	3942 人死于传染病	Maleczynski，p.208n
1600	33000	—	
1607—1611	37000	32430 人再加上贵族人口数量	Maleczynski，p.208n Meyer，1874

续表

时间（年）	人口规模（人）	估测依据	数据来源
1700	40000	—	
1711	40890	—	Ersch & Gruber
1747	49986	—	Dlugoborski, p.738
1750	51000	—	
1756	54774	—	Ersch & Gruber
1800	64520	—	Keyser, 1941, p.375
1849	110702	—	Ency. Brit., 1853
1850	115000	—	
1851	121052	—	Hoffmann

不伦瑞克

时间（年）	人口规模（人）	估测依据	数据来源
约 861	—	城市建立	Ency. Brit., 1910
1200	21000	建有 7 个教区	Püschel, pp.71, 77
1403	16000	15000—17000 人	Keyser, 1941, p.264
1700	17000	—	Correspondence with Brunswick archives
1758	25800	拥有 3000 名守卫	Correspondence with Brunswick archives
1783	27063	—	Havemann, p.663
1800	31000	—	
1804	31714	—	J. Morse, II, p.300
1850	40000	—	
1852	40000	37694 人再加上守卫人口数量	Ency. Brit., 1853

科隆

时间（年）	人口规模（人）	估测依据	数据来源
800	15000	—	
804	15000	建有 5 个教区	Püschel, p.202
874	21000	建有 7 个教区	Püschel, p.202
10 世纪	—	城市面积约 100 公顷	Russell, 1972, p.91
1000	21000	—	
1050	21000	建有 17 座教堂（教堂数量为人口规模的 1/1250）	Planitz, p.63
1106—1180	—	城墙围合面积从 120 公顷增长至 400 公顷	Planitz, pp.200
1180	50000	面积数值是人口规模的 1/125	—
12 世纪	—	超过美因茨，成为德国人口规模第一的城市	Schmoller, p.81
1200	50000	—	
13 世纪	60000	规模遭到施莫勒（Schmoller）质疑	Schmoller, p.81
1300	54000	建有 18 个教区	Püschel, p.203
1333	57000	建有 19 个教区	Püschel, p.203
1359	—	拥有约 1500 名民兵	Meyer, 1839
1400	40000	—	Schmoller, p.79
1500	38000	房屋数量为人口总数的 1/5	
约 1500	—	约有 50000 人住在 7639 栋房屋里	Kallsen, p.51
1574	37000	—	Banck in Schmoller, p.64n
1600	37000	—	
1670	37000	—	Correspondence from Cologne City Library, citing Göbel
1689	36000	约有 6000 名士兵	Ennen, p.393
1700	37000	—	
1750	44000	—	
1754	44512	—	Meyer, 1874

时间（年）	人口规模（人）	估测依据	数据来源
1800	41000	—	
1801	41685	—	Deutsche Städtebuch，Ⅲ，part 3，p.255
1850	95082	90085人再加上道依茨的人口数量	Meyer，1874 Hoffmann

但泽

时间（年）	人口规模（人）	估测依据	数据来源
1367	7700		Simson，Ⅰ，p.78
1378	8500		Simson，Ⅰ，p.78
1430	20000		Simson，Ⅰ，p.165
1500	30000		—
1506	30000		Simson，Ⅰ，p.373
1600	49000		
1601	49000	根据出生人口数量估算	Simson，Ⅱ，p.463
1700	50000		
1705	50400	—	Deutsche Städtebuch，Ⅰ，p.35
1745	47600	—	Deutsche Städtebuch，Ⅰ，p.35
1750	47000		
1800	41072	—	Deutsche Städtebuch，Ⅰ，p.35
1849	63917	包括守卫在内	Ency. Brit.，1853
1850	64000		
1852	67016	包括守卫在内	Hoffmann

德累斯顿

时间（年）	人口规模（人）	估测依据	数据来源
1489	4800	—	Schmoller，p.92
1603	14793		Deutsche Städtebuch，Ⅲ，p.50
1699	21298		Deutsche Städtebuch，Ⅲ，p.50
1700	22000		
1727	46472		Deutsche Städtebuch，Ⅲ，p.50
1750	60000		
1755	63209		Deutsche Städtebuch，Ⅲ，p.50
1800	61000		
1801	61794		Deutsche Städtebuch，Ⅲ，p.50
1849	94902		Ency. Brit.，1853
1850	97000		
1852	104198		Enci. Italiana

爱尔福特

时间（年）	人口规模（人）	估测依据	数据来源
805	—	查理曼时期的重要城镇	Meyer，1839
1167	—	城市面积约为127公顷	Planitz，p.201
1200	21000	建有7个教区	Püschel，p.109
1300	30000	建有10个教区	Püschel，pp.113，116–117
1349	—	约12000人死于瘟疫	Ziegler，p.84
中世纪	—	建成区面积约为120公顷	Schünemann，p.121
中世纪	32000	可能被高估	Schmoller，p.168
1400	32000		
1498	18680	—	Deutsche Städtebuch，Ⅱ，p.481
1620	19014	—	Keyser，1941，p.375

续表

时间（年）	人口规模（人）	估测依据	数据来源
1727	17320	—	Schmoller, p.288
1802	16580		Deutsche Städtebuch, II, p.481
1849	32224		Hoffmann
1852	32940		Hoffmann

法兰克福

时间（年）	人口规模（人）	估测依据	数据来源
1200	3000	仅有1座郊区教堂	Püschel, p.122
13世纪	—	新建10座教堂	Ency. Britannica, 1910
1300	13000	人口数量比索斯特少10%	Rothert, p.25
1311—1350	—	平均每年新增27名市民	Rothert, p.25
1351—1450	—	平均每年新增40名市民	Rothert, p.25
1378	17000	12岁以上的市民数量达2904名（该数字为人口规模的约1/6；参见公元1449年的纽伦堡）	Bücher, p.111
1383		拥有1500名民兵；城市面积和公元1840年相当（约128公顷）	Meyer, 1874 Gerber, p.17
1387	—	拥有113名裁缝	Bücher, p.111
1400	17000	—	
1440	—	拥有64名面包师（公元1387年有91个）	Bücher, p.237
1440	14000	拥有2106名成年男市民（占人口规模的约1/7；参见公元1450年）	Bücher, p.199
1450	15000	拥有12000名信徒	Nicholas V in Bücher, p.198
1486	18000	缴税人口数量是斯特拉斯堡人口规模的5/6	Schmoller, p.80
1500	15000		
1530	10000	拥有64名裁缝（参见公元1387年）	Bücher, p.103
1561	14000		B. Strauss, p.10
1655	12500		Deutsche Städtebuch, IV, p.131
1700	35000	包括萨克森豪斯的人口数量	Gerber, p.17
1750	38500		Gerber, p.17
1800	42000		Gerber, p.17
1850	72000		
1852	74111	62361人加上博肯海姆、罗德尔海姆的人口数量，再加上部队的5650人	Ency. Brit., 1853 Hoffmann

汉堡

时间（年）	人口规模（人）	估测依据	数据来源
982—1020	—	城市被废弃	Dathe, p.5
12世纪	—	城墙围合范围约18公顷	Planitz, p.201
1311	8000	根据市民数量推测约7000人	Laurent in Bücher, p.28 cf. Mols, I, pp.229, 260
1400	22000	—	
1419	25000	人口数量按22000的7/6推算；参见公元1311年	Laurent in Bücher, p.28
1451	20000	拥有2958名市民，市民数量占人口规模的约1/7（参见公元1440年的法兰克福）	Laurent in Bücher, p.28
1451	—	拥有2880名穷人	Koppmann in Mols, p.230n
1487	22000	拥有3264名穷人，穷人数量是人口规模的约1/7（参见公元1451年）	Koppmann in Mols, p.230n
1500	22000		
1538	23000	拥有3360名穷人，穷人数量是人口规模的约1/7（参见公元1451年）	Koppmann in Mols, p.230n
1600	29000		—
1616	31000	受洗人数达到35000（人口规模按受洗人数减去其10%推算）	Mauersberg, p.47

续表

时间（年）	人口规模（人）	估测依据	数据来源
1680	54000	包括10260名民兵在内	Reincke, p.173
1699	63000	受洗人数达到70325（人口规模按受洗人数减去其10%推算）	Mauersberg, p.47
1700	63000	—	—
1710	68000	受洗人数达到76200（人口规模按受洗人数减去其10%推算）	Mauersberg, p.47
1750	72000	不包括阿尔托那的人口数量	Ency. Britannica, 1910, article "Altona"
1759	73000	每户家庭按5人推算	Mauersberg, p.42
1800	117000	受洗人数达到105355（人口规模按受洗人数减去其10%推算），再加上阿尔托那的人口数量	Mauersberg, p.47
1850	194000		
1852	197000	148774人加上哈尔堡、万茨贝克的11530人，再加上阿尔托那的人口数量。但是要减去郊区的贝格多夫、库克斯港和里泽布特尔的15700人	Hoffmann

汉诺威

时间（年）	人口规模（人）	估测依据	数据来源
早期—1500	12000—15000	—	Hartmann, p.117
1640	10000	—	Hartmann, p.229
1670	7000	拥有1318名市民（市民数量占人口规模的1/5.5）	Havemann, II, pp.440, 471
1766	15448		Havemann, II, p.666
1796	18000	约有16500人加上3个兵团的人数	Hartmann, p.754
1821	21517	包括守卫在内	Hartmann, p.568n
1845	42484	28055人加上守卫和郊区人口	Gazetteer of World
1850	47000		—
1852	49909	包括郊区人口在内	Ency. Brit., 1853

柯尼斯堡

时间（年）	人口规模（人）	估测依据	数据来源
1254	—	城堡建立	Faber, pp.2–3
1455	8000	克奈普霍夫郊区有500名民兵，1635年增至2000名	Faber, p.194 Gause, I, p.409
1550	14000	—	Gause, I, p.320
1600	25000	—	—
1635	33000	拥有约5500名民兵（民兵数量占人口规模的约1/6）	Gause, I, p.409
1641	33000	拥有约5600名民兵（民兵数量占人口规模的约1/6）	Gause, I, p.449
1700	37000		—
1723	39475		Keyser, 1941, p.375
1750	52000		
1755	55000		Keyser, 1941, p.375
1798	49900		Gause, II, p.293
1800	53000		
1802	56410		J. Morse, II, p.223
1850	76122		Deutsche Städtebuch, I, p.69

莱比锡

时间（年）	人口规模（人）	估测依据	数据来源
1189	5000	—	Ency. Brit., 1902
1506	8556	—	Deutsche Städtebuch, II, p.123
1617	15136	—	Deutsche Städtebuch, II, p.123
1700	21696		Deutsche Städtebuch, II, p.123

续表

时间（年）	人口规模（人）	估测依据	数据来源
1748	29760	—	Deutsche Städtebuch，Ⅱ，p.123
1750	30000	—	
1753	32384	—	Deutsche Städtebuch，Ⅱ，p.123
1797	31847	—	Deutsche Städtebuch，Ⅱ，p.123
1800	31000	—	
1801	30796	—	J. Morse，Ⅱ，p.298
1849	62374	—	Deutsche Städtebuch，Ⅱ，p.123
1850	63000	—	
1852	66682	—	English Cyclopaedia

吕贝克

时间（年）	人口规模（人）	估测依据	数据来源
1227	6000	建有 2 个教区	Püschel，p.17
1300	22000	—	
1350	34000	约有 37500 人（人口规模按照 37500 减去其 1/10 推算；参见公元 1809 年）	Laurent in Reisner，p.38
1400	27000	约有 22300 人（人口规模按 22300 乘以 4/3，再减去其 10% 推算；参见公元 1809 年）	Handwörterbuch，Ⅱ，p.675
1500	29000	23672 人（人口规模按 23672 乘以 4/3，再减去 10% 推算；参见公元 1809 年）	Handwörterbuch，Ⅱ，p.675
1503	29000	建有 5322 栋房屋（房屋数量为人口规模的约 1/6，再减去 10%；参见奥格斯堡）	Mols，Ⅱ，p.288
1548	—	12227 人死于瘟疫	Meyer，1839
1600	28000	—	
1642—1661	—	约有 31000 人，基于每年 1185 名出生人口数量估测	Reisner，p.54
1682—1700	—	约有 23000 人，根据出生人口数量估测	Mols，Ⅲ，p.87
1700	21000		
1720	18000	19978 人（人口规模按照 19978 人减去 10% 推算）	Keyser，1941，p.375
1750	19000		
1800	22000		
1807	22000	24631 人（人口规模按照 24631 人减去 10% 推算）	Deutsche Städtebuch，Ⅰ，p.419
1809	22631	25526 人（人口规模按照 25526 人减去 10% 推算）	Le Mée，p.506
1850	23000		
1851	23000	26098 人（人口规模按照 26098 人减去 10% 推算）	Deutsche Städtebuch，Ⅰ，p.419

马格德堡

时间（年）	人口规模（人）	估测依据	数据来源
936—973	—	奥托一世的常住地	Meyer，1839
1300	15000	建有 5 个教区、12 座教堂	Püschel，pp.97，100
1400	20000		Enci. Italiana
1450	24000	约有 8000 人死于瘟疫（该数字是人口规模的约 1/3）	Wolter，p.86
1500	22000		
1550	20000	拥有约 3300 名民兵	Meyer，1839
1600	23000		
1631	25000	建有约 1900 栋房屋，有 25000—30000 人，还要加上难民人数	Wolter，pp.174–175
1682	8000	—	Schmoller，p.94
1735	18060	—	Schmoller，p.94
1750	22000		
1798	37450		Meyer，1874
1800	34000		
1802	32013		J. Morse，Ⅱ，p.299
1850	52055		Deutsche Städtebuch，Ⅱ，p.595

美因茨

时间（年）	人口规模（人）	估测依据	数据来源
1000	25000		
1074	—	人口比科隆略多	Schmoller, p.81
12 世纪	—	人口规模被科隆超越	Schmoller, p.81
1200	25000		
13 世纪	25000	—	Schmoller, p.81
1300	24000		—
1313	24000	约有 16000 人死亡	Deutsche Städtebuch, IV, p.266
1463	7000	拥有 1468 户家庭	Deutsche Städtebuch, IV, p.266
1700	24000		Dael in Dreyfus, p.233
1750	23600	根据出生人口数量推算	Dreyfus, p.237
1780	32482	包括守卫在内	Deutsche Städtebuch, IV, p.266
1798	26615	德赖弗斯有 21615 人	Dic. Stat. France Dreyfus, p.233
1800	23000		
1802	21163		Schmoller, p.82
1845	39345	包括 8000 守卫在内	Gazetteer of World
1850	43000		
1852	44741	不包括守卫的 36741 人	Kolb, p.178

曼海姆

时间（年）	人口规模（人）	估测依据	数据来源
1721	8600		Deutsche Städtebuch, IV, part 2, p.112
1766	24190	—	Deutsche Städtebuch, IV, part 2, p.112
1777	25600	—	Deutsche Städtebuch, IV, part 2, p.112
1797	21000	—	Deutsche Städtebuch, IV, part 2, p.112
1800	19000		
1802	18818	—	Deutsche Städtebuch, IV, part 2, p.113
1852	24316		—

慕尼黑

时间（年）	人口规模（人）	估测依据	数据来源
1255	13000	城墙围合面积约为 90 公顷	Russell, 1972, pp.84–85
1500	13000	—	Gutkind, "Central Europe," p.339
1580	20000		Enci. Italiana
1600	20000		
1700	24000		München Stat. Amt
1722	29097	包括郊区在内	München Stat. Amt
1750	30000		
1771	31000		München Stat. Amt
1781	37840	包括郊区在内	München Stat. Amt
1800	48000		
1801	48745	—	Schmoller, p.95
1840	113329	93435 人再加上奥·盖辛和海得豪森区的人口数量	Bayerische Stat. Landesamt, p.14
1850	115000		
1852	127385	106776 人加上郊区人口	Bayerische Stat. Landesamt, p.14

纽伦堡

时间（年）	人口规模（人）	估测依据	数据来源
1219	10000	城市面积约为 68 公顷	Planitz，p.203
1363	13000	11746 人再加上神职人员和犹太人数量	Bücher，pp.105–111
1363	—	拥有 116 名裁缝	Bücher，p.111
1400	18000		
1431	22000	根据 7146 名男性数量推算	G. Strauss，p.37
1449	20165	包括 5817 名暂住人口在内	Handwörterbuch，Ⅱ，p.675
1449	—	拥有 3753 名市民	
1500	31000	参见公元 1449—1493 年的人口增长情况	
1574	31000	建有 5217 栋房屋（房屋数量为人口规模的约 1/6，参见公元 1493—1497、1632 年）	L. Marx，p.6
1600	24000		
1602	24000	略多于 40000 人（人口规模按 40000 人的 3/5 推算）	Schmoller，p.88
1622	24000	40276 人（人口规模按其 3/5 推算）	Priem，p.202
1622	—	拥有 10060 户家庭（人口规模按其 3/5 推算）	K. Weiss，p.124
1632	28000	拥有 4800 名军人（军人数量为人口规模的约 1/6）	Priem，p.211
1618—1648	—	29406 人在战争期间过世	Priem，p.218
1700	—	可能少于 20000 人	
1745	23000	40000 人（人口规模按其 48/81 推算，参见公元 1632 年）	Schmoller，p.88
1750	23000		
1750	—	约有 30000 人	K. Weiss，p.124
1800	25000		
1806	25000		Schmoller，p.90
1846	50460		Hoffmann
1850	51000		
1852	53398		Ghillany，p.99
1861	58081	建有 4315 栋房屋	Ghillany，p.99

波茨坦

时间（年）	人口规模（人）	估测依据	数据来源
1792	27000	—	Keyser，1941，p.376
1800	19000		
1802	17982	—	J. Morse，Ⅱ，p.223
1849	31394	—	Hoffmann
1850	31000	—	
1852	32878	—	Hoffmann

雷根斯堡

时间（年）	人口规模（人）	估测依据	数据来源
555—788	—	巴伐利亚州的首府	
826—876	—	路易斯二世常住此地	Foerstl，p.18
9 世纪	—	城市面积约为 25 公顷	Prinz，p.405
10 世纪	—	城市面积为 70—95 公顷	Russell，1972，p.85，from Püschel Prinz，p.405
1000	15000	每公顷约居住着 150 人	—
1094		约有 8500 人死于瘟疫	Waldendorff，p.49
1151	24000	亨利勋爵拥有 5000 名骑兵	Riezler，Ⅰ，p.652
1239	24000	奥托勋爵拥有 4000 名骑兵	Riezler，Ⅱ，pp.72–73
1462		约有 6300 人死于瘟疫	Waldendorff，p.49
1552	12000		Widmann，p.232
1750	—	是中世纪时期城市规模的一半	Püschel，p.162

续表

时间（年）	人口规模（人）	估测依据	数据来源
1792	22000	—	Keyser, 1941, p.376
1800	23000		
1802	23000		Waldendorff, p.587
1850	22000	—	—
1852	22285		Hoffmann

索斯特

时间（年）	人口规模（人）	估测依据	数据来源
1179—1180	—	城市面积约为 101 公顷	Planitz, p.201
1200	15000	根据面积推算	
1300	14000	人口规模比法兰克福多 10%	Rothert, p.25
1400	18000	行业人数和法兰克福相当	Rothert, p.25
1400	18000	建有 6 个教区（教区数量为人口规模的 1/3000）	Schünemann, p.124
1420	—	约有 25000 人（可能被高估）	Barthold in Schmoller, p.77
1530	15000	—	Schmoller, p.78
1600	5000	—	Schmoller, p.78
1763	3800	—	Ency. Brit., 1910
1806	5400	—	Schmoller, p.78

施派尔河

时间（年）	人口规模（人）	估测依据	数据来源
约 990	—	建造了第一座城墙	Gutkind, 1964, p.275
1030	—	开始建造大教堂	Roland, p.22
1039—1125	—	所有萨利安君主均葬在此地	—
约 1050	—	第三座教堂开始建造	Zeuss, p.11
约 1050	—	城市范围扩张	Gutkind, 1964, p.275
巅峰期	30000	若根据面积推算，人口规模可能更多	Zeuss, p.26
1200	30000		
1294	30000		Ency. Brit., 1910
1300	30000		
1312—1314		约有 9000 人死于传染病	Roland, p.99
1486	13000	缴税人数是斯特拉斯堡的一半	Schmoller, p.80
17 世纪	—	城市被法国军队摧毁	Schmoller, p.80
1801	3703	—	Schmoller, p.80
1855	11749	—	Kolb, p.146

什切青

时间（年）	人口规模（人）	估测依据	数据来源
12 世纪	5000—9000	—	Grabski, Ⅱ, p.404
约 1300	—	城市面积约 44 公顷	Planitz, p.203
14 世纪	6000		Grabski, Ⅱ, p.405
15 世纪	10000		Grabski, Ⅱ, p.405
1600	12200		Deutsche Städtebuch, Ⅰ, p.236
1709	10900		Deutsche Städtebuch, Ⅰ, p.236
1750	12966		Deutsche Städtebuch, Ⅰ, p.236
1800	18430		Deutsche Städtebuch, Ⅰ, p.236
1849	47202	包括守卫在内	Hoffmann
1850	48000		—
1852	52252	包括守卫在内	Hoffmann

斯图加特

时间（年）	人口规模（人）	估测依据	数据来源
1758	18145	—	Hoffmann
1795	19510	—	Hoffmann
1800	20000	—	—
1808	22680	—	J. Morse，Ⅱ，p.308
1849	47837	—	Hoffmann
1850	48000	—	—
1852	50003	—	Hoffmann

特里尔

时间（年）	人口规模（人）	估测依据	数据来源
750	10000	建有 8 个教区	Planitz，p.39
800	15000	城市在查理曼统治下繁荣发展	Planitz，p.39
882	—	城市被烧成灰烬	Planitz，p.39
958	20000	城市面积约为 139 公顷	Deutsche Städtebuch，Ⅳ，part 3，p.423
1000	20000	—	Deutsche Städtebuch，Ⅳ，part 3，p.423
1200	25000	—	—
1300	15000	—	—
1363	10000	拥有 2106 户家庭	Russell，1972，p.94
1730	7778	—	Dreyfus，p.243
1770	10413	—	Dreyfus，p.243
1849	19016	—	Hoffmann
1852	19762	—	Ungewitter，Ⅰ，p.526

乌尔姆

时间（年）	人口规模（人）	估测依据	数据来源
1300	4000	—	Russell，1972，p.86
1345	7000—8000	—	Russell，1972,p.86
1377	10000	增至约 15000 人；建造新的教区	Schultes，p.51
1500	14000	—	Rübling，Ⅱ，p.220
1530	13000	拥有 1859 市民（市民数量占人口规模的 1/7；参见公元 1440—1450 年的法兰克福）	Schultes，p.97
1576	12000	拥有 1820 名公会会员（公会会员数量占人口规模的约 1/7）	Schultes，p.97
1621	15000	建造第 5 座教堂（教堂数量为人口规模的 1/3000）	Schultes，p.177 map facing p.128
1656—1794	2000	—	Mummenhof，p.191
1663	2000	拥有 350 名民兵（民兵数量占人口规模的约 1/6）	Schultes，p.232
1688	5000	拥有 800 名民兵（民兵数量占人口规模的约 1/6）	Schultes，p.254
1795	13000	—	Schmoller，p.87
1840	16231	—	Gazetteer of World
1855	22228	21067 人再加上新乌尔姆人口	Hoffmann

沃尔姆斯

时间（年）	人口规模（人）	估测依据	数据来源
814—840	—	路易斯大帝常住地	Enci. Italiana
1200	—	城市在 3 英里范围（面积大约 150 公顷）	Illert，p.29 map
1200	28000	参见公元 1486—1500 年	—
1250	25000	拥有 4200 名民兵（民兵数量占人口规模的 1/6）	Arnold in Boos，Ⅲ，p.41
1300	20000	—	—

时间（年）	人口规模（人）	估测依据	数据来源
1486	6000—8000	税收相当于斯特拉斯堡的 1/6	Schmoller，p.87
1500	—	人口数相当于公元 1200 年人口规模的 1/4	Illert
1700	2000	—	Schmoller，p.80
1800	4800	—	Schmoller，p.80
1855	10325	—	Hoffmann

符兹堡

时间（年）	人口规模（人）	估测依据	数据来源
1792	21000	—	Keyser，1941，p.376
1800	22000	—	—
1818	26465	—	Hoffmann
1840	26814	—	Hoffmann
1850	24000	—	—
1852	24472	—	Hoffmann

布伦布尔诺

时间（年）	人口规模（人）	估测依据	数据来源
1466	15000	根据 12000 名信徒推算	List，p.11
1666	9000	建有 443 栋房屋（人口规模是房屋数量的约 21 倍）	List，pp.11–12
1754	14972	—	List，pp.11–12
1800	22000	—	—
1804	23367	—	Balbi，p.200n
1842	42000	—	Gazetteer of World
1850	51000	—	—
1857	58809	—	Brockhaus，1864

格拉茨

时间（年）	人口规模（人）	估测依据	数据来源
1598	10000	建有 328 栋房屋（房屋数量为人口规模的 1/33；参见布拉格）	Popelka，Ⅰ，p.507
1708	10000	建有 334 栋房屋（房屋数量为人口规模的 1/33；参见布拉格）	Popelka，Ⅰ，p.507
1800	28000	—	—
1810	29576	—	Hassel，1819，Ⅱ，p.231
1850	54000	—	—
1851	55421	—	Ency. Brit.，1853

苏博蒂察

时间（年）	人口规模（人）	估测依据	数据来源
1800	28000	—	—
约 1808	28000	—	J. Morse，Ⅱ，p.324
1846	36200	—	Ungewitter，Ⅰ，p.710
1850	34000	—	—
1851	33918	—	Ungewitter，Ⅰ，p.710

布拉格

时间（年）	人口规模（人）	估测依据	数据来源
929	—	建有 3 座教堂	Guth，p.195
1000	15000	建有 5 座教堂	Schürer，pp.17–19
1200	22000	建有 18 座教堂	Helfert，pp.9–11

续表

时间（年）	人口规模（人）	估测依据	数据来源
1300	40000		
1328	—	拥有约 10000 名骑兵	Tomek, p.600
1346	50000		Vojtisek, p.11
1348	—	城市占地面积从 701 公顷增长至 1318 公顷	Kalinowski, p.201
1349—1400		罗马帝国的首都	
约 1350	—	城市面积和 1800 年相当（周长约 15 公里或 9.3 英里，城墙围合面积大约 1400 公顷）	Guth, p.24 Baedeker, 1896, p.252
1378	95000	建有 76 座教堂（教堂数量为人口规模的 1/1250）	Schürer, p.88
1378	100000	按房屋数量乘以 25 倍推算（参见公元 1605、1624 年）	Heymann, p.46
1400	95000		
15 世纪	—	德国军队离开后，城市人口规模下降了 1/4	Heymann, p.46
1500	70000		
约 1575	70000		Vojtisek, p.13
1600	110000		
1605	—	建有 3365 栋房屋	Janacek, p.292
1624	100297		Janacek, p.292
1628	43523		Janacek, p.292
1700	48000		
1703	48427	包括守卫数量在内	Pelikanova, p.33
1750	58000		
1754	59000		Pelikanova, p.31
1800	77403		Pelikanova, p.33
1846	115436		Blackie
1850	117000		
1851	118405		Ency. Brit., 1853

的里雅斯特

时间（年）	人口规模（人）	估测依据	数据来源
1800	23000		
1801	23633		J. Morse, Ⅱ, p.325
1850	63931		Brockhaus, 1864

维也纳

时间（年）	人口规模（人）	估测依据	数据来源
1200	12000	建有 4 个教区	Enci. Universal
1273—1330	—	罗马帝国的首都	—
1300	21000	建有 7 个教区	Enci. Universal
1394		建造了第 10 个教区	Enci. Universal
1400	30000	根据教区数量估测人口数量	
1423	24000	拥有约 4000 名民兵（民兵数量占人口规模的约 1/6）	Kralik, p.149
1440—1521	—	除公元 1485—1491 年外，城市一直为罗马帝国的首都	
约 1450		约有 60000 人（可能被高估）	Enci. Italiana
1500	40000	—	Ency. Brit., 1910, "Maximilian"
1561	—	城市面积比布勒斯劳小约 7%	Markgraf, pp.27–28
1563	—	拥有约 4000 名民兵	Ortvay, Ⅳ, pp.405–406
1600	30000		
1608	30000	拥有约 5000 名民兵（民兵数量占人口规模的约 1/6）	Kralik, p.272
1611—1806	—	再次成为帝国首都	
1619	40000	拥有约 8000 市民（可能指家庭数量），人口总数按 8000 的 5 倍推算	Weiss, Ⅱ, p.95n
1637	60000	—	Keyser, 1941, p.375

续表

时间（年）	人口规模（人）	估测依据	数据来源
1683	90000	—	Hennings, p.83
1700	105000	—	
1710	113800	—	Weiss, Ⅱ, p.95n
1750	169000	—	
1754	175460	—	Weiss, Ⅱ, p.227
1800	231079	—	Weiss, Ⅱ, p.227
1850	426415	—	Stat. Jahrbuch Wien, p.44

维也纳新城

时间（年）	人口规模（人）	估测依据	数据来源
1192	15000	城市面积约为 102 公顷	Planitz, p.201
1200	15000		
1806	5000		Edinburgh Ency., "population"
1851	14544	—	Ungewitter, Ⅱ, p.685

布达佩斯

时间（年）	人口规模（人）	估测依据	数据来源
1074	—	布达和佩斯之间有轮渡连接	Acsay, p.18
约 1250—1541	—	首都	Kubinyi, p.133
1300	15000	城内建有 3 个教区，郊区建有 2 个教区	Kubinyi, pp.138–139
1400	20000		
1437	22000	建有 967 栋房屋（房屋数量约是总人数的 1/20；参考公元 1781 年的普雷斯堡）	Perényi, p.370
中世纪	23000	布达和佩斯共占地约 236 公顷	Russell, 1958, p.100
约 1500	—	面积约为 12500—15000 公顷（可能被低估）	Kubinyi, p.155
约 1500	23000	市民数量约 2800 人（人口总量约为市民数量的 7 倍，再加上郊区人口和宫廷人口）	Kubinyi, p.156n
约 1500	—	50000—60000 人（可能被高估）	Lechner in Preisich, p.9
1541—1686	—	拥有约 10000 名守卫	Björkman, p.67
1600	25000		
1686	28000—30000		Preisich, p.9
17 世纪 90 年代	18000	城市已变为废墟	Kubinyi, p.157n
1720	12200		Révai Nagy Lexikona
1750	24000		
1777	35059		Preisich, p.23
1799	54179		Révai Nagy Lexikona
1800	54000		
1810	60259		Révai Nagy Lexikona
1850	156506		Preisich, p.61

德布勒森

时间（年）	人口规模（人）	估测依据	数据来源
约 1600	8000		Perényi, p.386
1750	20000		
1770	23546		Bajkó, p.46
1787	28873		Szűcs, Ⅲ, p.880
1800	27000		
1805	27563		Szűcs, Ⅲ, p.880
1839	48840		Szűcs, Ⅲ, p.880
1850	29844	公元 1848—1849 年战争之后	Szűcs, Ⅲ, p.880

埃斯泰尔戈姆

时间（年）	人口规模（人）	估测依据	数据来源
约 1000	—	匈牙利第 1 座首都，规模很小	Perényi, p.412
中世纪	—	匈牙利重要的经济中心	Ency. Brit., 1910
中世纪	18000	建有 6 个教区	Schünemann, p.123
1189	—	占地约 123 英亩，人口密度较高	Perényi, p.414
1200	18000	—	—
1300	12000	—	Perényi, p.414
1850	11454	—	Brockhaus, 1851, "Gran"

普雷斯堡

时间（年）	人口规模（人）	估测依据	数据来源
14 世纪	12000	—	Schünemann, pp.121, 128
1452	8000	拥有 1042 名纳税人（胡斯战争之后）	Lazistan, p.xiii
1526—1784	—	哈布斯堡王朝时期匈牙利的首都	—
16 世纪	9000	建有 3 座教堂	Ortvay, Ⅰ, pp.243
1551	18000	每座兵营约容纳 3000 人（营员人数约是总人数的 1/6）	Ortvay, Ⅳ, p.349
约 1665	15000	建有 5 座教堂	Ortvay, Ⅱ, p.10
1700	18000	—	—
1750	24000	—	—
1773	26486	—	Franz, p.20
1781	—	建有约 1300 栋房屋	Franz, p.16
1787	28740	—	Franz, p.20
1800	18000	—	—
1801	16952	—	Gazetteer of World
1850	—	不计入守卫共 42238 人	Fida, p.269
1850	46000	—	—
1851	46527	—	Gazetteer of World

斯蒂亚夫尼察，主要是乡村

塞格德

时间（年）	人口规模（人）	估测依据	数据来源
1522	7000	文献记载	Schünemann, pp.121, 128
1720	4000	—	—
1800	23000	—	—
1808	25347	—	J. Morse, Ⅱ, p.324
1850	49000	—	—
1851	50244	—	Ungewitter, Ⅰ, p.685

塞克什白堡

时间（年）	人口规模（人）	估测依据	数据来源
约 1000—1318	—	匈牙利的首都	—
1527	11660	—	Fitz, p.24
约 1800	12248	—	J. Morse, Ⅱ, p.326
1851	14971	—	Ungewitter, Ⅰ, p.684

克拉科

时间（年）	人口规模（人）	估测依据	数据来源
1136—1596	—	除公元 1290—1305 年外，均为波兰首都	—
1257	—	建造城墙，城墙范围内建有 11 座教堂	Kalinowski, p.34

续表

时间（年）	人口规模（人）	估测依据	数据来源
1300	14000		Kalinowski, p.42
1400	18000		
15 世纪	—	未达 20000 人	Kalinowski, p.42
1500	22000		
约 1550	—	文献记载人口 80000 人（可能被高估）	English Cyclopaedia
1600	26000	城内居住有约 19000 人	Dabrowski, 1965, p.213
1700	30000		Dabrowski, 1975, p.205
1772	15000		Arnold, p.229
1798	24543		Dabrowski, 1865, p.399
1800	25000		
1802	27278		Dabrowski, 1865, p.399
1850	42000	按 39701 人再加上波德戈兹的人口推算	Hoffmann

伦贝格

时间（年）	人口规模（人）	估测依据	数据来源
1600	10000	10000—20000 人	Gierowski, p.16
1615	10000	拥有约 1500 名民兵	Rudnicki, p 13
1700	20000		
1750	25000		
1765	—	有约 6000 名犹太人	Univeral Jewish Ency.
1772	30000		Arnolda, p.229
1795	38749		Handwörterbuch，II，p.676
1800	42000		
1803	44655		Ency. Edinensis
1849	75000		Ency. Brit., 1853
1850	71000		
1851	68000		Arnolda, p.232

波森

时间（年）	人口规模（人）	估测依据	数据来源
968—1025	—	继格涅兹诺后成为波兰首都	—
1500	20000		
1549	22000	建有约 1700 栋房屋（人口总量约是房屋数量的 40/3；参照公元 1631 年的马格德堡）	Oehlschlaeger, pp.18–19
16 世纪	30000		Larousse
1599	—	约 5000 人死于瘟疫	C. Meyer, p.171
1600	25000		
1653	21000	建有约 1600 栋房屋（人口总量约为房屋数量的 40/3）	Lukaszewicz, pp.24–25
1797	12376		Bergmann, p.26
1803	15992		J. Morse, II, p.28
1849	47963	包括守卫数量在内	Hoffmann
1850	46000		
1852	44039	包括守卫数量在内	Hoffmann

特拉卡

时间（年）	人口规模（人）	估测依据	数据来源
至 1323	—	立陶宛的首都	Ency. Brit., 1910, "Vilna"
1400	50000		
1414	50000	约有 10000 名骑兵驻扎（参照公元 1328—1346 年的布拉格）	Lannoy, p.40
1849	4656		Hoffmann

维尔纳

时间（年）	人口规模（人）	估测依据	数据来源
1323—1795	—	1386年开始与波兰连通	Ency. Brit., 1910
1300s	20000		Jurginis, p.53
1387	30000	绝大多数居民为基督教徒	Jurginis, p.53, "Wladislaus Ⅱ"
1400	20000		
1500	25000		
1503—1522	—	建造了3.4英里长的城墙，围合面积略大于公元1600年的1/2	Correspondence with Vilna library
16世纪	30000		Jurginis, p.54
1600	40000		
1610	—	火灾毁坏了约4700栋房屋和10座教堂，紧接着瘟疫导致了1/3的人口死亡	Polish Research Center, p.5
17世纪	45000	建有35座教堂、1个犹太教会堂（教堂和犹太教会堂总数约是人口总量的1/1250）	Lowmianska, p.201
1700	40000		
1709—1710	—	有22862人死亡	Dobryansky, p.83
1750	21000		
1770	21320		Jurginis, p.186
1800	25430		Jurginis, p.214
1850	55916		Jurginis, p.214

华沙

时间（年）	人口规模（人）	估测依据	数据来源
1379—1526	—	马佐维亚公国的首都	
1550	8000—10000		Enci. Italiana
1564	10000		Pazyra, p.275
约1595	20000	人口数量可能不止于此	Gierowski, p.16
1596	—	波兰首都	
1600	35000		
1624	48000		Pazyra, p.276
1669	14400	建有约1200栋房屋	Pazyra, p.277
1700	21000		
1750	28000		
1760	30000		Ciborowski, p.23
1792	120000		Ciborowski, p.23
1800	75000	按63563人再加上神职人员和民兵的数量推算	Eisenbach and Grochulska, p.116
1829	140000		Arnolda, p.235
1850	163000		
1851	164115		Gazetteer of World

阿斯特拉罕

时间（年）	人口规模（人）	估测依据	数据来源
800	30000	挪威在公元884年的突袭可能导致阿斯特拉罕守卫数量的增加	Dunlop, pp.184, 204
903	40000	拥有约10000名军人，每年都有所增加；参见公元932年	Dunlop, pp.104-105, citing Ibn Rustah
932	50000	建有约30座清真寺。拥有约4000名犹太人	Istakhri in Dunlop, pp.91-92 Cassel, p.9
947	42000	驻军7000人（军队人数约是人口总量的1/6）	Masudi in Dunlop, p.206
965	—	不再作为哈扎尔的首都	Dunlop, pp.241-244
1395	—	被帖木儿帝国军队摧毁	Kerr, p.457n
1745	18000	拥有2593名纳税人（纳税人约是人口总量的1/7；参见公元1767—1784年）	Büsching, 1773, Ⅱ, p.463

时间（年）	人口规模（人）	估测依据	数据来源
1767	—	建有 2541 栋房屋	Büsching, 1784, Ⅳ, p.48
1784	18023	—	Bryce
1803	14198	—	Bühler, p.68
1849	44798	—	Hoffmann
1850	44000	—	—
1860	44587	—	Brockhaus, 1864

巴赫切萨雷伊

时间（年）	人口规模（人）	估测依据	数据来源
1436	—	拥有 3000—4000 名骑兵	Barbaro, p.506
1454—1783	—	克里米亚鞑靼人地区首府	Enci. Italiana, "Bachćisaraj"
1500	25000	—	—
1519	—	建造宫殿	Enci. Universal, "Bachtchissarai"
1600	30000	参见公元 1784 年	—
1700	18000	—	—
18 世纪	15000	建有约 3000 栋房屋（房屋数量约是人口总量的 1/5）	Büsching, 1784, Ⅳ, p.345
1736	10000	建有约 2000 栋房屋（房屋数量约是人口总量的 1/5）	Ency. Of Islam, 1913, "Baghče Saray"
1784	5776	建有 1566 栋房屋（许多为空置）、31 座清真寺、2 座教堂、2 座犹太会堂	Ency. Of Islam, 1913, "Baghče Saray"
1841	11251	—	Ency. Of Islam, 1913, "Baghče Saray"
1851	12800	—	Ungewitter, Ⅱ, p.171

别尔季切夫

时间（年）	人口规模（人）	估测依据	数据来源
1842	35592	—	Petermann, 1855, p.22
1850	43000	—	—
1856	50281	—	U.S. Census, 1860, p.Iiii

博尔加尔

时间（年）	人口规模（人）	估测依据	数据来源
932	10000	建有 2 座大清真寺；城市面积小于基辅	Istakhri in Dunlop, pp.98-100
984	—	被俄罗斯的诺曼军队劫掠	Kutschera, p.97
1300	30000	围墙周长约 6 英里（人口密度可能较低；参见公元 932 年的喀山）。建有 2 座大清真寺	Ency. of Islam, 1913, "Bulghar"
1399	—	再次被摧毁；城市地位被喀山取代	Ency. of Islam, 1913, "Bulghar"

卡法

时间（年）	人口规模（人）	估测依据	数据来源
1261—约 1382	—	人口数量猛增	R. López, pp.297, 357
1300	40000	—	—
1352	—	建造了城墙	R. López, p.301
1382	—	建造了更长的城墙	R. López, p.357
1400	75000	—	—
约 1410	75000	城墙内建有 11000 栋房屋，城墙外建有 4000 栋房屋（房屋数量约是人口总量的 1/5）	Schiltberger, p.49
1475	40000	约有 70000 人居住在 8000 栋房屋中（房屋数量约是人口总量的 1/5）；被土耳其军队劫掠	Enci. Italiana Ency. of Islam, 1913, "Kaffa"
1500	35000	—	—
自 1570	—	城市逐渐衰退	Ency., of Islam, 1913

续表

时间（年）	人口规模（人）	估测依据	数据来源
1600	30000	—	
1671	20000	建有 4000 栋房屋（房屋数量约是人口总量的 1/5）	Chardin, p.34
1700	23000	—	
约 1750	28000	建有 5000—6000 栋房屋（房屋数量约是人口总量的 1/5）	Büsching, 1767, Ⅲ, p.106
1829	3700		Ency. Slovar
1849	8435		Hoffmann

赫尔松

时间（年）	人口规模（人）	估测依据	数据来源
800	20000	拜占庭帝国北部的商业中心	Bury, p.402
900s	—	与特拉布宗同是黑海的主要港口城市	Beazley, Ⅱ, p.500
1000	25000	参见苏达克、特拉布宗	—
16 世纪	—		Beazley, Ⅱ, p.504
1786	10000	—	Ency. Brit., 1910, "Kherson"
1850	24338		Petermann, 1855, p.22

克里米亚

时间（年）	人口规模（人）	估测依据	数据来源
约 1300	—	克里米亚的鞑靼人首府	Ency. Of Islam, 1913

卡卢加

时间（年）	人口规模（人）	估测依据	数据来源
1745	34000	拥有 6926 名纳税人（纳税人数约是人口总量的 1/5）	Büsching, 1773, Ⅱ, p.446
1750	32000		—
1782	17000		Rozman, 1976, p.162
1800	20000		
1811	23000		German, p.244
1846	32345		English Cyclopaedia
1850	29580		Hoffmann

喀山

时间（年）	人口规模（人）	估测依据	数据来源
1438—1552	—	穆斯林汗国的首府	Ency. Of Islam, 1913
1552	—	1 英里长的城墙有 10 个大门	Ency. Of Islam, 1913
1552	15000		Kalinin, p.49
1646	6000	拥有 1272 户家庭（家庭数量约是人口总量的 1/5）	Kalinin, p.55
1700	18000		
约 1728	25000	建有约 5000 栋房屋	Souciet, p.159
1745	23000	拥有 4722 名纳税人（纳税人数约是人口总量的 1/5；参见公元 1728 年）	Rozman, 1976, p.193
1750	23000		
1774	14000	建有 2867 栋房屋	Ency. Of Islam, 1913
1782	22000		Rozman, 1976, p.193
1800	25000		Kalinin, p.87
1842	41304		Hoffmann
1850	44000		
1851	45049		Ency. Brit., 1853, "Kasan"

基辅

时间（年）	人口规模（人）	估测依据	数据来源
882—1157	—	俄罗斯的首都	—
1000	45000		
约 1010	—	建有约 400 座教堂和 8 座市场	Thietmar of Merseburg in Tikhomirov, p.50
1015	48000	拥有约 8000 名民兵	Tikhomirov, p.147
1092	—	至少 7000 人死于传染病	Tikhomirov, p.147
1150	40000	参见斯摩棱斯克	—
1200	30000		
1200	—	面积比诺夫哥罗德更大	Tikhomirov, p.147
1240	—	被蒙古军队摧毁	
1622	10500	拥有 1750 户家庭，家庭数量约是人口总量的 1/6	Kasymenko, p.148
1727	11000	拥有 1914 户家庭，家庭数量约是人口总量的 1/6	Kasymenko, p.203
1742	20000		Kasymenko, p.203
1750	22000		
1766	28877	拥有 3596 户家庭	Kasymenko, p.206
1782	30000		Rozman，1976, p.211
1797	19081		Ency. Slovar
1800	19000		
1811	23000		German, p.244
1845	50157		Tronko et al, p.100
1850	52000		
1856	55590		Tronko et al, p.102

基什尼奥夫

时间（年）	人口规模（人）	估测依据	数据来源
1813	13000		English Cyclopaedia
1849	42613		Ency. Brit., 1853, "Kischineff"
1850	45000		
1856	63469		U.S. census, 1860, p.liii

库尔斯克

时间（年）	人口规模（人）	估测依据	数据来源
1782	19000		Rozman，1976, p.177
1800	21000		
1811	23000		German, p.244
1849	30469		Ungewitter, II, p.134
1850	30000		—

莫斯科

时间（年）	人口规模（人）	估测依据	数据来源
1328	—	俄罗斯的首都	
1337	22000	建有 18 座教堂	Nazarevsky, p.31
1343	35000	建有 28 座教堂	Nazarevsky, p.31
1382	—	约有 24000 人被杀害	Nazarevsky, p.47
1400	30000	在德米特里统治下快速恢复	—
15 世纪 70 年代	—	从诺夫哥罗德带来数千人	Ency. Britannica, 1910
1500	80000		
1517	—	人口数量是布拉格和佛伦萨的 2 倍	Michovia, p.111
1520	—	约 100000 人居住在 45000 栋房屋中	Ency. Britannica, 1910
1520	90000	建有约 4500 栋房屋（房屋数量约是人口总量的 1/20；参见公元 1800 年）	Nazarevsky, p.76

续表

时间（年）	人口规模（人）	估测依据	数据来源
1534—1538	—	城墙围合面积是公元 1637 年的 1/10	Engel，p.107
1553	75000	和伦敦城市地区的面积相当	Chancellor，p.23
1570	120000	拥有约 20000 名守卫，守卫人数约是人口总量的 1/6	Horsey，p.271
1571	—	人口数量缩减	Hürlimann，p.27
1586—1593	—	城墙围合面积的是 1538 年的 4 倍	Engel，p.107
1600	80000	文献记载	Bakhrushin，Ⅰ，pp.178–179
1611	130000	—	Cross，p.89
约 1650	—	约有 200000 人（可能被高估）	Bogoyavlensky in Voyce，p.47
1700	114000	—	—
1701	114000	拥有 16358 户家庭（家庭数量约是人口总量的 1/7；参见公元 1745—1770 年）	Nazarevsky，p.205
1725	—	约有 145000 人	Bakhrushin，Ⅱ，pp.62–63
1732	135000	拥有 19417 户家庭（家庭数量约是人口总量的 1/7）	Nazarevsky，p.205
1745	145000	拥有 20849 名纳税人（纳税人数约是人口总量的 1/7）	Büsching，1773，Ⅱ，p.443
1750	146000	—	—
1770	152790	—	Büsching，1784，Ⅲ，p.355
1782	213000	—	Rozman，1976，p.162
1800	248000	—	—
约 1800	—	拥有 12548 栋房屋	J. Morse，Ⅱ，p.200
1811	270184	—	Bakhrushin，Ⅲ，p.31
1850	373800	—	Ungewitter，Ⅱ，p.131

下诺夫哥罗德

时间（年）	人口规模（人）	估测依据	数据来源
1619	5000	—	Khramtsovsky，p.86
1649	14000	拥有 2930 户家庭（家庭数量约是人口总量的 1/5）	Archangelskaya，p.21
1745	15000	拥有 3126 名纳税人（纳税人数约是人口总量的 1/5）	Büsching，1773，Ⅱ，p.456
1782	9000	—	Rozman，1976，p.193
1834	21687	—	Hoffmann
1849	30710	—	Ungewitter，Ⅰ，p.315
1850	31000	—	—
1858	36354	—	Lippincott，1868

诺夫哥罗德

时间（年）	人口规模（人）	估测依据	数据来源
1000	18000	文献记载人口 10000—15000 人	Tikhomirov，p.145
1016	18000	拥有约 3000 名民兵（参见公元 1471 年）	Tikhomirov，p.145
1200	25000	文献记载人口 20000—30000 人	Tikhomirov，p.145
1211	—	约有 4300 栋房屋被烧毁	Tikhomirov，p.145
1215	20000	拥有 3000—5000 名民兵	Tikhomirov，p.145
1300	30000	城市繁荣发展	M. Thompson，p.xiv
1400	45000	对外贸易规模持续扩大	—
1471	60000	拥有约 10000 名民兵	Lessner，p.252
15 世纪	60000	—	Krasov in Pronshtein，p.27
1500	37000	于公元 1471 年战败	—
1508	37000	拥有 5314 户家庭（家庭数量约是人口总量的 1/7；参见莫斯科）	Pronshtein，p.28
1546	38000	拥有公元 5477 户家庭	Pronshtein，p.30
16 世纪	—	约有 50000 人（可能被高估）	Krasov in Pronshtein，p.27
1570	—	约有 27000 人遭到杀害	S. Graham，p.220
1782	11000	—	Rozman，1976，p.193
约 1800	7126	—	J. Morse，Ⅱ，p.201

敖德萨

时间（年）	人口规模（人）	估测依据	数据来源
1795	2349	—	Vaenefa, p.5
1803	7000	—	Ungewitter, Ⅱ, p.173
1814	25000	—	Vaenefa, p.5
1850	71392	—	Ungewitter, Ⅱ, p.173

奥廖尔

时间（年）	人口规模（人）	估测依据	数据来源
1782	17000	—	Rozman, 1976, p.162
1800	22000	—	—
1811	25000	—	German, p.244
1851	25630	—	Hoffmann

普斯科夫

时间（年）	人口规模（人）	估测依据	数据来源
9 世纪	—	考古证实已存在	Tikhomirov, p.25
12 世纪	9000	建有 3 座教堂	Tarakanova, p.8
1400	30000	年均增长 1100—1500 人	
约 1500	—	拥有约 60000 人（可能被高估）	Ency. Brit., 1910
约 1500	45000	拥有约 6500 名纳税人（纳税人数约是人口总量的 1/7；参见莫斯科）	Tarakanova, p.33
1626	2660		Tikhomirov（a）, p.15
1742	4000	拥有 809 名纳税人（纳税人数约是人口总量的 1/5）	Büsching, 1773, Ⅱ, p.449
1782	7000		Rozman, 1976, p.183
约 1840	14000		Ungewitter, Ⅱ, p.137

里加

时间（年）	人口规模（人）	估测依据	数据来源
15 世纪	6000—8000	—	Enci. Italiana
16 世纪	10000—15000	—	Enci. Italiana
1710	14000	—	Enci. Italiana
1776	19058	—	Matveeva, p.63
1794	28801	—	Lauks, p.21
1800	29000	—	
1804	30219	—	Lauks, p.21
1850	61543	—	Enci. Italiana

圣彼得堡

时间（年）	人口规模（人）	估测依据	数据来源
1703	—	首都（公元 1712—1918 年）	—
1750	—	拥有约 138000 人	Hoffmann, "Petersburg"
1750	74200	—	Brockhaus, 1851
1800	220200	—	Ency. Brit., 1969
1848	473437	—	English Cyclopaedia
1850	502000	—	
1852	532241	—	Hoffmann

拔都萨莱

时间（年）	人口规模（人）	估测依据	数据来源
1240—1480	—	钦察汗国的首都	Ency. Brit., 1910, ⅩⅩⅢ, P.893
1240—1480	—	城墙 8 英里长、2 英里宽	Ency. Of Islam, 1913

续表

时间（年）	人口规模（人）	估测依据	数据来源
1253	80000	城墙周长约10英里，城市面积约1600公顷	Rubruquis, p. 197
1300	100000		
约1330	117000	建有13座大型清真寺（清真寺数量约是人口总量的1/9000；参见巴格达）	Ibn Battuta, p. 166
1395	—	被帖木儿帝国军队摧毁	Ency. Of Islam, 1913
1400	—	约有100000人随着季节迁移	Schiltberger, in Kerr, p. 458
1480	—	被俄罗斯军队摧毁	Ency. Of Islam, 1913

萨拉托夫

时间（年）	人口规模（人）	估测依据	数据来源
1774	7000	—	Khovansky, pp. 18–21
1800	21000		
1811	27000		German, p. 244
1847	52329		Khovansky, p. 45
1850	59000		
1851	61610		Ency. Brit., 1853

塞瓦斯托波尔

时间（年）	人口规模（人）	估测依据	数据来源
1841	41155		Ungewitter, II, p. 171
约1850	43000	1853年前的某时期人口数据	Ency. Brit., 1910
1853	45000		Brockhaus, 1851–1855

斯摩棱斯克

时间（年）	人口规模（人）	估测依据	数据来源
1127—1160	—	罗斯季斯拉夫一世时期，城市面积和基辅相当	Enci, Italiana
1150	40000		
1200	35000		
13世纪	—	拥有约40000人	Ilenko, p. 80
13世纪	—	城市面积约为400公顷（面积数值是人口数量的1/100）	Russell, 1958, p. 100
约1230	23900		Golubowsky, p. 92
1300	25000		—
1400	25000	守备部队进驻之前的人口数据	—
1482	50000	约10000名守卫均来自特拉卡（守卫人数约是人口总量的1/5；参见公元1328—1346年的布拉格）	Ilenko, p. 26
1500	50000		
1600	50000		
1611	—	约80000人住在约8000栋房屋中	Ilenko, p. 49
1611	—	约有70000人被杀害（其中一些可能是难民，参见公元1600—1611年的莫斯科）	Ilenko, p. 46
1745	15000	拥有3046名纳税人（纳税人数约是人口总量的1/5）	Büsching, 1773, II, p. 463
1812	11410		Ilenko, p. 80
1850	10792	—	Hoffmann

苏达克

时间（年）	人口规模（人）	估测依据	数据来源
1253	—	黑海以北的商贸转运口岸	Rubruquis, p. 163
1289	—	被诺盖鞑靼军队劫掠	Enci. Universal
约1300	30000	人口数量几乎和卡法一样多	Abulfeda in Canale, II, p. 434
巅峰期	—	建有约100座教堂	Büsching, 1784, IV, p. 353

时间（年）	人口规模（人）	估测依据	数据来源
1400	30000	人口增长速度不如卡法	R. López, pp. 297, 357
约 1850	600	—	Hoffmann

图拉

时间（年）	人口规模（人）	估测依据	数据来源
1654	2568	—	Novy Ency. Slovar
1745	36000	拥有 7259 名纳税人	Büsching, 1773, Ⅱ, p. 447
1750	34000	—	
约 1768	30000	—	Büsching, 1784, Ⅳ, p. 353
1782	25000	—	Rozman, 1976, p.177
1800	41000	—	
1811	52000	—	German, p. 244
1850	54626	—	Hoffmann

特维尔

时间（年）	人口规模（人）	估测依据	数据来源
1300	27000	教堂数量约是人口总量的 1/1250（参见公元 1442 年）	—
1400	20000	公元 1374 年惨败后的人口数据	—
1442	—	建有 22 座教堂（巅峰时期，参见公元 1300 年）	Sakharov, p. 22
1486	—	被莫斯科军队烧毁	Ency. Brit., 1910
1745	16000	拥有 3262 名纳税人（纳税人数约是人口总量的 1/5；参见公元 1782 年）	Büsching, 1773, Ⅱ, p. 454
1782	16000	—	Rozman, 1976, p. 162
1811	18000	—	German, p. 244
1849	14142	—	Hoffmann

弗拉基米尔

时间（年）	人口规模（人）	估测依据	数据来源
1157—1328	—	俄罗斯的首都	—
1175	15000	约有 1500 名民兵参加了竞选活动	Tikhomirov, p. 148
1200	18000	—	
1300	31000	—	
年份不详	31000	建有 25 座教堂（教堂数量约是人口总量的 1/1250）	English Cyclopaedia
1849	13405	—	Hoffmann

沃罗涅什

时间（年）	人口规模（人）	估测依据	数据来源
1742	15000	拥有 3183 名纳税人（纳税人数约是人口总量的 1/5）	Büsching, 1773, Ⅱ, p. 448
1782	13000	—	Rozman, 1976, p. 177
1800	18000	—	
1811	22000	—	German, p. 244
1842	43800	—	Brockhaus, 1851, "Woronesch"
1850	40000	—	
1856	37664	—	Ency. Brit., 1853–1860

雅罗斯拉夫尔

时间（年）	人口规模（人）	估测依据	数据来源
1783	18996	—	Hoffmann, "Jaroslav"
1800	22000	—	
1811	24000	—	German, p. 244

续表

时间（年）	人口规模（人）	估测依据	数据来源
1842	34913	—	Hoffmann, "Jaroslav"
1850	35000	—	
1851	35096	—	Lippincott, 1868

布加勒斯特

时间（年）	人口规模（人）	估测依据	数据来源
1458—1476	—	瓦拉几亚的首都	Emci. Italiana, "Bucarest"
1532—1602	—	再次成为瓦拉几亚的首都	Emci. Italiana, "Bucarest"
1600	60000	参见公元1640、1798年	
1640	60000	建有约12000栋房屋（房屋数量约是人口总量的1/5）	Bacsisi in Enci. Italiana
自1655	—	再次成为首都（除公元1690—1698年）	Ency. of Islam, 1960
1716	50000	—	Ency. of Islam, 1960
1738	—	约有30000人被土耳其军队杀害	Enci. Italiana, based on Del Chiaro
1750	25000	—	
1798	32185	建有7503栋房屋	Giurescu, p.109
1800	35000	—	
1800	—	20000—60000人	Ency. of Islam, 1960
1801	—	约有80000人（可能被高估）	Batthyány in Giurescu, p.266
约1805	42000	—	J. Morse, II, p.423
1832	72595	—	Giurescu, p.266
1837	60788	—	Demldov in Gaz. World
1850	95000	—	
1860	121734	—	Giurescu, p.266

肯普隆格

时间（年）	人口规模（人）	估测依据	数据来源
1240	—	城市建立	Busch, p.260
1290—约1300	—	瓦拉几亚的首都	—
1300	17000	教堂数量约是人口总量的1/1250	
约1800	4000	建有14座教堂	Hassel, 1819, X, pp.810–811
约1850	9000	—	J.Murray, p.147

雅西

时间（年）	人口规模（人）	估测依据	数据来源
1565	—	摩尔达维亚的首都	Jewish Ency.
1650	—	被赫梅利尼茨基军队烧毁	Universal Jewish Ency.
1750	20000	—	
1790	14963	约1/3的人摆脱瘟疫侵扰	Hassel, 1819, x, p.829
1800	20000	—	
1819	27500	—	Hassel, 1819, x, p.829
1850	53000	—	Correnti, p.156

伊斯梅尔

时间（年）	人口规模（人）	估测依据	数据来源
约1570	—	城市重要性凸显	Ency. of Islam, 1960
1657	10000	拥有2000户家庭	Evliya in Ency. of Islam, 1960
1774	—	加强了筑墙防御	Ency. of Islam, 1960
1790	35000	大量人口迁出	Ency. of Islam, 1960
1800	2000	—	
约1815	2000	城市仍然是废墟一片；仅存2座教堂	Hassel, 1819, X, p.686

时间（年）	人口规模（人）	估测依据	数据来源
1849	26243		Hoffmann
1850	26000		

苏恰瓦

时间（年）	人口规模（人）	估测依据	数据来源
1371—1565	—	摩尔达维亚首都	—
1500	33000	人口巅峰时期面积约为 300 公顷且有 11 个教区（教区数量约是人口总量的 1/3000）	Romstorfer，map p.8
1600	13000	由约 2200 名士兵保卫	Romstorfer，map p.xliii
约 1850	6000		Hoffmann

塔高维斯塔

时间（年）	人口规模（人）	估测依据	数据来源
1383—1532		瓦拉几亚的首都	
1395	—	被塞克勒军队劫掠	Enci. Universal
1400	25000		
15 世纪	40000		Vivien
1500	50000		
16 世纪	60000	建有约 70 座教堂	Ency. Brit.，1910
1600	20000	参见公元 1700 年	
1602—1655	—	再次成为瓦拉几亚的首都	
约 1650	60000	公元 1633—1954 年，建有约 12000 栋房屋	Enci. Italiana，"Targoviste" Ency. Brit.，1910，"Rumanla"
约 1690—1698	—	再次成为瓦拉几亚的首都	
约 1700	20000	是巅峰时期人口规模的 1/3	Ency. Brit.，"Rumania"
约 1800	5000		Hassel，1819，X，p.809
约 1850	14000		J. Murray，p.148

奥赫里德

时间（年）	人口规模（人）	估测依据	数据来源
约 985—1018	—	首都	Ostrogorsky，pp.267，275
1000	40000	教堂数量约是人口总量的 1/1250（参见公元 1600 年）	
约 1530	3750	—	Balabanov，Ⅱ，p.14
约 1600	—	拥有 142 户家庭，建有 37 座教堂	Popovski，p.11
约 1800	16000	—	J. Morse，Ⅱ，p.430
约 1850	7000	—	Ungewitter，Ⅱ，p.245

普利斯卡

时间（年）	人口规模（人）	估测依据	数据来源
681—893		保加利亚的首都	
681—893	—	城墙围合面积为 2.3 平方公里（约 230 公顷）	Angelov，p.26
800	34000	每公顷居住着 150 人	—
约 814	—	建造了 10 英里长的城墙	Runciman，p.76
821	—	加固了城墙	Enci. Italiana
893—967	60000	首都。城墙周长是 6 英里，面积约 580 公顷，面积数值约是人口总量的 1/100	Naidenov，map p.225
1000	20000	奥赫里德不再是首都	—

普罗夫迪夫

时间（年）	人口规模（人）	估测依据	数据来源
970	20000	—	Logio, p.127
1000	20000		
1205	20000	3座规模最大的拜约是庭城市之一	Villehardouin in Tivčev, p.154
1300	20000		
1433	18000	城市衰落，面积小于索非亚	La Brocquière, pp.355–356
约1500	29000	建有29座清真寺、4座教堂、1座犹太教堂（人口总量是清真寺数量的800倍加上其他教堂数量的1250倍）	Ency. of Islam, 1960, "Filibe"
1600	28000		
17世纪	27000	拥有23个穆斯林礼拜场所和7个非穆斯林礼拜场所	Ency. of Islam, 1960, "Filibe"
1700	27000		
1750	30000		
1764	30000	在周长约4英里的范围内，生活有50000人（可能被高估）	Gorani, pp.38, 42–43
约1800	30000		Hassel, 1819, X, p.646
1850	35000		Todiere in Mikhov, IV, p.449
1864	—	拥有40000人（可能被高估）	
1876	—	有13681名男性	Mikhov, III, p.22"（b）, II, p.195

鲁赛

时间（年）	人口规模（人）	估测依据	数据来源
1640	24000	拥有16000人（含朱尔朱地区）	Ency. of Islam, 1913, "Rusčuk"
1659	25000	建有6000栋房屋、30多座清真寺（清真寺数量约是人口总量的1/800）	Ency. of Islam, 1913, "Rusčuk"
1700	26000		
1750	27000		
约1800	28000	约有30000人（可能被高估）居住在6000栋房屋里	Hassel, 1819, X, p.642
1827	—	拥有18000—20000人（含朱尔朱地区在内）	Ency. of Islam, 1913, "Rusčuk," citing walsh
1850	33000		
1854	—	文献记载人口约24000人	Ency. of Islam, 1913, "Rusčuk," citing walsh
1874	34800	按23000人再加上朱尔朱地区的人口推算	Kanitz, p.150

舒姆拉

时间（年）	人口规模（人）	估测依据	数据来源
1472—1773	—	从历史上消失了	Ency. Brit., 1902
1773	—	公元1773—1774年，城市扩张并加固了城墙	Ency. Brit., 1902 Ency. of Islam, Djezairli
约1800	24000	—	Mikhov, II, p.110
1829	—	战前约有40000人（可能被高估）；战后剩余约30000人	Mikhov, II, p.64
1849	30000		Mikhov, II（a）, p.99
1850	30000		
1852	30000		Todière in Mikhov, IV, p.449

西里斯特拉

时间（年）	人口规模（人）	估测依据	数据来源
16世纪—17世纪	—	人口规模位于保加利亚第三	Ency. of Islam, 1960, "Bulgaria"
1530	23910	公元1520—1535年	Todorov, p.64

续表

时间（年）	人口规模（人）	估测依据	数据来源
1595	—	被土耳其军队烧毁	Grande Enci.
1700	24000	参见 16—17 世纪的普罗夫迪夫、路斯契克、索菲亚	—
1750	22000		—
约 1800	20000		Hassel, 1819, X, p.637
1828	24000	有驻军	Moltke in Kanitz, III, p.501
1850	22000		
1852	22000		Todière in Mikhov, IV, p.449

索非亚

时间（年）	人口规模（人）	估测依据	数据来源
809	—	多数公民遭到杀害	Venedikov, p.261
1365—约 1380	—	取代特尔诺沃，成为保加利亚的首都	Ency. of Islam, 1913, 1960, "Bulgaria"
1382—18 世纪	—	人口数量稳步增长	Ency. Brit., 1910
1400	20000		—
1500	22000		—
16 世纪	22000	建有 12 座教堂（教堂数量约是人口总量的 1/1250）；有 7000 名土耳其人和 300 名犹太人	Ivanov, pp.40–41
1530	25910	公元 1520—1535 年	Todorov, p.64
1600	30000		—
17 世纪	31000	约有 18000 名土耳其人、2000 名犹太人。约有 2200 户保加利亚家庭	Ivanov, pp.40–41
1636	40000	建有 9000 栋房屋，有 40000—50000 人	Monedzhikova, p.71, from A.Morosini
1700	30000	遭到奥地利人袭击之后	—
18 世纪	—	拥有 8000 名土耳其人	Ivanov, p.41
1764	—	人烟稀少	Gorani, pp.42–43
约 1800	46000		J. Morse, II, p.423
1831	44739	—	Todorov, p.423
1850		瘟疫过后，人口数量不超过 20000 人	Mikhov, II, p.359
1871	19000		Kanitz, p.292

特尔诺沃

时间（年）	人口规模（人）	估测依据	数据来源
1186—1393	—	首都	Ency. Brit., 1910
1200	35000		—
1218—1241	—	处于人口规模巅峰时期	Ency. Brit., 1910
1241	48000	建有 16 个教区（教区数量约是人口总量的 1/3000）	Bochkareva, p.221
1300	35000		—
约 1810	8000		Hassel, 1819, X, p.643
约 1850	15000		J. Murray, p.143

瓦尔纳

时间（年）	人口规模（人）	估测依据	数据来源
1610	—		Kanitz, p.460
1656	20000	拥有约 4000 栋房屋、7 个宿舍、5 座大清真寺和 36 小型清真寺	Evliya in Ency. of Islam, 1913
1700	18000		—
约 1800	16000		J. Morse, II, p.424
约 1840	20000		J. Murray, p.140
1855	16000		Kanitz, p.460

维丁

时间（年）	人口规模（人）	估测依据	数据来源
约 1003	—	并入拜约是庭帝国	Ostrogorsky, p.274
1530	20438	公元 1520—1535 年	Todorov, p.64
1794—1807	—	作为帕兹万托时期的首都，人口大规模增长	Ency. Brit., 1910, Bulgaria
约 1800	25000		Hassel, 1819, X, p.644
1850	23000		
1852	23000		Todière in Mikhov, Ⅳ, p.449

贝尔格莱德

时间（年）	人口规模（人）	估测依据	数据来源
1403—1427	—	首都	—
1433	30000	驻军超过 5000 人	La Brocquière, p.360
1456	30000	有 5000 名民兵，其中包括捷克和波兰的志愿者	Zsolnay, p.138
1500	30000		
16 世纪	—	至少建有 9 座教堂或清真寺	Zsolnay, map p.148
16 世纪	—	拥有约 50000 人	Kostinski in Paunović, p.102
1600	40000		
1632	40000	约有 60000 人（可能被高估）生活在 8000 户家庭中（家庭数量约是人口总量的 1/5）	Masarečki in Ency. of Islam, 1960
1660	—	拥有约 98000 人（可能被高估）	Evliya in Ency. of Islam, 1960
1700	40000		
1717	—	城内约有 80000 人，其中约 30000 人是新来的士兵（可能被高估）	Trusler, Ⅷ, p.319
1721	30000	拥有 6020 户家庭（家庭数量约是人口总量的 1/5）	Popović, p.19
1735	30000	拥有约 6000 户家庭（家庭数量约是人口总量的 1/5）	Popović, p.19
1750	30000		
约 1780	30000		Beaufort in Mikhov, Ⅲ, p.29
约 1800	26000		Engelman in Mikhov, Ⅲ, p.29
1846	17904		Paunović, p.827
1850	13485	包括 3141 名外来人口在内	Petermann, 1857, p.479

尼什

时间（年）	人口规模（人）	估测依据	数据来源
约 1500	20000	人口规模巅峰时期	Ency. Jugoslavije
1521	—	战争迫使大量人口迁至贝尔格莱德	Vučković, p.10
17 世纪	15000	拥有约 3000 户家庭	Vučković, p.10
1877	12817		Vučković, p.11

普里兹伦

时间（年）	人口规模（人）	估测依据	数据来源
1530	18741	公元 1520—1535 年	Todorov, p.64
1655	16000	城内约有 12000 个壁炉（该数字约是公元 1898 年人口总量的 1/5）	Enci. Jugoslavije
1700	17000	—	—
约 1800	20000	建有约 4000 栋房屋	Hassel, 1819, X, p.698
1844	24950		Enci. Jugoslavije
1850	28000		
1859	32000		Mikhov, Ⅳ, p.9
1910	30285		Narodna Enci.

斯科普里

时间（年）	人口规模（人）	估测依据	数据来源
1018—1186	—	拜约是庭的首都	Ostrogorsky, p.276
1165	—	修建了第1座修道院	Hadri-Vasiljević, pp.421–464
1336—1392	—	首都	Vivien
14世纪10年代	—	修建了5座修道院	Hadr1-Vasiljević, pp.421–464
1400	22000	修道院数量约是人口总量的1/4500（参见库斯科）	—
1436—1502	—	修建6座清真寺	Enci. of Islam, 1913, "Üsküb"
约1450	30000	拥有25座清真寺、8座教堂（清真寺数量约是人口总量1/800，参见公元1661年；教堂数量约是人口总量的1/1250）	Enci. Jugoslavije
1500	45000	人口增长主要出现在公元1502年；参见公元1436年	—
1559	—	拥有约28000户家庭	Hadri-Vasiljević, p.44
1600	50000	—	—
1661	50000	建有约10060栋房屋	Evliya in Ency. of Islam, 1897, "Üsküb"
1661	56000	建有约70座礼拜场所（几乎都是清真寺；礼拜场所数量约是人口总量的1/800）	Evliya in Enci. Jugoslavije
1689	—	被奥地利军队彻底烧毁	Ency. of Islam, 1913, "Üsküb"
1800	6000	—	Ency. of Islam, 1913, "Üsküb"
1840	15000	—	Hadri-Vasiljević, p.58
1858	20800	—	Hay in Sibinović, p.49
1859	27000	—	Blount in Mikhov, IV, p.4

萨拉热窝

时间（年）	人口规模（人）	估测依据	数据来源
1600	25000	—	Ency. of Islam, 1918
1697	—	拥有2座清真寺（清真寺数量约是人口总量的1/9000）	—
1697	30000	建有约6000栋房屋	Mauvillon, pp.245–246
1697	—	几乎完全被尤金军队摧毁	Ademovic, pp.6, 11
约1800	18000	—	Hassel, 1819, X, p.717
1850	20000	—	—
1879	21377	—	Brockhaus, 1881
1895	41543	—	Enci. Universal

雅典

时间（年）	人口规模（人）	估测依据	数据来源
约1140	—	人口众多	Edrisi in Tivcev, p.155
1300	25000	—	—
14世纪70年代	30000	约有10000人（该数字约是人口总量的1/3000；参见公元1664年）	Setton, p.243, cf.p.228
1400	35000	—	—
1456	—	文献记载约50000人（可能被高估）	American Cyclopaedia
1500	35000	—	—
1578	36000	拥有约12000人（该数字约是人口总量的1/3000；参见公元1664年）	Setton, p.244
1600	33000	—	—
1664	22000	有6000—7000名拉丁人、1000名土耳其人和25000名希腊人	Tavernier, I, p.121
1676	—	文献记载约7000人	Setton, p.244
1688—1689	—	城市被废弃	American Cyclopaedia
1769	9000	—	Mikhov, IV, p.337
约1800	12000	—	J. Morse, II, p.424
1845	27800	—	Ency. Brit., 1853

续表

时间（年）	人口规模（人）	估测依据	数据来源
1850	30000	—	—
1851	31125	—	Kolb, p.288

甘地亚

时间（年）	人口规模（人）	估测依据	数据来源
827	15000	人口开始大量聚集	Lane-Poole, pp.35—36
1300—1669	11474	—	Haudecourt in Noiret, p.xiii
1669	11700	拥有约 7700 名士兵和 4000 名平民	Bragadino, p.233
约 1800	15000	—	Hassel, 1817, X, p.781
1850	18910	—	Mikhov, Ⅳ, p.3

科林斯

时间（年）	人口规模（人）	估测依据	数据来源
至 1147	—	诺曼军队劫掠前，城市曾繁荣发展，但面积很小	Ency. Brit., 1910
1459	—	摩里亚半岛上的第 1 座土耳其首都	Ency. Brit., 1910
约 1850	15000	—	Ungewitter, Ⅱ, p.214

塞雷斯

时间（年）	人口规模（人）	估测依据	数据来源
1345—1355	—	—	Ency. Brit., 1910
1500	25000	与阿德里安堡一样，人口快速增长	—
1600	27000	—	Hajji Khalifa in Ency. of Islam, 1913
约 1650	27000	拥有 10 座清真寺（清真寺数量约是穆斯林人口数量的 1/800）；拥有 7—8 间公共浴室	—
1700	28000	—	—
1750	28000	—	—
1800	29000	—	—
1850	30000	—	—
约 1870	30000	约有 8700 名穆斯林	Vivien

雪城

时间（年）	人口规模（人）	估测依据	数据来源
至 878	—	西西里拜约是庭的首都	Ency. Brit., 1910, "Sicily"
1374	8000	拥有 1755 户家庭	Beloch, 1937, Ⅰ, p.159
1548	11000	拥有约 2370 户家庭	Beloch, 1937, Ⅰ, p.159
1615	12432	—	Beloch, 1937, Ⅰ, p.159
1713	17205	—	Beloch, 1937, Ⅰ, p.159
1831	16805	—	Hoffmann
1858	19590	—	Hoffmann

萨罗尼加

时间（年）	人口规模（人）	估测依据	数据来源
800	40000	—	—
904	50000	约有 22000 名妇女儿童被奴役	Ency. of Islam, 1913, "Selanik"
1000	40000	保加利亚战争期间	—
1185	40000	约有 7000 人被杀害（可能是男性），约 8000 人逃离（逃离者数量约是人口总量的 1/5）	Tafrali, 1919, p.189
1200	30000	—	—
1300	50000	—	—

时间（年）	人口规模（人）	估测依据	数据来源
1400	42000	逐渐衰落	Tafrali, 1913, p.16
约 1423	40000	比一个世纪前的人口少了很多	Tafrali, 1913, p.16
1430	7000	多数人逃离此地	Tafrali, 1913, p.16
15 世纪 90 年代	—	约 20000 名犹太人在此定居	Vacalopoulos, p.78
1500	40000		
1600	50000		
1668	—	建有 16 个市场	Evliya in Vacalopoulos, pp.83, 85
1700	40000	处于贸易低迷时期	Vacalopoulos, p.94
1714	30000	战争原因导致人口锐减	Lucas in Mikhov, II, p.125
1734	40000		Mikhov, II, p.125
1750	45000		
约 1780	50000		Beaufort in Mikhov, III, p.29
约 1800	62000		J. Morse, II, p.423
约 1850	75000		English Cyclopedia

的黎波里

时间（年）	人口规模（人）	估测依据	数据来源
约 1770	—	城市建立	Vivien
约 1800	12000		J. Morse, II, p.424
1815	22000	建有约 4500 栋房屋	Turner, I, p.227
1821—1825	—	被战争摧毁	Ency. Brit., 1878

亚尼纳

时间（年）	人口规模（人）	估测依据	数据来源
约 1800	30000	—	J. Morse, II, p.423
1809	35000	建有约 8000 栋房屋	Brougham, I, p.60
1820	30000	建有 16 座清真寺、7—8 座教堂	Conder, 1827, pp.355–356
1820	36000	建有约 6000 栋房屋	Ibrahim Manzour in Mikhov, III, p.227
约 1845	25000		Hain in Mikhov, II, p.123
1850	23000		
1874	16230		Vivien, "Ianina"

尼科西亚

时间（年）	人口规模（人）	估测依据	数据来源
1192—1489	—	王国的首都	
1400	18000	—	
1470	18000	建有 6 座教堂	Bustron, p.498
1510—1521	16000		G.Hill, III, p.875
1540	16000	文献记载约 21000 人	G.Hill, III, p.875
1596	—	文献记载约 30000 人（可能被高估）	Luke, IV, p.31
1815	17000	建有约 3500 栋房屋	Turner, II, p.547
1846	11800		Vivien, "Chypre"
1881	14940		Vivien, "Nicosie"

阿德里安堡

时间（年）	人口规模（人）	估测依据	数据来源
812	10000		Runciman, p.65
1402—1453	—	土耳其首都	—

续表

时间（年）	人口规模（人）	估测依据	数据来源
1400	36000	第1座大清真寺开始建造。至公元1578年，15座教堂已经建成	Aslanapa, p.2
1500	127000	建有15座大清真寺（清真寺数量约是人口总量的1/6500）	Aslanapa, pp.2-122
16世纪20年代	140000	建有约17座清真寺；拥有22000人（可能是穆斯林家庭），人口总量按其5倍再加上基督徒数量推算	Lapidus, 1969, p.264, citing Barkan
约1578	173000	建有15座教堂、22个大清真寺。人口总量是教堂数量的2000倍，再加上大清真寺数量的6500倍	Ency. of Islam, 1913, "Edirne" Aslanapa, pp.1-211
1600	150000	—	—
1693	90000	城墙周长约7—8英里（面积约900公顷，面积数值约是人口总量的1/100）	Gemelli, p.60
约1700	85000	拥有约6700名纳税人；建有17座教堂和8座大清真寺。人口总量约为纳税人数的5倍，再加上大清真寺数量的6500倍	Islam Ansiklopedisi, Ⅳ, p.118
1750	83000	—	—
约1800	80000	建有约16000栋房屋（房屋数量约是人口总量的1/5）；建有40座清真寺、22间浴室；约有30000名希腊人	Ency. Americana, 1829
1829	90000	约有23000人死于战争	Keppel in Enci. Italiana
约1850	85000	—	Jochmus in Mikhov, Ⅳ, p.159
1859	80000	—	Busch, p.237
1873	62000	—	Brockhaus, 1881

2.3　公元800—1850年，美洲城市的人口规模估测依据

奥尔巴尼

时间（年）	人口规模（人）	估测依据	数据来源
1800	5389	—	U.S. Census, 1800
1850	55708	50763人再加上格林布什的4945人	U.S. Census, 1850

巴尔的摩

时间（年）	人口规模（人）	估测依据	数据来源
1775	5934	—	North, p.11
1800	26519	—	U.S. Census, 1800
1850	169054	—	U.S. Census, 1850

波士顿

时间（年）	人口规模（人）	估测依据	数据来源
1700	6700	—	North, p.11
1775	5934	包括郊区人口在内	North, p.11
1800	35248	24937人再加上剑桥市、查尔斯顿街区、多尔切斯特市、洛克斯布里市的10311人	U.S. Census, 1800
1850	209000	136881人再加上布鲁克莱恩镇、剑桥市、查尔斯顿街区、切尔西市、多尔切斯特市、洛克斯布里市、萨默维尔市及西剑桥市（阿林顿市旧称）的人口	U.S. Census, 1850

布法罗

时间（年）	人口规模（人）	估测依据	数据来源
1850	42261	—	U.S. Census, 1850

卡霍基亚

时间（年）	人口规模（人）	估测依据	数据来源
900—1150	—	人口快速增长，达到峰值	J.Pfeiffer, pp.60, 62
900—1150	—	25000 人再加上周边地区的 50000 人	J.Pfeiffer, p.59
1100	40000	城市面积约 5 平方英里（约 400 公顷，每公顷按 100 人推算）	Fowler, p.60
1100	40000	建有 45 座金字塔（神庙，按 900 的倍增系数推算人口规模）	Brackenridge in Peet, p.159
1400	4000	有 3000—5000 人；公元 1200 年前后人口开始逐渐变少	J.Pfeiffer, p.62

查尔斯顿

时间（年）	人口规模（人）	估测依据	数据来源
1800	18844		U. S. Census, 1800
1850	42985		U. S. Census, 1850

奇利科西

时间（年）	人口规模（人）	估测依据	数据来源
—	—	建有俄亥俄州最大的土丘遗址	Miller, p.62
1423—1427	18000	建有 20 个圆锥形土丘，土丘设有祭坛（人口数量按宗教祭坛数量的约 900 倍推算）	Peet, p.314 Chandler®, p.63（for date）–cf. Keeler, p.3

辛辛那提

时间（年）	人口规模（人）	估测依据	数据来源
1810	2540		U. S. Census, 1810
1850	130828	115435 人再加上卡温顿市和肯塔基州纽波特市的人口	U. S. Census, 1850

埃托瓦

时间（年）	人口规模（人）	估测依据	数据来源
约 1400—1650	—	佐治亚州的大型土丘遗址	Willey in Collier's Ency., 1968

路易斯维尔

时间（年）	人口规模（人）	估测依据	数据来源
1800	359	—	U.S. Census, 1800
1850	45316	43194 人再加上杰斐逊维尔市的人口	U.S. Census, 1850

新奥尔良

时间（年）	人口规模（人）	估测依据	数据来源
1797	8056	—	U. S. Census, 1850, p.111
1803	10000	—	Ency. Brit., 1910
1850	132035	116375 人再加上卡罗尔顿和拉斐特的人口	U. S. Census, 1850

纽约

时间（年）	人口规模（人）	估测依据	数据来源
1703	4436	—	North, p.11
1749	13296	—	North, p.11
1800	63735	60437 人再加上布鲁克林区的人口	U. S. Census, 1800
1850	645845	515547 人再加上布鲁克林区、布希维克区、弗拉特布什区、法拉盛区、霍博肯市、泽西城、纽教区、西部农场区及扬克斯市的人口	U. S. Census, 1850

费城

时间（年）	人口规模（人）	估测依据	数据来源
1700	4400	—	North，p.11
1753	14563	—	North，p.11
1800	68200	41220人再加上日耳曼敦、南沃克等地的人口	U. S. Census，1800
1850	426221	408762人再加上卡姆登、西宾州和西费城的人口	U. S. Census，1850

匹兹堡

时间（年）	人口规模（人）	估测依据	数据来源
1800	1565	—	U. S. Census，1800
1850	69744	46601人再加上阿利根尼县和南匹兹堡的人口	U. S. Census，1850

普罗维登斯

时间（年）	人口规模（人）	估测依据	数据来源
1800	7614	—	U. S. Census，1800
1850	52946	41513人再加上北普罗维登斯和波塔基特的人口	U. S. Census，1850

圣路易斯

时间（年）	人口规模（人）	估测依据	数据来源
约1000	15000	建有26座土丘，之前更多可能达到50座（参见卡霍基亚的人口数据）	Peet，p.169
1850	77860	—	U. S. Census，1850

特洛伊

时间（年）	人口规模（人）	估测依据	数据来源
1800	4926	—	U. S. Census，1800
1850	36349	28785人再加上北特洛伊的人口	U. S. Census，1850

华盛顿

时间（年）	人口规模（人）	估测依据	数据来源
1800	8144	—	U. S. Census，1800
1850	48367	40001人再加上乔治城的人口	U. S. Census，1850

蒙特利尔

时间（年）	人口规模（人）	估测依据	数据来源
1809	16000	—	J. Morse，Ⅰ，p.60
1850	48207	—	Brockhaus，1851

魁北克

时间（年）	人口规模（人）	估测依据	数据来源
1720	7000	—	Le Moine，p.422
1759	9000	—	Le Moine，p.422
1800	12000	—	Gazetteer of World
1844	35673	—	New American Cyclopaedia
1850	40000	—	—
1852	42052	—	Census，p.xiii

阿斯卡波察尔科

时间（年）	人口规模（人）	估测依据	数据来源
约800	—	成为地区中心	Vaillant，p.79

时间（年）	人口规模（人）	估测依据	数据来源
约 1400	—	墨西哥最大的人口聚集地区	Duran, pp.38, 58 p.71
1571	—	建有 1 座修道院	López de V., p.193

卡托尔塞

时间（年）	人口规模（人）	估测依据	数据来源
约 1800	20000		Brading, p.146
1528	20000	建有约 8000 栋房屋（每栋居住的人口数量参见梅里达）	Jakeman, p.134

乔卢拉

时间（年）	人口规模（人）	估测依据	数据来源
12 世纪	60000	建有 6 处要塞，每处要塞可容纳约 10000 人	La Maza, p.23
约 1250	—	大金字塔建造完成	Vaillant, pp.82, 86
1500	36000		
1519	36000	民兵武装组织屠杀了 3000 人（可能被低估）或 6000 人	Bernal Díaz, p.154 La Maza, p.35, citing Gomara
1521	—	建有约 39 座寺庙	La Maza, p.7
1540	—	建有约 20000 栋住房，郊区也建有相似数量的住房	Cortez in Díaz, p.154
1540	30000	约有 15000 名成年男性（参见公元 1581 年）	La Maza, p.40
1571	24000	有 11786 名成年男性（参见公元 1581 年）	López de V., p.223
1581	18000	建有 6 个教区（每个教区约有 3000 人）	La Maza, pp.40–41
1600	13000	—	
1620	9000	建有 2 座修道院（每座修道院容纳约 4500 人；参见库斯科、基多	La Maza, p.44
1746	7000	有 1134 户家庭	Villaseñor in La Maza, p.47
1793	9000	约有 16000 人（可能被高估）	Humboldt, 1814, Ⅱ, pp.151, 155
约 1827	6000	—	Poinsett in Gaz.World

季比桥顿

时间（年）	人口规模（人）	估测依据	数据来源
至 1000	50000—75000	也许是美洲最大的城市	Andrews in Hardoy, 1964, p.286

瓜达拉哈拉

时间（年）	人口规模（人）	估测依据	数据来源
1700	15000	包括奴隶数量在内	Enci. de México
1750	20000	—	—
1777	22163		Páez B., p.86
1792	24249		Páez B. p.118
1800	31000		
1803	34697		Páez B. p.128
1850	63000		Lerdo in Blackie
1700	15000		Enci. de México

瓜纳华托

时间（年）	人口规模（人）	估测依据	数据来源
1554	6000	印第安小镇	Camavitto, p.236

续表

时间（年）	人口规模（人）	估测依据	数据来源
1600	4000	—	Brading，p.224
1700	16000	—	Brading，p.224
1742	24000	文献记载人口 48750 人	Brading，p.225
1750	25000		
1800	53000		
1802	56000	约有 41000 人，其中包括 30600 名矿工（参见公元 1822 年）	Humboldt，1824，p.172
1850	33000	按 48984 人减去 15000 名乡村人口推算	Lerdo in Blackie
1857	48000	按 63398 人减去 15000 名乡村人口推算	Lempriere，p.137

马尼

时间（年）	人口规模（人）	估测依据	数据来源
1500	22000		
1528	22000	按 45000 人的约 1/2 推算；参见梅里达	Jakeman，p.134

玛雅潘

时间（年）	人口规模（人）	估测依据	数据来源
约 1020—1194	—	玛雅部落成为中心，虽然奇琴伊察和乌斯马尔面积更大	Morley，pp.89，91
1194—1441	—	城墙围合面积约 420 公顷；遗址显示出约 2500 栋房屋。城内也建有很多茅草屋（不过没有留下痕迹）	Hardoy，1964，p.278 J.Graham
1194—1441	25000	根据城市面积推算	—

梅里达

时间（年）	人口规模（人）	估测依据	数据来源
1500	25000		
1528	25000	按 50000 人的 1/2 推算	Jakeman，p.133
1571	5000—10000	建有 1 座修道院；城内居住着 90—100 名西班牙纳税人	López de V.，p.250
1700	23000	相当于 80 座曼萨纳斯新镇的人口规模（墨西哥城公元 1525 年的人口规模相当于 104 个曼萨纳斯新镇）	Enci.de México
1750	24000		
1793	28392		Humboldt，1824，p.72
1800	28000		
1837	28000		M'Culloch，1846，"Mexico"
1850	25000		
1857	23575		Lempriere，p.166

墨西哥城

时间（年）	人口规模（人）	估测依据	数据来源
1325	—	城市形成	Clavigero，I，p.85
1465	—	有 5000 名牧师	Enci. Universal，"Moctezuma"
1500	80000	墨西哥城与特拉科潘隔湖相望	
1520	80000		Bernal，1968，p.204
1520	76000	与塞维利亚及科尔多瓦的总人数相当	Cortez in Hardoy，1964，p.182
1520	7000	多数观察者表示，至少有这么多人	"anonymous chronicler" in Cook&Simpson，pp.30，32
1520	—	约有 62000 人，基于小样本调查推测。结果很可能偏低，因为样本采集自城市边缘地带，那里的人口密度较低	Hardoy，1964，p.184
1520	—	面积约 750 公顷，其中一半为沼泽地	Hardoy，1964，p.116
1524	30000	经历过城市破坏和重建	Novo，p.32n
1600	58500		Enci. de México
1625	60000	城内有 30000—40000 名白人；约有 5000 户印第安家庭	Gage，p.67

四千年城市增长：历史人口普查

续表

时间（年）	人口规模（人）	估测依据	数据来源
1627—1629	—	约有 27000 人死于洪灾	Cobo, p.xxxiii
1634	40000	很多人迁居到普埃布拉；印第安郊区约有 2000 户家庭	Gage, pp.50, 67
1681	75000	消耗了约 219000 法内加（重量单位）的玉米（参见公元 1791 年）	Siguénza, 99
1698	—	约有 100000 人（可能被高估）	Gemelli, p.480
1700	85000		
1742	98000		R.Morse, p.95
1750	102000		
1772	120000	按 112463 人再加上牧师人数推算	Humboldt in Ency. Brit., 1970
1790	120000	按 112926 人再加上 2392 名牧师和有 5000—6000 名守卫推算	Humboldt in Ency. Brit., 1814, I, pp.194–5
1791	—	消耗了 351672 法内加（重量单位）的玉米	Humboldt in Ency. Brit., II, p.449
1800	128000		
1802	—	比马德里的新生儿数量多 1/4	Humboldt in Ency. Brit., p.196n
1803	132000	约有 137000 人，包括游客数量在内	Humboldt ain Ency. Brit., p.195
1828	165000		Burkart, p.257
1850	170000		Lerdo in Blackie
1856	185000		Lempriere

阿尔班山遗址

时间（年）	人口规模（人）	估测依据	数据来源
巅峰期	30000	约有 50000 人	Richard Adams, p.211, as told by Blanton
巅峰期	20000	面积 5—6 平方公里	Whitecotton, p.47
巅峰期	—	城市规模位列中美洲第二	Bernal in Willey, 1965, p.805
700		伴随特奥蒂瓦坎的衰落而废弃	Richard Adams, p.226
800	30000		
约 900	—	人口规模达到峰值	Bernal, p.50
约 1390—1420	—	再次被废弃，其后逐渐沦为一座小型村庄	Augur, p.205

瓦哈卡

时间（年）	人口规模（人）	估测依据	数据来源
1520	11000	指萨奇拉的人口规模	Whitecotton, p.138
1571	—	城内居住有 350 名西班牙成年男性	López de V., p.228
1629	10000	约有 2000 户家庭（参见危地马拉市）	Gage, p.111
1646	—	城内居住有 600 名西班牙成年男性	Borah, 14
1750	20000	—	Humboldt, 1814, II, p.195
1792	24000		
1800	25000		
约 1840	33000		Brockhaus, 1851
1850	25000		Lerdo in Blackie
1857	25000		Hermosa, p.80

帕茨夸罗

时间（年）	人口规模（人）	估测依据	数据来源
约 1400—1450	—	塔拉斯卡王国的陪都	Toussaint, p.8
1571	9000	建有 2 座修道院（每座修道院按 4500 人的倍增系数推算）	López de V., p.241
1793	6000		Humboldt, 1814, II, pp.178–179

普埃布拉

时间（年）	人口规模（人）	估测依据	数据来源
1530	—	城市建立	Gage, p.50
1571	20000	约有500名西班牙成年男性、500名黑人奴隶和3000名印第安人	López de V., p.209
1600	25000		
1634	—	数千人从墨西哥城搬到此处定居	Gage, p.50
1636	50000	约有10000户家庭	Gage, p.50
1678	69800	—	Palacios, 1916, p.667
1700	63000		
1746	50366	—	Palacios, 1916, p.667
1750	53000		
1771	71366	—	Palacios, 1916, p.667
1793	56859	—	Palacios, 1916, p.667
1800	65000		
1802	67800		Humboldt, 1814, II, p.244
1848	71631		Palacios, 1916, p.667
1850	70000		
1857	65000		Hermosa, p.80

克雷塔罗

时间（年）	人口规模（人）	估测依据	数据来源
1792	17005		Septien, p.287
1792	—	约有35000人，包括印第安人在内	Humboldt, 1814, II, p.237
1800	15000		
1803	—	约有27000人	Humboldt in Septien, p.287
1850	29702		Lerdo in Blackie
1872	27580	—	Septien, pp.290–291

彼德拉斯内格拉斯

时间（年）	人口规模（人）	估测依据	数据来源
1793	8571	—	Humboldt, 1824, p.72
1850	30000		
1857	33500	—	Hermosa, p.80
—	33581	没有给定具体日期，但一定是源自公元1857年后的人口普查	Brockhaus, 1864

塔金

时间（年）	人口规模（人）	估测依据	数据来源
5世纪	—	城市初建	Gage, p.50
巅峰期	50000	城市面积约2350英亩，包括山体在内	Gage, p.4
1000	50000	城市面积约1000公顷	—
约1200	—	城市因战争和火灾被摧毁	Gage, p.31

特纳尤卡

时间（年）	人口规模（人）	估测依据	数据来源
1298	54000	建有约6座古寺庙（按9000的倍增系数推算人口规模）	Vaillant, p.261
1565	4100	人口总数约是缴税人口的5倍	Cook&Simpson, pp.54–55, 513

特斯科科

时间（年）	人口规模（人）	估测依据	数据来源
1230—1262	—	特洛津王储居住于此	Clavigero, I, p.98

续表

时间（年）	人口规模（人）	估测依据	数据来源
1298—约1380	—	墨西哥首都	Clavigero，Ⅰ，p.101
1300	50000	—	—
1400	60000	—	—
1427	60000	拥有10000个地方民兵组织	Boturini，pp.33-61
1427—1470	—	城市繁荣发展	Prescott，Ⅰ，p.15
1470	80000	与特诺奇蒂特兰规模相当	Gage，p.62
1470	85000	包括郊区人口在内	Clavigero in Camavitto，p.233
1500	60000	—	—
1521	—	建有约30000栋房屋	Cortez in Clavigero，Ⅱ，p.428
1521	42000	参见公元1470年	—
1571	—	建有1座修道院	López de V.，p.202
1636	2000	拥有约400户家庭	Gage，p.56

蒂兰顿戈

时间（年）	人口规模（人）	估测依据	数据来源
692—约1100	—	米斯特克人的都城	Coe，1962，p.149
1572	10000	拥有约2000户家庭	Blackie，supplement
约1850	2000	—	Blackie，supplement

特拉斯卡拉州

时间（年）	人口规模（人）	估测依据	数据来源
约1400	—	建立于维兹里维特尔时期	Vázquez S.，p.32
1500	40000	—	—
1520	36000	战争失利后和科特斯共同组建了6支军队（每支军队约6000人）	Gibson，p.22
1520	40000	文献记载此地常住人口约为30000人	R. Adams，1966，p.53
1521	—	建有约20000栋房屋（可能被高估）	Cortez in Clavigero，Ⅱ，p.435
1530—1585	—	建有1座修道院	Gibson，1952，pp.42-52
1538	33000	所属地区共有约300000人（该城市人口数量占地区总人口的约1/9；参见公元1530年）	Gibson，1952，p.141
1560	—	规模急剧下降	Gibson，1952，p.141
1600	14000	—	—
1620	8000	约有6000名印第安人、500名白人	Vázquez，p.135
1793	3357	—	Humboldt，1820，p.6
1850	3463	—	Lerdo in Blackie

图拉

时间（年）	人口规模（人）	估测依据	数据来源
约850（或667）	—	城市建立	Josephy，p.203 Clavigero，Ⅰ，p.85
900—1051	—	统治了整个墨西哥中部地区	Ency，Brit.，1973,"Toltecs" Hardoy，1964，p.121
巅峰期	—	规模小于特奥蒂瓦坎、特诺奇蒂特兰	Katz，p.124

钦春钱

时间（年）	人口规模（人）	估测依据	数据来源
14世纪—1522	—	塔拉斯卡王国首都	Beaumont，Ⅱ，p.45
1522	40000	编年史记载	G. Foster，p.22
1639	1000	—	G. Foster，p.25
1793	2500	—	Humboldt，1814，Ⅱ，p.179

霍奇卡尔科

时间（年）	人口规模（人）	估测依据	数据来源
600—1100	—	人口规模首次达到峰值	Hardoy, 1964, pp.123–124
1100	—	范围至少方圆 3 公里	Hardoy, 1969, plate 15
具体时间不详	24000	占地面积约 240 公顷	Hunter, p.131
约 1300	—	可能已被废弃	Hardoy, 1964, p.132

萨卡特卡斯

时间（年）	人口规模（人）	估测依据	数据来源
1548	12000	建有 5 座教堂，居住着超过 2000 户印第安家庭	Mecham, p.32
1571	20000	城内有约 300 名西班牙人	López de V., p.242
1600	25000		
1608	—	约有 4500 人（均为白人），包括儿童在内	Mota cited in Bakewell, p.268
17 世纪	—	采矿业蓬勃发展	Amador, p.400
1700	35000		
约 1732	49000	根据萨卡特卡斯的 40000 人，再加上维塔格兰德的 6000 人和特拉科塔尔潘的 3000 人推算	Amador, pp.508–509
1736		建有约 7 座修道院	Arlegui, pp.43, 48
1749—1750	—	饥荒迫使矿工成群离开	Mayer, Ⅰ, pp.236–7
1750	50000		
1793	33000		Humboldt, 1814, Ⅱ, p.141
1800	33000		
1837	28000	包含维塔格兰德的 4000 人	M'Culloch, 1846
1845	28000	按 24000 人再加上维塔格兰德的人口推算	Hoffmann
1850	29000	按 25005 人再加上维塔格兰德的人口推算	Lerdo in Blackie
1857	30083		Hermosa, p.80

塞姆博拉

时间（年）	人口规模（人）	估测依据	数据来源
1500	30000		
1519	—	约 6000 人在与阿兹特克的战争中丧生	约 Hunter, p.181
1521	30000	据西班牙文献记载	Covarrubias, p.197
1521	—	废墟面积达 2 平方英里（约 500 公顷）	Covarrubias, p.197

海地角

时间（年）	人口规模（人）	估测依据	数据来源
1790	20000	居住着约 4000 名白人市民	Edwards, p.139
1802	10000	战后居住着约 2000 名白人市民	Vandercook, p.47

科潘

时间（年）	人口规模（人）	估测依据	数据来源
具体时间不详	—	玛雅城市中，人口规模仅次于蒂卡尔	Morley, p.318

危地马拉市

时间（年）	人口规模（人）	估测依据	数据来源
约 1475—1524	—	喀克其奎人都城	Brigham, pp.259, 269
1500	30000	公元 1520 年流感暴发前的人口数据	—
1524	—		Juarros, pp.86–7
1524	24000	约有 4000 名士兵	Elliott, p.100
1527	24000	建有 80 个街区（每个街区约容纳 300 人；参见库斯科）	Villacorta, map p.448
1571	—	约有 500 名西班牙成年男性	López de V., p.286

续表

时间（年）	人口规模（人）	估测依据	数据来源
1600	25000		
1629	26000	约有 5000 户家庭，再加上印第安郊区 200 多户家庭	Gage，p.186
1686	30000	约有 6000 名贝西诺斯人（为成年男性市民）	F. Fuentes，p.151
1700	30000	—	
1750	34000	—	
1773	34000	地震将城市夷为平地	Gazetteer of World
1795	24434		Juarros，p.82
1800	25000		
1825	30775		Gazetteer of World
1850	40000		
约 1865	45000		Gabarrete，p.38
1880	59039		Grande Ency.

哈瓦那

时间（年）	人口规模（人）	估测依据	数据来源
1600	7000	人口规模占古巴人口（14000—16000 人）的一半	Guiteras，II，p.90
1700	25000		
1737	33000	民兵武装组织有 4764 人（仅是白人步兵和骑兵的数量；参见公元 1761 年）	Arrate，p.70
1750	34000		
1761	36000	民兵武装组织中有 6046 人，包括骑兵和 882 名黑人在内	cf. p.114
1791	51307		Sánchez-Albornoz，p.102
1800	60000		
1810	—	按 96306 人再加上牧师数量和 6000 名军人推算	Humboldt,"Essai," I, pp.16, 24, 26, 28
1810	78000	—	—
1817	94642	按 84075 人再加上 10567 名军人推算	Poinsett，p.215-6
1820	87000	按 77313 人再加上 10000 余名军人推算	Ersch & Gruber
1827	112023	包括 18000 名军人在内	Lippincott，1868
1850	131000		
1853	134215		Gazetteer of World

金斯敦

时间（年）	人口规模（人）	估测依据	数据来源
1774	11000	—	Long，II，p.103
1788	26478	—	Edwards，I，p.261
1800	27000	—	—
1812	29000	—	Ency. Edinensis
1844	32943	—	Ency. Brit.，1878
1850	33000	—	
1871	34314	—	Census of Jamaica，p.3

蒂卡尔

时间（年）	人口规模（人）	估测依据	数据来源
751	—	集中建设时期始于 686 年，至该时期基本结束	Culbert，p.72
751	—	保守估计约有 49000 人	Haviland，pp.429-430
751	63000	每公顷约有 100 人；参见公元 1520 年的墨西哥城	—
800	40000	城市繁荣发展	—

乌塔特兰

时间（年）	人口规模（人）	估测依据	数据来源
1400	30000	被占领之前的人口数据	—
1500	40000	公元1520年流感暴发前的人口数据	—
1524	30000	人口规模比危地马拉大	Juarros, pp.86–87
1524	30000	拥有约5000名男性学童	Juarros, pp.86–87
1539	—	城市被废弃	"Popol Vuh," p.217n

阿雷基帕

时间（年）	人口规模（人）	估测依据	数据来源
1574	13000	约有400名西班牙成年男性；建有3座修道院	López de V., p.487
1582	—	经历了公元1858年前最严重的一次地震	Grande Ency.
1740	26000	建有约6座修道院	Juan&Ulloa, Ⅱ, p.142
1750	26000	—	—
1785	30000	—	Morse, Ⅰ, p.75
1800	26000	—	—
约1810	24000	—	Bonnycastle, Ⅱ, p.147
1850	21000	—	—
约1855	21700	该时期人口规模庞大	Paz Soldán, 1861

亚松森

时间（年）	人口规模（人）	估测依据	数据来源
约1640	4000	—	Rosenblatt, 1954, p.230
1793	7088	—	Rosenblatt, 1954, p.202
1850	44000	—	—
1857	48000	—	Enci. Italiana

波哥大

时间（年）	人口规模（人）	估测依据	数据来源
1500	20000	城市实力已十分强大	Markham, p.45
1538	20000	方圆约54公里，呈椭圆形（占地面积约200公顷，每公顷居住着约100人）	Broadbent, p.15
1569	12000	近2000人卷入战争（人口总量按其6倍推算）	Arciniegas, p.247
1574	—	约有600名西班牙成年男性	López de V., p.360
1680	15000	约有3000户家庭	Samper, p.88
1776	19479	—	Samper, p.88
1800	21464	—	Chambers Gaz.
1848	53393	—	Vivien
1850	53000	公元1851、1870年的文献记载数据可能有误	Estadística de Colombia, p.62
1881	84723	—	Samper, p.171

布宜诺斯艾利斯

时间（年）	人口规模（人）	估测依据	数据来源
1602	500	—	Martínez, p.306
1700	1600	—	Hoffmann
1738	4436	不包括农村地区人口	Zabala, Ⅱ, p.523
1744	9656	不包括农村地区人口	Zabala, Ⅱ, p.523
1750	13840	—	Sánchez-Albornoz&Moreno, p.103
1778	28232	—	Torre, p.30
1800	34000	—	—
1806	36000	7255人应征入伍	Instituto, p.289 Levene, Ⅰ, p.196

续表

时间（年）	人口规模（人）	估测依据	数据来源
1810	41643	—	Torre, p.31
1838	65344	—	Martínez, p.306
1850	74000	—	—
1852	76000	—	Martínez, p.306

卡哈马基亚

时间（年）	人口规模（人）	估测依据	数据来源
900	—	人口规模保持稳定	Uhle in Means, p.185
巅峰期	—	有50000—60000人，建有约10000栋房屋	Geisecke in Hardoy, 1964, p.383
1400	40000	—	—
1400	—	建有约130个普通大小的街区（按300的倍增系数推算人口规模）	Hardoy, 1964, plate 56
约1475	—	被印加帝国吞并，可能不久后就被遗弃了，因为之后的印加文献再未提及它	Means, p.258

加拉加斯

时间（年）	人口规模（人）	估测依据	数据来源
1607	3000	—	Arellano, p.35
1700	12500	—	Arellano, p.70
1759	18986	—	Sánchez-Albornoz&Moreno, p.102
1764	26340	根据教堂数量推算	Sánchez-Albornoz&Moreno, p.102
1772	24187	—	Sánchez-Albornoz&Moreno, p.102
1800	30000	—	—
1802	31234	—	Arellano, p.78
1850	43000	—	Hoffmann

昌昌

时间（年）	人口规模（人）	估测依据	数据来源
1400	25000	—	—
巅峰期	—	人口规模比卡哈马尔基利亚大	Hardoy, 1964, p.382
巅峰期	—	至少有68000人，也可能约达100000人；城市占地面积约74平方英里	West, p.84
巅峰期	—	约有75000人	Alfred Kidder, orally

钦查

时间（年）	人口规模（人）	估测依据	数据来源
900—1400	—	王国政权所在地	Means, p.195
巅峰期	—	规模与帕查卡马克、瑞马克相当	Means, p.195
1530	5000	约5000人，此后人口数量快速下降至1000人	Hemming, 1970, p.348

科恰班巴

时间（年）	人口规模（人）	估测依据	数据来源
1750	20000	—	—
1788	22305	—	Galdames, p.99
1800	22000	—	—
1850	15000	—	—
1861	14700	—	—

库斯科

时间（年）	人口规模（人）	估测依据	数据来源
约1250—1532	—	印加帝国首都	Rowe in Katz, p.266

续表

时间（年）	人口规模（人）	估测依据	数据来源
1438	24000	约4000人卷入战争	Means, p.243
1438—1471	—	建造了9座牢房	Rostworowski, p.156
约1480	—	约15000人从厄瓜多尔移居此地	Means, p.346
1500	50000	公元1532—1539年人口急剧下降	Hemming, 1970, p.351
1533	—	建有150个普通大小的街区	Hardoy, 1964, plate 62
1533	35000	建有3000—4000栋房屋	Valverde in Hardoy, (1964), p.443
1533	—	战争后仅剩约5000名士兵	Hemming, 1970, p.126
约1555	21000	4个教区居住着约20000名印第安人	Hemming, 1970, p.377
1574	—	城内约有800名西班牙人；建有5座修道院	López de V., pp.477–478
1600	24000	人口规模仅次于波托西	Lizárraga, p.77
1615	—		
1615	25000	建有1座大教堂、5座修道院和6—7个印第安教区（每个教区周围居住着约3000人）	Lizárraga, pp.76–7
1700	30000		
约1740	—	规模和利马相当；建有约9座修道院	Juan&Ulloa, 1758, I, p.508; II, p.134
1750	40000		
约1785	26000	图帕克·阿马鲁反叛后（公元1780—1781年）的人口数据	Morse, I, p.750
1794	32082	—	Haenke in H. Fuentes, p.45
1800	34000		
1826	46123		Gazetteer of World
1850	41152		Harper

瓜亚基尔

时间（年）	人口规模（人）	估测依据	数据来源
1734	15500	按12000名白人再加上3500名其他肤色人口推算	Enríquez, 1946, pp.24, 35
1736	20000	—	Juan&Ulloa, I, p.178
1750	20000		
约1775	22000		Enríquez, 1946, p.62
1800	23000		
1805	—	文献记载人口13700人	Enríquez, 1946, p.109
1805	24000		Stevenson, pp.494–5
1838	22000		Enríquez, 1946, p.123
1851	25000		Holinski, p.316
1880	36000		Bolato, suppl., p.31

阿亚库乔

时间（年）	人口规模（人）	估测依据	数据来源
约1540	—	城内约有30000名印第安人	Olivas, pp.355–358
1574	13000	约有300名西班牙成年男性；建有3座修道院（参见库斯科）	López de V., p.475
1600	14000	建有3座修道院和3个教区	Olivas, pp.327–436
1614	—	约有500名西班牙成年男性	Ruiz, p.76
1641	20000	建有5座修道院	Ruiz, p.54ff
1700	24000		
1713	24000	建有6座修道院	Ruiz, p.54ff
1740	24000	建有6座修道院	Juan 7 Ulloa, II, p.127
1750	25000		
1794	25970		Olivas, pp.327–36
1800	25000		
1862	16700	—	Ency, Brit., 1853, "Peru"

万卡韦利卡

时间（年）	人口规模（人）	估测依据	数据来源
约 1592	20000	公元 1588—1598 年，城内约有 3600 名矿工（人口总量按矿工人数的 5 倍推测）	Cobb, pp.105-106
1616	20000	城内有 3000—4000 名印第安矿工、400 名白人	Vázquez, 543
巅峰期	22000	建有 9 座教堂（人口总量按其的 2.4 倍推测；参见萨卡特卡斯）	Whittaker, p.12
1700	—	劳工数量减半	Whittaker, p.20
1786	—	主要矿区被关闭	Whittaker, p.66
约 1800	5146	建有 4 座修道院	Whittaker, p.12
1852	5200		Ency. Brit., 1853, "Peru"

拉巴斯

时间（年）	人口规模（人）	估测依据	数据来源
1574	12000	建有 3 座修道院	López de V., p.500
1675	12600		Enci. Universal
1796	21120		Enci. Universal
1800	22000		
1831	30463		Enci. Universal
1845	42800		Enci. Universal
1850	44000		
1886	56800		Enci. Universal

利马

时间（年）	人口规模（人）	估测依据	数据来源
1532	—	神庙规模小于帕查卡马克	Means, p.186
1599	14262		Paz Soldán, 1877, p.522
1700	37259		Paz Soldán, 1877, p.522
1746	—	约 5000 人死于地震；整座城市被夷为平地，仅留下 21 栋房屋	Harnisch, IX, p.402
1750	40000		
1780	50000		Paz Soldán, 1877, p.522
1793	52627		Paz Soldán, 1877, p.522
1800	54000		
1813	56284		Gazetteer of World
1836	54628		Paz Soldán, 1877, p.522
1850	70000	人口有所增长	
1856	85116		Paz Soldán, 1877, p.522

奥鲁罗

时间（年）	人口规模（人）	估测依据	数据来源
1568	—	发现了矿产资源	Montaño, p.66
1606	12000	建有约 700 栋房屋（参见公元 1848 年）	Montaño, p.67
1678	37960	约 76000 人拥有印第安血统	Enci. Universal
1700	35000		
1710	35000	约有 72000 人（参见公元 1678 年）	Mier, p.xxvii
1740	—	城市逐渐衰败	Mier, p.xxvii p.5
1750	21000		
1781	7000	每 1400 人中约有 1000 名印第安人	Mier, p.xxvii p.5
1848	5687	建有 328 栋房屋	Montaño, p.88

帕查卡马克

时间（年）	人口规模（人）	估测依据	数据来源
800	2000	人口规模至少如此	Rowe，1963，p.15
1100	—	人口数量达到顶峰	Rowe，1963，p.17
1461	—	城市变为废墟	Rowe，1963，p.17
1533	—	城墙倒塌	Estete in Rowe，1963，
1533	—	约有30000人供奉印加神社	Hardoy（1964），pp.383，460

波托西

时间（年）	人口规模（人）	估测依据	数据来源
1547	14000	建有约2500栋房屋	Martínez y Vela，p.12
1574	120000	—	Arzáns，p.158
1583	—	约有90000名印第安人	Ballesteros，p.71
1585	—	约有8000名黑人	Ballesteros，p.71
1598	—	建有约16000栋房屋	Martínez y Vela，p.51
1600	105000		
1602	105000	城内约有60000名印第安人、19800名劳工	Ballesteros，p.41n
1611	114000	城内约65000名印第安人、6000名黑人	Moses，p.5
1611	—	文献记载人口160000人	Martínez y Vela，pp.70–71
1603—1644	—	银产量小于1600年	Martínez y Vela，pp.55，141
1640—1650	—	银产量急剧下滑	Gibson，1966，p.104
1700	82000		
1719	82000	瘟疫暴发前的人口数据（瘟疫后仅剩约60000人）	Arzáns，pp.82，85
1720	56000	—	Arzáns，p.102
1750	39000	—	
1779	22622		Sánchez-A.&Moreno，p.103
1800	15000		
1825	8000		Moses，p.6
1850	23000		
1854	25600	—	Averanga in correspondence from Hardoy

基多

时间（年）	人口规模（人）	估测依据	数据来源
约950	—	城市建立	Velasco，p.7
约950—1370	—	基多王国首都	Velasco，p.7，28
1300	30000	参见里奥班巴	
1400	20000	不再是基多王国首都	
1487—1527	—	被秘鲁吞并	Velasco，p.28，32
1500	30000		
1527	—	被西班牙军队占领	
1538	23000	根据600户西班牙家庭再加上20000名印第安人推算	Belalcazar in Velasco，p.144
1574	15000	约有400名西班牙成年男性；建有3座修道院	López de.，p.432
1600	20000	—	
1645	—	约有11000人死于流感	Enríquez，1938，p.73
1650	31500		Enríquez，1938，p.77
1700	30000		
1744	30000	规模与利马相当；城市面积相当于库斯科的3/4；建有9座修道院	Juan&Ulloa，pp.262，268，maps，p.290，p.28
1750	30000		
1757	—	有46000—80000人（可能包括少量乡村地区的印第安人数量）	Coletti in CEGAN，p.90
1759	—	约10000人死于流感	Velasco，p.79

时间（年）	人口规模（人）	估测依据	数据来源
1779	24919		CEGAN, p.90
1780	28451		CEGAN, p.90
1800	30000		
1806	—	文献记载人口约55000人（应该指更大区域范围；参见公元1744、1822年）	Stevenson, p.501
1822	—	文献记载人口65133人（应该指更大区域范围）	CEGAN, p.90
1850	36000		
1857	36075		CEGAN, p.90

里奥班巴

时间（年）	人口规模（人）	估测依据	数据来源
1300	30000		Velasco, p.160
1400	50000		
1400s	—	—	Ency. Brit., 1910
1487	60000		Velasco, p.160
1740	16000—20000		Ulloa, I, p.326
约1775	18000—20000	城市衰败	Velasco, p.159; pp.87-8
1797		12563人死于地震（包含安巴托在内）	Enríquez, 1938, part 3, p.106
约1830	12000		Montenegro, p.269

圣地亚哥

时间（年）	人口规模（人）	估测依据	数据来源
1657	4918	建有516栋房屋	Barros, p.315
1743	—	拥有约4000户家庭（可能包括农场家庭在内）	Juan&Ulloa, p.263
1778	—	城内有24318人（可能包括农场工人在内）	Barros, p.401n
1800	21000		
1802	21000	建有2169栋房屋、809处农场	Barros, p.489n
1810		略多于30000人	Barros, p.489
1830	48000		Galdames, p.244
1835	67777		Brockhaus, 1864
1843	—	文献记载人口95795人	correspondence with Chilean archive
1847	80000		Blackie
1850	84000		
1854	—	文献记载人口129473人	Blackie
1865	—	文献记载人口168553人	Ency. Brit., 1890
1865	115377		Brockhaus, 1864（-8）

蒂亚瓦纳科

时间（年）	人口规模（人）	估测依据	数据来源
约800	20000	保守估计约25000人；城市呈椭圆形，方圆9450英尺，整个区域面积约2.4—3平方英里	Willey in Hardoy（1964）, p.153 E. Lanning, p.25 Means, p.123
约900	—	王国衰落	Means, p.170

瓦尔帕莱索

时间（年）	人口规模（人）	估测依据	数据来源
1827	17000	—	Pöppig in Wilhelmy, p.2
1847	40000		Lippincott, 1868
1850	45000		
1854	52413	—	Enci. Italiana

巴伊亚

时间（年）	人口规模（人）	估测依据	数据来源
1549	1000	—	Dias，p.80
1650	10000	—	Dias，p.80
1650	—	约有 2500 名士兵驻守此地	Southey，p.659
约 1700	—	建有约 2000 栋 2—3 层高的房屋	Dampier in Southey，p.660
约 1700	26000		
1706	26000	按 21601 人再加上 7 岁以上人口数量推算	Azevedo，p.189
1750	37000		
1757	39672	按 344223 人再加上 5250 名守卫推算	Azevedo，p.192 Caldas，pp.222-5
1775	40922	迁都至里约后的人口数据	Azevedo，p.196
1800	43000	—	—
1805	45600		Azevedo，p.227
1850	100000		
1872	129109	包括农村地区人口在内	Azevedo，p.245

马里亚纳

时间（年）	人口规模（人）	估测依据	数据来源
1735	—	城内有 26892 名奴隶	Simonsen，p.296
约 1750	20000	建有 6 座教堂（参见欧鲁普雷图）	Cerqueira，pp.40–1
1805	6000—7000		Mawe in Southey，p.822
1841	5000	—	G. Gardner，p.387

欧鲁普雷图

时间（年）	人口规模（人）	估测依据	数据来源
1735	—	城内有 20863 名奴隶	Boxer，1962，p.341
1743	—	城内有 21746 名奴隶	Boxer，1962，p.344
约 1743	—	文献记载约 60000 人	Enci. Italiana
1749	—	城内有 18293 名奴隶	Boxer，1962，p.346
约 1750	40000	有 25000—30000 名白人，约有 12000 名奴隶	Ency. Brit.，1902
约 1750	—	建有 12 座教堂	Cerqueira，pp.42–44
1776	22000		
1800	20000		
1805	20000	白人数量多于黑人	Mawe in Southey，p.821
1818	—	城内白人数量约有 8500 人	Spinx in Conder，1830，p.48
1890	17860		Ency. Brit.，1910

累西腓

时间（年）	人口规模（人）	估测依据	数据来源
1635	7000		Boxer，1957，p.39
1650	11000		Boxer，1957，p.227
1700	16000		Boxer，1962，p.111
1750	23000		
1800	31000		
1810	32000	拥有 5391 户家庭（未包含奥林达的 1100 余户家庭）	Southey，pp.769n，772
约 1817	—	文献记载约 45000 人（不包括奥林达）	Tollenare，p.326
1842	102130	包括奥林达的 17820 人在内	Fernandes G.，p.79
1850	106000		
1872	116671	包括奥林达的人口在内	Statesman's Yearbook，1877，p.502

里约热内卢

时间（年）	人口规模（人）	估测依据	数据来源
约 1650	—	按 2500 人再加上奴隶及 600 名守卫推算	Southey, p.667
1700	20000		
1710	—	约有 12000 名白人	Rio Branco in Costa, p.60
1749	29000	按 24397 人的 6/5 推算	Southey, p.813
1750	29000		
1799	43376	包括郊区人口在内	Brazil, "Relatorio," p.35
1800	44000		
1808	60000	—	Simonsen, p.328
1850	166419	—	Brazil, "Relatorio," p.35

2.4　公元 800—1850 年，非洲城市的人口规模估测依据

亚历山岘港

时间（年）	人口规模（人）	估测依据	数据来源
730	90000	每个基督教成年男性收 2 第纳尔税，共收 36000 第纳尔人头税（数据被高估）	Lane-Poole, 1901, p.15n
860	100000		Hourani in Hamdan, p.128
881	160000	新建城墙包围了亚历山大时期一半的城市区域（参见公元前 200 年）	Lane-Poole, 1901, pp.73, 90
928	—	约 200000 人死亡	Eutychius in Ency. Brit., 1853
约 1175	45000	与 28 个国家有贸易往来；街道 1.5 英里长（人口总量为街道长度乘 30000；参见达米耶塔）	Benjamin of Tudela in Beazley, pp.261–262
1200	50000		
1215	—	约 3000 名法兰克商人居住在此	Beazley, p.416
13 世纪	65000	可能是 1300 年左右的人口数据	Ency. of Islam, 1960, "Iskandariya"
1300	65000		
1350	—	世界 5 个主要港口城市之一	Ibn Battuta, p.46
1365	—	塞浦路斯人掠夺了该城	Ency. of Islam, 1913
1384	—	面积相当于达米耶塔的一半	Frescobaldi, p.43
1384	50000		Sigoli in Ency. of Islam, 1960
约 1394	—	约有 14000 名织工（据 40 年后的人们回忆）	Issawi, p.250
1400	40000		
1434	—	仅有约 800 名织工	Issawi, p.250
1496	—	面积与科隆相当	Harff, p.93
1500	35000		
约 1515	—	贸易发展仅次于加伊罗	Leo Africanus, pp.862–863
1693	15000		Gemelli, p.12
1798	4000		E. M. Forster, p.76
1828	12528		Ency. of Islam, 1913
1848	134000		Hamdan, p.133
1850	138000	—	
1862	164400		Ency. of Islam, 1913, "Iskandariya"

艾斯尤特

时间（年）	人口规模（人）	估测依据	数据来源
1090	16000	整个省有约 304000 人（城市人口总量占 42/783；参见公元 1897 年）	Lane-Poole, 1901, p.152n
1174	25000	建有 60 座教堂（人口总量为教堂数量的 1/3，再乘以 1250）。只有很少的穆斯林教徒，没有犹太教徒	Abu Salih, pp.18, 352 Ency. Of Islam, 1913, "Egypt"

续表

时间（年）	人口规模（人）	估测依据	数据来源
1200	25000	—	—
1300	30000	顶峰时期建有 75 座教堂	Ency. of Islam, 1913. "Kus"
1321	—	骚乱导致很多教堂关闭	Ency. of Islam, 1913, "Kibt"
1792	25000	—	Browne, pp.131, 135
1800	25000	—	—
1850	25000	—	—
1876	28000	—	Ency. of Islam, 1960
1897	42100	所属地区约有 120000 人，整个省约有 783000 人	Ency. of Islam, 1913

开罗

时间（年）	人口规模（人）	估测依据	数据来源
969	100000	城市建立之初的数据；人口数量可能在 50 年后翻倍	Clerget, pp.124, 130
1000	135000	—	—
1046	135000	约 20000 个商铺，15 座清真寺（大清真寺；人口总量为清真寺数量的 9000 倍）	Nasir-i-Khusraw, pp.127, 147
1100	—	有约 300000 人（可能被高估）	Clerget, pp.126, 238–239
1200	—	150000—200000 人	Clerget, p.239
1200	200000	可被接受的人口规模推测	Correspondence with Abu-Lughod
1300	400000	—	—
1325	—	顶峰时期约有 600000 人（可能被高估）	Clerget, p.240
1348—1349	500000	约 200000 人死于瘟疫	Abu-Lughod, p.37
巅峰期	494000	建有 494 座清真寺（人口总量为清真寺数量乘以 1000）	Mutawwaj in Jairazbhoy, p.55
1399	—	城墙外的地区人烟稀少	Abu-Lughod, p.38
1400	360000	埃及人口数量下降了约 1/3	Lane-Poole, 1901, p.328
约 1400	—	建有 108 座大清真寺	Maqrizi in Lapidus, 1961, p.33
15 世纪	—	与印度海上贸易的增长带来人口数量的小幅增加	Abu-Lughod, pp.44–48
1500	400000	直到公元 1517 年均作为首都	—
1550	—	约 430000 人（这一数字可能被高估；参见公元 1325 年）	Clerget, p.241
1517—1640	—	人口有所下降	Margoliouth, pp.136-141
1600	200000	布拉克可能已经被分离出去	—
1700	175000	—	—
1750	175000	—	—
1750—1770	—	至少 18 座清真寺投入使用	Margoliouth, pp.149–150
18 世纪 70 年代	215000	城内约有 40000 名民兵（人口总量为民兵数量乘以 6，再减去布拉克人口）	Habesci, p.193
1785	—	总人口不超过 250000 人	Volney, p.215
1798	186000	按房屋数乘以 8，来推测总人口，约达 210000 人	McCarthy, pp.2–3
1800	186000	—	—
1818	—	布拉克仅有约 24000 人	Jomard in Abu-Lughod, p.58
1848	254000	—	Hamdan, p.133
1850	260000	—	—
1872	349883	—	Meyer, 1874, "Kairo"

达米埃塔

时间（年）	人口规模（人）	估测依据	数据来源
早期	—	几个世纪以来，该城规模一直仅次于开罗和亚历山大	Ency. Brit., 1910
1193	—	突尼斯的部分人口因战争迁入此地	Hamdan, p.128
1200	100000	—	—
1250	—	城市被摧毁	Ency. Brit., 1910, "Egypt"
1300	108000	参见公元 1750 年	—

续表

时间（年）	人口规模（人）	估测依据	数据来源
1384	—	规模相当于亚历山岘港的2倍	Frescobaldi, p.43
1400	90000	—	—
约1500		鲜被提及	Leo Africanus, p.861
1534		城市处于半损毁状态	Affagart, p.210
1693		不适于居住，边界周长约0.5英里	Gemelli, p.30
1750	23000	建有约12座清真寺	Hasselquist, pp.110–111
1777	24000	—	Savary, p.316
1815	22000	—	Turner, p.301
约1850	27000	—	Ency. Brit., 1853
1872	29383	—	Statesman's Yearbook, 1877

福斯塔特

时间（年）	人口规模（人）	估测依据	数据来源
750	—	发展为一处新的城市郊区	D.Russell, p.36
800	100000	—	—
884	150000	驻军数量约64000人（人口总量等于驻军数量乘以2.5；参见巴士拉）	Hitti, p.558
969	—	被称为新开罗的一个郊区	—

富瓦

时间（年）	人口规模（人）	估测依据	数据来源
约1090	12000	税收总量占埃及的1/500；埃及有约6000000人	Lane-Poole, 1901, pp.152, 28–29
1384	—	发展为一座大型村庄	Frescobaldi, p 98
约1515	—	名气不及罗赛塔	Leo Africanus, pp.865–866
1547	—	成长为埃及第二大城市	Belon in Hamdan, p.133
约1600	—	港口淤塞，城市渐被遗弃	E.Brown, p.17
约1850	—	建有14座清真寺（可能是小型清真寺）	Hoffmann, "Fouah"
1897	9900	—	Longmans

古斯

时间（年）	人口规模（人）	估测依据	数据来源
642	—	建有少量教堂	Lane-Poole, 1901, pp.152, 28–29
800	40000	参见公元854、1174年	Frescobaldi, p.98
1000	45000	公元854—1174年，城市地位没有改变	
1174	50000	建有12座教堂（相比之下，吉夫特/科普托斯郊区建有11座教堂）	Abu Salih, pp.233–234, 350
1200	50000	成长为埃及第3大城市（参见第4大城市亚历山岘港）	Yaqut in Ency. of Islam, 1913
1300	50000		
1300	—	发展为埃及的第2大城市，但并非指人口规模第2大	Abulfeda, Ⅱ, p.155; Lane-Poole, 1901, p.157
1400	50000	建有6座伊斯兰学校（可能指中学，参见特莱姆森）	Ency. of Islam, 1913
1404		约17000人死于瘟疫	Ency. of Islam, 1913
约1404	—	仅剩1座教堂（参见艾斯尤特）	Maqrizi in Abu Salih, p.233n
1885	10282		Abu Salih, p.233n

提尼斯

时间（年）	人口规模（人）	估测依据	数据来源
1000	83000		
1049	—	建有2座大清真寺，10000个商铺（开罗拥有约20000个商铺）	Nasir-i-Khusraw, pp.110, 127
1049	—	建有100座小清真寺、72座教堂、36间浴室、66个磨坊	Mohammed ben Ahmed in Nasir-i-Khusraw, p.110n

续表

时间（年）	人口规模（人）	估测依据	数据来源
巅峰期	125000	约 83000 名成年人需缴纳人头税	Suyuti in Hamdan, p.128
1193	125000	城市遭到围攻，人们逃往达米埃塔	Hamdan, p.128

阿克苏姆

时间（年）	人口规模（人）	估测依据	数据来源
约 340—1270	—	埃塞俄比亚首都	Budge, p.123
约 925	—	城市被烧毁	Budge, p.213
约 1400	30000	城市由 6 个区域组成（参见公元 1805 年）	
1434		新建了一座修道院	Monneret, p.56
约 1500	33000	建有 11 座教堂（人口总量为教堂数量乘以 3000）	Monneret, p.50
1541	—	城市遭到损毁	Budge, pp.338, 405
17 世纪	—	建有 150—200 栋房屋	P.Páez in Monneret, p.13
1770	3000	建有约 600 栋房屋	Bruce in Monneret, p.13
1805	—	平均 6 间房屋里仅 1 间有人居住（此处按 1/2 比例计算，推测全城有 3000 人）	Salt in Monneret, p.13
1838	1700	建有约 350 栋房屋	Sapeto in Monneret, p.13

东格拉

时间（年）	人口规模（人）	估测依据	数据来源
6 世纪—约 1500	—	东格拉首都	Ency. Brit., 1910
943	—	所属帝国与阿罗迪亚王国的实力相当	Masudi in Hasan, p.5
975	25000	所属帝国的实力弱于阿罗迪亚王国	Ibn Sulaym in Y. Hasan, p.6
巅峰期	30000	根据发掘的遗址规模推算	Michalowski, p.68
1200	30000		
1200s		帝国解体，索巴分裂出去	Enci. Italiana
1300	30000	发展至繁荣巅峰	Enci. Brit., 1910
1400	25000	帝国渐进衰落	Enci. Brit., 1910
1500	20000	帝国解体	Enci. Brit., 1910
1517	—	有约 10000 户家庭（可能被高估）	Leo Africanus, p.79
1698		城市处于半衰落状态	Poncet, p.67
约 1800	10000		Malte-Brun, p.119

艾姆弗拉斯

时间（年）	人口规模（人）	估测依据	数据来源
1699	—	规模小于贡德尔，但城市建设质量更好	Poncet, p.90
1770	—	鲜被提及	Bruce, p.386

贡德尔

时间（年）	人口规模（人）	估测依据	数据来源
1632—1855		埃塞俄比亚首都	Budge, pp.404, 492–494
1699	72000	城市周围分布着 3—4 个部落（总范围达到约 10 英里），但多数房屋为 1 层建筑；建有约 100 座教堂；拥有约 12000 名士兵	Poncet, pp.80–81
约 1700	—	约 80000 人（可能被高估）	Parkhurst, p.61, based on Poncet
1707	—	贵族迁至安科伯尔	Grande Ency.
1750	40000		
1770	30000	建有 10000 栋房屋（半数房屋可能空无一人）	Bruce, p.380
19 世纪 30 年代	6500		Rüppell in Parkhurst, p.61
1855	14000		Flad in Parkhurst, p.61

拉斯塔

时间（年）	人口规模（人）	估测依据	数据来源
约 925—1268	—	埃塞俄比亚首都	Budge, pp.154, 285
1268—1768	—	作为勋爵封地；17 世纪 30 年代，此地发生了 2 次大规模的叛乱	Budge, pp.216, 392, 402

索巴

时间（年）	人口规模（人）	估测依据	数据来源
800—12 世纪	—	发掘的遗址显示，该时期城市发展达到顶峰	Arkell, p.195
1000	30000		
1200	25000	隶属于东格拉	Enci. Italiana, "Dongola"
1300	20000	人口数量急剧下降	Spaulding, p.40
1505	—	所属帝国渐进衰落	Chambers, 1967

特古拉特

时间（年）	人口规模（人）	估测依据	数据来源
1270—14 世纪	—	埃塞俄比亚首都	Budge, pp.123, 289
1528	—	要塞被摧毁	Vivien
1600	—	城市被遗弃	—

邦加

时间（年）	人口规模（人）	估测依据	数据来源
约 1575—1897	—	卡法王国的首都	Crühl, p.178
1897	—	城市被摧毁	Bieber, p.171

崇加

时间（年）	人口规模（人）	估测依据	数据来源
约 1450—约 1575	—	卡法王国的首都	Crühl, p.176

阿尔及尔

时间（年）	人口规模（人）	估测依据	数据来源
1500	20000	—	
1515	20000		Leo Africanus, p.682
约 1568	—	约 10000 名海盗活跃在此地	Braudel, p.127
1600	75000		
1612	80000	有约 60000 人居住在 12000 栋房屋内（可能忽略了奴隶数量；参见公元 1634 年）	Haëdo in Ency. of Islam, 1913
1634	100000	建有约 15000 栋房屋；共有约 25000 名奴隶	Dan in Ency. of Islam, 1913
巅峰期	—	有约 22000 个民兵武装组织	Cat, p.314
1700	85000	建有 13000 栋房屋（参见公元 1634 年）；107 座清真寺	Moll, p.195
约 1730	—	面积比突尼斯大	Shaw, p.565
1750	75000		
1789	—	有约 50000 人（可能被低估）	Ventre de Paradis in Ency. of Islam, 1913
1800	73000		
1808	73000		Boutin in Dureau, p.151
1846	42635		Soames, p.180
1850	54000		
1851	57081		Harper

阿泽穆尔

时间（年）	人口规模（人）	估测依据	数据来源
1300	10000	约 2000（可能是家庭数量）	Abulfeda in Leo Africanus, p.378n
1500	24000	—	—
1513	25000	有约 5000 户家庭	Leo Africanus, p.293
1900	10000	—	Larras, pp.337–348

布日伊

时间（年）	人口规模（人）	估测依据	数据来源
1090—1152	—	哈马德王朝首都	Ency. of Islam, 1960, "Bidjaya"
巅峰期	—	建有 72 座清真寺	Ency. of Islam, 1960, "Bidjaya"
巅峰期	60000	—	Brunschwig, p.384
巅峰期	—	足以容纳约 24000 个壁炉	Leo Africanus, p.700
1160—1400	—	摩洛哥或突尼斯王储的常住地	Ency. of Islam, 1913
1200—1500	—	在阿尔及利亚诸多城市中，面积仅次于特莱姆森	Brunschwig, p.377
1200	50000	—	—
1300	50000	—	—
1400	40000	—	—
15 世纪	—	国家统治者多次与君士坦丁进行战争	Ency. of Islam, 1913
1500	40000	—	—
1512	40000	有约 8000 个壁炉	Leo Africanus, p.700
1555	—	城市被西班牙人摧毁	Tamghruti, p.15
1674	3000	有 500—600 个壁炉，150 名守卫	Arvieu in Gautier, p.351
1833	2000	—	Brunschwig, p.384

休达

时间（年）	人口规模（人）	估测依据	数据来源
1100—1300	—	城市发展达到顶峰	Posac, p.41
1200	40000	—	—
1279	40000	除老人、病人和儿童外，所有男性被安排进入 45 艘军舰。同时期，一艘船可容纳约 160 人（人口总量按 45 乘以 160，再乘以 6 推算）	Meakin, p.97 Lamb, 1930, pp.292, 298
1300	40000	—	—
1400	30000	—	—
1415	30000	有 5000—10000 名摩尔人被杀（大约包括 5000 名武装男性）	Mascarenhas, pp.77, 94

君士坦丁堡

时间（年）	人口规模（人）	估测依据	数据来源
1150	—	努米底亚首都；城市繁荣发展	Feÿ, p.45
1200—1500	—	哈夫斯王朝国王经常在此居住	Ency. of Islam, 1913
1350	30000	面积比布日伊小	Ibn Khaldun in Brunschwig, p.388n
1400	30000	—	—
1500	40000	—	—
1515	40000	有约 8000 个壁炉	Leo Africanus, p.705
1600	30000	被土耳其占领	—
1637—1792	—	公元 1780 年后，城市获得了和平且繁荣的发展	Ency. of Islam, 1913
1700	30000	—	—
1750	30000	—	—
1792—1826	—	人口下降	Ency. of Islam, 1913
1800	25000	—	—
1808	20000	（可能被低估）	Boutin, p.121

时间（年）	人口规模（人）	估测依据	数据来源
1811	30000	（可能被高估）	Blaquière, p.143
1850	28000	—	
1851	28711	—	Harper

非斯

时间（年）	人口规模（人）	估测依据	数据来源
808	15000	城市建立之初有约3000户家庭	Leo Africanus, p.418 "Fas" date from Abun-Nasr, p.79
1000	30000		
1069	30000	城市遭到屠杀，其后开始重建并快速扩张	Leo Africanus, p.418（date from Ency. of Islam, 1960）
1199	—	建有467个旅馆、95间浴室、472个磨坊、136间面包店、89236栋房屋	Gautier, p.56
1200	200000		
13世纪	—	超过200000人	Martineau, p.29
13世纪	—	城墙内建有400个磨坊，城墙外另有400个磨坊	Reitmeyer, p.150
1300	150000	公元1212年起，随着西班牙脱离摩洛哥管控，该城市人口数量逐渐下滑	
约1340	125000	相当于开罗规模的1/3，但人口密度低于开罗	Omari, pp.172-173
1400	125000		
1500	130000		
1513	131000	城内约有125000人，郊区有约1200户家庭	Leo Africanus in Ency. of Islam 1913 and pp.471-472
1547—1729	—	不再是摩洛哥首都	Ency. of Islam, 1960, "Fas"
1600	100000		
1603—1672	—	伴随着频繁发生的叛乱，城市人口数量开始下降	Ency. of Islam, 1960, "Fas"
1698	—	尽管比以前衰落很多，但仍是摩洛哥最富有和人口最多的城市	Windus, pp.215-6
1700	80000		
1727	70000	—	Braithwaite in Höst, p.80 Enci. Universal, "Braithwaite"
1729—1757	—	很多人在这一混乱时期移民，虽然它再次成为首都	Ency. of Islam, 1913, "Fas"
1750	60000		
1757—1790		城市繁荣发展	Ency. of Islam, 1913, "Fas"
约1799	70000	有约380000人（可能指所属地区的总人口；参见公元1947年）	Jackson, 1809, pp.82-83
1799	75000	瘟疫暴发，前10日每天约有1500人或2%的人口死亡；第10—20天内共有约65000人死亡	Jackson, 1809, pp.228-229
1800	40000		
1803	—	约100000人，仅相当于瘟疫发生前城市人口规模的约一半	Badis, pp.66, 68
约1840	88000		R.Fisher, p.634
约1850	85000	外来移民总计35000—40000人（可能被低估，参见公元1800年）	Ungewitter, p.509
1900	96000	按照每栋房屋居住18个人推算	Le Tourneau, p.155
1947	200000	更大范围内有约1081000人	Columbia Lippincott Gaz.

凯鲁万

时间（年）	人口规模（人）	估测依据	数据来源
670	10000	城市建立之初，人口的主要构成是士兵。随着士兵陆续组建家庭，人口很快达到50000人左右	Cat, p.139
800	80000	参见公元1052年	
812	78000	约13000名骑兵（人口总量为骑兵数量乘以6）	Rossi, p.46
1000	80000	与公元800年的城市规模相当	Abun-Nasr, p.85

续表

时间（年）	人口规模（人）	估测依据	数据来源
1052	48000	城墙围起来的范围方圆22000英寸（占地面积约80公顷，从约公元800年巅峰时期开始修建）；建有48间浴室（人口总量为浴室数量乘以1000；参见巴格达）	Bekri, pp.57, 60
1057	—	希拉尔部落的阿拉伯人洗劫了该城	Bekri, p.61n
1150	—	城市仍有3/4处于废弃状态	Edrisi in Brunschvig, p.359
1150	—	阿卜杜勒·慕敏重建了部分城市地区	Ency. of Islam, 1913
约1400	—	城市几乎被废弃	Ency. of Islam, 1913
1515	—	极度贫困	Leo Africanus, pp.732–733
约1730	—	是突尼斯第2大城市	Shaw, p.585
约1730	—	据称有超过50座清真寺得以修复	Ency. of Islam, 1913
1740	—	城市被摧毁，但很快得以重建	Ency. of Islam, 1913
1800	20000	—	—
1829	20000	—	Filippi in Ganiage, p.868n
约1850	15000	—	Hoffmann
1853	12000	—	Pellissier in Ganiage, p.868n

卡拉

时间（年）	人口规模（人）	估测依据	数据来源
1007—1090	—	哈马德王朝首都	Beylié, p.1
11世纪	80000	人口数量达到峰值（参见布日伊）	Vivien, rear supplement
1102	—	城市地位仍然很重要	Beylié, p.12
1114	—	拥有1座基督教教堂	Beylié, p.13
1152	—	约18000人被杀，其余人被流放	Edrisi in Beylié, p.14

马赫迪耶

时间（年）	人口规模（人）	估测依据	数据来源
916—919	—	城市初建	Gautier, p.328
921—945	—	法蒂玛王朝首都	Gautier, p.328
921—945	—	是巴巴利（马格里布）最富有的城市	Idhari in Ency. of Islam, 1913
1228—1510	—	是哈夫斯王朝王储常住地	Ency. of Islam, 1913
1540—1550	—	德拉古特首都	Ency. of Islam, 1913
1589	—	城市被废弃	Tamghrutim, p.29
1850	4000	—	Ganiage, p.868n

马拉喀什

时间（年）	人口规模（人）	估测依据	数据来源
1070	—	城市初建	Deverdun, p.56
约1125	—	公元1106—1143年阿里掌权期间，建有约100000栋房屋（对城市区域来说不太真实）	Leo Africanus, p.262
1147	—	城墙内的范围方圆9000米（约5.6英里）	Deverdun, p.142
1147	—	约70000人被杀，但德韦尔丹（Deverdun）对此表示怀疑	Deverdun, p.160
1200	—	面积可能比非斯小	Deverdun, p.287
1200	150000	—	Torres in Deverdun, p.299
1200	—	整个区域占地面积达647公顷	Caillé, p.70n
1212	—	城市开始衰退	
1269	—	不再是首都；人口数量下降	Ency. of Islam, 1913
1300	75000	—	
1350	50000	城市大部分变为废墟；集市数量比巴格达少	Ibn Battuta, p.316
1400	50000	—	
1500	50000	—	
1515	50000	城市的2/3区域无人居住	Leo Africanus, p.264

续表

时间（年）	人口规模（人）	估测依据	数据来源
1524—1547	—	人口规模迅速增长	Ency. of Islam, 1913
1547—1664	—	摩洛哥首都	Ency. of Islam, 1913
1600	125000	1912年该城市占有重要地位（1921年人口数量约为149000）；拥有15000—20000名守卫；人口数量低于公元1200年的人口数量	Deverdun, pp.379, 417, 419, 453
约1670	—	共有约28000名士兵；而后城市遭到掠夺，并遭遇瘟疫	Chenier, pp.166, 180
约1690	25000	—	Dapper, p.146
1700	25000	—	
1750	30000	—	
1775	25000	税收总量相当于非斯的45/158	Caillé, p.318
1788	30000	—	Chénier in Deverdun, p.597
约1799	—	约270000人，更大的地域范围内有1250000人	Jackson, 1809, pp.82–83
1799	—	约50000人死于瘟疫	Jackson, 1809, p.272n
1800	30000	可能被低估（可参见公元1775、1788年数据）	
1804	30000	80000—100000人	Badia in Deverdun, p.597
1834	50000	—	Graberg in Deverdun, p.597
1839	60000	—	Balbi in Deverdun, p.597
1850	50000	—	
1864	40000—50000	—	Gatell in Ency. of Islam, 1913
1885	55000	该数据可信	Erckmann in Deverdun, p.598
1947	238000	整个区域的人口数量约为2392000	Columbia Lippincott Gaz.

梅克内斯

时间（年）	人口规模（人）	估测依据	数据来源
约940	—	城市初建	Larousse
约940—1150	—	成为帝国首都	Ency. of Islam, 1913
1150	45000	规模比公元1200年的城市规模大（参见公元1182年）	Ency. of Islam, 1913
1150	—	几乎全部守卫被杀害	Ency. of Islam, 1913
1182	—	建有5座大清真寺（可能象征了公元1150年的巅峰时期）	Ency. of Islam, 1913
1200	—	城市地位有所恢复	Ency. of Islam, 1913
1276—1288	—	摩洛哥国王常住地	Ency. of Islam, 1913
1276—1360	—	修建了3座女修道院；非斯有9座女修道院	Ency. of Islam, 1913
1300	40000	人口数量增长至非斯1/3的规模	
1400	35000	—	
1500	30000	—	
1512	30000	约6000个壁炉；城市衰落	Leo Africanus, p.412
1672	—	城市沦为一片废墟	Windus, p.183
1698	60000	面积比非斯小；约10000名骑兵城外3英里处驻扎	Windus, pp.175, 215–216
1700	70000	—	
1727	200000	约130000名士兵在城市附近驻扎	Ency. of Islam, 1913
1727—1757	—	发生了严重的内战	Ency. of Islam, 1913
1750	35000	—	
1757—1790	—	城市几近恢复	Ency. of Islam, 1913
1775	40000	税收总量相当于非斯的80/158	Caillé, p.318
1799	—	约110000人（可能指更大的地域范围）	Jackson, 1809, p.87
1800	45000	—	
约1850	56000	—	Ungewitter, p.520

奥兰

时间（年）	人口规模（人）	估测依据	数据来源
645	—	城市变为废墟	Feÿ, p.35

续表

时间（年）	人口规模（人）	估测依据	数据来源
955	—	城市被废弃多年	Bekri, p.145
1500	30000	—	—
1500	—	人口数量达到中世纪高峰	Ency. Brit., 1910
1509	30000	建有约 6000 栋房屋	Feÿ, p.51
1509	—	约 4000 人被杀，8000 人成为奴隶	Feÿ, p.71
1708	2000	—	Feÿ, p.217
1770	5138	拥有 2317 名公民，还有 2821 名流亡者	Ency. Brit., 1910
1832	3800	—	—

拉巴特

时间（年）	人口规模（人）	估测依据	数据来源
约 1143	—	初建时是一座城镇	Caillé, p.45
1197	41800	占地面积 418 公顷（人口总量为面积数值乘以 100）	Caillé, p.125
1200	50000	—	—
约 1330	40000	塞拉的税收总量相当于非斯的 40/150	Omari, p.171
1513	—	建有 400 栋房屋	Leo Africanus, p.402
约 1625	50000	迎来了西班牙迁入的约 8000 名难民（可能是成年男性）	Caillé, p.249
1700	50000	—	—
1750	45000	—	—
1763	—	城市衰落	Ency. of Islam, 1913
1775	45000	若以 40 为税收水平基准分，塞拉可达 55 分，非斯可达 158 分	Caillé, p.318
1799	43000	有约 25000 人；同时期的塞拉约 18000 人	Jackson, 1809, p.87
1800	43000	1799 年发生的瘟疫可能并未席卷到这里	—
1832	—	有约 27000 人	Gräberg in Caillé, p.347
1835	36000	22000 人，再加上塞拉的 14000 人	Miège, pp.14ff
1850	36000	—	—
1900	40000	25000 人，再加上塞拉的 15000 人	Larras, pp.337–348

锡吉勒马萨

时间（年）	人口规模（人）	估测依据	数据来源
约 757	24000	城市建立之初有 4000 人（可能指士兵数量）	Abun-Nasar, p.74
800	24000	—	Bekri, p.283
771—958	—	王朝政权所在地	Ency. of Islam, 1913
1010—1055	—	王朝政权所在地	Ency. of Islam, 1913
1274	—	城市人口沦为奴隶	Ency. of Islam, 1913
1351	—	仍然是一座美丽的小镇；每栋房屋都坐落在花园和田野中（因此人口密度低）	Ibn Battuta, p.317 Yule, part 2, p.19
1512	—	沦为一座空城	Leo Africanus, p.784
—	—	方圆 5 英里内均变为废墟	Ency. of Islam, 1913

塔古斯特

时间（年）	人口规模（人）	估测依据	数据来源
1500	40000	—	—
1513	40000	有约 8000 户家庭	Leo Africanus, p.255
1600	30000	—	—
约 1690	—	人口数量开始下降	Dapper, p.135

提亚雷特

时间（年）	人口规模（人）	估测依据	数据来源
761—880	—	罗斯图姆王朝控制了阿尔及利亚的大部分地区	Abun-Nasr, p.75

塔扎

时间（年）	人口规模（人）	估测依据	数据来源
约 800	—	重要的城镇	Ency. of Islam，1913
年份不详	25000	约有 5000 户家庭	Leo Africanus，p.545
约 1515	20000	国王第 2 个儿子的常住地；建有 3 所学校	Leo Africanus，p.545
约 1850	12000	—	Ungewitter，p.510

泰西

时间（年）	人口规模（人）	估测依据	数据来源
1500	20000		
1513	20000	约有 4000 户家庭	Leo Africanus，p.254
约 1850	15000		Ungewitter，p.511

特莱姆森

时间（年）	人口规模（人）	估测依据	数据来源
1135	—	城内最好的清真寺由阿里一世建造	Ency. Universal
1234—1554	—	阿卜杜特—瓦希德王朝首都	Ency. of Islam，1913
1298—1307	—	摩洛哥人围攻了该城	Ency. of Islam，1913
1300	50000	根据清真寺数量推算	—
14 世纪	—	涌入大量西班牙流亡者；2 座大清真寺分别建于公元 1339、1353 年	Ency. of Islam，1913
14 世纪	—	文献称城市人口数量约为 100000 人	Bel，p.14
巅峰期	—	建有 160 间浴室	Dapper，p.161
巅峰期	—	建有至少有 8 座大清真寺	Ency. of Islam，1913，"masdjid"
1400	70000	推测有 8 座清真寺	—
1424—1431	—	公元 1466 年被突尼斯征服	Ency. of Islam，1913，"Hafsids"
1500	35000	随着突尼斯的崛起，该城逐渐衰落	—
1520	30000	建有约 6000 栋房屋	Dapper，p.161
16 世纪	—	建有 5 座女修道院	Marmol，p.175
1600	25000	不再是首都	—
1670	—	叛乱使城市大部分被损毁	Shaw，p.525
1720	—	范围达方圆 4 英里；仅 1/6 的土地上有人居住	Shaw，p.525
1859	19067	—	Tombourel，p.108

的黎波里

时间（年）	人口规模（人）	估测依据	数据来源
748	—	塞卜拉泰的集市搬到此地	Ward，p.24
1307	10000	建有 6 座城门；仅存一座建于公元 912 年的大清真寺	Rossi，pp.76—77
1355	—	约 7000 人被阿拉伯人俘虏而沦为奴隶	Rossi，p.90
1510	16000	约 6000 人被杀害，还有 10000 人沦为奴隶	Rossi，p.114
1557	25000	约有 3800 名土耳其士兵、1500 名阿拉伯人、3000 名成年男性奴隶（人口总量为士兵数量乘以 2，加上阿拉伯人数量乘以 6，再加上男性奴隶数量乘以 3）	Rossi，p.147
约 1575	—	约有 6000 人，几乎全为女性（可能被低估）	Rossi，p.170
1589	—	战争导致城市走向衰落	Tamghruti，p.34
1600	15000		
1673	20000	约有 2500 个民兵武装组织	Rossi，p.196
1676	—	约 11000 名穆斯林、800 名基督教奴隶死于流感	Rossi，p.198
1768	16000	约有 1800 个民兵武装组织	Rossi，p.248
1784	14000	可能被低估	Ency. of Islam，1913
约 1800	—	范围达方圆 4 英里（占地面积约 250 公顷）；城市逐渐走向衰落	Playfair，p.163
约 1800	20000	人口数量不超过 25000 人	W. Adams，p.361

续表

时间（年）	人口规模（人）	估测依据	数据来源
1803	12000—15000	刚经历过瘟疫	Badia, p.234
1815	25000	不超过 30000 人	Noah, p.356
1821	25000	—	Beechey, p.129
1850	25000	—	
1855	—	建有 12 座清真寺，其中 6 座为大清真寺（巅峰时期遗留下来的）	Eyriès & Jacobs, p.666
约 1870	—	约有 20000 人	Ency. Brit., 1878
约 1900	30000	加上埃尔米纳人口	Lippincott, 1906
1911	29761	—	New International Ency.

突尼斯

时间（年）	人口规模（人）	估测依据	数据来源
1000	15000	浴室数乘以 1000 的结果；参见巴格达	
1068	—	范围达方圆 24000 英尺（约 7.5 英里；建有 15 间浴室）	Bekri, pp.80, 87
约 1100	—	城市面积扩张	Brunschvig, p.340
1228—1510	—	哈夫斯王朝首都	Ency. of Islam, 1913
1300	50000	与公元 1881 年规模相当，但公元 1881 年人口密度更高。占地面积 265 公顷（人口总量为面积数值乘以 200）	Brunschvig, p.340 Vivien
1361	35000	建有约 7000 栋房屋（人口总量为房屋数量乘以 5）；人口偏少	Brunschvig, p.340 Ency. of Islam, 1913, "Hafsids"
1400	50000		
约 1460	—	公元 1434—1488 年奥斯曼当政期间，人口数量达到了 100000 人	Brunschvig, p.357
1462	—	规模几乎与大马士革一样	Abd-al-Basit, p.69
1465	—	建有 200 座清真寺	Adorne, p.185
1500	65000	公元 1510 年黎波里和布日伊被西班牙占领之前	—
1515	62000	约有 10000 户家庭（人口总量为家庭数量乘以 5）	Leo Africanus, p.719
1535	—	约有 12000 名基督教奴隶被释放	Ency. Universal, "Túnez"
1535	—	约 3000 名市民起义	Haider, p.10
约 1570	—	建有约 20000 栋房屋，包括郊区房屋在内（可能被高估）	Marmol, p.241
1600	50000		
约 1622	—	建有 2 座清真寺（城市面积与约公元 1534 年近似）	Ency. of Islam, 1913
1654	—	建有 1 座清真寺；约有 6000 名基督教奴隶	Ency. of Islam, 1913
1673	60000	约有 9000 个民兵武装组织（人口总量为组织数量乘以 6，再加上奴隶数量）	Rossi, p.196
1694	—	被阿尔及利亚军队洗劫	Ency. of Islam, 1913
1700	69000	与公元 1730 年人口数量相比，减少了 9000 人（减少了 1 座大清真寺）	
约 1680—约 1740	—	建有 7 座女修道院	Ency. of Islam, 1913
约 1710	—	建有 1 座大清真寺，第 1 座清真寺始建于 1500 年	Ency. of Islam, 1913
约 1730	78000	建有 12000 栋房屋	Shaw, pp.565-566
1750	70000		
1756	—	被阿尔及利亚军队洗劫	Ency. of Islam, 1913
约 1780	50000		Parish, p.344
约 1800	—	建有 1 座清真寺；要塞和守卫数量大幅增加	Ency. of Islam, 1913
约 1800	90000		
约 1805	100000	人口数量偏少（估计应达到约 150000 人）	Morse, Ⅱ, p.722
1800—1850	—	宗教建筑的数量很少	Ency. of Islam, 1913
1830—1846	—	大量欧洲商人涌入	Ency. of Islam, 1913
1850	90000		
1853	—	约有 7000 人（可能仅指穆斯林的数量）	Pellissier in Ganiage, p.868n
1855	—	约有 130000 人	Eyriès & Jacobs, p.658

续表

时间（年）	人口规模（人）	估测依据	数据来源
1860	90000	80000—90000 人	Ganiage，p.868n
1867	100000	—	Cubisol in Ganiage，p.868n
1870	—	约有 125000 人	Maltzan in Ganiage，p.868n
约 1895	153000		Statesman's Yearbook，1896

阿加德兹

时间（年）	人口规模（人）	估测依据	数据来源
约 1410	—	据马尔莫记载，该城建立于 1600 年前	Marmol in Barth，Ⅰ，p.459
约 1475	—	伴随塔德梅卡衰落，该城逐渐崛起	Barth，Ⅳ，p.593
1600	30000	随着廷巴克图衰落，该城再一次崛起	Adeleye，p.516
1654—1687	—	统治力达到顶峰	Adeleye，p.514
1687	50000	范围达方圆 3.5 英里，建有 70 座清真寺	Barth，Ⅰ，pp.453，473
1700	45000	经历过数次内战、一场饥荒	Adeleye，p.515
1750	40000	戈比尔占领了大片土地	Adeleye，p.515
约 1790	—	多数人迁居别处	Barth，Ⅰ，p.474
约 1850	7000		Barth，Ⅰ，p.474

阿尔卡拉瓦

时间（年）	人口规模（人）	估测依据	数据来源
约 1780	—	努佩城将 10000 名奴隶作为贡品送入该城	Hogben&Kirk-Greene，p.374
1796	—	不再向博尔努帝国进贡	Adeleye，p.523
1800	50000	卡拉瓦爆发维吉普塔战役	R.Fisher，p.662

阿尔塔娜

时间（年）	人口规模（人）	估测依据	数据来源
约 1048—1061	—	阿尔摩拉维德王朝的第一座首都	Palmer，1931，p.44

杜比

时间（年）	人口规模（人）	估测依据	数据来源
约 1300—1450	—	卡齐纳首都	H. F. C. Smith，p.192

加奥

时间（年）	人口规模（人）	估测依据	数据来源
690	—	城市初建	Ency. of Islam，1960
约 800	72000	廷巴克图南部住着 6 位犹太王子，每位拥有 12000 名骑兵	Kati in Fisher，p.368
890	—	苏丹最大的城市，面积比撒哈拉小	Yaqubi in Ency. Of Islam，1960，"Gogo"
约 1009	—	大约在建立 400 年后，加奥迁址并更名	Hogben，p.71
约 1300	25000	被马里征服	Lugard，p.119
1325	—	新建一座大清真寺	Lugard，pp.120，125
1353	30000	该城的地位高于廷巴克图。建有一座白人清真寺（公元 1009、1325 年建造的清真寺主要供黑人使用）	Lugard，p.150，using Ibn Battuta
		最大的黑人城市之一	Ibn Battuta，p.334
		桑海帝国重建	Lugard，p.152
1400	40000		
1464—1515		桑海帝国快速扩张	Lugard，chapters 19-24
1500	60000		
1513—1553		桑海帝国统治了卡齐纳	Hogben，pp.82-3
1585	75000	建有 7626 栋房屋，包括茅草屋在内	Hogben，p.67

续表

时间（年）	人口规模（人）	估测依据	数据来源
1585	—	城市范围达方圆6英里	Reclus, 1884: Africa, I, p.304
1591	75000	拥有12500名骑兵（人口总量是骑兵数量的6倍）	Sadi, pp.215–221
1591	75000		Mauny, p.499
	—	被摩洛哥占领，逐渐没落	Lugard, chapters 32–33

戈比尔

时间（年）	人口规模（人）	估测依据	数据来源
1513	28000	拥有约6000户家庭	Leo Africanus, p.828
15世纪	—	人口数量增长，但增长不显著	Adeleye, p.496
1600	35000		
约1675	—	国家首都搬至纳亚	Adeleye, p.513
1808	—	重新被立为首都	Palmer, 1936, p.84

伊拉德

时间（年）	人口规模（人）	估测依据	数据来源
1850	30000	努佩的首都；该国于公元1850年占领了伊洛林（参见拉巴）	Bowen（a）, p.197 Burton, p.227

伊洛林

时间（年）	人口规模（人）	估测依据	数据来源
约1730	—	城市初建	
1789—1797	—	在阿方贾的统领之下，城市发展迅速（阿方贾掌管着约鲁巴兰）	Bowen（a）, pp.197–200 R. Smith, p.151
1850	70000	—	
1853	70000	—	Mann in Mabogunje, p.91
1856	70000	—	Bowen in Bascom, p.447

杰内

时间（年）	人口规模（人）	估测依据	数据来源
约765	—	城市初建	Sadi in Ency. of Islam, McIntosh, pp.401, 414
800	10000	城墙范围达方圆2公里（面积约125公顷）	
890		一座重要的城市；向加奥进贡	Yaqubi in H. R. Palmer, p.ix
约1205		抵抗了马里的99次围攻	Lugard, p.174
1300	20000	繁荣昌盛时期	
1324		役使了约8700名男性奴隶	Hogben&Kirk-Greene, p.58
1324		巅峰时期的城市范围达方圆5英里（占地面积约400公顷）	Caillé in Reclus, 1884: Africa, p.299
1324	20000	城市发展达到顶峰，但人口密度较低	Mc Intosh, p.414
1400	20000		
1469—1477	—	被桑海帝国围攻	Lugard, p.174
1500	20000		
1477—1591	—	国家的主要贸易城市	Lugard, p.201
1591	—	摩尔人征服了此地，城市变为一片废墟	Lugard, p.311
1900	6000		Ency. of Islam, 1960

卡诺

时间（年）	人口规模（人）	估测依据	数据来源
约1100	—	城市初建	Hogben&Kirk-Greene, p.185
约1150	25000	城墙方圆8英里，面积约1000公顷（人口总量是面积数值的25倍，参见奥约、卡齐纳）	Trevallion, p.5 Chambers, 1967

续表

时间（年）	人口规模（人）	估测依据	数据来源
1200	25000		
1247	—	大量穆斯林迁入此城；广泛的贸易交流带来了人口增长	Hogben, p.98
1300	30000		
约1400	30000	与泽格发生战争	Hogben, p.99
1421—1438		帝国扩张并繁荣发展；接收了富拉尼移民	Hogben, p.100
1463—1565	50000	豪萨的主要城市；城墙扩大至方圆11英里（围合面积约2000公顷）	Hogben&Kirk-Greene, p.191 Chambers, 1967
1585	60000	面积比加奥略小	Hogben&Kirk-Greene, p.67
1600	40000	经历过数次战争及持续了11年的大饥荒	Lugard, pp.303–304
1643—1807	—	卡齐纳的商业优势凸显	Barth, Ⅱ, p.117
1700	35000		
1750	30000		
1800	30000		
1807—1820	—	伴随卡齐纳的衰落而崛起	Barth, Ⅱ, p.117
18世纪20年代	40000	公元1824年有30000—40000人；公元1826年有40000—50000人	Clapperton&Dixon, 1828, Ⅱ, pp.281-2, and 1829, p.202
1827		城墙周长近10英里	Lander, 1830, Ⅰ, p.201
约1850	40000	至少居住着30000人	Barth, Ⅱ, p.124

卡齐纳

时间（年）	人口规模（人）	估测依据	数据来源
约1320—1643	—	第一座王朝建立	Barth, Ⅱ, pp.76–77
约1515	—	阿斯基亚刚征服该城时，城内有约300户家庭	Leo Africanus, p.829
约1560	30000	建起6英里长的城墙（围合面积约600公顷）	Hogben, p.83
1570—1600	—	彻底击败了卡诺；公元1750年前一直是豪萨王国的核心城市	Adeleye, p.494
1600	60000	—	—
1671	—	部分地区遭到夸腊腊法王国洗劫	Hogben, p.85
1700	60000		
17世纪40年代	75000	城市发展达到顶峰；城市范围达方圆13—14英里（围合面积约3000公顷，人口总量是面积数值的25倍，参见卡诺）	Barth, Ⅱ, pp.78, 525–527
1750	75000	参见公元1740、1825—1850年	
1800	70000		
1807—1814	—	战争中被迫投降（饥荒所致）	Hogben, p.86
约1825	—	仅1/10的区域有人居住	Murray, 1840, Ⅲ, p.86
约1850	7000—8000		Barth, Ⅱ, p.78

恩加扎尔加穆

时间（年）	人口规模（人）	估测依据	数据来源
1500	40000	—	—
1503	—	博尔努帝国重新夺回加奈姆	Hogben, p.49
1500s	—	博尔努帝国政权逐渐稳定	Urvoy, pp.73–83
1600	60000		
巅峰期	—	范围达方圆6英里（占地面积600公顷）；约有200000人（该数据可能被高估）	Hogben&Kirk-Greene, p.313
1658		建有4座清真寺，每座清真寺可以容纳约12000人	Palmer, 1936, p.34
1670		城市逐渐衰落	Urvoy, pp.85–6
1700	50000		
1750	50000		
约1800	50000	建有约10000栋房屋	Malte-Brun, Ⅳ, p.266
1808	—	城市遭到损毁	Hogben&Kirk-Greene, p.313

第 2 章 城市人口规模的估测依据

凯比

时间（年）	人口规模（人）	估测依据	数据来源
约 1700—1806	—	凯比王国首都	Hogben, p.130 Enci. Universal
1800	30000	可能与后来的阿贡古规模相当	
1825		阿贡古约有 30000 人	Denham in Mabogunje, p.64

基洼岛

时间（年）	人口规模（人）	估测依据	数据来源
1756		扎姆法拉首都	Hogben, p.196

基尔瓦

时间（年）	人口规模（人）	估测依据	数据来源
约 975	—	城市初建	Ency. Brit., 1910
11 世纪 10 年代	—	清真寺建成	Garlake, p.172
1200—1300	20000		
1300—约 1350		快速崛起	Garlake, p.172
1400	30000		
1500	30000	为葡萄牙人征服该城前的数据	
1505	24000	约有 4000 人（可能指符合兵役年龄的男性人数，总人数按其 6 倍推算）	Randles, p.975
1505		建有 300 座清真寺（可能被高估,实际或许仅有 30 个）	Ency. Brit., 1910, "Zanzibar"
1587	18000	约 3000 人遭到杀害（可能指配备武器的男性人数，总人数按其 6 倍推算）	Freeman-Grenville in Mathew, pp.138–139
约 1650	12500	建有 10 座街区（总人数按街区数量的 1250 倍推算；参见第乌）	Faria, map p.72

库卡瓦

时间（年）	人口规模（人）	估测依据	数据来源
1814—1893	—	博尔努帝国首都	Ency. Brit., 1910
18 世纪 20 年代	50000—60000		Ency. of Islam, 1913
1846	—	瓦达伊王国洗劫了该城	Hogben&Kirk-Greene, p.328
1850	50000		
1871	42000	约有 7000 名士兵（总人数按其 6 倍推算）	Nachtigal in Urvoy, p.120

马里

时间（年）	人口规模（人）	估测依据	数据来源
1052	—	首都	Lugard, pp.105, 118
1238	—	快速崛起	Ency. of Islam, 1913
约 1300	40000		
约 1300	—	被松海帝国征服	Lugard, p.119
1324	60000	约有 12000 名年轻的奴隶	Lugard, p.112
1400	50000		
1500	40000		
1501—1513		王国陷入长期战争	Lugard, p.152
1515	30000	约有 6000 户或更多家庭	Leo Africanus, p.823
1545		被攻陷	Ency. of Islam, 1913

马塞尼亚

时间（年）	人口规模（人）	估测依据	数据来源
16 世纪—1871		巴吉尔米首都	Ency. of Islam, 1913, "Baghirmi"
1600	20000	—	—

时间（年）	人口规模（人）	估测依据	数据来源
约 16 世纪	—	统治力稳步提升	Ency. Brit., 1910, "Baghirmi"
1700	30000	—	—
1750	30000	—	—
1800	30000	—	—
1824	30000	拥有一支 5000 人的军队（总人数按其 6 倍推算）	Clapperton, 1828, II
约 1850	20000		English Cyclopaedia
1852	20000	范围达方圆 7 英里（占地面积约 800 公顷），城市的 1/4 区域有人居住（参见卡齐纳）	Barth, III, p.388, cf.205

蒂比里

时间（年）	人口规模（人）	估测依据	数据来源
约 1675—1764	—		Adeleye, p.513
1700	30000	经历战争	Adeleye, p.515
1731—1764	—	击败卡齐纳和卡诺，掌控了豪斯兰	Adeleye, pp.517–518
1750	45000	城市崛起，但面积一直小于卡齐纳	Adeleye, p.519
1764		国家首都迁至阿尔卡拉瓦	Barth, IV, pp.526–527

恩戈尔努

时间（年）	人口规模（人）	估测依据	数据来源
1810—1814	—	博尔努帝国首都	Hogben&Kirk-Greene, pp.320, 326
1822	30000	博尔努帝国最大的城市	Denham, p.202
约 1880	20000		Reclus, 1884: Africa, III, p.504

恩吉米

时间（年）	人口规模（人）	估测依据	数据来源
约 1099—1389	—	博尔努帝国首都	F. C. Smith, p.170 Ency. Brit., 1910, "Bornu"
约 1150		面积非常小	Edrisi in Urvoy, p.33
1210	—	约有 41000 名骑兵	Urvoy, p.27 H.Fisher, p.369

拉巴

时间（年）	人口规模（人）	估测依据	数据来源
1805	24000	约有 4000 名骑兵	Nadel, p.78
1805—1859		努佩首都	Nadel, pp.76n, 407
1834	38000	有近 40000 人、5000 名骑兵	Laird in Hodgkin, p.241 Mabogunis, p.56
1850		与伊拉德同为努佩首都	Bowen (a), p.197

拉奥

时间（年）	人口规模（人）	估测依据	数据来源
1212—约 1566	—	可能是卓洛夫帝国首都	Davies, p.272 Ency. of Islam, 1913, "Djolof"

森纳尔

时间（年）	人口规模（人）	估测依据	数据来源
1504—1821	—	努比亚首都	Arkell, pp.210, 217
1600	40000	掌权者能力出众	Arkell, p.210
1670—1821		公元 1769 年后城市开始走向衰落	Arkell, pp.216–24

续表

时间（年）	人口规模（人）	估测依据	数据来源
1699	—	约有100000人（可能被夸大）；城墙约4英里长，围合的面积约325公顷；多数房屋仅为1层	Poncet，p.69
1700	30000	根据城市面积推算	
1750	30000		
1821	—	约400栋房屋有人居住	English in Malte-Brun，Ⅳ，p.121
约1850	7000	—	Ungewitter，Ⅱ，p.485

索科托

时间（年）	人口规模（人）	估测依据	数据来源
1798	—	奥斯曼·丹·福迪奥建立了该城	Lander，1830，Ⅱ，p.31
1809	—	城墙初建	Hogben&Kirk-Greene，p.389
1814—1822	—	富拉尼首都	Hogben&Kirk-Greene，p.389
1824	—	城市拥挤	Clapperton in Barth，Ⅳ，p.173
1824	40000	建有2座大清真寺（人口总量以其9000倍作基数，由于奴隶众多再乘2）；面积比卡诺大	Clapperton in Barth，1828，Ⅱ，p.377
1830	—	面积比拉巴大	Lander，1830，Ⅱ，p.312
年份不详	—	约有120000人（可能被高估）	Brockhaus，1928
1850	33000	—	Barth in English Cyclopaedia
1850	—	范围达方圆5英里	Barth，Ⅳ，p.182

苏拉梅

时间（年）	人口规模（人）	估测依据	数据来源
1516—1600	—	凯比帝国首都；帝国统一了尼日利亚北部的大部分地区；该城由约10000名工人建成	Sadi，pp.129，269 Lugard，p.196 Urvoy，p.74
1600	40000	范围达方圆5英里；占地面积约400公顷，人口总量按其100倍推算	Hogben&Kirk-Greene
约1700	—	不再是首都	Hogben，p.130
1808	—	城市遭到破坏	Barth，Ⅳ，p.213
约1850	—	人口稠密	Barth，Ⅳ，p.214

廷巴克图

时间（年）	人口规模（人）	估测依据	数据来源
1077	—	城市初建	Enci. Universal，"Tombouctoo"
1300	10000	公元1200年前后建成1座重要清真寺	Chadwick，p.8
1325	—	地位取代瓦拉塔	Enci. Universal
1400	20000	公元1300年前后建成1座重要清真寺	Chadwick，p.8
约1500	25000		Ventre de Paradis in Mauny，p.497
1515	—	作为松海帝国临时执行首都；3000名骑兵和步兵共同组成守卫军团	Leo Africanus，pp.824-825
1590	—	截至公元1500年，已建成有3座重要清真寺	Minet，p.3 Chadwick，p.8
1591	—	被摩洛哥占领并逐渐走向衰落	Lugard，p.306
1600	25000		
约1800	—	范围约方圆4英里（占地面积约250公顷）；加上奴隶约有50000人（可能被高估）	Jackson，1820，p.10
1828	12000	建有7座清真寺	Caillé in Eryiès&Jacobs，p.523
约1850	13000		Barth，Ⅳ，p.482

荣枯

时间（年）	人口规模（人）	估测依据	数据来源
1300	—	豪萨王国最强大时期的首都	Ency. Brit.，1910，"Zaria"

续表

时间（年）	人口规模（人）	估测依据	数据来源
1395	—	被卡诺短期占领	Palmer, 1967, part 3, pp.107-108
1536	—	由于水资源供应不足，扎里尔取代该城成为首都	Hogben&Kirk-Greene, p.216

瓦拉塔

时间（年）	人口规模（人）	估测依据	数据来源
1469	—	直到桑尼·阿里统治时期，始终是北部黑人地区的主要商业中心	Barth, Ⅳ, p.421

雅各巴

时间（年）	人口规模（人）	估测依据	数据来源
1809	—	包奇的首都	Ency. Brit., 1910
1850	40000		
约1900	50000	人口数量可能被低估	Ency. Brit., 1910, "Nigeria"

扎哈

时间（年）	人口规模（人）	估测依据	数据来源
1067	20000	塔克鲁帝国几乎与加纳帝国势力相当	Bekri in Naqar, p.367
1086	24000	4000名苏丹人为争夺摩洛哥而战	Naqar, p.367
1153	—	人口众多	Edrisi in Barth, Ⅳ, p.585
1200	20000		

扎姆法拉

时间（年）	人口规模（人）	估测依据	数据来源
约1700	—	城市初建	Hogben&Kirk-Greene, p.370
约1715	—	国家走向独立并变得强大	Hogben&Kirk-Greene, p.371
约1730	50000	范围达方圆11英里（占地面积约2000公顷，人口总量按面积数值的25倍推算；参见卡齐纳）	Hogben&Kirk-Greene, p.370
1750	40000	伴随戈比尔壮大，该城逐渐走向衰落	Adeleye, p.517
1764	—	城市遭到损毁	Hogben&Kirk-Greene, p.371

桑给巴尔岛

时间（年）	人口规模（人）	估测依据	数据来源
1832—1856	—	阿曼首都	Ency. Brit., 1910
1850	60000		
约1870	60000—80000		Meyer, 1874

扎里尔

时间（年）	人口规模（人）	估测依据	数据来源
约1536	—	城市初建	Hogben&Kirk-Greene, p.216
约1560	40000	城墙围合范围达方圆10英里（占地面积约1500公顷，人口总量按是其约25倍推算）	Hogben&Kirk-Greene, p.218
约1575—1734	—	著名的豪萨王国首都	Hogben&Kirk-Greene, pp.217-9
1600	60000		
1700	50000		
1800	40000		
19世纪20年代	—	规模比卡诺大；是穆斯林对抗异教徒的主要阵地	Clapperton, 1829, pp.201-202
1825	50000		Clapperton, 1830, p.358
1846—1853	—	有约10000名奴隶	Hogben&Kirk-Greene, p.223
1850	50000		

续表

时间（年）	人口规模（人）	估测依据	数据来源
1853—1937	—	城市衰落	Hogben&Kirk-Greene, pp.228-34
1900	—	有约60000人（可能被高估）	Ency. Brit., 1910, "Nigeria"
1931	28121		Webster's Geographical Dic.

泽尔米

时间（年）	人口规模（人）	估测依据	数据来源
1764—约1825	—	扎姆法拉首都	Barth, IV, pp.120, 526
约1850	—	依然有人居住	Barth, IV, p.121

阿贝奥库塔

时间（年）	人口规模（人）	估测依据	数据来源
1830	—	城市初建	Biobaku, pp.17-18
1842	—	面积相当于库马西的2倍	Freeman in Bascom, p.447
1843	50000		Townsend in Bascom, p.447
1850	60000		Bowen (a), pp.105-6
1851	60000		Hinderer in Mabogunje, p.91
1863	—	城墙长约20英里；占地面积约1500公顷	Burton, 1863, p.69

阿波美

时间（年）	人口规模（人）	估测依据	数据来源
16世纪—1892	—	达荷美王国首都	Ency. Brit., 1910, "Dahomey"
1750	24000		
约1780	24000		Borris, p.92
1800	24000		
1861	20000		Wilmot in Burton, 1966, p.322
1892	—	城市范围达方圆6英里（占地面积约600公顷），但不包括田野和村庄；共有6个城门	Ency. Brit., 1910

阿拉达

时间（年）	人口规模（人）	估测依据	数据来源
1682	40000	范围达方圆9英里（占地面积约1300公顷，人口总量按其约30倍推算；参见阿波美）	Barbot, p.358
1700	40000		
1724	—	达荷美王国征服了此地	Ency. Brit., 1910

贝宁

时间（年）	人口规模（人）	估测依据	数据来源
约1440—约1473	—	该城地位变得重要；共有9个城门	Egharevba, p.14
15世纪	—	在葡萄牙人的帮助下该城发展迅速	Egharevba, p.14
1600	50000		
1602	—	房屋为2—3层；拥有一个广阔的郊区	Marees, pp.233-234
1668	65000	占地面积约1300公顷，人数是其面积的50倍（参见阿波美，阿波美有1层房屋）	Dapper in Roth, p.160
16世纪	—	与卡诺人口数量的总和，可能曾达75000人	Mauny, p.499
1682	65000	外城墙相当于阿贝奥库塔围墙的9/10，占地面积为其81%	Barbot, p.358
1700	25000		
1702	25000	城墙长约4英里	Nyendael in Roth, p.162
1741—1760	—	向外输出约66000名奴隶	Gurtin, p.150
1750	50000	—	

续表

时间（年）	人口规模（人）	估测依据	数据来源
1791—1800	—	向外输出约 20400 名奴隶	Gurtin, p.150
1800	15000		captain Adams, p.175
1818	60000	拥有超过 10000 名火枪手（人口总量按是其 60 倍推算）	Dupuis, p.xxxix
1850	60000		
1854	60000	约有 10000 名士兵参加战争	Burton in Roth, p.169

布萨

时间（年）	人口规模（人）	估测依据	数据来源
6 世纪	—	城市初建	Hermon-Hodge, p.118
9 世纪—1898	—	博尔努帝国首都	Hermon-Hodge, pp.117-189
1826	10000—12000		Clapperton, 1829, p.143
1827	16000—18000		Lander, 1830, Ⅰ, p.140

格巴拉

时间（年）	人口规模（人）	估测依据	数据来源
1539—1679	—	努佩首都	Nadel, p.407
15 世纪	33000	皇家马厩里圈养 5555 匹马（为骑兵配备，参见公元 1767 年的海得拉巴，公元 1780—1799 年的塞林加帕坦）	Hogben&Kirk-Greene, p.263

格博贡

时间（年）	人口规模（人）	估测依据	数据来源
约 1810	—	约鲁巴第 3 强大的城市	Johnson, pp.194, 196 R. Smith, p.145
1822	—	被富拉尼人击败	R. Smith, p.145

格博

时间（年）	人口规模（人）	估测依据	数据来源
1515—1590	—	约鲁巴首都	S. Johnson, pp.161-166
约 1825	—	走向衰落	Murray, 1840, Ⅲ, 87

加纳

时间（年）	人口规模（人）	估测依据	数据来源
800	30000	帝国发展达到顶峰（参见后来加纳帝国的规模）	Lugard, pp.54, 93
约 800	—	柏柏尔帝国政权所在地	Bekri, p.301
10 世纪	30000	—	Maquet, p.204
1054—1076	—	加纳帝国首都	Cooley, pp.6, 29
年份不详—1054	—	一个新的黑人王朝首都	Lugard, p.93 Cooley, pp.6, 25
1055	—	穆斯林征服并洗劫了此地	Lugard, p.99
1054—1076	—	加纳帝国首都	Cooley, pp.6, 29
1067	—	建有 12 座清真寺和 1 位于城墙 6 英里外的异教教堂	Bekri, p.328
1087—1203	25000	塞内加尔从尼日尔手中接管该城	Hogben, p.23 Hogben&Kirk-Greene, p.48
1240	—	该城被夷为平地	Ency. of Islam, 1913

格木

时间（年）	人口规模（人）	估测依据	数据来源
1709—1760	—	卡尔塔首都，公元 1748—1754 年间实力强于塞古	Ency. of Islam, 1913, "Kaarta", "Bambara"
1750	25000	参见塞古的人口规模	
约 1780	—	实力已不及塞古	Ency. of Islam, 1913, "Bambara"

伊巴丹

时间（年）	人口规模（人）	估测依据	数据来源
约 1829	—	还是一座村庄，但快速发展	Awe, p.13
1850	55000		
1853	60000	—	Tucker in Bascom, p.447
1856	70000	—	Bowen in Bascom, p.447
1857	—	城墙长约 10 英里（占地约 1600 公顷）	Awe, p.15
1861	—	与伊贾耶合计拥有约 17000 名士兵	R. Smith, pp.122, 163

伊费

时间（年）	人口规模（人）	估测依据	数据来源
约 1200	—	约鲁巴兰首都	Hermon-Hodge, p.116
约 1820	72000	约有 12000 名士兵	S. Johnson, p.232
约 1820	—	曾短暂地控制约鲁巴兰的大部分地区	Awe, p.14
约 1849—1854	—	城市被废弃	Willett, p.233

伊贾耶

时间（年）	人口规模（人）	估测依据	数据来源
约 1780	—	城市被摧毁	S. Johnson, p.187
19 世纪 20 年代	—	城市重建且发展迅速，可与伊巴丹相抗衡	Awe, pp.13, 18
1850	35000		
1853	—	约有 40000 人（可能被高估）	Mann in Mabogunje, p.91
1855	35000		Bowen in G.Ojo, p.105
1861	—	与伊巴丹合计拥有约 17000 名士兵	R. Smith, pp.122, 163

伊卡索

时间（年）	人口规模（人）	估测依据	数据来源
约 1350	—	该城由奥贡建立，他统治时期城市人口规模很大，但他过世后城市逐渐衰败	Ojo, Ⅱ, p.45
约 1510	60000	约鲁巴首都，养有 10000 匹马（用于骑兵，人口总量按马匹数量的 6 倍推算）	Burton, 1863, p.187

伊塞因

时间（年）	人口规模（人）	估测依据	数据来源
1853	24000		Mann in Mabogunje, p.91

基亚马

时间（年）	人口规模（人）	估测依据	数据来源
1826	30000		Clapperton in Mabogunjie, p.64

奇奇瓦里

时间（年）	人口规模（人）	估测依据	数据来源
1853	14000	被达贡巴人遗弃后走向衰落	Dupuis, p.35

克雷尼克

时间（年）	人口规模（人）	估测依据	数据来源
1370—约 1600	—	首都	Barth, Ⅲ, p.279 Ency. of Islam, 1913, "Bornu"
约 1600	—	城市被废弃	Barth, Ⅲ, p.279

库马西

时间（年）	人口规模（人）	估测依据	数据来源
约 1663—1874	—	阿散蒂王国首都	Ency. Brit., 1970
1800	40000	—	
1816	40000		W.Adams, I, p.277
1825	20000	战争造成人口减少	Ency. Brit., 1910, "Kumasi" and "Ashanti"
1842	—	相当于阿贝奥库塔规模的一半	Freeman in Biobaku, p.28
1850	25000		

马南

时间（年）	人口规模（人）	估测依据	数据来源
1090	—	博尔努帝国首都	H.F.C.Smith, p.170

蒂比里

时间（年）	人口规模（人）	估测依据	数据来源
约 1674—1764	—	戈比尔首都	Adeleys, p.513
1700	30000		Adeleys, p.515
1750	45000	城市崛起，但规模始终小于卡齐纳	Adeleys, p.519
1764	—	首都迁址至阿尔卡拉瓦	Barth, IV, pp.526–527

恩加拉

时间（年）	人口规模（人）	估测依据	数据来源
约 1170—1370	—	首都	Urvoy, p.134
1850	—	城市衰落	Barth, IV, p.421

奥博莫绍

时间（年）	人口规模（人）	估测依据	数据来源
约 1650	—	城市建立	Ency. Brit., 1970
1850	45000	—	—
1853	45000	—	Tucker in Bascom, p.447
1860	50000	—	Campbell in Bascom, p.447

瓦加杜古

时间（年）	人口规模（人）	估测依据	数据来源
约 1450—1898	—	摩西王国首都	Tauxier, p.462
约 1895	5000		Vivien, supplement

奥约

时间（年）	人口规模（人）	估测依据	数据来源
约 1300—1830	—	鲁巴首都（除公元 1500—1590 年以外）	S. Johnson, pp.49, 266–268
约 1300	—	人口数量可能非常稳定	S. Johnson, pp.
1400	50000	经历了一段动荡时期（城市规模参见伊卡索）	S. Johnson, pp.152–158
1500	60000	奥卢阿修当政时期	S. Johnson, p.158
1600	60000	阿吉博伊德当政时期	S. Johnson, pp.162–164
1700	50000	国家执政者管理不善	S. Johnson, pp.169–174
1750	75000	城市获得了稳定发展	—
约 1790	—	城市内细分为 9 个区	S. Johnson, p.183
1800	80000	帝国逐渐解体	
19 世纪 20 年代	—	约方圆 15 英里（占地面积 3000—3500 公顷）	Clapperton, 1829, p.90
19 世纪 80 年代	60000		R.Fisher, II, p.662

续表

时间（年）	人口规模（人）	估测依据	数据来源
1827	60000	建有50座祭祀草屋（草屋数量是总人口数量的1/1250，教堂数量是人口总量的1/1250）	Lander，1830，Ⅱ，p.199
1830	50000	规模比伊洛林小；城市地位渐失	Lander，1832，Ⅰ，p.190
1839	—	城市被废弃	Bowen，p.x S. Johnson，p.268
1850	25000		
1856	25000	城市建于新址之上	Bowen in Mabogunje，p.91

普吉

时间（年）	人口规模（人）	估测依据	数据来源
约1650—1815	—	克拉瓦拉法或朱昆首都	Hogben&Kirk-Greene，p.196
约1820	—	城市被废弃	Meek，pp.51-52

桑加河

时间（年）	人口规模（人）	估测依据	数据来源
1818	—	城市规模约为库马西的2倍（可能被高估）	Dupuis，p.xv

塞古

时间（年）	人口规模（人）	估测依据	数据来源
1660—1861	—	班巴拉首都	Steel，p.254
1712—1755	—	城市变得强大，统治范围与公元1808年巅峰时期几乎一样大	Willis，pp.455-459
1750	25000	—	
1796	30000		Mungo Park，p.292
1800	30000		
1850	35000		
1865	36000		Mage in Reclus，1884；Africa，p.297

沙基

时间（年）	人口规模（人）	估测依据	数据来源
1850	40000		—
约1880	40000		Reclus，1884；Africa，p.504
自1894	—	2/3的人口流失	Ojo，p.47

松尼

时间（年）	人口规模（人）	估测依据	数据来源
1852	—	为纪念桑海而命名；也许是公元1600年后桑海帝国的最后一座首都	Barth，p.278

塔德梅卡

时间（年）	人口规模（人）	估测依据	数据来源
700	—	城市已存在	Palmer，1931，p.40
1068	—	比加纳或加奥建设得更好	Bekri，p.339
1352	—	地位不再那么重要	Barth，p.591
约1475	—	城市遭到损毁	Barth，Ⅳ，p.593

延迪

时间（年）	人口规模（人）	估测依据	数据来源
1818	—	达哥巴首都，规模是库马西的4倍（可能被夸大）	Bowditch，p.177

昂古莱姆

时间（年）	人口规模（人）	估测依据	数据来源
1526	—	由安哥拉建立，他在公元 1526—1560 年统治该城	Plancquaert，p.44 Barbot，p.520
1564	30000	建有 5000—6000 座草屋	Gouveia in Randles，p.972n
	—	城墙长度同埃武拉相近	Gouveia in Randles，p.972n

奇陶尔加尔

时间（年）	人口规模（人）	估测依据	数据来源
约 1440—1720	—	莫诺莫塔帕王国首都	Ransford，pp.27-29，40

中克

时间（年）	人口规模（人）	估测依据	数据来源
约 1750	—	隆达王国首都	Lacerda，p.104

东戈

时间（年）	人口规模（人）	估测依据	数据来源
1600	—	安哥拉首都，是一座大型城市	Battel，pp.322，324
	30000	参考它的前身昂古莱姆	
1671	—	被葡萄牙人占领	Childs，p.272

琅勃拉邦

时间（年）	人口规模（人）	估测依据	数据来源
1576	—	成为安哥拉首都	Ency. Brit.，1910
1600	30000	建有 2000 栋房屋	Balandier，p.147
1641	—	建有 6 座教堂	Jacques Barbot in Jean Barbot, p.516
约 1690	—	城市被废弃	Balandier，p.75
约 1840	8000	—	R. Fisher，p.665
约 1880	14000	—	Reclus，1884：Africa，p.457

卢安果

时间（年）	人口规模（人）	估测依据	数据来源
1600	—	街道长而宽阔	Battel，p.329
约 1690	—	城市规模与鲁昂接近，但房屋数量比鲁昂少得多	Dapper，p.321
1700	30000	—	—
19 世纪	—	方圆约 10 英里	Harper

马尼卡

时间（年）	人口规模（人）	估测依据	数据来源
约 700—约 1700	—	大规模开采金矿	Summers，1969，p.219

马蓬古布韦王国

时间（年）	人口规模（人）	估测依据	数据来源
约 1055	—	城市建立	Robinson，p.11
约 1400	—	城市取得显著发展；区位和津巴布韦相似	Summers，1961，p.8 Gordon-Brown，p.637
约 1400—16 世纪	—	城市发展达到巅峰期	Fagan，p.118

门戈地区

时间（年）	人口规模（人）	估测依据	数据来源
1878—约1890	—	每一位统治者变更都城选址，但始终位于同一中心点的10英里范围内	Southall&Gutkind, p.1
1911	32441	—	Southall&Gutkind, p.6
1948	34337	—	Southall&Gutkind, p.6

穆森柏尔

时间（年）	人口规模（人）	估测依据	数据来源
1880	30000	隆达王国首都	Buchner in Brockhaus, 1898, "Muata Jamvos Reich"

圣萨尔瓦多

时间（年）	人口规模（人）	估测依据	数据来源
约1400—1576	—	刚果首都	Plancquaert, pp.44, 52
1500	40000	—	
1543	50000	建有10000栋房屋	Balandier, pp.58-59
16世纪	—	管辖范围达方圆20英里，城市范围达方圆约10英里；总人数约100000人	F. Pigafetta, pp.65-66
1568	—	城市遭到损毁，但很快转入恢复期	Duffy, p.21
1596	—	城市迅速衰落	Duffy, p.22
1690	—	城市被废弃，原有的12座教堂变为废墟	Duffy, p.22

津巴布韦

时间（年）	人口规模（人）	估测依据	数据来源
约600	—	根据碳测定结果可以确定，此时城市已经建立（符合阿拉伯的历史公认）	Summers, 1961, p.13
约700—约900	—	建成了卫城和锥形塔	Caton-Thompson, pp.58n, 81, 106
约1100	—	城墙建立	Summers, 1961, p.13
1300	25000	—	—
1350—1450	—	城市发展达到巅峰	Huffman, p.365
1400	35000	—	
15世纪	40000	范围达方圆2英里（面积约400公顷，人口数量按面积数值的100倍测算）	Hall, p.xv
1494—1497	—	短暂地处于一座敌对部落的统治之下	Summers, 1961, p.13 Ransford, p.33
约1500	—	城市被废弃了	Huffman, p.358, citing Garlake
1868	—	已几乎无人居住	Hall, p.xv

穆赞加耶

时间（年）	人口规模（人）	估测依据	数据来源
1750	30000		
1791	30000	城内约有6000名阿拉伯人和印度人	Du Maine, p.26, in Malte-Brun, p.438
1800	25000	霍瓦斯从萨卡拉瓦统治者手中夺取了该城	

路易港

时间（年）	人口规模（人）	估测依据	数据来源
1801	12000	约有4000名白人；黑人数量是白人数量的2倍	Bory, p.163
1846	45212		Mauritius, census, p.6
1850	49000		
1851	49909		Mauritius, census, p.6

2.5 公元 800—1850 年，亚洲城市的人口规模估测依据

阿尼

时间（年）	人口规模（人）	估测依据	数据来源
763	—	军事筑防得到增强	Brosset, p.94
952—1045	—	亚美尼亚首都	Ency. Brit., 1971, "Armenia"
990—1020	—	人口规模达到峰值（遗址中发现了 40 座圆形教堂）	Ency. of Islam, 1913; Brosset, p.136
1000	75000	—	—
1064	—	约 50000 人逃离此地	Brosset, pp.124–125
1208	—	约 12000 人死亡	W.Allen, p.108
1239	—	城市遭到查玛甘破坏	Brosset, p.134
1319	—	在地震中被全部摧毁	Brosset, p.134

安卡拉

时间（年）	人口规模（人）	估测依据	数据来源
16 世纪 20 年代	14800	根据税单估算	Vryonis, p.29n
1553	14000	每个民兵武装组织有 2000—2500 人（该数字约是总人口数量的 1/6）	Derschwam, pp.187–188
1700	45000	—	Tournetfort, II, p.349
1750	37000	—	—
约 1800	30000	—	Playfair, V, p.349
1850	—	约有 40000 人（可能被高估）	Brockhaus, 1864
约 1850	25000	—	Ungewitter, II, p.277
1859	—	约有 20000 人（可能被低估）	Busch, p.129
1890	27825	—	Cuinet, I. p.283

布尔萨

时间（年）	人口规模（人）	估测依据	数据来源
1326—1402	15000	土耳其首都	Ency. Of Islam, 1960
1400	70000	拓展出至少 6 个新地区（每个地区约有 9000 人）	Ency. Of Islam, 1960
1400	—	建有 8 所医院（参见萨洛尼卡）	Schiltberger, p.40
1421—1451	—	包含 7 个新发展地区（每个地区约有 9000 人）	Ency. Of Islam, 1960
1432	—	拥有 100 户穆斯林家庭	La Brocquiere, p.40
1451	133000	参见公元 1400、1421 和 1550 年	—
1453	—	一些居民被迫迁至君士坦丁堡	Ency. Of Islam, 1960
1487	42000	有 5250 名纳税人（纳税人数量约为人口总量的 1/8。但此处的纳税人不包括未婚青年、单身妇女、奴隶、驻军、餐厅工作人员和宫廷仆人）	Gabriel, p.3
1500	45000	—	—
1522	50000	有 6351 名纳税人（纳税人数量占总人口数量的 1/8）	Gabriel, p.3
1522	—	约有 35000 人（可能被低估）	Barkan in Lapidus, 1967, p.264
1550	—	城市面积比里昂更大（因此，人数可能比里昂 120000 人更多）	Belon in Braudel, p.271
1573	77000	12852 名纳税人（纳税人数量占总人口数量的 1/6）。该时期，城内的大部分驻军、高官和宫廷仆人都迁至君士坦丁堡	Gabriel, p.3
1600	70000	—	—
1640	—	建有约 40000 栋房屋（可能被夸大了）	Evliya in Gabriel, p.3n
1675	55000	约有 40000 名土耳其人、12000 名犹太人及少数基督徒	Spon in Gabriel, p.3n

第 2 章　城市人口规模的估测依据

续表

时间（年）	人口规模（人）	估测依据	数据来源
1700	60000	—	—
1701	60000	有 10000—12000 个土耳其家族，1200 个其他家族	Tournefort, Ⅱ, p.355
1750	55000	—	—
1800	50000	—	—
1810	50000		Kinneir in Hassel, 1819, ⅩⅢ, p.125
1850	73000	—	—
1852	73000		J. Murray, p.182
1856	—	包括周边地区在内，总计 102907 人	Mordtman in Petermann, 1857, p.89
1892	76303	建有 165 座清真寺	Cuinet in Ency. Of Islam

迪亚巴克尔

时间（年）	人口规模（人）	估测依据	数据来源
502	80000	大量居民被杀害了	Ency. Brit., 1910
1000	40000	—	—
1042	40000	城市面积约 400 公顷	Nasir-i-Khusraw, p.26
约 1080—1183	—	奥托基德首都	Ency. Of Islam, 1960
1104	42000	拥有 7000 名奥托基德士兵（士兵数量占总人口数量的 1/6）	Ibn-el-Athir, 10: 256 in Gabriel, p.19
1394	—	城市被帖木儿军队摧毁	Ency. Of Islam, 1960
1518	12000		Tekeli, p.248
1664	30000	约有 20000 名基督徒（基督徒数量占总人口数量的 2/3；参见公元 1750、1756 年）	Tavernier, Ⅰ, p.104
1700	35000	—	—
1750	40000		Brockhaus, 1864
1756	—	26000 名基督徒中有 20000 人死亡	Ives
1800	38000	—	—
1810	38000		Kinneir in Hassel, 1819, ⅩⅢ, p.306
1816	—	约有 50000 人（可能被高估）；建有 25 座清真寺；有约 10000 名基督徒	Buckingham, Ⅰ, pp.377–378
1850	27000	—	—
1856	27424		Mordtmann in Petermann, 1857, p.91

埃尔祖鲁姆

时间（年）	人口规模（人）	估测依据	数据来源
1080—1201	—	王国政权所在地	Ency. Of Islam, 1960
1201	—	约 140000 人死亡；100 座教堂遭到严重破坏	Chambers, 1870
1700	24000		Tournefort, Ⅱ, p.195
1800	48000	每座大清真寺周边居住着约 9000 人；每座基督教堂周边居住着约 1250 人；城市总人口还需加上驻军人数	—
1810	—	约有 100000 人（可能被高估），建有 2 座教堂；建有近 40 座清真寺，其中 4 座堪称精美	Kinneir, p.322
约 1820	—	约有 2500 人（可能未计算驻军）；建有 16 座公共澡堂	Malte-Brun in Ency. Americana, 1829
1829	80000	建有 16378 栋房屋	Eli Smith & Dwight, p.64
1837	—	约有 35000 人，未包含驻军人数	Southgate, Ⅰ, p.181
1850	47000	约有 37000 人，未包含驻军人数	J.Murray, p.188
1854	—	约有 10000 人	Ency. Brit., 1878

191

四千年城市增长：历史人口普查

卡拉曼

时间（年）	人口规模（人）	估测依据	数据来源
约 1325—1352	—	卡拉曼人的 2 座首都之一	Ency. of Islam, 1913
1352—1390	—	卡拉曼人唯一的首都	Ency. of Islam, 1913
14 世纪	—	取代了科尼亚的地位	Ency. Brit., 1910
1390—1403	—	处于土耳其人的统治下	Ency. of Islam, 1913
1400	50000	—	—
1403—1472	—	再次成为卡拉曼人的首都，并在公元 1413—1450 年占领科尼亚	Ency. of Islam, 1913
1450	80000	参见公元 1892 年的人口数据	—
1840	20000	—	Barker, p.374
1892	5000—10000	建有 105 座清真寺（为巅峰期数据，清真寺数量是总人口数量的 1/800，参见公元 1892 年的布尔萨）	Ency. of Islam, 1913

开塞利

时间（年）	人口规模（人）	估测依据	数据来源
330—1064	—	是小亚细亚地区人口规模第一的城市	Ency. Brit., 1910
约 550	60000	城墙内的范围仅是城市的一部分（参见公元 1100 年）	Ency. Brit., 1910
1000	40000		
约 1100—1174	—	达尼什曼德的住地	Ency. Of Islam, 1913
12 世纪	50000		Ency. Brit., 1910
1200	40000	不再是首都	
1243	—	遭蒙古军队掠夺，但是很快得到恢复	Cahen, p.335
1813	25000		Kinneir in Ency. Of Islam, 1960
1839	18522		Ainsworth in Ency. Of Islam, 1960
1849	18413		Enci. Italiana
1858	—	建有 80000—10000 栋房屋	Barth in Ency. Of Islam, 1960
1892	71000	—	Cuinet in Ency. Of Islam, 1913

科尼亚

时间（年）	人口规模（人）	估测依据	数据来源
1099—1302	—	塞尔胡基德首都	Ency. Brit., 1970 Ency. Of Islam, 1913, "Seljuks"
1190	50000	与科隆的人口规模相当	A Crusader in Cahen, p.201
1200	70000	人口规模快速增长	—
13 世纪	100000	参见公元 1810 年	Rice, p.11
1294	45000		Cahen, p.338
1300	40000		
1467	—	部分居民迁至君士坦丁堡	Ency. Of islam, 1960, "Karaman-Oghlu"
16 世纪 20 年代	6100	根据税单估算	Vryonis, p.29n
约 1800	30000		
1810	30000	建有 12 座主清真寺（巅峰时期的数据）。每座清真寺周边约居住有 9000 人（该数字公元 1240 年时增长至约 108000 人）	Kinner in Hassel, XIII, p.198
约 1850	33000		J. Murray, p.209

伊兹尼克

时间（年）	人口规模（人）	估测依据	数据来源
13 世纪	—	新建了一面城墙，长约 4970 米（大约 3 英里）	Schneider & Karnapp.pp.1, 6
1204—1261	—	拜占庭首都	Ency. Brit., 1970
1332—1432	—	建有 5 或 6 座新清真寺；已建成 2 座旧基督教堂	Firatli, pp.12-18
1856	13899		Mordtmann in Petermannn, 1857, p.89

锡瓦斯

时间（年）	人口规模（人）	估测依据	数据来源
约1080—1174	—	丹麦首都；不久后皇家官邸迁至开塞利	Ency. of Islam, 1913, "Kayseri"
1200	45000	人口可能比伊科尼恩少，但略多于比开塞利	Cahen, pp.201-202
1381	—	再次成为首都	Ency. of Islam, 1913, "Burhan-al-Din"
1402	27000	约9000名修女被劫走（总人口数量按其3倍测算）	Schiltberger, p.20
16世纪20年代	5300	根据税单估算	Vryonis, p.29n
约1830	26000	—	R. Fisher, p.449
1837	30000	—	Southgate, II, p.301
约1850	31000	约有6200户家庭	J. Murray, p.208

伊兹密尔

时间（年）	人口规模（人）	估测依据	数据来源
1097	—	约10000人被希腊军队杀害	R. Chandler, p.60
1200	—	城市被摧毁	R. Chandler, p.60
约1335	—	大半个城市变成废墟	Ibn Battuta, p.134
约1610	—	与英国开展贸易	Ency. Brit., 1910
1664	90000	—	Tavernier, p.33
1675	111000	建有13座大清真寺，4座基督教堂，以及一些犹太教堂（可能是2座）	G. Wheeler, pp.268-270
1700	135000	约有27000户家庭	Tournefort, II, pp.374-375
1750	130000	—	—
约1800	125000	120000—130000人	Hassel, 1819, XIII, p.154
1814	120000	约30000人死于鼠疫	Jowett in Mikhov, IV, p.195
约1850	150000	—	J. Murray, p.164

塔尔苏斯

时间（年）	人口规模（人）	估测依据	数据来源
830—965	—	人口稳定增长	Ency. of Islam, 1913
9世纪	48000	每支驻军部队约有8000人（共有6支队伍）	Masudi in Ency. of Islam, 1913
965	—	大部分穆斯林教徒选择离开此地	Ency. of Islam, 1913
1808	30000	—	Kinneir in Murray, ed., III, p.174
约1840	8000	陷入与埃及的战争	Barker, p.113
约1850	30000	—	J.Murray, p.219
1859	30000	—	Busch, p.128

第比利斯

时间（年）	人口规模（人）	估测依据	数据来源
496—1802	—	格鲁吉亚王国首都	Ungewitter, II, p.178
852	—	约有50000人遇害	Muir, p.527
约980	—	人口比杰尔宾特或阿尔达比勒少	Ibn Hawqal, 1800, p.158
1100	—	城市里几乎没有居民	Vryonis, pp.384-385
1200	80000	人口数量接近中世纪时的高峰值	Meskhia, p.64
1227	100000	数据可能被高估	Meskhia, p.64
1395	—	城市被帖木儿军队摧毁	Meskhia, p.64
16世纪	—	建有约2000栋房屋	Meskhia, p.93
1700	20000	—	Tournefort, II, p.158
1700	—	建有约2800栋房屋	Meskhia, p.141
18世纪70年代	24000	—	Meskhia, p.141
1810	15000	—	Kinneir, p.344
1850	34890	—	Meskhia, p.141

特拉布宗

时间（年）	人口规模（人）	估测依据	数据来源
260	66000	拥有10000名民兵和1支军团（约6000人）	Zosimus, 1：33 Enci. Italiana；Webster's
1204—1261	60000	民兵组织约有10000人	Fallmereyer, p.304
1204—1461	—	王国首都	
1300	60000		
1330	—	城市处于最繁荣的时期	Enci. Italiana
1341	—	城市遭到焚烧，许多人被杀害	Miller, p.48
1347—1348	—	爆发了鼠疫	Miller, p.53
1349—1390	—	和平且繁荣地发展	Enci. Italiana
1400	50000		
15世纪	—	大量人口流失	Enci. Italiana
1461	40000	建有3座大清真寺，每座大清真寺周边住着约9000人。还应加上基督徒人数	Enci. Italiana
1500	30000		
1694	20000		Gemelli, p.97
1700	—	人口少于埃尔祖鲁姆	Tournefort, II, p.195
1807	25000		Tancoigne, p.338
1837	26500		Southgate, I, p.153
1850	28000		
1859	30000		Busch, p.132

阿卡

时间（年）	人口规模（人）	估测依据	数据来源
1047	15000	周长约5000尺（约3英里，面积约合150公顷）	Nasir-i-Khusraw, p.49
1189	30000	约有5000名穆斯林士兵	Ency. Brit., 1910
13世纪	—	人口增长	Edinburgh Ency.
1200	40000	黎凡特的基督教之都	
1291	57000	内含19个区域，每个区域都建有一座教堂（每个教区周边居住约3000人）	Bruzen
1291—1750	—	城市变为一片废墟，只有少量居民	Ency. of Islam, 1960
1750	—	沦为一座贫困的村庄	Volney, II, p.59
1772	—	拥有5000—6000人的骑兵部队	Volney, II, p.72
1785	30000	步兵部队约有9000人	Volney, II, p.112
1799	—	拿破仑包围这座城市	Ency. Brit., 1910
1800	30000		
1832	—	城市被埃及人摧毁	Ency. of Islam, 1960

阿勒颇

时间（年）	人口规模（人）	估测依据	数据来源
637	72000	民兵组织约有12000人	Baurain, p.22
944—1015	—	公元967—976年是叙利亚的首都；公元991年开始被埃及统治	Ency. of Islam
950	42000	拥有约5000名正规军和约2000名古拉姆近卫军	Canard, p.636
962	40000	约10000名妇女和儿童被俘（该数量占人口总量的1/4；参见肯帕德湾）	Canard, p.814 Baurain, p.47
962—1015	—	首都迁至马雅法里琴	Canard, p.644
991	40000	拥有一支约6500人的军队	Canard, p.688
1000	40000		
1046	35000	规模与巴尔赫相近；房屋密集分布	Nasir-i-Khusraw, p.32
1100	—	围墙长约3000米，城市占地面积约70公顷；围墙外还建有宫殿	Canard, map p.222 Russell, 1972, p.203
约1170	—	约有3000名犹太人	Benjamin of Tudela, pp.81-82

续表

时间（年）	人口规模（人）	估测依据	数据来源
1200	45000		
约1250	55000	建有38座集市	Ziadeh，1953，p.89
约1250	55000	整个地区占地约112公顷（参见约公元1680年）	Russell，1972，p.89
1260—1340	—	人口快速增长	Ency. of Islam，1913
1299	—	11月，因害怕城市被蒙古军队攻占，居民纷纷逃亡	Sauvaget，p.160
约1399	75000	建有64座清真寺（每座清真寺周边居住着约800人，包括犹太人和基督教徒）	Hafiz Abru in Rentz，p.96
1400	75000		
1400	—	城市被帖木儿军队摧毁	Grousset，p.527
1500	67000		
1520	67000	根据税单估算	Lapidus，1967，p.79
1530	57000	根据税单估算	Lapidus，1967，p.79
1600	61000		
1661	—	建有约26000栋房屋，形成了3个大型郊区	Bourges，pp.43-4
1679	66000	建有13360栋房屋	Arvieux，p.xxv
约1680	—	城市由45个区域组成，其中25个位于郊区地带	Dapper，p.140
1700	67000		
1700	—	约有15000名亚美尼亚天主教徒	Baurain，p.93
1737	70000	建有约14000栋房屋（参见公元1679、1790年）	Otter，pp.59，91
1750	70000		
1756	—	约有25000名希腊天主教徒（更有可能是基督教徒）	Otter，p.113
18世纪80年代	—	人口可能少于100000人；但未超过南特或马赛的人口规模	Volney，Ⅱ，p.152
约1790	70000		Taylor in Playfair，v，p.209
1800	72000		
约1820	—	约有31000名基督教徒	H. Murray，1837，Ⅲ，part 2，p.265
1822	77000	整个地区的总人口约155000人。该城市的人口数量占地区总人口的约1/2（参见公元1661、1679年）	Enci. Italiana
1840	75000	这是地震前的人口数量，地震后锐减为50000人	Paton，p.401
19世纪40年代	80000	—	Bazili in Lapidus，1969，p.110
1850	90000		
1856	99383	包括拉韦丹的人口	Mordtmann in Petermann，1857，p.91

安巴尔

时间（年）	人口规模（人）	估测依据	数据来源
750—762	—	伊斯兰国家中心	Ency. of Islam，1960
800	60000	周长约6英里（城市占地约600公顷）	Ency. of Islam，1960
927	—	城市被加玛提亚人摧毁	Ency. of Islam，1960
约1170	—	约有3000名犹太人	Benjamin of Tudela，p.94

安条克

时间（年）	人口规模（人）	估测依据	数据来源
965	30000	约有5000人参加了民兵组织（可能包含基督徒）	Boucher，p.215
1000	30000		
1051	—	约有4000名驻军	Ibn el-Qalamisi，p.202，citing Ibn Hawqal
1098	—	约3000人逃入城堡避难，其余人大多被杀害或奴役	—
1100	30000	约有5000名士兵	Ibn el-Athir，10：203n
12世纪	40000	十字军筑造的城墙，围合出约325公顷的城市面积（人口数量是面积数值的约125倍）	Russell，1972，p.202
1268	27000	约17000人死亡，100000人被俘虏（更有可能是10000人），其中包括躲在城堡中的8000人	Boucher，p.269

时间（年）	人口规模（人）	估测依据	数据来源
1268	—	未从灾难中恢复	Ency. Brit., 1910
1432	1500	建有 300 栋房屋	La Brocquierc, p.313
1816	10000	建有 14 座清真寺	Buckingham, pp.557–558
1856	21396	—	Mordtmann in Petermann, 1857, p.92

巴格达

时间（年）	人口规模（人）	估测依据	数据来源
763	480000	地区方圆约 2 英里（面积约 3200 公顷，人口总量是面积数值的约 150 倍；参见公元 932 年）	Yaqubi in Le Strange, p.18
800	700000		
833	—	据说约有 2000000 人	Ency. Brit., 1910
833	900000	公元 892 年的城市面积按 43750 米乘以 1366 米推算，或者达到约 5946 公顷	Ency. of Islam, 1960
855	—	参与游行的居民中约有 800000 名男子、60000 名妇女（可能包括军队人数）	Felix Jones, p.305
932	—	拥有 860 名持有执照的医生，全市有至少 860000 人	Ency. of Islam, 1960 Hollingsworth, pp.284–285
932	—	城市约有 1500000 人；公元 993 年城市里建有约 1500 间公共浴室（按平均每 200 户家庭拥有 1 间浴室，估测人口数量）	Ency. of Islam, 1960
932	1100000	城市占地面积约合 7342 公顷（假设人口密度为 150 人/公顷；参见公元 1400 年，但当时的人口密度更高）	Ency. of Islam, 1960
巅峰期	—	建有约 240000 栋房屋	Cuinet, III, p.93
956	—	人口较公元 932 年减少了 9/10	Tanukhi in Ency. of Islam, 1960
971	—	约有 17000 人死于暴动	Ency. of Islam, 1960
985	—	城市人口比开罗多	Mukaddasi in Clerget in Ency. Of Islam, 1960
1000	125000		
1171	—	约有 40000 名犹太人（可能被夸大）	Benjamin of Tudela in Ency. of Islam, 1960
1184	—	建有 11 座大清真寺	Ibn Jubayr, pp.234, 237
1200	100000	根据大清真寺数量估算（参见公元 1258、1350、1400 年）	
1258	—	约有 100000 人被杀害，其中包括难民	Ency. of Islam, 1960
1282	—	修复了 2 座大清真寺	Ency. of Islam, 1960
1300	40000		
1340	—	征税 800000 第纳尔	Adams, 1965, p.106
约 1350	100000	建有 2 座大清真寺	Ibn Battuta, p.99
约 1400	—	中世纪晚期，城市面积达 562 公顷；但据罗素（Russell）推测达 70000 公顷	Russell, 1958, p.130
1401	90000	城市被帖木儿军队攻占	Meyer, 1874
1604	—	建有 20000—30000 栋房屋（要么被夸大，要么许多房屋空置）	Texeira in Ency. of Islam, 1960
1628	—	与布里斯托尔的规模不相上下	Herbert, p.230
1638	30000	大量居民死亡	Meyer, 1874
1652	14000	—	Tavernier in Ency. of Islam, 1913
1663	16000		Godinho, p.400
1671—1681	—	修复或重建了 4 座大清真寺（城市人口数量超过中 36000）	Ency. of Islam, 1960
1700	50000		
1704—1800	—	人口数量稳步增长	Ency. of Islam, 1960
1750	65000		
1800	80000		
1804	80000		Olivier in Ency. of Islam, 1960

续表

时间（年）	人口规模（人）	估测依据	数据来源
1809	—	约有 45000 人（可能被低估）	Rousseau in Ency. of Islam, 1960
约 1825	—	新建了 3 座大清真寺，组建了约 20000 人的常备军	Ency. of Islam, 1960
1848	60000		I. Pfeiffer, p.199
1850	60000		
1852	60000		Felix Jones, p.339

巴士拉

时间（年）	人口规模（人）	估测依据	数据来源
671	200000	拥有约 80000 名士兵	Baladhuri in Kremer, 1920, p.310
717	100000	约有 40000 名战士迁移到霍拉桑，公元 701 年迁移的士兵数量是公元 717 年的一半	Tabari, 2: 1, 290f, in Levy, II, p.277
自 763	—	部分居民迁至巴格达（海上贸易蓬勃发展）	Ency. of Islam, 1960
800	100000		
830	—	人口规模快速下降	Ency. of Islam, 1960
898	—	城市中堆满了垃圾	Kerr, p.74n
1000	50000	人口数呈下降态势，人口密度较低	—
1051	—	城市大部分遭到摧毁	Nasir-i-Khusraw, p.236
约 1100	—	建于公元 771 年的城堡被摧毁	Ency. of Islam, 1960
1123	60000	城墙周长约 6 英里（含新建的 2 公里），城市面积约 600 公顷（人口总量是面积数值的约 100 倍）	Ency. of Islam, 1960
约 1160	—	约有 10000 名犹太人	Benjamin of Tudela, p.96
1200	60000	自公元 1123 年来，该地区一直较为安定	
1525	10000	约有 2000 户家庭	Leo Africanus in Ency. of Islam, 1960
1661	60000	建有约 10000 栋房屋	Bourges, p.73
1663	—	约有 100000 人（可能被高估）	Godinho, p.55
1691	—	约有 80000 人死于流行病	A. Hamilton, p.55
18 世纪	40000—50000	—	Islam Ansiklopedist
1750	—	约有 150000 人（可能被夸大）	Brockhaus, 1864
1750	50000		
1758	60000—70000	周长大约 12 英里	Ives, p.231
1800	60000		
1810	60000		Kinneir, p.290
1838	12000	经历两次流行病后的人口规模	Brockhaus, 1864
1854	5000		Brockhaus, 1864

大马士革

时间（年）	人口规模（人）	估测依据	数据来源
705—715	300000	—	Thubron, p.103
705—715	—	约有 45000 人获得国家补贴（仅向那些有能力服兵役或担任政府职务的人发放）	Kremer, 1920, p.148
750	—	除保留清真寺外，阿巴斯王朝拆除了城墙和所有公共建筑	Thubron, pp.96–103
约 800	—	该地区缴纳的税款占哈里发国的 2%（低于钦尼斯林）	Levy, I, pp.346–347
970—1079	—	人口规模持续下降	Ency. of Islam, 1913
约 1150	57000	城市中有 57 间公共浴室（人口总量是浴室数量的约 10000 倍，参见巴格达）	Ibn Asakir, p.285
约 1150	—	城墙内有 241 座清真寺，郊区约有 178 座清真寺	Ibn Asakir, pp.84–173
约 1170	80000	努尔丁建造或修复了 100 多座清真寺（人口总量是清真寺数量的约 800 倍）	Kremer, 1853, p.57
1171—1193	—	萨拉丁的常住地	Abdul-Hak, p.61
1200	90000		—

续表

时间（年）	人口规模（人）	估测依据	数据来源
1300	—	约有 10000 人被杀害或奴役	Lane-Poole, p.297
1300	64000		
14 世纪	74000	建有 74 间公共澡堂	Ziadeh, 1953, p.90
1400	74000		
1401	—	除老人外，其他人口大多迁移到撒马尔罕	Ibn Taghribirdi in Ziadeh, 1964, p.13
1432	—	约有 100000 人（可能被夸大）	La Brocquiere, pp.294, 309 Thubron, pp.151-152
1500	60000		
16 世纪 20 年代	5700		Lapidus, 1967, p.79
1534	—	城市规模和罗文或图卢兹一样大	Affagard, p.218
1600	60000		
1700	70000		
1750	80000		
18 世纪 80 年代	80000		Volney, Ⅰ, p.271
1800	90000		
约 1810	100000	—	Hassel, 1817
约 1850	108599	公元 1848—1855 年期间的人口调查数据	Porter, Ⅰ, p.139

埃泽萨

时间（年）	人口规模（人）	估测依据	数据来源
约 825	—	据基督徒描述，城中 1/10 以上的教堂被重建	Segal, p.199
1000	35000		
1071	35000		Vryonis, p.28
1144	47000	大多数人幸免于难，城市也逐渐恢复	Vryonis, Tbn el-Athir, 11: 65 in Gabrieli, p, 52
1393	—	城市被帖木儿军队摧毁	Playfair, v, p.215
1796	20000—24000		Olivier in Ency. Brit., 1910
1800	22000	—	—
1810	20000		Kinneir, p.315
1850	33000	—	—
1873	40000		Sachau in Ency. Brit., 1910

哈马丹

时间（年）	人口规模（人）	估测依据	数据来源
630	—	城市地位逐渐丧失	Ency. of Islam, 1913
1108	—	居民遭到屠杀	Ency. Brit., 1910, "Hamah"
约 1150	35000	约有 25000 人死于地震	Benjamin of Tudela, p.81
约 1325	—	城市地位略高于叙利亚的黎波里	Ency. of Islam, 1913
1800	30000		
1807	—	人口规模是霍姆斯的 2 倍；有 80000—100000 人（可能被夸大）	Badia, Ⅱ, Pp.288, 293
1809	30000		Burckhardt in H. Murray, Ⅲ, part 2, p.265
约 1850	44000		Ency. Brit., 1853

哈萨

时间（年）	人口规模（人）	估测依据	数据来源
926		城市建立	Ency. of Islam, 1913 "Ahsa"
926—11 世纪	—	卡尔马特的首都	Ency. of Islam, 1913 "Ahsa"
1000	110000		—

续表

时间（年）	人口规模（人）	估测依据	数据来源
1051	<u>110000</u>	达到可携带武器年龄的人口数量为20000（占人口总数的约1/4）；有约20000名黑人奴隶	Nasir-i-Khusraw, pp.225, 227
19世纪	—	地位被胡富夫取代	Ency. Brit., 1910

胡富夫

时间（年）	人口规模（人）	估测依据	数据来源
1840	40000	—	Ency. of Islam, 1913
1863	—	约有23000人（可能未包含穆巴里兹的郊区人口）	Ency. of Islam, 1913, citing Palgrave

耶路撒冷

时间（年）	人口规模（人）	估测依据	数据来源
约630	62000	—	Margoliouth, p.195
1000	<u>60000</u>	—	
1047	—	约有20000名男性	Margoliouth, pp.67, 108
1099	70000	大量居民被杀害	Ibn el-Athir, 10; 194-195 in Gabrieli, p.11
1187	<u>50000</u>	约有60000人，包括难民（大约建有37座教堂）	lane-Poole, 1898, p.225
1243	30000	数据源自当时的报道	Russell, 1972, p.204
1243	20000		Campbell, p.165
1243	7000	遭遇克瓦里兹米掠夺后的人口数量	Boudet, p.245
1488	4000		Jewish Ency.
1613	10000		Coryat, Ⅲ, p.4
1693	—	少于20000人	Gemelli, p.33
18世纪80年代	12000—14000		Volney, Ⅰ, p.304
1856	18000		Jewish Ency.

库费

时间（年）	人口规模（人）	估测依据	数据来源
671	200000	约有60000名士兵（公元638年，这座城市成为一个军事哨所）	Baladhuri, p.350, in Levy, Ⅱ, p.270
696	<u>200000</u>	约有40000名士兵，其中包括10000名年轻人	Tabari, 2: 930, in Levy, Ⅱ, pp.277-8
715	<u>100000</u>	约有20000名士兵被派往霍拉桑	Tabari, 2: 1129f, in Levy, Ⅱ, p.277
740	90000	城市中约有15000个民兵组织	Ency. Brit., 1910 "Caliphate"
754	110000	大量军人被杀害	Hitti, p.537
906—985	—	城市遭遇了5次掠夺	Ency. of Islam, 1913
约980	—	城市人口比巴士拉少	Ibn Hawqal, 1800, p.65
10000	30000	参见巴士拉	
约1160		城市中有7000名犹太人	Benjamin of Tudela, p.93
约1350		城市变为废墟	Ibn Battuta, p.97

麦加

时间（年）	人口规模（人）	估测依据	数据来源
627	24000		Watt, p.36
692	60000	遭遇近6个月的围困	Ency. Brit., 1910 "Caliphate"
约800	—	建成早期的城市水系统	Gaury, p.54
巅峰期	—	约有100000人（可能被高估）	Badia, Ⅱ, p.103
800	80000	阿拉伯地区繁荣发展	—
928	30000	人口遭到屠杀	Burckhardt, Ⅰ, p.242

199

续表

时间（年）	人口规模（人）	估测依据	数据来源
1000	35000	—	—
1050	40000	城市中有 7000 名男性（可能是成年人）	Nasir-i-Khusraw，p.188
1503	34000	城市中约 4000 名商人，约 30000 名穷人	Varthema，p.39
1517	—	文献记载有 12000 名男子、妇女和儿童	Burckhardt，Ⅰ，p.242
1525—1601	—	处于和平时期，城市面积扩大	Ency. of Islam，1913
约 1560	—	新建了一座大清真寺（由此推测城市人口增加了约 9000 人）	Burckhardt，Ⅰ，p.232
约 1570	—	新建的水渠带来了充足的供水	Burckhardt，p.196
1600	50000	—	—
1658	—	规模几乎和马赛一样大	Thevenot，part 1，p.155
1700	50000	—	—
1750	50000	—	—
1807	16000—18000	城市中约有 2/3 的房屋处于空置状态	Badia，Ⅱ，p.103
1814	28000—34000	动乱时期的人口统计数量（包括奴隶）	Burckhardt，I. p.242
1830	50000	—	Wellstedt，p.352
约 1850	45000	—	Brockhaus，1864
1853	50000	—	Ency. Brit.，1910，citing Burton

迈迪奈

时间（年）	人口规模（人）	估测依据	数据来源
620	15000	城市中有 8000—10000 名犹太人	Ency. Judaica
850	—	建设了内城墙	Rutter，Ⅱ，p.209
1157	—	建设了外城墙，由此增加了 1/3 的城市面积	Rutter，Ⅱ，p.209
1600	30000	—	—
1658	—	城市规模和马赛几乎一样大（算上郊区），但是人口密度很低；城市中有很多闲置空地	Thevenot，part 1，p.156 Rutter，Ⅱ，map p.209
年份不详	37000	建有 37 座清真寺（人口总量按清真寺数量的 1000 倍推算）	Burckhardt，Ⅱ．p.157
年份不详	38000	建有 5 座清真寺（都是大清真寺，人口总量不少于清真寺数量的 7500 倍）	Burton in Ency. Brit.，1853
1700	37000	—	—
1853	16000—18000	城中建有 1300 栋房屋	Burton in Brockhaus，1864
1894	—	城市人口接近 48000 人（可能被高估）	Meyer，1902
1900	25000—30000	—	Ency. Brit.，1910，"Hejaz"

摩苏尔

时间（年）	人口规模（人）	估测依据	数据来源
约 752	40000	—	Muir，p.441
约 975	—	城市人口比巴士拉多	Canard，p.118
1127	—	大部分地区变成废墟	Ency. of Islam，1913
约 1170	—	约有 7000 名犹太人	Benjamin of Tudela，p.83
1184	—	建有 3 座大清真寺，其中 1 座位于郊区	Ibn Jubayr，p.244
1200	50000	根据清真寺、基督徒和犹太人的数量推测	—
1261	—	城市随着王朝的衰落而被洗劫一空	Ency. of Islam，1913
1657	—	城市几乎被摧毁；拥有一支 3000 人的驻军部队	Tavernier，Ⅰ，p.71
1758	—	城市中有 10000—12000 名基督教徒	Ives，p.322
1800	34000	—	—
1810	34000	城市人口接近 35000 人	Kinneir，p.258
1837	40000	—	Southgate，Ⅱ，p.241
1850	45000	—	—
1873	50000	—	Cernik，p.4

马斯喀特

时间（年）	人口规模（人）	估测依据	数据来源
自 1650	—	阿曼首都	Ency. of Islam, 1913, "Maskat"
约 1800	12000	—	Hassel, 1819, XIII, p.474
约 1810	36000	城市中有 6000 名军人	Salil, p.293
1830	60000	城市迅速发展	Wellestedt, p.375
1850	60000		

萨迈拉

时间（年）	人口规模（人）	估测依据	数据来源
836—889	—	哈里发的主要住地	Muir, pp.513, 544
836—889	280000	城市中有一支约 70000 人的驻军部队（军队人数占人口总量的 1/4）	Ploetz, I, p.399
858	—	约有 12000 名士兵被召集以粉碎萨马拉的土耳其驻军	Ency. Brit., 1910, "Caliphate"
巅峰期	270000	占地面积约 2700 公顷（人口总量是面积数值的约 100 倍）	J. M. Rogers in Hourani, pp.123–4
巅峰期	—	城市中约有 1000000 人（可能被高估）	Herzfelt in Adams, 1965, p.90

萨那

时间（年）	人口规模（人）	估测依据	数据来源
自 530	—	也门首都	Ency. of Islam, 1913
1187	—	城市大部分地区被阿拉伯军队摧毁	Ency. of Islam, 1913
1503	20000	城中拥有 4000 个壁炉	Varthema, p.80
1536—1630	—	城市处于土耳其统治下	Ency. Brit., 1910, "Yemen"
约 1590	12000	拥有 2500 户家庭	p.paez, p.402
巅峰期	40000	建有 38 座清真寺（清真寺数量是人口总量的约 1/800，再加上犹太人的数量）	Ency. Brit., 1973
1800	40000		—
1818—1853	—	遭受了贝多因军队的 4 次突袭	Ency. of Islam, 1913
约 1840	40000		R. Fisher, p.471
1850	40000		
1856	40000		Stern in Badger, p.79a
1887	25000		Manzoni in Ency. Brit., 1910
1891	—	约有 50000 人（可能被高估）	Burchardt in Ency. Brit., 1910
约 1910	18000	约有 50000 名犹太人	Ency. of Islam, 1913

哈马丹

时间（年）	人口规模（人）	估测依据	数据来源
自 644	—	地区中心	Lockhart, 1960, p.97
104—194	—	伊拉克部分地区的首府	Ency. Brit., 1910, "Seljuks"
约 1140	—	与摩苏尔作战	Ency. Brit., 1910, "Caliphate"
1221	—	很多人被蒙古军队杀害	Ency. of Islam, 1960
约 1320	18000	征税 105000 第纳尔（参见大不里士）	Petrushevaky, p 508
1386		城市被摧毁，但又迅速恢复了元气	Lockhart, 1960, p.98
1630		土耳其军队在城市中掠夺长达 6 天	Sykes, p.83
约 1800	30000	约有 40000 人（可能被高估）	Ker Porter in Lockhart, 1960, p.99
1810		约有 40000 人（可能被高估）	Kinneir, p.127
1825	25000		Alexander, p.171
1837	30000		Southgate, II, p.104
1850	30000		—
1860		约有 70000 人（可能被高估）	Brugach in Brockhaus, 1864
1869	30000		Bemont, p.69

霍尔木兹

时间（年）	人口规模（人）	估测依据	数据来源
1100—1300	—	王朝政权所在地	Ency. Brit., 1910
1150	32000	城市规模与木尔坦相近，城池固若金汤（参见木尔坦）	Edrisi in Ency. Brit., 1910
约1270	36000	约有超过60000名士兵	Salil, pp.37-9
约1300	—	取代基什岛成为主要的波斯湾港口	Ency. Brit., 1910, "Kish"
约1300	50000	形态呈三角形，面积大约500公顷（参见锡拉夫）	Ency. Brit., 1910, "Kish"
1400	50000	—	—
1442	—	无与伦比的转口港	Abn-er-Razzak, p.5
约1470	—	拥有一个世界级的大型贸易区	Nikitin in Ency. Brit., 1910
1500	50000		
1521	—	拥有3000名士兵（来自葡萄牙）	Danvers, Ⅰ, p.350
1582	—	拥有3000名士兵	Danvers, Ⅱ, p.46
1622	—	成为波斯的殖民地；大规模人口外迁	Godinho, p.394

伊斯法罕

时间（年）	人口规模（人）	估测依据	数据来源
约800	25000	税收总量约11000000迪拉姆（参见公元980—1000年）	Spuler, p.471
约903	25000		Ency. of Islam, 1913
935—976	—	城市在鲁克·埃·道拉的统治下繁荣昌盛	Ency. of Islam, 1913
950	—	城墙周长约21000步（即约12英里，围合面积约2300公顷）	Barbier, p.41n
968	—	城市人口数量位列穆斯林东部地区的第四名，仅次于在雷伊、巴格达和尼沙普尔	Ibn Hawqal, 1800, p.157
约980	—	税收约40000000迪拉姆	Spuler, p.471
1000	100000	参见公元968年	—
1000	100000	这是保守估计的数量（人口少于巴格达和尼萨普尔）	Ency. of Islam, 1960
1051—1092	—	塞尔柱王朝首都	Lockhart, 1960, pp.20-21
1052	—	城市面积同公元950年一样	Nasir-i-Khusraw in Lockhart, 1960, p.20
约1170	—	城市中约有15000名犹太人	2000000000003m
1200	70000	不再是首都	—
1220	—	城市人口比雷伊少	Istakhri in Yaqut, p.275
1300	62000	—	—
约1320	62000	征税约350000第纳尔（参见大不里士）	Petrushevaky, p.508
1387	70000	城市人口遭到帖木儿军队残杀	Ency. of Islam, 1960
1474	50000	—	Barbier in Ency. of Islam, 1960
1500	45000	经历了一场短暂战争	—
1598—1736	—	首都	Lockhart, 1960, pp.23, 37
1598	40000		Lockhart in Toynbee, pp.210, 219
1599	80000		Lockhart in Toynbee, p.219
1600	100000		
1628	325000	建有约70000栋房屋（约有65000人，占总人口数的1/5）	Herbert, p.161
1628	—	400000—500000人	Lockhart in Toynbee, p.161
1673	360000	城市中约有600000人（可能被高估）；周长约24英里（占地面积约9000公顷；参见高尔、穆尔斯希达巴德）	Chard in Ency. Brit., 1910
1673	—	建有38249栋房子（其中有29469栋在城墙内）	Chard in Nweeya, p.50
1673	250000	城墙内有162座清真寺（数量约为总人口数的1/1000）	Chardin in Ency. Brit., 1910
1673	350000	建有273间浴室（数量约为总人口数的1/1000；参见巴格达、克尔曼）	Chardin in Ency. Brit., 1910
1678	—	在朱尔法有13座教区教堂（数量约为总人口数的1/3000）	Fryer, Ⅱ, p.261

续表

时间（年）	人口规模（人）	估测依据	数据来源
1700	350000	—	—
1723	—	居民遭到阿富汗人杀害	Ency. Brit., 1910, "Persia"
1744	45000	约建有 5000 栋房屋（参见公元 1673 年）	Hanway in Parish, p.278
1750	45000	—	—
约 1797	50000	—	Oliver in Hassel, 1819, XIII, p.580
1800	50000	—	—
1811	60000	屠宰的绵羊数量是公元 1670 年的 1/6 倍	Morier, pp.141-2
1850	—	城市中约有 60000 人（可能被低估；参见公元 1869 年）	Hytier in Bemont, p.114
1850	67000	参见公元 1811、1869 年	—
1869	76000	—	Bemont, p.114
1882	73654	—	Ency. Brit., 1910

克尔曼

时间（年）	人口规模（人）	估测依据	数据来源
709	—	是地区的第二大城市，仅次于锡尔詹	Lockhart, 1960, p.114
1200	30000	约有 1230 名士兵	—
约 1230	40000	约有 6600 名士兵（是总人口数的 1/6）	Polo in Kerr, p.288
约 1330	—	可能是国家人口最多的城市	Madeville, p.170
约 1350	—	建有 2 座清真寺	Ency. of Islam, 1913, "Kirman"
1600	40000	—	—
约 1640	45000	城市中约有 10000 名帕尔西人；参见公元 1794 年	Tavernier in Ency. of Islam, 1913
1700	45000	—	—
约 1747	—	帕尔西地区遭到摧毁	Lockhart, 1960, p.117
1750	45000	出走避难的帕尔西人可能已经返回到此地	—
1794	—	城市中约有 12000 名帕尔西人	Khanikov in Ency. of Islam, 1913
1794	55000	约 35000 人被屠杀，20000 人被奴役	Ency. Brit., 1910, XXI, p.237
1820	20000	—	kinneir, p.198
约 1850	30000	—	Brockhaus, 1864
1865	35000	有 30000—40000 人；建有 32 间浴室、28 个商队旅馆	English, p.28
1878	41170	—	Ency. of Islam, 1913

克尔曼沙阿

时间（年）	人口规模（人）	估测依据	数据来源
786—809	—	哈伦夏季的皇家住地	Lockhart, 1939, p.54
约 980	—	人口密集	Lockhart, 1960, p.103
自 1220	—	城市衰败	Lockhart, 1960, p.103
16 世纪	—	城市恢复原来的规模	Lockhart, 1960, p.103
1798	8000	—	Beauchamp in Bemont, p.199
1813	14000	12000 栋房屋，大约居住 60000 人，有 4 座清真寺、14 间浴室（浴室数量约为总人口数的 1/1000；人口和房屋数量很可能是某一更大范围内的数据）	Kinneir, p.132
约 1820	35000	皇家王子的居所	Felix Jones, p.172
1844	10000	—	Felix Jones, p.172

马拉盖

时间（年）	人口规模（人）	估测依据	数据来源
968	—	城市人口仅仅比阿尔达比勒少	Ibn Hawqal, 1800, p.157
1256—1295	—	首都	Lockhart, 1960, pp.60-61
约 1320	12000	征税约 70000 纳尔（参见大不里士）	Petrushevsky, p.508
1810	15000	—	Kinneir, p.156
1869	15000	—	Bemont, p.69

马什哈德

时间（年）	人口规模（人）	估测依据	数据来源
约 1510	—	霍拉桑地区的中心城市	G. Forster，Ⅱ，p.122
1589—1598	—	城市经历屠杀和殖民	Bemont，p.151
1604	20000	约建有 4000 栋房屋	Busching，1776，Ⅷ，p.389
1696	—	城市人口密集	Lee in Lockhart，1960，p.37
1736—1747	—	波斯首都	Lockhart，1960，p.37
1739	300000	城市约有 55000 名骑兵	Irvine，Ⅱ，p.337
1747	200000—300000	约建有 60000 栋房屋	Macolm in Lockhart，1938，p.197
1750	200000		
1796	18000	约建有 3000 栋房屋	Bemont，p.167
1800	20000		
1807	24000	约建有 4000 栋房屋	Trulhier in Bemont，p.167
1810	—	城市中约有 5000 人（可能被高估）；共含 12 个地区	kinneir，p.175-6
1822	46000	约建有 7700 栋房屋	Fraser in Bemont，p.167
1832	40000		Connolly in Bemont，p.167
1850	45000		
1860	50000		Khanikov in Bemont，p.167

内沙布尔

时间（年）	人口规模（人）	估测依据	数据来源
4 世纪—1153	—	城墙周长约 15000 步（即约 9 英里，围合面积约 1300 公顷）	Bosworth，p.159
828—873	—	也门首都	Ency. of Islam，1913，"Tahirids"
巅峰期	—	城市可能不超过 100000 人	Bulliet，p.9
828—12 世纪	—	几乎一直是首都或者次要城市	Bulliet，p.9
968	—	它和巴格达共同统治着穆斯林东部地区	Ibn Hawqal，1800，p.172
1000	125000	参见巴格达	
约 1025	—	共含 44 个地区；城市人口比巴格达或福斯塔特多，与赫拉特、古尔或马尼卡（曼尼亚凯塔）相近	Abn Ali in Nasir-i-Khusraw，p.279
1034	120000	约有 20000 名民兵	Bosworth，p.169
约 1150	—	城市规模是梅尔夫的一半	Edrist，p.451
1153	—	城市遭到古兹破坏	Ency. Brit.，1910
1153—1208	—	郊区被占领	Bosworth，p.159
1208	25000	地震后，筑造了约 6900 步的新城墙	Bosworth，p.159
1220	70000	面积上被雷伊超越，但财富上依然领先	Yaqut，pp.275-276
1221	—	蒙古人攻陷了城市；在公元 1269 年再次遭到破坏	Ency. Brit.，1910
1280	—	城市发生了地震	Ency. Brit.，1910
1341	—	成为霍拉桑人口规模第二大的城市	Ibn Battuta，p.175
1405	—	地震彻底摧毁了城市	Lockhart，1939，p.43
1822	5000		Fraser in Lockhart，1960，p.85
1869	8000		Bemont，p.69

加兹温

时间（年）	人口规模（人）	估测依据	数据来源
968	25000	周长约 1 英里（占地面积约 250 公顷）	Ibn Hawqal，1800，p.178
约 1320	9000	征税约 55000 第纳尔（参见大不里士）	Petrushevsky，p.508
1548—1598	—	首都	Lockhart in Toynbee，p.319
1584	120000		Danvers，Ⅱ，pp.59，63
1600	60000	参见新首都伊斯法罕的发展	
1628	—	成为第二个伊斯法罕，周长约 7 英里（占地面积约 800 公顷）；约有 20000 个家庭（可以追溯到公元 1500 年）；城市约有 200000 人（相对家庭人数来说可能被高估）	Herbert，pp.210-211

时间（年）	人口规模（人）	估测依据	数据来源
1672	60000	12000 所房屋里约居住着 100000 人（可能被高估，房屋数量是总人口数量的 1/5，和公元 1628 年伊斯法罕一样多）	Chardin, p.196
1700	60000	—	—
1750	50000	—	—
1800	40000	—	—
1807	40000	城市人口不超过 50000 人	Tancoigne, p.89
1809	—	约有 60000 人（数据可能不符合实际）	Gardanne in Hassel, 1819, XIII, p.585
约 1810	—	大部分成为废墟，但仍然是波斯的主要城市	Kinneir, p.121
约 1850	30000	—	Ungewitter, II, p.303
1868	25000	—	Thomson in Vivien

基什岛

时间（年）	人口规模（人）	估测依据	数据来源
约 1100	—	一个世纪内均是波斯湾的主要港口	Ricks, p.352 Ency. Brit., 1910
1200	40000	参见锡拉夫、霍尔木兹	—

库姆

时间（年）	人口规模（人）	估测依据	数据来源
约 720	—	筑造了新城墙，但规模只是一个小城镇	Lockhart, 1960, p.127
约 867	—	大部分原居民被杀害	Ency. of Islam, 1913
1150	—	建有 9 座塞尔柱王朝时期的宗教学校	Bausani, p.295
1150	60000	参见公元 1335、1672 年	—
1221	—	数千人被蒙古人杀害	Lockhart, 1960, p.129
约 1335	—	城墙周长约 10000 步（约 6 英里，围合面积约 600 公顷）	Mustawfi in Lockhart, 1960, p.129
1474	—	约建有 20000 栋房屋（可能被高估）	Barbaro in Lockhart, 1960, p.129
1628	—	约建有 2000 栋房屋（可能被低估）	Herbert in Lockhart, 1960, p.130
1672	37000	约建有 15000 栋房屋，一半遭到摧毁（约有 7500 人，占总人口的 1/5）	Chardin, p.202
1672	—	约有 32000 人或更多；参见公元 1820 年	—
1716	—	根据波斯主要城镇规模推测	Bell in Lockhart, 1960, p.130
1810	—	共有 7 个地区；1722 年遭到阿富汗人掠夺	Kinneir, p.116
1820	—	遗存 40 座清真寺（数量是总人口的 1/800；这些清真寺约在公元 1672 年建成）	Malcolm in Harnisch, xv, p.56
1869	22578	—	Bemont, p.181

雷伊

时间（年）	人口规模（人）	估测依据	数据来源
762—808	—	阿拉伯在波斯的主要驻军基地；在公元 768—808 年达到人口巅峰时期	Ency. Brit., 1910, "Caliphate" Barbier, p.273n
800	100000		
894—899	—	哈里发王储在此建立官邸	Ency. of Islam, 1913, "Rainy" Rainy
968	—	穆斯林东部地区人口规模第三的城市，仅次于尼沙普尔和巴格达	Ibn Hawqal, 1800, p.157
约 985	—	建有 8 个大型市场	Ency. of Islam, 1913, "Muktafi"
1000	100000		
1200	80000		
1220	—	城市人口比伊斯法罕多	Istakhri in Yaqut, p.275
1220	—	城市形成了超过 3 个郊区，每个郊区人口都超过 10000 名	Yaqut, p.276
1221	—	城市被蒙古人摧毁	Yaqut, p.274

设拉子

时间（年）	人口规模（人）	估测依据	数据来源
693	25000	城市建立；规模比伊斯法罕大 100 倍（参见伊斯法罕）	Ibn el-Balihi, p.316
967—983	—	人口达到峰值	Arberry, p.39
约 985	—	筑造了长约 2000 埃尔的城墙（即约 9 英里，围合面积约 1300 公顷）	Arberry, p.43
1000	52000	人口按照面积数量乘以 40 计算；参见内沙布尔	—
约 1100	—	城市的大部分地区被摧毁	Ibn el-Balihi, p.316
约 1170	—	约有 10000 名犹太人（可能被高估）	Benjamin of Tudela, p.101
1300	50000		
1313—1393	—	莫扎法尔首都	Ency. of Islam, 1913, "Muzaffarids"
约 1330	—	是美狄亚地区人口规模最大的城市	Mandeville, p.170
1340	85000	共含 17 个地区（数值为总人口的 1/5000；参见公元 1884 年）	Arberry, p.50
1340	—	穆斯林东部地区仅次于大马士革的第二大城市	Ibn Battuta, p.92
1400	80000		
约 1445	—	城墙周长约 15 英里（可能被高估）	Ulugh Beg in Herbert, p.128
约 1470	—	城墙周长约 20 英里（可能被高估）	Barbarus on Herbert, pp.128, 161
约 1475	80000		John of Perugia (misnamed Persia, d. 1510) in Herbert, p.128
1500	60000		
1515	—	拥有少于 10000 栋房屋	Mandelslo in Nweeya, p.50
1628	—	建有 15 座圆形清真寺	Herbert, p.128
1694	20000		Gemelli, p.162
1744	—	约 14000 人死于鼠疫	Lockhart, 1960, p.47
1747—1766	—	波斯西南地区的首府	Lockhart, 1960, pp.47–8
1750	40000		
1760—1779	—	波斯首都	Ency. Brit., 1910, "Persia"
1809	—	约建有 12000 栋房屋（部分居民自公元 1775 年陆续迁出）	Morier, p.110
1811	19000	约建有 7780 栋房屋	Morier, p.111
1825	30000		Alexander, p.125
1853	10000	地震造成约 12000 人死亡	Gazetteer of world
1884	53607	共含 11 个地区	Ency. Brit., 1910

锡拉夫

时间（年）	人口规模（人）	估测依据	数据来源
约 850	—	修筑了码头、窑炉和清真寺	Whitehouse in Ricks, p.345
851	—	是前往中国的阿拉伯船只的主要港口	Sirafi, p.52
932—1062	—	人口规模达到峰值	Minorsky in Ricks, p.346
约 950	—	城市规模几乎和设拉子相同	Isktakhri in Ricks, p.346
968	—	城市规模和设拉子相同	Ibn Hawqal, 1822, part 1, p.53
1000	50000		
1062—1220	—	城市逐渐衰落	Ricks, pp.346, 352n

苏丹尼耶

时间（年）	人口规模（人）	估测依据	数据来源
1285	—	城市建立；城墙周长约 12000 步	Ency. of Islam, 1913
1304—1316	—	首都	Ency. Brit., 1910, "Persia"
1316	—	约 14000 名女性离开此地	Della Valle, IV, p.63
约 1320	50000	征税约 300000 第纳尔；参见大不里士	Petrushevsky, p.508
1400	50000		

续表

时间（年）	人口规模（人）	估测依据	数据来源
1405	—	城市人口比大不里士少，但贸易量更大	Clavijo, pp.158–159
1405	—	城墙周长约 30000 步（即约 17 英里；约在公元 1330 年恢复人口峰值）	Clavijo, in Ency. of Islam, 1913
1406	—	人口都迁移到大不里士、阿尔达比勒和马拉盖	Ency. of Islam, 1913, "Tabriz"
17 世纪 60 年代	—	再次成为规模较大的城镇	Chardin, Ⅰ, facing p.195

大不里士

时间（年）	人口规模（人）	估测依据	数据来源
642	—	城市规模较小	Lockhart, 1960, p.10
1000	20000	参见公元 1046 年	—
1041	—	40000—50000 人死于地震（可能是一个地区数字）	Lockhart, 1960, p.11
约 1046	—	建有 50 个商队旅馆（参见公元 1871—1886 年）；城墙周长约 3.4 英里（围合面积约 175 公顷）	Nasir-i-Khusraw in Bemont, Ⅱ, p.61
12 世纪	—	城市人口比阿尔达比勒和马拉盖少	Lockhart, 1960, p.11
1213	—	阿塞拜疆地区人口规模第一的城市	Yaqut in Lockhart, 1960, p.11
1295	—	修建的新城墙周长约 25000 步（约 14 英里，围合面积约 3200 公顷）	Ency. of Islam, 1913
1295—1304	—	首都	Ency. Brit., 1910, "Persia"
1300	125000	按面积推算（人口总数约为面积数的 40 倍；参见公元 1000 年内沙布尔和公元 1673 年伊斯法罕）	—
约 1320	110000	征税约 300000 第纳尔（参见巴格达）	Petrushevsky, p.508
1386—1405	—	城市在帖木儿的统治下繁荣发展	Lamb, p.164
14 世纪	—	约建有 200000 栋房屋（可能被高估）	Lamb, p.294
1400	150000	—	—
1400	—	城市规模比撒马尔罕大	Lamb, p.164n
1401	—	几乎所有阿勒颇人都迁到此地	Grousset, p.527
1405	200000	拥有约 400000 名居民（可能指沙里斯坦地区；参见公元 1970 年）	Bemont, Ⅱ, p.115
1406	—	苏丹尼雅的许多人口被强制要求离开此地	Ency. of Islam, 1913
1436—1499	—	西波斯首府	Ency. of Islam, 1913
15 世纪	250000	200000—300000 人	anon. contemporary in Petrushevsky, p.507
1499—1548	—	一直是波斯的首都	Lockhart, 1960, pp.13–14
1500	250000	—	—
1555	—	波斯地区人口规模第一的城市，但公元 1514 年后开始衰败	Jenkinson in Bemont, Ⅱ, p.102
1585	—	遭到土耳其人长达 3 天的屠杀	Ency. of Islam, 1913 Danvers, Ⅱ, p.59
1585—1603	—	拥有约 45000 名驻军；土耳其人在这里建造了很多房屋，但在公元 1603 年都被阿巴斯拆除	Ency. of Islam, 1913
1600	80000	城市不再是首都，并处于外国人的统治下。军事危机时期被移交给埃尔祖鲁姆（参见埃尔祖鲁姆人口峰值）	—
1635	—	城市遭到掠夺	Ency. of Islam, 1913
1647	—	约建有 200 个商队旅馆（相较以前逐渐减少）	Evliya in Ency. Of Islam, 1913
1666	—	城市几乎全部重建	Ency. of Islam, 1913
1673	—	约建有 550000 栋房屋（可能指沙里斯坦或更大范围内）	Chardin, p.184
1673	75000	约建有 15000 栋房屋，250 座清真寺	Chardin, p.183
1694	—	不超过 250000 人（数据可能不切实际）	Gemelli, p.112
1700	75000	—	—
1716	—	城市规模收缩，但仍然较大	Lockhart, 1960, p.15
1721	—	地震造成约 80000 人死亡（可能是某一更大范围的数值）	Lockhart, 1960, p.15
1730	30000	公元 1725—1732 年间，城市被土耳其占领	Bemont, Ⅱ, p.115
1737—1738	—	流行病导致约 47000 人死亡（可能是某一更大范围的数值）	Lockhart, 1960, p.15

时间（年）	人口规模（人）	估测依据	数据来源
1800	40000	—	—
1806	—	不超过 50000 人	Jaubert in Lockhart, 1960, p.15
1807	—	50000—60000 人	Tancoigne, p.72
1809	40000	—	Dupre in Ency. of Islam, 1913
1810	—	城市约有 30000 人	Kinneir, p.151
1811	—	—	Morier, p.225
1837	—	60000—80000 人	Southgate, II, pp.5, 7
1842	50000	拥有约 9000 户家庭	Berezin in Ency. Of Islam, 1913
1850	70000	—	—
1869	110000	—	Bemont, p.69
1869	—	城市约有 210000 人（可能是沙里斯坦地区的数据；参见公元 1970 年）	Statesman's Yearbook, 1865, p.695
1881	165000	—	Statesman's Yearbook, 1885
1886	—	建有 166 个商队旅馆；100 间浴室；318 座清真寺和 4 座教堂（参见人口峰值时期）	Bemont, II, pp.104–105
1970	—	约建有 65000 栋房屋；其中，沙里斯坦地区建有约 13000 栋房屋	Bemont, II, p.114

德黑兰

时间（年）	人口规模（人）	估测依据	数据来源
1220	—	雷伊摧毁时的幸存者在此地安顿下来	Lockhart, 1960, p.4
1224	—	还仅是一座村庄	Ency. Brit., 1910
约 1340	—	已发展为中等规模城镇	Mustawfi in Lockhart, 1960, p.
1553—1554	—	修筑了长约 3 英里的城墙（围合面积约 150 公顷）	Lockhart, 1960, p.4
1628	25000—30000	根据 3000 栋房屋推算	Herbert in Lockhart, 1960, pp.4–5
1794 至今	—	首都	Ency. Brit., 1970
1796	15000	—	Olivier in Ahrens, p, 37
1800	30000	—	—
1807	45000—50000	—	Tancoignes, p.95
1817	60000—70000	—	Ker Porter in Ahrens, p.37
1837	60000	—	Southgate, II, p.74
1850	70000	—	—
1860	8000—12000	—	Brugach in Ahrens, p.37
约 1860	85000	—	Statesman's Yearbook, 1865, p.693

亚兹德

时间（年）	人口规模（人）	估测依据	数据来源
1119	—	修筑清真寺	Enci. Italiana
1320	40000	周长约 5 英里（占地面积约 400 公顷，总人口数是面积数值的 100 倍）；是该时期波斯的三大主要城市之一	Odoric, p.451
1396	30000	大量人口死于饥荒	Ency. Brit., 1878
1800	24000	—	—
1813	24000	建有约 4800 栋房屋（房屋数约为人口数量的 1/5；参见公元 1942 年）	Kinneir, p.118
1846	—	7000—8000 人死于流行病	Lockhart, 1960, p.110
1850	30000	—	—
1868	—	城市约有 30000 人（数据可能不准确）	Smith in Ency. Brit., 1878
1869	40000	—	Bemont, p.69
1888	50000	建有 50 座清真寺、65 间公共浴室	Ency. Brit., 1878
1900	50000	城市人口不超过 100000 人（可能被低估）	Ency. Brit., 1910
1933	55150	—	Enci. Italiana
1941	60000	所属地区有约 325000 人	Columbia Lippincott Gaz.

阿克苏

时间（年）	人口规模（人）	估测依据	数据来源
630	1500	周长约 5 里	Hsuan Dsang，Ⅰ，p.24
1717	—	城市几乎全部被地震摧毁	Ency. of Islam，1960，Ⅰ，p.313
1759	—	阿克苏与其他两座城镇及两个村庄，总共约有 6000 户家庭	Its governor，cited in Fortia，pp.454–455
1850	23000	含驻军部队的 3000 人	Courcy，p.129
1874	24000	建有 9 间客栈；拥有约 6000 栋房屋（总人口数是房屋数量的 4 倍；参见莎车）	Forsyth，pp.42，498

巴拉萨衮

时间（年）	人口规模（人）	估测依据	数据来源
757	24000	拥有 4000 名骑兵（占总人口数量的 1/6）	Mackerras，pp.23，56–57
821	18000	拥有 3000 名骑兵（占总人口数量的 1/6）	Mackerras，p.31
巅峰期	—	占地面积约 10 平方英里	Elvin，p.144，citing Jorgen Bisch
1124—1213	—	卡拉·基蒂首都	Bellew，p.131 H.Martin，p.49
1200	47000	—	—
1213	47000	城市逐渐衰败	Bellew，p.133

布哈拉

时间（年）	人口规模（人）	估测依据	数据来源
782—830	45000	城墙围合面积约 2 平方英里（约 450 公顷），有 7 个城门	Ency. of Islam，1960
849	—	城墙围合面积扩展至 3 平方英里	Ency. of Islam，1960
874—999	—	萨曼王朝首都，但一直不及故都撒马尔罕	Ency. of Islam，1913
约 900	100000	总人口既包括城墙内 4.5 平方公里的人口，也包括 5.4 平方公里郊区的人口（面积总和约 1000 公顷，人口数量约为面积数值的 100 倍）	Krader，p.220
约 900	—	城市十分拥挤（人口密度相当高，高于尼沙普尔）	Ency. of Islam，1960
936	—	城市大部分地区被烧毁	Bellew，p.120
1000	75000	—	—
1200	70000	—	—
1220	70000	约 30000 名男性被杀害	Jowaini，p.106
1260	70000	恢复到公元 1220 年的景象	Jowaini，pp.107–108
1265	—	波斯最美的城市	Polo in Barthold，p.9
1341	—	城市大部分变为废墟	Ibn Battuta，p.172
1400	40000	—	—
1415	50000	拥有约 10000 户家庭	Bretschneider，Ⅱ，p.271，cf. 147
1500	50000	—	—
1510	60000	拥有 10000 名士兵（参见撒马尔罕）	—
1512—1598	—	除公元 1539—1557 年，一直是乌兹别克斯坦皇家的住地	Ency. of Islam，1913
16 世纪 40 年代	45000	城市重建	Jairazbhoy，p.60
1600	100000	公元 1557—1598 年，在阿布杜拉统治下，发展达到巅峰，撒马尔罕黯然失色（参见公元 1850—1870 年）	Ency. of Islam，1960
约 1700	80000	—	Gerbillon，p.468
18 世纪 50 年代	60000	拥有一支约 10000 人的军队（占人口总数的 1/6）	Plath，p.615
1781—1799	—	迁入许多奴隶	Skrine & Ross，pp.206–207
1800	70000	—	—
1820	70000	约建有 8000 栋房屋	Meyendorff in Ency. Brit.，1878，and Vivien
1850	70000	—	—
约 1870	—	城市几乎一半被毁（人口数量从约 100000 人的峰值降低到公元 1600 年的规模）	Ency. Brit.，1878
1897	68000	建有约 11420 栋房屋（总人口是房屋数量的 6 倍）	Sukhareva，p.70

古尔甘杰

时间（年）	人口规模（人）	估测依据	数据来源
712—10 世纪	—	赫瓦利兹姆首都	Ency. of Islam, 1960
1043—1210	—	赫瓦利兹姆首都，建有 4 个城门	Ency. of Islam, 1960 Sykes, II, p.54
1200	25000	参见公元 782 年布哈拉	—
1210	—	赫瓦利兹姆的势力快速扩张，覆盖了波斯的大部分地区	—
1221	—	城市被蒙古人攻陷	Ency. of Islam, 1960

浩罕

时间（年）	人口规模（人）	估测依据	数据来源
约 1700—1868	—	汗国首都	Ency. of Islam, 1913
1800	30000	—	—
1807	—	征服塔什干等地区	Ency. of Islam, 1913
约 1814	—	人口增加约 1 倍	Ency. of Islam, 1913
约 1815	60000	—	Hassel, 1817
1820	—	约建有 6000 栋房屋；与布哈拉房屋数量相近（可能被低估）	Meyendorff in Gazetter of world
1840	80000	—	H. Elvin, p.162, citing an unnamed Chinese
1850	80000	—	—
1881	—	城市约有 35000 人（可能不准确）	Mikkelsen in Vivien
1885	54043	—	—

梅尔夫

时间（年）	人口规模（人）	估测依据	数据来源
至 821	—	霍拉桑首府	Frye, p.30
985	—	城市的 1/3 变为废墟	Ency. of Islam, 1913
1040—1157	—	塞尔柱王朝的首都	Ency. Brit., 1910, "Seljuks"
1100	100000	公元 1097 年，从塞尔柱王朝脱离出来	—
1141	180000	桑贾尔军队约有 30000 人（占总人数的 1/6）	Vambery, pp.103–104
约 1150	200000	城市规模是尼沙普尔的 2 倍，占地面积超过 15 平方英里	Edrist, p.451 Ency. Brit., 1910
1220	—	霍拉桑地区人口规模第一的城市（参见尼沙普尔）	Yaqut, p.526
1341	—	城市大部分地区变为废墟	Ibn Battuta, p.175
1794	—	全部被摧毁	Ency. Brit., 1910

讹答刺

时间（年）	人口规模（人）	估测依据	数据来源
900	—	城市得以幸存	Ency. of Islam, 1913
1213—1218	—	卡拉奇泰首都	Ency. Brit., 1910, "Persia"

撒马尔罕

时间（年）	人口规模（人）	估测依据	数据来源
至 712	45000	城市面积是公元 1405 年的 2/7 倍，或者是公元 1300 年的 55%	Muminov, map p.165
731	—	一支约 12000 人的军队抵达此处	Muminov, map p.94, cf. p.104
800	75000	人口数量根据军队估算	—
约 980	80000	城墙周长约 2 帕拉桑（约 7 英里，围合面积约 800 公顷）	Ibn Hawqal, 1800, p.253; Muminov, map p.165
1000	75000	—	—
11 世纪	40000	城墙周长约 5 英里（围合面积约 400 公顷）	H. Elvin, p.200

续表

时间（年）	人口规模（人）	估测依据	数据来源
约 1170	—	约有 50000 名犹太人（可能被高估）	Benjamin of Tudela, p.101
1200	60000		
1213—1220	—	赫瓦利兹姆首都	Bretschneider, Ⅱ, p.58
1220	—	霍拉桑地区人口规模第一的城市	Vanbery, p.131
1220	106000	约 50000 人被杀害；约 30000 人迁走；人口规模减小到之前的 1/4	Tolstova, Ⅰ, p.288 Li, pp.92-3
1221	26000		
约 1340	—	曾是最大和最美丽的城市之一，但该时期大部分城市地区变为废墟	Ibn Battuta, p.174
约 1369—1405	—	帖木儿帝国的首都	Ency. of Islam, 1913
1400	130000		
1405	150000		Clavijo, p.288
1448	—	城市遭摧毁	Skrine & Ross, p.176
1490—1500	—	财富大幅减少	Erskine, Ⅰ, p.150
1497	60000	城墙周长约 10600 步（约 6 英里，占地面积约 600 公顷）	Lane-Poole, 1899, p.37
1510	60000	包含乌兹别克斯坦军队约 10000 人	Lane-Poole, 1899, p.130
1510	—	与布哈拉一起派出了约 2000 名士兵	Erskine, p.200
1834	8000		Burnes in Vivien
约 1870	30000		Fejenko in Vambery, xxxi

塔什干

时间（年）	人口规模（人）	估测依据	数据来源
1512	—	7000 人的军队抵达	Erskine, Ⅰ, p.330
约 1800	30000	建有约 5000 栋房屋（人口数是房屋数量的 6 倍；参见公元 1868 年）	Playfair, Ⅴ, p.346
约 1840	40000	公元 1858 年前建有约 6000 栋房屋	Ungewitter, Ⅱ, p.315
1850	50000		
自 1867	—	突厥斯坦首都	Vivien, "Tachkent"
1868	77000	15500 栋房屋居住着 76053 人，此外还建设有 302 栋欧式房屋	Azadaev, p.24

巴尔赫

时间（年）	人口规模（人）	估测依据	数据来源
至 671	—	托卡里斯坦首都	Ency. of Islam, 1913
968	30000	城墙周长约 7 英里，占地面积约 790 公顷（面积数值是人口总数的 1/40；参见内沙布尔）	Ibn Hawqal, 1822
约 1150	30000	人口规模是巴米扬的 3 倍，是塔雷坎的 4 倍（人口数量约为清真寺数量的 9000 倍，故有 27000—36000 人）	Edrisi, pp.475, 477
1220	—	大量市民被杀害	Ency. Brit., 1910
1341	—	城市变为废墟	Ibn Battuta, p.175
1582—1598	—	乌兹别克斯坦王储常住地	Ency. of Islam, 1960
1793	23000	拥有约 3900 名骑兵	"Abd Allah b. Iskandar"
1810	6000		Kinneir, p.188
1878	—	马扎里沙里夫约有 30000 人	Ency. of Islam, 1960, "Balkh"

博斯特

时间（年）	人口规模（人）	估测依据	数据来源
约 925—976	—	地区首府	Bosworth, p.37
976—1149	—	加兹尼德的陪都	Ency. of Islam, 1960
1149	40000	占地面积约 1000 公顷，人口数是面积数的 4 倍；参见内沙布尔	Ency. of Islam, 1960
约 1395	—	城市经历掠夺和大火	Ency. of Islam, 1960

加兹尼

时间（年）	人口规模（人）	估测依据	数据来源
10 世纪 90 年代	60000	拥有约 10000 人的骑兵队	Elphinstone, p.322
1000	60000		
1001	60000	拥有约 10000 人的骑兵队	Elphinstone, p.326
1018	66000	拥有约 11000 人的骑兵队	Tripathi, p.284
1100	30000	约有一半人口离开拉合尔	
1150	—	几乎所有人都离开了拉合尔	Tripathi, p.284
1173—1206	—	城市人口规模约为古尔的一半	Tripathi, Chandra, p.14
1221	—	城市被詹金斯·汗攻占	Ency. of Islam, 1960
1808	9000	建有约 1500 栋房屋	Elphinstone, p.364

古尔

时间（年）	人口规模（人）	估测依据	数据来源
1148—1215	—	古里德首都	Syke, II, p.48
1186	50000	—	Ferishta, I, p.89
1193	—	一支约 12000 人的骑兵队伍出征北印度（征兵可能来自古尔和加兹尼）	Elphinstone, p.364
1200	50000	—	
1222	—	城市遭到破坏	Maricq, p.55

赫拉特

时间（年）	人口规模（人）	估测依据	数据来源
约 900	32000	城墙周长约 7300 步（4.5 英里）；占地面积约 325 公顷，人口数是面积数值的 100 倍）	Razi in Barbier, p.592n
1157	—	城市被一扫而空，但很快又重新成为古尔王朝的陪都	Ency. Brit., 1910
1200	44000		
1217	44000	城市中约有 444000 人（都生活在绿洲上；人口是公元 1950 年的 1/10）；城墙周长约 9000 步（占地面积约 450 公顷，人口数约为面积数值的 100 倍）	Yaqut, p.592 and note Mustawfi in Ibn Battuta, p.175
1221	60000	约 12000 名守军被杀害（占总人口数的 1/5）	Boyle, p.315
1341	—	霍拉桑地区人口规模第一的城市	Ibn Battuta, p.175
1398	—	城市遭到破坏	Ency. Brit., 1910
1409—1447	—	帖木儿帝国的首都；城市重建并逐渐发展	Ency. Brit., 1910, "Persia"
1500	40000		
1503	40000	城市有 6000—7000 个壁炉	Varthema, p.101
约 1510	—	被马什哈德取代，霍拉桑的首都	G. Forster, II, p.122
1793	—	拥有约 15000 名骑兵	H. Gupta, p.8
1800	45000	所在王朝灭亡	
1809	—	城市约有 100000 人（可能包含当时驻扎在那里的骑兵）	Christie in Elphinstone (a), p.489
1813—1863	—	阿富汗首都	Ency. Brit., 1910
1830	45000	—	Conolly in Gazetteer of World
1833	60000	—	Mohan Lal in Gazetteer of World
1837	70000	城市被围攻前的人数；被攻占后锐减至 6000 人	Ency. Brit., 1878
1845	20000—22000	—	Ferrier in Badger, p.101n
1845—1857	—	人口规模可能在增长	MacGregor
约 1950	80000	绿洲内居住着 80500 人	Columbia Lippincott Gaz.

喀布尔

时间（年）	人口规模（人）	估测依据	数据来源
至 1021	—	当地王国的首都	V. Smith, p.328
1405—1526	—	帖木儿帝国的首都	Ency. of Islam, 1913

续表

时间（年）	人口规模（人）	估测依据	数据来源
1500	25000		
1545	25000	卡姆朗首都，有 4000—5000 名士兵	Erskine，Ⅱ，p.323
1596	25000	该地区有 28187 支骑兵（骑兵人数约为人口总数的 1/6）	Abu'l-Fazl，p.306
1600	25000		
至 1730	—	规模最高可能达到 20000 人（参见以前的数值）	Balfour
1750	20000		
自 1774	—	首都	Ency. Brit.，1853,"Cabul"
1782	—	面积未超过 50 公顷	G. Forster，Ⅱ，p.69
1793	50000	拥有约 7000 名骑兵，还包括奴隶人数	H. Gupta，p.5
1795—1842	—	国家经常处于分裂和战争状态	Ency. Brit.，1910
1800	50000		
1808	—	城市布局紧凑	Elphinstone（a），p.434
1808	—	城市约有 100000 人（但高估了赫拉特、白沙瓦、浦那和斯利那加）	Elphinstone（a），p.434
1832	54000	拥有约 9000 名士兵	Latif，1964，pp.460-1
1836	60000		Burnes in Gazetteer of World
1836	60000		Vigne in Gazetteer of World
1850	60000		
1879	50000		Roberts，Ⅱ，p.229

坎大哈

时间（年）	人口规模（人）	估测依据	数据来源
1150	—	城市地位上升	Ency. of Islam，1913
1707—1722	—	吉勒宰阿富汗首都	Ency. of Islam，1913,"Ghalzai"
1738	24000	收编了 4000 名投降士兵	G. Forster，part Ⅱ，p.81
1747—1774	—	阿富汗首都	Ency. of Islam，1913 Ency. Brit.，1853,"Cabul"
1748	72000	拥有约 12000 名士兵	Elphinstone，p.734
1750	75000		
1774	150000	参见公元 1870 年：清真寺数量是人口数量的 1/800	
1782	—	城市规模比赫拉特大	G. Forster，Ⅱ，p.120
约 1782	100000		Christie in Elphinstone（a），p.424
1793	25000	拥有约 4000 名骑兵，342 台大炮	H. Gupta，p.8
1800	25000	—	Masson and Court in Imap.Gaz. India，1908
1809	—	人口规模显然未达 100000 人	Elphinstone（a），pp.423-424
1818—1839		阿富汗西南部地区首府	Ency. Brit.，1910
1832	54000	拥有约 9000 名士兵（占总人口数的 1/6）	Latif，1964，p.461
1838	—	城市约有 80000 人（数据可能不准确）	Hough in Imp. Gaz. India Afghanistan，p.72
1845	30000		Ferrier in Imp. Gaz. India Afghanistan，p.72
约 1870	—	周长约 7.7 英里；建有 182 座清真寺（繁荣时期遗留下来的）	Ency. Brit.，1878

昆都士

时间（年）	人口规模（人）	估测依据	数据来源
1499—1504	—	赫尔苏鲁·汗首都，军队超过 20000 人（可能并不全在城市内）	Erskine，Ⅰ，p.202
1834	1500	—	

阿格拉

时间（年）	人口规模（人）	估测依据	数据来源
1500	—	还是一座村庄	Imp. Gaz. India：United Provs., I, p.393
1505—1613	—	除公元 1545—1558 年及公元 1575—1598 年这两个时期外，一直是北印度地区的首府	Ency. of Islam, 1960
1545	—	拥有一支 12000—13000 人的阿富汗军队	Erskine, Ⅱ, p, 453
1558	—	迁移到现址	Havell, p.25
1585	—	拥有约 30000 骑兵（驻拉合尔）	Fitch, p.17
—	—	比伦敦要大得多	v. smith, 1917, p.108
1596	—	税收约 4400 万坝（坝是印度莫卧儿帝国时期建造的标准化货币，主要为铜币，1 铜坝约等于 1/40 卢比）	Abu'l-Fazl, pp.233, 263
1600	500000		
1608	—	城墙围合的面积约为 5 科斯乘以 5 科斯（印度早期距离度量单位）	Fitch, p.132
约 1610	500000		Jerónimo Xavier in Naqui, p.182
1611	—	据说比开罗大	Jourdain, p.162
1628—1633	—	公元 1666 年及公元 1669—1671 年两个时期，均作为国都	Ency. of Islam, 1960
1638	400000	一半的人迁到德里（约 200000 人；参见德里）	Hodges, p.118
1658	120000	整个城市武装起来，筹集了约 20000 名步兵（是人口的 1/6），另有 100000 名来自其他地方的骑兵	Manucci, pp.52–3 cf. Edwardes & Garrett, p.169 Ency. Brit., 1910, "Aurangzeb"
1700	70000		
1721	60000	拥有约 10000 匹马	Irvine, p.121；p.427
1800	60000		
1813	60000		Malcolm, p.476
1846	76570	城市约有 66003 人，再加上 10567 名士兵	Thornton
1850	108000		
1852	125262		Ungewitter, p.335

艾哈迈达巴德

时间（年）	人口规模（人）	估测依据	数据来源
11 世纪	—	人口规模在古吉拉特邦排名第三，仅次于帕坦和坎坝	Mehta, p.2
1297	—	开始衰落	Mehta, p.2
1400	—	城市处于废墟中	Mehta, p.2
1411	—	现存的城市建立	Mehta, pp.2, 5
1487	60000	占地面积约为 600 公顷，人口数量约为面积数值的 100 倍	Commissariat, pp.96–7
1500	100000	繁荣时期；形成了至少 3 处郊区	Mehta, pp.4–5
1529	120000	拥有约 20000 名骑兵	Ferishta, p.133
1584	180000	拥有约 30000 名骑兵	Ferishta, p.157
1596	180000	—	Abu'l-Fazl, p.207
1638	266000	加上郊区及周围 7 个部落（占地面积约 7000 公顷，每个部落约 3800 人）	Mandelslo, p.23
1699	—	规模和财富方面略逊于欧洲的城镇	A. Hamilton, p.86
巅峰期	390000	共计 360 个区，每个区人数约为 1100 人	Commissariat, pp.103–104
巅峰期	—	约有 900000 人（肯定被高估了）	Hunter
巅峰期	380000	周长约 27 英里（占地面积约 10000 公顷，人口数是面积数值的 1/38，参见公元 1800 年）	Forbes in Conder, 1830s, p.155
1700	380000		—
1750	101000	共计 92 个区（每个区约 1100 人），此外留有 18 个废弃的区域	Commissariat, pp.103–4
1780	100000		Forbes in Thornton
约 1800	—	占地面积约 2330 公顷	Playfair, p.453
1800	89000		—

续表

时间（年）	人口规模（人）	估测依据	数据来源
1817	80000	—	Mehta, pp.7-8
1824	87000	—	Gillion, p.53
1846	94390	—	Gillion, p.53
1850	96000		
1851	97048		Imp. Gaz. India：Bombay Pres., p.255
1866	—	共计72个区（数量可能是公元1817年后的最低点）	Commissariat, p.104
1872	116873		Imp. Gaz. India：Bombay Pres., p.255

艾哈迈德讷格尔

时间（年）	人口规模（人）	估测依据	数据来源
1494	—	城市建立	Ferishta, p.123
1499	60000	拥有约15000名骑兵（骑兵数约为总人数的1/4）	Ferishta, pp.123-124
1500	60000		
1600	75000	约有15000名士兵配剑	Shyam, p.39
1600	—	年末约有4000名士兵，再加上8000名新兵	Shyam, p.39
1800	—	约有3000名驻军	Compyon, p.322
1817	17000	—	Hunter
1850	26012	—	Hunter

阿杰梅尔

时间（年）	人口规模（人）	估测依据	数据来源
1193	—	居民遭遇屠杀	Imp. Gaz. India：Rajputana, p.452
1500	—	城市几乎空无一人	Chaudhury, p.50
1571	—	公元1054年城墙建成（占地面积约为90公顷）	Sarda, p.35
1605—1658	—	莫卧儿皇家住所	Imp. Gaz. India：Rajputana, p.455
1608—1611	—	面积并不大	Finch, p.171
1654	—	派遣约30000名士兵参战（士兵并不完全来自本地）	Termizi, p.23
1837	23000		Thornton
1867	34765		Ency. Brit., 1878

阿拉哈巴德

时间（年）	人口规模（人）	估测依据	数据来源
1300—1575	—	可能被废弃	Puri, p.88
1576	20000	现存的城市建立，约有20000人	Tennant, p.169
1580—1722	—	取代章普尔成为地区首府	Ency. of Islam, 1960
1599—1605	—	王子贾汉吉尔的住地	Neville, p.169
1600	30000	—	—
1613	36000	拥有约6000名士兵	Neville, p.169
1671	—	约17000人死于洪灾	Marshall, p.129n
1771	—	莫卧儿皇帝偶尔居住在此，约16000名士兵随行	Strachey, pp.40-41
1797	16000	城市被摧毁	Tennant, p.256
1832	64637		Martin, 1839, p.291
1850	70000		
1853	72093		Ungewitter, p.336

阿梅尔

时间（年）	人口规模（人）	估测依据	数据来源
约1310—1727	—	斋普尔的首府	Sharma, 1969, pp.29, 155
1500	50000	—	Ency. Brit., 1910, Rajputana

续表

时间（年）	人口规模（人）	估测依据	数据来源
1527	72000	国家约有12000名骑兵	Erskine，Ⅰ，P.471
1588	30000	养有约5000匹马	Smith，1917，p.242
1600	50000		
1644	84000	约有14000名骑兵	Latif，1964，9.169
1700	54000		
1719	54000	约有9000名骑兵	Irvine，Ⅰ，P.422
1901	4956	—	Imp. Gaz. India，1908

阿姆利则

时间（年）	人口规模（人）	估测依据	数据来源
自1764	—	城市地位上升	Ency. of Islam，1960
1800	40000		
1809	—	人口规模快速增长	Brockhaus，1864
1826	50000	建有约10000栋房屋（是总人数的1/5；参见塔什干、达尔、白沙瓦）	Gazetteer of world，"Kashgar"
1850	101000		
1855	112186	—	Datta，p.114
约1871	32314		Lippincott，1880
1881	36415		Thornton（a）

帕坦

时间（年）	人口规模（人）	估测依据	数据来源
约767—1298	—	继瓦拉巴伊之后成为古吉拉特邦的首府	Imp. Gaz India，1908
750—950	40000—80000	古吉拉特邦地位上升到和拉什特拉库塔一样，公元870—910年称霸北印度（参见瓦拉巴伊、曼尼亚凯塔、根瑙杰）	Munshi，pp.100-118
850	—	拥有整个印度最强大的骑兵部队	Sirafi，p.57
1000	100000		
1094—1143	—	城市发展达到顶峰	Commissariat，p.lxv
巅峰期	—	拥有约84个集市，城市面积约为3600公顷	Balfour
巅峰期	135000		
1195	—	约15000人被杀（推测是成年男性），约20000人被俘（推测是女性）	Commissariat，p.lxxvi
1197	60000	人口规模迅速下降	Commissariat，p.lxxvi
自1242	—	王国灭亡后被洗劫一空	Imp. Gaz. India；Bombay Press.，p.192
1298		巴格兰当地首府	Commissariat，p.2
1300		当地首府，隶属于德里	Imp. Gaz. India，1908
约1310—1411	—	一支约10000人的军队在这里集结	Commissariat，pp.lxxiv，l
1392	60000	—	Commissariat，p.49
1400	60000	被洗劫一空	

阿温拉

时间（年）	人口规模（人）	估测依据	数据来源
约1720—1749	—	罗希尔坎德邦的首府（参见巴勒里公元1750、1768年）	Strachey，pp.11-15，26

阿尔果德

时间（年）	人口规模（人）	估测依据	数据来源
1692—1801		卡纳蒂克的首府，公元1715年被解放	Ency. Brit.，1910."Carnatic"
1751	—	约有100000人（可能被高估）	Grose，p.77
	—	约有1100名驻军	Gleig，p.49

续表

时间（年）	人口规模（人）	估测依据	数据来源
1751	35000	城墙周长约5英里（占地面积约350公顷）	Davids, p.82
1822	—	所属地区约有892292人	W. Hamilton
1851	—	塔鲁克里约有53000人；所属地区有1485873人	Thornton
1881	10718	塔鲁克里有157391人	Thornton（a）

奥兰加巴德

时间（年）	人口规模（人）	估测依据	数据来源
1684	—	奥兰则布曾将德里的人口暂时转移到这里	Imp. Gaz. India：Hyderabad, p.208
约1700	200000	—	Enci. Italiana
约1700	200000	拥有约34000名士兵（占人口总数的1/6）	Wilks, p.221
1724	—	人口迁移至海德拉巴	Enci. Italiana
自1724	—	人口规模迅速下降	Grande Ency.
1750	30000	—	—
1800	30000	—	—
1825	30000	—	W. Hamilton
1850	30000	—	—
1881	30219	—	Imp. Gaz. India：Hyderabad, p.208

班达

时间（年）	人口规模（人）	估测依据	数据来源
1784	—	成为堡垒	Imp. Gaz. India, 1908
1784—1802	—	本德尔肯德地区的中心	Ency. Brit., 1910
巅峰期	—	建有65座清真寺，174座寺庙	Ency. Brit., 1910

班加罗尔

时间（年）	人口规模（人）	估测依据	数据来源
1537	—	城市建立	Imp. Gaz. India, 1908
1687	—	迁入约12000名织布工人	Joayer. P.44
1759—1799	—	750座院子里居住着约2000人	Singh, p.17μæ
约1760	—	海德阿里的宫殿建在此地	Imp. Gaz. India, 1908
1800	50000	—	—
1805	—	约有60000人（可能被高估，参见奥兰加巴德）	W. Hamilton
自1809	—	繁荣发展	Imp. Gaz. India, 1908
约1820	50000	—	Edinburgh Ency.
1850	130000	—	Munshi, pp.100–118
1852	134628	—	Hunter

巴雷利

时间（年）	人口规模（人）	估测依据	数据来源
约1575	—	成为堡垒	Ency. Cf Islam, 1960
约1700至今	—	是罗希尔坎德邦最大的城市，但非首都	Strachey, pp.26, 31
1750	50000	—	—
1768	—	军队约有15000人	Strachey, p.29
1774	—	军队约有15000人	Strachey, p.147
1800	65000	—	—
1822	65796	—	W. Hamilton
1847	92208	—	A. shakespear, p.90n
1850	101000	—	—
约1853	111332	—	Petermann, 1857, p.349

巴里

时间（年）	人口规模（人）	估测依据	数据来源
1018—1036	—	北印度地区的中心	Biruni, p.199

巴罗达

时间（年）	人口规模（人）	估测依据	数据来源
1511—1574	—	建有古吉拉特皇室临时宫殿	Campbell, p.529 Ency. Brit., 1910
1614	18000	拥有 3000 名驻军	J. Campbell, p.530
1764—1948	—	巴罗达王国的首都，该时期人口快速上升	J. Campbell, pp.531, 605
1800	83000	拥有 13964 名军人	G. Desai, pp.638–639
1818	—	约有 100000 人（可能被高估）	W. Hamilton
1838	—	约有 140000 人（可能被高估）	Thornton
1850	100000	—	
1872	106000	总共约有 116274 人，其中 1000 人来自分离出去的村庄	Bombay Gaz.: Baroda, p.527

贝德努尔

时间（年）	人口规模（人）	估测依据	数据来源
1639—1763	—	凯拉迪的首都	Hayavadana, I, p.124ff
1645	48000	约有 8000 匹马（人口总数约为马匹数的 6 倍）	Hayavadana, I, p.135
约 1655	78000	迁入 30000 名果阿天主教徒	Hayavadana, p.449n
巅峰期	—	城墙周长约为 8 公里（推测城市面积约为 1000 公顷），约有 2000 栋房屋	Ency. Brit., 1878, from wilks
1694	—	国王丢失部分国土	Imp. Gaz. India, 1908, "Nagar Town"
1700	70000		
1715—1739	—	王国面积略有扩张	Hayavadana, pp.358–359
1750	75000		
1763	—		Hayavadana, p.437
1799	10000	加上小平房，共约有 1500 栋房屋	Ency. Brit., 1910
1871	51766		Imp. Gaz. India: Madras, I, p.454

贝拉里

时间（年）	人口规模（人）	估测依据	数据来源
16 世纪	—	城市内建有营地	Ency. Brit., 1910
约 1770	—	海德尔·阿里加固了城墙	Ency. Brit., 1910
1800	25000		
1836	35000	加上守备部队共有 30416 人	Ungewitter, pp.358–359
1850	43000		
1871	51766		

贝鲁尔

时间（年）	人口规模（人）	估测依据	数据来源
约 1101—1117	—	曷萨拉王朝的首都	Cambridge history v.Smith, p.360
至 1397	—	曷萨拉王朝和毗奢耶那伽罗王朝的主要圣地	HERAS, 1929, PP.116–117
1652	—	拥有 8000 名军人	Danvers, p.303
1901	3862		Imp. Gaz. India: Masore, p.214

贝拿勒斯

时间（年）	人口规模（人）	估测依据	数据来源
约 630	65000	约有 3000 名佛教僧侣，10000 名印度教僧侣（人口总数约为佛教僧侣和印度教僧侣数量之和的 5 倍）；城墙周长约 8 公里	Hsuan Dsang, II, p.44

续表

时间（年）	人口规模（人）	估测依据	数据来源
自1027	—	被孟加拉统治了一段时间	Dey
11世纪—1192	—	与根瑞杰一起替代了北印度原有的中心	Vaidya，Ⅲ，p.212 Tripathi，p.313
约1140	—	北印度地区的首府	Tripathi，p.324
1192	—	约有1000座寺庙被损毁	Tripathi，p.330
1398	—	城市地位下降	Ency. Brit.，1973，"varanasi"
约1600	—	纺纱和编织产业的重要性上升	Ency. Brit.，1973，"varanasi"
17世纪40年代	50000	建成超过400座寺庙（倍增系数按100推算，参考公元1872年），此外还建造了一些清真寺	Manrique in Naqui，p.132
约1690	—	拥有至少4座精美的寺庙，天文台建设完成	Enci. Italiana
1700	75000	—	—
1725—1775	—	王国的首都。城市拥有由马拉塔帝国、锡克教徒、尼泊尔共同建造的寺庙	Ency. Brit.，1973，"varanasi"
1750	125000	—	—
1782	—	印度教统治的最大城市	Foster in Naqui，p.111
1800	178000	—	—
1801	179000	约有29935所房屋，其中一些房屋规模非常大（人口总数约是房屋数量的6倍）	Valentia，Ⅰ，p.461
约1810	168000	约有28000所房屋	W. Hamilton
1829	183000	由盐、糖等税收推测得到	Thornton
1850	185000	—	—
1853	185984	—	Brockhaus，1864
1872	175188	拥有1454间寺庙，272座清真寺庙	Lippincott Gaz. Hunter

毕万达

时间（年）	人口规模（人）	估测依据	数据来源
682—888	—	东部遮娄其王朝首都	Venkatakrishna，pp.115，221，237
800	40000	被罗湿陀罗拘陀统治，但公元780—806年处于和平时期（因此，人数几乎与公元640年相同）	Venkataramannya，1950
1881	9336	—	Imp. Gaz. India，1908

帕格尔布尔

时间（年）	人口规模（人）	估测依据	数据来源
1800	23000	—	—
约1810	25000	约有5000所房屋（人口总数约为房屋数量的5倍）；人口总数约为30000人（可能被高估，参见阿姆利则）	W. Hamiliton
1850	54000	—	—
1872	69678	—	Hunter

巴拉特普尔

时间（年）	人口规模（人）	估测依据	数据来源
1750	50000	—	—
1800	—	城墙周长约8英里（整个地区面积约1000公顷，于公元1775年达峰值）	Lippincott，1868，"Bhurtpore"
1800	75000	—	—
1826	—	被英国人包围占领	Ency. Brit.，1910
1843	40000	—	Warren，p.392
1850	45000	—	—
1881	66163	—	Imp. Gaz. India，1908

皮默沃勒姆

时间（年）	人口规模（人）	估测依据	数据来源
886—919	—	东遮娄其王朝的首都	Venkatakrishna, pp.220–221

比德尔

时间（年）	人口规模（人）	估测依据	数据来源
约自 1250	—	穆斯林印度南部省份的首府	Imp. Gaz. India: Hyderabad, p.290 Sherwani, 1953, p.183
1323	—	地位比卡利安更重要	Yazdani, p.3
1422—1492	60000	巴马尼德首都。周围有约 6 英里的废墟（据此推测，区域面积约为 600 公顷）	Sherwani, 1947, p.26 Vivien
1462—1481	—	城市发展处于巅峰期	
1474	—	拥有 20000 名骑兵（部分驻扎在古尔伯加）	Banerji, Ⅰ, pp.309–310
1492—1656	—	巴里茨的首都	Imp. Gaz. India Hyderabad, p.291
1494	—	拥有 2000 名骑兵，15000 名步兵	Sherwani, 1953, p.376
1666	—	拥有 3000 名驻军	Thevenot, part 3, p.7
1881	9730		

比哈尔邦

时间（年）	人口规模（人）	估测依据	数据来源
约815—约860	—	在孟加拉邦内，是强大的帕拉王朝的首都	v.Smith, Ⅱ, p.344
1197	—	城市被 200 名骑兵攻占；城内僧侣被屠杀	Ency. Brit., 1910 "Behar"
约1530—1539	—	舍尔沙的军事基地，在公元 1540—1545 年统治北印度	Martin, 1838, Ⅰ, p.32
巅峰期	—	距离旧城区仅 1 英里	Martin, 1838, pp.84–85
1600	30000	拥有 5115 名骑兵	Divakar, pp.490, 515
1700	30000		
1800	30000		
1825	—	拥有 24 个区，大量田地散布其间	Martin, 1838, Ⅰ, pp.84–85
1850	40000		
1872	44295	—	Brockhaus, 1881
1872	—	31006 人（可能不包括驻军人数）	Ency. Brit., 1878

比贾布尔

时间（年）	人口规模（人）	估测依据	数据来源
1489—1686	—	阿迪勒·沙阿王朝首都	Ency. of Islam, 1960, "Bidjapur"
1500	40000		Faria in Kerr, Ⅵ, p.178
1520	—	拥有 18000 名骑兵（但也许并非均在首都）	Faria in Kerr, Ⅵ, p.178
1565	60000	建造了约 6.2 英里长的城墙	Cousens, pp.9, 23
1570	—	拥有 5000 名骑兵，2140 头战象（但也许并非均在首都）	Danvers, p.552
1596	—	拥有 50000 名骑兵（可能被高估；参见公元 1648 年）	Ferishta, Ⅱ, p.169
1600	200000		—
1639	300000	城墙周长约 5 里格（4 里格的可能性更大，参见公元 1666 年。因此，面积为 300 公顷，人口总数约为面积数的 100 倍）。拥有 7000 名驻军	Mandelslo, pp.72–73
1648	340000	拥有 17000 名骑兵（人口总数约为骑兵数量的 10/3 倍，参见公元 1901 年）	Husaini, pp.151, 169
巅峰期	—	拥有 700 座清真寺和陵墓	Cousens, p.22
巅峰期	—	拥有 100000 套住宅（可能被高估）	Chanbers, 1870, "Bejapur"
1675	—	拥有 12000 名骑兵	Sharma, 1969, p.119
1688	—	约有 150000 人死于流行病	Ency. of Islam, 1960, "Bidjapur"
1688—	—	城市很快被荒废	Elphinstone, p.653
1852	11000		Badger, p.117a
1901	—	城市中约 30% 的人是穆斯林	—

孟买

时间（年）	人口规模（人）	估测依据	数据来源
1661	10000	—	Edwardes，Ⅰ，p.151
1674	60000	人口规模快速上涨	Fryer，Ⅰ，p.177
1700	38000	—	—
1718	16000	自公元1683年起，人口数量有所下降	Ency. Brit.，1910
1744	70000	—	Niebuhr in Edwardes, p.144
1750	77000	—	—
1759	88000	有14555名能够携带武器的印度人（人口总数是其6倍）；有1195名欧洲军人	Edwards，XXVI，part 1，pp.332–334
1764	60000	经历7年的战争	Edwards，XXVI，part 1，Ⅰ，p.155
1780	—	人口普查数量为47170人，但数据可能不完整	—
1800	140000	—	—
1803	150000	—	James Mackintosh in Edinburgh Ency.
1826	162000	推测驻军人数加原住民共有132570人	Martin，1839，p.292
1849	566119	—	Edwards，Ⅰ，p.162
1850	580000	—	—
1864	816562	—	Edwards，Ⅰ，p.162

布罗奇

时间（年）	人口规模（人）	估测依据	数据来源
585—740	—	古吉拉特王朝的首都	Imp. Gaz. India，1908
约630	20000	拥有10座佛教寺院，10座印度教寺庙（总人数约是寺院与寺庙数量之和的1000倍）	Hsuan Dsang in India，1908
750—1300	—	拥有蓬勃发展的海港	Imp. Gaz. India，1908
1526	10000	城墙周长约100公顷，总人口数约为面积数值的100倍	Imp. Gaz. India，1908
1596	5000	—	Abu'l-Fazl，pp.266，233
1660	—	在公元1685年重建了被摧毁的围墙	Imp. Gaz. India，1908
1750	40000	—	—
1777	—	约有50000人（可能被高估）	Imp. Gaz. India，1908
1800	35000	参见公元1812年	—
1804	22468	公元1791年发生饥荒，公元1803年被侵占，人口低于正常水平	Gazetteer of World
1812	37712	—	Imp. Gaz. India，1908
约1850	31332	城墙外约有18361人	Ungewitter，Ⅱ，p.368

布尔汉普尔

时间（年）	人口规模（人）	估测依据	数据来源
1398—1599	—	法鲁基首都，拥有12000名骑兵。自公元1389年以来一直处于和平状态	Ency. of Islam，1960 Lane-Poole，1900，p.179 Ferishta，Ⅳ，pp.170
1457—1503	—	是法鲁基的巅峰时期，虽然曾在与古吉拉特邦和艾哈迈德讷格尔的战争中战败	Ferishta,Ⅳ,pp.178–179,Ⅲ,p.125
1593	—	城市遭遇入侵	Ferishta，Ⅳ，pp.191
1594	36000	至少拥有6000名骑兵（总人口数为骑兵数量的6倍）	Finch，p.138
1599	60000	15000名男子试图保卫附近的堡垒，但最终失败。同时，瘟疫迅速扩散	—
1600	50000	—	—
1600—1635	—	德干省的莫卧儿首都	C. Grant，p.126
1610	—	城市面积比伦敦大	Coverte in Oaten，p.15
1610	90000	拥有15000匹马（总人口数约为马匹数量的6倍）	Finch，p.138
17世纪	130000	人口数量达峰值：根据500公顷废墟范围推测（城市面积约为1300公顷）	C. Grant，p.126

续表

时间（年）	人口规模（人）	估测依据	数据来源
1658	—	城市损毁严重	Tavernier in Hunter
1685	—	被马拉塔政权占领	Imp. Gaz. India Central Provs., p.289
1720—1748	—	尼扎姆的首都	C. Grant, p.128
1731	32000	新城墙的围合面积仅 1.25 平方公里（约 320 公顷）	Hunter
1780	—	拥有 10000 名驻军	Hodges, p.43
19 世纪	—	约有 50000 人（可能被高估）	Brockhaus, 1864
1866	34137		C. Grant, p.129

加尔各答

时间（年）	人口规模（人）	估测依据	数据来源
1710	10000—12000		Balfour
1750	110000		Ency. Brit., 1910
1752	117000		
19 世纪	162000		
1821	179917	约有 231552 人	Balfour; Hunter
1850	413182		Ency. Brit., 1853

卡利卡特

时间（年）	人口规模（人）	估测依据	数据来源
7 世纪	—	莫普拉移民迁入，人口增长	Ency. Brit., 1910
1344	—	公认的所在国 5 大港口城市之一	Ibn Battuta, p.46
约 1400	50000	拥有 20 或 30 座清真寺（清真寺数量约是人口数量的 1/800，参见公元 1901 年）	Ma Huan in menon, p.185
1442	—	城墙周长约 8 公里（参见公元 1803 年）	Conti, p.20
1500	42000	—	
1503	40000	约有 15000 名穆斯林（总人口数约为穆斯林数量的 2.5 倍；参见公元 1901 年），城墙周长约 6 英里（整个区域约 600 公顷）	Varthema, p.136
1503	42000	扎莫林承诺为其提供 1000 名工人，5000 名武装人员和 34 名船员，其中大部分是小型船船员	Varthema Ⅱ, p.116
1599	42000		
1600	42000	建有约 7000 栋房屋	Caerden in Bruzen, 1737
1788		居民被劫掠	Ency. Brit., 1910
约 1820	25000	建有约 5000 栋房屋	W. Hamilton
1850	38000		
1871	48338		Hunter
1901	—	城市中约 60% 的居民为非穆斯林	Ency. of Islam, 1913

肯帕德

时间（年）	人口规模（人）	估测依据	数据来源
850		城市首次被提及	Sulaiman in A.Majumdar, p.265
915		城市蓬勃发展	Masudi in Cordier, Ⅱ, p.398n
1200	50000	—	—
1298	60000	20000 名少女被劫掠（约为总人数的 2/3。因此，推测有 30000 名女性，总共有 60000 人口）	Commissariat, pp.3-4
约 1310		所在国的两座重要海港城市之一	Sanudo in Cordier, Ⅱ, p.398a
1347	—	被古吉拉特人劫掠	Commissariat, Ⅰ, p.35
1400	60000		
1442	60000	区域周长约 12 英里左右（参见卡利卡特、果阿和毗奢耶那伽罗。因此，整个区域面积约为 600 公顷）	Conti, p.20
1499	—	竞争对手苏拉特建成	Ency. Brit., 1910

续表

时间（年）	人口规模（人）	估测依据	数据来源
1500	65000		
1538	65000	城墙内约有 130000 个壁炉	Castanheda in Lal, p.58
1557	—	拥有规模可观的市场交易量	Cesar Frederick in Cordier. Ⅱ, p.398n
1594	72000	有 12000 名战斗人员	Commissariat, Ⅱ, p.23
1600	70000		
1626	—	贸易几乎消失	Pelsaert, p.19
1699	—	城市仍然繁华，但居民仅剩不到一半	A.Hamilton, Ⅰ, p.86
1700	35000		
19 世纪	37000		Thornton
1872	33709		Hunter

坎普尔

时间（年）	人口规模（人）	估测依据	数据来源
1848	108796	城内设驻扎营地	A.Shakespear, p.120n
1853	108764	城内设驻扎营地	Ungewitter, Ⅱ, p.336

查莱碉

时间（年）	人口规模（人）	估测依据	数据来源
1253—约 1390	—	阿霍姆首都	Gait, p.78；L.Shakespear, pp.28—29

钱达

时间	人口规模（人）	估测依据	数据来源
约 1100—1751	—	贡德首都；城墙周长约 5.5 英里（围合面积约 500 公顷）	Ency. Brit., 1910
1700	50000	根据整个区域的人数推测	—
18 世纪	—	城市被马拉地人攻击，导致人口减少	Ency. Brit., 1910
1797	—	城市被洪水摧毁	Enci. universal
1803	25000	建有约 5000 栋房屋	M'Culloch, 1846
1822	14000	建有约 2800 栋房屋	M'Culloch, 1846
1872	16233		Ency. Brit., 1878

钱德里

时间（年）	人口规模（人）	估测依据	数据来源
1030	—	城市首次被提及	Imp. Gaz. India, 1908
1438	—	经过数月的围困后，城市陷入了困境	Imp. Gaz. India, 1908
1518—1527	—	梅迪尼·雷的首都，并统治了曼杜	Imp. Gaz.Commissariat, p.273
16 世纪	70000	—	Abu'l-Fazl in Conder, 1830s, Ⅳ, p.216
1527	72000	拥有 12000 名骑兵（总人口数约为骑兵数量的 6 倍）	Sharma, 1966, p.78
约 1800	—	城市逐渐衰败	Playfair, Ⅴ, p.456

金德讷格尔

时间（年）	人口规模（人）	估测依据	数据来源
1700	—	城市面积小且外观破旧	Malleson, pp.36-37
18 世纪 40 年代	—	约建有 2000 栋砖房	Catholic Ency.
1750	95000		
1753	102000		Catholic Ency., "Calcutta"
1800	45000		
1812	41377		Brockhaus, 1964

续表

时间（年）	人口规模（人）	估测依据	数据来源
1836	31235	—	Hoffmann
1856	30694	—	Duperré, part 2, p.88

钱德拉西里

时间（年）	人口规模（人）	估测依据	数据来源
1128	9000	约有19座寺庙，大部分建成于公元995—1128年（人口总数约为寺庙数的100倍，参见奇陶尔加尔）	Tabard, pp.16–21
15世纪	—	成为贮藏毗奢耶那伽罗皇家宝藏的仓库	Heras, p.311
1586—1592	—	毗奢耶那伽罗的首都	Heras, p.310；Krishnaswami, p.19
1871	4235	—	Imp. Gaz. India：Madres, "Chandragirl"

恰普拉

时间（年）	人口规模（人）	估测依据	数据来源
1800	35000	可能比公元1820年的人口规模更小，参见帕特纳	—
约1820	43000	—	Malcolm（a），p.444
约1850	40000	—	Ungewitter, II, p.334
1891	56000	—	Ency. Brit., 1910

奇陶尔加尔

时间（年）	人口规模（人）	估测依据	数据来源
734—1567	—	梅尔的首都	Imp. Gaz. India：7
1303	30000	居民几乎全部遇难，女性通过自杀避免被捕	Srivistava, pp.120–121
1303—1326	—	被德里的穆斯林统治	Imp. Gaz. India：ajputana, p.110
1303—1326	30000	日常有5000名骑兵为德里服务	Ferishta, I, p.207
1326—1364	—	在国王哈米尔统治下蓬勃发展	K.S.Gupta, p.13
1400	40000	—	—
1500	50000	—	—
1527	—	人口数量达峰值（参见公元1433—1468年）	K.s.Gupta, p.15ff
1534	—	被古吉拉特邦占领	Imp. Gaz. India：Rajputana, p.112
1544	48000	拥有8000名士兵；其中2000名被杀	Erskine, II, pp.438–439
1568	40000	约30000人被杀	Haig, IV, p.99
1571	—	首都迁至乌代浦	Imp. Gaz. India：Madres,
1666	—	城市几乎变成废墟；拥有100座寺庙	Thévenct, part 3, p.70
1871	5572	—	Hunter, "Chittur"

久纳尔

时间（年）	人口规模（人）	估测依据	数据来源
约860—1063	—	帕拉的首都（参见比哈尔、蒙希尔、纳迪亚、帕特纳）	Martin, 1838, I, p.28
1544	—	印度皇室的仓库	Erskine, II, p.453
1824	15000	—	Heber in Conder, 1830s, III, p.269
约1850	11058	—	Thornton

柯钦

时间（年）	人口规模（人）	估测依据	数据来源
约1440	30000	周长约5英里（可能被低估；参见卡里卡特、果阿）	Conti, p.19
1500	33000	—	—
1503	33000	拥有5500名士兵（总人口数约为士兵数量的6倍）	Danvers, I, p.95
1600	56000	—	—
约1640	56000	约有45栋房屋（总人数是房屋数量的1250倍；参见迪乌），约有15座教堂	Faria, I, map, p.58

续表

时间（年）	人口规模（人）	估测依据	数据来源
1663	—	被荷兰人占领，人口减少约 9/10（人口数量可能被高估）	A. Hamilton，Ⅰ，p.183
1757	—	面积比科伦坡小	Ives，p.193
1778—1806	—	城市再次蓬勃发展	Ency. Brit.，1910
1810	12982	1/4 城市面积完全空置	Ward & Conner，Ⅳ，p.19
1871	13588	—	Hunter

卡西姆巴扎尔

时间（年）	人口规模（人）	估测依据	数据来源
1681	46000	东印度公司在此投资约 140000 英镑，公元 1783 年投资约 900000 英镑	Imp. Gaz. India：1908
1700	50000	—	—
1704 至今	—	郊区延伸至穆尔斯希达巴德	—
1763	30000	东印度公司 9/40 的投资在这里，其余投资几乎都在加尔各答（因此，推测城市面积约为加尔各答的 1/4）	Imp. Gaz. India：1908
1829	3538	—	Hunter

卡塔克

时间（年）	人口规模（人）	估测依据	数据来源
约 1211	—	城市迁至河对岸	Acharya，p.339
约 1211—1948	—	奥里萨邦的首都	Acharya，p.339
1215—1264	100000	奥里萨邦扩展到孟加拉国，但其内陆面积少于 14 世纪	Banerji，Ⅰ，pp.260-268
1264—1435	—	人口数量下降，特别在公元 1355—1361 年	Banerji，Ⅰ，pp.269-290；W.W.Hunter，Ⅰ，p.151
1300	90000	—	—
1400	75000	—	—
1435—1497	144000	公元 1474 年军人数量达 18000 人（总人数约为军人数量的 6 倍）	Banerji，Ⅰ，pp.291-321
1500	140000	—	—
1497—1592	—	人口数量从 1512 年开始下跌；最终被莫卧儿占领	Banerji，Ⅰ，pp.322-50
1600	60000	—	—
1633	60000	拥有 1000 名骑兵，城市周长约 7 公里（围合面积约 800 公顷）	Bruton，p.194
1674	—	是孟加拉第二大的城市，其面积虽不到达卡的一半，但城市建设更漂亮	Bowrey，p.152
1700	35000	—	—
1708	35000	约有 1/4 人居住在此；拥有 5500 名驻军	—
1741—1751	—	发生了激烈的战争	Acharya，p.345
1750	30000	—	—
1800	35000	—	—
1822	40000	拥有 6512 栋房屋	W. Hamilton
1846	—	拥有 6300 栋房屋	Motta in Acharya，p.357
1850	40000	—	—
1869	46436	城市范围扩展	W. W. Hunter，Ⅱ，appendix，pp.122-3
1872	50878	—	Vivien

达卡

时间（年）	人口规模（人）	估测依据	数据来源
1608—1704	—	除公元 1639—1655 年，一直作为孟加拉的首都	Imp. Gaz. India：Western Bengal，p.319
1640	150000	约有 200000 人	Manrique，p.45，44n
1674	—	周长约 40 英里	Bowrey，p.150

续表

时间（年）	人口规模（人）	估测依据	数据来源
1700	150000	莫卧儿的人口数量开始减少	—
1750	100000	不再作为首都	—
1765	100000	面积比穆尔斯希达巴德小得多	Rennell in Sinha, p.225
1789	125000	是平纹细布出口到英国的高峰时期	Gillion, p.39
1789—1822	—	地区人口数量下降 45%	Martin1839, pp.288-289
1800	106000		
1813	85000	拥有 21361 栋房屋（总人口数约为房屋数量的 4 倍；参见公元 1830 年）	Thornton
1817	—	平纹细布出口量降至零	Gillion, p.39
1830	66989	拥有 16279 栋房屋	Ency. Brit., 1878
1838	68000		Brookhaus, 1864, "Dakka"
约 1850	60617		Thornton, "Bengal"
1860		周长约为 4 英里乘以 0.25（实际约 10.5 英里，面积约为 1750 公顷）；约有 180 座清真寺、119 座宝塔	Chambers, 1870
1867	51536		Ency. Brit., 1878

道拉塔巴德

时间（年）	人口规模（人）	估测依据	数据来源
1187		城市建立	Imp. Gaz. India Hyderabad, p.210
1192—1318	—	亚达夫首都	Imp. Gaz. India Hyderabad, p.210
1192—1318	13000	旧城墙周长约为 2.5 英里（面积约为 130 公顷，总人口数约为面积数的 100 倍）	Ency. Brit., 1910
1339—1347	—	印度斯坦的首都	Imp. Gaz. India Hyderabad, p.210
约 1670		中等规模的城市	Thévenot, part 3, p.76
1901	1357		Imp. Gaz. India Hyderabad, p.210

德里

时间（年）	人口规模（人）	估测依据	数据来源
1052	—	恢复居住功能	Hearn, p.73
1052	10000	周长约为 2.5 英里（面积约为 100 公顷）	Chandra, p.13
1193	30000	在先前的统治时期共建造了 27 座寺庙	Chandra, p.14
1193—1803	—	北印度穆斯林首都	Chandra, pp.15, 24
1200	60000	成为首都	Mahajan, 1965, part 1, p.76
1211—1236	—	随着拉合尔的衰落，德里开始崛起	Mahajan, 1965, part 1, p.81
约 1300	100000	与巴格达人口相当，与开罗和君士坦丁堡展开竞争	Barani in Mahajan, 1965, part 1, p.140
1327	—	全部人口迁至道拉塔巴德。同年又成为首都，人口增加	Srivastava, p.151
1327	40000	在新址建造的城墙约 5 英里长（面积约为 400 公顷）	Chandra, p.20
1354	125000	拥有超过六座重要清真寺（清真寺总数约为 7 个，将其乘以 9000，再翻倍得出总人口数约 125000 人，其中包括印度教徒）	Chandra, p.29
1354	—	拥有 50000 名奴隶士兵	Lane-Poole, 1900, p.148
约 1375	125000	约有 12000 名工匠，总人口数为工匠数量的 5 倍与 40000 名无家眷的奴隶士兵的数量之和	Lane-Poole, 1900, p.148
1398	125000	拥有 10000 名骑兵（总人口数约为骑兵数量的 6 倍，再加上一些携带家眷的奴隶）	Lane-Poole, 1900, p.157
	125000	约有 100000 名 15 岁以上居民死亡	Ferishta, I, p.284
1472	—	面积比德尔小	
1500	80000	城市越来越强大	

第2章 城市人口规模的估测依据

续表

时间（年）	人口规模（人）	估测依据	数据来源
1526	90000	拥有 15000 名士兵（总人口数约为士兵数量的 6 倍）	Havell, p.11
1530	130000	迁至新址，周长约 9 英里（面积约为 1300 公顷）	Chandra, p.21 Hambly, p.39 and map p.12
1596	8000	税收只有阿格拉的 1/600	Abu'l-Fazl, p.277
1600	—	城市几乎全部废弃	Hearn, p.165
1638	—	新址规划拥有 200000 人	Chandra, p.22 Hodges, p.118
1650	—	在红堡拉合尔门外兴建清真寺	Latif, 1964, p.169
约 1660	—	与巴黎的面积相近	Bernier, p.282
1666	400000	国王居住此地时城市约有 400000 人，国王不在时人口减半	Thévenot, part 3, p.43
1681—1707	60000	营地周长约 7.5 英里（参考公元 1666 年）	Holden, pp.341—342, 345
1719	—	来自营地和集市的 15000—20000 名男子，参加了皇帝的遗体送别仪式	S.Sharma, p.132
1739	180000	2/3 人口被纳第尔人杀害	Martin, 1858, Ⅲ, p.145 Playfair, Ⅴ, p.409
1739	—	约 26000 人死亡，其他人被劫掠	Irvine, Ⅱ, pp.368—369
1750	150000		
1781	190000	拥有 30 个营（每个营 1000 人，营内总人数乘以 6 与 12000—20000 名特种军人之和为 190000 人）	David, p.138
1800	140000		
1803—1857	—	繁荣发展的时期	Ency. Brit., 1910
约 1820	150000	—	Malcolm（a）, p.444
1836	151000	130672 人，再加上郊区人口	Martin, 1839, Ⅲ, p.292
1846	160279	137971 人，再加上郊区人口	A.Shakespear, pp.27-28, 33
1850	156000	—	
1853	152406	可能包括郊区人口数量	Ungewitter, Ⅱ, p.337

达尔

时间（年）	人口规模（人）	估测依据	数据来源
约 900—1010	—	马尔瓦名义上的首都	Imp. Gaz. India, 1908
1010—1300	—	取代了乌贾因，成为实际首都	Imp. Gaz. India, 1908
约 1050	—	在博贾的统治下逐渐壮大	Ency. of Islam, 1960
年份不详	100000	建有约 20000 栋房屋（可能被高估）	Malcolm, Ⅱ, p.489
年份不详	90000	周长约 7.5 英里（所围合的面积约为 900 公顷，总人口数是面积数量的 100 倍）	Thornton
12 世纪	—	击败加兹纳维德王朝	Ency. of Islam, 1960
1200	30000	参见公元 1251 年	
1199—1293	—	在 1199、1234、1291、1293 年都被来自德里的穆斯林袭击	Ency. of Islam, 1960
1251	30000	拥有 5000 名骑兵	Lal, p.40
1300	—	被德里击败后，王国落入德里手中	Imp. Gaz. India, 1908
1387—1408	—	再次成为马尔瓦的首都	Imp. Gaz. India, 1908 Malcolm, Ⅰ, p.28
1820	20000	拥有 5000 栋房屋，人口快速增长	Malcolm, Ⅱ, p.489

第乌

时间	人口规模（人）	估测依据	数据来源
1539	—	周长约为 2802 臂长（即 3.8 英里，面积约为 250 公顷）	Castro, Ⅱ, pp.154-155
1600	50000	—	—
1640	—	拥有 40 个街区	Faria, Ⅰ, map p.322
巅峰期	50000		Imp. Gaz. India Bombay Pres., Ⅱ, p.585

时间	人口规模（人）	估测依据	数据来源
1669	18000	6000 名妇女被带走（总人数约为被带走妇女人数的 3 倍；参见肯帕德湾）	Carré, p.135
1672	18000	拥有 3000 名驻军（总人口数约为驻军人数的 6 倍）	Carré, p.135
1720	—	约有 40000 人（可能被高估）	A.Hailton, Ⅰ, p.83
1841	9146	—	Hoffmann, "Goa"
1852	10765	—	Harper

多拉萨穆德拉

时间（年）	人口规模（人）	估测依据	数据来源
1133—1328	—	除公元 1191—1200 年以外，一直作为曷萨拉王朝的首都	wilks Ⅰ, p.13; Heras, 1929, p.66 L.Rice, p.217
1300	25000	城墙周长约 4 英里（面积约为 250 公顷；总人口数约为面积数值的 100 倍）	Narasimhachar, front map
1352	—	维毗奢耶那伽罗的次要城市	Heras, 1929, p.106

埃洛拉

时间（年）	人口规模（人）	估测依据	数据来源
约 740—814	—	拉什特拉库塔的首都	Cousens in Altekar, p.48
约 800	45000	被毁坏的佛塔分布在方圆 1.5—2 里格范围内，围合面积约 450 公顷，总人口数约为面积数值的 10 倍	Thévenot, part 3, p.75

法鲁卡巴德

时间（年）	人口规模（人）	估测依据	数据来源
1714	72000	由法鲁克锡亚创立，拥有 12000 名常备军（总人口数约为常备军人数的 6 倍）	Ency. of Islam, 1960,
1749—1750	60000	被罗希拉占领。直到公元 1802 年才得以解放，成为首都	Ency. Brit., 1910, "Farukhabad"
1800	66000	—	
1801	66740	建有约 13348 栋房屋	W. Hamilton, "Furruckabad"
1811	—	建有约 14999 栋房屋	Malcolm, Ⅱ, p.492
1848	68000	根据营地的 12000 人及郊区的 9000 人进行推测	A.Shakespear, p.105
1850	68000	—	

法特普希克里

时间（年）	人口规模（人）	估测依据	数据来源
1569	—	阿克巴的皇家住地	Ency. Brit., 1910
1569	—	城墙周长约 6 英里（面积约为 600 公顷）	Playfair, Ⅴ, p.416
约 1583	—	其面积 > 阿格拉面积 > 伦敦面积	Fitch, pp.17–18
1584	—	大量人口迁至阿格拉	Vivian
约 1610	—	处在废墟中，环境恶劣	Finch, pp.149–150
1848	15414	—	A.Shakespear, p.123n
1853	20864	—	Ungewitter, Ⅱ, p.336

法扎巴德

时间（年）	人口规模（人）	估测依据	数据来源
640	25000	约有 20 座佛教寺庙；3000 名僧侣（总人口数约为寺庙数的 500 倍与僧侣数的 5 倍之和）	Hsüan Daaang in Ency. Brit., 1910, "Ajodhya"
16 世纪—17 世纪	—	奥德首都	Imp. Gaz. India, 1908
1600	25000	参考公元 1707、1720 年	—
约 1610	—	城市成为废墟	Finch, p.176
1700	42000	—	
1707	42000	约有 7000 匹马（总人口数约为马匹数的 6 倍）	Irvine, pp.40–41

续表

时间（年）	人口规模（人）	估测依据	数据来源
1720	—	奥德的财政收入为83000万卢比，高于公元1594年的50000万卢比	Imp. Gaz. India, 1908
1724—1775	—	奥德成为一个独立国家	Imp. Gaz. India, 1908
1739	—	奥德有30000名骑兵（部分可能驻扎在勒克瑙）	S.Sharma, p.58
1750	60000	参考公元1870年区域面积（总人口数约为面积数值的100倍）	—
自1766	—	战争中败给勒克瑙	Newell, p.50
1775	—	所有精英商人都迁往勒克瑙	Ency. Britannica, 1910
1800	45000		
1850	45000		
约1870		周长约6英里（面积约为600公顷）	Balfour, "Faizabad"

贾延孔达姆

时间（年）	人口规模（人）	估测依据	数据来源
1012—1118	—	朱罗王朝时期首都	Imp. Gaz. India；Madras，Ⅱ，p.193
自1075	—	仅作为名义上的首都	Venkatakrishna, p.412
1871	1014	—	Imp. Gaz. India Madras，Ⅱ，p.193

古尔冈

时间（年）	人口规模（人）	估测依据	数据来源
约1530—1699	—	阿含王国时期首都	Imp. Gaz. India：Eastern Bengal and Assam, pp.587-588
1600	40000		
约1615	—	城墙围合区域半径约3科斯（城墙周长约12英里）；人口密度低，有分散的村庄和田地	Gait, pp.119, 149
1662	54000	皇室卫兵有6000—7000人，战胜者发现了9100支步枪（总人口数约为步枪数的6倍），拥有7828支长矛，国王携5000人逃走	Gait, p.148 Bhattacharya, pp.331-333

古尔

时间（年）	人口规模（人）	估测依据	数据来源
648—约730	—	孟加拉首都	Thornton
约1159—1199	—	孟加拉首都	Thornton；P.Paul
约1159—1199	—	建造了许多寺庙	Dey, "Lakhshmanavati"
1200	60000	参见公元1225年，约有1/3人口迁往纳迪亚区	Hunter, "Nadiya"
1203—1282	—	在德里苏丹国的统治下再次成为首都	Ferguddon，Ⅱ，pp.254-255
约1225	90000	周长约为20英里（面积约为公元1500年峰值面积的4/9）	Chao Ju-kua in Nilakanta, 1939, p.146
1282—1338	—	统治权采用世袭制	Fergusson，Ⅱ，pp.254-255
1300	100000		
1338—1352	—	西孟加拉的首都	Fergusson，Ⅱ，pp.254-255
1400	40000	其余人在潘杜阿	
1442—1565	—	整个孟加拉的首都	Abid-Ali, pp.15-18
1442	—	墙内面积增加约3.5平方英尺（约800公顷）	Imp. Gaz. India Eastern Bengal, p.254
约1460	—	国王招募了8000名埃塞俄比亚士兵	Lal, p.133
1496	210000	拥有35000名士兵（总人口数约为士兵人数的6倍）；有10000人遇难	Ferishta，Ⅳ，p.203
1500	200000		
1514	200000	城市内约有40000个壁炉（总人口数为壁炉数的5倍）	Pires in Cortesão, pp.10, 15

时间（年）	人口规模（人）	估测依据	数据来源
16 世纪	—	城墙周长约 13 平方英里（面积约为 3000 公顷）；加上城市周边的田地和花园共约 22—30 平方英里	Imp. Gaz. India Eastern Bengal，p.252
1537	—	城市遭遇入侵	Fergusson，p.255
1556	—	城市派出一支庞大的军队	Erskine，II，p.504
1575	—	城市被摧毁	Imp. Gaz. India Eastern Bengal，p.251
1819	18000	建有约 3000 栋房屋	W. Hamilton
1872	11492		Hunter

加雅

时间（年）	人口规模（人）	估测依据	数据来源
约 1200—19 世纪	—	朝圣者逐渐增加	Martin，1838，I，pp.53，61
1800	30000		
1829	30000	在托马斯·劳担任地区官员期间，约建有 6000 栋房屋	Martin，1838，I，p.49
1840	43451		Thornton
1850	50000		
1872	66843		Balfour

果阿

时间（年）	人口规模（人）	估测依据	数据来源
约 150—1312	—	卡达姆巴首都	Ency. Brit.，1910
1300	40000		
1344	40000	约有 10000 名男子皈依	Ibn Battuta，p.240
1400	40000		
约 1440	—	周长约 8 英里（参见公元 1600—1639 年）	Conti，p.19
1500		贸易额在印度排名第二，仅次于卡利卡特	Ency. Brit.，1910
1500	40000		
1510	40000	葡萄牙人杀害了 6000 或 7000 名民兵（总人口数约为被杀害民兵数的 6 倍）	Danvers，I，p.211 Bruzen，1737
1511	24000	拥有 4000 名士兵	Danvers，I，p.242
1575—1625		人口数量达到峰值	Ency. Brit.，1910
1600	60000	周长约为 6 英里（面积约为 600 公顷）；所属地区可能有 200000 人	Cottineau，p.17
约 1600	63000	拥有 17 座教堂（总人口数约为教堂数量的 3750 倍，参见柯钦）；其中 3/4 为基督徒	Faria，I，map，p.142
1636		周长 4—5 英里；分布上呈现出中部紧凑、郊区分散的特点（加上郊区面积约 400 公顷）	Mundy，III，p.54
1639	—	在葡萄牙统治下蓬勃发展	Mandelslo，p.82
约 1655		约有 30000 人被移至贝德努尔	Hayavadana，II，p.449n
1695	20000		Gemelli，p.203
1700	20000	约有 30000 人	Imp. Gaz. India：Bombay Pres.，II，p.589
1775	16000	—	Imp. Gaz. India：Bombay Pres.，II，p.589
1776	14000	管辖范围内有 44588 人	Dancers，II，p.438n
1876	14134		Hunter

戈尔康达

时间（年）	人口规模（人）	估测依据	数据来源
1550	36000	拥有 6000 匹马	Ferishta，III，p.198
约 1585	45000	拥有 7000 匹马和许多战象	Ferishta，III，p.200

续表

时间（年）	人口规模（人）	估测依据	数据来源
1589	—	公元1589年，海得拉巴共有450000英镑的收益，其中大部分来自戈尔康达（参见海得拉巴）	—
1655	—	面积比奥尔良小	Tavernier，Ⅱ，p.61
1687	—	被莫卧儿人占领	Ency. Brit.，1910

戈拉克普尔

时间（年）	人口规模（人）	估测依据	数据来源
约1400	—	城市建立	Ency. Brit.，1910
约1700	—	第二座重要清真寺建成；公元1835年之前没有再修建	Martin 1838，Ⅱ，p.348
1800	31000		
1805	31000	拥有4568栋住宅	Martin，1838，Ⅱ，p.346
约1805	—	周长约为6英里（面积约为600公顷）	Playfair，Ⅴ，p.430
约1835	42000	拥有6121栋房屋，总人口数约为房数量的7.75倍	Martin，1838，appendix，p.6
1848	45265	—	A. Shakespear，p.140n
1850	48000	—	
1853	54529	—	Ungewitter，Ⅱ，p.337

古尔伯加

时间（年）	人口规模（人）	估测依据	数据来源
1347—1424	—	巴曼尼苏丹国首都	Sherwani，1947，p.27
1366	90000	拥有15000名骑兵（总人数约为骑兵数量的6倍）	Sherwani，1953，p.95
1400	90000		
1481	—	城市被甘吉布勒姆军队摧毁	Mahajan，part 1，p.247
1490—1500	—	达斯图尔·第纳尔的首都	Ency. of Islam，1913
1881	22384		Imp. Gaz. India Hyderabad，p.451

瓜廖尔

时间（年）	人口规模（人）	估测依据	数据来源
773		城市建立	Thornton
977—约1128	—	加恰瓦哈的首都	Imp. Gaz. India，1908
约1128—1232		除公元1196—1210年外，一直作为帕里哈首都	Imp. Gaz. India，1908
1486—1517		悬崖堡和主宫建成	Imp. Gaz. India，1908
1545		阿富汗统治者拥有12000—13000名军人	Erskine，Ⅱ，p.453
1546—1553		北印度帕里哈的首都	Erskine，Ⅱ，pp.460–470
1797	30000	拥有5000名骑兵	Compton，p.245
1805—1948	—	信德马拉塔的首都	Conder，1830s，Ⅳ，p.211
1822	50000		Lloyd，p.9
约1830	65000	拥有10000—11000名士兵	Conder，1830s，Ⅳ，p.212
约1850	71000	拥有11964名士兵	Meyer，1874
1881	88066	迁居新址	Imp. Gaz. India，1908

胡格利

时间（年）	人口规模（人）	估测依据	数据来源
1600	—	城市地位比萨德冈更重要	Abu'l–Fazl，Ⅱ，p.125
1600	60000		
1632	65000	战争中有近50000人逃亡，10000人被杀，10000人被释放	Crawford，p.8
1632	—	取代萨德冈城成为莫卧儿帝国的重要港口	Imp. Gaz. India，1908
1633—1685		葡萄牙人再次活跃于城市中	Imp. Gaz. India，1908
1651—1686	—	大部分英国人、荷兰人都在孟加拉	Imp. Gaz. India，1908

续表

时间（年）	人口规模（人）	估测依据	数据来源
1676	—	郊区周长约 2 英里	Bowrey p.191
1720	—	岸线长约 2 英里	Hamilton in Bowrey, p.192n
1723	—	仍然是孟加拉的港口	Das Gupta p.119
约 1800	12000		Petermann, 1857, p.349
1872	34761	包括钦苏拉的人口规模在内	Hunter

海得拉巴

时间（年）	人口规模（人）	估测依据	数据来源
1500	25000	20000—30000 人	Haberland, p.47
1591	70000	重建了 14000 栋建筑	Sherwani, 1967, p.15
1589—1687	—	戈尔康达的首都。周长约为 6 英里（面积约为 600 公顷）	Imp. Gaz. India, 1908
1600	80000		
1724—1948	—	尼萨的首都	Imp. Gaz. India, 1908
1750	175000	管辖区域完好无损，但与北印度的联系中断	Imp. Gaz. India, 1908
1750—1790	—	尼萨的土地减少	Gribble, p.125
1767	150000	与迈索尔（参见塞林加帕坦）一起组织了 43000 名骑兵（其中约 25000 人来自海得拉巴，总人口数约为海得拉巴骑兵数的 6 倍）	D. Allen, p.222
1800	175000		
约 1820	200000	—	Malcolm（a）7, p.444
1843	250000		Warren, p.238
约 1850		国家陷入混乱	Ency. Brit., 1910, "Salar"
约 1850	200000		Ency. Brit., 1853
1853—1883	—	城市管理高效	Ency. Brit., 1910, "Salar"
约 1875	350000	面积约 27 平方公里（即 2700 公顷）	Reclus, Ⅷ, p.505
1881	367417		Imp. Gaz. India; Hyderabad, p.114
1891	415039		Imp. Gaz. India; Hyderabad, p.114

伊凯里

时间（年）	人口规模（人）	估测依据	数据来源
1512—1638	—	科拉迪首都；有三面同心圆式的围墙	Hayavadana, Ⅰ, p.88n
1600	48000	参见公元 1645 年的贝德努尔	—

印多尔

时间（年）	人口规模（人）	估测依据	数据来源
约 1750 年	—	城市建立	
1800	45000		
1801	—	约有 4000 人遭到杀害	Malcolm, Ⅰ, p.219
1817	41000	有 4235 户家庭（总人口数按照家庭户数的 5 倍加上霍尔卡营地的 20000 人推算）	Malcolm, Ⅱ, p.380
1820	63000	近 3 年间人口快速增长	Malcolm, Ⅱ, p.380
约 1825	—	约有 90000 人（可能被高估）	Balbi
约 1850	60000	—	Hoffmann
1871	92330	英国在此驻兵扎营	Vivien

斋浦尔

时间（年）	人口规模（人）	估测依据	数据来源
1727	—	加恰瓦哈的首都，城墙周长约 6 英里	Sharma, 1969, p.155
1727	75000	城墙周长约 7 英里（围合面积约为 750 公顷）	India Tourism, rear map

续表

时间（年）	人口规模（人）	估测依据	数据来源
1732	90000	拥有 15000 名骑兵（可能在城内，总人口数约为骑兵人数的 6 倍）和 15000 名步兵（可能在乡村）	K.S.Gupta，p.35
1743	—	城市开始衰落	Ency. of Islam，1960，"Djaypur"
1750	90000		
1798	77000	拥有 12000 名士兵（即民兵）和 5000 名雇佣兵	Imp. Gaz. India：Rajputana，p.238
1800	75000	城市严重衰退	Imp. Gaz. India：Rajputana，p.238
1825	60000	大多数房屋坍塌	Heber in Conder，1830s，Ⅳ, p.62
1850	100000		
1870	137847		Hunter

查谟

时间（年）	人口规模（人）	估测依据	数据来源
1850	40000		
1873	41817		Drew，p.554

江布尔

时间（年）	人口规模（人）	估测依据	数据来源
1359	—	城市建立	Imp. Gaz. India，1908
1398—1479	—	占领了曾属于德里的大部分土地	Ency. of Islam，1960，"Djaypur"
约 1450	—	印度的设拉子（一个酿酒葡萄品种）种植地	Ency. of Islam，1960，"Djaypur"
1452	—	拥有 30000 名骑兵（可能不全在城内）	Ferishta，Ⅰ，pp.321-322
1479—1580	—	地区中心城市	Ency. of Islam，1960."Djawnpur"
1500	50000	只剩下 6 座清真寺，其余的在公元 1496 年左右被拆毁（总人口数约为清真寺数量的 800 倍与印度教徒数量之和，参见公元 1901 年）	Ency. of Islam，1960."Djawnpur"
1608	—	周长约 6—8 科斯（即 10—12 英里）	Finch，pp.176-177
约 1800	16177	—	Thornton
1853	27160	—	Ungewitter，Ⅱ，p.337
1901	—	地区内 91% 的人口为印度教徒	Ency. Brit.，1910

占西

时间（年）	人口规模（人）	估测依据	数据来源
1734	—	城市建立，兼并了前昌德尔州的 1/3 土地	Ency. Brit.，1910
1799	—	拥有 3000 名驻军	Compton，p.158
1850	60000		
1856	60000	—	Sleeman in Tahmankar，p.19

焦特布尔

时间（年）	人口规模（人）	估测依据	数据来源
约 550—850	—	王国都城	M.Ganguly，p.15n
1459—1948	—	除公元 1544—1553、1569—1583、1679—1707 年外，一直作为王国都城	Imp. Gaz. India Rajputana，p.174 Bhargava，p.34
1500	40000	从马尔代奥时期开始发展壮大	Erskine，Ⅱ，p.438
1544	48000	马尔代奥带领一支 8000—10000 人的军队（总人口数约为军队人数的 6 倍）	
1569—1583	—	由马尔代奥直接统治	Bhargava，pp.58，77
1600	45000		
1620—1638	—	城主是德干的莫卧儿总督，十分富有	Imp. Gaz. India Rajputana，p.174 Bhargava，p.77
1658	60000	拥有 10000 名士兵（总人口数约为士兵人数的 6 倍）	Bhargava，p.94

时间（年）	人口规模（人）	估测依据	数据来源
1679—1707	—	被奥朗则布皇帝统治下的莫卧儿占领	Bhargava, pp.119, 144
1700	40000		
约1710	50000	周长约24600英尺（面积约为350公顷，总人口数约为面积数值的150倍）	Ency. Brit., 1973
1711	—	拥有15000名陆军（可能大部分在城内）	Bhargava, p.151
1714	—	拥有18000名陆军	Bhargava, p.155
1750	—	军事实力达到巅峰	Imp. Gaz. India Rajputana, pp.177–178
18世纪	129150	—	Boileau in Thornton
1787	90000	城市内约有15000匹马（总人口数约为马匹数的6倍），城外约有15000匹马	Parihar, p.110, cf.108, 111
1790	80000	共有约26000匹马；战争中被辛迪亚打败	Parihar, p.124
约1790	80000		Thornton
1800	75000		
约1850	50000		Brockhaus, "Dschodpur"
1881	63329	—	Imp. Gaz. India Rajputana, p.196

贾朗达尔

时间（年）	人口规模（人）	估测依据	数据来源
约630	—	周长约2英里	Hsüan Dsang in Imp. Gaz. India: Punjab, I, p.421
约1785—1811	—	皮劳尔地区首府	Imp. Gaz. India, 1908
1846	—	兵营成立（公元1901年有13280人）	Imp. Gaz. India, 1908
约1850	40000		Ungewitter, II, p.347
1868	50067	—	Hunter

卡琳加尔

时间（年）	人口规模（人）	估测依据	数据来源
1182—1203	—	昌德尔首都；加上平原上的郊区，周长约4英里	Imp. Gaz. India: United Provs., II, pp.47, 49, 62
1200	50000	昌德尔面积开始减少（比1050年的克久拉霍小）	Ency. Brit., 1910, "Bundelkhand"
1203		约有50000人在战败时沦为奴隶（可能是整个区域的人口；需要根据面积计算总人数）	V.smith, p.340
1872	4019		Hunter

格利扬

时间（年）	人口规模（人）	估测依据	数据来源
1054—约1189	—	至公元1126年一直是查鲁奇亚王朝的首都	Imp. Gaz. India Hyderabad, pp.10–11, 291
约1125		被宫廷诗人称赞为"最美丽的城市"。对其评价高于卡瑙季和安利瓦达	Vaidya, III, p.260
1143	125000	比安利瓦达更贫穷（参见安尼华达）	—
自1190	—	城市迅速陷入衰败	Burgess, p.37
1901	11191		Imp. Gaz. India Hyderabad, p.291

卡马塔普尔

时间（年）	人口规模（人）	估测依据	数据来源
约1300—1498	—	库克比哈尔首都	Gait, pp.43–44
1498	40000	城墙外围壕沟长约19英里。集中建设区周长约5英里（面积约为400公顷，总人口数约为面积数值的100倍）	Imp. Gaz. India, 1908

卡瑙季

时间（年）	人口规模（人）	估测依据	数据来源
618—1168	—	北印度地区的首府	Imp. Gaz. India, 1908 Moreland & Chatterji, p.113 Vaidya, Ⅲ, p.21
约630	100000	拥有超过10000名佛教僧侣（总人口数约为佛教僧侣数的10倍）；拥有200座寺庙，总人口中有一半为印度教徒；根据遗址确定周长约为20里（文献估测存在偏差，因此面积约1000公顷，总人口数约为面积数的100倍）	Hsüan, Dsang, Ⅰ, pp.206-207 Hunter
约850	80000	在印度城市规模中位列第二	Soliman in Major, p.XXVII
1000	72000		
1001	72000	拥有12000名骑兵	Abulfeda, Ⅰ, p.347
1018	60000	约有10000名男子投降并皈依伊斯兰教	Mahajan, part 1, p.42
1018	—	城市大部分地区都沦为废墟	Biruni, p.199
约1100	—	被加兹纳维德人占领	Ency. of Islam, 1960. "Ghaznavids"
1114—1155		统治了北印度，参见公元630年	Vaidya, Ⅲ, pp.211-215
1150	92000	有84个区（艾哈迈达巴德时期达到1100个）	Cunningham, p.381
1194		印度教徒被杀害	Mahajan, part 1, p.63
约1200	—	穆斯林在此地铸造硬币	Ency. of Islam, 1960. "Farrukhabad"
1340		当地人民遭到屠杀	Thornton, "Kunnoj"
1848	16486	—	A.Shakespear, p.105n

甘吉布勒姆

时间（年）	人口规模（人）	估测依据	数据来源
约250—1000	—	帕拉瓦首都	Hemingway, p.31 Imp. Gaz. India: Madras, Ⅰ, p.545
640	70000	有超过10000名佛教僧侣；拥有80座佛教寺庙；周长约30里（文献估测存偏差，实际约为5英里）	Hsüan, Dsang, Ⅱ, pp.228-229
约740	—	帕拉瓦的实力被大大削弱	Ency. Brit., 1910, "Carnatic"
1070—1118	70000	强大的朱罗王朝的首都	Venkatakrishna, pp.365, 412
1070—13世纪	—	朱罗王朝铭文数量是其他地区的两倍	Nilakanta, 1937, Ⅱ, index
1310—约1400	—	王朝都城	Imp. Gaz. India: Madras, Ⅰ, p.545
1481		城市被摧毁	Subrahmanya, pp.65-66
16世纪		建造了2座新寺庙	Puri, p.32
1871	35396	拥有6447栋房屋	Hunter

卡亚勒

时间（年）	人口规模（人）	估测依据	数据来源
1292		潘地亚王朝的首要商贸集散地；是一座伟大而壮丽的城市	Polo in Nilakanta, 1958, 214 Kerr, p.388
1300	50000	周长5—6英里（面积约为500公顷）	Cordier, Ⅱ, map p.374
1300		潘地亚王朝的顶峰时期	—
1500		奎隆王在此定居	Barbosa in Cordier, Ⅱ, p.372n
约1850		城市被废弃	Yule in Cordier, Ⅱ, p.373n

克久拉霍

时间（年）	人口规模（人）	估测依据	数据来源
950—999		昌德尔首都	V.Smith, p.340
950—1050	—	建造了30座寺庙（被低估，可能是85个）	Balfour Imp. Gaz. India Central India, p.390

续表

时间（年）	人口规模（人）	估测依据	数据来源
1000	—	昌德尔首都	Bose, pp.39-50
1000	40000	总人口数是寺庙数的 500 倍	—
年份不详	—	拥有 85 座寺庙	Ency. Brit., 1971

戈拉尔

时间（年）	人口规模（人）	估测依据	数据来源
1545	—	区域内发现钻石矿脉	Slater, p.121
1600	40000		
1645	40000	拥有 60000 名矿工（总人数约为矿工人数的 4 倍）	Slater, p.121, citing Tavernier

拉合尔

时间（年）	人口规模（人）	估测依据	数据来源
约 630	—	面积大；首都迁至锡亚尔科特	Hsüan, Dsang in Imp. Gaz. India: Punjab, Ⅱ, p.31
1000	—	旁遮普省的首府	Ency. Brit., 1910, "Mahmud of Ghazni"
1098—1114	—	加兹纳维德首都	Imp. Gaz. India, 1908
1100	50000	参见加兹尼的面积	
1157	—	加兹纳维德的首都，国家实力较弱	Stewart, pp.24-25
1398	—	城市被帖木儿军队摧毁	Imp. Gaz. India, 1908
1422	—	城市开始重建	Imp. Gaz. India, 1908
1552	—	城市繁荣发展	Erskine, Ⅱ, p.469
1555—1556	—	莫卧儿帝国的首都	Thévenot, part 3, p.60
16 世纪 80 年代	—	实力不逊于欧洲或亚洲的任何一座城市	Monserrate in Edwardes & Garrett, p.164
1584—16 世纪 90 年代	—	莫卧儿帝国首都	Imp. Gaz. India, 1908
16 世纪 90 年代	300000	由公元 1901 年的面积推测，城市应有 201000 人，但公元 1590 年人口密度较高，参见公元 1664 年	Imp. Gaz. India, 1908
1596	—	税收达 290 万坝（坝是印度莫卧儿帝国时期建造的标准化货币，主要为铜币，1 铜坝约等于 1/40 卢比）（总人口数约为税收的 0.012 倍，参见阿格拉）	Abu'l Fazl, p.287
1600	34000		
1610	—	周长约为 6 科斯；它和阿格拉的面积都比伦敦大得多	Finch in Edwardes & Garrett, p.164
1615	—	面积比君士坦丁堡或阿格拉更大	Coryat in Moreland, p.13
1615	—	面积比阿格拉小	E.Terry, p.65
1622—1627	500000	再次成为莫卧儿帝国的首都；包括郊区在内的区域周长约 16 英里（面积约为 4000 公顷，总人口数约为面积数值的 125 倍；参见公元 1660 年）；城市面积比公元 1901 年时大	Imp. Gaz. India Punjab, Ⅱ, pp.33-34
1631	84000	其总督有 7000 名士兵和 7000 名骑兵（总人口数为士兵和骑兵人数的 6 倍）	Latif, 1892, p.55
1650	360000	拥有 60000 名骑兵	Latif, 1864, p.169
1662	—	城市被暴雨严重摧毁	Latif, 1892, pp.67, 69
1700	54000		
1707	54000	拥有 9000 名骑兵	Irvine, Ⅰ, p.38
1800	—	城市沦为废墟	Imp. Gaz. India, 1908
约 1820	—	城市原有的 36 个分区只剩下 9 个	Thornton
1850	94000		
1855	94143	—	Imp. Gaz. India Punjab, Ⅱ, pp.36-37

拉昆迪

时间（年）	人口规模（人）	估测依据	数据来源
1192—1211	—	曷萨拉王朝首都；拥有 50 座寺庙	Imp. Gaz. India, 1908
1200	25000	基于多拉萨穆德拉的人口规模和寺庙数量推测。参见克久拉霍	—

勒克瑙

时间（年）	人口规模（人）	估测依据	数据来源
约 1550	—	城市开始兴盛	Imp. Gaz. India, 1908
1732	—	成为乌德的首都	Newell, p.49
1750	50000	地位不如费渣巴德	—
约 1765	—	乌德的首都	Newell, p.50
1770	125000	周长约 13 英里（面积 2700 公顷，总人数约为面积数值的 46 倍，参见公元 1857 年）	Tieffenthaler in Conder, 1830s, IV, p.296n
1800	240000	—	—
约 1815	300000	—	Hassel, 1819, XIV, p.264
1850	300000	—	—
1857	—	周长约 20 英里（围合面积约为 6500 公顷）	Imp. Gaz. India United Provinces, II, p.307
1869	284779	—	—

卢迪亚纳

时间（年）	人口规模（人）	估测依据	数据来源
至 1806	—	由赖科特州管辖	Imp. Gaz. India, 1908
1809—1854	—	区域内有一个英国军事营地	Imp. Gaz. India, 1908
1850	50000	—	—
1855	47191	—	Hunter

马德拉斯

时间（年）	人口规模（人）	估测依据	数据来源
约 1650	15000	—	Barlow, p.18
1674	—	拥有 193 栋房屋	Nayudu, p.4
1700	24000	—	—
1707	26000	城内有 25 名英国士兵	J.Wheeler, p.74
1750	55000	拥有 8700 栋房屋	Nayudu, p.4
1800	110000	—	—
1811	125000	军营外可能有 150000 人，但总人数可能减少了 1/4	Phillipa, V, section 2, p.9
1823	160000	拥有 26786 栋房屋	M'Culloch
1850	310000	—	—
1863	427771	—	Statesman's Yearbook, 1877

马杜赖

时间（年）	人口规模（人）	估测依据	数据来源
约 575—约 943	—	潘地亚王朝的首都	Husaini, pp.36–43
约 780	—	兼并朱罗王朝，并与帕拉瓦人有过战争	Husaini, p.41
800	70000	土地持有量比 1300 年略多	Husaini, p.41
约 910	—	被锡兰军队洗劫	Balasubrahmanyan, p.1
约 943—约 1200	—	潘地亚受朱罗王朝支配	Husaini, pp.43–49
约 1000	—	建造大型寺庙	Nilakanta, 1955, p.449
13 世纪	—	潘地亚统治了朱罗王朝	Husaini, pp.49–72
1290	60000	每年购买 10000 匹马（马匹供骑兵使用，总人口数约为马匹数的 6 倍）	Polo, II, pp.331, 340

续表

时间（年）	人口规模（人）	估测依据	数据来源
1300	60000		
1333—1378	—	马拉巴的首都，受印度教持续叛乱困扰	Husaini, pp.80.109, 120
1341	36000	拥有 6000 名士兵（总人口数约为士兵数量的 6 倍）	
约 1350	—	城市被改造得与德里相似	Husaini, p.90
1452—1499	—	一座小型的王国首都	Husaini, p.94
约 1529—1739	—	除公元 1616—1623、1664—1710 年外，一直作为纳亚克首都	Husaini, p.138
1600	50000	—	Husaini, pp.127ff Subrahmanya, p.296
1610	50000	约有 10000 名牧师（总人口数约为牧师数量的 5 倍）	Subrahmanya, p.257
1662	42000	拥有 7000 名骑兵	Subrahmanya, p.215
1683		王国处于分裂状态	Subrahmanya, p.291
1784	—	约有 40000 人（可能被高估）	W. Hamilton
1800	20000		
1812	20069		W. Hamilton
1850	41601		Nelson, part 5, p.156 and part 2, p.7

默黑什沃尔

时间（年）	人口规模（人）	估测依据	数据来源
1767—1797	—	霍尔卡马拉塔首都	Imp. Gaz. India, 1908
1820	17000	拥有约 3500 栋房屋	Imp. Gaz. India, 1908, citing Madras
1901	7042	—	Ency. Brit., 1910,

默霍巴

时间（年）	人口规模（人）	估测依据	数据来源
至 1182	—	昌德尔首都（参见克久拉霍、卡琳加尔）	v. Smith, pp.330, 335
1872	6977		Hunter

曼杜

时间（年）	人口规模（人）	估测依据	数据来源
1408—1562	—	取代达尔成为马尔瓦的首都	Ency. Brit., 1910, "Malwa"
1468	87000	拥有 12000 名骑兵（人口总量约为骑兵数量的 6 倍再加上 15000 名宫女数量）	Ferishta, Ⅳ, pp.142–143
1500	70000	不敌古吉拉特邦	—
1518		被围攻	Ferishta, Ⅳ, p.157
1600	40000		
1628	40000	周长 5 英里（占地面积约 400 公顷，面积数值是人口总量的 1/100）	Herbert, p.80
1666		中等规模城市	Thévenot, part3, p.69

海得拉巴

时间（年）	人口规模（人）	估测依据	数据来源
712	—	阿罗大约有 45000 人	—
约 760	—	以哈里发曼苏拉命名，原名为布拉夫曼纳巴特，与阿罗共同作为首都	Ibn Hawqal, 1822, p.66 Ency. of Islam 1913 Ency, Brit., 1910, "Sind"
800	60000	信德还未实现国家独立	Ency. of Islam, 1913, "Sind"
871—1053	—	下信德地区的首府	Ency. of Islam, 1913, "Sind"
约 950	—	占地面积比木尔坦大	Istakhri in Ency. of Islam, 1913
968	65000	面积约是木尔坦的 2 倍	Ibn Hawqal, 1822, p.66

续表

时间（年）	人口规模（人）	估测依据	数据来源
1000	65000		
1768	—	重新被命名为海得拉巴	Balfour
1810	14000		Kinneir, p.230
约1850	24000		Petermann, 1857, p.349
1872	41150		Hunter

马尔凯德

时间（年）	人口规模（人）	估测依据	数据来源
814—约1050	—	拉什特拉库塔和查鲁奇亚王朝首都	Dey, "Mayakshetra" and "Kalyan"
814—875	—	阿莫哈瓦莎建造了108座夏连特拉寺庙	Reu, p.71n
851	—	人口数量位列印度城市首位	Sirafi, p.56
875	75000	人口总量约为夏连特拉寺庙数量的500倍，再加上与耆那教徒数量	—
875		城市规模远大于埃洛拉	Altekar, p.47
875		被查鲁奇亚军队烧毁	Venkatakrishna, p.195
912		人口数量位列印度城市首位	Ibn Khordadbeh in Gangoli, p.3
916		印度成为世界第四大国家，仅次于阿拉伯、中国和拜占庭	Sirafi in Reu, p.39
972		城市被劫掠	Altekar, pp.124–125

默苏利珀德姆

时间（年）	人口规模（人）	估测依据	数据来源
自1512	—	戈尔康达海港	Ency. Brit., 1910
1612—1947	—	英国殖民地	Imp. Gaz. India, 1908
1673	30000	拥有3座市场（市场数量为人口总量的1/10000—1/20000，参见万丹。因此，城市人口总量为30000—60000人）	Fryer, I, p.81
1673	30000	约有4000名士兵被招募（人口总量约为士兵数量的6倍，再加上来自欧洲的移民数量）	Carré, p.536
1679	—	约16000人被洪水吞噬	Fryer, III, p.356
1682	—	被奥朗则布占领	Gleig, I, p.356
1700	—	城市衰败	A. Hamilton in Bowrey, p.62n
1783	—	织布工人大批迁出	Gupta, p.205
1837	27884	—	Thornton

密拉特

时间（年）	人口规模（人）	估测依据	数据来源
1399	—	被帖木儿军队摧毁	Conder, 1830s, IV, p.3
1847	29014		Imp. Gaz. India United Provinces, I, p.325
1850	55000		
1853	82035		Imp. Gaz. India United Provinces, I, p.325

米尔扎布尔

时间（年）	人口规模（人）	估测依据	数据来源
约1765	—	城市建立	Imp. Gaz. India United Provinces, II, p.157
1800	50000		
1801	50000		W. Hamilton
约1820	69000		Malcolm (a), p.444
1850	77000		
1853	79526		Ungewitter, II, p.336

蒙吉尔

时间（年）	人口规模（人）	估测依据	数据来源
约 730—1063	—	帕拉的首都	Paul, p.129
1590—17 世纪	—	根据将领数目估算	Ency. Brit., 1910,
1600	40000	占地面积约 400 公顷（面积数值约为人口总量的 1/100；参见公元 1811 年）	—
1800	30000	—	Buchanan in Hunter Martin, 1838, Ⅱ, p.42
1811	30000	周长约 5 英里	Hoffmann
约 1850	40000	—	Hunter
1869	53981	—	—

莫拉达巴德

时间（年）	人口规模（人）	估测依据	数据来源
1625	—	城市建立	Hunter
1847	48880	—	A.Shakespear, p.79n
1850	54000	—	—
1852	57414	—	Ungewitter, Ⅱ, p.339

木尔坦

时间	人口规模（人）	估测依据	数据来源
9 世纪—1005	—	印度教王国的首都	Vivien
968	—	面积约为曼苏拉的一半	Ibn Hawqal, 1822, p.66
1150	—	面积与锡斯坦港几乎一样大	Edrisi in Bémont, p.32
中世纪	32000	根据面积估算（参见公元 1800 年）	—
1525	34000	拥有约 3000 名民兵（人口总量为民兵数量的 6 倍，再加上 4/5 的印度教徒数量）	Ferishta, Ⅳ, p.231
1596	20000	税收约 1700 万坝（坝是印度莫卧儿帝国时期流通的标准化货币，主要为铜币，1 铜坝约等于 1/40 卢比，参见阿格拉）	Abu'l-Fazl, p.293
约 1800	—	周长 4.5 英里左右（面积约 325 公顷）	Elphinstone in "Asiatic Journal," 1816, p.61
约 1800	30000	指公元 1810 年前后的数据	Andrée, p.293
1850	80000	—	—
约 1854	80966	—	Blackie
1901	87000	城中约有 46000 名穆斯林和约 36000 名印度教徒	Imp. Gaz. India, 1908

穆尔斯希达巴德

时间（年）	人口规模（人）	估测依据	数据来源
1704—1772	—	孟加拉的首都	Ency. Brit., 1910,
18 世纪	—	卡西姆巴扎尔郊区发展为孟加拉的丝绸之城	Balfour
1750	180000	—	—
1756	180000	约有 30000 名骑兵（人口总量约为骑兵数量的 6 倍）	R.Muir, p.43
巅峰期	—	周长约 50 公里（合 30 英里，规模小于它的前身达卡）	Vivien
1765	210000	军队人数不超过 35000 人	Strachey, p.40
1789	207000	参见公元 1814、1829 年	—
1789—1822	—	所属地区的人口数量约从 1020572 人减少到 762690 人（减少了 1/4）	Martin, 1839, pp.288–289
1800	190000	—	—
1814	165000	建有约 30000 栋房屋	W. Hamilton, "Moorshedabad"
1829	149717	包括卡西姆巴扎尔的 3538 人在内	Martin, 1839, p.290 mp. Gaz. India, 1908
1837	124804	—	Hunter
1850	96000	—	—
1872	46182	—	Hunter

马图拉

时间（年）	人口规模（人）	估测依据	数据来源
约 630	15000	拥有约 2000 名佛教僧侣和 5 座婆罗门寺庙；周长约 20 里（文献估测存偏差，实际周长应为 20 里的一半，即 3.3 英里左右，参见卡瑞季和甘吉布勒姆）	Hsüan Dsang，I，pp.179-180
1017	—	被劫掠，约 5000 人逃离	Growse，p.33
1636	—	所有的神社都被毁坏了	Ency. Brit.，1910
1756	—	遭到阿富汗军队占领	Latif，1964，p.228
自 1804	—	城市进入快速发展期	Growse，p.46
1832	—	成为地区中心	Growse，p.46
1848	49672		A. Shakespear，P.97n
1850	56000		
1853	65749		Ungewittter，II，p.335

迈索尔

时间（年）	人口规模（人）	估测依据	数据来源
1799—1831	—	地区中心	Ency. Brit.，1910，
1800	62000	拥有常备军 10477 人（常备军数量约为人口总量 1/6）	Gopal，p.31
19 世纪	50000	指公元 1850 年前的某时期人口数量	Andrée，p.159
1850	54000		
1853	54529	—	Hunter

纳迪亚

时间（年）	人口规模（人）	估测依据	数据来源
1063—1203	—	孟加拉的首都（除公元 1080、1123、1159—1119 年外；参见拉马瓦蒂、古尔）	Hunter
1200	30000	公元 1199 年成为首都，推测约 1/3 的古尔人陆续迁居至此	—
1872	8863	—	Hunter

那格浦尔

时间（年）	人口规模（人）	估测依据	数据来源
1739—1853	—	邦斯勒马拉塔首都	Imp. Gaz. India Eastern Bengal，p.257
1749	60000	拥有约 10000 匹马（马匹数量约为人口总量的 1/6）	Eastwick，p.109
1750	62000		
1750	—	拥有约 12000 名士兵（其中有约 2000 名新兵）	Eastwick，p.109
1800	74000	拥有约 11000 名常规步兵、4000 名阿拉伯雇佣兵（人口总量为常规步兵数量的 6 倍，再加上雇佣兵数量的 2 倍）	C. Grant，p.308
约 1805	80000		Ency. Edinensis，IV，p.231
约 1820	100000		Malcolm（a），p.444
1825	115228		W. Hamilton
1850	111000		
1854	111231		Ungewitter，II，p.343

纳加帕蒂南

时间（年）	人口规模（人）	估测依据	数据来源
1781	35000	城市由约 7000 名士兵防守（士兵数量占人口总量约 1/5）	Munro，p.252
1845—1861		损失惨重	Imp. Gaz. India，1908
1871	48525		

帕特纳

时间（年）	人口规模（人）	估测依据	数据来源
约 630 年	—	建有约 1000 栋房屋	Hsüan, Dsang, Ⅱ, p.86
约 811 年	—	由孟加拉国王统治	Ghosh, p.10
11 世纪	—	城市遭受严重破坏	Chaudhury, p.114
12 世纪	—	可能是孟加拉国的首都（时间较为短暂；参见叻空瑠蒂、纳迪亚）	Abid-Ali, p.17
15 世纪	—	周长约 20 英里	Stapleton in Abid-Ali, p.15
15 世纪	60000	周长约 6 英里（占地面积约 600 公顷，面积数值约为人口总量 1/100）	Imp. Gaz. India Eastern Bengal, p.257
15 世纪	60000	拥有约 10000 名骑兵（骑兵数量约为人口总量 1/6）	Lal, p.13
1541—1765	—	成为比哈尔省首府	Naqui, p.91 Ency. Brit., 1973
1600	80000	周长约 1 英里（面积数值为 1000 公顷，面积数值约为人口总量的 1/100）	
1632	100000	周长 3 英里（面积数值为 1000 公顷，面积数值约为人口总量的 1/100）	Mundy, Ⅱ, p.157
1634	—	建造了长度约 4.5 英里的城墙（面积数值为 330 公顷）。包括花园和沼泽地在内的更大区域，周长则达到约 18 英里	Hunter
1641	—	约有 200000 人（可能被高估）	Manrique in Naqui, p.104
1670—1671	170000	约有 20000 人死于饥荒，约 150000 人逃离了这座城市	Marshall, pp.149-150
1700	100000	莫卧儿帝国衰落	
1750	60000		
1761	50000	所有人都居住在城墙内（城墙内面积约 330 公顷，参见公元 1634 年；人口总量约是面积数值的 150 倍）	Martin, 1838, Ⅰ, p.40
18 世纪 80 年代	—	城市拥挤；班基普尔和那浦尔已发展为郊区	Naqui, p.133 Hodges, p.46
1800	170000		
1811	204000	建有 40944 栋城市房屋、约 11000 栋农村房屋。文献推测，每户家庭平均有 6 人（按 5 人推算似乎更妥当）	Martin, 1838, Ⅰ, p.38 appendix, p.1
1822	212000	667 平方英里的范围内共居住着 265705 人（与公元 1811 年相比，乡村人口减少了约 1/5）	Martin, 1839, p.289
约 1830	198000	按照 45867 栋房屋的 4/5，加上那浦尔的 3236 栋房屋数量估测人口规模	Martin, 1839, Ⅰ, pp.38, 45
1837	225000	人口总量按照 284132 人的 4/5 计算（可能已涵盖那浦尔和哈吉布尔）	Blackie
1850	226000		
1872	230000	按照 158900 人加上那浦尔人口（42085 人）、松布尔和哈吉布尔人口（公元 1901 年达 30285 人）推算	Imp. Gaz. India Bengal, Ⅱ, p.466 etc.

贝努贡达

时间（年）	人口规模（人）	估测依据	数据来源
1400	40000	—	—
1435—1446	—	维毗奢耶那伽罗皇太子的住所	Venkataramanyya, p.295, cf.295
1442	40000	周长约 10 英里（也许应为 5 英里；占地面积大约 400 公顷，人口总量约为面积数值的 100 倍）	Conti, p.7
1487	—	维毗奢耶那伽罗王储的住地	Krishnaswami, P.178
1500	40000		
1567—1638	—	维毗奢耶那伽罗首都	Heras, 1937, pp.235, 303-304 Nilakanta, 1966, p.302 Krishnaswami, p.19
约 1600	60000	拥有约 10000 名骑兵	Ferishta, Ⅳ, p.275
1618	72000	文卡塔·奈克派出了约 12000 名士兵	Danvers, Ⅱ, p.199
1901	6806		Imp. Gaz. India, 1908

白沙瓦

时间（年）	人口规模（人）	估测依据	数据来源
古代时期	—	犍驮罗王国的首都	Dey

续表

时间（年）	人口规模（人）	估测依据	数据来源
约 1000	15000	—	Mahajan，part 1，p.39
约 1800	80000	—	Hassel，1817
1809	—	规模和布哈拉相近，粗略估计约 100000 人（被严重高估了）；城市面积约 400 公顷（比喀布尔大得多）	Elphinstone（a），p.55 Gazetteer of World
1824	—	大量房屋伫立在废墟中	Moorcroft，Ⅱ，p.337
1850	53970	建有 8394 栋房屋（人口总量为房屋数量的 5 倍，再加上 12000 名士兵）	Raverty in Dani，pp.111–115
1853	53295	—	Brockhaus，1864，"Peshawar"

本地治里

时间（年）	人口规模（人）	估测依据	数据来源
1683	—	城市建立	Ency. Brit.，1910，
1700	25000	—	
1706	30000	约有 40000 名当地居民（人口总量按照 40000 人的 3/4 推算；参见公元 1802 年）	Malleson，p.22
1750	45000	—	
1756	50000	—	Playfair，Ⅴ，p.513
1761	52000	所在地区约有 70000 人（人口总量约为 70000 人的 3/4；参见公元 1802 年）	Brockhaus，1864
1802	25000	—	Ency. Edinensis，Ⅳ，p.245 Ency. Americana，1829
约 1851	32670	—	Eastwick，p.52

浦那

时间（年）	人口规模（人）	估测依据	数据来源
1700	25000	参见公元 1703、1755、18 世纪 60 年代	
1703	—	城市由 6 个区域组成	Gadgil，part 1，p.14
1750—1790	—	马拉塔政权的首都	J.Campbell，ⅩⅨ，p.577 Imp. Gaz. India，1908
1755	—	新增了 3 个城市区域	Gadgil，part 1，p.14
18 世纪 60 年代	40000	—	Gadgil，part2，p.11
1780	—	规模顶峰时期	Gadgil，part2，p.19
巅峰期	140000	—	Orlich，p.42
1796	—	和乌贾因相比，黯然失色	Compton，p.72
1796—1803	—	伴随政治动荡而衰落	Gadgil，part 1，p.19–20
1800	60000	—	
1801	60000	拥有约 10000 名士兵（士兵数量约为人口总量的 1/6）	Compton，p.279
1818	—	约有 110000 人（可能被高估；参见公元 1822 年）	Elphinstone in Gadgil，part 2，p.12
1822	81402	—	Gadgil，part 2，p.12
1838	75170	—	Thornton
1850	73000	—	
1851	73209	—	Gadgil，part 1，p.20

布里

时间（年）	人口规模（人）	估测依据	数据来源
318	—	建有一座富丽堂皇的寺庙	W.W.Hunter，Ⅰ，p.72
811—829	—	建造了一座新的寺庙	W.W.Hunter，Ⅰ，p.198
1132—约 1211	—	成为奥里萨邦的首都	W.Hunter，Ⅰ，p.93 Acharya，p.339
1633	36000	拥有约 9000 名僧侣，总人口数约是僧侣数量的 4 倍（圣地城市的倍数较低）	Bruton，p.198
1803	31000	拥有 8821 户家庭（家庭数量约为人口总量的 1/3.6；参见公元 1841 年）	G.Toynbee，p.63

续表

时间（年）	人口规模（人）	估测依据	数据来源
1841	23766	建有 6620 栋房屋	Hunter, 1881
约 1850	29705	—	Petermann, 1857

奎隆

时间（年）	人口规模（人）	估测依据	数据来源
851	—	与阿拉伯和中国开展贸易	Yule in Cordier, II, p.377n
约 1275	—	城市规模较大	Qazvini in Nagam, p.268
约 1300	—	马拉巴尔海岸最好的城市之一（竞争对手是肯帕德和果阿）	Abulfeda in Cordier, II, p.377n
约 1300	50000	—	—
约 1325	—	商品种类丰富	Odoric in Cordier, II, p.377n
1344	—	发展成为世界上最繁忙的港口城市之一	Ibn Battuta, p.46
1400	60000	—	—
巅峰期	—	城内约有 100000 人（可能被高估）	Herbert, p.339
约 1440	60000	周长约 12 英里（实际应该为 6 英里，参见卡利卡特和果阿）。城市面积约为 600 公顷，面积数值约为人口总量的约 1/100	Conti, p.17
1500	—	卡利卡特在贸易方面超过了它	Lach, p.353
1500	—	国王住在卡亚勒	Barbosa in Cordier, II, p.372n
1500	35000	—	—
1505	—	发展为一座非常棒的城市	Varthema in Cordier, II, p.377n
1520	35000	拥有约 6000 名民兵，民兵数量约为人口总量的 1/6	Nagam, pp.289, 412
1538	35000	比坎纳诺尔富裕，但不如卡利卡特强大	Castanheda in Lach, p.350
1600	35000		
1661	35000	拥有约 7000 名守卫（人口总量是守卫数量的 5 倍）	Danvers, II, p.325
约 1800	20000	—	Petermann, 1857, p.350
1875	14366		Hunter

赖久尔

时间（年）	人口规模（人）	估测依据	数据来源
1294	—	城堡建成；城市设 3 道门	Imp. Gaz. India, 1908
1520	—	拥有约 8400 名驻军	Kerr, VI, p.178
1549	—	新增 2 道门	Imp. Gaz. India, 1908
1565	—	维毗奢耶那伽罗垮台	—
1901	22165		Imp. Gaz. India, 1908

赖格尔

时间（年）	人口规模（人）	估测依据	数据来源
1662—1690	—	马拉塔首都	Imp. Gaz. India, 1908

拉贾蒙德里

时间	人口规模（人）	估测依据	数据来源
919—1070	—	除公元 927—945 年外，均为东遮娄其王朝首都	Venkatakrishna, pp.234, 279, 404
970	—	城市重建完成	Venkatakrishna, p.279
1000	30000	拥有约 5000 名骑兵，人口总量约为骑兵数量的 6 倍	Venkatakrishna, p.280
至 15 世纪	—	雷迪王朝的政权所在地	Venkatakrishna, p.362
约 1850	15000—20000		Petermann, 1857, p.350
1872	19738		Lippincott, 1880

拉杰马哈尔

时间（年）	人口规模（人）	估测依据	数据来源
1595—1608	—	孟加拉首都	Raychaudhuri, p.2 Imp. Gaz. India, 1908
1595	—	城市繁荣发展	Majumdar 1973, p.85
1600	80000	海盗入侵恒河三角洲	Calkins, p.21
1639—1655	—	孟加拉首都	Imp. Gaz. India, 1908
1655	100000	建约有 20000 栋房屋	Martin, 1838, Ⅱ, p.79
1800	25000	达到约 30000 人（可能被高估）	Buchanan in Imp. Gaz. India, 1908
1901	2047	—	Imp. Gaz. India, 1908

拉马瓦蒂

时间（年）	人口规模（人）	估测依据	数据来源
1080—1123	—	孟加拉首都	Paul, Ⅰ, pp.65, 75

兰布尔

时间（年）	人口规模（人）	估测依据	数据来源
1719—1948	—	罗希拉州首府	Imp. Gaz. India：United Provs., Ⅱ, p.451 Strachey, p.275
1774	30000	新统治者带来 5000 名士兵	Strachey, p.151
1790	38000	公元 1790 年政府收入只有公元 1890 年收入的一半（公元 1891 年约有 76000 人），由此估测人口数量约为公元 1891 年的 1/2	Strachey, p.284
年份不详	—	约有 100000 人（极有可能被高估）	Ency. Edinensis, Ⅳ, p.215
1800	41000	—	—
自 1801	—	城市持续繁荣	Strachey, p.282
约 1850	—	约有 80000 人（可能被高估）	Hoffmann
约 1850	—	约有 50000 人（可能被低估）	Ungewitter, Ⅱ, p.351
约 1850	65000	—	—
1872	68301	—	Balfour

朗布尔

时间（年）	人口规模（人）	估测依据	数据来源
1699—1786	—	阿含王国首都	Imp. Gaz. India Eastern Bengal and Assam, p.588
1750	40000	根据城市面积推测，参见卡马塔普尔	—
1794	—	周长 20 英里左右	Welsh in Shakespear, p.55
约 1800	18000	拥有近 20000 人	Ency. Edinensis, Ⅳ, p.205
1872	14845	—	Hunter

萨达拉

时间（年）	人口规模（人）	估测依据	数据来源
1699—1749	—	除公元 1700—1708 年外，均为佩什瓦马拉塔的首都	J. Campbell, ⅩⅨ, pp.291, 576
1872	25603	—	Brockhaus, 1881, p.560

萨德冈

时间（年）	人口规模（人）	估测依据	数据来源
1235—1298	—	南孟加拉湾的中心	Banerji, Ⅰ, p.263
1550	50000	拥有约 10000 个壁炉	Ramusio, Ⅰ, p.333
1587	—	被葡萄牙统治	Raychaudhuri, p.53
1600	—	伴随胡格利的崛起而衰落	—

塞林加帕坦

时间（年）	人口规模（人）	估测依据	数据来源
1454—1609	—	迈索尔省首府	Bowring, p.54
1609—1799	—	公元1700年前后，城市面积达到峰值	Bowring, p.54 Imp. Gaz. India，1908
1700	60000	—	—
1750	60000	—	—
1754	60000	拥有陆军约10000人	Wilks, I, p.328
1774	—	从锡拉迁入约12000户家庭	Imp. Gaz. India; Mysore, p.165
1780	138000	拥有陆军约23000人（陆军总数占人口总量的1/6）	D. Allen, p.224
1799	150000	—	Playfair, V, p.496
1800	31895	—	W. Hamilton
1820	10000	—	W. Hamilton
1871	10594	—	Hunter

沙贾汉布尔

时间（年）	人口规模（人）	估测依据	数据来源
1647	—	城市建立	Imp. Gaz. India, 1908
约1800	50000	—	W. Hamilton
1847	62785	—	A. Shakespear, p.93n
1850	62000	—	—

锡拉

时间（年）	人口规模（人）	估测依据	数据来源
1638	—	城市建立	Imp. Gaz. India, 1908
1687—1724	—	是莫卧儿王朝时期南卡纳蒂克的首府	Imp. Gaz. India, 1908
1700	40000	—	—
1724—1756	—	城市发展鼎盛期	Imp. Gaz. India, 1908
1750	—	建有约50000栋房屋（显然被高估）	Imp. Gaz. India, 1908
1750	60000	—	—
1774	—	约有12000户家庭搬到塞林加帕坦（可能是所有人口）	Imp. Gaz. India, 1908
1800	15000	建有约3000栋房屋	Ency. Edinensis, IV, p.241
1871	4231	—	Hunter

索姆纳特

时间（年）	人口规模（人）	估测依据	数据来源
约920	—	城市建立	Sharma, 1966, p.52
1000	54000	—	—
1025	—	约50000人在大屠杀中遇难	Srivastava, p.17
1025	—	城市守卫者中约有5000人被杀害，约4000人逃走	Forbes, I, p.77
约1800	5000	—	Petermann, 1857, p.350

松格阿德

时间（年）	人口规模（人）	估测依据	数据来源
1721—1766	—	盖克瓦德王朝首都	Img. Gaz. India, 1908, "Baroda State"
1751	60000	拥有约10000名骑士	Img. Gaz. India, 1908, "Baroda State"
	—	拥有约15000名士兵	G. Desai, p.452

斯利那加

时间（年）	人口规模（人）	估测依据	数据来源
约630	45000	面积约为450公顷	Hsüan Dsang, I, p.148

续表

时间（年）	人口规模（人）	估测依据	数据来源
1486	42000	约有 7000 名武装男子；武装男子数量占人口总量的约 1/6	Ferishta，Ⅳ，p.278
1500	40000	—	—
1541	—	约 3000 名骑兵是城中唯一的防御力量	Ferishta，Ⅳ，p.286
1543—1551	—	国家首都迁至印达科特	Ferishta，Ⅳ，pp.287，290
约 1660	135000	没有城墙，周长 2.5 里格左右（占地面积约 900 公顷；面积数值为人口数量的约 1/150，参见公元 1782 年）	Bernier，pp.397–398
1670	130000		Bazaz，p.77
1700	125000		
1735—1741	120000	约有 20000 栋房屋被烧毁（房屋数量为人口总量的约 1/6）	Kaul，p.65；Imp. Gaz. India，1908
1750	100000		
1756—1819	—	被阿富汗统治	Ency. Brit.，1910，"Kashmir"
1793	—	拥有约 16000 台织机	G. Forster，Ⅱ，in Murray，ed.，Ⅱ，p.483
1800	52000	参见公元 1670、1793、1819 年	
1809	—	城中有 150000—200000 人（可能被高估）	Elphinstone in Blackie，"Serinugur"
1819—1839	—	处于兰吉特的严格统治下	Ency. Brit.，1910，"Kashmir"
约 1833	40000	公元 1830—1837 年	Hügel in Blackie，"Serinugur"
自 1846	—	再次成为国家首都	Ency. Brit.，1910，"Kashmir"
1850	70000		
1871	127400		Imp. Gaz. India：Kashmir
1885	153460		Vivien
1901	122618		Ency. Brit.，1910

苏拉特

时间（年）	人口规模（人）	估测依据	数据来源
1499	—	城市建立	Ency. Brit.，1910
1514	—	重要的海港城市	Varthema in 1910
1530	50000	拥有约 10000 户家庭	Kerr，Ⅵ，p.220
1530—1532	—	遭葡萄牙军队两度洗劫	Ency. of Islam，1913
1596	70000	征收水坝税 6500 万（参见阿格拉）	Abu'l-Fazl，p.267
1600	75000		
1608	—	与英国开展贸易	Eastwick，p.438
1626	90000	周长约 2 荷兰英里左右（即 7—8 英里，城市面积约 900 公顷）	Pelsaert，pp.38–39
1626	—	人口规模排在艾哈迈达巴德和肯帕德之后	Herbert，p.43
1663	100000	至少有 100000 人	Godinho，p.385
1664	—	多数房屋被毁，财富被西瓦吉洗劫一空	Forrest，pp.50–52
1687	—	英国东印度公司将总部迁至孟买	Forrest，p.53
1700	50000		
1705	50000	约有 200000 人（可能被高估）；新城墙周长约 5 英里（面积 400—500 公顷，人口总量为面积数值的 400—500 倍，再加上兰德尔的人口）	A. Hamilton，Ⅰ，pp.88–89
1750	85000		
1800	120000		
1808	125000	苏拉特有 28871 栋房屋（房屋数量为人口总量的约 1/4，参见公元 1816—1818 年）	W. Hamilton
1816	134487	包括兰德尔的 10081 人在内	Imp. Gaz. India：Bombay Pres.，Ⅰ，p.345 Martin，1839，appendix，p.114
1818	—	苏拉特建有 31439 栋房屋	W. Hamilton
1838	—	仅在苏拉特就有 133544 人	Thornton

时间（年）	人口规模（人）	估测依据	数据来源
1850	99000	—	—
1851	99000	89505 人加上兰德尔的约 10000 人（参见公元 1870 年）	Imp. Gaz. India；Bombay Pres.，Ⅰ，p.345 Martin, 1839, appendix, p.114

多摩梨帝国

时间（年）	人口规模（人）	估测依据	数据来源
4 世纪—12 世纪	—	孟加拉港口	Dey
约 630	30000	拥有约 1000 名佛教僧侣、50 座天神寺庙，人口总量为佛教僧侣数量乘以 5 加上天神寺庙数量乘以 500（参见卡瑙季和甘吉布勒姆）	Hsüan Dsang, Ⅱ, p.200

坦贾武尔

时间（年）	人口规模（人）	估测依据	数据来源
846—1014	—	朱罗王朝首都	Somasundaram, pp.2–3
1014—1230	—	铭文中很少提及	Nilakanta, 1937, Ⅱ, index
约 1230	—	1216—1244 年遭到烧毁	Newell, p.1
1549—1662	—	纳亚克首都	Somasundaram, p.3
1750	30000	拥有约 5000 名士兵	D. Allen, p.236
1800	30000		
约 1820	—	周长约 6 英里	H. Murray, Ⅱ, p.370
1831	30000	所属地区总人口约 1128730 人（参见公元 1881 年）	Gazetteer of World
约 1835	35000	人口数量达到约 40000 人	Harper
约 1850	45000	所属地区总人口 1676086 人（参见公元 1881 年）	Eastwick, p.153
1871	52175	—	Imp. Gaz. India：Medras, Ⅱ, pp.134–135
1881	54745	所属地区总人口 2130383 人（参见公元 1881 年）	Ency. Brit., 1902

特达

时间（年）	人口规模（人）	估测依据	数据来源
711	24000	拥有约 4000 名士兵、2000—3000 名祭司	Ferishta, Ⅱ, p.235
约 1100—1592	—	信德的首都	Imp. Gaz. India, 1908
1500	45000		
1555	40000	超过 8000 名男性被葡萄牙军队杀害（人口总量是被杀害人数的 5 倍）	Kerr, Ⅵ, p.411
1666	—	信德的重要城镇	Thévenot, part 3, p.53
1696—1699	—	约 80000 人死于流行病	A. Hamilton, Ⅰ, p.75
1810	18000	周长约 4 英里	Kinneir, p.231
约 1850	10000		Ungewitter, Ⅱ, p.369

塔纳

时间（年）	人口规模（人）	估测依据	数据来源
1300	48000	人口规模达到高峰	Imp. Gaz. India, 1908
1502	—	建有许多清真寺，但贸易很小	Barbosa in Yule, p.396n
1538	—	建有 60 座小型清真寺	Castro, Ⅱ, p.55
约 1580	30000	拥有约 5000 名织布工（织布工人数占人口总量的约 1/6；参见伊珀尔）	Botero in Yule, p.396n
约 1853	14000		Ungewitter, Ⅱ, p.366

塔内瑟尔

时间（年）	人口规模（人）	估测依据	数据来源
至约 160	—	北印度地区首府	Day, "Kanyakubja"

续表

时间（年）	人口规模（人）	估测依据	数据来源
634	—	周长约20里（文献估测存偏差，实际应为半里，即约3英里）	Hsüan Dsang，Ⅰ，p.183
1011	—	约有200000人（可能被高估）	Ungewitter，Ⅱ，p.344
1014	—	被马哈茂德洗劫	Imp. Gaz. India，1908
约1853	12103	—	Petermann，1857，p.350

蒂鲁吉拉帕利

时间	人口规模（人）	估测依据	数据来源
1616—1623		纳亚克（奈克）首都	Husaini，p.149
1700	30000	参见马杜赖	—
1750	25000	拥有4000—5000名士兵；城市周长约4英里	D. Allen，p.209 Hemingway，map p.330
1800	30000	—	—
1820	—	约有80000人（可能被高估）	W. Hamilton
约1830	34000	约有30000人，再加上4000名驻军	Gazetteer of World
1850	55000	—	—
1871	76000	—	Imp. Gaz. India：Madras，Ⅱ，p.202

乌代布尔

时间（年）	人口规模（人）	估测依据	数据来源
1571—1948	—	梅瓦尔王国的首都，接替奇陶尔	Imp. Gaz. India：Rajputana，p.143
1600	72000		
1611	72000	拥有常备军约12000人	Finch，p.170
1700	54000		
1732	54000	梅瓦尔装备了约9000名骑兵和9000名步兵	K.S. Gupta，p.35
巅峰期	—	约有100000人（可能被高估）	Blackie
1750	50000		
1799	—	拥有常备军约12000人	G. Thomas，p.202
1818	18000	建有约3000栋房屋	Thornton，"Oodeypoor"
	18000	建有约3000栋房屋	Ungewitter，Ⅱ，p.353
1872	27708		Lippincott，1880，"Oodeypoor"

乌贾因

时间（年）	人口规模（人）	估测依据	数据来源
750—814	—	马尔瓦的普蒂陀罗首府	Tripathi，pp.226-231
至1301	—	再次成为马尔瓦王国的首都	Imp. Gaz. India，1908
1600	60000	参见公元1712年	
1700	60000		
1712	60000	装备约10000名骑兵	S. Sharma，p.521
1726—1805		辛地亚马拉塔首都	Ency. Brit.，1910，"Gwalior"
1750	54000		
1761	54000	拥有约9000名训练有素的骑兵	Lane-Poole，1900，p.420
1797	—	新扩建的军队共约27000名士兵	Compton，p.229
约1800	100000		Hassel，1817，"OOjain"
约1800		周长约6英里（面积约600公顷）	Playfair，Ⅴ，p.461
约1850		建有84座寺庙、4座清真寺	Ungewitter，Ⅱ，p.249
1881	32932		

瓦塔比

时间（年）	人口规模（人）	估测依据	数据来源
约550—约750	—	遮娄其王朝首都	Ency. Brit.，1910，"chalukyas"
1901	4482	—	Imp. Gaz. India，1908

韦洛尔

时间（年）	人口规模（人）	估测依据	数据来源
1635—1646	—	维毗奢耶那伽罗首都	Nilakanta，1966，pp.302–304
1638	95000	建有近20000栋房屋	Mandelslo，p.49 Heras，1927，p.313
1806	22000	有350名叛乱分子被杀，500人被抓（城市人口总量按照被杀和被抓的人数乘以6再乘以100/22推算，参见公元1881年）	Thornton
约1850	51408		Blackie，supplement
1881	37490	22%的人口是穆斯林	Vivien

维毗奢耶那伽罗

时间（年）	人口规模（人）	估测依据	数据来源
1346—1565	—	南印度地区的首府	Heras，1929，pp.110–111 Sewell，p.196
1356—1368	—	面积快速扩张，并建立城墙	Heras，1929，pp.58–59
约1375	350000	拥有约70000名骑兵（人口总量是骑兵数量的约5倍）	Krishnaswamy，pp.112–113
1400	400000		
1443	450000	人口数量世界第一；周长约60英里	Conti，pp.5–6
1500	500000	参见公元1589年	
16世纪	—	周长约14英里，城市面积约3000公顷	Ferishta，Ⅳ，p.318
1565	480000	由约80000名男子守卫	Caesar Frederick in J. Harris，Ⅰ，p.276
1589	—	比罗马大；建有约100000栋房屋（该数字在公元1530年达到峰值，参见公元1530年）	Páez in Sewell，p.290
1628	—	周长约4英里左右	Herbert，p 346
约1880	—	废墟面积达24平方公里（约2400公顷）	Reclus，Ⅷ，p.504

瓦朗加尔

时间（年）	人口规模（人）	估测依据	数据来源
1067—1323	—	卡卡提亚首都	Wilks，Ⅰ，p.13 Heras，1929，pp.62ff
至1323	—	堡垒周长约12546码（约7.1英里，围合面积约800公顷）	H. Khusraw，p.xxii
1300	80000	根据面积计算	
1400	35000	—	
1422	35000	伴随城市衰落，约有7000人被杀害（人口总量是被杀人数的约5倍）	Ferishta（a），p.102

巴特冈

时间（年）	人口规模（人）	估测依据	数据来源
880	—	建有约12000栋房屋（指所属地区的数据）	Lévi，Ⅱ，p.63
18世纪	—	建有约12000栋房屋（指所属地区的数据）	Lévi，Ⅱ，p.63
1905	30000—40000	—	Lévi，Ⅱ，p.63

加德满都

时间（年）	人口规模（人）	估测依据	数据来源
630	22000	尼泊尔首都，周长约20里（文献估测存偏差，实际应为半里，即约3.75英里）；城市面积约220公顷，拥有约2000名牧师	Hsüan Dsang，Ⅲ，p.318
724	—	建有18000栋房屋（参见公元1905年）	Lévi，Ⅱ，p.52
1480—1769	—	尼泊尔分裂为3个王国，加德满都的重要性有所下降	Landon，pp.39，63–64
约1800	—	20000—50000人，建有约5000栋房屋	Buchanan–Hamilton and Kirkpatrick in Hassel，1819，Ⅸ，p.351

续表

时间（年）	人口规模（人）	估测依据	数据来源
约 1800	25000	根据房屋数量推算	—
1905	40000	面积约 1 平方英里	Lévi，Ⅱ，p.55

帕坦

时间（年）	人口规模（人）	估测依据	数据来源
8 世纪	—	拥有重要地位	Reclus，Ⅷ，p.182
1768	—	尼泊尔规模最大的城市	Lévi，Ⅱ，p.62
1803	24000		W. Hamilton，"Lalita Patan"
1920	—	整个地区有 104928 人	Landon，p.257

波隆纳鲁瓦

时间（年）	人口规模（人）	估测依据	数据来源
769—1235	—	首都	Tennent，Ⅰ，pp.400，414
约 1000	—	国家处于无政府状态	Tennent，Ⅰ，p.402
1065	—	建造了约 4 英里长的城墙（围合面积大约 260 公顷）	Mitton，p.179
1153—1196	—	面积 112 平方英里（包含部分农村地区）	Raven-Hart，p.72 Paranavitana，pp.4–5
1200	75000		—
1215	—	大部分地区被毁	Raven-Hart，p.78

阿玛拉布拉

时间（年）	人口规模（人）	估测依据	数据来源
1783—1857	—	除公元 1823—1837 年外，均作为首都	Harvey，p.367
1785	—	迁入约 20000 人	Harvey，p.268
1786	180000	军队约有 30000 人（军队人数占城市人口总量的约 1/6）	Ency. Brit.，1910，"Burma"
巅峰期	—	约有 200000 人	Sangermano in Harvey，p.265n
1795	—	约有 240000 人（实际上可能达到 50000—60000 人）	Phayre in Yule，1968，pp.xxix-xxx
1800	175000	—	Cox in Fortia，Ⅲ，p.455
1810	170000		Ency. Brit.，1853，"Ummerapoora"
1819	—	爆发火灾	Ency. Brit.，1853，"Ummerapoora"
1827	30000		Hamilton in Fortia，Ⅲ，p.455
1835	90000	城内约有 26670 人（建有 5334 栋房屋）	Hunter；Yule，1968，p.140
1836	35000	郊区建设可与阿瓦相媲美	Yule，1968，p.131n
1850	90000	再次成为首都，参见公元 1835 年	—
1852	—	城市几乎全被烧毁	Yule，1968，p.138
1891	11004		Imp. Gaz. India：Burma，Ⅲ，p.89

谬杭

时间（年）	人口规模（人）	估测依据	数据来源
约 900—994	—	若开王国首都	Spearman，Ⅱ，p.7
1433—1785	—	若开王国首都	Harvey，p.371
1500	50000		
1599	—	约 3000 户家庭从勃固迁入	Harvey，p.183
1600	90000	根据面积和房屋数量计算（参见公元 1631、1825 年）	—
1604	—	海军探险队派遣了约 10000 名战士	Kerr，Ⅵ，p.490
1609	—	拥有约 10000 名来自勃固的战士	Danvers，Ⅱ，p.146
1631	—	处于巅峰期；人口总量约为 160000 人（可能被高估）	Manrique，pp.217，218n

时间（年）	人口规模（人）	估测依据	数据来源
1631	—	周长约8英里；可供人定居的土地面积约3平方英里（约800公顷）	Collis，1943，map p.145
1638—1785	—	国家衰落	Collis，1943，map p.257
1690—1785	—	处于无政府状态	Brockhaus，1864
1700	70000	—	—
1750	45000	—	—
1785	—	20000人被抓到阿玛拉布拉	Harvey，p.268
约1800	16000	—	Hamilton in Fortia，Ⅲ，p.482n
1825	—	建有18000座石屋	Vivien
1835	8000—10000	—	Thornton,"Arracan"
1877	2068	—	Hunter

阿瓦

时间（年）	人口规模（人）	估测依据	数据来源
1364—1525	—	首都	Balfour
1385—1423	50000	陆军人数约9000人，人口总量约为陆军人数的6倍	Harvey，p.82
约1440	—	面积900公顷（可能被高估）	Conti，p.11
1500	60000	—	—
1554	—	城市被摧毁	Balfour
1601	—	开始重建	Balfour
1635—1837	—	除公元1752—1766、1783—1823年外，都是王国的首都	Balfour Imp. Gaz. India：Burma，Ⅱ,p.202
巅峰期	75000	面积约750公顷（面积数值约为城市人口总量的1/100）	Ency. Brit.，1902
1700	75000	为公元1740年南方独立前的数据	—
1750	60000	为公元1752年被叛乱分子占领前的数据	Imp. Gaz. India，1908
1755	8000	—	Hunter
约1770	170000	约有100000名曼尼普尔俘虏	S.Roy，p.57
1795	—	周长约4英里	Syme，p.570
1800	4000	拥有不超过1000户家庭	Pennant，p.7
1832	125665	包括阿瓦、实皆、阿玛拉布拉等地的人口在内	W. Desai，p.187n
1836	150000	包括实皆的约50000人在内	Malcom，pp.101，112
1837—1857	—	城市几乎沦为废墟	Yule，1968，pp.131n，184n，185

马达班

时间（年）	人口规模（人）	估测依据	数据来源
1287—1363	—	从公元1281年开始成为塔拉宁首都	Harvey，p.111
1331	—	素可泰的军队占领了塔拉宁大部分地区	Harvey，p.111
1356	—	清迈试图征服它	Harvey，pp.111-112
1540	—	约60000人被杀，40000栋房屋和2000座寺庙被毁（数据可能被高估）	Spearman，Ⅱ，p.356
约1586	—	许多居民迁出	J.Scott，p.118
1661	45000	约有3000人死于逃亡，其余约6000名男性驱逐了缅甸入侵者（人口总量约是两者数量之和的5倍）	Harvey，pp.197-198

蒲甘

时间（年）	人口规模（人）	估测依据	数据来源
613—1280	—	王国首都	Harvey，pp.16ff
1200	—	城市发展处于巅峰期	Imp. Gaz. India：Burma，Ⅰ,p.290
1200	—	面积约为16平方英里；建有800座知名圣殿	Yule，1968，p.35 Burney，p.402
1200	180000	面积相当于公元1901年的曼德勒	Ency. Brit.，1910
1284	—	被忽必烈麾下的蒙古军队摧毁	Ency. Brit.，1910，"Burma"

勃固

时间（年）	人口规模（人）	估测依据	数据来源
8世纪—11世纪	—	是王国的首都	Imp. Gaz. India：Burma，Ⅰ，pp.274-275
1369—1539	—	塔拉宁首都	Harvey, p.111
1400	—	受到阿瓦（即缅甸）的压力	Harvey, p.115
1400	50000		
1423—1539	—	基本和平，但公元1427—1440年与阿瓦打成平局	Harvey, pp.121, 116
约1440	60000	城内周长12英里（不到一半，参见加州卡利卡特和果阿，因此面积约为600公顷，面积数值占人口总量的1/100）	Conti, p.15
1500	60000		
1539	—	面积比马达班小	Harvey, pp.155-156（from Conti?）
1539—1581	—	是全缅甸的首都	Imp. Gaz. India：Burma，Ⅰ，pp.274-275
1596	150000	只有约30000人幸免于葡萄牙人的劫掠	Pennant, p.3
1599	—	遭到若开的攻击；约3000户家庭搬走	Harvey, p.183
1600	—	城市几近被摧毁	Harvey, p.183
1613—1634	—	成为缅甸首都	Harvey, pp.191, 193
1740—1757	—	沿海王朝首都	Imp. Gaz. India：Burma，Ⅰ，pp.274-275
1757	—	城内几乎所有居民都迁走了	Syme, p.562
1790	—	居民被重新安置	Syme, p.562
1878	4337		Hunter

东吁

时间（年）	人口规模（人）	估测依据	数据来源
1299—1510	—	国家贵族常住地	Imp. Gaz. India, 1908
1596—1612	—	王国政权所在地	Imp. Gaz. India, 1908
1600	60000		
1604	60000	拥有约10000名士兵	Danvers, Ⅱ, p.141
1872	10732	—	Imp. Gaz.India：Burma，Ⅰ，p.389

阿瑜陀耶

时间（年）	人口规模（人）	估测依据	数据来源
约1189—1350	—	王国首都	W. Graham, p.29
1350—1767	—	除公元1463—1488、1569—1584年外，均为暹罗首都	Wood, p.250
1400	—	—	
1500	125000		
1543	150000	公元1515年前后，暹罗约有20000名骑兵和10000头战象（城市人口总量是骑兵和战象数量之和的5倍）	Lach, Ⅰ, p.524
1545	150000	1/3的城市被烧毁（推测共烧毁了10050座房屋，每栋房屋按5人计算）	Wood, p.104
1569	—	城中仅剩约10000人	Wood, p.104
1600	100000		
1636	120000	面积约为1200公顷，面积数值占约为人口总量的1/100	Mandelslo, p.98
1700	150000	—	
1720	160000	周长10英里左右（面积约1600公顷，面积数值约为人口总量1/100）；城内约有50000名僧侣（可能被高估）	A. Hamilton, Ⅱ, pp.86, 88
1750	160000		
1767	180000	士兵数量约30000人（士兵数量约为人口总量的1/6）	V. Thompson, p.27 J. Bowring, Ⅱ, p.347
1767	—	城市被摧毁	Wood, p.250
1855	300000	200000—400000人	Bowring, Ⅰ, pp.15-16

曼谷

时间（年）	人口规模（人）	估测依据	数据来源
1685—1766	—	地区首府	Chaumont, p.40 Turpin, p.298
1767 至今	—	公元 1782 年前，暹罗首都为吞武里，之后才迁至曼谷	Ency. Brit., 1910
1800	45000	—	—
1809	48000	约有 8000 人参加加冕仪式	Chula, p.119
1822	50000	—	Crawfurd in Skinner, p.81
1828	77300	—	Tomlinson in Skinner, p.81
1849	160154	城内有 5457 人死于霍乱	Malloch in Skinner, p.81 Waugh, pp.74-75
1850	158000	—	—

清迈

时间（年）	人口规模（人）	估测依据	数据来源
1296	32000	城市面积约 320 公顷	Wells, p.12
1345—1662	—	成为北暹罗王国首都	Jumsai, p.52 Wood, p.193
1500	45000	人口接近峰值，参见公元 1854 年	—
1776—1796	—	城市被废弃	Wood, pp.266, 274
约 1840	25000	—	R. Fisher, p.520
1854	—	约 50000 人（可能指峰值时期的人口数量）	Pallegoix, I, p.45
1947	26062	—	Columbia Lippincott Gaz.

清莱

时间（年）	人口规模（人）	估测依据	数据来源
1268—1345	—	首都，自公元 1281 年起统治整个北暹罗地区	Jumsai, pp.42, 50

南奔

时间（年）	人口规模（人）	估测依据	数据来源
654—1281	—	北暹罗王国首都	Jumsai, pp.49-50
约 1900 年	12000	—	—

素可泰

时间（年）	人口规模（人）	估测依据	数据来源
至 1238	—	柬埔寨北部省份的首府	Wood, p.51
1238—1350	—	暹罗的首都	Wood, pp.51, 59
1300	25000—40000	城墙周长约 3400 臂长（约 3.5—4 英里，城市面积 250 公顷，人口总量约为面积数值的 100 倍）	Madrolle, 1926, p.284

吴哥

时间（年）	人口规模（人）	估测依据	数据来源
889—1431	—	柬埔寨的首都	Coedès, p.3
889	90000	第一道城墙周长约 12 公里（约 7.5 英里，围合面积达 900 公顷）	Fujioka, map, p.23
约 950	—	新城墙周长约 11 英里	Fujioka, pp.23, 64
1000	200000	—	—
约 1200	—	城市发展达到高峰	Coedès, pp.84–107
约 1200	—	城墙 13.2 公里（约 8.3 英里，围合约 1100 公顷）	Briggs, p.219
约 1200	150000	根据城市面积和建筑工人数量推算	
1300	90000		
1357	90000		Madrolle, 1926, p.103
1400	40000		

续表

时间（年）	人口规模（人）	估测依据	数据来源
1404	40000	—	Madrolle，1926，p.103
1433	—	城市被废弃	Madrolle，1926，p.103

河内

时间（年）	人口规模（人）	估测依据	数据来源
767	—	城市建立	Bouinais，Ⅱ，p.523
866	—	形成一处郊区	Mailla，XII，part 2，p.20
约 950—1558	—	除公元 1400—1428 年外，均为安南地区首府	Mesny，pp.35，63–69 Madrolle，1907，part 3，pp.5–7
1010	—	建成 4.7 公里城墙（围合面积约 150 公顷）	Madrolle，1907，pt.3，p.5
1400	46000		
1665	35000	相当于一座中等规模的意大利城市（约有 35000 人）	Marini in Silvestre，p.27
1688	—	建有约 20000 栋房屋（可能被夸大）	Dampter in Silvestre，p.27
约 1700	40000	—	Bissacère in Silvestre，p.27
1750	50000		
1800	60000	叛乱时期，国家实权从顺化转移至河内	
1801	60000	约有 10000 名守卫	Maybon，p.339
1819	—	约有 190000 人（可能被高估）	White，p.130
1821	—	城市面积约为曼谷的 2 倍	Finlayson，p.312
1850	75000		
1884—1885	—	人口数量大致下降了 1/3	Ency. Brit.，1878，XXIII，p.440
1891	51000		Vivien，supplement

顺化

时间（年）	人口规模（人）	估测依据	数据来源
1558—1884	—	安南地区首府	Bouinais，Ⅱ，p.685
1600	50000		
1672	54000	拥有约 9000 名士兵（士兵数量占人口总量的 1/6）	Maybon，p.117
1700	59000		
1750	68000		
1773	72000	拥有 12000—15000 名士兵（城市人口按 12000 乘以 6 倍推算）	Cordier（a），p.598
1774—1801	—	被叛乱分子控制	Vivien
1789	—	国家拥有约 25000 名士兵	Cordier（a），p.521
1793	—	拥有驻军约 30000 人（应该指整个国家的驻军人数，参见公元 1789 年）	Macartney，p.146
1800	50000		
1844	60000	—	Martin，1847，Ⅱ，p.140
1894	50325		Vivien，supplement
1900	42000	拥有 11 个驻扎营，无城墙，边界周长约 5.5 英里，形成了 5 处郊区	Ency. Brit.，1910

洛韦

时间（年）	人口规模（人）	估测依据	数据来源
1468—1593	—	柬埔寨首都	Leclère，pp.233–236，288
1593	—	所属省的约 90000 人被俘	Leclère，p.288

琅勃拉邦

时间（年）	人口规模（人）	估测依据	数据来源
1325—1563	—	老挝首都	Ency. Brit.，1973，"Laos"
1356—1406	—	国家在萨姆苏的统治下逐渐强大	

续表

时间（年）	人口规模（人）	估测依据	数据来源
1400	50000	参见公元1870年	
1471	—	老挝在衰落	Mail1a, XII, part 2, p.53
1500	40000		
1694—1893	—	和万象比起来稍显逊色	Ency. Brit., 1973, "Laos"
1867	15000		Garnier, p.296
约1870	20000		Vivien

乌东

时间（年）	人口规模（人）	估测依据	数据来源
1739—1866	—	柬埔寨首都	Ency. Brit., 1902, "Cambodia"
1854	12000		Pallegoix, I, p.30
约1890	16000		Vivien

金边

时间（年）	人口规模（人）	估测依据	数据来源
1389—1431	—	柬埔寨首都	Leclère, pp.218-221
1844	30000		Martin, 1847, II, p.140
约1885	30000—35000		Ungewitter, supplement

胡志明市

时间（年）	人口规模（人）	估测依据	数据来源
至1859	—	安南南部地区首府	Ency. Brit., 1910
1774	—	约20000人在内战中遇难	Barrow, 1806, p.250
1778	—	设立堤岸区	Bouinais, I, p.299
1850	50000		—
1859	50000		Brockhaus, 1864
1881—1883	53273	包含堤岸区的39925人在内	Bouinais, I, pp.296, 300

维贾亚

时间（年）	人口规模（人）	估测依据	数据来源
1069	12000	拥有2560户家庭，该数量排在占波第三位	Maspero, p.26
1144—1471	—	成为占波首都	Briggs, pp.192, 241; Che sneaux, p.40
1190—1194	—	被柬埔寨军队占领	Briggs, pp.215-216
1283	—	被蒙古军队占领	Briggs, p.241
1300	40000		
1326—1390	—	国家实力强大	Maspéro
1400	50000		
1471	40000	大量城市人口遇难	Che sneaux, p.40

阿钦

时间（年）	人口规模（人）	估测依据	数据来源
1522	—	拥有约15000名战士（有些可能来自城外）	Danvers, I, p.356
1539	—	拥有约12000名勇士（有些可能来自城外）	Danvers, p.438
1547	30000	拥有约5000名勇士	Froger, p.39
1571	42000	拥有约7000名勇士	Kerr, VI, p.443
约1575	—	人口数量是1621年的6倍	Beaulieu in J. Harris, I, p.253
1599	—	拥有3座市场	Davis in Purchas, II, p.318
1637	60000	拥有近200艘战舰（船员数量是战舰数量的约50倍，人口总量是船员数量的约6倍）	Mundy, III, p.132

续表

时间（年）	人口规模（人）	估测依据	数据来源
1674	—	周长15—16英里，是马来人居住的最大城市	Bowrey, pp.286, 293
1688	48000	拥有7000—8000栋房屋	Dampier, Ⅱ, pp.129-130
约1690	48000	拥有约8000名勇士	Froger, p.29
1700	48000		
1750	45000		
1800	40000		
19世纪	36000		Blackie
1886	30000		Reclus, 1884, "Oceania," p.498

万丹

时间（年）	人口规模（人）	估测依据	数据来源
1600	50000		
1602	—	拥有3座市场；周长约3英里长（可能被高估）	E. Scott, p.169
1630	50000	爪哇面积最大的城市（比苏腊巴亚大）；周长近2英里（面积约500公顷）	Herbert, p.364
1683	—	被荷兰军队征服	Ency. Brit., 1910

雅加达

时间（年）	人口规模（人）	估测依据	数据来源
1670	—	有6720人有资格携带武器	Nieuhof in anon, "Batavia," p.134
1673	33687		Castles, p.157
1700		拥有52550人（可能被高估）	Raffles, Ⅱ, appendix, p.ii
1700	35000		
1723	33000	共有4720栋房屋（可能代表家庭户数，每间房屋约7人，参见荷兰的城市）	Valentyn in "Batavia," p.134
1750	44000		
1779	50000	拥有7213座房屋	Batavia, p.135
1793	55000	拥有近8000栋房屋（人口总量约为房屋数量的7倍；参见公元1723年）	Macartney, p.110
1800	53000		
1813	49683		Bleeker, p.447
1844	60850		Bleeker, p.456
1850	—	所属地区有348325人	Ungewitter, Ⅱ, p.399
1850	60000		
1858	60000		Kloeden, p.587
1880	96957		Ency. Brit., 1910
1893	110000	所属地区约有669000人	Castles, p.157

文莱

时间（年）	人口规模（人）	估测依据	数据来源
1225	10000		Chau Ju-kua, p.155
1500	40000	参见公元1580—1602年	
1521	—	所在地区约有25000户家庭	A. Pigafetta, p.189
1578	—	拥有约40000栋房屋	Enci. Universal, "Borneo"
自1580	—	人口数量稳步下降	Ency. Brit., 1910
约1600	—	拥有约2000栋房屋	Mandelslo, p.124
1602	30000	拥有约5000栋房屋（人口总量约为房屋数量的6倍）	Noort, p.203
1770	—	约40000人（可能被高估）	Blundell, p.76
1800	18000		
1851	14000		Blundell, p.68

淡目

时间（年）	人口规模（人）	估测依据	数据来源
1486—1577	—	爪哇的首都	Raffles，Ⅱ, pp.136, 230 cf. Krom，p.449
约 1850	3000	—	Ungewitter，Ⅱ, p.400

锦石

时间（年）	人口规模（人）	估测依据	数据来源
1400	40000	参见公元 1523 年	—
1500	30000	—	—
1523	30000	可能在公元 1486 年满者伯夷倒台后衰落	Urdaneta in Meilink-Roelofsz，p.270
1600	—	建有重要港口	Ency. Brit.，1910, XV, p.290
1601	—	建有 1001 栋房屋	Noort in Meilink-Roelofsz，p.270
1812	17555	可能被拆分为若干城镇	Raffles，Ⅱ, p.274
1815	—	小镇	W. Hamilton

日惹

时间（年）	人口规模（人）	估测依据	数据来源
1800	37000	—	—
1815	37339	—	Raffles，(a)，Ⅱ, p.331
1850	47000	—	—
1858	50000	—	Kloeden，p.589
1880	44999	—	Brockhaus，1881，"Dschok-Jakarta"

卡尔塔苏拉

时间（年）	人口规模（人）	估测依据	数据来源
1677—1745	—	苏丹的首都，日惹的前身	Raffles，Ⅱ, p.230 Poedjosoedarno，p.89
1742	—	被摧毁	Poedjosoedarno，pp.88, 94

满者伯夷

时间（年）	人口规模（人）	估测依据	数据来源
约 550	—	周长 3—4 里（约 3 英里）	Stutterheim，p.7
1292—1486	—	印度尼西亚的首都	Krom，pp.354, 449
1300	40000	—	—
1365	—	比 17 世纪的苏拉卡尔塔或日惹的小得多	Pigeaud，Ⅳ, p.14
1365	—	面积至少 250 公顷	Stutterheim，map，p.124
1400	40000	根据推测的总面积判断	—

马塔兰

时间（年）	人口规模（人）	估测依据	数据来源
1522	—	爪哇的 10 座主要城镇之一	Pigafetta in Krom，p.456
1614—1677	—	爪哇最强大王国的首都	Raffles，Ⅱ, p.230
1667	—	被侵占，约 15000 人被杀	Raffles，Ⅱ, pp.164-165

巴查查兰

时间（年）	人口规模（人）	估测依据	数据来源
约 1160—1292	—	爪哇的首都，日期由莱福士（Raffles）使用萨卡时代的日期转换而来	Raffles，Ⅱ, pp.94, 98 Krom，p.354
1178	—	爪哇比苏门答腊更富裕	Chou Kii-fei in D.Richards，p.115

帕章

时间（年）	人口规模（人）	估测依据	数据来源
1577—1614	—	马塔兰王国的首都	Raffles，II，p.230

巨港

时间（年）	人口规模（人）	估测依据	数据来源
约 670—约 750	—	苏门答腊的首都	Nilakanta, 1949, pp.34, 52
1820	25000	—	W. Hamilton
1849	40000	—	Pahud, p.5
1850	40000	—	—
1858	40000	—	Kloeden, p.575

帕萨尔加德

时间（年）	人口规模（人）	估测依据	数据来源
1568—1577	—	马塔兰王国的首都	Raffles，II，pp.142, 230

普兰巴南

时间（年）	人口规模（人）	估测依据	数据来源
778	—	建造宫殿	Briggs, p.65
约 800	60000	婆罗浮屠寺由10000名工人建造了整整一个世纪（总人数是工人数量的5倍，再加上僧侣人数，僧侣人数是总人数的1/5）	Hildreth, p.14
978—1080	—	爪哇首都（日期由萨卡时代的日期转换而来）	Raffles，II，p.80

三宝垄

时间（年）	人口规模（人）	估测依据	数据来源
1812	20000	—	Raffles，II，p.63n
1845	50000	—	Blackie
1850	40000	—	—
1858	30000	—	Kloeden, p.588
1882	65000	—	Brockhaus, 1881—1887

苏腊巴亚

时间（年）	人口规模（人）	估测依据	数据来源
1522	—	爪哇的10座主要城镇之一	Pigafetta in Krom, p.456
1600	50000	60000人（可能略高）	Meilink-Roelofsz, p.270
1812	24574	—	Raffles，II，p.277
1845	50000	—	Van der Aa in Blackie
1849	60000	70000人	Hageman cited in "Oud Soerabaia"
1850	60000	—	—
1858	—	130000人（可能被高估）	Kloeden, p.588
1882	121047	—	Brockhaus, 1881—1887

苏拉卡尔塔

时间（年）	人口规模（人）	估测依据	数据来源
自 1745	—	苏丹的首都；由成千上万的工人建成	Poedjosoedarno, pp.89, 100
1750	70000	推测拥有20000名工人，总人数是工人数量的3.5倍	—
1800	95000	—	—
1815	95078	—	Raffles（a），II，p.330
1845	100000	—	Blackie
1850	103000	—	—
1880	124041	—	Brockhaus, 1881

马尼拉

时间（年）	人口规模（人）	估测依据	数据来源
1571	12000	2000 名市民反抗西班牙军队的入侵	Census of Philippines，1903，Ⅰ，p.418
1591	28000	马尼拉湾沿岸拥有 30640 人，还包括其他 2 个地方（可能是小村庄）	Census of Philippines，1903，Ⅰ，p.421
1600	28000	—	
1604	—	建有 1200 栋西班牙房屋；城墙周长约 1 里格（3 英里）	Morga，pp.311，314
1639	—	约有 15000 名中国人在此居住	Mandelslo，p.35
1697	30000	约有 3000 名成年男性。拥有 15 个"郊区"（农村）	Gemelli，pp.400–401
1700	30000	贸易量和公元 1600 年一样多	Dermigny，Ⅰ，p.100
1750	50000		
1762	54000	居住着约 40000 名马来人、10000 名中国人、3000 名西班牙人，拥有 900 名士兵	J. Wright，p.3
1800	77000		
1814	85000		Ortiz，p.73
约 1850	114000	140000 人（包含部分郊区人口在内）	Blackie
1870	129582	包括 11 个郊区	Vivien

墨尔本

时间（年）	人口规模（人）	估测依据	数据来源
1841	11000	—	Ency. Brit.，1910
1850	35000	—	
1851	39000	—	Australian Encyclopaedia
1854	71188	49722 人，再加上 3 个郊区的人数	Ungewitter，Ⅱ，p.723

悉尼

时间（年）	人口规模（人）	估测依据	数据来源
1800	2000		Hoffmann
1846	38358		Harper
1850	48000		—
1851	51000		Daniel，Ⅰ，p.863

庆州

时间（年）	人口规模（人）	估测依据	数据来源
668—919	—	首都	Longford，1911，pp.84，87
838	—	一支不超过 5000 人的部队就足以攻克它	Henthorn，p.81
约 1430	18000	1553 户家庭；有 5898 名成年男性	Se–jong，p.101
1597	—	被洗劫	Longford，1911，p.188

平壤

时间（年）	人口规模（人）	估测依据	数据来源
918	—	规模较小	Han，p.127
922—1392	—	作为陪都（至少持续到公元 1067 年；参见首尔）	Han，p.127
1000	50000	参见其在公元 427 年的规模，以及竞争对手松都的人口规模	—
1135—1136	—	处于混乱之中	Han，pp.156–157

续表

时间（年）	人口规模（人）	估测依据	数据来源
1678	—	朝鲜人口 5246972 人，处于非常稳定的时代	Osgood，p.203n
1700	55000	—	—
1717	—	朝鲜人口 6846568 人，处于非常稳定的时代	Osgood，p.203n
1750	65000	—	—
1757	—	朝鲜人口 7304232 人，处于非常稳定的时代	Osgood，p.203n
1800	68000	—	—
1807	—	朝鲜人口 7566406 人，处于非常稳定的时代	Osgood，p.203n
1850	62000	—	—
1852	—	朝鲜人口 6918826 人，处于非常稳定的时代	Osgood，p.203n
1881	75938	—	—
1881	—	朝鲜人口约 8400000 人	—
1906	—	朝鲜人口 9781671 人	Longford，p.366

首尔

时间（年）	人口规模（人）	估测依据	数据来源
1067—1360	—	陪都，部分时期作为皇家住地	Madrolle，1912，p.438
1360 至今	—	除公元 1384—1388 年外，均作为都城	Osgood，pp.193-194
14 世纪 90 年代	—	建有 9.5 英里城墙（面积约 1450 公顷）；约 200000 人在城内工作	Osgood，p.194 Longford，1911，p.366
1400	100000	—	—
约 1403	103328	有 17015 户家庭	Pek，p.82
1500	125000	经历了一个世纪的繁荣发展	Osgood，pp.195-196
1593	—	日本军队占领后几乎被荒废	Hulbert，Ⅱ，p.16
1639	—	朝鲜人口约 6200000 人	Hulbert，Ⅱ，p.180
1669	—	接近 200000 人	Reischauer，1973，p.318
1678	—	朝鲜人口 5246972 人	Osgood，p.203n
1700	158000	朝鲜人口约 6100000 人	Osgood，p.203n
1750	187000	朝鲜人口约 7200000 人	Osgood，p.203n
1800	194000	朝鲜人口约 7500000 人	Osgood，p.203n
1843	190027	朝鲜人口 7342361 人	Daveluy in Vivlen，"corée"（date 1793 in Petermann，1872，sup.，isup.，is wrong）
1850	183000	朝鲜人口约 7010000 人	Osgood，p.203n
1881	199127	—	Brockhaus，1892，"Korea"

开城

时间（年）	人口规模（人）	估测依据	数据来源
927	60000	保留了 10000 名士兵	Hulbert，Ⅰ，p.136
约 1000	60000	所在区域拥有 8457 名工匠（几乎均住在城里；加上奴隶、学徒、贵族，总共约 12000 户家庭，家庭数量占总人数的 1/5）	Henthorn，p.101
1100	—	城市遭遇入侵	—
1200	30000	部分人口迁去汉城；参考汉城	—
1300	30000	朝鲜失去对北部地区的控制	Henthorn，p.123
约 1430	25000	有 4819 户家庭；8372 名成年男性	Se-Jong，p.6
1884	29870	—	Carles，p.141

厦门

时间（年）	人口规模（人）	估测依据	数据来源
1600	50000	与欧洲的贸易不断增长	—
1623	60000	位于城市边缘的房屋，距离市政厅约 1.5 英里（由此推测城市地域半径约 1.5 英里，面积约 800 公顷，是公元 1900 年面积的 75 倍）	W. Campbell，p.31

续表

时间（年）	人口规模（人）	估测依据	数据来源
1700	60000		
1730	—	关停了与荷兰的贸易	Enci. Italiana
1750	60000		
1800	65000		
1832	70000	所属区域有 144893 人（参见公元 1870—1879 年）	Hsia Men Chih，V，p.32
1841	70000	周长 6—7 英里（面积约 700 公顷，面积数值是总人数的 1/100）	Ouchterlony，map，p.175
1862	—	重新开放对外贸易	Enci. Italiana
1870	—	加上郊区共有约 185000 人	Williams，1853，I，p.136
1879	88000		Reclus，1876–1894，Ⅶ，p.488n
1897	96370		Lippincott，1906
约 1900	—	城墙周长约 9 英里（面积约 1300 公顷）	Ency. Brit.，1910

安庆

时间（年）	人口规模（人）	估测依据	数据来源
1290	—	所在地区的中心	Cordier，p.157
19 世纪	40000	推测数据	Brockhaus，1898
1911	70000	推测数据	Geil，1911，p.203

广州

时间（年）	人口规模（人）	估测依据	数据来源
742	—	由 13 个县、221500 人组成	24 Histories，XXI，pp.16，102
1000	40000		Ljungstedt，p.226
1067	40000	建有 5 英里长的城墙（面积约 400 公顷，面积数值是总人数的 1/100）	Ljungstedt，p.226 Rhoads，map，p.98
1077	40000	税收总量是开封的 1/11	Ma，p.166
约 1200	110000	处于宋代，府内有 206649 人（总人口数是府人口的 200/385，参见公元 1647—1648 年）	Kwangtung Fu，XXVI，pp.1-2
约 1250	140000	建有 64796 栋房屋	Kwangtung Fu，XXVI，pp.1-2
约 1275	165000	建有 78465 栋房屋	Kwangtung Fu，XXVI，pp.1-2
自 1279	—	商业活动停止了几年	Berncastle，II，p.113
1300	150000		
1325	—	城市规模相当于 3 个威尼斯（可能基于府人口数）	Odoric in Yule，p.105n
1400	150000		
1418—1433	—	3 只中国船队航行到非洲；对外开埠	"T'oung Pao，" 1915
1500	150000	该时期对外贸易被禁止	Bowring，I，p.75
1517	—	对葡萄牙贸易开放	Ency. Brit.，1910
16 世纪 60 年代	—	城墙面积扩大约 1/10	Rhoads，pp.98–99
1600	180000		
1647	200000	—	Palafox，p.147
1648		府人口 385649 人	Kwangtung Tung Chih，II，p.1755
约 1665	116000	公元 1662—1672 年，府人口 224216 人（总人口数占府人口数的 200/385）	Kwangtung Tung Chih，II，p.1755
1700	200000		
约 1700	—	垄断对外贸易	Phipps，p.2
1720		900000 人，根据食品供应估计（这个方法不好，因为有很多食品处于运输中）	A. Hamilton，II，p.218
1700—1750		茶叶贸易增加 5 倍	Phipps，p.100
1750	400000		
1700—1800		茶叶贸易增加 25 倍	Phipps，p.100
1800	800000		
1805	—	1000000 人	Richenet in Fortia，III，p.36n

续表

时间（年）	人口规模（人）	估测依据	数据来源
约 1810	—	加上郊区共计约有 1500000 人（几乎可以确定是所在地区的数据，而且可能被高估）	J. Morse，p.487
1834	—	茶叶贸易向所有国家开放	Ency. Brit.，1902，"tea"
约 1835	900000	约有 1236000 人，根据理发师数量等粗略估测；城墙周长约 6 英里，但有许多人住在城外	Martin，1847，II，p.266 Ljungstedt，pp.234-235
1836	—	拥有约 84000 艘船	Phipps，p.133n
1838	800000—900000	人口总量超过 100 万（所在地区的人口规模）	Dobel in Fortia，III，p.36n
1847	—	约 1236000 人（可能只是龙思泰的估测数据，龙思泰是瑞典商人和历史学家）	Petermann，1872，supplement 33，p.86
1850	875000	—	
1863	850000	约有 1172000 人，但城内只有约 808000 人（参见公元 1895 年）	Blackie，supplement
1895	550000	499298 人的基础上，再加上 30000 人以及船员约 20000 人	Huart，pp.58-59
1900	—	市区周长 10 英里左右（面积约 1600 公顷）	Ency. Brit.，1910
1902	—	880000 人（应该指其管辖范围的总人口）	Statesman's Yearbook，1904
1912	675000	—	Madrolle，1926

漳州

时间（年）	人口规模（人）	估测依据	数据来源
1290	—	已建有围墙	Columbia Lippincott Gaz.
1502	—	县人口 95011 人	Lungchi Hsien Cht，p.55
1612	—	县人口 63689 人	Lungchi Hsien Cht，p.55
约 1644	—	县人口 26514 人	Lungchi Hsien Cht，p.55
19 世纪	—	人口在下降	Columbia Lippincott Gaz.
1900	—	城墙周长约 4.5 英里（面积约 330 公顷）	Ency. Brit.，1910
1922	56000	—	New Century，"Lungki"
1948	62399	—	Columbia Lippincott Gaz.

长春

时间（年）	人口规模（人）	估测依据	数据来源
1588	—	拥有约 10000 名士兵	Li，1932，p.40
1600	85000	拥有约 35000 名士兵（总人数是军队人数的 2.5 倍；参见公元 717 年巴士拉和沈阳的面积）	Li，1932，p.40
1612	—	拥有 60000 名士兵	Li，1932，p.40
1853	—	周长 3 英里左右；有大规模驻军	Williams，1853，I，p.157
1864	—	约有 70000 人（也许是所属地区的人口数据）	Longmans
约 1920	—	约有 80000 人（也许是所属地区的人口数据）	New Int. Ency.，XIV，p.775
1922	56000	—	New Century

长沙

时间（年）	人口规模（人）	估测依据	数据来源
1077	37000	税收总量是开封的 17/200	Ma，p.166
1600	37000	—	
1637	37000	新城墙周长约 9 公里（5.5 英里，面积约 500 公顷，面积数值是总人数 1/75）	Madrolle，1916，p.69 Enci. Universal
约 1650	40000	县内有 7242 名成年男性	Hunan Tung chih，XXXII，p.14 Geil，1911，pp.272-273
1700	60000	—	
1750	70000	稳定发展	
1800	85000	—	
1850	100000	—	
1853	102000	拥有约 17000 名民兵和劳动者	Hail，p.159

潮汕

时间（年）	人口规模（人）	估测依据	数据来源
1794	—	拥有约10000户家庭；是广州的约1/2大（广州拥有超过20000户家庭）	Guignes，Ⅰ，p.273
1800	40000	—	—
1840	—	有一个人口众多的郊区（城墙外）	Fortia，Ⅲ，p.27
1850	40000	—	—
约1870	—	城墙周长约6公里（3.7英里）	Vivien，"Tchao-tcheou"
1871	40000	建有106条街道（街道数量占总人数的1/300，参考湖州和济宁的比率），还需要加上郊区人口	Rozman，1973，p.235，cf.209，221
1900	40000	—	Clennell，1903

成都

时间（年）	人口规模（人）	估测依据	数据来源
约600	81000	公元618年之前的某个时期，县的家庭数量为16256户	24 Histories，ⅩⅨ，p.14，703
800	75000	—	—
881—886	75000	建有8英里长的城墙（面积约1000公顷，面积数值是总人数1/75）	T. Carter，p.67
1000	40000	—	—
1077	37000	大约是开封税收总量的1/12	Ma，p.166
1200	46000	—	—
1290	54000	人口215888人（也许与公元1370年的府面积相同，府人口约是总人口的4倍）	25 Histories：New Yüan
1300	54000	—	—
约1370	33000	府人口130953人（也许仅1/4居住在城里；参见公元1728年）	Szechwan Tung chih，LVIII，p.1
1400	50000	—	—
1393—1491	—	四川地区人口增长了70%	Enci. Italiana，"Cina"
1500	85000	—	—
1491—1578	—	四川地区人口增长了19%	Enci. Italiana，"Cina"
1600	100000	城市范围未突破公元881年的城墙	—
1646	—	600000人遇难（该数据可能是指府或者可能整个四川地区）	Martini，p.302 Ency. Brit.，1910
1649	120000	约3000名民兵处在危急关头（民兵数量占总人数的1/4）	Mailla，Ⅺ，pp.17-18
1700	50000	—	—
约1725	—	尚未完全恢复	Du Halde，p.233
1728	62000	府家庭50934户，包括16个县（约250000人，城市人口总量占到其1/4；参考公元1796—1800年）	Szechwan Tung Chih，LVIII，p.1
1750	74000	—	—
1796	—	县人口386397人	Szechwan Tung Chih，LVIII，p.1
约1800	97000	建有城墙9英里（面积约1300公顷，面积数值是总人数1/75）	Crow，p.138；Hosie，p.20
1850	200000	—	—
1887	—	在约25平方公里的地区内居住着350000人（可能被高估；参见公元1918年）	Vivien，"Tching-tou"
1918	306423	—	Hosie，p.20n；cf.p.182n

正定

时间（年）	人口规模（人）	估测依据	数据来源
1077	43000	税金39500串（同时期的开封税金约402000串）	Ma，p.166

镇江

时间（年）	人口规模（人）	估测依据	数据来源
900	25000	建有城墙26里（文献估测可能存偏差，实际单位应为半里）（周长4.3英里，面积约330公顷，面积数值是总人数1/75）	Clennell，p.256

续表

时间（年）	人口规模（人）	估测依据	数据来源
1300	35000	—	—
1331	36000	60325人（可能指府人口；参见公元1644年）	Clennell，p.256
1600	39000	—	—
约1640	39811	—	Kiangnan Tung Chih，X，p.21
约1644	44256	府人口71910人	Kiangnan Tung Chih，X，p.21
1688	60000	商业规模庞大（城市占地约600公顷，面积数值是总人数1/100）	DuHalde，I，p.83
1700	68000	—	—
1735	85000	府人口138176人（参见公元1644年）	Kiangnan Tung Chih，X，p.21
1750	80000	参见公元1842年。距其不远的南京处在衰落时期	—
1800	60000	—	—
1842	45000	公元900年时城墙周长4.3英里；郊区几乎和有城墙的城市一样大（面积共计约600公顷，面积数值是总人数的1/75）	Ouchterlony，map facing p.422
1872	105000	170000人（可能指府人口；参考公元1644年）	Taylor in Vivien，"Tchin-kiang"
1891	135000	—	Vivien，"Tchin-kiang"

泉州

时间（年）	人口规模（人）	估测依据	数据来源
742—755	26000	所属地区居住着160295人，公元1283年该数字为455545人（城市总人数占地区人数的1/6；参见公元1577—1608年）	24 Histories，XXI，p.16094 XXXIV，p.27399
800	30000	—	—
9世纪	—	开展海外贸易	Hirth&Rockhill，p.17
1000	40000	—	—
1077	45000	税收规模是杭州的一半	Ma，p.70
1132—1276	—	人口快速增长	Ma，pp.35-37
1200	70000	—	—
1292	—	港口实力位居全球前两位	Polo，p.237n
1300	80000	—	—
1325	80000—90000	是博洛尼亚人口规模的两倍	Odoric in Yule，p.108
1340	—	拥有世界上最大的港口	Ibn Battuta，p.287
年份不详	80000—90000	周长超过7英里（面积约800公顷，面积数值是总人数1/100）	Cordier，II，p.241n
1400	65000	推测人口规模下降幅度为杭州的1/5；参见公元1577年	—
1500	60000	—	—
1577	58000	350000人（可能是所属地区的人口规模）。公元1948年的城市人口规模是全县的1/5（公元1577年的比例可能是1/6）	González de m.，p.59 Columbia Lippincott Gaz.
1600	56000	—	—
1608	56159	晋江县	Chüanchow Fu Chih，II，p.18
1700	43000	—	—
1711	—	5个县总计人口111518人	Chüanchow Fu Chih，II，p.2
1750	43000	—	—
1761	43727	府人口111309人	Chüanchow Fu Chih，II，pp.5，2
1800	43200	商业发展停滞（参见厦门）	—
1938	57000	—	Tien，p.359
1948	120655	县人口591677人	Columbia Lippincott Gaz.

重庆

时间（年）	人口规模（人）	估测依据	数据来源
1600	36000	—	Vivien，"Tchoungking"
1758	16504	—	Pa Hsien Chih，I，p.449

时间（年）	人口规模（人）	估测依据	数据来源
1761	30000	建有城墙 5 英里（面积约 400 公顷）；面积数值是总人数 1/75，中国内陆的重要城市	Crow，p.137
1796	—	县人口 218079 人	Pa Hsien Chih，Ⅰ，p.449
1800	53000	—	
1850	83000	—	
约 1890	109000	—	Brockhaus，1898

咸阳

时间（年）	人口规模（人）	估测依据	数据来源
1750	50000	—	
1767	—	几乎和汉中一样大	Rozman，1973，pp.215，344
1800	50000	—	

佛山

时间（年）	人口规模（人）	估测依据	数据来源
1662—约 1800	—	县的人口规模似乎增长了 15 倍（公元 1662 年有很多人逃离此地）	Kwangtung Tung Chih，Ⅱ，p.1755
1700	50000	—	
约 1725	75000	3 里格左右（9 英里，面积约 1000 公顷；面积数值是总人数 1/75	DuHalde，p.240
1750	100000	—	
约 1800	124000	县人口 830666 人（城市人口规模占县的 15%；参见公元 1948 年）	Kwangtung Tung Chin，Ⅱ，p.1755
1830	167000	县人口 1119343 人（城市人口规模占县的 15%；参见公元 1948 年）	Kwangtung Tung Chin，Ⅱ，ch. 70，pp.2-3
1846	—	规模是广州的 1/4—1/2	anon in "Chinese Repository," 1846，p.62
1850	175000	广州人口未明显增长	
1856	—	建有 8 英里不规则的城墙；郊区人口沿河岸 3 英里分布	Tronson，pp.246-247
1931	163314	—	Cressey，1955，p.215
1948	95529	县人口 638777 人	Columbia Lippincott Gaz.

福州

时间（年）	人口规模（人）	估测依据	数据来源
742	—	10 个县总人口 75876 人	24 Histories，XXI，p.16094
1000	45000	—	
1077	45000	税收总量略高于广州，接近开封的 1/10	Ma，p.166
1200	50000	—	
自 1283	—	福建地区的中心	Cordier，Ⅱ，p.238
1300	70000	按面积推算；参见公元 1368 年	
1368	70000	建有 6.5 英里长的城墙（面积约 700 公顷）	Enci. Italiana New International Ency.
1381	81164	可能指闽县和侯官县的人口规模（城墙所围合的面积）	Fuchow Fu Chin，Ⅰ，p.200
1400	81000	—	
1500	83000	—	
1512	83904	可能指闽县和侯官县的人口规模	Fuchow Fu Chin，Ⅰ，p.200
约 1573	76530	可能指闽县和侯官县的人口规模	Fuchow Fu Chin，Ⅰ，p.200
1600	78000	—	
1649	84000	约有 14000 人携带兵器（携带兵器人数占总人数 1/6）	Navarette，p.165
约 1660	54730	可能指闽县和侯官县的人口规模	Fuchow Fu Chin，Ⅰ，p.200
1700	67000	—	
1751	83411	可能指闽县和侯官县的人口规模	Fuchow Fu Chin，Ⅰ，p.200

续表

时间（年）	人口规模（人）	估测依据	数据来源
1800	130000		
1845	170000	郊区规模几乎和城市一样大	Martin，1847，Ⅱ，p.292
1846	170000	规模大约是宁波的2倍。郊区人口约20000人	G. Smith，pp.206，208
1850	175000		
1853	—	对欧洲开放贸易；城市增长迅速	Ency. Brit.，1910 Columbia Lippincott Gaz.
1874	230000	城墙周长5英里。此外，城墙与河岸之间的3英里区域居住着大量人口（面积大约2300公顷，面积数值是总人数的1/100）	Ency. Brit.，1878
1879	240000	城墙围合面积约7000公顷（面积数值是总人数的1/125）。外加一个约5000人的郊区和另一个接近100000人的郊区	Wiley，pp.174–181

汉中

时间（年）	人口规模（人）	估测依据	数据来源
1232	—	据说约有100000人逃离此地	Ency. Brit.，1910，"China"
1649	—	四川地区的重要城市	Mailla，Ⅺ，p.22
1800	50000	至少达到了这个规模	Rozman，1973，p.215
1850	65000		
1880	80000		Reclus，1884，Ⅱ，p.478

杭州

时间（年）	人口规模（人）	估测依据	数据来源
591	60000	建设第一面城墙，36里（文献估测可能存在偏差，实际单位应为半里）（6英里，面积约600公顷）	Crow，p.94
608—615	—	大运河兴建	Li，p.168
800	70000		
906—978	—	都城时期	A. Moule，p.17
910	—	城墙有所扩大	A. Moule，p.16
1000	80000		
1077	85000	税收总量是开封的1/5	Ma，p.70
1132—1276	—	成为都城（从公元1264年起与北京展开竞争）	G. Moule，pp.4–5
约1170	145808		Balazs，1968，p.213n，citing "Mengliang Lu," p.18
1200	255000		
1201	260000	约52000栋房屋被烧毁（可能是整座城市的房屋数量；参见公元1208年的类似损失；这里的房屋数量可能意味着家庭数量）	Balazs，1968，p.213n
1208	—	58092栋房屋被烧毁	Balazs，1968，p.213n
约1250	320489		Balazs，1968，p.213n
1273	432046		Balazs，1968，p.213n
1300	432000		—
1325	—	城市面积足以容纳如威尼斯或帕多瓦等12座城市	Odoric in Yule，1866，p.115
1350	432000	拥有约72000名民兵（民兵数量占总人数的1/6）	Ibn Battuta，pp.287，293
1360	230000	建有12英里长的城墙（面积约2300公顷，人口大幅减少的原因是公元1355—1358年的长期战乱）	Cloud，p.6
1400	240000		
1500	250000		
约1550	—	70000名民兵（参见公元1350年）	González de M.，Ⅱ，p.76
1600	270000		
1625	275000	人口规模大于南京（参见南京）	Purchas cited in A. Moule，p.1
约1657	281851	可能指府人口	Chekiang Tung Chin，Ⅱ，pp.1，364–365

时间（年）	人口规模（人）	估测依据	数据来源
1681	292420	可能指府人口	Chekiang Tung Chin, II, pp.1, 364–365
1700	303000	—	
1731	322300		Chekiang Tung Chin, II, pp.1, 364–365
1750	340000		
1793		规模略小于北京	Macartney in Gonzalez de M., p.173
1800	387000		
约1850	434000	所属地区约有700000人（城市人口为该数字的62%；参见公元1944年）	Blackie
1853	—	人口规模与苏州不相上下	Williams, 1853, I, p.96
1944	606136	县内不只372594人	Columbia Lippincott Gaz.

合肥

时间（年）	人口规模（人）	估测依据	数据来源
1077	—	税收总量是开封的1/8（但征税区可能涵盖了部分农村）	Ma, p.165
约1900	31000	建有105条街道（街道数量占总人数的1/300）	Rozman, 1973, p.223

徐州

时间（年）	人口规模（人）	估测依据	数据来源
1194—1852	—	黄河流经此地，赋予该城市重要的战略地位	Ency. Brit., 1974 Enci. Italiana
约1400	45000	建有6英里长的城墙（面积约600公顷；面积数值是总人数的1/75）	Madrolle, 1912, p.435
1500	55000	—	—
1600	65000	—	—
1644	73961	可能指县的人口规模	Chiangnan Tung Chin, X, p.30
1700	75000	—	—
1750	75000	—	—
1800	75000	—	—
1850	75000	公元1700—1850年应该没有显著增长（参见附近的淮安）	
1935	160013		New Century

淮安

时间（年）	人口规模（人）	估测依据	数据来源
1290	—	拥有一个小型的郊区	Polo, II, p.151
1688	50000	比扬州大	Bourès et al, in Du Halde, I, p.85
1700	50000	—	—
1750	50000	拥有约10000户家庭	Fortia, III, p.109
1800	47000	—	—
1831	—	建有74条街道（城墙内）	Rozman, 1973, pp.225, 334
1840	45000	拥有一个郊区（全城不超过150条街道，街道数量占总人数的1/300，参见扬州）	Fortia, II, p.42
1850	45000		
1948	35443	自公元1852年黄河改道以来，人口规模持续下降	Columbia Lippincott Gaz.

会宁

时间（年）	人口规模（人）	估测依据	数据来源
1124	30000	始建为金国都城，是其后来规模的一半	Gibert, p.322
约1200	60000	周长约9公里（面积约600公顷，面积数值是总人数的1/100）	Gibert, map p.320
1236	—	被摧毁	Gibert, p.319

热河

时间（年）	人口规模（人）	估测依据	数据来源
1703—1820	—	备受欢迎的皇家度假胜地	Crow, p.172
1782	20000	府中有 41496 人	Chengte Pu chin, Ⅲ, p.729
约 1800	60000	周长 6 英里（面积约 600 公顷，面积数值是总人数的 1/100）	Ency. Brit., 1910
1827	—	府中有 110171 人	Chengte Fu Chin, Ⅲ, p.729
1850	40000	—	
1866	40000	—	Williamson in Reclus, 1876, p.221n

开封

时间（年）	人口规模（人）	估测依据	数据来源
742	50000		Hartwell, p.152
781	—	城市范围近 3 平方英里（面积约 750 公顷）	Eberhard, p.48
800	55000	根据面积推算，面积数值是总人数的 1/75	
960—1127	—	作为都城	Crow, p.145 Favier, p.25
1000	400000	根据城市面积及发展稳定程度推算	
1000—1102	—	稳健发展	Mailla, Ⅷ
1009	—	城墙外有 9 个郊区	Ma, p.92
1102	442000	可能指府人口规模（含 16 个县）	24 Histories, XXVI, p.19992
1126	420000	拥有约 70000 名士兵（士兵数量占总人数的 1/6）	Mailla, Ⅷ, p.447
1200	100000	不再担任都城；参见公元 1330—1870 年	
1232	210000	拥有约 30000 或 40000 名民兵（如果有 35000 名民兵，则其占总人数的 1/6）	Ency. Brit., 1797, "China" Harlez, p.263
1330	90000		Hartwell, p.152
1368	—	短暂作为明朝洪武年间的北方都城，一些军队从北京迁到此地	Farmer, pp.20–21
1400	90000		
1500	80000	公元 1400—1642 年间获得稳定发展	Farmer, p.21
1600	80000		
1642	—	居住着约 200000 或 300000 人（可能指整个府；参见公元 1659 年）	Mailla, X, p.477 Grosier, p.56
1642	80000	340000 人被淹死（可能指府的数据。城市人口规模按 370000 乘以 22% 推测；参见公元 1659 年）	Mai, by telephone
1659	—	府人口 261395 人，参见公元 1766—1800 年	Honan Tung Chin, Ⅱ, p.10
1750	78000		
1751	79000	府中人口 366065 人（参见公元 1642 年）	Honan Tung Chin, Ⅱ, p.10
1766	79000	府中人口 366704 人（参见公元 1642 年）	Honan Tung Chin, Ⅱ, p.10
约 1800	80000	—	Oberländer in Ersch & Gruber
1850	90000		
约 1870	100000		Vivien

赣州

时间（年）	人口规模（人）	估测依据	数据来源
1077	—	税收总量是开封的 1/10（包括了部分农村地区）	Ma, p.166
约 1725	30000	贸易量低于南昌；和鲁昂的规模相当（但人口密度更低）	Du Halde (a), p.160, 169
约 1725	—	规模可能是兰州的 9/10	Du Halde (a), maps p.224
1800	39000		
1850	45000		
约 1900	—	100000 人（可能被高估）	Enci. Universal
1948	58582		Columbia Lippincott Gaz.

哈拉和林

时间（年）	人口规模（人）	估测依据	数据来源
约 1200	—	还是一座小镇	Bellew, p.131, from d'Ohsson
13 世纪 40 年代	20000	每天 500 辆运货马车往来城内（公元 1548 年的维也纳该数字为 723 辆）	Lamb, 1927, p.191
1253	20000	建有 12 座寺庙、2 座清真寺、1 座教堂；周长 3 英里（面积 150—200 公顷）	Rubruquis, p.239
1268	—	几乎完全消失了	Ency. Brit., 1910

荆州

时间（年）	人口规模（人）	估测依据	数据来源
前 722—481	—	楚国的都城	Official Guide, IV, p, 151
1711	—	县内 16 岁以上男性 13851 人	KiangningHsien Chin, XI, p.92
1766	—	县内 16 岁以上男性 20684 人	KiangningHsien Chin, XI, p.92

景德镇

时间（年）	人口规模（人）	估测依据	数据来源
1004	—	皇家瓷器厂成立	Williams, 1853, II, p.23
1200	50000		
约 1270	75000	经过一代人的发展，已建成 300 座窑（窑数量占总人数的 1/250；参见公元 1725 年）	Cox, p.421
1300	50000		
1366	—	建设了大量皇家建筑,城市扩展出 1 英里长的城墙（但仍然比公元 1900 年小得多）	Gray, pp.235–236 Scidmore, p.348
1400	75000		
1425 1435	—	拥有 58 座皇家工厂	Cox, p.462
1583	—	烧制了宫廷瓷器 96000 件（产量减半）	Cox, p.477 Ency, Brit, 1910, V, p.746
1600	75000		
1620—1683	—	城市衰落；多次被摧毁	Cox, p.501
1683	—	重建并迅速恢复了城市规模	Cox, pp.533–534
1700	100000		
1712	—	除皇家工厂外,还建有约 3000 座民窑（文献可能有误，应该是 300 座）	Entrecolles in Gray, p.237
约 1725	125000	建有约 500 座窑；城墙周长约 1.5 里（文献估测存在偏差，实际单位应为半里，即 4.5 英里）	Du Halde, p.154
1750	136000		
1782	151000	县内有 250290 人（城市人口规模占到约 3/4,这座城市与乡村地区明显分离）	Kiangai Tung Chin, XXXIV, PP.28–29
1800	164000	—	—
1802	165000	县内有 281477 人	Kiangai Tung Chin, XXXIV, PP.28–29
1850	170000	—	—
1851	170000	县内有 286874 人	Kiangai Tung Chin, XXXIV, PP.28–29
约 1900	40000	建有 160 座窑（窑数量占总人数的 1/250；参见公元 1725 年）	Crow, p.124
1912	—	100000 人（可能指浮梁全县）	Madrolle, 1912
1934	—	县内有 140274 人	New Century
1948	86744	县内有 164175 人	Columbia Lippincott Gaz.

吉林

时间（年）	人口规模（人）	估测依据	数据来源
1673	—	建立起来	Vivien, "Ghirin"
1711	33025	府人口	Chilin Tung Chih, XIII, p.1

续表

时间（年）	人口规模（人）	估测依据	数据来源
1812	37781	府人口	Chilin Tung Chih，XIII，p.1
1850	40000	公元 1880 年前，人口规模很小且几乎没有增长（参见沈阳）	—
1907	75483	—	Madrolle，1912，p.249

九江

时间（年）	人口规模（人）	估测依据	数据来源
6 世纪	—	筑墙	Enci. Italiana
1412	37000	城墙延伸至 5—6 英里（面积约 500 公顷，总人口数量约是面积数值的 75 倍）	Enci. Italiana Mayers，p.430
约 1725	—	几乎完全荒废	Souciet，p.131
1874	35000		Hippisley in Vivien

呼和浩特

时间（年）	人口规模（人）	估测依据	数据来源
自 1542	—	蒙古王子阿尔坦可汗的早期住所	Baddeley，p.1xiii
17 世纪 90 年代	56000	直到公元 1679 年，噶尔丹在此地建立了 9 支军队；公元 1733 年，共拥有 3 支兵团和 2000 匹马（约有 6000 名骑兵，人数是军团总数的 6 倍，再加上僧侣的数量）	Korostowetz，pp.22，28
1846	—	拥有约 20000 名僧侣	Huc in Reclus，1884，II，p.114
1880	30000	—	Reclus，1884，II，p.479

桂林

时间（年）	人口规模（人）	估测依据	数据来源
1050	—	城墙兴建	Enci. Italiana
1743	—	广西地区拥有 1143000 人	Guignes，III，p.67
1787	—	广西地区拥有 6376000 人	Ho，1969，p.283
1800	38000		
1812		广西地区拥有 7429120 人	Ho，1969，p.56
1850	43000	广西地区拥有 7827000 人	Ho，1969，p.283
约 1900	80000		Couling
1936	74791		New Century
1936	—	广西地区拥有 13385215 人	Statesman's Yearbook，1936

贵阳

时间（年）	人口规模（人）	估测依据	数据来源
约 1400	12000	建有 9.7 里（3.2 英里）的城墙（面积约 160 公顷；总人口数量是面积数值的 75 倍）	Geil，1911，p.140
约 1600	20000	城墙向北扩大	Geil，1911，p.140
1650	34000	超过 16 岁的男性有 8514 名	Kweichow Tung Chin，p.8
1700	37000		
1731	40000	超过 16 岁的男性有 10086 名	Kweichow Tung Chin，p.8
1750	45000		
1800	65000		
1850	85000		
约 1900	100000		Richard，p.188

兰州

时间（年）	人口规模（人）	估测依据	数据来源
约 750	14226	公元 742—755 年	24 Histories，XXX，p.14697
1750	25000	规模比荆州大 1/4	Du Halde（a），map p.224

续表

时间（年）	人口规模（人）	估测依据	数据来源
1759	—	中国西部重要的战略门户城市	—
1772—1830	—	县人口增长17%	Chung Hsui Kao Lan Hsien Chin, II, pp.605—608
1800	90000	—	—
1830—1887	—	县人口增长3%	Chung Hsui Kao Lan Hsien Chin, II, pp.605—608
1850	100000	—	—
约1870	—	城墙长约4公里	Brockhaus，1881
约1870	—	40000间房屋（可能指所属地区）	Vivien，"Lan-tchecu"
约1900	—	估测有175000人（也许指所属地区）	Ency. Brit.，1910
约1925	110000	—	Cresuey，1934，p.196
1938	122000	—	Tien，p.27

拉萨

时间（年）	人口规模（人）	估测依据	数据来源
800	100000	—	—
1015	—	拥有士兵约30000名（可能包括预备役）	Pelliot，p.58
约1700	80000	—	Balbi，p.269
1800	50000	—	—
约1840	50000	—	Blackie
1850	42000	—	—
1854	42000	源自大规模人口统计数据	Waddell，p.346n
1910	30000	拥有士兵约6000名	Ency. Brit.，1910，"Lhasa" and "Tibet"

辽阳

时间（年）	人口规模（人）	估测依据	数据来源
644	—	驻军约20000人	Gibert，"Leao-tung"
928—1116	40000	城市边界周长约30里（5英里，面积约400公顷）	Gibert，"Leao-yang"
1200	30000	城市地位下降	—
1288	13231	—	Gibert
1330	25000	5000户朝鲜族家庭	Hulbert，I，p.123
1862	30000	规模和沈阳相当	Petermann，1862，p.151
1866	—	80000人（可能包括更大范围的周边地区在内）	Williamson in Vivien
1908	39000	—	Statesman's Yearbook，1909

临清

时间（年）	人口规模（人）	估测依据	数据来源
约1900	48000	—	Richard
1953	45000	—	Forstall

洛阳

时间（年）	人口规模（人）	估测依据	数据来源
528	240000	109000户（550000人，有些可能是农村居民）；划分出220个分区（人口规模是分区数量的1100倍：参见艾哈迈达巴德）	Ho，1966，p.66
605—618	—	都城；至少有100000人迁入此处	Ma，p.119
618—906	—	陪都	Ho，1966，p.66
约800	300000	唐朝时期拥有120个行会；同期，长安有220个行会（参见西安）	Ma，p.82
约950	—	被认为足以容纳50000人	Du Halde，I，p.412-422
1000	50000	—	—

续表

时间（年）	人口规模（人）	估测依据	数据来源
1077	40000	税收总量比开封少 1/10	Ma, p.166
1104	—	公元 1102—1106 年，府内人口约 233280 人	24 Histories, XXVI, p.19996
1200	50000		
1659	—	府内有 76983 人（包括 16 个县）	Honan Tung Chin, II, p.1
1691	—	府内有 108792 人（包括 16 个县）	Honan Tung Chin, II, p.1
1700	35000	—	—
1711	—	府内有 127579 人（包括 16 个县）	Honan Tung Chin, II, p.1
1751	—	府内有 98633 人（包括 16 个县）	Hsu Honan Tung Chin, I, huko section 3, pp.1–5
1766	—	府内有 99004 人（包括 16 个县）	Hsu Honan Tung Chin, I, huko section 3, pp.1–5
1813	27000	建有 90 条街道（人口数量是街道数量的 300 倍）	Rozman, 1973, p.209
约 1900	30000	—	Enci. Italiana

澳门

时间（年）	人口规模（人）	估测依据	数据来源
1583	—	居住着约 900 名葡萄牙人（男性）	Ljungstedt, p.27
1635	35000	拥有工人 5000—6000 名，此外还居住着 900 名葡萄牙男性	Semmedo, p.170
1637	—	规模比果阿邦略小	Mundy, III, p.164
1697	—	自公元 1624 年暂停与日本的贸易活动后，人口规模持续下降	Gemelli, p.412
约 1700	19500	—	Ljungstedt, p.27
1750	24000		
1800	30000		
1830	33000	居住着约 30000 名中国人、3000 名葡萄牙人	Collis, 1956, p.26
1834	35000	居住着 5093 名葡萄牙人	Ljungstedt, pp.31, 208
1850	29587		Ungewitter, II, p.430

沈阳

时间（年）	人口规模（人）	估测依据	数据来源
约 1331	29000	公元 1330—1332 年，府内共有 5813 户家庭	24 Histories, XXXIV, pp.27351
1631	200000	建有 11 英里长的城墙（面积约 2000 公顷）	Chien Lung, pp.50–51, 202
1644	—	70000 或 80000 名士兵迁入北京	Brunem, I, p.204；Adachi, p.38
1700	30000		
1800	30000		
1850	30000		
1862	—	11 英里长的外城墙和 3 英里长的内城墙之间，分布着大面积闲置地	Michie, p.161；Vivien, "Moukden"
1866	—	有 180000 人（可能对应着更大的地域范围）	Williamson in Vivien, "Moukden"
1881	30000		Mailly-Chalon in Vivien, "Moukden"

南昌

时间（年）	人口规模（人）	估测依据	数据来源
1077	32000	税收总量是开封的 29/400	Ma, p.166
1400	60000	参见公元 1800 年	—
1500	50000	—	—
1600	45000		
1700	30000		
约 1725	—	商业规模略大于赣州	Du Halde, p.160

时间（年）	人口规模（人）	估测依据	数据来源
1750	35000	—	—
约 1800	36000	周长大约 2 里格（折合约 6 英里，占地面积约 600 公顷。人口密度大约每公顷 60 英里）	Fortia，Ⅰ，p.50
约 1800	—	房屋老旧，大片土地闲置	Barrow，1804，p.593
1850	75000	—	—
约 1870	90000	大约 160000 人（可能指更大的地域范围；参见公元 1948 年）	Brockhaus，1881
1900	—	面积约 3 平方英里（约 800 公顷）；与长沙规模相当	Wegener，p.114，from Clennell
1928	206378	—	Chinese Yearbook，1940
1948	266346	所属地区有 301412 人	Columbia Lippincott Gaz.

南京

时间（年）	人口规模（人）	估测依据	数据来源
907—975	—	成为都城	Du Halde，Ⅰ，p.425
975	100000	战争中被围困。外调了 100000 单位的大米，用于补给城内居民	Du Halde，Ⅰ，p.425 Mote，p.131（for date）
1000	70000	不再是一座都城	—
1102	67000	府内有 157440 人，包含了 6 个县	24 Histories，XXVI，p.19994
1127—1132	170000	重新成为都城	Mailla，Ⅷ，pp.455，503
约 1130	160000	宋代上元县有 32357	Shou Tu Chin，Ⅰ，p.497
1200	130000	宋朝皇帝部分时间居住在此	Mote，p.131
1297	95000	指城墙内的人口规模	Mote，p.132
1300	95000	—	—
1344	95000	指城墙内的人口规模	Mote，p.132
1368—1421	—	再次成为都城	—
1373	—	建有 22 英里长的城墙，面积约 7500 公顷（是公元 975 年的 4 倍）	Crow，pp.112–113 Mote，p.135
1391—1392	—	迁入约 53000 户家庭	Ma，p.119
1391	473200	共有约 60900 户	Shou Tu Chin，Ⅰ，p.497
1394	—	其管辖范围内有 1193620 人（包含了 8 个县）	24 Histories，XXXVI，pp.29335
1397	—	14300 人迁入	Ma，p.119
1400	487000	—	—
1500	147000	—	—
1515	147013	由 34272 户家庭推算	Shou Tu Chin，Ⅰ，p.498
1592	194000	45307 户（参见公元 1515 年）	Shou Tu Chin，Ⅰ，p.498
1600	194000	—	—
1666	173000	超过 16 岁的男性有 43342 人	Shou Tu Chin，Ⅰ，p.498
1700	140000	—	—
约 1700	—	1/3 的地区处于荒芜状态，2/3 的地区人口稠密	Du Halde，p.134
1735	130000	在其管辖范围内有 169979 名男性，减去 6 个县的 133603 人；因此，城墙内有 36602 名男性	Kiangnan Tung Chin，LXXIV，pp.8–12
1750	100000	—	—
1785	50000	80% 的区域无人居住（参见公元 1700 年）	Grosier，p.23n
1800	50000	—	—
1850	50000	—	—
1878	130000	—	Reclus，1876–94，Ⅶ，p.472n

南宁

时间（年）	人口规模（人）	估测依据	数据来源
1000	58000	—	—
1850	40000	—	—
1878	40000	—	Colquhoun in Vivien

宁波

时间（年）	人口规模（人）	估测依据	数据来源
713	—	城市建立	Ency. Brit., 1970
1077	25000	税收总量是杭州的 1/3，是福州的 1/2	Ma, pp.166–170
1371	—	成为三大开放口岸之一	Chen, p.224 Susan Jones, p.53
1400	60000	参见公元 1522 年	—
1500	30000	—	—
1522	—	人口数量是公元 1391 年的 45%	Ho, 1959, p.18
1552	—	辖区人口数量与公元 1522 年几乎相同	Ho, 1959, p.18
1598	—	与日本的贸易关停	Susan Jones, p.53
1600	50000	—	—
约 1685	71000	公元 1671—1701 年县内有 214710 人（推测城市人口数量为该数字的 1/3；参见公元 1948 年）	Ningpo Fu Chin, II, p.597
1695	—	恢复了与日本的贸易往来	Susan Jones, p.53
约 1700	—	建有 5074 步长的城墙（约 3 英里，面积约 150 公顷）	Du Halde, I, p.198
约 1700	72000	—	—
1750	76000	—	—
1800	80000	—	—
1843	83000	250800 人（可能指县人口总量，估测城市人口数量为其 1/3；参见公元 1948 年）	Vivien
1850	90000	—	—
1872	160000	—	Reclus, 1876, VII, p.472n
1948	210327	更大的地区范围内有 617657 人	Columbia Lippincott Gaz.

北京

时间（年）	人口规模（人）	估测依据	数据来源
935	—	城市面积为公元 936 年的 2/3	Hubrecht, map p.8
936	60000	建有 36 里长的城墙（6 英里；面积约 600 公顷，总人口数量是面积数值的 100 倍）	Siren, p.17
1000	60000	—	—
1123	48000	拥有约 8000 名民兵（总人口是民兵数量的 6 倍）	Harlez, p.51
1151	130000	建有 54 里长的城墙（9 英里，面积约 1300 公顷）	Siren, pp.17–18
1200	130000	—	—
1264—1937	—	除公元 1368—1409 年外，均是都城	Lin, p.62 Favier, p.25
1264—1268	—	在老城区旁边建立了新城区，周长 48 里左右，面积几乎是老城区的两倍（面积约 3600 公顷）	Favier, pp.20–21 Polo
1265	160369	—	24 Histories, XXXIV, p.27331
1270	401350	—	24 Histories, XXXIV, p.27331
1300	401000	—	—
1388	—	城墙缩短了 5 里（约 1 英里），长度约 14 英里（面积约 3200 公顷）	Siren, pp.37, 41–42
1400	150000	并非都城；参见公元 1419 年	—
1419	150000	建有约 100000 栋房屋；皇帝受 300000 人拥戴（估测偏高，应减少一半）	Khoja, p.472
1492	669033	数字可能对应府内 11 个县	24 Histories, XXXVII, p.29325
1500	672000	—	—
1579	706861	指 11 个县的总人口	24 Histories, XXXVII, p.29325
1600	706000	—	—
1644	—	约 40000 人死亡；约 70000 或 80000 名士兵从奉天迁入	Navarete, p.197; Brunem, I, p.204
1665	—	税收总量是苏州的 1/4；战争期间城内居住有约 70000 人	Navarete, pp.197, 204
1683	—	约有 70000 名满族士兵	Du Halde, I, pp.494–495
1724	—	每个城门外都形成了一个人口稠密的郊区	Ripa, p.52

续表

时间（年）	人口规模（人）	估测依据	数据来源
约1750	900000	城墙内居住有约700000人；郊区长达3/4里格（面积1平方英里，约3000公顷；采用低密度算法，每公顷约70人）	de l'Isle，pp.9-10
1793	—	规模比伦敦大1/3，区域面积可能达到9平方英里	Macartney，pp.326，330
约1800	—	约有1500000人（可能被高估）	Playfair，v，p.666
约1800	1100000	—	
1821	1300000		Timkovsky，p.23
1845	1648000	可能指整个府的人口总量	Zakharov in Petermann，1872，p.86
1850	1648000		
1850—1879	—	许多原因导致城市衰退	Wiley，p.73
1861	1310000	根据多源数据推测	Blackie，supplement

亳州

时间（年）	人口规模（人）	估测依据	数据来源
1740	16000	建有54条街道（总人口数量是街道数量的约300倍）	Rozman，1973，p.222
1800	31000		
1850	43000		
1894	54000	建有180条街道	Rozman，1973，p.222
1922	80000		Columbia Lippincott Gaz.

上海

时间（年）	人口规模（人）	估测依据	数据来源
1264	—	成为一座城镇	Lanning & Couling，p.258
1554	25000	建成区周长达到约3.75英里	Lanning & Couling anon. in "Chinese Repository," 1847，p.78
1586	—	城郊南汇地区住着70623人（裘昔司先生曾将这里视为乡村地区）	Tung-chin Shanghai Hsien Chin，Ⅲ，p.8；Montalto，p.xxvii
1632	—	城郊南汇地区居住着81000人	Tung-chin Shanghai Hsien Chin，Ⅲ，p.8
1683	—	城郊南汇地区居住着86725人	Tung-chin Shanghai Hsien Chin，Ⅲ，p.8
1700	45000		
1726	—	城郊南汇地区居住着93294人	Tung-chin Shanghai Hsien Chin，Ⅲ，p.8
1750	60000		
1800	90000		
1831	—	中国重要的商业城市	Gutzlaff，p.83
1843	—	对外开放贸易	Ency. Brit.，1910
1843	—	约有270000人（似乎被高估了）	Fortune，p.55
1845	120000		Martin，1847，Ⅱ，p.311
1850	185000		
1853	225000		Williams，1853，Ⅰ，p.87
1859	300000		Oliphant，p.149
1865	146232	太平天国运动后	Blackie，supplement

上饶

时间（年）	人口规模（人）	估测依据	数据来源
960—1279	—	文献称在此期间有约100000名矿工	Ma，p.135
1391	—	所属地区有128860人	Fong Chin Tung Su，no.106，Ⅲ
1782	—	所属地区有181633人	Kiangsi Tung Chin，XXXIV
1948	30937	—	Columbia Lippincott Gaz.

绍兴

时间（年）	人口规模（人）	估测依据	数据来源
1077	32000	税收总量接近开封的 3/40	Ma，p.166
约 1850	30000	270000 人（可能指所属地区；城市人口数量约为其 1/9，参见公元 1948 年）	Blackie，suppl.
1933	177530		New Century
1948	92533	县内居住有 854273 人	Columbia Lippincott Gaz.

西安

时间（年）	人口规模（人）	估测依据	数据来源
583—906	—	作为都城	Wright in Toynbee，p.144 Enci. Italiana
巅峰期	800000	30 平方英里（面积约 8000 公顷，总人口数量是面积数值的 100 倍；参见杭州、北京、南京等中国其他大城市）	Hiraoka in Ho，p.53
约 700	—	城墙内居住着约 1000000 人（可能被高估，因为所基于的人口密度太高）	Reischauer & Fairbank，Ⅰ，p.168
自 751	—	开始衰落	Wright in Toynbee，p.149
800	600000		
805	600000	拥有约 100000 名士兵（总人口数量是士兵数量的 6 倍）	Ency. Brit.，1975，macropaedia，Ⅳ，p.327
880—884	—	被叛军洗劫	—
1077	45000	税收总量是开封的 1/10	Ma，p.165
1102	—	在更大地区范围内有 537288 人（包含很多农村地区；参见公元 1077、1312 和 1370 年）	24 Histories，XXVI，p.20007
1300	118000	—	
1312	118000	其管辖范围内的 4 个路（辖区单位）共有 271399 人（城市人口总量约为其 39/89；参见公元 1938 年）	24 Histories，XXXIV，p.27363
1370	112000	城墙长 9.8 英里（面积约 1500 公顷，对于中国内陆地区的非首都城市，倍数系数按 75 推算）	Enci. Italiana；Ency. Brit.，1970
1400	115000		
1500	127000	公元 1368—1640 年，中国内陆地区稳定发展	Ency. Brit.，1910
1600	138000		
约 1665	147109	县内人口	Sian，China，Ⅰ，pp.615-616
1700	167000		
1750	195000		
1800	224000		
1812	231530	县内人口	Hsu Hsiu… XVIII，p.3
1823	259100	县内人口	Hsu Hsiu… XVIII，p.3
1850	275000		
约 1870	—	形成了 10 平方公里（1000 公顷）的郊区	Vivien，"Si-gnan"
约 1930	200000		Cressey，1934，p.196
1948	391990	县内居住着 891366 人	Columbia Lippincott Gaz.

湘潭

时间（年）	人口规模（人）	估测依据	数据来源
约 1370	20053	—	Siangtan Hsien Chin，pp.539–542
1542	33000	县内有 399300 人	Siangtan Hsien Chin，pp.539–542
约 1850	63000	约有 700000 人（可能是公元 1853 年太平天国运动前的数据；总人口数量约为该数值的 1/11；参见公元 1943 年）	H. Morse，p.252
1889	65000	16 岁以上的男性有 16368 人（总人口数量约为其 4 倍）	Siangtan hsien CHIN，p.542
1933	112976	—	New Century
1943	82589	县内有 917000 人	Columbia Lippincott Gaz.

襄阳

时间（年）	人口规模（人）	估测依据	数据来源
1077	60000	税收达 55 串，同时期的开封为 402000 串	Ma, p.165
1200	47000	—	
1236	47000	—	Mailla, Ⅸ, p.216
1268	—	城墙周长 5 公里（约 3 英里）	Vivien
1268—1273	—	被蒙古人包围	Polo, pp.158-159, 167n
1273	—	樊城的居民遭到屠杀	Ohsson, Ⅱ, p.394
1640	—	被掠夺和烧毁	Mailla, Ⅹ, p.473
19 世纪	—	樊城发展迅速	Ency. Brit., 1974
约 1900	—	16368 人，再加上樊城人口	Siangyang Hsien Chin, Ⅱ, p.542
约 1930	83000	17966 人，再加上樊城的约 65000 人	Columbia Lippincott Gaz.

苏州

时间（年）	人口规模（人）	估测依据	数据来源
约 810	84000	吴县公元 742—755 年居住着 31361 人（城市人口数量约是其 5 倍，再乘以 54%；参见公元 1522 年)	Soochow Fu Chin, Ⅰ, p.346
1000	78000		
1080	75000	府内有 379487 户（城市人口数量约为该数值的 20%；参见公元 1643—1657 年）	Soochow Fu Chin, Ⅰ, p.346
1102	89000	府内有 448310 户（城市人口数量约为该数值的 20%；参见公元 1643—1657 年）	Soochow Fu Chin, Ⅰ, p.346
1184	59000	府内有 298405 户（城市人口数量约为该数值的 20%；参见公元 1643—1657 年）	Soochow Fu Chin, Ⅰ, p.346
1200	63000		
1300	91000		
1371	105000	吴县内有 245112 人（城市人口数量约为该数值的 43%；参见公元 1522 年）	Soochow Fu Chin, Ⅰ, p.347
1378	122000	府内有 2160463 人；吴县内有 285247 人（估测城市人口数量约为其 43%；参见公元 1522 年）	Soochow Fu Chin, Ⅰ, 1883, part 13
1393	129000	府内有 2355030 人（估测城市人口数量约为其 55%；参见公元 1378 年）	Soochow Fu Chin, Ⅰ, 1883, part 13
1400	129000		
1491	112000	府内有 2048096 人（估测城市人口数量约为其 55%)	Soochow Fu Chin, Ⅰ, 1883, part 13
1500	122000		
1522	146000	吴县内有 339042 人；府内有 732000 户（城市人口数量约为该数值的 20%；参见公元 1643—1657 年）	Soochow Fu Chin, Ⅰ, 1970, p.348
1578	—	府内有 2011985 人（估测城市人口数量约为其 70%)	Soochow Fu Chin, Ⅰ, 1883, part 13
1600	134000		
1643		府内有 631000 户，比 1538 年增加了 16%	Soochow Fu Chin, Ⅰ, 1970, p.348
1657	127000	县内超过 16 岁的男性有 63832 人（城市人口总量约为其 4 倍，再减半；参见公元 1940 年）	Kiangnan Tung Chin, LXXIV, p.12
1662	—	建有 12 英里长的城墙（面积约 23000 公顷）	Crow, p.105
1665	—	面积与杭州相当，但人口少于杭州（杭州有 281851 人）	Navarette, p.206
1700	140000		
1735	152000	吴县内超过 16 岁的男性有 76355 人（城市人口总量约为其 4 倍，再减半；参见公元 1940 年）	Kiangnan Tung Chin, LXXIV, p.12
1750	173000		
1800	243000		
1810	257000	府内有 1170833 户（城市人口总量为该数值的 4 倍，再乘以 5.5‰；参见公元 1378 年）	Soochow Fu Chin, 1970, Ⅰ, p.349
1830	317000	府内有 1441753 户（城市人口总量为该数值的 4 倍，再乘以 5.5‰；参见公元 1378 年）	Soochow Fu Chin, 1970, Ⅰ, p.349
1850	330000		
1853	—	人口规模上与杭州展开竞争	Williams, 1853, Ⅰ, p.96
1863	330000	约有 500000—600000 名民兵	H. Li, Ⅲ, p.1438

续表

时间（年）	人口规模（人）	估测依据	数据来源
约 1900	280000	—	Official Guide，Ⅳ，p.218
约 1900	270000	或许是 550000 人（大概指县内的人口规模）	Brockhaus，1952
1948	381288	—	Columbia Lippincott Gaz.

台州

时间（年）	人口规模（人）	估测依据	数据来源
1161	—	约有 10000 名士兵起义	Harlez，p.97
1644	—	约有 12000 名围攻军被杀	Mailla，X，p.485

台南

时间（年）	人口规模（人）	估测依据	数据来源
1651	40000	超过 12000 名士兵迁入，绝大部分士兵没有家庭。由此推断，大概有 15000 名男性，可能有 25000 名女性及儿童	W. Campbell，pp.421，515
1700	55000	—	—
1715	60000	拥有约 10000 名驻军	Mailla in " p.507
约 1725	—	城墙周长将近 1 里格长	Du Halde，p.175
约 1800	60000	拥有约 10000 名驻军	Pennent，p.150
1850	65000	—	—
1871	70000	—	Thomson，p.305

太原

时间（年）	人口规模（人）	估测依据	数据来源
约 800	25000	约为公元 1200 年区域人口规模的 60%	25 Histories：New Tang，p.3723；24 "XXVI，p.20003
1077	33000	税收总量是开封的 3/40	Ma，p.166
1300	48000	—	—
1383	53719	洪武年间的某个时期	Taiyüan Hsien Chin，Ⅱ，p.8
1400	51000	—	—
1414	50228	—	Taiyüan Hsien Chin，Ⅱ，p.8
1476	51652	—	Taiyüan Hsien Chin，Ⅱ，p.8
1500	61000	—	—
1544	79068	公元 1522—1526 年	Taiyüan Hsien Chin，Ⅱ，p.8
1600	80000	—	—
1642	81200	—	Taiyüan Hsien Chin，Ⅱ，p.8
1647	75000	约有 15000 名男性被杀	Mailla，X，p.485
约 1650	27339	公元 1644—1661 年	Taiyüan Hsien Chin，Ⅱ，p.8
约 1690	31735	公元 1662—1722 年	Taiyüan Hsien Chin，Ⅱ，p.8
约 1730	34761	公元 1723—1735 年	Taiyüan Hsien Chin，Ⅱ，p.8
约 1770	—	周长约 3 里格（9 英里）	Grosier，pp.63-4
1800	40000	—	—
1850	45000	—	—
1890	50000	—	Vivien

大理

时间（年）	人口规模（人）	估测依据	数据来源
621	18000	拥有约 3700 户家庭	24 Histories，XXI，p.16099
767—1253	—	南诏国都城	—
800	75000	减去公元 829—836 年的移民数量	—
829—836	—	从越南北部迁入约 27000 人	Wiens，1954，p.159
862—866	—	统治越南北部地区	Mailla，XII，part 2，p.20

时间（年）	人口规模（人）	估测依据	数据来源
巅峰期	100000	拥有约 20000 户家庭	24 Histories, XXI, p.16099
约 1000	90000	经历公元 970—986 年的繁荣后，失去了对少数部落的控制	Rocher, p.137
1100	100000	坚实的统治力	Rocher, p.142
1200	100000	稳定发展	Rocher, p.144
1377	25000	建有 12 里（4 英里）的城墙（围合面积约 250 公顷）	Madrolle, 1916, p.255
1873	50000	一半人被杀害；1855—1873 年间被叛军攻陷	Vivien
1880	23000		Gill in Vivien

大同

时间（年）	人口规模（人）	估测依据	数据来源
3 世纪公元前	—	要塞	Official Guide, IV, p.74
1211	—	拥有约 7000 名士兵	Hachez, p.209 & n
约 1725	—	规模小于山西的其他城市	Du Halde (a), p.218
1830	35000		Rozman, 1973, p.208
1850	40000		—
1938	70000		Tien, 1966, p.359

登州

时间（年）	人口规模（人）	估测依据	数据来源
1859	—	城墙周长约 3 英里，是山东地区的重要港口	Oliphant, p.179
1922	60000		Columbia Lippincott Gaz.

天津

时间（年）	人口规模（人）	估测依据	数据来源
1368	—	驻军城镇	Official Guide to Eastern Asia, IV, p.21
1404	—	建有 3 英里长的方形城墙（围合面积约为 145 公顷）	Official Guide to Eastern Asia, IV, p.21
1655	—	重要贸易城市，中国的三大主要港口城市之一（可能言过其实）	Nieuhoff in Pinkerton, VII, p.258
1662	—	很多人逃离此地；拥有 3289 名男性居民	Hsüeh, p.93
1700	70000	人口快速增长；参见北京	
约 1730	92369	指府内人口规模	Tientsin Fu Chin, VI, p.2360
1734	64912	指府内人口规模	Tientsin Fu Chin, VI, p.2360
1750	80000		
1793	—	700000 人（显然被高估）	Macartney, p.277
1800	130000		
1842	193000	城内和 10 座乡村总计居住着 198665 人	Rozman, 1982, p.59
1850	195000		
1865	—	在 3 英里长的城墙内居住着约 400000 人，密度为每公顷 1400 人（这几乎是不可能的，因为房子通常只有 2 层楼高）	Mayers, p.472
1867	200000		Lockhart, 1867, p.87
约 1890	569445	指县内的人口规模	Chi Fu Tung Chin, III, p.3918
1900	700000		Statesman's Yearbook, 1902
	—	周长 15 英里左右，形态不规则，占地面积是公元 1870 年的 5 倍（但人口密度有所下降）	Rasmussen, map p.212

济南

时间（年）	人口规模（人）	估测依据	数据来源
300	—	建有 12 里长的城墙（2 英里）	Crow, p.201
1220	—	成为山东地区中心	Ency. Brit., 1910, "China"
约 1660	52120	指历城县的人口规模	Shantung Tung Chin, II, p.2571

续表

时间（年）	人口规模（人）	估测依据	数据来源
1700	55000	—	—
1750	60000	—	—
1772	62000	拥有 12500 户，包括郊区在内	Rozman，1973，p.209
1800	65000	—	—
1850	70000	—	—
约 1855	70000	周长约 12 公里（7.5 英里），城墙内 1/4 为沼泽地（居住用地面积约 700 公顷）	Crow，p.201；Vivien

天水

时间（年）	人口规模（人）	估测依据	数据来源
10 世纪—12 世纪	—	中国西北地区重要的军事要塞	Ma，p.72
1000	85000	—	Ma，p.56

同州

时间（年）	人口规模（人）	估测依据	数据来源
1773	34000	建有约 115 条街道（人口总量约为街道数量的 300 倍）	Rozman，1973，p.156
1800	45000	—	—
1850	75000	推测公元 1900 年人口规模下降了 1/3	—
约 1900	—	100000 人（可能被高估），许多房屋空置，城市明显处于衰退状态	Enci. Universal
约 1900	50000	—	Ency. Brit.，1910
约 1925	30000	—	Enci. Italiana，X，p.53
约 1935	50000	—	New Century
1953	55000	—	Forstall

万县

时间（年）	人口规模（人）	估测依据	数据来源
1769	16000	按照 137878 人的 1/8 估计人口数量（参见公元 1948 年）	Szechwan Tung Chin，LVIII，p.13
1800	25000	—	—
1850	45000	—	—
1898	—	城内约有 1000 台手摇织布机	Bishop，p.262
1925	97000	更大的区域范围内约有 756600 人	Statesman's Yearbook，1929
1948	110381	更大的区域范围内约有 857563 人	Columbia Lippincott Gaz.

温州

时间（年）	人口规模（人）	估测依据	数据来源
约 300	—	城市建立	Ency. Brit.，1910
900	—	城墙建成	Ency. Brit.，1910
1385	25000	城墙长度延伸到 4 英里（围合面积约为 250 公顷）	Ency. "Chroincle & Directory ... 1902": Directory，p.282
1850	50000	—	—
1876	—	对外开埠	Ency. Brit.，1910
1882	57000	建有 190 条街道（人口总量约是街道数量的 300 倍）	Rozman，1973，p.228
1895	80000	—	Brockhaus，1898，"Wentschou"

武汉

时间（年）	人口规模（人）	估测依据	数据来源
约 750	84563	设县，公元 742—755 年	24 Histories，XIX，p.14，691
800	84000	—	—

续表

时间（年）	人口规模（人）	估测依据	数据来源
1200	80000	—	—
1259	80000	被蒙古人包围，汉阳城郊的士兵们伤亡了 13000 人（人口总量约是伤亡人数的 5 倍）	Mailla，Ⅸ，pp.278-279
1300	84000	—	—
约 1370	—	城墙周长约 4 公里，汉阳城墙周长约 2.5 英里。占地面积约 100 公顷	Madrolle，1912，p.385 Enci. Italiana,"Hank'ou," map
1371	—	全县约有 361686 人	Ho，1959，p.19
1391	—	全县约有 380017 人	Ho，1959，p.19
1412	—	全县约有 259101 人（人口数量的下降可能始于公元 1403 年）	Ho，1959，p.19
1452	—	全县约有 271421 人	Ho，1959，p.19
1486	—	全县约有 273932 人	Ho，1959，p.19
1500	64000	武昌与汉阳地区的人口总量	—
1505	—	全县约有 267100 人	Ho，1959，p.19
1557	—	全县约有 259657 人	Ho，1959，p.19
1491—1578	—	人口数量增长了 16%	Enci. Italiana，Ⅹ，p.269
1600	75000	武昌与汉阳地区的人口总量	—
1700	110000	武昌与汉阳地区的人口总量	—
1716	—	全县超过 16 岁的男性约有 28216 名（人口总量约为其 4 倍）	Hupeh Tung Chin，XXXXIII，pp.122-126
1750	136000	武昌与汉阳地区的人口总量	—
1772	—	全县超过 16 岁的男性人数达 34604 名	Hupeh Tung Chin，XXXXIII，pp.122-126
1800	160000	—	—
1850	185000	城市面积可能已超过广州（约达 1500 公顷，人口总量约为面积数值的 100 倍）。汉口地区的占地面积约达 250 公顷	Oliphant，p.579 Ency. Brit.，1910，"Hankow"
1908	120000	并不包括汉阳地区的人口数量	Madrolle，1912

梧州

时间（年）	人口规模（人）	估测依据	数据来源
约 1725	45000	文献记载城市人口数量为 40000—50000 人	Du Halde，p.157
1750	45000	—	—
1800	47000	—	—
1850	48000	—	—
约 1900	50000	—	Ency. Brit.，1902

芜湖

时间（年）	人口规模（人）	估测依据	数据来源
1800	45000	—	—
1807	45000	建有 125 条街道（人口总量约是街道数量的 300 倍）	Rozman，1973，p.224
1850	72000	—	—
1880	92000	—	Reclus，1884，Ⅱ，p.478
1898	80750	—	"Chronicle & Directory"：Directory，p.260

扬州

时间（年）	人口规模（人）	估测依据	数据来源
800	70000	—	—
838	70000	城墙长约 40 里（折合约 6.67 英里，围合面积约达 700 公顷）；人口总量约是面积数值的 75 倍，再加上士兵数量（拥有约 20000 名士兵）	Ennin，p.38
1000	50000	—	—

第 2 章　城市人口规模的估测依据

续表

时间（年）	人口规模（人）	估测依据	数据来源
1077	40000	缴税约 41000 串。同期的开封缴税约 402000 串	Ma, p.165
1102—1106	50000	城市人口数量按全县 107579 人的 41/96 计算（参见公元 1077 年）	Chiangnan Tung Chin, Ⅹ, p.26
1175	42000	公元 1300 年起，开始建造围合约一半地区的城墙	Cordier, Ⅱ, pp.155-156
1200	50000	—	—
约 1300	85000	人口数量约为公元 1644 年规模的 3/2（参见公元 1557、1644 年）	Cordier, Ⅱ, pp.155-156
1400	60000	大部分城墙被重建	—
1500	60000	中国在公元 1400—1500 年获得稳定发展	—
1600	58000	—	—
1644	58138	—	Chiangnan Tung Chin, Ⅹ, p.26
1655	—	城墙周长至少约 5 英里。虽然公元 1644 年大部分城市地区遭到破坏，但该时期已进入快速重建阶段	Nieuhoff in Pinkerton, Ⅶ, p.250
1688	45000	规模小于淮安	Du Halde, Ⅰ, p.85
1700	45000	—	—
1750	55000	—	—
约 1770	60000	城墙扩展至 6 英里长	Grosier, p.27
约 1800	65000	—	—
约 1800	—	大运河开始出现淤塞情况	Ency. Brit., 1973
1850	60000	—	—
1881	60000	建有约 200 条街道（人口总量约是街道数量的 300 倍）	Rozman, 1973, pp.225, 344
约 1900	60000	未超过 100000 人	Richard, pp.163, 530
1936	137735	—	New Century, "Kiangtu"

昆明

时间（年）	人口规模（人）	估测依据	数据来源
1041—1045	—	南诏皇帝的住地	Rocher, p.138
1128	40000	超过 1/3 的人口死于火灾，约 4000 座房屋被烧毁（人口总量约是被烧毁房屋数量的 5 倍再乘以 2——假设仅一半房屋被烧毁）	Rocher, p.143
1253 至今		云南地区的中心	Rock, p.13
1253	50000	拥有约 10000 户家庭	Rock, p.13
1253	50000	建有约 6.5 英里长的城墙（围合面积约达 700 公顷）	Ency. Brit., 1910
1300	50000	—	—
1400	50000	公元 1253 年起，城市面积大致维持不变	—
1500	50000	公元 1253 年起，城市面积大致维持不变	—
1600	50000	公元 1253 年起，城市面积大致维持不变	—
1694	38946	—	Yünnanfu Chin, p.159
1700	39000	—	—
1750	42000	—	—
1800	46000	—	—
1850	50000	推断人口规模在公元 1853—1864 年间没有明显增长（城市处于动荡时期）	—
1873	50000	—	Garnier in Vivien

博多

时间（年）	人口规模（人）	估测依据	数据来源
1151	9000	建有约 1800 座房屋	Yazaki, p.80
1471	50000	拥有约 10000 户家庭	Sasaki, p.267
1500	30000	人口规模急剧下降	—
1570	17000	拥有约 3500 户家庭	Sasaki, p.267
1579	35000	拥有约 7000 户家庭	Sasaki, p.267

续表

时间（年）	人口规模（人）	估测依据	数据来源
1600	50000	—	Yakazi, p.131
17 世纪	—	城市遭到破坏	Takekoshi, Ⅰ, p.370
1800	40000	公元 1800—1873 年，日本发展非常稳定	
1873	42000	包括居住在福冈的约 20000 人在内	Reclus, 1876, Ⅶ, p.814n 1884, Ⅱ, p.328

平泉

时间（年）	人口规模（人）	估测依据	数据来源
12 世纪	50000	管辖着日本当时 66 个辖区中的 15 个	Sansom, Ⅰ, p.328 Ency. Brit., 1910, XV, p.259
1189	—	城市地位逐渐下降	Sansom, Ⅰ, p.328

广岛

时间（年）	人口规模（人）	估测依据	数据来源
1591	—	城镇开始建设	Letter from Hiroshima Library
1619	36000	按 4065 人再加上武士人数推算	Yazaki, p.134
1633	56000	按 36142 人加上武士人数推算	Yazaki, p.134
1677	51000	按 31205 人再加上约 20000 名武士推算	Letter from Hiroshima Lib.
1700	53000		
1715	56349		Letter from Nagoya Library
1746	53000	按 33191 人再加上约 20000 名武士推算	Letter from Hiroshima Library
1750	51000		
1764	47000	按 27989 人再加上约 20000 名武士推算	Letter from Hiroshima Library
1799	49000	按 29211 人再加上约 20000 名武士推算	Letter from Hiroshima Library
1800	49000		
1804	49748		Letter from Nagoya Library
1822	48660		Letter from Nagoya Library
1850	63000		
1873	75000		Reclus, Ⅶ, p.814n

神户

时间（年）	人口规模（人）	估测依据	数据来源
1160—1183	—	实际意义上的首都	Sansom, Ⅰ, pp.268, 304
1182	—	约有 42000 人在几个月内死亡	Sansom, Ⅰ, pp.286, 293
1716—1736	19700		Yazaki, p.257
1770	22146		Yazaki, p.257
1800	20853		Sekiyama, ch. 5
1850	21861		Sekiyama, ch. 5

鹿儿岛

时间（年）	人口规模（人）	估测依据	数据来源
1401	21000	拥有约 3500 名骑兵	Asakawa, p.286
1500	25000	—	—
1600	45000	—	—
1633	48000	拥有约 3504 户家庭、36142 人，再加上 1350 名武士 （按此情况的 4/3 倍推算）	Yazaki, p.134
1684	49096		Letter from Kagoshima Prefecture Library
1700	51000		
1750	57000		
1764	59727	—	Yazaki, p.134

续表

时间（年）	人口规模（人）	估测依据	数据来源
1800	67000		
1800，1850	—	城市发展非常稳定	Yazaki, p.130
1826	72350		Yazaki, p.134
1850	72000		
1863	—	遭到英国军队烧毁	F. Adams, pp.320–321
1873	24900	—	Reclus, 1884, Ⅱ, p.483

镰仓

时间（年）	人口规模（人）	估测依据	数据来源
1185—1333	—	实际意义上的首都	Sansom, Ⅱ, pp.299–301, 327–328, 467
1200	175000	—	
巅峰期	200000		Terry, p.29
1300	200000	—	—
1526	—	大部分地区遭到烧毁，很多人离开此地	Mutsu, p.26

金泽

时间（年）	人口规模（人）	估测依据	数据来源
1600	50000	—	
1664	55106	拥有约 9878 户家庭	Sekiyama, ch. 5
1697	68636		Sekiyama, ch. 5
1700	67000		
1710	64987		Sekiyama, ch. 5
1721	67302		Letter from Kanazawa Library
1750	66000		
1755	—	拥有约 14808 户家庭，其中 1365 户是武士家庭	Yazaki, p.255
1778	64987		" p.134
约 1800	60000	公元 1789—1801 年，拥有约 14906 户家庭、56355 人。此外，城内还拥有约 1086 名武士	Yazaki, p.134
1850	116000		Letter from Kanazawa Library

京都

时间（年）	人口规模（人）	估测依据	数据来源
794—1868	—	实际意义上的首都	Sansom, Ⅰ, pp.93–100; Ⅲ, p.241
794	—	约有 400000 人（可能被高估）	Usui in Ponsonby-Fane, p.13
794	—	城墙约 11.8 英里长，椭圆形（围合面积约 2000 公顷）。建制仿照长安	Cole, pp.9–11
800	200000	按城市面积数值乘以 100 推算人口总量。人口密度可能与长安相当	—
825	—	城市的西部地区处于衰败状态	Ponsonby-Fane, p.24
约 925	—	城市向东延伸至城墙外	Ponsonby-Fane, p.25
967	—	人口规模达到顶峰；但仍在继续修建寺庙	Ponsonby-Fane, p.26
1000	175000		
1177	—	成千上万的房屋遭到烧毁	Ponsonby-Fane, p.39
1185	—	遭遇大地震	Ponsonby-Fane, p.114
1200	100000		
1300	40000	公元 1334 年约有 20000 人	
1400	150000		
1467	150000		Sasaki, p.267
1480	—	约有 82000 人死亡	Cole, p.14
1500	40000	可能被高估	Cole, p.55

续表

时间（年）	人口规模（人）	估测依据	数据来源
1549	—	建有约 90000 栋房屋，规模大于里斯本	Xavier in Coleridge，Ⅱ，pp.256, 279
1550	100000	曾经建造的约 180000 间房屋中，很多都沦为了废墟	Xavier in Coleridge，Ⅱ，p.298
1571	300000	建有约 60000 座房屋	Vilela in Cole, p.5
1600	300000	经历了一段时期的动荡	—
1624	410000		Cole, p.55
1632	410098		Sekiyama, ch. 5
1696	350986		Sekiyama, ch. 5
1700	350000		—
1716	350367		Sekiyama, ch. 5
1750	362000		—
1798	379274		Sekiyama, ch. 5
1800	377000		—
1804	374687		Sekiyama, ch. 5
1846	337842		Sekiyama, ch. 5
1850	323000		—
1852	316784		Sekiyama, ch. 5

福山

时间（年）	人口规模（人）	估测依据	数据来源
1594—约 1860	—	北海道地区的首府	Rosny, p.78
1800	35000	参见金泽的人口增长率	—
约 1840	50000	人口持续增长至公元 1856 年	Gazetteer of World
1850	65000		—
1864	65000		Rosny, p.79
1873	16300		Reclus, 1884，Ⅱ，p.482

长崎

时间（年）	人口规模（人）	估测依据	数据来源
1583	25000	城内约有 30000 人	Murdoch, Ⅱ, p.88
1600	24000		—
1616	24693		Sekiyama, ch. 5
1696	64523		Sekiyama, ch. 5
1700	59000		—
1715	41553		Sekiyama, ch. 5
1750	37000		—
1789	31893		Sekiyama, ch. 5
1800	30000		—
1838	27166		Sekiyama, ch. 5
1853	27343		Sekiyama, ch. 5

名古屋

时间（年）	人口规模（人）	估测依据	数据来源
1610	—	被规划为拥有约 50000 人的城市（可能不包括武士区）	City of Nagoya, p.4
1654	68000	按 54932 人的约 5/4 倍估测（参见公元 1870 年）	Sekiyama, ch. 5
1694	69000	按 55655 人的约 5/4 倍估测（参见公元 1870 年）	Sekiyama, ch. 5
1700	65000		—
1721	52000	按 42135 人的约 5/4 倍估测（参见公元 1870 年）	Sekiyama, ch. 5
1726	62000	按 50375 人的约 5/4 倍估测（参见公元 1870 年）	Sekiyama, ch. 5
1750	90000	按 72583 人的约 5/4 估测（参见公元 1870 年）	Correspondence from Nagoya

续表

时间（年）	人口规模（人）	估测依据	数据来源
1800	92000	—	City Library
1840	94000	按 75779 人的约 5/4 倍估测（参见公元 1870 年）	City Library
1850	93000		
1865	91000	按 73963 人的约 5/4 倍估测（参见公元 1870 年）	Sekiyama, ch. 5
1870	—	拥有约 30000 名武士	Yazaki, p.134
1873	130000		Reclus, Ⅶ, p.814n

奈良

时间（年）	人口规模（人）	估测依据	数据来源
709—784	—	首都	Sansom, Ⅰ, pp.82, 99
709—784	—	城墙约 11.5 英里长（围合面积约达 2000 公顷）	Reischauer & Fairbank, Ⅰ, p.480
709—784	200000	—	Yazaki, p.1
15 世纪	8000	—	Sasaki, p.267
16 世纪	10000	—	Sasaki, p.267
1568	—	税收总量约为坂井的 1/20	Wald, p.32
1877	22746		Lippincott, 1898, p.27

冈山

时间（年）	人口规模（人）	估测依据	数据来源
1667	43000	按 28669 人加上武士数量推测（参见公元 1838—1873 年）	Yazaki, p.134
1700	45000		
1707	45000	按 30635 人加上武士数量推测（参见公元 1838—1873 年）	Sekiyama, ch. 5
1721	45000	按 30296 人加上武士数量推测（参见公元 1838—1873 年）	Sekiyama, ch. 5
1750	38000		
1762	36000	按 24190 人加上武士数量推测（参见公元 1838—1873 年）	Sekiyama, ch. 5
1773	34000	按 22915 人加上武士数量推测（参见公元 1838—1873 年）	Sekiyama, ch. 5
1800	32000		
1838	30000	按 20173 人加上武士数量推测（参见公元 1838—1873 年）	Sekiyama, ch. 5
1873	33000	—	Reclus, 1884, Ⅱ, p.483

大阪

时间（年）	人口规模（人）	估测依据	数据来源
645—654	—	首都	Japan BIog. Ency.
1580	30000—60000	建有约 6000 栋房屋；该时期人口持续增长	Wald, pp.23–24
1600	360000		
1625	—	按 279610 人加上坂井人数推测	Yakazi, p.137
1665	338128	按 268760 人加上坂井的 69368 人推测	Letter from Osaka Library Sekiyama, ch.5
1676	—	坂井拥有约 63706 人	Sekiyama, ch. 5
1679	—	仅大阪就拥有约 287891 人	Letter from Osaka Library
1688	—	坂井拥有约 62860 人	Yazaki, p.256
1689	—	大阪拥有约 330244 人；增加的人口主要来自于农业地区	Letter from Osaka Library
1699	—	大阪拥有约 364154 人	Letter from Osaka Library
1700	380000	包括坂井在内，但应减去约 40000 人的农村人口（参见公元 1689 年）	—
1709	—	大阪拥有约 381626 人	Letter from Osaka Library
1731	—	坂井拥有约 52446 人	Yazaki, p.256
1749	—	拥有约 404146 人	Yazaki, p.137
1750	413000	包括坂井在内，但应减去约 40000 人的农村人口（参见公元 1689 年）	—

续表

时间（年）	人口规模（人）	估测依据	数据来源
1798	—	拥有约 379274 人	Correspondence from National Diet Library, Tokyo
1800	383000	包括坂井在内，但应减去约 40000 人的农村人口（参见公元 1689 年）	—
1801	—	拥有约 376117 人	Yazaki, p.255
1813	—	坂井拥有约 44769 人	Yazaki, p.256
1848	—	坂井拥有约 40977 人	Yazaki, p.256
1850	320000	包括坂井在内，但应减去约 40000 人的农村人口（参见公元 1689 年）	—
1854	—	拥有约 317436 人	Yazaki, p.256

坂井

时间（年）	人口规模（人）	估测依据	数据来源
1350	—	仅仅是一座村庄	Murdoch, Ⅲ, p.146
自 1380	—	人口增长很快	Takekoshi, Ⅰ, pp.259, 362
1500	30000	—	—
1532	30000	—	Yazaki, p.111
1550	60000	—	Brodrick, p.426
16 世纪	—	长崎后来变得很富有	Takekoshi, Ⅱ, p.357
1582	80000	或许略少于 90000 人	Takekoshi, pp.364, 367

仙台

时间（年）	人口规模（人）	估测依据	数据来源
1661	58000	包括约 44000 名武士和他们的护卫者	Yakazi, p.143
1700	61000	—	—
1750	66000	—	—
1764	67000	按 23098 人加上大约 44000 名武士推测	Yakazi, p.143
1800	62000	—	—
1850	55000	—	—
1873	52000	—	Reclus, Ⅶ, p.814n

骏府城

时间（年）	人口规模（人）	估测依据	数据来源
1600	100000	—	Vivero in Saler, p.237
1609	100000	约有 300000 人（可能被高估）	Grande Ency.

德岛

时间（年）	人口规模（人）	估测依据	数据来源
1585—1868	—	首都	Papinot
约 1700	25000	规模约为 20000—30000 人	Yazaki, p.134
1750	32000	—	—
1800	39000	—	—
1850	46000	—	—
1873	48900	—	Reclus, 1876, Ⅶ, p.514n

东京

时间（年）	人口规模（人）	估测依据	数据来源
1590	—	建成一座小城，成了宫崎骏勋爵的封地（他从公元 1598 年起统治日本）	Sadler, p.165
1600	60000	—	—

续表

时间（年）	人口规模（人）	估测依据	数据来源
1604	60000	约有 10000 余名劳动者投入城市扩建工程中	Sadler, p.226
1604	—	随着城市的快速发展，4 平方英里的沼泽地很快被填满	Sadler, p.228
1609	150000	城市人口快速增长	Vivero in " p.237
1636	—	建有约 100000 座房屋	Caron, pp.20, 22
1700	688000		
1701	689000	按 501394 人的约 11/8 倍估测（参见公元 1875 年）	Sekiyama, ch. 5
1721	700000	按 509708 人的约 11/8 倍估测（参见公元 1875 年）	Sekiyama, ch. 5
1750	694000		
1798	685000	按 492449 人的约 11/8 倍估测（参见公元 1875 年）	Sekiyama, ch. 5
1800	685000		
1804	685000	按 492053 人的约 11/8 倍估测（参见公元 1875 年）	Sekiyama, ch. 5
1844	769000	按 559407 人的约 11/8 倍估测（参见公元 1875 年）	Sekiyama, ch. 5
1850	780000		
1854	788000	按 573619 人的约 11/8 倍估测（参见公元 1875 年）	Sekiyama, ch. 5
1875	—	拥有约 565905 人（不包括武士在内）	Vivien

和歌山

时间（年）	人口规模（人）	估测依据	数据来源
1619—1868	—	公元 1716 年成为幕府时期的都城	Ency. Americana, 1970
1750	—	辖区内约有 508174 人	Ency. History of "Wakayama"
1750	56000	参见公元 1750、1872—1873 年	
1800	53000		
1804	—	辖区内约有 477361 人	Ency. History of "Wakayama"
1846	—	辖区内约有 499826 人	Ency. History of "Wakayama"
1850	55000		
1872	—	辖区内约有 558000 人	Ency. History of "Wakayama"
1873	62000	—	Reclus, 1884, Ⅱ, p.483

山口

时间（年）	人口规模（人）	估测依据	数据来源
14 世纪	—	城市建立	Ency. Brit., 1974
1391—1399	—	管辖着日本当时的 6 个辖区	Japan BIog. Ency., "Ouchi, M."
1400	40000		
1400—1562	—	管辖着日本当时的 4 个辖区	Japan BIog. Ency., "Ouchi, M."
1500	35000	与公元 1578 年时一样强大	
1516—1551	—	与中国的贸易蓬勃发展	Japan BIog. Ency., Lurdoch, Ⅱ, p.58
1550	60000	建有超过 10000 座房屋	Xavier, p.297
1550	—	京都地区的第二大城市（参见坂井）	Brodrick, p.418
1571—1578	—	管控着日本当时的 11 个辖区	Murdoch, Ⅱ, p.135
1582	90000	拥有约 20000—25000 名士兵（人口总量按 15000 乘以 6 推算）	Murdoch, Ⅱ, p.137n
1578—1600	—	中央权力的增长降低了地方城市的重要性	Murdoch, Ⅱ, p.135ff
1598	—	管辖日本当时的 10 个辖区	Murdoch, Ⅱ, p.141
1600	80000		Japan BIog. Ency., "Mori, T."
1873	11600	—	Reclus, 1884, Ⅱ, p.483

第 3 章
各历史时期,世界上人口最多的城市

3.1 公元前2250—公元1975年,世界上人口最多的城市

公元前2250

城市	人口规模(人)	城市	人口规模(人)
孟菲斯	>30000	埃卜拉	30000
阿卡德	>30000	尼普尔	30000

公元前2000

城市	人口规模(人)	城市	人口规模(人)
乌尔	65000	拉格什	25000—60000
孟菲斯	60000	苏萨	25000
底比斯	25000—60000		

公元前1800

城市	人口规模(人)	城市	人口规模(人)
底比斯	>25000	克尔曼	>25000
伊辛	>25000	苏萨	25000
马里	>25000	艾斯尤特	20000—25000
孟菲斯	>25000	摩亨朱达罗	20000
赫利奥波利斯	>25000		

公元前1600

城市	人口规模(人)	城市	人口规模(人)
阿瓦里斯	100000	波格斯凯	25000—60000
巴比伦	60000	苏萨	25000
塞图巴尔	25000—60000	哈措尔	24000

公元前1360

城市	人口规模(人)	城市	人口规模(人)
底比斯	80000	阿玛纳	30000
波格斯凯	45000	赫利奥波利斯	30000
杜尔·库里加尔祖	40000	克诺索斯	30000
孟菲斯	32000	尼尼微	25000—30000
迈锡尼	30000	科尔多瓦	25000—30000

城市	人口规模（人）	城市	人口规模（人）
泰西封	25000—30000	乌加里特	24000
苏萨	25000—30000	哈措尔	24000
埃雷克	25000		

公元前 1200

城市	人口规模（人）	城市	人口规模（人）
孟菲斯	50000	安阳	30000
波格斯凯	48000	迈锡尼	30000
杜尔·库里加尔祖	40000	阿约提亚	24000—30000
底比斯	30000—40000	埃雷克	24000—30000
尼尼微	30000—40000	阿尔戈斯	24000
苏萨	30000		

公元前 1000

城市	人口规模（人）	城市	人口规模（人）
底比斯	>50000	孟菲斯	25000—50000
洛阳	50000	哈斯蒂纳普尔	25000—50000
巴比伦	25000—50000	平壤	25000
耶路撒冷	25000—50000	苏萨	25000

公元前 800

城市	人口规模（人）	城市	人口规模（人）
底比斯	>50000	尼尼微	36000—50000
洛阳	50000	耶路撒冷	36000
卡拉	50000	萨巴岛	27000—36000
巴比伦	36000—50000	撒马利亚	27000
孟菲斯	36000—50000	苏萨	25000
哈斯蒂纳普尔	36000—50000	平壤	25000

公元前 650

城市	人口规模（人）	城市	人口规模（人）
尼尼微	120000	纳巴塔	40000—45000
临淄	80000	荆州	40000—45000
洛阳	70000	埃克巴坦那	40000—45000
孟菲斯	60000—70000	新店	40000
巴比伦	60000	卡拉	40000
憍赏弥	50000—60000	阿约提亚	30000—40000
米利都	50000	凡城	30000—40000
赛斯	48000	长安	30000—40000
马里卜	45000	苏萨	30000
耶路撒冷	45000	平壤	30000

公元前 430

城市	人口规模（人）	城市	人口规模（人）
巴比伦	200000	洛阳	100000
燕下都	180000	孟菲斯	100000
雅典	155000	帕特纳	100000
雪城	125000	埃克巴坦那	90000

城市	人口规模（人）	城市	人口规模（人）
薛国都城	75000	憍赏弥	38000—40000
科林斯	70000	墨西拿	38000
苏萨	70000	占婆	36000—38000
苏州	60000	弹陀普罗	36000—38000
临淄	60000	西顿	36000
贝拿勒斯	54000	萨迪斯	35000
波斯波利斯	50000	罗马	35000
潞城	50000	克罗顿	35000
迦太基	50000	提尔	35000
耶路撒冷	49000	昔兰尼	35000
阿努拉德普勒	45000—49000	科尔丘拉岛	35000
梅罗伊岛	45000—49000	杰拉	35000
舍卫城	45000—49000	王舍城	30000—35000
毗舍离	45000	阿约提亚	30000—35000
马里卜	45000	京赤	30000—35000
咸阳	40000—450000	蒂鲁吉拉帕利	30000—35000
以弗所	40000—450000	平壤	30000—35000
斯巴达	40000	奎奎尔科	30000—35000
长沙	40000	太原	30000—35000
阿格里根图姆	40000	大马士革	30000
阿尔戈斯	40000	伊利斯	30000
塔兰托	40000		

公元前 200

城市	人口规模（人）	城市	人口规模（人）
长安	400000	耶路撒冷	42000—60000
帕特纳	350000	埃罗	42000—60000
亚历山德里亚	300000	睹舍离	42000—60000
塞琉西亚	200000	毗舍离	42000—60000
迦太基	150000	加尔各答	42000—60000
罗马	150000	马里卜	42000—60000
安条克	120000	罗得斯	42000
雪城	100000	布罗奇	40000
乌贾因	75000—100000	以弗所	40000
平城	75000—100000	锡尔塔	38000—40000
雷伊	75000—100000	潞城	38000—40000
雅典	75000	白沙瓦	38000—40000
巴尔赫	75000	长沙	38000
科林斯	70000	戈尔哈布尔	35000—38000
阿努拉德普勒	60000—70000	索帕拉	35000—38000
苏州	60000—70000	奎奎尔科	35000—38000
孟菲斯	60000—70000	梅罗伊岛	35000—38000
巴比伦	60000—70000	伊萨帕	35000
拜滕	60000	帕加马	35000
塔克锡拉	60000	墨西拿	35000
洛阳	60000	蒂鲁吉拉帕利	30000—35000
埃克巴坦那	42000—60000	开封	30000—35000
南京	42000—60000	斯利那加	30000—35000
贝拿勒斯	42000—60000	大马士革	30000—35000

续表

城市	人口规模（人）	城市	人口规模（人）
马杜赖	30000—35000	昔兰尼	30000
阿马西亚	30000—35000	特雷斯萨波特斯	30000
维埃纳，高尔	30000—35000	斯巴达	30000
奥尔比亚	30000		

公元100年

城市	人口规模（人）	城市	人口规模（人）
罗马	450000	戈尔哈布尔	45000—50000
洛阳	420000	巴尔赫	45000—50000
塞琉西亚	250000	赣州	45000—50000
亚历山德里亚	250000	埃罗	45000—50000
安条克	150000	斯利那加	45000—50000
阿努拉德普勒	130000	特奥蒂瓦坎	45000
白沙瓦	120000	尼姆	44000
迦太基	100000	梅尔夫	40000—44000
苏州	90000—100000	太原	40000—44000
士麦那	90000	伊伊什塔克尔	40000—44000
埃克巴坦那	75000—90000	帕加马	40000
拜滕	75000—90000	塞维利亚	37000—40000
长安	75000—90000	乌贾因	37000—40000
南京	75000—90000	北京	37000—40000
雅典	75000	平城	37000—40000
伯蒂亚拉	70000—75000	广州	37000—40000
埃泽萨	70000—75000	荆州	37000—40000
成都	70000	阿帕米亚	37000
帕特纳	65000—70000	久纳尔	36000—37000
尼西比斯	65000—70000	南汉	36000—37000
武昌	65000—70000	卡普阿	36000
加的斯	65000	拜占庭	36000
多赫德	60000—65000	萨罗尼加	35000
扎法尔	60000	庆州	34000—35000
卡瓦瑞	51000—60000	俄克喜林库斯	34000
雷伊	51000—60000	安戈拉	34000
纥升骨城	51000—60000	睹舍离	32000—34000
雪城	51000—60000	贾朗达尔	32000—34000
布罗奇	51000—60000	杭州	32000—34000
巴比伦	51000—60000	长沙	32000—34000
以弗所	51000	阿约提亚	32000—34000
柏原	50000—51000	敦煌	32000
里昂	50000	米兰	30000
科林斯	50000	奥斯蒂亚	30000
马杜赖	50000	伦敦	30000
大莱普提斯	45000—50000	彼德	30000
孟菲斯	45000—50000	戈尔廷	30000
贝拿勒斯	45000—50000		

公元361年

城市	人口规模（人）	城市	人口规模（人）
君士坦丁堡	300000	泰西封	250000

城市	人口规模（人）	城市	人口规模（人）
帕特纳	150000	纥升骨城	50000
罗马	150000	耶路撒冷	50000
南京	150000	大莱普提斯	50000
安条克	150000	多摩梨帝国	45000—50000
亚历山德里亚	125000	伊伊什塔克尔	45000—50000
邺城	120000	因陀罗补罗	45000—50000
特奥蒂瓦坎	90000	阿克苏姆	45000—50000
长安	80000	甘吉布勒姆	45000—50000
乌贾因	80000	马里卜	45000—50000
埃泽萨	75000	埃罗	45000—50000
阿努拉德普勒	66000—75000	贝拿勒斯	45000—50000
卑谬	66000	雪城	45000—50000
迦太基	60000—66000	士麦那	45000—50000
阿约提亚	60000	维埃纳	45000
特里尔	50000—60000	德温	42000—45000
卡瓦瑞	50000—60000	斯利那加	42000—45000
苏州	50000—60000	塔克锡拉	42000—45000
雷伊	50000—60000	萨罗尼加	42000
雅典	50000—60000	庆州	40000—42000
尼西比斯	50000—60000	大马士革	40000
凯撒里亚	50000—60000	米兰	40000
成都	50000—60000	辽东	40000
武昌	50000—60000	阿尔勒	40000
内沙布尔	50000	希波	40000

公元 500 年

城市	人口规模（人）	城市	人口规模（人）
君士坦丁堡	400000	甘吉布勒姆	50000—60000
泰西封	400000	阿努拉德普勒	50000—60000
洛阳	200000	武昌	50000—60000
南京	150000	平城	50000—60000
安条克	150000	伊斯法罕	50000—60000
特奥蒂瓦坎	125000	耶路撒冷	50000
迦太基	100000	塔哈尔	50000
罗马	100000	凯撒里亚	50000
亚历山德里亚	100000	内沙布尔	50000
长安	90000—100000	大马士革	50000
埃泽萨	90000	扬州	40000—50000
锡亚尔科特	80000—90000	梅尔夫	40000—50000
阿米达	80000	庆州	40000—50000
阿约提亚	75000	卡瓦瑞	40000—50000
卑谬	60000—75000	熊津	40000—50000
苏州	60000—75000	因陀罗补罗	40000—50000
尼西比斯	60000—75000	蒂卡尔	40000—50000
瓜廖尔	60000—75000	巴卡拉尔	40000—50000
曼达索尔	60000—75000	科普托斯	40000—50000
平壤	60000	大同	40000—50000
雷伊	50000—60000	贝拿勒斯	40000—50000
成都	50000—60000	巴尔赫	40000—50000

续表

城市	人口规模（人）	城市	人口规模（人）
邺城	40000—50000	伊什塔克尔	40000
斯利那加	40000—50000		

公元 622 年

城市	人口规模（人）	城市	人口规模（人）
泰西封	500000	罗马	50000
长安	400000	大马士革	50000
君士坦丁堡	350000	埃泽萨	50000
洛阳	200000	埃罗	50000
卡瑙季	120000	耶路撒冷	50000
卑谬	100000	迦太基	50000
亚历山德里亚	94000	喀什	50000
成都	81000	梅尔夫	47000—50000
阿勒颇	72000	德温	47000
甘吉布勒姆	70000	因陀罗补罗	45000—47000
瓦塔比	70000	邺城	45000—47000
马杜赖	70000	扬州	45000—47000
伊萨纳普	70000	斯利那加	45000
阿努拉德普勒	70000	撒马尔罕	45000
雷伊	65000—70000	科普托斯	40000—45000
贝拿勒斯	65000	塔内瑟尔	40000—45000
武昌	60000—65000	萨罗尼加	40000
特奥蒂瓦坎	60000	塞维利亚	40000
平壤	60000	橘赏弥	40000
凯撒里亚	60000	毗舍离	40000
杭州	60000	伊伊什塔克尔	40000
庆州	50000—60000	迪摩缕波	40000
飞鸟	50000—60000	奔那伐弹那	40000
毕万达	50000	塔金	40000
南京	50000	辽东	40000

公元 800 年

城市	人口规模（人）	城市	人口规模（人）
巴格达	700000	大理	75000
长安	600000	撒马尔罕	75000
洛阳	300000	帕特纳	72000—75000
君士坦丁堡	250000	加奥	72000
京都	200000	马杜赖	70000
科尔多瓦	160000	杭州	70000
巴士拉	100000	扬州	70000
拉萨	100000	大马士革	60000—70000
福斯塔特	100000	乌法	60000—70000
雷伊	100000	科潘	60000—70000
亚历山德里亚	95000	普兰巴南	60000
苏州	84000	曼苏拉	60000
武昌	84000	安巴尔	60000
卡瑙季	80000	耶路撒冷	55000—60000
麦加	80000	梅尔夫	55000—60000
凯鲁万	80000	开封	55000
成都	75000	南京	50000—55000

续表

城市	人口规模（人）	城市	人口规模（人）
庆州	50000—55000	甘吉布勒姆	50000—55000
凯撒里亚	50000—55000	罗马	50000

公元 900 年

城市	人口规模（人）	城市	人口规模（人）
巴格达	900000	耶路撒冷	50000—60000
长安	500000	肯帕德	50000—60000
君士坦丁堡	300000	托兰	50000
京都	200000	塔金	50000
科尔多瓦	200000	萨罗尼加	50000
亚历山德里亚	175000	马杜赖	50000
洛阳	150000	喀什	48000—50000
福斯塔特	150000	庆州	48000—50000
曼尼亚凯塔	100000	广州	48000—50000
凯鲁万	100000	拉萨	48000—50000
布哈拉	100000	塔尔苏斯	48000
雷伊	100000	比哈尔	45000—48000
内沙布尔	100000	坦贾武尔	45000—48000
大理	90000	南昌	45000—48000
吴哥	90000	凯撒里亚	45000—48000
苏州	81000	八剌沙衮	45000—48000
安尼华达	80000	希洛	45000—48000
卡瑙季	80000	埃洛拉	45000
撒马尔罕	80000	甘吉布勒姆	40000—45000
杭州	75000	哈马丹	40000—45000
成都	75000	阿尼	40000—45000
久纳尔	65000—75000	尸罗夫	40000
武昌	65000—75000	南宁	40000
曼苏拉	65000	塞维利亚	40000
南京	60000—65000	普利斯卡	40000
普兰巴南	60000—65000	阿蒂尔	40000
扬州	60000	梅里达	40000
贝拿勒斯	50000—60000	罗马	40000
开封	50000—60000	古斯	40000
皮默沃勒姆	50000—60000	北京	40000
库费	50000—60000		

公元 1000 年

城市	人口规模（人）	城市	人口规模（人）
科尔多瓦	450000	雷伊	100000
开封	400000	伊斯法罕	100000
君士坦丁堡	300000	塞维利亚	90000
吴哥	200000	大理	90000
京都	175000	坦贾武尔	85000—90000
开罗	135000	青岛	85000
巴格达	125000	提尼斯	83000
内沙布尔	125000	凯鲁万	80000
哈萨	110000	杭州	80000
安尼华达	100000	苏州	78000

续表

城市	人口规模（人）	城市	人口规模（人）
布哈拉	75000	北京	50000
撒马尔罕	75000	蒲甘	45000—50000
阿尼	75000	普兰巴南	45000—50000
巴勒莫	75000	贝拿勒斯	45000—50000
卡瑙季	72000	基辅	45000
曼尼亚凯塔	70000—72000	福州	45000
南京	70000	威尼斯	45000
讹迹邗	65000—70000	古斯	45000
武昌	65000—70000	喀什	40000—45000
久纳尔	65000—70000	塔内瑟尔	40000—45000
曼苏拉	65000	八剌沙衮	40000—45000
加兹尼	60000	襄阳	40000—45000
松都	60000	拉萨	40000—45000
耶路撒冷	60000	乌贾因	40000—45000
肯帕德	58000—60000	辽阳	40000
南宁	58000	广州	40000
索姆纳特	54000	萨罗尼加	40000
设拉子	52000	凯撒里亚	40000
托兰	50000—52000	奥赫里德	40000
洛阳	50000	开塞利	40000
西安	50000	阿米达	40000
扬州	50000	阿勒颇	40000
尸罗夫	50000	成都	40000
巴士拉	50000	泉州	40000
塔金	50000	克久拉霍	40000
平壤	50000		

公元1100年

城市	人口规模（人）	城市	人口规模（人）
汴京	442000	雷伊	85000
君士坦丁堡	200000	秦州	85000
京都	175000	达尔	80000
马拉喀什	150000	卡瑙季	80000
格利扬	150000	拉马瓦蒂	70000—80000
巴格达	150000	甘吉布勒姆	70000
开罗	150000	布哈拉	70000
吴哥	125000	建康府	67000
非斯	125000	贝拿勒斯	60000—67000
塞维利亚	125000	武昌	60000—67000
提尼斯	110000	松都	60000
伊斯法罕	100000	乔卢拉	60000
蒲甘	100000	科尔多瓦	60000
安尼华达	100000	格拉纳达	60000
内沙布尔	100000	巴士拉	60000
大理	100000	因陀罗补罗	55000—60000
梅尔夫	100000	威尼斯	55000
临安府	90000	襄阳	55000
巴勒莫	90000	广州	55000
平江府	88000	肯帕德	50000—55000

续表

城市	人口规模（人）	城市	人口规模（人）
基辅	50000	八剌沙衮	45000
布日伊	50000	正定	43000
萨莱诺	50000	迪亚巴克尔	42000
幽州	50000	米兰	42000
萨罗尼加	50000	埃泽萨	41000
曼苏拉	50000	辽阳	40000
拉合尔	50000	波隆纳鲁瓦	40000
开塞利	50000	撒马尔罕	40000
古斯	50000	博斯特	40000
扬州	48000	洛阳	40000
福州	45000	云南府	40000
长安	45000	麦加	40000
泉州	45000	平壤	40000
锡瓦斯	45000	卡霍基亚	40000

公元 1150 年

城市	人口规模（人）	城市	人口规模（人）
梅尔夫	200000	辽阳	60000
君士坦丁堡	200000	威尼斯	60000
开罗	175000	科尔多瓦	60000
非斯	160000	格拉纳达	60000
马拉喀什	150000	泉州	60000
蒲甘	150000	巴士拉	60000
京都	150000	库姆	60000
汴京	150000	大马士革	57000
临安	145000	西安	52000—57000
吴哥	140000	肯帕德	52000—57000
安尼华达	135000	维贾亚	52000—57000
建康府	130000	默霍巴	52000—57000
巴勒莫	125000	襄阳	52000
格利扬	125000	摩苏尔	50000
塞维利亚	125000	基辅	50000
提尼斯	125000	巴黎	50000
巴格达	100000	波隆纳鲁瓦	50000
燕下都	100000	萨罗尼加	50000
大理	100000	第比利斯	50000
卡瑙季	92000	撒马尔罕	50000
内沙布尔	90000	平泉町	50000
纳迪亚	80000—90000	开塞利	50000
广州	80000	古斯	50000
雷伊	80000	甘吉布勒姆	50000
布里	75000—80000	八剌沙衮	47000
伊斯法罕	75000	米兰	45000
平江府	72000	福州	45000
武昌	70000—72000	扬州	45000
贝拿勒斯	70000—72000	梅克内斯	45000
布哈拉	70000	成都	42000
布日伊	60000	迪亚巴克尔	42000
乔卢拉	60000	松都	40000

续表

城市	人口规模（人）	城市	人口规模（人）
哈马丹	40000	科隆	40000
达尔	40000	安条克	40000
加兹尼	40000	锡瓦斯	40000
亚历山德里亚	40000	斯摩棱斯克	40000
萨莱诺	40000	耶路撒冷	40000

公元1200年

城市	人口规模（人）	城市	人口规模（人）
临安	255000	米兰	60000
非斯	200000	海宁	60000
开罗	200000	高尔	60000
蒲甘	180000	撒马尔罕	60000
镰仓	175000	科尔多瓦	60000
吴哥	150000	格拉纳达	60000
君士坦丁堡	150000	特纳尤卡	50000
巴勒莫	150000	肯帕德	50000
马拉喀什	150000	古尔王朝	50000
塞维利亚	150000	古斯	50000
燕下都	130000	拉巴特	50000
金陵	130000	亚历山德里亚	50000
巴黎	110000	科隆	50000
广州	110000	洛阳	50000
汴京	100000	卡琳加尔	50000
巴格达	100000	摩苏尔	50000
达米埃塔	100000	巴士拉	50000
京都	100000	布日伊	50000
大理	100000	扬州	50000
大马士革	90000	荆州	50000
雷伊	80000	景德镇	50000
第比利斯	80000	开塞利	50000
武昌	80000	福州	50000
波隆纳鲁瓦	75000	库姆	50000
长安	70000—75000	八剌沙衮	47000
布里	70000—75000	襄阳	47000
科尼亚	70000	成都	46000
威尼斯	70000	梅尔夫	45000—46000
布哈拉	70000	阿勒颇	45000
伊斯法罕	70000	锡瓦斯	45000
泉州	70000	赫拉特	44000
上饶	63000—70000	哈利奔猜	40000—44000
平江	63000	甘吉布勒姆	40000—44000
德里	60000	伦敦	40000

续表

城市	人口规模（人）	城市	人口规模（人）
鲁昂	40000	基什岛	40000
休达	40000	莱昂	40000
阿卡	40000		

公元 1250 年

城市	人口规模（人）	城市	人口规模（人）
临安	320000	米兰	65000
开罗	300000	瓦朗加尔	60000—65000
非斯	200000	恩吉米	60000—65000
镰仓	200000	肯帕德	60000
蒲甘	180000	景德镇	60000
巴黎	160000	特拉布宗	60000
大都	140000	安尼华达	60000
广州	140000	阿卡	57000
建康	130000	热那亚	55000
马拉喀什	125000	亚历山大	55000
吴哥	100000	博洛尼亚	55000
君士坦丁堡	100000	阿勒颇	55000
巴格达	100000	特纳尤卡	54000
科尼亚	100000	成都	54000
卡塔克	100000	科隆	52000
长安	100000	福州	50000
大理	100000	开塞利	50000
威尼斯	90000	特尔诺沃	50000
大马士革	90000	古斯	50000
汴梁	90000	比萨	50000
高尔	90000	布日伊	50000
拔都萨莱	80000	奎隆	50000
德里	80000	襄阳	47000
武昌	80000	摩苏尔	45000
苏州	77000	鲁昂	45000
塞维利亚	75000	喀什	45000
格拉纳达	75000	马杜赖	40000
巴勒莫	75000	维贾亚	40000
泉州	75000	萨罗尼加	40000
京都	70000	特莱姆森	40000
突尼斯	70000	马赛	40000
伊斯法罕	70000	霍尔木兹	40000
布哈拉	70000	休达	40000
扬州	67000	塞拉	40000

公元 1300 年

城市	人口规模（人）	城市	人口规模（人）
杭州	432000	非斯	150000
开罗	400000	广州	150000
巴黎	228000	大不里士	125000
镰仓	200000	长安	118000

续表

城市	人口规模（人）	城市	人口规模（人）
威尼斯	110000	特莱姆森	50000
达米埃塔	108000	鲁昂	50000
君士坦丁堡	100000	景德镇	50000
德里	100000	古斯	50000
拔都萨莱	100000	布鲁日	50000
高尔	100000	布日伊	50000
金陵	95000	卡亚勒	50000
苏州	91000	萨罗尼加	50000
格拉纳达	90000	霍尔木兹	50000
塞维利亚	90000	特斯科科	50000
吴哥	90000	喀什	50000
汴梁	90000	塔纳	48000
卡塔克	90000	太原	48000
热那亚	85000	伦敦	45000
扬州	85000	根特	42000
武昌	84000	马里	40000
泉州	80000	维贾亚	40000
瓦朗加尔	80000	梅克内斯	40000
马拉喀什	75000	满者伯夷	40000
福州	70000	布拉格	40000
亚历山德里亚	65000	巴格达	40000
大马士革	64000	卡法	40000
伊斯法罕	62000	那不勒斯	40000
米兰	60000	博洛尼亚	40000
马杜赖	60000	京都	40000
佛罗伦萨	60000	科尔多瓦	40000
特拉布宗	60000	科尼亚	40000
恩吉米	54000—60000	素可泰	40000
成都	54000	吐鲁番	40000
科隆	52000	休达	40000
奎隆	50000	塞拉	40000
突尼斯	50000	亚兹德	40000

公元1350年

城市	人口规模（人）	城市	人口规模（人）
杭州	432000	大不里士	100000
开罗	350000	毕万达	100000
巴黎	215000	苏州	96000
京都	150000	金陵	95000
广州	150000	泉州	90000
非斯	125000	吴哥	90000
德里	125000	巴格达	90000
拔都萨莱	120000	武昌	90000
长安	114000	汴梁	90000

续表

城市	人口规模（人）	城市	人口规模（人）
卡塔克	90000	马拉喀什	50000
威尼斯	85000	布拉格	50000
君士坦丁堡	80000	安尼华达	50000
设拉子	80000	肯帕德	50000
达米埃塔	80000	卡利卡特	50000
扬州	75000	太原	50000
大马士革	74000	恩吉米	50000
特斯科科	70000	特莱姆森	50000
热那亚	70000	苏丹尼耶	50000
伊斯法罕	70000	布尔萨	45000
阿勒颇	70000	里斯本	45000
福州	70000	河内	45000
古尔伯加	70000	霍尔木兹	40000
格拉纳达	60000	古斯	40000
奎隆	60000	诺夫哥罗德	40000
亚历山大	60000	佛罗伦萨	40000
马里	60000	满者伯夷	40000
塞维利亚	60000	果阿	40000
伊卡索	60000	素可泰	40000
根特	57000	鲁昂	40000
卡法	55000	那不勒斯	40000
米兰	50000	特拉卡	40000
高尔	50000	马达班	40000
索纳尔冈	50000	徐州	40000
维贾亚	50000	喀什	40000
成都	50000		

公元1400年

城市	人口规模（人）	城市	人口规模（人）
金陵	487000	开封	90000
毗奢耶那伽罗	400000	武昌	90000
开罗	360000	福州	81000
巴黎	280000	米兰	80000
杭州	235000	鲁昂	80000
大不里士	150000	设拉子	80000
广州	150000	卡塔克	75000
京都	150000	卡法	75000
北京	150000	君士坦丁堡	75000
撒马尔罕	130000	景德镇	75000
苏州	129000	阿勒颇	75000
非斯	125000	大马士革	74000
西安	115000	根特	70000
威尼斯	110000	特莱姆森	70000
汉城	100000	布尔萨	70000
布拉格	95000	阿斯卡波察尔科	66000—70000
格拉纳达	90000	阿瑜陀耶	66000—70000
古尔伯加	90000	热那亚	66000
巴格达	90000	泉州	65000
达米埃塔	90000	佛罗伦萨	61000

续表

城市	人口规模（人）	城市	人口规模（人）
奎隆	60000	特拉卡	50000
肯帕德	60000	突尼斯	50000
塞维利亚	60000	里奥班巴	50000
宁波	60000	成都	50000
扬州	60000	霍尔木兹	50000
班杜瓦	60000	卡利卡特	50000
布鲁日	60000	特拉布宗	50000
安尼华达	60000	马拉喀什	50000
特斯科科	60000	卡拉曼	50000
南昌	60000	勃固	50000
里斯本	55000	阿瓦	50000
太原	51000	古斯	50000
苏丹尼耶	50000	琅勃拉邦	50000
伦敦	50000	河内	46000
马里	50000	巴伦西亚	45000
维贾亚	50000	托莱多	45000
奥约	50000	诺夫哥罗德	45000

公元1450年

城市	人口规模（人）	城市	人口规模（人）
北京	600000	热那亚	76000
毗奢耶那伽罗	455000	撒马尔罕	75000
开罗	380000	特斯科科	75000
杭州	250000	那不勒斯	75000
大不里士	200000	阿勒颇	70000
广州	175000	布拉格	70000
格拉纳达	165000	曼杜	70000
南京	150000	达米埃塔	67000
巴黎	150000	大马士革	65000
京都	150000	突尼斯	65000
高尔	150000	武昌	65000
布尔萨	130000	泉州	65000
非斯	125000	成都	65000
汉城	125000	里斯本	60000
苏州	121000	伦敦	60000
西安	120000	奎隆	60000
阿瑜陀耶	100000	特诺奇提特兰	60000
威尼斯	100000	布鲁日	60000
江布尔	100000	卡法	60000
卡塔克	100000	里奥班巴	60000
阿德里安堡	85000	比哈尔	60000
米兰	83000	阿瓦	60000
福州	82000	肯帕德	60000
根特	80000	塞维利亚	60000
景德镇	80000	扬州	60000
设拉子	80000	勃固	60000
开封	80000	诺夫哥罗德	55000
卡拉曼	80000	奥约	55000

城市	人口规模（人）	城市	人口规模（人）
佛罗伦萨	53000	艾哈迈达巴德	50000
奇陶尔加尔	50000	布哈拉	50000
太原	50000	南昌	50000
宁波	50000	鲁昂	50000
赫拉特	50000	马拉喀什	50000
特拉卡	50000	特莱姆森	50000
德里	50000	博洛尼亚	49000
徐州	50000	卡利卡特	46000
霍尔木兹	50000	君士坦丁堡	45000

公元 1500 年

城市	人口规模（人）	城市	人口规模（人）
北京	672000	太原	61000
毗奢耶那伽罗	500000	加奥	60000
开罗	400000	奥约	60000
杭州	250000	布鲁日	60000
大不里士	250000	艾哈迈德讷格尔	60000
君士坦丁堡	200000	泉州	60000
高尔	200000	扬州	60000
巴黎	185000	设拉子	60000
广州	150000	阿瓦	60000
南京	147000	特斯科科	60000
卡塔克	140000	大马士革	60000
非斯	130000	萨马尔罕	60000
阿德里安堡	127000	勃固	60000
西安	127000	吐鲁番	60000
汉城	125000	里斯本	55000
阿瑜陀耶	125000	徐州	55000
苏州	122000	博洛尼亚	55000
威尼斯	115000	库斯科	50000
那不勒斯	114000	伦敦	50000
艾哈迈达巴德	100000	斯摩棱斯克	50000
米兰	89000	安伯	50000
成都	85000	布尔汉普尔	50000
福州	83000	奇陶尔加尔	50000
特诺奇提特兰	80000	卡诺	50000
莫斯科	80000	马拉喀什	50000
德里	80000	特尔戈维什特	50000
根特	80000	鲁昂	50000
开封	80000	霍尔木兹	50000
佛罗伦萨	70000	江布尔	50000
布拉格	70000	萨德冈	50000
格拉纳达	70000	布哈拉	50000
曼杜	70000	若开	50000
阿勒颇	67000	南昌	50000
突尼斯	65000	塞维利亚	46000
肯帕德	65000	普斯科夫	45000
武昌	64000	特达	45000
热那亚	62000	布尔萨	45000

公元 1550 年

城市	人口规模（人）	城市	人口规模（人）
北京	690000	布拉格	70000
君士坦丁堡	660000	艾哈迈德讷格尔	70000
毗奢耶那伽罗	480000	武昌	70000
开罗	360000	肯帕德	67000
杭州	260000	徐州	65000
巴黎	210000	布尔萨	64000
那不勒斯	209000	热那亚	63000
南京	182000	里斯本	62000
威尼斯	171000	巴勒莫	60000
广州	160000	巴利亚多利德	60000
阿德里安堡	156000	阿尔及尔	60000
大不里士	150000	比贾布尔	60000
勃固	150000	乌贾因	60000
阿瑜陀耶	150000	布鲁日	60000
艾哈迈达巴德	140000	大马士革	60000
西安	132000	山口	60000
苏州	128000	坂井	60000
汉城	125000	卡诺	60000
京都	100000	喀什	60000
非斯	100000	撒马尔罕	60000
高尔	100000	扬州	60000
成都	90000	若开	60000
卡塔克	90000	帕特纳	60000
瓜廖尔	80000	佛罗伦萨	59000
开封	80000	博洛尼亚	59000
太原	79000	里昂	58000
福州	79000	阿勒颇	58000
加奥	75000	泉州	58000
米兰	75000	罗马	58000
莫斯科	75000	果阿	58000
景德镇	75000	托莱多	55000
马拉喀什	75000	格博	55000
伦敦	74000	维罗纳	53000
鲁昂	74000	巴伦西亚	50000
加兹温	70000	墨西哥城	50000
塞维利亚	70000	斯摩棱斯克	50000
安特卫普	70000	根特	50000
格拉纳达	70000		

公元 1575 年

城市	人口规模（人）	城市	人口规模（人）
北京	706000	南京	188000
君士坦丁堡	680000	勃固	175000
京都	300000	阿德里安堡	171000
开罗	275000	广州	170000
杭州	260000	艾哈迈达巴德	165000
巴黎	220000	威尼斯	157000
那不勒斯	215000	比贾布尔	150000
阿格拉	200000	大不里士	150000

续表

城市	人口规模（人）	城市	人口规模（人）
西安	135000	巴勒莫	70000
苏州	130000	若开	70000
汉城	125000	鲁昂	66000
加兹温	120000	扎里尔	65000
波托西	120000	博洛尼亚	65000
伦敦	112000	徐州	65000
安特卫普	110000	热那亚	64000
塞维利亚	100000	果阿	63000
景德镇	100000	莫斯科	60000
马拉喀什	100000	贝努贡达	60000
非斯	100000	奥约	60000
米兰	98000	大马士革	60000
成都	95000	佛罗伦萨	60000
山口	90000	苏拉特	60000
里斯本	85000	帕特纳	60000
布哈拉	85000	乌贾因	60000
开封	80000	格拉纳达	60000
太原	79000	阿勒颇	59000
布尔萨	76000	墨西拿	59000
福州	76000	泉州	58000
加奥	75000	墨西哥城	55000
坂井	75000	巴伦西亚	55000
卡塔克	75000	卡诺	55000
艾哈迈德讷格尔	75000	扬州	55000
托莱多	72000	布加勒斯特	55000
武昌	72000	维罗纳	52000
罗马	70000	斯摩棱斯克	50000
肯帕德	70000	根特	50000
布拉格	70000	撒马尔罕	50000
阿尔及尔	70000		

公元 1600 年

城市	人口规模（人）	城市	人口规模（人）
北平	706000	西安	138000
君士坦丁堡	700000	苏州	134000
阿格拉	500000	塞维利亚	126000
大阪	360000	马拉喀什	125000
京都	300000	布拉格	110000
杭州	270000	米兰	107000
巴黎	245000	波托西	105000
那不勒斯	224000	巴勒莫	105000
开罗	200000	罗马	102000
比贾布尔	200000	里斯本	100000
南京	194000	伊斯法罕	100000
艾哈迈达巴德	190000	骏府城	100000
伦敦	187000	成都	100000
广州	180000	阿瑜陀耶	100000
威尼斯	151000	非斯	100000
阿德里安堡	150000	布哈拉	100000

城市	人口规模（人）	城市	人口规模（人）
若开	90000	热那亚	65000
长春	85000	徐州	65000
大不里士	80000	佛罗伦萨	65000
莫斯科	80000	果阿	63000
海得拉巴	80000	墨西拿	63000
帕特纳	80000	博洛尼亚	62000
山口	80000	巴伦西亚	61000
拉杰马哈尔	80000	阿勒颇	61000
开封	80000	鲁昂	60000
马德里	80000	贝努贡达	60000
太原	79000	卡塔克	60000
福州	78000	恩加扎尔加穆	60000
武昌	75000	加兹温	60000
苏拉特	75000	大马士革	60000
景德镇	75000	扎里尔	60000
阿尔及尔	75000	奥约	60000
艾哈迈德讷格尔	75000	江户	60000
乌代布尔	72000	布加勒斯特	60000
乌贾因	70000	胡格利	60000
布尔萨	70000	卡齐纳	60000
肯帕德	70000	东吁	60000
格拉纳达	68000		

公元1650年

城市	人口规模（人）	城市	人口规模（人）
君士坦丁堡	700000	马德里	125000
江户	500000	苏拉特	125000
北京	470000	阿瑜陀耶	125000
巴黎	455000	马拉喀什	125000
伦敦	410000	阿格拉	120000
京都	390000	阿德里安堡	120000
拉合尔	360000	斯利那加	115000
伊斯法罕	350000	罗马	110000
大阪	346000	米兰	105000
比贾布尔	340000	莫斯科	100000
杭州	281000	拉杰马哈尔	100000
艾哈迈达巴德	275000	阿尔及尔	100000
那不勒斯	265000	达卡	100000
广州	200000	若开	90000
南京	178000	布哈拉	90000
开罗	175000	安伯	84000
里斯本	170000	鲁昂	81000
阿姆斯特丹	165000	里昂	80000
帕特纳	160000	海得拉巴	80000
汉城	150000	但泽	77000
西安	147000	士麦那	75000
威尼斯	134000	武昌	75000
巴勒莫	132000	徐州	73000
苏州	128000	热那亚	72000

续表

城市	人口规模（人）	城市	人口规模（人）
非斯	70000	巴士拉	60000
名古屋	68000	焦特布尔	60000
佛罗伦萨	66000	阿钦	60000
乌贾因	65000	胡格利	60000
维也纳	65000	奥约	60000
大马士革	65000	阿瓦	60000
宁波	65000	贝宁	60000
阿勒颇	64000	卡齐纳	60000
莱顿	63000	厦门	60000
布鲁塞尔	63000	布尔萨	60000
塞维利亚	60000	乌代布尔	60000
加兹温	60000	巴塞罗那	59000
恩加扎尔加穆	60000	扬州	58000
特尔戈维什特	60000		

公元 1700 年

城市	人口规模（人）	城市	人口规模（人）
君士坦丁堡	700000	帕特纳	100000
江户	688000	景德镇	100000
北京	650000	里昂	97000
伦敦	550000	阿尔及尔	85000
巴黎	530000	阿德里安堡	85000
艾哈迈达巴德	380000	墨西哥城	85000
大阪	380000	波托西	82000
伊斯法罕	350000	塞维利亚	80000
京都	350000	拉萨	80000
杭州	303000	都柏林	80000
阿姆斯特丹	210000	布哈拉	80000
那不勒斯	207000	非斯	80000
广州	200000	大不里士	75000
奥兰加巴德	200000	马赛	75000
里斯本	188000	阿瓦	75000
开罗	175000	贝拿勒斯	75000
西安	167000	徐州	75000
汉城	158000	贡德尔	72000
达卡	150000	宁波	72000
阿瑜陀耶	150000	梅克内斯	70000
威尼斯	143000	贝德努尔	70000
苏州	140000	阿格拉	70000
南京	140000	大马士革	70000
罗马	138000	布鲁塞尔	70000
士麦那	135000	若开	70000
斯利那加	125000	天津	70000
巴勒莫	125000	突尼斯	69000
莫斯科	114000	佛罗伦萨	68000
米兰	113000	镇江	68000
武昌	110000	阿勒颇	67000
马德里	105000	福州	67000
维也纳	105000	金泽	67000

城市	人口规模（人）	城市	人口规模（人）
安特卫普	67000	普埃布拉	63000
热那亚	67000	博洛尼亚	63000
名古屋	65000	哥本哈根	62000
鲁昂	63000	仙台	61000
汉堡	63000	加兹温	60000

公元1750年

城市	人口规模（人）	城市	人口规模（人）
北京	900000	墨西哥城	102000
江户	694000	艾哈迈达巴德	101000
伦敦	676000	斯利那加	100000
君士坦丁堡	625000	达卡	100000
巴黎	556000	南京	100000
大阪	413000	金德讷格尔	95000
广州	400000	斋浦尔	90000
京都	362000	名古屋	90000
杭州	340000	苏拉特	85000
那不勒斯	310000	福州	83000
阿姆斯特丹	219000	阿德里安堡	82000
里斯本	213000	天津	80000
马什哈德	200000	佛山	80000
西安	195000	镇江	80000
汉城	187000	哥本哈根	79000
穆尔斯希达巴德	180000	开封	78000
开罗	175000	孟买	77000
海得拉巴	175000	宁波	76000
苏州	173000	坎大哈	75000
维也纳	169000	奥约	76000
阿瑜陀耶	160000	阿尔及尔	75000
威尼斯	158000	大马士革	75000
德里	150000	卡齐纳	75000
罗马	146000	徐州	75000
莫斯科	146000	贝德努尔	75000
武昌	136000	成都	74000
景德镇	136000	圣彼得堡	74000
士麦那	130000	佛罗伦萨	74000
焦特布尔	129000	热那亚	72000
都柏林	125000	汉堡	72000
贝拿勒斯	125000	马赛	71000
里昂	115000	阿勒颇	70000
柏林	113000	苏拉卡尔塔	70000
巴勒莫	111000	长沙	70000
米兰	110000	突尼斯	70000
马德里	110000	塞维利亚	68000
加尔各答	110000	顺化	68000

公元 1800 年

城市	人口规模（人）	城市	人口规模（人）
北京	1100000	哥本哈根	100000
伦敦	861000	成都	97000
广州	800000	塞维利亚	96000
江户	685000	苏拉卡尔塔	95000
君士坦丁堡	570000	波尔多	92000
巴黎	547000	名古屋	92000
那不勒斯	430000	兰州	90000
杭州	387000	上海	90000
大阪	383000	突尼斯	90000
京都	377000	大马士革	90000
莫斯科	248000	艾哈迈达巴德	89000
苏州	243000	加的斯	87000
勒克瑙	240000	长沙	85000
里斯本	237000	格拉斯哥	84000
维也纳	231000	马赛	83000
西安	224000	巴罗达	83000
圣彼得堡	220000	爱丁堡	82000
阿姆斯特丹	195000	曼彻斯特	81000
汉城	194000	鲁昂	80000
穆尔斯希达巴德	190000	巴格达	80000
开罗	186000	奥约	80000
马德里	182000	宁波	80000
贝拿勒斯	179000	开封	80000
阿玛拉布拉	175000	白沙瓦	80000
海得拉巴	175000	阿德里安堡	80000
柏林	172000	布拉格	77000
帕特纳	170000	马尼拉	77000
都柏林	165000	利物浦	76000
景德镇	164000	斯德哥尔摩	75000
加尔各答	162000	华沙	75000
武昌	160000	徐州	75000
威尼斯	146000	焦特布尔	75000
罗马	142000	斋浦尔	75000
孟买	140000	巴拉特布尔	75000
德里	140000	那格浦尔	74000
巴勒莫	135000	阿尔及尔	73000
天津	130000	阿勒颇	72000
福州	130000	伯明翰	71000
墨西哥城	128000	南特	70000
士麦那	125000	卡齐纳	70000
佛山	124000	布哈拉	70000
米兰	122000	平壤	68000
苏拉特	120000	费城	68000
汉堡	117000	波尔图	67000
巴塞罗那	113000	鹿儿岛	67000
马德拉斯	110000	博洛尼亚	66000
里昂	110000	法鲁卡巴德	66000
达卡	106000	布鲁塞尔	66000
乌贾因	100000	布里斯托尔	66000

续表

城市	人口规模（人）	城市	人口规模（人）
扬州	65000	喀什	50000
济南	65000	班加罗尔	50000
贵阳	65000	伊斯法罕	50000
厦门	65000	米尔扎布尔	50000
巴雷利	65000	沙贾汉布尔	50000
普埃布拉	65000	大不里士	40000
弗罗茨瓦夫	64000	博多	40000
纽约	63000	阿姆利则	40000
迈索尔	62000	太原	40000
萨洛尼卡	62000	加兹温	40000
仙台	62000	乌鲁木齐	40000
德累斯顿	61000	扎里尔	40000
佛罗伦萨	61000	萨那	40000
镇江	60000	阿钦	40000
金泽	60000	潮州	40000
河内	60000	库马西	40000
哈瓦那	60000	莎车	>39000
浦那	60000	赣州	39000
巴伦西亚	60000	德岛	39000
巴士拉	60000	秋田	39000
鹿特丹	60000	列日	39000
台北	60000	襄阳	38000—39000
热河	60000	荆州	38000—39000
阿格拉	60000	萩市	38000—39000
都灵	57000	桂林	38000
湘潭	55000	迪亚巴克尔	38000
里尔	55000	尼姆	37000
维罗纳	55000	梅斯	37000
萨拉戈萨	55000	日惹	37000
布达佩斯	54000	海牙	37000
利马	54000	墨西拿	37000
瓜纳华托	53000	肯帕德	37000
巴达维亚	53000	吉林	37000
科克	53000	纽卡斯尔	36000
格拉纳达	53000	诺里奇	36000
和歌山	53000	南昌	36000
安特卫普	53000	高知	36000
柯尼斯堡	53000	漳州	35000—36000
重庆	53000	沙市	35000—36000
斯利那加	52000	阿菲永卡拉希萨尔	35000—36000
里窝那	52000	艾登	35000—36000
根特	51000	西贡	35000—36000
利兹	51000	伊洛林	35000—36000
顺化	50000	乌代布尔	35000—36000
阿尔卡拉瓦	50000	加兹普尔	35000—36000
南京	50000	呼和浩特	35000—36000
拉萨	50000	临清	35000—36000
喀布尔	50000	大理	35000—36000
布尔萨	50000	甘吉布勒姆	35000

续表

城市	人口规模（人）	城市	人口规模（人）
纳加帕蒂南	35000	嘉兴	30000—31000
福井	35000	格博贡	30000—31000
贡伯戈讷姆	35000	奥博莫绍	30000—31000
比卡内尔	35000	温州	30000—31000
波士顿	35000	扬州	30000—31000
瓦莱塔	35000	梅县	30000—31000
阿棉	35000	南宁	30000—31000
卡塔克	35000	拉合尔	30000—31000
布罗奇	35000	伊费	30000—31000
泰安	35000	安科伯尔	30000—31000
大同	35000	无锡	30000—31000
平凉	35000	安庆	30000—31000
松前城	35000	绍兴	30000
恰普拉	35000	木尔坦	30000
保定	34000—35000	马斯喀特	30000
莫拉达巴德	34000—35000	长春	30000
布宜诺斯艾利斯	34000	澳门	30000
库斯科	34000	塞古	30000
布加勒斯特	34000	德拉伊耶	30000
马格德堡	34000	奉天	30000
摩苏尔	34000	马拉喀什	30000
布尔汉普尔	33000—34000	坦贾武尔	30000
特里凡得琅	33000	蒂鲁吉拉帕利	30000
萨卡特卡斯	33000	阿卡	30000
帕尔马（意大利）	33000	瓜廖尔	30000
赫尔	32000	凡城	30000
奥尔良	32000	浩罕	30000
屈塔希亚	32000	亚尼纳	30000
乌尔米亚	32000	普罗夫迪夫	30000
冈山	32000	哈马丹	30000
塞林加帕坦	31000	加拉加斯湾	30000
蒙彼利埃	31000	基多	30000
巴斯	31000	长崎	30000
德拉加齐汗	31000	德黑兰	30000
帕尔马（西班牙）	31000	安卡拉	30000
布鲁日	31000	哈马	30000
不伦瑞克	31000	科尼亚	30000
莱比锡	31000	阿达纳	30000
布里	31000	塔尔苏斯	30000
戈拉克普尔	31000	迪纳杰普尔	30000
累西腓	31000	蒙吉尔	30000
阿里格尔	30000—31000	博尔本德尔	30000
胡富夫	30000—31000	比哈尔	30000
辽阳	30000—31000	仰光	30000
常德	30000—31000	卑谬	30000
戈尔哈布尔	30000—31000	曼德维	30000
萨哈兰普尔	30000—31000	邦加	30000
台北	30000—31000	凯比	30000
大邱	30000—31000	马塞尼亚	30000

续表

城市	人口规模（人）	城市	人口规模（人）
皮利比特	30000	永珍	25000—26000
济宁	30000	南定	25000—26000
松都	30000	海阳	25000—26000
基亚马	30000	西宁	25000—26000
奥兰加巴德	30000	咸阳	25000—26000
塔什干	30000	衡州	25000—26000
利默里克	29000	山田	25000—26000
卡昂	29000	邓迪	25000
卡塔赫纳	29000	麦加	25000
赛里斯	29000	克拉科	25000
里加	29000	凡尔赛	25000
南锡	28000	维尔纳	25000
昂热	28000	纽伦堡	25000
路斯契克	28000	维丁	25000
科尔多瓦	28000	喀山	25000
托卡特	28000	舒姆拉	25000
格拉茨	28000	危地马拉	25000
皮亚琴察	28000	瓦哈卡	25000
不来梅	28000	阿亚库乔	25000
奥格斯堡	28000	君士坦丁	25000
梅里达	28000	坎大哈	25000
诺丁汉	28000	贝桑松	25000
费拉拉	28000	穆赞加耶	25000
苏博蒂察	28000	拉杰马哈尔	25000
釜山	28000	科塔	25000
延迪	27000—28000	特拉布宗	25000
基洼岛	27000—28000	霍姆斯	25000
德布勒森	27000	本地治里	25000
乌得勒支	27000	霍伊	25000
布雷斯特	27000	艾瓦利	25000
金斯敦	27000	巨港	25000
布雷西亚	27000	青海	25000
洛阳	27000	万县	25000
默苏利珀德姆	27000	巴哈瓦尔布尔	25000
马图拉	26000—27000	贝拉里	25000
雷瓦里	26000—27000	艾斯尤特	25000
郝雷斯	26000	班达	25000
阿伯丁	26000	哈恩	25000
杰尼瓦	26000	阿查尔布尔	24000—25000
巴尔的摩	26000	尼赞伯德讷姆	24000—25000
比特利斯	26000	贵州	24000—25000
阿雷基帕	26000	宜昌	24000—25000
贝尔格莱德	26000	贾朗达尔	24000—25000
富山	26000	布拉格	24000
锡瓦斯	26000	巴利亚多利德	24000
道德纳加尔	25000—26000	阿波美	24000
米尔塔	25000—26000	克莱蒙	24000
萨达拉	25000—26000	雷恩	24000
泾阳	25000—26000	科伦坡	24000

续表

城市	人口规模（人）	城市	人口规模（人）
埃西哈	24000	哈勒姆	21000
法维亚	24000	图尔奈	21000
帕坦	24000	敦刻尔克	21000
泗水	24000	克里莫纳	21000
拉巴	24000	第戎	21000
亚兹德	24000	土伦	21000
泰恩茅斯	24000	阿尔梅里亚	21000
佩斯利	23000	萨拉托夫	21000
美因茨	23000	中山	20000—21000
塞格德	23000	南平	20000—21000
帕格尔布尔	23000	湖州	20000—21000
亚琛	23000	河州	20000—21000
姬路	23000	门戈	20000—21000
的里雅斯特	23000	加勒	20000—21000
雷根斯堡	23000	埃代	20000—21000
松山	23000	普吉	20000—21000
瓜亚基尔	23000	莱阳	20000—21000
阿杰梅尔	23000	圣马洛	20000
凉州	22000—23000	洛尔卡	20000
东莱	22000—23000	希瓦	20000
桑加河	22000—23000	查普	20000
吕贝克	22000	兵库县	20000
格罗宁根	22000	吉达	20000
达米埃塔	22000	松江	20000
斯托克	22000	马什哈德	20000
布尔诺	22000	戈尔	20000
图尔	22000	斯图加特	20000
雅罗斯拉夫尔	22000	迪耶普	20000
曼图亚	22000	艾克斯	20000
沃特福德郡	22000	普里兹伦	20000
科恰班巴	22000	蒙多维	20000
普尔尼亚	22000	西里斯特拉	20000
奥廖尔	22000	雅西	20000
维尔茨堡	22000	设拉子	20000
拉巴斯	22000	迈迪奈	20000
韦洛尔	22000	默黑什沃尔	20000
伊兹拉岛	22000	普杰	20000
埃泽萨	22000	克拉特	20000
奈良	21000—22000	奎隆	20000
哈特勒斯	21000—22000	三宝垄	20000
格勒诺布尔	21000	马杜赖	20000
波哥大	21000	卡拉曼	20000
圣地亚哥	21000	帕特拉斯	20000
熊本	21000	欧鲁普雷图	20000
西斯托瓦	21000	卡托尔塞	20000
库尔斯克	21000		

公元 1825 年

城市	人口规模（人）	城市	人口规模（人）
北京	1350000	天津	155000
伦敦	1335000	福州	155000
广州	900000	巴勒莫	154000
巴黎	855000	穆尔斯希达巴德	153000
江户	732000	成都	150000
君士坦丁堡	675000	德里	150000
圣彼得堡	438000	爱丁堡	145000
杭州	410000	里昂	141000
京都	350000	费城	138000
那不勒斯	350000	苏拉特	138000
大阪	350000	士麦那	135000
苏州	302000	汉堡	130000
勒克瑙	300000	罗马	125000
维也纳	288000	华沙	124000
西安	259000	伯明翰	122000
里斯本	258000	那格浦尔	115000
莫斯科	257000	上海	115000
开罗	250000	哥本哈根	108000
柏林	222000	巴格达	105000
海得拉巴	214000	布里斯托尔	105000
帕特纳	207000	哈瓦那	104000
马德里	201000	大马士革	100000
阿姆斯特丹	196000	威尼斯	99000
都柏林	194000	布拉格	98000
汉城	192000	利兹	98000
加尔各答	183000	苏拉卡尔塔	97000
贝拿勒斯	182000	热那亚	95000
曼彻斯特	178000	长沙	95000
格拉斯哥	173000	兰州	95000
马德拉斯	172000	马赛	93000
利物浦	170000	巴塞罗那	93000
纽约	170000	名古屋	93000
武昌	170000	里约热内卢	91000
景德镇	167000	都灵	90000
墨西哥城	165000	突尼斯	90000
孟买	162000	巴罗达	90000
佛山	160000	马尼拉	90000
米兰	156000		

公元 1850 年

城市	人口规模（人）	城市	人口规模（人）
伦敦	2320000	圣彼得堡	502000
北京	1648000	柏林	446000
巴黎	1314000	杭州	434000
广州	875000	维也纳	426000
君士坦丁堡	785000	费城	426000
江户	780000	利物浦	425000
纽约	645000	那不勒斯	413000
孟买	575000	加尔各答	413000

续表

城市	人口规模（人）	城市	人口规模（人）
曼彻斯特	412000	福州	175000
莫斯科	373000	佛山	175000
格拉斯哥	345000	墨西哥城	170000
苏州	330000	巴勒莫	170000
京都	323000	景德镇	170000
大阪	320000	巴尔的摩	169000
马德拉斯	310000	巴塞罗那	166000
勒克瑙	300000	里约热内卢	166000
伯明翰	294000	华沙	163000
西安	275000	罗马	158000
都柏林	263000	曼谷	158000
里斯本	262000	布达佩斯	156000
开罗	256000	德里	156000
帕特纳	226000	士麦那	150000
阿姆斯特丹	225000	布里斯托尔	150000
里昂	220000	谢菲尔德	143000
马德里	216000	波尔多	142000
布鲁塞尔	210000	威尼斯	141000
波士顿	209000	马赛	139000
海得拉巴	200000	亚历山德里亚	138000
成都	200000	哥本哈根	135000
天津	195000	新奥尔良	132000
汉堡	194000	哈瓦那	131000
爱丁堡	191000	辛辛那提	130000
武昌	185000	班加罗尔	130000
贝拿勒斯	185000	都灵	125000
上海	185000	布拉格	117000
利兹	184000	塞维利亚	117000
汉城	183000	金泽	116000
米兰	182000		

公元1875年

城市	人口规模（人）	城市	人口规模（人）
伦敦	4241000	曼彻斯特	590000
巴黎	2250000	波士顿	486000
纽约	1900000	伯明翰	480000
柏林	1045000	那不勒斯	450000
维也纳	1020000	芝加哥	405000
北京	900000	马德拉斯	400000
君士坦丁堡	873000	马德里	373000
费城	791000	里昂	356000
东京	780000	开罗	355000
圣彼得堡	764000	海得拉巴	350000
孟买	718000	汉堡	348000
加尔各答	680000	圣路易斯	338000
广州	670000	都柏林	333000
利物浦	650000	布鲁塞尔	327000
格拉斯哥	635000	布达佩斯	325000
莫斯科	600000	大阪	320000

续表

城市	人口规模（人）	城市	人口规模（人）
华沙	311000	福州	230000
利兹	300000	波尔多	228000
巴尔的摩	299000	帕特纳	227000
谢菲尔德	292000	哈瓦那	225000
阿姆斯特丹	289000	马赛	224000
辛辛那提	280000	墨尔本	222000
勒克瑙	276000	旧金山	214000
里约热内卢	274000	布宜诺斯艾利斯	213000
爱丁堡	273000	亚历山德里亚	212000
米兰	267000	新奥尔良	210000
上海	255000	莱比锡	209000
罗马	252000	匹兹堡	205000
西安	251000	曼谷	200000
天津	250000	布里斯托尔	200000
墨西哥城	250000	曼德勒	200000
里斯本	243000	武昌	200000
哥本哈根	241000	杭州	200000
成都	240000	慕尼黑	198000
巴塞罗那	240000	德累斯顿	197000
布拉格	240000	汉城	196000
弗罗茨瓦夫	239000	都灵	192000
京都	238000		

公元1900年

城市	人口规模（人）	城市	人口规模（人）
伦敦	6480000	里约热内卢	744000
纽约	4242000	华沙	724000
巴黎	3330000	天津	700000
柏林	2707000	上海	619000
芝加哥	1717000	纽卡斯尔	615000
维也纳	1698000	圣路易斯	614000
东京	1497000	开罗	595000
圣彼得堡	1439000	广州	585000
曼彻斯特	1435000	那不勒斯	563000
费城	1418000	匹兹堡	562000
伯明翰	1248000	布鲁塞尔	561000
莫斯科	1120000	巴塞罗那	552000
北京	1100000	德累斯顿	540000
加尔各答	1085000	马德里	539000
波士顿	1075000	莱比锡	532000
格拉斯哥	1015000	阿姆斯特丹	510000
大阪	970000	里昂	508000
利物浦	940000	巴尔的摩	508000
君士坦丁堡	900000	马德拉斯	505000
汉堡	895000	慕尼黑	499000
布宜诺斯艾利斯	806000	米兰	491000
布达佩斯	785000	墨尔本	485000
孟买	780000	悉尼	478000
鲁尔区	766000	布拉格	474000

续表

城市	人口规模（人）	城市	人口规模（人）
哥本哈根	462000	热那亚	269000
汉口	450000	蒙得维的亚	268000
敖德萨	449000	曼谷	267000
海得拉巴	445000	鲁贝	267000
旧金山	439000	勒克瑙	265000
罗马	438000	纽伦堡	261000
科隆	437000	名古屋	260000
利兹	436000	宁波	257000
弗罗茨瓦夫	422000	巴勒莫	255000
辛辛那提	417000	福州	250000
马赛	410000	西安	250000
谢菲尔德	403000	普罗维登斯	248000
爱丁堡	400000	横滨	245000
格利维采	386000	哈瓦那	243000
克利夫兰	385000	神户	242000
都柏林	382000	圣保罗	239000
墨西哥城	368000	诺丁汉	237000
鹿特丹	368000	赫尔	236000
朗达	367000	路易斯维尔	236000
明尼阿波利斯	366000	海牙	236000
里斯本	363000	马格德堡	229000
京都	362000	仰光	229000
安特卫普	361000	克里斯蒂昂	227000
布法罗	360000	斯图加特	224000
罗兹	351000	长沙	220000
杭州	350000	堪萨斯城	215000
法兰克福	350000	杜塞多夫	213000
贝尔法斯特	335000	巴伦西亚	213000
都灵	330000	朴茨茅斯	212000
蒙特利尔	325000	贝拿勒斯	211000
布里斯托尔	320000	什切青	210000
亚历山德里亚	314000	莱斯特	207000
波尔多	304000	德里	207000
布拉德福德	303000	开姆尼茨	206000
斯德哥尔摩	300000	巴伊亚	205000
成都	300000	斯托克	205000
基辅	300000	多伦多	205000
伍珀塔尔	298000	伊巴丹	204000
底特律	297000	佛罗伦萨	203000
列日	295000	曼海姆	203000
里加	294000	士麦那	201000
新奥尔良	291000	拉合尔	200000
圣地亚哥	290000	无锡	200000
里尔	289000	佛山	200000
汉诺威	286000	根特	198000
密尔沃基	285000	帕特纳	197000
布加勒斯特	282000	坎普尔	197000
苏州	280000	哈尔科夫	197000
华盛顿	278000	汉城	195000
南京	270000	威斯巴登	193000

续表

城市	人口规模（人）	城市	人口规模（人）
香港	192000	塞维利亚	148000
马尼拉	190000	开普敦	148000
柯尼斯堡	189000	泗水	146000
阿格拉	186000	瓦尔帕莱索	145000
鲁昂	185000	巴格达	145000
曼德勒	184000	斯克兰顿	144000
不来梅	182000	桑德兰	144000
艾哈迈达巴德	181000	喀山	143000
雅典	181000	多特蒙德	142000
塔什干	180000	罗斯托夫	142000
重庆	180000	但泽	140000
普利茅斯	179000	阿尔及尔	140000
巴库	179000	萨洛尼卡	140000
第比利斯	175000	圣埃蒂安	138000
大不里士	175000	卡塔尼亚	138000
波尔图	175000	格拉茨	138000
约翰内斯堡	173000	布隆	137000
斯特拉斯堡	172000	叶卡捷林诺斯拉夫	135000
安拉阿巴德	172000	亚琛	135000
威尼斯	171000	济南	135000
西贡	170000	丹佛	133000
加的夫	169000	的里雅斯特	132000
印第安纳波利斯	169000	博洛尼亚	132000
镇江	168000	托莱多	131000
博尔顿	168000	哥德堡	130000
大马士革	165000	阿勒颇	130000
萨拉托夫	163000	巴雷利	130000
维尔纳	162000	苏拉特	128000
罗彻斯特	162000	不伦瑞克	128000
班加罗尔	161000	图卢兹	127000
奉天	160000	布莱克本	126000
邓迪	160000	那格浦尔	126000
斋浦尔	160000	基什尼奥夫	125000
阿姆利则	159000	哥伦布	125000
伦贝格	159000	利马	122000
阿德莱德	159000	斯利那加	122000
布莱顿	158000	阿斯特拉罕	121000
哈勒	156000	普雷斯顿	120000
突尼斯	156000	马拉喀什	120000
罗西夫	155000	广岛	118000
浦那	154000	贝鲁特	118000
奥马哈	154000	伍斯特	118000
科伦坡	152000	布里斯班	118000
南特	151000	马图拉	118000
苏黎世	150000	马拉加	117000
阿伯丁	150000	基尔	117000
德黑兰	150000	波森	117000
南昌	150000	长崎	115000
开封	150000	巴达维亚	115000
勒阿弗尔	150000	卡拉奇	114000

续表

城市	人口规模（人）	城市	人口规模（人）
特洛伊	114000	洛厄尔	94000
加的斯	113000	明斯克	94000
纽黑文	113000	墨西拿	93000
德比	112000	格拉德巴赫	92000
杰尼瓦	112000	斯旺西	91000
罗萨里奥	112000	下诺夫哥罗德	91000
兰州	110000	拉什卡	90000
诺里奇	110000	亚眠	90000
罗彻斯特	110000	达卡	90000
波哥大	110000	波特兰	90000
图拉	109000	仙台	90000
威尔克斯—巴里	109000	绍兴	90000
苏拉卡尔塔	109000	亚特兰大	90000
巴塞尔	109000	米德尔斯伯勒	89000
克雷菲尔德	109000	贾巴尔普尔	89000
兰斯	108000	哈特福德	89000
克拉科	108000	牟罗兹	89000
雪城	108000	三宝垄	89000
非斯	108000	斯普林菲尔德	88000
洛杉矶	107000	奥兰	87000
卡塞尔	106000	金泽	87000
帕特森	105000	大溪城	87000
巴罗达	105000	南锡	87000
福尔里弗	104000	木尔坦	87000
哈利法克斯	104000	浩罕	86000
马杜赖	104000	拉瓦尔品第	86000
乌得勒支	104000	北安普顿	85000
尼斯	103000	代顿	85000
布雷斯特	103000	西雅图	85000
蒂鲁吉拉帕利	103000	里士满	85000
圣约瑟夫	102000	爱尔福特	85000
奥格斯堡	102000	沃罗涅什	84000
南安普顿	102000	利摩日	84000
孟菲斯	102000	德卢斯	84000
瓜达拉哈拉	101000	哈特尔浦	83000
塞格德	100000	毕尔巴鄂	83000
厦门	100000	圣海伦斯	83000
贵阳	100000	罗奇代尔	82000
奥尔巴尼	99000	昂热	82000
萨拉戈萨	99000	吕贝克	82000
萨马拉	99000	加拉加斯湾	82000
普埃布拉	98000	马瑟韦尔	82000
印多尔	97000	苏博蒂察	81000
卡尔斯鲁厄	97000	阿德里安堡	81000
赫尔辛福斯	97000	温州	80000
帕拉	96000	芜湖	80000
普埃布拉	96000	沙市	80000
白沙瓦	96000	台北	80000
哈德斯菲尔德	95000	槟榔屿	80000
尼古拉耶夫	95000	格尔利茨	80000

续表

城市	人口规模（人）	城市	人口规模（人）
纳什维尔	80000	河内	72000
函馆	80000	德布勒森	72000
日托米尔	80000	尼姆	72000
米尔扎布尔	80000	达姆施塔特	72000
伊斯法罕	80000	日惹	72000
桂林	80000	伯根	72000
汉中	80000	布尔萨	71000
保定	80000	达文波特	71000
雷丁	78000	第戎	71000
安巴拉	78000	加雅	71000
兰布尔	78000	劳伦斯	71000
里窝那	78000	布里奇波特	71000
雅西	78000	波里纳日	70000
土伦	78000	喀布尔	70000
卡塔赫纳	78000	塞勒姆	70000
佩斯利	77000	奥廖尔	70000
巴里	77000	襄阳	70000
贾朗达尔	77000	安庆	70000
沙贾汉布尔	76000	马什哈德	70000
雷丁	76000	莎车	70000
威尔明顿	76000	万县	70000
普劳恩	76000	敦刻尔克	70000
博帕尔	76000	克拉斯诺达尔	70000
蒂鲁内尔维利	76000	布哈拉	70000
约克	76000	阿里格尔	69000
科克	76000	贝尔格莱德	69000
魁北克	76000	科夫诺	69000
雅罗斯拉夫尔	76000	迈索尔	68000
奥博莫绍	75000	巴利亚多利德	68000
蒙彼利埃	75000	格勒诺布尔	68000
格拉纳达	75000	考文垂	68000
卡利卡特	75000	法鲁卡巴德	68000
萨尔布吕肯	75000	比尔森	68000
维尔茨堡	75000	下关	68000
法扎巴德	75000	海得拉巴	68000
帕格尔布尔	75000	索非亚	67000
塞兰坡	75000	福冈	67000
吉林	75000	察里津	67000
危地马拉	74000	切尔诺夫策	67000
莫拉达巴德	74000	格罗宁根	67000
雷恩	74000	格里诺克	37000
穆尔西亚	74000	冈山	67000
阿杰梅尔	73000	英帕尔	67000
阿雷格里港	73000	利耶帕亚	67000
特伦顿	73000	维罗纳	66000
陶格夫匹尔斯	73000	达尔彭加	66000
赫尔松	73000	塔林	66000
维捷布斯克	73000	基洛沃各勒	66000
渥太华	73000	洛尔卡	66000
釜山	73000	新贝德福德	66000

续表

城市	人口规模（人）	城市	人口规模（人）
纽波特	66000	牛庄	60000
梧州	65000	马尔默	60000
奥伦堡	65000	霍德梅泽瓦沙海伊	60000
萨哈兰普尔	65000	辛菲罗波尔	60000
小樽	65000	焦特布尔	60000
伊普斯威奇	65000	威根	60000
克列门丘格	65000	巴斯	60000
黑斯廷斯	65000	胡布利	60000
哈勒姆	65000	马图拉	60000
马璃斯	65000	卡尔干	60000
比亚韦斯托克	65000	扬州	60000
和歌山	65000	亳州	60000
辛基安普	65000	西宁	60000
奥克兰	65000	嘉兴	60000
卡尔巴拉	65000	梅县	60000
奔萨	65000	吴市	60000
惠灵	65000	麦加	60000
柴阳	65000	阿贝奥库塔	60000
不来梅港	64000	伊沃	60000
伊万诺沃	64000	比达	60000
图尔	64000	开塞利	60000
伯尔尼州	64000	波茨坦	59000
戈拉克普尔	64000	加莱	59000
纳曼干	64000	圣萨尔瓦多	59000
澳门	63000	波恩	59000
帕尔马（西班牙）	63000	贡伯戈讷姆	59000
绍拉布尔	63000	埃文斯维尔	59000
芒斯特	63000	波尔塔瓦	59000
托木斯克	63000	直布罗陀	59000
沃灵顿	63000	熊本	59000
莱昂	63000	拉普拉塔	58000
勒芒	63000	塔甘罗格	58000
比勒费尔德	63000	库尔斯克	58000
加拉茨	62000	林茨	58000
茨维考	62000	梅斯	58000
蒙特雷	62000	布勒伊拉	58000
得梅因	62000	贝拉里	58000
德岛	62000	撒马尔罕	58000
格里姆斯比	62000	雷姆沙伊德	58000
路德维希港	61000	查尔斯顿	58000
奥得河畔法兰克福	61000	别尔季切夫	58000
波若尼	61000	萨那	58000
弗赖堡	61000	贝里	57000
瓦莱塔	61000	凯奇凯梅特	57000
萨格勒布	61000	特里凡得琅	57000
太子港	61000	毛淡棉	57000
圣路易斯波托西	61000	富山	57000
摩苏尔	60000	塞瓦斯托波尔	57000
太原	60000	科特布里奇	57000
喀琅施塔得	60000	锡亚尔科特	57000

续表

城市	人口规模（人）	城市	人口规模（人）
坦贾武尔	57000	盐湖城	53000
迪斯伯里	57000	康塞普西翁	53000
阿纳姆	57000	特维尔	53000
奥尔良	57000	圣安东尼奥	53000
斯摩棱斯克	57000	贾姆讷格尔	53000
纳加帕蒂南	57000	特鲁瓦	53000
卢布林	57000	罗瑟勒姆	53000
曼彻斯特	56000	布鲁日	53000
巴罗	56000	鄂木斯克	53000
包纳加尔	56000	特纳尤卡	53000
梅赫伦	56000	中山	53000
德班	56000	诺沃切尔斯克	52000
坦塔	56000	君士坦丁	52000
波特兰	56000	克莱蒙	52000
尤蒂卡	56000	比卡内尔	52000
阿尔瓦尔	56000	马里乌波尔	52000
皮奥里亚	56000	伊利	52000
耶路撒冷	56000	路易港	52000
克赖斯特彻奇	55000	埃尔布隆格	52000
大同	55000	贝济耶	52000
新潟	55000	哥印拜陀	52000
鹿儿岛	55000	哈密尔顿	52000
郝雷斯	55000	比得哥什	52000
占西	55000	乌尔姆	52000
贝桑松	55000	马拉什	52000
伯明翰	54000—55000	科尔多瓦	52000
亚兹德	54000—55000	麦德林	52000
恩图曼	54000—55000	亚松森	51000
乌尔法	54000—55000	古德洛尔	51000
安集延	54000—55000	诺福克	51000
利格尼茨	54000—55000	奥斯纳布吕克	51000
罗斯托克	54000—55000	戈尔哈布尔	51000
拉巴斯	54000—55000	卡塔克	51000
桑坦德	54000	奥胡斯	51000
埃克塞特	54000	沃特伯里	51000
莱顿	54000	大雅茅斯	51000
萨凡纳	54000	达尼丁	51000
菲尔特	54000	瓜亚基尔	51000
西班牙港	54000	斯托克顿	51000
叶卡捷琳堡	54000	帕多瓦	50000
塔那那利佛	54000	德绍	50000
纽卡斯尔	54000	卡卢加	50000
阿拉德	53000	哈里斯堡	50000
乔治城	53000	基多	50000
伯蒂亚拉	53000	莫达克克	50000
纳瓦纳加	53000	梅克内斯	50000
巨港	53000	加兹温	50000
卡利亚里	53000	泉州	50000
设拉子	53000	衡州	50000
琴斯托霍瓦	53000	呼和浩特	50000

续表

城市	人口规模（人）	城市	人口规模（人）
雅各巴	50000	布里	46000
奥绍博	50000	阿维尼翁	46000
迪夸	50000	洛桑	46000
安顺	50000	克卢日—纳波卡	46000
秦州	50000	圣康坦	46000
济宁	50000	福井	46000
同州	50000	金斯敦	46000
乌鲁木齐	50000	普热梅希尔	46000
赣州	50000	伍斯特	46000
科尔多瓦	50000	伯恩茅斯	46000
弗拉季高加索	49000	乌代布尔	46000
伯顿	46000	穆扎法布尔	46000
塞勒姆	49000	台南	45000
库里尼基	49000	奥约	45000
布洛涅	49000	湖州	45000
菲罗兹布尔	49000	巴拉特布尔	45000
韦尔维耶	49000	康吉韦兰	45000
帕尔马（意大利）	49000	阿拉	45000
乌法	49000	霍利奥克	45000
勃兰登堡	49000	格拉	45000
坦波夫	49000	彼尔姆	45000
伊尔库茨克	49000	克拉约瓦	45000
克尔曼	49000	雷根斯堡	45000
佐世保	49000	特雷吉娜	45000
牛津	48000	比哈尔	45000
弗伦斯堡	48000	索林根	45000
希卡尔普尔	48000	哈利法克斯	45000
切尔滕纳姆	48000	卡莱尔	45000
科布伦茨	48000	韦恩堡	45000
卢迪亚纳	48000	特拉帕尼	45000
福塔莱萨	48000	戈梅利	45000
凯撒斯劳滕	48000	波拉	45000
林肯	48000	马拉开波	45000
临清	48000	徐州	45000
惠灵顿	48000	遵义	45000
布雷西亚	48000	泰安	45000
埃尔祖鲁姆	48000	莫纳斯提尔	45000
亚历山德里亚	48000	科尼亚	45000
本地治里	47000	扬斯敦	44000
福贾	47000	休斯敦	44000
绍斯波特	47000	札幌	44000
莫吉廖夫	47000	梁赞	44000
格洛斯特	47000	拉斯帕尔马斯	44000
库卡纳达	47000	塞德港	44000
阿尔梅里亚	47000	斯温登	44000
安德里亚	47000	辛比尔斯克	44000
奥拉迪亚	47000	萨拉热窝	44000
吉隆坡	47000	尼姆根	44000
恰普拉	47000	柯鲁拉	43000
斯塔夫罗波尔	46000	达灵顿	43000

续表

城市	人口规模（人）	城市	人口规模（人）
布莱克浦	43000	温尼伯	41000
门格洛尔	43000	凯特利	41000
布列斯特—里托夫斯克	43000	科斯特罗马	41000
巴尔卡德	43000	诺尔雪平	41000
韦洛尔	43000	琼山	41000
梅里达	43000	拉巴特	41000
静冈	43000	景德镇	40000
特里尔	43000	加德满都	40000
卢卡	43000	多佛尔	40000
普福尔茨海姆	43000	米什科尔茨	40000
圣地亚哥	43000	贝城	40000
格罗德诺	43000	沃尔姆斯	40000
锡瓦斯	43000	莫比尔	40000
巴拉瑞特	43000	韦克菲尔德	40000
希尔德斯海姆	43000	圣约翰	40000
马尔吉兰	42000	巴恩斯利	40000
普罗夫迪夫	42000	塔墨尔福斯	40000
鲁汶	42000	特拉布宗	40000
哈尔伯施塔特	42000	巴列塔	40000
江布尔	42000	维沙卡帕特南	40000
阿克伦	42000	林肯	40000
瑟堡	42000	海德堡	40000
普洛耶什蒂	42000	布罗克顿	40000
达拉斯	42000	卡诺	40000
布罗奇	42000	扎里尔	40000
森柏尔	42000	哈拉尔	40000
卡昂	42000	汕头	40000
伊斯特本	42000	潮州	40000
多尔帕特	42000	常德	40000
洛里昂	42000	滕州	40000
萨吉诺	42000	贵州	40000
伊基克	42000	南宁	40000
佩克	42000	奥布	40000
哈特勒斯	42000	新会	40000
伊塔瓦	42000	马斯喀特	40000
小石城	42000	桑给巴尔岛	40000
艾斯尤特	42000	哈马丹	40000
索戈尔	42000	克尔曼沙阿	40000
图库曼	42000	巴东	40000
巴拉那	42000	加兹普尔	39000
金边	42000	萨卡特卡斯	39000
艾哈迈德讷格尔	42000	欧登塞	39000
班贝格	41000	布尔日	39000
克鲁	41000	宾厄姆顿	39000
科兹洛夫	41000	兰开斯特	39000
顺化	41000	安洛哈	39000
蒂尔堡	41000	阿利坎特	39000
兰开斯特	41000	奥斯坦德	39000
瓜纳华托	41000	栋格	39000

续表

城市	人口规模（人）	城市	人口规模（人）
乌贾因	39000	雷焦卡拉布里亚	37000
佐治亚州奥古斯塔	39000	乌斯季	37000
默苏利珀德姆	39000	黑弗里尔	37000
捷克布杰约维采	39000	阿尔滕堡	37000
辽阳	39000	加勒	37000
科特布斯	39000	双城堡	37000
火奴鲁鲁	39000	斯波坎	36000
康普蒂	39000	库塔伊西	36000
卡米涅茨	39000	马拉尼昂	36000
塔尔卡	39000	科尔马	36000
阿尔图纳	38000	刘易斯顿	36000
阜姆	38000	特雷雷特	36000
多德雷赫特	38000	维齐亚纳格拉姆	36000
比特利斯	38000	莱巴赫	36000
伦敦德里	38000	山形	36000
拉各斯	38000	奥兰加巴德	36000
什未林	38000	马塞约	36000
布道恩	38000	宇和岛市	36000
巴伦西亚	38000	高知	36000
纳法	38000	诺克斯维尔	36000
圣克鲁斯	38000	马坦萨斯	36000
乌拉尔斯克	38000	长野	36000
拉斯佩齐亚	38000	迪比克	36000
斯普林菲尔德	38000	松山	36000
埃莱斯	38000	九江	36000
阿博	38000	卢顿	36000
剑桥	38000	乌特索诺米亚	36000
科尔切斯特	38000	马桑波	36000
北加浪岸	38000	宜昌	35000
特隆赫姆	38000	南本德	35000
切斯特	38000	伊塞因	35000
利默里克	38000	查谟	35000
甲府	38000	拉绍德封	35000
符拉迪沃斯托克	38000	烟台	35000
乌尔加	38000	淮安	35000
蒙吉尔	37000	江门	35000
海尔布隆	37000	嘉定	35000
斯卡伯勒	37000	约翰斯敦	35000
加尔维斯顿	37000	阿卡亚布	35000
帕特拉斯	37000	皮瓦尼	35000
塔科马	37000	卡萨	35000
埃尔迈拉	37000	松前城	35000
帕丘卡	37000	亚丁	35000
曼苏拉	37000	勒德兰	35000
奥什	37000	姆豪	35000
布拉戈维耶申斯克	37000	拉贾蒙德里	35000
莫雷利亚	37000	姬路	35000
贝尔高姆	37000	拉杰果德	35000

续表

城市	人口规模（人）	城市	人口规模（人）
阿伦敦	35000	本德	33000
皮亚琴察	35000	约克	33000
博布鲁伊斯克	35000	喀什	33000
米托	35000	毛科	33000
列克星敦	35000	托皮卡	33000
弘前	35000	伊斯梅尔	33000
阿瓜卡连特	35000	兰茨贝格	33000
扎加齐格	35000	基尔马诺克	33000
瓦哈卡	35000	蒙扎	33000
图尔奈	35000	托基	33000
扎加齐格	35000	瓦尔纳	33000
汾州	35000	皮利比特	33000
艾登	35000	米卢斯	33000
马尼萨	35000	东奈	33000
霍姆斯	35000	克拉诺亚尔斯克	33000
卡尚	35000	柯克卡迪	33000
乌尔米亚	35000	基什孔费莱吉哈佐	33000
霍伊	35000	荷台达	33000
拉萨	35000	前桥	33000
亚的斯亚贝巴	35000	盛冈	33000
科勒金矿	35000	梅德斯通	33000
巴特冈	35000	费思	33000
康定	35000	克雷塔罗	33000
贝德福德	34000	科特赖克	33000
奥尔堡	34000	古本	33000
贾夫纳	34000	梅斯特·科尼利斯	33000
松江	34000	圣加仑	33000
马斯特里赫特	34000	苏城	33000
高松	34000	费拉拉	33000
罗阿讷	34000	伊丽莎韦特波尔	33000
哥达	34000	埃卢鲁	33000
蒂尔西特	34000	比尤特城	33000
布拉索夫	34000	梅迪尼普尔	33000
大津	34000	塞兹兰	33000
拉韦纳	34000	南定	33000
伯恩伯格	34000	圣胡安	32000
库亚巴	34000	萨尔茨堡	32000
麦克尔斯菲尔德	34000	梅迪内特法尤姆	32000
彼得瓦丁	34000	亚历山德罗夫斯克	32000
迈科普	34000	霍夫	32000
科洛米亚	34000	格拉根兹	32000
斯普林菲尔德	34000	涅辛	30000
赖兴贝格	34000	蒙吕松	32000
科塔	34000	阿克曼	32000
阿姆拉提	34000	斯海尔托亨博斯	32000
津市	34000	那慕尔	32000
安科纳	34000	萨萨里	32000
奇廉	34000	昂古莱姆	32000
弗里敦	34000	岐阜	32000
霍巴特	33000	弗洛里亚诺波利斯	32000

城市	人口规模（人）	城市	人口规模（人）
维琴察	32000	劳滕斯托	30000
彼得库夫	32000	巴达霍斯	30000
福斯特	32000	贡土尔	30000
弗拉基米尔	32000	纽堡	30000
卡尔塔尼塞塔	32000	达米埃塔	30000
巴基西梅托	32000	罗什福尔	30000
波尼	32000	波城	30000
斯库塔里	32000	圣塞巴斯蒂安	30000
赖布尔	32000	肖普朗	30000
顺德	32000	彼得伯勒	30000
霍肯特	31000	伯威克	30000
杜兰戈	31000	斯塔万格	30000
尼赖吉哈佐	31000	普斯科夫	30000
帕拉马里博	31000	圣约翰	30000
高冈	31000	福克斯通	30000
内洛尔	31000	塞克什白堡	30000
拉多姆	31000	奥尔德肖特	30000
肯帕德	31000	门戈	30000
塔尔诺	31000	惠州	32000
斯克内克塔迪	31000	南雄	30000
克里莫纳	31000	婺城	30000
切里尼奥拉	31000	松江	30000
普瓦捷	31000	威海卫	30000
伯塞恩	31000	阿达纳	30000
代尔夫特	31000	迈迪奈	30000
费奇伯格	31000	克哈特	30000
爱森纳赫	31000	佩图纳	30000
布尔戈斯	31000	斯坦尼斯劳	30000
塔尔瓦尔	31000	奇瓦瓦	30000
哈姆	31000	蒙托邦	30000
森特斯	31000	捷尔诺波尔	30000
德拉伊斯梅尔汗	31000	奥本	30000
高崎	31000	普里兹伦	30000
斯特拉尔松德	31000	格廷根	30000
罗克福德	31000	皮尔马森斯	30000
汤顿	31000	弗赖堡	30000
兰基	31000	查塔努加	30000
米泽	31000	俄斯特拉发	30000
坎大哈	31000	奥伯伦	30000
维堡	31000	阿尔斯特	30000
大理	31000	门多萨	30000
古突士	31000	巴兰基利亚	30000
帕坦	31000	桑托斯	30000
松都	30000	丹吉尔	30000
黄坑	30000	马拉蒂亚	30000
尼兹尼—吉尔	30000	平壤	30000
齐陶	30000	齐齐哈尔	30000
本迪戈	30000	的黎波里	30000

公元 1914 年

城市	人口规模（人）	城市	人口规模（人）
伦敦	7419000	布拉格	670000
纽约	6700000	米兰	655000
巴黎	4000000	墨尔本	651000
东京	3500000	克利夫兰	650000
柏林	3500000	慕尼黑	642000
芝加哥	2420000	巴塞罗那	626000
维也纳	2149000	基辅	625000
彼得格勒	2133000	马德里	623000
莫斯科	1805000	科隆	621000
鲁尔区	1800000	哥本哈根	620000
费城	1760000	德累斯顿	618000
布宜诺斯艾利斯	1630000	莱比锡	618000
曼彻斯特	1600000	里昂	615000
伯明翰	1500000	阿姆斯特丹	601000
大阪	1480000	墨西哥城	600000
加尔各答	1400000	明尼阿波利斯	580000
波士顿	1304000	巴尔的摩	579000
利物浦	1300000	罗马	570000
汉堡	1300000	马赛	568000
格拉斯哥	1125000	底特律	552000
君士坦丁堡	1125000	法兰克福	550000
里约热内卢	1090000	弗罗茨瓦夫	543000
孟买	1080000	蒙特利尔	526000
布达佩斯	1050000	罗兹	525000
上海	1000000	谢菲尔德	525000
北京	1000000	马德拉斯	522000
华沙	906000	京都	517000
圣路易斯	804000	辛辛那提	515000
天津	785000	朗达	510000
匹兹堡	775000	海得拉巴	505000
开罗	735000	鹿特丹	500000
悉尼	725000	克尼格什特	500000
旧金山	709000	洛杉矶	480000
广州	700000	利兹	470000
汉口	700000	布法罗	460000
纽卡斯尔	700000	神户	458000
那不勒斯	691000	里斯本	455000
布鲁塞尔	685000		

公元 1925 年

城市	人口规模（人）	城市	人口规模（人）
纽约	7774000	大阪	2219000
伦敦	7742000	费城	2058000
东京	5300000	维也纳	1865000
巴黎	4800000	波士顿	1764000
柏林	4013000	莫斯科	1764000
芝加哥	3564000	曼彻斯特	1725000
鲁尔区	3400000	伯明翰	1700000
布宜诺斯艾利斯	2410000	上海	1500000

续表

城市	人口规模（人）	城市	人口规模（人）
列宁格勒	1430000	圣地亚哥	575000
格拉斯哥	1396000	马德拉斯	573000
底特律	1394000	弗罗茨瓦夫	571000
加尔各答	1390000	雅典	568000
汉堡	1369000	辛辛那提	567000
布达佩斯	1318000	里斯本	565000
北京	1266000	卡托维兹	565000
里约热内卢	1240000	多伦多	563000
利物浦	1235000	法兰克福	560000
孟买	1147000	密尔沃基	550000
洛杉矶	1039000	哈瓦那	550000
悉尼	1002000	布加勒斯特	550000
华沙	1000000	罗兹	543000
开罗	990000	亚历山德里亚	540000
克利夫兰	935000	约翰内斯堡	538000
旧金山	930000	布法罗	536000
圣路易斯	917000	谢菲尔德	534000
米兰	912000	辛辛那提	531000
墨尔本	852000	热那亚	525000
那不勒斯	823000	堪萨斯城	521000
匹兹堡	818000	都灵	520000
汉口	817000	里尔	504000
君士坦丁堡	803000	朗达	485000
巴塞罗那	801000	杜塞多夫	477000
布鲁塞尔	800000	利兹	470000
天津	798000	安特卫普	466000
广州	791000	纽伦堡	466000
马德里	790000	基辅	463000
哥本哈根	772000	华盛顿	462000
墨西哥城	769000	爱丁堡	444000
巴尔的摩	768000	斯德哥尔摩	442000
名古屋	758000	斯克兰顿	432000
罗马	750000	蒙得维的亚	429000
香港	750000	海得拉巴	429000
纽卡斯尔	745000	新奥尔良	429000
布拉格	740000	汉诺威	422000
圣保罗	728000	都柏林	418000
蒙特利尔	718000	巴库	416000
阿姆斯特丹	698000	贝尔法斯特	415000
科隆	691000	普罗维登斯	412000
里昂	680000	横滨	405000
慕尼黑	679000	敖德萨	400000
京都	679000	海牙	398000
莱比锡	675000	南京	395000
明尼阿波利斯	644000	哈尔科夫	388000
神户	623000	布里斯托尔	387000
鹿特丹	619000	成都	385000
德累斯顿	612000	哈尔滨	381000
马赛	608000	杭州	380000
重庆	590000	济南	377000

续表

城市	人口规模（人）	城市	人口规模（人）
仰光	376000	巴伦西亚	262000
曼谷	375000	威斯巴登	260000
德里	375000	长沙	260000
累西腓	375000	帕拉	257000
巴勒莫	370000	勒克瑙	257000
波尔多	369000	伯明翰	257000
奉天	360000	波尔图	256000
拉合尔	355000	奥斯陆	255000
伍珀塔尔	354000	什切青	253000
苏州	350000	西安	250000
曼海姆	348000	亚特兰大	245000
路易斯维尔	343000	奥马哈	243000
斯图加特	341000	德黑兰	243000
西雅图	340000	的里雅斯特	242000
印第安纳波利斯	339000	布尔诺	240000
里加	337000	卡拉奇	240000
罗萨里奥	335000	加的夫	238000
开姆尼茨	331000	莱斯特	236000
胡志明	329000	阿克伦	233000
列日	327000	开封	233000
马尼拉	325000	浦那	232000
布拉德福德	323000	哥德堡	230000
福州	322000	坎普尔	230000
多特蒙德	320000	利沃夫	230000
巴伊亚	320000	泗水	230000
罗彻斯特	311000	威尼斯	226000
塔什干	308000	阿雷格里港	226000
阿德莱德	303000	但泽	226000
伊巴丹	300000	瓦尔帕莱索	225000
汉城	297000	开普敦	222000
罗斯托夫	295000	阿尔及尔	222000
不来梅	294000	苏黎世	216000
艾哈迈达巴德	293000	基尔	213000
马格德堡	292000	阿姆利则	212000
巴达维亚	290000	塞维利亚	212000
宁波	284000	波兹南	212000
朴茨茅斯	283000	赫尔辛基	211000
波特兰	280000	普利茅斯	209000
柯尼斯堡	279000	斯特拉斯堡	208000
第比利斯	274000	阿格拉	207000
丹佛	272000	索非亚	205000
斯托克	272000	台北	204000
班加罗尔	271000	温尼伯	202000
哥伦布	268000	温州	202000
托莱多	266000	贝拿勒斯	201000
诺丁汉	265000	大连	201000
科伦坡	264000	博洛尼亚	200000
布里斯班	263000	俄斯特拉发	200000
卡塔尼亚	263000	无锡	200000
萨罗尼加	263000	巴格达	200000

公元1950年

城市	人口规模（人）	城市	人口规模（人）
纽约	12463000	利物浦	1260000
伦敦	8860000	圣地亚哥	1250000
东京	7000000	蒙特利尔	1242000
巴黎	5900000	那不勒斯	1210000
上海	5406000	胡志明	1200000
莫斯科	5100000	巴尔的摩	1159000
布宜诺斯艾利斯	5000000	哥本哈根	1150000
芝加哥	4906000	武汉	1150000
鲁尔区	4900000	雅典	1140000
加尔各答	4800000	京都	1101000
洛杉矶	3986000	布加勒斯特	1100000
柏林	3707000	亚历山德里亚	1100000
大阪	3480000	哈瓦那	1090000
费城	2900000	海得拉巴	1075000
墨西哥城	2872000	重庆	1055000
里约热内卢	2866000	伊斯坦布尔	1035000
底特律	2776000	名古屋	1030000
开罗	2750000	南京	1020000
列宁格勒	2700000	德黑兰	989000
孟买	2680000	明尼阿波利斯	985000
曼彻斯特	2382000	曼谷	975000
波士顿	2233000	多伦多	970000
圣保罗	2227000	布鲁塞尔	964000
伯明翰	2196000	布拉格	951000
香港	2100000	卡拉奇	950000
北京	2031000	斯德哥尔摩	923000
旧金山	1937000	利马	923000
天津	1795000	卡托维兹	885000
维也纳	1755000	里斯本	875000
罗马	1665000	慕尼黑	870000
悉尼	1635000	阿姆斯特丹	859000
汉堡	1580000	沈阳	850000
汉城	1550000	巴库	840000
马德里	1527000	纽卡斯尔	830000
约翰内斯堡	1520000	密尔沃基	823000
布达佩斯	1500000	辛辛那提	808000
广州	1495000	鹿特丹	803000
雅加达	1452000	华沙	803000
巴塞罗那	1425000	基辅	800000
马尼拉	1400000	布法罗	798000
米兰	1400000	蒙得维的亚	797000
克利夫兰	1372000	青岛	788000
圣路易斯	1366000	高尔基	775000
马德拉斯	1356000	都灵	765000
墨尔本	1350000	哈尔滨	760000
格拉斯哥	1320000	艾哈迈达巴德	758000
匹兹堡	1310000	下关	750000
德里	1306000	泗水	750000
华盛顿	1285000	哈尔科夫	730000

续表

城市	人口规模（人）	城市	人口规模（人）
谢菲尔德	730000	达拉斯	514000
班加罗尔	725000	苏州	511000
大连	700000	多特蒙德	507000
万隆	700000	亚特兰大	507000
休斯敦	700000	喀山	505000
堪萨斯城	694000	印第安纳波利斯	502000
加拉加斯湾	693000	罗斯托夫	500000
科隆	692000	斯大林诺	500000
罗兹	690000	斯大林斯克	500000
法兰克福	680000	釜山	498000
热那亚	676000	丹佛	496000
坎普尔	670000	不来梅	490000
里尔	670000	波特兰	488000
新奥尔良	656000	车里雅宾斯克	485000
塔什干	650000	罗萨里奥	485000
古比雪夫	650000	勒克瑙	481000
成都	647000	斯克兰顿	480000
卡萨布兰卡	647000	纽伦堡	479000
波里纳日	647000	萨拉托夫	475000
里昂	646000	贝尔法斯特	475000
莱比锡	645000	里加	475000
海牙	638000	路易斯维尔	472000
德累斯顿	635000	德班	470000
长春	630000	巴勒莫	470000
马赛	625000	汉诺威	469000
西雅图	620000	浦那	460000
安特卫普	610000	迈阿密	458000
斯维尔德洛夫斯克	610000	台北	450000
新西伯利亚	605000	第聂伯罗彼得罗夫斯克	450000
拉合尔	600000	列日	450000
仰光	600000	朗达	450000
科伦坡	600000	圣安东尼奥	449000
敖德萨	600000	贝尔格莱德	445000
波哥大	600000	伯明翰	445000
都柏林	595000	布里斯班	440000
第比利斯	585000	布里斯托尔	440000
巴格达	579000	莫洛夫	440000
利兹	575000	索非亚	437000
杜塞多夫	570000	奥斯陆	434000
开普敦	565000	诺丁汉	434000
西安	559000	那格浦尔	432000
普罗维登斯	551000	圣迭戈	432000
累西腓	550000	阿尔及尔	432000
巴伦西亚	534000	哥伦布	430000
济南	532000	鄂木斯克	430000
爱丁堡	531000	波尔多	427000
温哥华	525000	曼海姆	421000
杭州	517000	阿德莱德	420000
斯图加特	515000	斯大林格勒	415000

续表

城市	人口规模（人）	城市	人口规模（人）
罗彻斯特	409000	安拉阿巴德	328000
孟菲斯	406000	三宝垄	325000
突尼斯	405000	萨格勒布	325000
苏黎世	405000	亚的斯亚贝巴	325000
达卡	405000	奥克兰	323000
平壤	400000	特拉维夫	321000
福州	400000	拉巴斯	321000
昆明	400000	兰州	320000
长沙	396000	阿姆利则	320000
福冈	392000	毕尔巴鄂	320000
伊巴丹	390000	埃里温	315000
巴伊亚	389000	沃斯堡	314000
圣胡安	385000	札幌	313000
诺福克	385000	奥马哈	308000
佛罗伦萨	384000	布莱顿	305000
哥德堡	383000	加的夫	304000
塞维利亚	383000	印多尔	304000
科尔多瓦	380000	图拉	304000
瓜达拉哈拉	377000	珀斯	302000
阿雷格里港	375000	米德尔斯伯勒	302000
沃罗涅什	370000	明斯克	300000
赫尔辛基	367000	利沃夫	300000
阿格拉	364000	太原	300000
伍伯塔尔	363000	卡塔尼亚	299000
托莱多	363000	赫尔	299000
阿勒颇	362000	瓦尔帕莱索	298000
波尔图	355000	拉普拉塔	295000
威尼斯	354000	温尼伯	292000
马杜赖	352000	扬斯敦	292000
阿克伦	351000	朴茨茅斯	291000
斯普林菲尔德	349000	奥尔巴尼	291000
克拉科	347000	望加锡	290000
博洛尼亚	346000	伊尔库茨克	288000
代顿	345000	斋浦尔	286000
贝拿勒斯	345000	安卡拉	286000
斯托克	345000	莱斯特	285000
波兹南	342000	危地马拉	284000
仙台	341000	开封	280000
徐州	339000	阿拉木图	280000
贝洛奥里藏特	338000	比勒陀利亚	280000
大马士革	335000	巴兰基利亚	280000
威斯巴登	335000	弗罗茨瓦夫	279000
利奥波德维尔	334000	仁川	278000
蒙特雷	333000	吴市	276000
布拉德福德	330000	克拉诺亚尔斯克	275000
扎波罗热	330000	伊万诺沃	275000
苏拉卡尔塔	330000	乌得勒支	274000
大邱	328000	大不里士	274000
雅罗斯拉夫尔	328000	无锡	273000

续表

城市	人口规模（人）	城市	人口规模（人）
布尔诺	272000	斯利那加	243000
巴里	271000	杰克逊维尔	242000
丹东	271000	长崎	241000
奥兰	270000	迈索尔	240000
霍利夫卡	270000	克拉斯诺达尔	240000
卡拉干达	270000	符拉迪沃斯托克	240000
阿斯特拉罕	270000	日惹	240000
金边	270000	贵阳	239000
的里雅斯特	270000	伯恩茅斯	238000
棉兰	270000	瓜廖尔	238000
圣菲	270000	静冈	238000
哈特福德	270000	布里奇波特	237000
熊本	267000	吕贝克	237000
南昌	266000	纽黑文	236000
俄克拉荷马城	264000	马格德堡	236000
麦德林	264000	海得拉巴	235000
萨拉戈萨	264000	马拉开波	235000
雪城	264000	日丹诺夫	235000
高雄	261000	图卢兹	235000
绍拉布尔	261000	抚顺	233000
克里沃罗格	260000	伊兹密尔	231000
朗斯	260000	拉瓦尔品第	231000
河内	260000	马格尼托哥尔斯克	230000
埃尔帕索	259000	斯特拉斯堡	230000
渥太华	258000	马图拉	229000
瓜亚基尔	258000	台南	229000
广岛	258000	鹿儿岛	229000
汕头	258000	函馆	228000
里士满	257000	根特	228000
卡利	256000	普利茅斯	228000
基尔马诺克	255000	南通	226000
维尔纳	255000	塔林	225000
巨港	255000	鲁昂	225000
帕拉	254000	南特	225000
基尔	254000	槟榔屿	225000
吉大港	252000	阿伦敦	225000
贾巴尔普尔	252000	伊泽夫斯克	225000
考文垂	252000	马拉喀什	224000
纳什维尔	252000	盐湖城	224000
金泽	252000	格拉茨	224000
阿尔汉格尔斯克	252000	不伦瑞克	223000
蒂鲁吉拉帕利	251000	桑德兰	223000
玛琅	250000	哈勒	222000
火奴鲁鲁	248000	大溪城	220000
拉各斯	247000	尼斯	220000
巴塞尔	246000	新潟	220000
尼兹尼—吉尔	245000	巴尔瑙尔	220000
乌法	245000	加里宁	220000
霍姆斯	244000	苏拉特	218000

续表

城市	人口规模（人）	城市	人口规模（人）
马拉加	218000	格罗兹尼	208000
拉巴特	217000	契卡洛夫	208000
萨罗尼加	217000	巴罗达	208000
魁北克	216000	塞德港	208000
沃罗希洛夫格拉	215000	台中	207000
喀布尔	214000	穆尔西亚	206000
图库曼	214000	萨克拉门托	206000
哈勒姆	214000	普罗科皮耶夫斯克	205000
伍斯特	213000	亚松森	205000
贾姆谢德布尔	212000	塔尔萨	205000
奥格斯堡	212000	福塔莱萨	205000
姬路	212000	伊斯法罕	204000
岐阜	211000	惠灵顿	204000
普埃布拉	211000	贝鲁特	203000
马什哈德	210000	芜湖	203000
喀土穆	210000	格拉德巴赫	203000
宁波	210000	奔萨	203000
南安普顿	210000	克麦罗沃	202000
菲尼克斯	210000	波恩	201000
萨尔布吕肯	209000	彭福	201000
基多	209000		

公元1970年

城市	人口规模（人）	城市	人口规模（人）
东京	20450000	旧金山	4278000
纽约	17252000	天津	3800000
大阪	12000000	波士顿	3762000
伦敦	10875000	米兰	3560000
莫斯科	9800000	香港	3500000
墨西哥	9000000	马德里	3400000
巴黎	8875000	德黑兰	3325000
洛杉矶	8712000	卡拉奇	3200000
布宜诺斯艾利斯	8625000	曼谷	3125000
圣保罗	8050000	马德拉斯	3050000
上海	7900000	巴塞罗那	2975000
芝加哥	7585000	名古屋	2975000
里约热内卢	7000000	罗马	2960000
加尔各答	6900000	华盛顿	2957000
孟买	6610000	桑坦德	2900000
开罗	6600000	利马	2900000
汉城	5900000	曼彻斯特	2850000
鲁尔区	5450000	伊斯坦布尔	2825000
费城	5279000	悉尼	2780000
北京	4800000	哈尔滨	2750000
底特律	4720000	伯明翰	2705000
列宁格勒	4350000	蒙特利尔	2660000
马尼拉	4300000	武汉	2560000
雅加达	4300000	约翰内斯堡	2550000
代尔夫特	4300000	萨哈兰普尔	2550000

续表

城市	人口规模（人）	城市	人口规模（人）
多伦多	2495000	仰光	2250000
台南	2490000	亚历山德里亚	2250000
雅典	2450000	西柏林	2150000
墨尔本	2400000	巴格达	2138000
克莱蒙	2361000	卡托维兹	2065000
波哥大	2350000	匹兹堡	2045000
加拉加斯湾	2335000	南京	2000000
汉堡	2335000	沈阳	2000000
布达佩斯	2325000	布鲁塞尔	1990000
重庆	2300000	维琴察	1968000
广州	2300000	那不勒斯	1930000
斯利那加	2299000		

公元1975年

城市	人口规模（人）	城市	人口规模（人）
东京	23000000	马德拉斯	3600000
纽约	17100000	利马	3500000
大阪	15500000	西贡	3500000
墨西哥	11300000	仰光	3500000
莫斯科	10700000	巴塞罗那	3500000
伦敦	10500000	雅典	3300000
圣保罗	10000000	圣地亚哥	3200000
巴黎	9400000	伊斯坦布尔	3200000
洛杉矶	8900000	名古屋	3200000
布宜诺斯艾利斯	8400000	华盛顿	3100000
开罗	8400000	沈阳	3100000
里约热内卢	8300000	波哥大	3000000
上海	8000000	广州	3000000
加尔各答	7800000	约翰内斯堡	3000000
芝加哥	7600000	巴格达	2900000
孟买	7000000	武汉	2900000
汉城	6800000	悉尼	2900000
鲁尔区	5500000	亚历山德里亚	2800000
马尼拉	5400000	蒙特利尔	2800000
雅加达	5300000	伯明翰	2700000
费城	5200000	多伦多	2700000
北京	5200000	曼彻斯特	2700000
底特律	4800000	重庆	2600000
天津	4600000	墨尔本	2600000
卡拉奇	4400000	加拉加斯湾	2400000
旧金山	4400000	达拉斯	2400000
德里	4400000	釜山	2400000
曼谷	4300000	拉合尔	2400000
列宁格勒	4200000	迈阿密	2300000
德黑兰	4200000	克利夫兰	2300000
马德里	4100000	圣路易斯	2200000
香港	3900000	汉堡	2200000
波士顿	3800000	卡托维兹	2200000
米兰	3800000	金沙萨	2200000
罗马	3600000	累西腓	2100000

续表

城市	人口规模（人）	城市	人口规模（人）
布鲁塞尔	2100000	北九州	1480000
休斯敦	2100000	青岛	1473000
利兹	2000000	蒙得维的亚	1430000
匹兹堡	2000000	辛辛那提	1422000
兰州	2000000	坎普尔	1415000
布达佩斯	2000000	巴伊亚	1401000
艾哈迈达巴德	2000000	成都	1401000
西柏林	2000000	长春	1392000
南京	2000000	密尔沃基	1388000
台北	2000000	新西伯利亚	1385000
贝洛奥里藏特	2000000	巴库	1383000
班加罗尔	2000000	古比雪夫	1375000
顿涅茨克	1900000	纽卡斯尔	1360000
基辅	1900000	斯德哥尔摩	1357000
格拉斯哥	1900000	蒙特雷	1350000
明尼阿波利斯	1900000	麦德林	1350000
华沙	1900000	斯维尔德洛夫斯克	1345000
哈瓦那	1900000	浦那	1340000
那不勒斯	1900000	第聂伯罗彼得罗夫斯克	1320000
达卡	1900000	福塔莱萨	1317000
巴尔的摩	1800000	大邱	1311000
都灵	1800000	福冈	1300000
卡萨布兰卡	1800000	万隆	1300000
阿雷格里港	1800000	济南	1294000
西安	1800000	丹佛	1285000
阿姆斯特丹	1800000	昆明	1284000
哈尔滨	1800000	曼海姆	1275000
科隆	1800000	布拉格	1275000
大连	1800000	贝尔格莱德	1271000
阿尔及尔	1800000	郑州	1271000
海得拉巴	1700000	开普敦	1250000
圣迭戈	1700000	菲尼克斯	1250000
西雅图	1700000	特拉维夫	1250000
亚特兰大	1700000	鞍山	1247000
慕尼黑	1700000	札幌	1241000
泗水	1700000	堪萨斯城	1239000
高尔基	1700000	新库兹涅茨克	1200000
安卡拉	1600000	广岛	1200000
里斯本	1600000	抚顺	1196000
法兰克福	1600000	坦乔尔	1178000
维也纳	1600000	伏尔加格勒	1175000
利物浦	1600000	里昂	1170000
哈尔科夫	1600000	明斯克	1170000
塔什干	1600000	亚的斯亚贝巴	1161000
太原	1600000	温哥华	1151000
布加勒斯特	1500000	鹿特丹	1150000
布法罗	1500000	杜塞多夫	1150000
瓜达拉哈拉	1500000	第比利斯	1148000
河内	1500000	车里雅宾斯克	1140000
哥本哈根	1500000	包头	1135000
平壤	1500000	新奥尔良	1131000

续表

城市	人口规模（人）	城市	人口规模（人）
杭州	1112000	阿德莱德	899000
大马士革	1100000	合肥	899000
安特卫普	1097000	普罗维登斯	898000
东柏林	1094000	乌法	897000
唐山	1086000	洛阳	887000
波特兰	1077000	汉诺威	880000
那格浦尔	1075000	毕尔巴鄂	875000
马赛	1070000	里加	870000
拉各斯	1060000	路易斯维尔	867000
巴伦西亚	1050000	热那亚	865000
哈特福德	1048000	纽伦堡	860000
萨拉托夫	1040000	波尔图	860000
卡利	1035000	德班	860000
圣胡安	1027000	锦州	854000
勒克瑙	1020000	齐齐哈尔	854000
库里提巴	1013000	都柏林	850000
印第安纳波利斯	1010000	科伦坡	850000
敖德萨	1002000	伊巴丹	847000
海防	1000000	孟菲斯	846000
阿克拉	990000	吉林	845000
高雄	985000	吉隆坡	840000
罗斯托夫	982000	阿拉木图	838000
鄂木斯克	976000	罗彻斯特	838000
吉大港	970000	不来梅	830000
罗兹	970000	苏州	825000
索非亚	965000	海牙	820000
石家庄	960000	南昌	808000
布里斯班	958000	喀土穆	800000
哥伦布	953000	贝鲁特	800000
危地马拉	950000	的黎波里	800000
喀山	947000	赫尔辛基	800000
彼尔姆	942000	帕拉	800000
长沙	939000	科威特	800000
代顿	938000	仁川	799000
卡尔干	938000	奥克兰	796000
里尔	935000	马拉开波	790000
伍伯塔尔	950000	三宝垄	790000
淄博	927000	南宁	790000
圣安东尼奥	925000	珀斯	787000
圣多明各	922000	贵阳	784000
突尼斯	920000	基多	782000
华雷斯	915000	韦尔南	776000
棉兰	910000	诺福克	768000
埃里温	910000	巴西利亚	763000
瓜亚基尔	907000	伊兹密尔	760000
科尔多瓦	905000	仙台	760000
罗萨里奥	904000	徐州	758000
巴士拉	900000	福州	755000
费萨拉巴德	900000	巴兰基利亚	755000

续表

城市	人口规模（人）	城市	人口规模（人）
沃罗涅什	750000	贝拿勒斯	640000
圣萨尔瓦多	750000	帕特纳	635000
萨克拉门托	748000	萨格勒布	635000
扎波罗热	748000	布里斯托尔	635000
克拉诺亚尔斯克	747000	漳州	631000
拉巴特	745000	苏拉特	630000
奥尔巴尼	745000	克里沃罗格	629000
阿勒颇	740000	阿克伦	628000
莱比锡	730000	利沃夫	621000
格但斯克	730000	加的夫	615000
奥斯陆	725000	邯郸	615000
谢菲尔德	725000	波尔多	612000
贝尔法斯特	720000	圣贝纳迪诺	609000
拉瓦尔品第	720000	安曼	607000
静冈	711000	光州	604000
无锡	710000	开封	600000
摩苏尔	710000	自贡	600000
苏黎世	708000	罗安达	600000
俄斯特拉发	700000	萨罗尼加	600000
内罗毕	700000	杰克逊维尔	595000
本溪	697000	达喀尔	590000
呼和浩特	697000	图拉	590000
哥德堡	691000	巴罗达	588000
渥太华	690000	吉达	580000
利雅得	690000	米德尔斯伯勒	580000
俄克拉荷马城	689000	木尔坦	575000
马杜赖	685000	弗罗茨瓦夫	570000
阿比让	685000	雅罗斯拉夫尔	570000
火奴鲁鲁	685000	喀布尔	570000
塞维利亚	685000	索尔兹伯	569000
海得拉巴	680000	大不里士	568000
伯明翰	679000	卡拉干达	566000
乌鲁木齐	677000	温尼伯	565000
巴勒莫	572000	波兹南	565000
巨港	660000	托莱多	563000
克雷菲尔德	660000	纳什维尔	562000
佛罗伦萨	660000	盐湖城	561000
拉巴斯	660000	列日	560000
威斯巴登	657000	博洛尼亚	560000
西宁	654000	巴尔瑙尔	560000
印多尔	650000	奥马哈	558000
德累斯顿	650000	马那瓜	556000
爱丁堡	650000	太子港	550000
诺丁汉	650000	哥印拜陀	550000
阿格拉	650000	萨拉戈萨	549000
旧金山	650000	雪城	549000
伊斯法罕	648000	普雷斯顿	544000
考文垂	645000	安拉阿巴德	544000
马什哈德	643000	拉普拉塔	544000

续表

城市	人口规模（人）	城市	人口规模（人）
弗林特	541000	哈巴罗夫斯克	510000
贾巴尔普尔	540000	图卢兹	509000
望加锡	535000	符拉迪沃斯托克	508000
埃德蒙顿	530000	伊尔库茨克	507000
魁北克	530000	大田广域市	506000
克拉斯诺达尔	530000	斯普林菲尔德	506000
里士满	526000	奥兰多	505000
波恩	525000	伊泽夫斯克	502000
柯钦	525000	卢萨卡	501000
巴拿马	525000	岘港	500000
伊泽夫斯克	520000	亚松森	500000
阿伦敦	519000	科纳克里	500000
哥利亚尼亚	528000	扬斯敦	500000
达累斯萨拉姆	517000	金斯敦	500000
丹巴德	515000	海口	500000
哈密尔顿	515000	丹东	500000
冈山	513000		

3.2　公元1400—1875年，世界上人口最多的百座城市

公元1400年

城市	人口规模（人）	城市	人口规模（人）
南京	487000	设拉子	80000
毗奢耶那伽罗	400000	卡塔克	75000
开罗	360000	卡法	75000
巴黎	280000	君士坦丁堡	75000
杭州	235000	景德镇	75000
大不里士	150000	阿勒颇	75000
广州	150000	大马士革	74000
京都	150000	根特	70000
北京	150000	特莱姆森	70000
撒马尔罕	130000	布尔萨	70000
苏州	129000	阿斯卡波察尔科	66000—70000
非斯	125000	阿瑜陀耶	66000—70000
西安	115000	热那亚	66000
威尼斯	110000	泉州	65000
汉城	100000	佛罗伦萨	61000
布拉格	95000	奎隆	60000
格拉纳达	90000	肯帕德	60000
古尔伯加	90000	塞维利亚	60000
巴格达	90000	宁波	60000
达米埃塔	90000	扬州	60000
开封	90000	班杜瓦	60000
弗罗茨瓦夫	90000	布鲁日	60000
福州	81000	安尼华达	60000
米兰	80000	特斯科科	60000
鲁昂	80000	南昌	60000

续表

城市	人口规模（人）	城市	人口规模（人）
里斯本	55000	徐州	45000
太原	51000	博洛尼亚	43000
苏丹尼耶	50000	萨洛尼卡	42000
伦敦	50000	洛阳	40000—42000
马里	50000	比哈尔	40000—42000
维贾亚	50000	江布尔	40000—42000
奥约	50000	满者伯夷	40000
特拉卡	50000	加德满都	40000
突尼斯	50000	加奥	40000
里奥班巴	50000	果阿	40000
成都	50000	高尔	40000
霍尔木兹	50000	吴哥	40000
卡利卡特	50000	布哈拉	40000
特拉布宗	50000	亚历山大	40000
马拉喀什	50000	科隆	40000
卡拉曼	50000	那不勒斯	40000
勃固	50000	锦石	40000
阿瓦	50000	卡哈马基亚	40000
古斯	50000	麦加	40000
琅勃拉邦	50000	契托	40000
河内	46000	贝努贡达	40000
巴伦西亚	45000	布日伊	40000
托莱多	45000	卡马塔普尔	40000
诺夫哥罗德	45000	山口	40000

公元 1500 年

城市	人口规模（人）	城市	人口规模（人）
北京	672000	福州	83000
毗奢耶那伽罗	500000	特诺奇提特兰	80000
开罗	400000	莫斯科	80000
杭州	250000	德里	80000
大不里士	250000	根特	80000
君士坦丁堡	200000	开封	80000
高尔	200000	佛罗伦萨	70000
巴黎	185000	布拉格	70000
广州	150000	格拉纳达	70000
南京	147000	曼杜	70000
卡塔克	140000	阿勒颇	67000
非斯	130000	突尼斯	65000
阿德里安堡	127000	肯帕德	65000
西安	127000	弗罗茨瓦夫	64000
汉城	125000	热那亚	62000
阿瑜陀耶	125000	台北	61000
苏州	122000	加奥	60000
威尼斯	115000	奥约	60000
那不勒斯	114000	布鲁日	60000
艾哈迈达巴德	100000	艾哈迈德讷格尔	60000
米兰	89000	泉州	60000
成都	85000	扬州	60000

续表

城市	人口规模（人）	城市	人口规模（人）
设拉子	60000	特拉斯卡拉	40000
阿瓦	60000	刚果	40000
特斯科科	60000	马里	40000
大马士革	60000	布日伊	40000
西贡（胡志明）	60000	君士坦丁	40000
勃固	60000	焦特布尔	40000
吐鲁番	60000	克里莫纳	40000
里斯本	55000	萨洛尼卡	40000
徐州	55000	斯利那加	40000
博洛尼亚	55000	九江	40000
库斯科	50000	塔古斯特	40000
伦敦	50000	京都	40000
斯摩棱斯克	50000	琅勃拉邦	40000
安伯	50000	乌塔特兰	40000
布尔汉普尔	50000	济南	39000—40000
契托	50000	维罗纳	39000
卡诺	50000	巴勒莫	39000
马拉喀什	50000	莎车	38000—39000
特尔戈维什特	50000	科隆	38000
鲁昂	50000	费拉拉	38000
霍尔木兹	50000	罗马	38000
江布尔	50000	镇江	38000
萨德冈	50000	诺夫哥罗德	37000
布哈拉	50000	安特卫普	37000
若开	50000	洛韦	37000
南昌	50000	努佩	37000
塞维利亚	46000	乔卢拉	36000
普斯科夫	45000	达博伊	36000
特达	45000	布里	35000—36000
布尔萨	45000	霍伊	35000—36000
于斯屈布	45000	淮安	35000—36000
伊斯法罕	45000	长春	35000—36000
契卡洛夫斯科	45000	哈马丹	35000—36000
卡利卡特	42000	仙台	35000—36000
河内	40000—42000	淡目	35000—36000
平壤	40000—42000	山口	35000
马达班	40000—42000	雅典	35000
里昂	40000	亚历山大	35000
巴伦西亚	40000	长沙	35000
巴利亚多利德	40000	卡法	35000
布雷西亚	40000	托莱多	35000
比贾布尔	40000	特莱姆森	55000
贝努贡达	40000	奎隆	55000
果阿	40000	天王寺	55000
赫拉特	40000	穆罗	34000—55000
恩加扎尔加穆	40000	比哈尔	34000—55000
文莱	40000	阿尔达比勒	34000—55000
维也纳	40000	摩苏尔	34000—55000
钦春钱	40000	赖久尔	34000—55000

续表

城市	人口规模（人）	城市	人口规模（人）
克尔曼	34000—55000	锦石	30000
贝拿勒斯	34000—55000	马六甲州	30000
昆都士	34000—55000	博多	30000
麦加	34000	山田	30000
奥格斯堡	34000	占帕内尔	30000
木尔坦	34000	塞姆博拉	30000
漳州	33000—34000	休达	30000
伊费	33000—34000	坎纳诺尔	30000
苏恰瓦	33000	梅斯	30000
阿克苏姆	33000	襄阳	29000—30000
科恰班巴	33000	辽阳	29000—30000
比拉斯布尔	33000	塞林加帕坦	29000—30000
贝鲁尔	32000—33000	湘潭	29000
布尔日	32000	吕贝克	29000
贝宁	31000—32000	普罗夫迪夫	29000
瓜廖尔	31000—32000	帕多瓦	29000
马杜赖	31000—32000	巴塞罗那	29000
景德镇	31000—32000	加德满都	28000—29000
大理	31000—32000	奥兰多	28000
塔纳	31000—32000	戈比尔	28000
布道恩	31000—32000	柏崎市	28000
纽伦堡	31000	曼图亚	28000
布鲁塞尔	31000	奉天	27000—28000
墨西拿	31000	塔什干	27000—28000
古尔伯加	30000—31000	重庆	27000—28000
卡亚勒	30000—31000	合肥	27000—28000
钱德里	30000—31000	罗斯基勒	27000
南宁	30000—31000	西伯利亚	26000—27000
汉中	30000—31000	哈马	26000—27000
绍兴	30000—31000	戈尔	26000—27000
天津	30000—31000	马赫迪耶	26000—27000
荣枯	30000—31000	采法特	26000
东吁	30000—31000	卡拉曼	21000—26000
舍马罕	30000—31000	马什哈德	21000—26000
加兹温	30000—31000	达尔	21000—26000
士麦那	30000—31000	乌贾因	21000—26000
科尔多瓦	30000	比卡内尔	21000—26000
坂井	30000	道拉塔巴德	21000—26000
基尔瓦	30000	甘吉布勒姆	21000—26000
奥兰	30000	蒙吉尔	21000—26000
伊西姆切	30000	马图拉	21000—26000
梅克内斯	30000	比德尔	21000—26000
宁波	30000	帕特纳	21000—26000
但泽	30000	索纳尔冈	21000—26000
基多	30000	巴特冈	21000—26000
贝尔格莱德	30000	济宁	21000—26000
喀什	30000	咸阳	21000—26000
马赛	30000	荆州	21000—26000
特拉布宗	30000	婺城	21000—26000

城市	人口规模（人）	城市	人口规模（人）
大阪	21000—26000	列日	21000
达米埃塔	21000—26000	巴切沙雷	21000
吉大港	21000—26000	蒂奥	21000
廷巴克图	21000	塔扎	21000
图卢兹	21000	保定	21000
卡昂	21000	赛里斯	21000
维尔纳	21000	鹿儿岛	21000
松都	21000	特里凡得琅	21000
海得拉巴	21000	安诺吉	21000
皮亚琴察	21000		

公元1600年

城市	人口规模（人）	城市	人口规模（人）
北平	706000	莫斯科	80000
君士坦丁堡	700000	海得拉巴	80000
阿格拉	500000	帕特纳	80000
大阪	360000	山口	80000
京都	300000	拉杰马哈尔	80000
杭州	270000	开封	80000
巴黎	245000	马德里	80000
那不勒斯	224000	太原	79000
开罗	200000	福州	78000
比贾布尔	200000	武昌	75000
建康	194000	苏拉特	75000
艾哈迈达巴德	190000	景德镇	75000
伦敦	187000	阿尔及尔	75000
广州	180000	艾哈迈德讷格尔	75000
威尼斯	151000	乌代布尔	72000
阿德里安堡	150000	乌贾因	70000
西安	138000	布尔萨	70000
苏州	134000	肯帕德	70000
塞维利亚	126000	格拉纳达	68000
马拉喀什	125000	热那亚	65000
布拉格	110000	徐州	65000
米兰	107000	佛罗伦萨	65000
波托西	105000	果阿	63000
巴勒莫	105000	墨西拿	63000
罗马	102000	博洛尼亚	62000
里斯本	100000	巴伦西亚	61000
伊斯法罕	100000	阿勒颇	61000
骏府城	100000	鲁昂	60000
成都	100000	贝努贡达	60000
阿瑜陀耶	100000	卡塔克	60000
非斯	100000	恩加扎尔加穆	60000
布哈拉	100000	加兹温	60000
若开	90000	大马士革	60000
长春	85000	扎里尔	60000
大不里士	80000	奥约	60000

续表

城市	人口规模（人）	城市	人口规模（人）
江户	60000	贝宁	50000
布加勒斯特	60000	安伯	50000
胡格利	60000	马杜赖	50000
布尔萨	60000	突尼斯	50000
东吁	60000	布尔汉普尔	50000
墨西哥	58000	萨洛尼卡	50000
托莱多	57000	第乌	50000
扬州	56000	万丹	50000
泉州	54000	泗水	50000
柯钦	50000	金泽	50000
维罗纳	50000	博多	50000
斯摩棱斯克	50000	宁波	50000
麦加	50000	但泽	49000
于斯屈布	50000	阿姆斯特丹	48000
厦门	50000	伊凯里	48000
顺化	50000	安特卫普	48000

公元 1700 年

城市	人口规模（人）	城市	人口规模（人）
君士坦丁堡	700000	马德里	105000
江户	688000	维也纳	105000
北平	650000	帕特纳	100000
伦敦	550000	景德镇	100000
巴黎	530000	里昂	97000
艾哈迈达巴德	380000	阿尔及尔	85000
大阪	380000	阿德里安堡	85000
伊斯法罕	350000	墨西哥	85000
京都	350000	波托西	82000
杭州	303000	塞维利亚	80000
阿姆斯特丹	210000	拉萨	80000
那不勒斯	207000	都柏林	80000
广州	200000	布哈拉	80000
奥兰加巴德	200000	非斯	80000
里斯本	188000	大不里士	75000
开罗	175000	马赛	75000
西安	167000	阿瓦	75000
汉城	158000	贝拿勒斯	75000
达卡	150000	徐州	75000
阿瑜陀耶	150000	贡德尔	72000
威尼斯	143000	宁波	70000
东吴	140000	梅克内斯	70000
建康	140000	贝德努尔	70000
罗马	138000	阿格拉	70000
士麦那	135000	大马士革	70000
斯利那加	125000	布鲁塞尔	70000
巴勒莫	125000	若开	70000
莫斯科	114000	天津	70000
米兰	113000	突尼斯	69000
武昌	110000	佛罗伦萨	68000

城市	人口规模（人）	城市	人口规模（人）
镇江	68000	里尔	55000
阿勒颇	67000	鹿特丹	55000
福州	67000	平壤	55000
金泽	67000	安伯	54000
安特卫普	67000	拉合尔	54000
热那亚	67000	乌代布尔	54000
名古屋	65000	鹿儿岛	51000
鲁昂	63000	麦加	50000
汉堡	63000	卡西姆巴扎尔	50000
普埃布拉	63000	塞拉	50000
博洛尼亚	63000	苏拉特	50000
哥本哈根	62000	但泽	50000
仙台	61000	成都	50000
加兹温	60000	佛山	50000
布尔萨	60000	布加勒斯特	50000
塞林加帕坦	60000	恩加扎尔加穆	50000
卡齐纳	60000	维罗纳	50000
德里	60000	奥约	50000
乌贾因	60000	巴格达	50000
长沙	60000	扎里尔	50000
厦门	60000	钱达	50000
长崎	59000	淮安	50000
莱顿	55000	根特	49000
广岛	55000	斯德哥尔摩	48000
顺化	55000	布拉格	48000
济南	55000	阿钦	48000
台北	55000	哈勒姆	48000

公元1750年

城市	人口规模（人）	城市	人口规模（人）
北平	900000	维也纳	169000
江户	694000	阿瑜陀耶	160000
塞拉	676000	威尼斯	158000
君士坦丁堡	625000	德里	150000
巴黎	556000	罗马	146000
大阪	413000	莫斯科	146000
佛山	400000	武昌	136000
京都	362000	景德镇	136000
恩加扎尔加穆	340000	士麦那	130000
那不勒斯	310000	焦特布尔	129000
阿姆斯特丹	219000	都柏林	125000
里斯本	213000	贝拿勒斯	125000
扎里尔	200000	里昂	115000
西安	195000	柏林	113000
汉城	187000	巴勒莫	111000
穆尔斯希达巴德	180000	贝拿勒斯	110000
开罗	175000	马德里	110000
海得拉巴	175000	加尔各答	110000
苏州	173000	墨西哥	102000

续表

城市	人口规模（人）	城市	人口规模（人）
艾哈迈达巴德	101000	博洛尼亚	66000
斯利那加	100000	巴格达	65000
达卡	100000	平壤	65000
建康	100000	里尔	62000
金德讷格尔	95000	那格浦尔	61000
斋浦尔	90000	波尔多	60000
名古屋	90000	厦门	60000
苏拉特	85000	上海	60000
福州	83000	法扎巴德	60000
阿德里安堡	82000	阿瓦	60000
天津	80000	非斯	60000
佛山	80000	加的斯	60000
镇江	80000	斯德哥尔摩	60000
哥本哈根	79000	德累斯顿	60000
开封	78000	松格阿德	60000
孟买	77000	阿格拉	60000
宁波	76000	帕特纳	60000
坎大哈	75000	塞林加帕坦	60000
奥约	75000	锡拉	60000
阿尔及尔	75000	布哈拉	60000
大马士革	75000	济南	60000
卡齐纳	75000	台北	60000
徐州	75000	法鲁卡巴德	60000
贝德努尔	75000	布拉格	58000
成都	74000	鹿儿岛	57000
圣彼得堡	74000	和歌山	56000
佛罗伦萨	74000	巴塞罗那	55000
热那亚	72000	布鲁塞尔	55000
汉堡	72000	布尔萨	55000
马赛	71000	扬州	55000
阿勒颇	70000	爱丁堡	55000
苏拉卡尔塔	70000	马德拉斯	55000
长沙	70000	普埃布拉	53000
突尼斯	68000	都灵	52000
塞维利亚	68000	柯尼斯堡	52000
顺化	67000	广岛	52000
鲁昂	66000	布雷斯劳	51000
仙台	66000	萨卡特卡斯	50000
金泽	66000	马尼拉	50000

公元1825年

城市	人口规模（人）	城市	人口规模（人）
北平	1350000	杭州	410000
伦敦	1335000	京都	350000
广州	900000	那不勒斯	350000
巴黎	855000	大阪	350000
江户	732000	苏州	302000
君士坦丁堡	675000	勒克瑙	300000
圣彼得堡	438000	维也纳	288000

续表

城市	人口规模（人）	城市	人口规模（人）
西安	259000	利兹	98000
里斯本	258000	苏拉卡尔塔	97000
莫斯科	257000	热那亚	95000
开罗	233000	长沙	95000
柏林	222000	兰州	95000
海得拉巴	214000	马赛	93000
帕特纳	207000	巴塞罗那	93000
马德里	201000	名古屋	93000
阿姆斯特丹	196000	里约热内卢	91000
都柏林	194000	都灵	90000
汉城	188000	突尼斯	90000
加尔各答	183000	巴罗达	90000
贝拿勒斯	182000	马尼拉	90000
曼彻斯特	178000	金泽	90000
格拉斯哥	173000	佛罗伦萨	89000
马德拉斯	172000	波尔多	88000
利物浦	170000	阿德里安堡	88000
纽约	170000	加的斯	88000
武昌	170000	布达佩斯	87000
景德镇	167000	艾哈迈达巴德	87000
墨西哥	165000	鲁昂	87000
孟买	162000	布鲁塞尔	86000
佛山	160000	阿瓦	85000
米兰	156000	谢菲尔德	85000
天津	155000	开封	85000
福州	155000	塞维利亚	83000
巴勒莫	154000	波士顿	81000
穆尔斯希达巴德	153000	宁波	81000
成都	150000	非斯	80000
德里	150000	埃尔祖鲁姆	80000
爱丁堡	145000	浦那	80000
里昂	141000	布雷斯劳	79000
费城	138000	斯德哥尔摩	79000
苏拉特	138000	波尔图	79000
士麦那	135000	科克	76000
汉堡	130000	河内	75000
罗马	125000	徐州	75000
华沙	124000	贵阳	75000
伯明翰	122000	南特	72000
那格浦尔	115000	鹿儿岛	72000
上海	115000	伊费	72000
哥本哈根	108000	巴伊亚	70000
巴格达	105000	巴拉特布尔	70000
布里斯托尔	105000	曼谷	70000
哈瓦那	104000	鹿特丹	70000
大马士革	100000	布哈拉	70000
威尼斯	99000	巴尔的摩	69000
布拉格	98000	厦门	69000

公元1850年

城市	人口规模（人）	城市	人口规模（人）
伦敦	2320000	景德镇	170000
北京	1648000	巴尔的摩	169000
巴黎	1314000	巴塞罗那	166000
广州	875000	里约热内卢	166000
君士坦丁堡	785000	华沙	163000
江户	780000	罗马	158000
纽约	645000	曼谷	158000
孟买	575000	布达佩斯	156000
圣彼得堡	502000	德里	156000
柏林	446000	士麦那	150000
杭州	434000	布里斯托尔	150000
维也纳	426000	谢菲尔德	143000
费城	426000	波尔多	142000
利物浦	425000	威尼斯	141000
那不勒斯	413000	马赛	139000
加尔各答	413000	亚历山大	138000
曼彻斯特	412000	哥本哈根	135000
莫斯科	373000	新奥尔良	132000
格拉斯哥	345000	哈瓦那	131000
苏州	330000	辛辛那提	130000
京都	323000	班加罗尔	130000
大阪	320000	高尔基	125000
马德拉斯	310000	布拉格	117000
勒克瑙	300000	塞维利亚	117000
伯明翰	294000	金泽	116000
西安	275000	慕尼黑	115000
都柏林	263000	布雷斯劳	115000
里斯本	262000	马尼拉	114000
开罗	256000	伍尔弗汉普顿	114000
帕特纳	226000	鹿特丹	112000
阿姆斯特丹	225000	那格浦尔	111000
里昂	220000	纽卡斯尔	110000
马德里	216000	热那亚	110000
布鲁塞尔	210000	坎普尔	108000
波士顿	209000	大马士革	108000
海得拉巴	200000	阿格拉	108000
成都	200000	佛罗伦萨	107000
天津	195000	累西腓	106000
汉堡	194000	鲁昂	104000
爱丁堡	191000	安特卫普	103000
武昌	185000	苏拉卡尔塔	103000
瓦拉纳西	185000	阿姆利则	101000
上海	185000	巴雷利	101000
利兹	184000	巴伦西亚	100000
汉城	183000	长沙	100000
米兰	182000	兰州	100000
福州	175000	斋浦尔	100000
佛山	175000	巴罗达	100000
墨西哥城	170000	普利茅斯	100000
巴勒莫	170000	巴伊亚	100000

公元1875年

城市	人口规模（人）	城市	人口规模（人）
伦敦	4241000	成都	240000
巴黎	2250000	巴塞罗那	240000
纽约	1900000	布拉格	240000
柏林	1045000	布雷斯劳	239000
维也纳	1020000	京都	238000
北平	900000	福州	230000
君士坦丁堡	873000	波尔多	228000
费城	791000	帕特纳	227000
东京	780000	哈瓦那	225000
圣彼得堡	764000	马赛	224000
孟买	718000	墨尔本	222000
加尔各答	680000	旧金山	214000
广州	670000	布宜诺斯艾利斯	213000
利物浦	650000	亚历山大	212000
格拉斯哥	635000	新奥尔良	210000
莫斯科	600000	莱比锡	209000
曼彻斯特	590000	匹兹堡	205000
波士顿	486000	曼谷	200000
伯明翰	480000	布里斯托尔	200000
那不勒斯	450000	曼德勒	200000
芝加哥	405000	武昌	200000
马德拉斯	400000	杭州	200000
马德里	373000	慕尼黑	198000
里昂	356000	德累斯顿	197000
开罗	355000	汉城	196000
海得拉巴	350000	高尔基	192000
汉堡	348000	敖德萨	190000
圣路易斯	338000	巴勒莫	188000
都柏林	333000	贝尔法斯特	187000
布鲁塞尔	327000	纽卡斯尔	185000
布达佩斯	325000	贝拿勒斯	183000
大阪	320000	安特卫普	178000
华沙	311000	里尔	177000
利兹	300000	布加勒斯特	174000
巴尔的摩	299000	佛罗伦萨	172000
谢菲尔德	292000	士麦那	170000
阿姆斯特丹	289000	鹿特丹	170000
辛辛那提	280000	布拉德福德	167000
勒克瑙	276000	伍珀塔尔	167000
里约热内卢	274000	科隆	166000
爱丁堡	273000	悉尼	165000
米兰	267000	宁波	162000
上海	255000	华盛顿	160000
罗马	251000	热那亚	160000
西安	250000	德里	159000
天津	250000	阿格拉	153000
墨西哥城	250000	斯德哥尔摩	150000
里斯本	243000	苏州	150000
哥本哈根	241000	长沙	150000

续表

城市	人口规模（人）	城市	人口规模（人）
佛山	150000	大不里士	140000
巴伦西亚	150000	斋浦尔	139000
安拉阿巴德	148000	布法罗	136000
班加罗尔	147000	斯利那加	135000
阿姆利则	145000	巴伊亚	135000
鲁贝	144000	邓迪	135000
马尼拉	140000	里加	135000
朴茨茅斯	140000	大马士革	135000

超过特定人口规模的城市数量分布（座）

时间（年）	超过100000人	超过200000人	超过500000人	超过1000000人	超过10000000人
前1360	1	—	—	—	—
前650	1	—	—	—	—
前430	7	1	—	—	—
前200	8	5	—	—	—
100	8	4	—	—	—
361	8	3	—	—	—
622	7	5	1	—	—
800	11	6	2	—	—
1000	12	4	—	—	—
1200	19	3	—	—	—
1400	15	5	—	—	—
1500	20	7	2	—	—
1600	32	10	3	—	—
1700	34	14	5	—	—
1800	50	17	6	1	—
1850	100	37	9	3	—
1900	287	142	43	16	—
1950	约900	439	156	67	1
1975	约2300	约1000	422	191	7

3.3 公元前1360—公元1975年，世界上人口最多的8座~12座城市

公元前1360年

城市	人口规模（人）	城市	人口规模（人）
伊赫贝斯	80000	阿玛纳	30000
波格斯凯	45000	赫利奥波利斯	30000
德班	40000	迈锡尼	30000
梅勒	32000	克雷菲尔德	30000

公元前430年

城市	人口规模（人）	城市	人口规模（人）
巴比伦	200000	悉尼	125000
燕下都	180000	梅勒	100000
雅典	155000	洛阳	100000

续表

城市	人口规模（人）	城市	人口规模（人）
帕特纳	100000	薛国都城	75000
迦太基	80000	苏萨	70000
埃克巴坦那	90000	科孚	70000

公元 100 年

城市	人口规模（人）	城市	人口规模（人）
罗马	450000	阿努拉德普勒	130000
洛阳	420000	帕维亚	120000
塞琉西亚	250000	迦太基	100000
亚历山德里亚	250000	士麦那	90000
安条克	150000		

公元 622 年

城市	人口规模（人）	城市	人口规模（人）
克罗顿	500000	卑谬	100000
长安	400000	成都	81000
君士坦丁堡	350000	阿勒颇	72000
洛阳	200000	瓦塔比	70000
亚历山德里亚	105000		

公元 1000 年

城市	人口规模（人）	城市	人口规模（人）
科尔多瓦	450000	巴格达	125000
甘吉布勒姆	400000	内沙布尔	125000
开封	400000	瓜廖尔	110000
昂热	200000	雷伊	100000
京都	175000	伊斯法罕	100000
开罗	135000	安尼华达	100000

公元 1300 年

城市	人口规模（人）	城市	人口规模（人）
杭州	432000	广州	150000
北京	401000	大不里士	125000
开罗	400000	西安	118000
巴黎	228000	威尼斯	110000
镰仓	200000	大马士革	108000
非斯	150000	君士坦丁堡	100000

公元 1450 年

城市	人口规模（人）	城市	人口规模（人）
北京	600000	格拉纳达	165000
毕万达	455000	南京	150000
开罗	380000	京都	150000
杭州	250000	戈尔	150000
大不里士	200000	巴黎	150000
广州	175000	布尔萨	130000

公元 1575 年

城市	人口规模（人）	城市	人口规模（人）
北京	706000	那不勒斯	215000
君士坦丁堡	680000	阿格拉	200000
京都	300000	南京	188000
开罗	275000	勃固	175000
韩国汉阳	260000	阿德里安堡	171000
巴黎	220000	广州	170000

公元 1700 年

城市	人口规模（人）	城市	人口规模（人）
君士坦丁堡	700000	大阪	380000
江户	688000	伊斯法罕	350000
北京	650000	京都	350000
伦敦	550000	杭州	303000
巴黎	530000	阿姆斯特丹	220000
艾哈迈达巴德	380000	那不勒斯	207000

公元 1861 年

城市	人口规模（人）	城市	人口规模（人）
伦敦	2803000	江户	785000
巴黎	1800000	孟买	730000
北京	1300000	维琴察	670000
纽约	1295000	费城	590000
广州	850000	柏林	582000
君士坦丁堡	820000	加尔各答	545000

公元 1925 年

城市	人口规模（人）	城市	人口规模（人）
纽约	7774000	鲁尔区	3400000
伦敦	7742000	布宜诺斯艾利斯	2410000
东京	5300000	大阪	2219000
巴黎	4800000	费城	2085000
柏林	4013000	维琴察	1865000
芝加哥	3564000	波士顿	1764000

公元 1975 年

城市	人口规模（人）	城市	人口规模（人）
东京	23000000	伦敦	10500000
墨西哥	17150000	布宜诺斯艾利斯	10041000
大阪	15500000	巴黎	9400000
桑托斯	11339000	里约热内卢	8498000
莫斯科	10700000	开罗	8400000

3.4 公元前 3100 年以来，世界上人口最多的城市

城市名称	时间（年）	说明
孟菲斯	前 3100	—
阿卡德	前 2240	—

续表

城市名称	时间（年）	说明
拉格什	前 2075	—
乌尔	前 2030	—
塔内瑟尔	前 1980	—
巴比伦	前 1770	首次超过 200000 人
阿瓦里斯	前 1670	—
孟菲斯	前 1557	—
底比斯	前 1400	—
尼尼微	前 668	—
巴比伦	前 612	—
亚历山大	前 320	—
帕特纳	前 300	—
长安	前 195	首次超过 1000000 人
罗马	前 25	—
君士坦丁堡	340	—
泰西封	570	—
长安	637	—
巴格达	775	—
科尔多瓦	935	—
开封	1013	—
君士坦丁堡	1127	—
梅尔夫	1145	—
君士坦丁堡	1153	—
非斯	1170	—
杭州	1180	—
开罗	1315	—
杭州	1348	—
南京	1358	—
北京	1425	—
君士坦丁堡	1650	—
北京	1710	首次超过 5000000 人
伦敦	1825	首次超过 10000000 人
纽约	1925	首次超过 20000000 人
东京	1965	—

3.5 公元 800—1975 年，各大洲人口最多的 2 座~6 座城市

公元 800 年

【非洲】			
城市	人口规模（人）	城市	人口规模（人）
福斯塔特	100000	加奥	72000
亚历山德里亚	95000	古斯	40000
凯鲁万	80000		

【亚洲】			
城市	人口规模（人）	城市	人口规模（人）
巴格达	700000	京都	200000
长安	600000	巴士拉	100000
洛阳	200000	拉萨	100000

【欧洲】			
城市	人口规模（人）	城市	人口规模（人）
君士坦丁堡	300000	萨罗尼加	40000
科尔多瓦	160000	塞维利亚	35000
罗马	50000	普利斯卡	34000

【北美洲】			
城市	人口规模（人）	城市	人口规模（人）
君士坦丁堡	>40000	塔金	40000
托兰	>40000	蒂卡尔	40000

公元 1000 年

【非洲】			
城市	人口规模（人）	城市	人口规模（人）
开罗	135000	凯鲁万	80000
提尼斯	83000	古斯	45000

【亚洲】			
城市	人口规模（人）	城市	人口规模（人）
开封	400000	巴格达	125000
吴哥	200000	内沙布尔	125000
京都	175000	哈萨	110000

【欧洲】			
城市	人口规模（人）	城市	人口规模（人）
科尔多瓦	450000	巴勒莫	75000
君士坦丁堡	300000	基辅	45000
塞维利亚	90000	威尼斯	45000

【北美洲】			
城市	人口规模（人）	城市	人口规模（人）
托兰	>50000	塔金	50000

公元 1200 年

【非洲】			
城市	人口规模（人）	城市	人口规模（人）
非斯	200000	大马士革	100000
开罗	200000	拉巴特	50000
马拉喀什	150000	亚历山大	50000

【亚洲】			
城市	人口规模（人）	城市	人口规模（人）
杭州	255000	吴哥	150000
蒲甘	180000	北京	130000
镰仓	175000	南京	130000

续表

【欧洲】			
城市	人口规模（人）	城市	人口规模（人）
君士坦丁堡	150000	巴黎	110000
巴勒莫	150000	威尼斯	70000
塞维利亚	150000	米兰	60000

【北美洲】			
城市	人口规模（人）	城市	人口规模（人）
特纳尤卡	50000	玛雅潘	25000
特斯科科	25000—50000		

公元1300年

【非洲】			
城市	人口规模（人）	城市	人口规模（人）
开罗	400000	马拉喀什	75000
非斯	160000	亚历山大	65000
达米埃塔	90000		

【亚洲】			
城市	人口规模（人）	城市	人口规模（人）
杭州	432000	广州	150000
北京	401000	大不里士	150000
镰仓	200000	南京	132000

【欧洲】			
城市	人口规模（人）	城市	人口规模（人）
巴黎	228000	拔都萨莱	100000
威尼斯	110000	格拉纳达	90000
君士坦丁堡	100000	塞维利亚	90000

【北美洲】			
城市	人口规模（人）	城市	人口规模（人）
特斯科科	50000	玛雅潘	25000

【南美洲】			
城市	人口规模（人）	城市	人口规模（人）
基多	30000	里奥班巴	30000

公元1400年

【非洲】			
城市	人口规模（人）	城市	人口规模（人）
开罗	360000	特莱姆森	70000
非斯	125000	马里	50000
达米埃塔	80000	奥约	50000

【亚洲】			
城市	人口规模（人）	城市	人口规模（人）
南京	487000	广州	200000
毗奢耶那伽罗	400000	大不里士	150000
杭州	235000	北京	150000

【欧洲】			
城市	人口规模（人）	城市	人口规模（人）
巴黎	228000	格拉纳达	90000
威尼斯	110000	米兰	80000
布拉格	95000	鲁昂	80000

【北美洲】			
城市	人口规模（人）	城市	人口规模（人）
特斯科科	60000	玛雅潘	25000
乌塔特兰	30000		

【南美洲】			
城市	人口规模（人）	城市	人口规模（人）
里奥班巴	50000	昌昌	25000
卡哈马基亚	40000		

公元1500年

【非洲】			
城市	人口规模（人）	城市	人口规模（人）
开罗	450000	加奥	60000
非斯	130000	奥约	60000
突尼斯	65000	卡诺	50000

【亚洲】			
城市	人口规模（人）	城市	人口规模（人）
北京	672000	大不里士	250000
毗奢耶那伽罗	500000	高尔	200000
杭州	250000	广州	150000

【欧洲】			
城市	人口规模（人）	城市	人口规模（人）
君士坦丁堡	200000	威尼斯	115000
巴黎	185000	那不勒斯	114000
阿德里安堡	127000	米兰	89000

【北美洲】			
城市	人口规模（人）	城市	人口规模（人）
特诺奇提特兰	80000	特拉斯卡拉	40000
特斯科科	60000	乌塔特兰	40000
钦春钱	40000	乔卢拉	36000

【南美洲】			
城市	人口规模（人）	城市	人口规模（人）
库斯科	50000	博格利波尔	20000
基多	30000		

公元1600年

【非洲】			
城市	人口规模（人）	城市	人口规模（人）
开罗	200000	阿尔及尔	75000
马拉喀什	125000	恩加扎尔加穆	60000
非斯	100000	扎里尔	60000

【亚洲】			
城市	人口规模（人）	城市	人口规模（人）
北京	706000	京都	300000
阿格拉	500000	杭州	270000
大阪	360000	比贾布尔	200000

续表

【欧洲】			
城市	人口规模（人）	城市	人口规模（人）
君士坦丁堡	700000	伦敦	187000
巴黎	245000	威尼斯	151000
那不勒斯	224000	阿德里安堡	150000

【北美洲】			
城市	人口规模（人）	城市	人口规模（人）
墨西哥	58000	萨卡特卡斯	25000
普埃布拉	25000	塔亚萨尔	15000
危地马拉	25000	特拉斯卡拉	14000

【南美洲】			
城市	人口规模（人）	城市	人口规模（人）
波托西	105000	基多	20000
库斯科	24000	利马	14000
万卡韦利卡	20000	瓦曼加	14000

公元1700年

【非洲】			
城市	人口规模（人）	城市	人口规模（人）
开罗	175000	贡德尔	72000
阿尔及尔	85000	梅克内斯	70000
非斯	80000	突尼斯	69000

【亚洲】			
城市	人口规模（人）	城市	人口规模（人）
江户	688000	大阪	380000
北京	650000	伊斯法罕	350000
艾哈迈达巴德	380000	京都	350000

【欧洲】			
城市	人口规模（人）	城市	人口规模（人）
君士坦丁堡	700000	阿姆斯特丹	210000
伦敦	550000	那不勒斯	207000
巴黎	530000	里斯本	188000

【北美洲】			
城市	人口规模（人）	城市	人口规模（人）
墨西哥	85000	危地马拉	30000
普埃布拉	63000	哈瓦那	25000
萨卡特卡斯	35000	梅里达	23000

【南美洲】			
城市	人口规模（人）	城市	人口规模（人）
波托西	82000	库斯科	30000
利马	37000	基多	30000
奥鲁罗	35000	巴伊亚	26000

公元1800年

【非洲】			
城市	人口规模（人）	城市	人口规模（人）
开罗	186000	阿尔及尔	73000
突尼斯	90000	卡齐纳	70000
奥约	80000	阿尔卡拉瓦	50000

续表

【亚洲】			
城市	人口规模（人）	城市	人口规模（人）
北京	1100000	杭州	387000
广州	800000	大阪	383000
江户	694000	京都	377000

【欧洲】			
城市	人口规模（人）	城市	人口规模（人）
伦敦	861000	那不勒斯	430000
君士坦丁堡	570000	莫斯科	248000
巴黎	547000	里斯本	237000

【北美洲】			
城市	人口规模（人）	城市	人口规模（人）
墨西哥	128000	纽约	63000
费城	68000	哈瓦那	60000
普埃布拉	65000	瓜纳华托	53000

【南美洲】			
城市	人口规模（人）	城市	人口规模（人）
利马	54000	布宜诺斯艾利斯	34000
里约热内卢	44000	库斯科	34000
巴伊亚	43000	累西腓	31000

公元 1850 年

【非洲】			
城市	人口规模（人）	城市	人口规模（人）
开罗	256000	非斯	85000
亚历山大	138000	伊洛林	70000
突尼斯	90000	阿贝奥库塔	60000

【亚洲】			
城市	人口规模（人）	城市	人口规模（人）
北京	1648000	孟买	575000
广州	875000	杭州	434000
江户	780000	加尔各答	413000

【欧洲】			
城市	人口规模（人）	城市	人口规模（人）
伦敦	2340000	圣彼得堡	502000
巴黎	1314000	柏林	446000
君士坦丁堡	785000	维也纳	426000

【北美洲】			
城市	人口规模（人）	城市	人口规模（人）
纽约	645000	墨西哥	170000
费城	426000	巴尔的摩	169000
波士顿	209000	新奥尔良	132000

【南美洲】			
城市	人口规模（人）	城市	人口规模（人）
里约热内卢	166000	桑坦德	80000
累西腓	106000	布宜诺斯艾利斯	74000
巴伊亚	100000	利马	70000

续表

公元1900年

【非洲】			
城市	人口规模（人）	城市	人口规模（人）
开罗	595000	约翰内斯堡	173000
亚历山大	314000	突尼斯	156000
伊巴丹	204000	开普敦	148000

【亚洲】			
城市	人口规模（人）	城市	人口规模（人）
东京	1497000	大阪	970000
北京	1100000	孟买	785000
加尔各答	1085000	天津	700000

【欧洲】			
城市	人口规模（人）	城市	人口规模（人）
伦敦	6480000	维也纳	1698000
巴黎	3330000	圣彼得堡	1439000
柏林	2707000	曼彻斯特	1435000

【北美洲】			
城市	人口规模（人）	城市	人口规模（人）
纽约	4242000	波士顿	1075000
芝加哥	1717000	圣路易斯	614000
费城	1418000	匹兹堡	603000

【南美洲】			
城市	人口规模（人）	城市	人口规模（人）
布宜诺斯艾利斯	895000	蒙得维的亚	268000
里约热内卢	744000	圣保罗	239000
桑坦德	290000	巴伊亚	205000

公元1950年

【非洲】			
城市	人口规模（人）	城市	人口规模（人）
开罗	2750000	卡萨布兰卡	647000
约翰内斯堡	1520000	开普敦	565000
亚历山大	1100000	德班	470000

【亚洲】			
城市	人口规模（人）	城市	人口规模（人）
东京	7000000	大阪	3480000
上海	5406000	孟买	2680000
加尔各答	4800000	香港	2100000

【欧洲】			
城市	人口规模（人）	城市	人口规模（人）
伦敦	8860000	鲁尔区	4900000
巴黎	5900000	柏林	3707000
莫斯科	5100000	列宁格勒	2700000

【北美洲】			
城市	人口规模（人）	城市	人口规模（人）
纽约	12463000	费城	2900000
芝加哥	4906000	墨西哥	2872000
洛杉矶	3986000	底特律	2776000

续表

【南美洲】			
城市	人口规模（人）	城市	人口规模（人）
布宜诺斯艾利斯	5000000	圣地亚哥	1250000
里约热内卢	2866000	利马	892000
圣保罗	2227000	蒙得维的亚	797000

公元 1975 年

【非洲】			
城市	人口规模（人）	城市	人口规模（人）
开罗	8400000	金沙萨	2200000
约翰内斯堡	3000000	卡萨布兰卡	1800000
亚历山大	2800000	阿尔及尔	1800000

【亚洲】			
城市	人口规模（人）	城市	人口规模（人）
东京	23000000	加尔各答	7875000
大阪	15500000	汉城	7500000
上海	8000000	孟买	7500000

【欧洲】			
城市	人口规模（人）	城市	人口规模（人）
莫斯科	10700000	鲁尔区	5500000
伦敦	10500000	列宁格勒	4280000
巴黎	9400000	马德里	4150000

【北美洲】			
城市	人口规模（人）	城市	人口规模（人）
纽约	17150000	芝加哥	7655000
墨西哥	11339000	费城	5275000
洛杉矶	8960000	底特律	4800000

【南美洲】			
城市	人口规模（人）	城市	人口规模（人）
圣保罗	10041000	利摩日	3595000
布宜诺斯艾利斯	8498000	圣地亚哥	3262000
里约热内卢	8328000	波哥大	3025000

3.6　公元前 1360—公元 1975 年，世界上人口最多的 5 座~7 座城市

公元 1360 年

城市	人口规模（人）	城市	人口规模（人）
底比斯	80000	纳什维尔	32000
波格斯凯	45000	迈锡尼	30000
杜尔·库里加尔祖	40000	阿玛纳	30000

公元 650 年

城市	人口规模（人）	城市	人口规模（人）
尼尼微	120000	孟菲斯	60000—70000
临淄	80000	巴比伦	60000
洛阳	70000		

公元 430 年

城市	人口规模（人）	城市	人口规模（人）
巴比伦	200000	洛阳	125000
燕下都	180000	孟菲斯	100000
雅典	155000	帕特纳	100000
雪城	125000		

公元 200 年

城市	人口规模（人）	城市	人口规模（人）
长安	400000	迦太基	150000
帕特纳	350000	罗马	150000
亚历山大	300000	安条克	120000
塞琉西亚	200000		

公元 100 年

城市	人口规模（人）	城市	人口规模（人）
罗马	450000	安条克	150000
洛阳	420000	阿努拉德普勒	130000
塞琉西亚	250000	白沙瓦	120000
亚历山大	250000		

公元 361 年

城市	人口规模（人）	城市	人口规模（人）
君士坦丁堡	300000	南京	150000
泰西封	250000	安条克	150000
帕特纳	150000	亚历山大	125000
罗马	150000		

公元 622 年

城市	人口规模（人）	城市	人口规模（人）
泰西封	500000	卡瑙季	120000
长安	400000	卑谬	100000
君士坦丁堡	350000	亚历山大	94000
洛阳	200000		

公元 800 年

城市	人口规模（人）	城市	人口规模（人）
巴格达	700000	京都	200000
长安	600000	科尔多瓦	160000
洛阳	300000	巴士拉	100000
君士坦丁堡	250000		

公元 900 年

城市	人口规模（人）	城市	人口规模（人）
巴格达	900000	科尔多瓦	200000
长安	500000	亚历山大	175000
君士坦丁堡	300000	洛阳	150000
京都	200000		

公元 1000 年

城市	人口规模（人）	城市	人口规模（人）
科尔多瓦	450000	京都	175000
开封	400000	开罗	135000
君士坦丁堡	300000	巴格达	125000
吴哥	200000		

公元 1100 年

城市	人口规模（人）	城市	人口规模（人）
开封	442000	格利扬	150000
君士坦丁堡	200000	巴格达	150000
京都	175000	开罗	150000
马拉喀什	150000		

公元 1150 年

城市	人口规模（人）	城市	人口规模（人）
梅尔夫	200000	马拉喀什	150000
君士坦丁堡	200000	蒲甘	150000
开罗	175000	京都	150000
非斯	160000		

公元 1200 年

城市	人口规模（人）	城市	人口规模（人）
杭州	255000	镰仓	175000
非斯	200000	吴哥	150000
开罗	200000	君士坦丁堡	150000
蒲甘	180000		

公元 1300 年

城市	人口规模（人）	城市	人口规模（人）
杭州	432000	镰仓	200000
北京	401000	非斯	150000
开罗	400000	广州	150000
巴黎	228000		

公元 1400 年

城市	人口规模（人）	城市	人口规模（人）
南京	487000	杭州	235000
毗奢耶那伽罗	400000	大不里士	150000
开罗	400000	广州	150000
巴黎	280000		

公元 1500 年

城市	人口规模（人）	城市	人口规模（人）
北京	672000	大不里士	250000
毗奢耶那伽罗	500000	君士坦丁堡	200000
开罗	400000	高尔	200000
杭州	250000		

公元 1600 年

城市	人口规模（人）	城市	人口规模（人）
北京	706000	京都	300000
君士坦丁堡	700000	杭州	270000
阿格拉	500000	巴黎	245000
大阪	360000		

公元 1650 年

城市	人口规模（人）	城市	人口规模（人）
君士坦丁堡	700000	伦敦	410000
江户	500000	京都	390000
北京	470000	拉合尔	360000
巴黎	465000		

公元 1700 年

城市	人口规模（人）	城市	人口规模（人）
君士坦丁堡	700000	巴黎	530000
江户	688000	艾哈迈达巴德	380000
北京	650000	大阪	380000
伦敦	550000		

公元 1750 年

城市	人口规模（人）	城市	人口规模（人）
北京	900000	巴黎	556000
江户	694000	大阪	413000
伦敦	676000	广州	400000
君士坦丁堡	625000		

公元 1800 年

城市	人口规模（人）	城市	人口规模（人）
北京	1100000	君士坦丁堡	570000
伦敦	861000	巴黎	547000
广州	800000	那不勒斯	430000
江户	685000		

公元 1850 年

城市	人口规模（人）	城市	人口规模（人）
伦敦	2300000	君士坦丁堡	785000
北京	1648000	江户	780000
巴黎	1314000	纽约	645000
广州	875000		

公元 1875 年

城市	人口规模（人）	城市	人口规模（人）
伦敦	4241000	维也纳	1020000
巴黎	2250000	北京	900000
纽约	1900000	君士坦丁堡	873000
柏林	1045000		

公元 1900 年

城市	人口规模（人）	城市	人口规模（人）
伦敦	6480000	芝加哥	1717000
纽约	4242000	维琴察	1698000
巴黎	3330000	东京	1497000
柏林	2707000		

公元 1925 年

城市	人口规模（人）	城市	人口规模（人）
纽约	7774000	柏林	4013000
伦敦	7742000	芝加哥	3564000
东京	5300000	鲁尔区	3400000
巴黎	4800000		

公元 1950 年

城市	人口规模（人）	城市	人口规模（人）
纽约	12463000	上海	5406000
伦敦	8860000	莫斯科	5100000
东京	7000000	布宜诺斯艾利斯	5000000
巴黎	5900000		

公元 1975 年

城市	人口规模（人）	城市	人口规模（人）
东京	23000000	莫斯科	10700000
纽约	17150000	伦敦	10500000
大阪	15500000	圣保罗	10041000
墨西哥	11339000		

3.7　公元前 1360—公元 1968 年，世界上人口最多（含郊区人口在内）的 7 座 ~12 座城市

公元前 1360 年

城市	人口规模（人）	城市	人口规模（人）
底比斯	80000	迈锡尼	30000
波格斯凯	45000	阿玛纳	30000
杜尔·库里加尔祖	40000	赫利奥波利斯	30000
孟菲斯	32000	克诺索斯	30000

公元前 650 年

城市	人口规模（人）	城市	人口规模（人）
尼尼微	120000	镐赏弥	50000—60000
临淄	80000	米利都	50000
洛阳	70000	西贡	48000
孟菲斯	60000—70000	马里卜	45000
巴比伦	60000	耶路撒冷	45000

公元前 430 年

城市	人口规模（人）	城市	人口规模（人）
巴比伦	200000	洛阳	100000
燕下都	180000	孟菲斯	100000
雅典	155000	帕特纳	100000
雪城	125000		

公元 100 年

城市	人口规模（人）	城市	人口规模（人）
罗马	450000	阿努拉德普勒	130000
洛阳	420000	白沙瓦	120000
塞琉西亚	250000	迦太基	100000
亚历山大	250000	士麦那	90000
安条克	150000		

公元 361 年

城市	人口规模（人）	城市	人口规模（人）
君士坦丁堡	300000	亚历山大	125000
泰西封	250000	邺城	120000
帕特纳	150000	特奥蒂瓦坎	90000
罗马	150000	长安	80000
南京	150000	乌贾因	80000
安条克	150000	迦太基	80000

公元 622 年

城市	人口规模（人）	城市	人口规模（人）
泰西封	500000	亚历山大	94000
长安	400000	成都	81000
君士坦丁堡	350000	阿勒颇	72000
洛阳	200000	甘吉布勒姆	70000
卡瑙季	120000	瓦塔比	70000
卑谬	100000	马杜赖	70000

公元 900 年

城市	人口规模（人）	城市	人口规模（人）
巴格达	900000	洛阳	150000
长安	500000	福斯塔特	150000
君士坦丁堡	300000	曼尼亚凯塔	100000
京都	200000	凯鲁万	100000
科尔多瓦	200000	布哈拉	100000
亚历山德里亚	175000	雷伊	100000

公元 1200 年

城市	人口规模（人）	城市	人口规模（人）
杭州	255000	君士坦丁堡	150000
非斯	200000	巴勒莫	150000
开罗	200000	马拉喀什	150000
蒲甘	180000	塞维利亚	150000
镰仓	175000	北京	130000
吴哥	150000	南京	130000

公元 1500 年

城市	人口规模（人）	城市	人口规模（人）
北京	672000	高尔	200000
毗奢耶那伽罗	500000	巴黎	185000
开罗	400000	广州	150000
杭州	250000	南京	147000
大不里士	250000	卡塔克	140000
君士坦丁堡	200000	非斯	130000

公元 1700 年

城市	人口规模（人）	城市	人口规模（人）
君士坦丁堡	700000	大阪	380000
江户	688000	伊斯法罕	350000
北京	650000	京都	350000
伦敦	550000	杭州	303000
巴黎	530000	阿姆斯特丹	210000
艾哈迈达巴德	380000	那不勒斯	207000

公元 1800 年

城市	人口规模（人）	城市	人口规模（人）
北京	1000	那不勒斯	430000
伦敦	861000	杭州	387000
广州	800000	大阪	383000
江户	685000	京都	377000
君士坦丁堡	570000	莫斯科	248000
巴黎	547000	苏州	243000

公元 1850 年

城市	人口规模（人）	城市	人口规模（人）
伦敦	2320000	纽约	645000
北京	1648000	孟买	575000
巴黎	1314000	圣彼得堡	502000
广州	875000	柏林	446000
君士坦丁堡	785000	杭州	434000
江户	780000	维也纳	420000

公元 1900 年

城市	人口规模（人）	城市	人口规模（人）
伦敦	6480000	东京	1497000
纽约	4242000	圣彼得堡	1439000
巴黎	3330000	曼彻斯特	1435000
柏林	2707000	费城	1418000
芝加哥	1717000	伯明翰	1248000
维也纳	1698000	莫斯科	1120000

公元 1925 年

城市	人口规模（人）	城市	人口规模（人）
纽约	7774000	巴黎	4800000
伦敦	7742000	柏林	4013000
东京	5300000	芝加哥	3564000

城市	人口规模（人）	城市	人口规模（人）
鲁尔区	3400000	费城	2085000
布宜诺斯艾利斯	2410000	维也纳	1865000
大阪	2219000	波士顿	1764000

公元1968年

城市	人口规模（人）	城市	人口规模（人）
东京	20500000	布宜诺斯艾利斯	8600000
纽约	16900000	洛杉矶	8455000
伦敦	11025000	上海	7800000
大阪	10900000	芝加哥	7435000
莫斯科	9150000	墨西哥	7200000
巴黎	8850000	加尔各答	6700000

3.8 公元前430—公元1975年，世界上人口最多的10座~16座城市

公元前430年

城市	人口规模（人）	城市	人口规模（人）
巴比伦	200000	科林斯	75000
燕下都	180000	薛国都城	75000
雅典	155000	苏萨	70000
雪城	125000	苏州	60000
洛阳	100000	临淄	60000
帕特纳	100000	贝拿勒斯	54000
孟菲斯	100000	波斯波利斯	50000
埃克巴坦那	90000	潞城	50000

公元100年

城市	人口规模（人）	城市	人口规模（人）
罗马	450000	阿努拉德普勒	130000
洛阳	420000	白沙瓦	120000
塞琉西亚	250000	迦太基	100000
亚历山大	250000	士麦那	90000
安条克	150000	雅典	75000

公元925年

城市	人口规模（人）	城市	人口规模（人）
君士坦丁堡	300000	巴格达	110000
科尔多瓦	250000	布哈拉	100000
京都	200000	内沙布尔	100000
亚历山大	200000	雷伊	100000
洛阳	125000—200000	曼尼亚凯塔	100000
福斯塔特	125000	南京	100000
吴哥	125000	开封	100000

公元 1150 年

城市	人口规模（人）	城市	人口规模（人）
君士坦丁堡	200000	杭州	145000
梅尔夫	200000	吴哥	140000
开罗	175000	安尼华达	135000
非斯	160000	南京	130000
开封	150000	巴勒莫	125000
马拉喀什	150000	塞维利亚	125000
蒲甘	150000	提尼斯	125000
京都	150000	格利扬	125000

公元 1400 年

城市	人口规模（人）	城市	人口规模（人）
南京	487000	京都	150000
毗奢耶那伽罗	400000	北京	150000
开罗	360000	撒马尔罕	130000
巴黎	280000	苏州	122000
杭州	235000	西安	115000
大不里士	150000	威尼斯	110000
非斯	150000	汉城	100000
广州	150000	布拉格	95000

公元 1600 年

城市	人口规模（人）	城市	人口规模（人）
北京	706000	开罗	200000
君士坦丁堡	700000	比贾布尔	200000
阿格拉	500000	南京	194000
大阪	360000	艾哈迈达巴德	190000
京都	300000	伦敦	187000
杭州	270000	广州	180000
巴黎	245000	威尼斯	151000
那不勒斯	224000	阿德里安堡	150000

公元 1700 年

城市	人口规模（人）	城市	人口规模（人）
君士坦丁堡	700000	京都	350000
江户（东京）	688000	杭州	303000
北京	650000	阿姆斯特丹	210000
伦敦	550000	那不勒斯	207000
巴黎	530000	广州	200000
艾哈迈达巴德	380000	奥兰加巴德	200000
大阪	380000	里斯本	188000
伊斯法罕	350000	开罗	175000

公元 1800 年

城市	人口规模（人）	城市	人口规模（人）
北京	1100000	君士坦丁堡	570000
伦敦	861000	巴黎	547000
广州	800000	那不勒斯	430000
江户	685000	杭州	387000

续表

城市	人口规模（人）	城市	人口规模（人）
大阪	383000	勒克瑙	240000
京都	377000	里斯本	237000
莫斯科	248000	维也纳	231000
苏州	243000	西安	224000

公元 1900 年

城市	人口规模（人）	城市	人口规模（人）
伦敦	6480000	曼彻斯特	1435000
纽约	4241000	费城	1418000
巴黎	3330000	伯明翰市	1248000
柏林	2707000	莫斯科	1120000
芝加哥	1717000	北京	1100000
维也纳	1698000	加尔各答	1085000
东京	1497000	波士顿	1075000
圣彼得堡	1439000	格拉斯哥	1015000

公元 1975 年

城市	人口规模（人）	城市	人口规模（人）
东京	23000000	洛杉矶	8960000
纽约	17150000	布宜诺斯艾利斯	8498000
大阪	15500000	开罗	8400000
墨西哥城	11339000	里约热内卢	8328000
莫斯科	10700000	上海	8000000
伦敦	10500000	加尔各答	7875000
圣保罗	10041000	芝加哥	7655000
巴黎	9400000	孟买	7000000

3.9　公元 1650—1975 年，世界上人口最多的 15 座城市

公元 1650 年

城市	人口规模（人）	城市	人口规模（人）
君士坦丁堡	700000	大阪	346000
江户	500000	比贾布尔	340000
北京	470000	杭州	281000
巴黎	455000	艾哈迈达巴德	275000
伦敦	410000	那不勒斯	265000
京都	390000	广州	200000
拉合尔	360000	南京	178000
伊斯法罕	350000		

公元 1700 年

城市	人口规模（人）	城市	人口规模（人）
君士坦丁堡	700000	艾哈迈达巴德	380000
江户	688000	大阪	380000
北京	650000	伊斯法罕	350000
伦敦	550000	京都	350000
巴黎	530000	杭州	303000

城市	人口规模（人）	城市	人口规模（人）
阿姆斯特丹	210000	奥兰加巴德	200000
那不勒斯	207000	里斯本	188000
广州	200000		

公元 1750 年

城市	人口规模（人）	城市	人口规模（人）
北京	900000	杭州	340000
江户	688000	那不勒斯	310000
伦敦	676000	艾哈迈达巴德	219000
君士坦丁堡	625000	里斯本	213000
巴黎	556000	马什哈德	200000
大阪	413000	西安	195000
广州	400000	汉城	187000
京都	362000		

公元 1800 年

城市	人口规模（人）	城市	人口规模（人）
北京	1100000	大阪	383000
伦敦	861000	京都	377000
广州	800000	莫斯科	248000
江户	685000	苏州	243000
君士坦丁堡	570000	勒克瑙	240000
巴黎	547000	里斯本	237000
那不勒斯	430000	维也纳	231000
杭州	387000		

公元 1850 年

城市	人口规模（人）	城市	人口规模（人）
伦敦	2320000	圣彼得堡	502000
北京	1648000	柏林	446000
巴黎	1314000	杭州	434000
广州	875000	维也纳	426000
君士坦丁堡	785000	费城	426000
江户	780000	利物浦	422000
纽约	645000	那不勒斯	414000
孟买	575000		

公元 1875 年

城市	人口规模（人）	城市	人口规模（人）
伦敦	4241000	圣彼得堡	764000
巴黎	2250000	广州	750000
纽约	1900000	孟买	718000
柏林	1045000	加尔各答	680000
维也纳	1020000	利物浦	650000
北京	900000	格拉斯哥	635000
费城	791000	莫斯科	600000
京都	780000		

公元 1900 年

城市	人口规模（人）	城市	人口规模（人）
伦敦	6480000	曼彻斯特	1435000
纽约	4242000	费城	1418000
巴黎	3330000	伯明翰	1248000
柏林	2707000	莫斯科	1120000
芝加哥	1717000	北京	1100000
维也纳	1698000	加尔各答	1085000
京都	1497000	波士顿	1075000
圣彼得堡	1439000		

公元 1925 年

城市	人口规模（人）	城市	人口规模（人）
纽约	7774000	大阪	2219000
伦敦	7742000	费城	2085000
京都	5300000	维也纳	1865000
巴黎	4800000	波士顿	1764000
柏林	4013000	莫斯科	1764000
芝加哥	3564000	曼彻斯特	1725000
鲁尔区	3400000	伯明翰	1700000
布宜诺斯艾利斯	2410000		

公元 1950 年

城市	人口规模（人）	城市	人口规模（人）
纽约	12463000	鲁尔区	4900000
伦敦	8860000	加尔各答	4800000
京都	7000000	洛杉矶	3986000
巴黎	5900000	柏林	3707000
上海	5407000	大阪	3341000
莫斯科	5100000	费城	2900000
布宜诺斯艾利斯	5000000	墨西哥城	2872000
芝加哥	4906000		

公元 1975 年

城市	人口规模（人）	城市	人口规模（人）
京都	23000000	洛杉矶	8960000
纽约	17150000	布宜诺斯艾利斯	8498000
大阪	15500000	开罗	8400000
墨西哥城	11339000	里约热内卢	8328000
莫斯科	10700000	上海	8000000
伦敦	10500000	加尔各答	7875000
圣保罗	10041000	汉城	7500000
巴黎	9400000		

3.10 公元 1575—1975 年，世界上人口最多的 40 座城市

公元 1575 年

城市	人口规模（人）	城市	人口规模（人）
北京	706000	君士坦丁堡	680000

续表

城市	人口规模（人）	城市	人口规模（人）
京都	300000	伦敦	112000
开罗	275000	安特卫普	110000
杭州	260000	塞维利亚	100000
巴黎	220000	景德镇	100000
那不勒斯	215000	马拉喀什	100000
阿格拉	200000	非斯	100000
南京	188000	米兰	98000
勃固	175000	成都	95000
阿德里安堡	171000	山口	90000
广州	170000	里斯本	85000
艾哈迈达巴德	165000	布哈拉	85000
威尼斯	157000	开封	80000
比贾布尔	150000	太原	79000
大不里士	150000	布尔萨	76000
西安	135000	福州	76000
苏州	130000	加奥	75000
汉城	125000	坂井	75000
加兹温	120000	卡塔克	75000
波托西	120000	艾哈迈德讷格尔	75000

公元 1675 年

城市	人口规模（人）	城市	人口规模（人）
君士坦丁堡	750000	阿瑜陀耶	140000
江户	600000	威尼斯	138000
北京	560000	汉城	135000
巴黎	540000	苏州	132000
德里	500000	巴勒莫	128000
伦敦	485000	帕特纳	125000
京都	405000	里昂	117000
伊斯法罕	360000	马德里	115000
艾哈迈达巴德	350000	米兰	114000
大阪	350000	士麦那	111000
比贾布尔	300000	罗马	105000
杭州	289000	莫斯科	105000
阿姆斯特丹	195000	马德里	100000
里斯本	178000	阿德里安堡	100000
开罗	175000	阿格拉	100000
达卡	175000	阿尔及尔	90000
那不勒斯	170000	博克哈恩	85000
南京	165000	维也纳	85000
西安	152000	海得拉巴	80000
广州	150000	武昌	80000

公元 1775 年

城市	人口规模（人）	城市	人口规模（人）
北京	1000000	巴黎	600000
伦敦	710000	广州	600000
江户	690000	大阪	398000
君士坦丁堡	600000	京都	370000

续表

城市	人口规模（人）	城市	人口规模（人）
杭州	360000	威尼斯	151000
那不勒斯	355000	武昌	150000
里斯本	219000	景德镇	150000
开罗	215000	贝拿勒斯	150000
西安	210000	罗马	148000
阿姆斯特丹	209000	勒克瑙	145000
苏州	208000	塞林加帕坦	138000
穆尔斯希达巴德	208000	加尔各答	138000
维也纳	196000	都柏林	137000
汉城	190000	柏林	136000
莫斯科	177000	马德里	132000
德里	175000	士麦那	130000
阿瓦	170000	浦那	125000
圣彼得堡	164000	巴勒莫	123000
海得拉巴	155000	米兰	117000
里昂	151000	墨西哥城	113000

公元 1875 年

城市	人口规模（人）	城市	人口规模（人）
伦敦	4241000	芝加哥	405000
巴黎	2250000	马德拉斯	400000
纽约	1900000	马德里	373000
柏林	1045000	里昂	356000
维也纳	1020000	开罗	355000
北京	900000	海得拉巴	350000
君士坦丁堡	873000	汉堡	348000
费城	791000	圣路易斯	338000
东京	780000	都柏林	333000
圣彼得堡	764000	布鲁塞尔	327000
孟买	718000	布达佩斯	325000
加尔各答	680000	大阪	320000
广州	670000	华沙	311000
利物浦	650000	利兹	300000
格拉斯哥	635000	巴尔的摩	299000
莫斯科	600000	谢菲尔德	292000
曼彻斯特	590000	阿姆斯特丹	289000
波士顿	486000	辛辛那提	280000
伯明翰	480000	勒克瑙	276000
那不勒斯	450000	里约热内卢	274000

公元 1975 年

城市	人口规模（人）	城市	人口规模（人）
东京	23000000	巴黎	9400000
纽约	17150000	洛杉矶	8960000
大阪	15500000	布宜诺斯艾利斯	8498000
墨西哥城	11339000	开罗	8400000
莫斯科	10700000	里约热内卢	8328000
伦敦	10500000	上海	8000000
圣保罗	10041000	加尔各答	7875000

城市	人口规模（人）	城市	人口规模（人）
芝加哥	7655000	曼谷	4300000
孟买	7060000	列宁格勒	4280000
汉城	6889000	德黑兰	4210000
鲁尔区	5500000	马德里	4150000
马尼拉	5400000	香港	3900000
雅加达	5300000	波士顿	3855000
费城	5275000	米兰	3800000
北京	5200000	罗马	3600000
底特律	4800000	马德拉斯	3600000
天津	4657000	利马	3595000
卡拉奇	4465000	西贡	3500000
旧金山	4450000	仰光	3500000
德里	4400000	巴塞罗那	3500000

3.11 公元1825—1900年，世界上人口最多（含郊区人口在内）的60座城市

公元1825年

城市	人口规模（人）	城市	人口规模（人）
北京	1350000	利物浦	170000
伦敦	1335000	纽约	170000
广州	900000	武昌	170000
巴黎	855000	景德镇	167000
江户	732000	墨西哥城	165000
君士坦丁堡	675000	孟买	162000
圣彼得堡	438000	佛山	160000
杭州	410000	米兰	156000
京都	350000	天津	155000
那不勒斯	350000	福州	155000
大阪	350000	巴勒莫	154000
苏州	302000	穆尔斯希达巴德	153000
勒克瑙	300000	成都	150000
维也纳	288000	德里	150000
西安	259000	爱丁堡	145000
里斯本	258000	里昂	141000
莫斯科	257000	费城	138000
开罗	233000	苏拉特	138000
柏林	222000	士麦那	135000
海得拉巴	214000	汉堡	130000
帕特纳	207000	罗马	125000
马德里	201000	华沙	124000
阿姆斯特丹	196000	伯明翰	122000
都柏林	194000	那格浦尔	115000
汉城	188000	上海	115000
加尔各答	183000	哥本哈根	108000
瓦拉纳西	182000	巴格达	105000
曼彻斯特	178000	布里斯托尔	105000
格拉斯哥	173000	哈瓦那	104000
马德拉斯	172000	大马士革	100000

公元1850年

城市	人口规模（人）	城市	人口规模（人）
伦敦	2320000	阿姆斯特丹	225000
北京	1648000	里昂	220000
巴黎	1314000	马德里	216000
广州	875000	布鲁塞尔	210000
君士坦丁堡	785000	波士顿	209000
江户	780000	海得拉巴	200000
纽约	645000	成都	200000
孟买	575000	天津	195000
圣彼得堡	502000	汉堡	194000
柏林	446000	爱丁堡	191000
杭州	434000	武昌	185000
维也纳	426000	瓦拉纳西	185000
费城	426000	上海	185000
利物浦	425000	利兹	184000
那不勒斯	413000	汉城	183000
加尔各答	413000	米兰	182000
曼彻斯特	412000	福州	175000
莫斯科	373000	佛山	175000
格拉斯哥	345000	墨西哥	170000
苏州	330000	巴勒莫	170000
京都	523000	罗马	170000
大阪	320000	景德镇	170000
马德拉斯	310000	巴尔的摩	169000
勒克瑙	300000	巴塞罗那	167000
伯明翰	294000	里约热内卢	166000
西安	275000	华沙	163000
都柏林	263000	曼谷	158000
里斯本	262000	布达佩斯	156000
开罗	256000	德里	156000
帕特纳	226000	士麦那	150000

公元1875年

城市	人口规模（人）	城市	人口规模（人）
伦敦	4241000	曼彻斯特	590000
巴黎	2250000	波士顿	486000
纽约	1900000	伯明翰	480000
柏林	1045000	那不勒斯	450000
维也纳	1020000	芝加哥	405000
北京	900000	马德拉斯	400000
君士坦丁堡	873000	马德里	373000
费城	791000	里昂	356000
东京	780000	开罗	355000
圣彼得堡	764000	海得拉巴	350000
孟买	718000	汉堡	348000
加尔各答	680000	圣路易斯	338000
广州	670000	都柏林	333000
利物浦	650000	布鲁塞尔	327000
格拉斯哥	635000	布达佩斯	325000
莫斯科	600000	大阪	320000

续表

城市	人口规模（人）	城市	人口规模（人）
华沙	311000	墨西哥	250000
利兹	300000	里斯本	243000
巴尔的摩	299000	哥本哈根	241000
谢菲尔德	292000	成都	240000
阿姆斯特丹	289000	巴塞罗那	240000
辛辛那提	280000	布拉格	240000
勒克瑙	276000	布雷斯劳	239000
里约热内卢	274000	京都	238000
爱丁堡	273000	福州	230000
米兰	267000	波尔多	228000
上海	255000	帕特纳	227000
罗马	251000	哈瓦那	225000
西安	250000	马赛	224000
天津	250000	墨尔本	222000

公元1900年

城市	人口规模（人）	城市	人口规模（人）
伦敦	6480000	开罗	595000
纽约	4242000	广州	585000
巴黎	3330000	那不勒斯	563000
柏林	2707000	匹兹堡	562000
芝加哥	1717000	布鲁塞尔	561000
维也纳	1698000	巴塞罗那	552000
东京	1497000	德累斯顿	540000
圣彼得堡	1439000	马德里	539000
曼彻斯特	1435000	莱比锡	532000
费城	1418000	阿姆斯特丹	510000
伯明翰	1248000	里昂	508000
莫斯科	1120000	巴尔的摩	508000
北京	1100000	马德拉斯	505000
加尔各答	1085000	慕尼黑	499000
波士顿	1075000	米兰	491000
格拉斯哥	1015000	墨尔本	485000
大阪	970000	悉尼	478000
利物浦	940000	布拉格	474000
君士坦丁堡	900000	哥本哈根	462000
汉堡	895000	汉口	450000
布宜诺斯艾利斯	806000	敖德萨	449000
布达佩斯	785000	海得拉巴	445000
孟买	780000	旧金山	439000
鲁尔区	766000	罗马	438000
里约热内卢	744000	科隆	437000
华沙	724000	利兹	423000
天津	700000	布雷斯劳	422000
上海	619000	辛辛那提	417000
纽卡斯尔	615000	马赛	410000
圣路易斯	614000	谢菲尔德	403000

3.12 公元622—1900年，世界上人口最多的30座城市

公元622年

城市	人口规模（人）	城市	人口规模（人）
泰西封	500000	瓦拉纳西	65000
长安	400000	武昌	60000—65000
君士坦丁堡	350000	特奥蒂瓦坎	60000
洛阳	200000	平壤	60000
卡诺	120000	凯撒里亚	60000
卑谬	100000	杭州	60000
亚历山大	94000	庆州	50000—60000
成都	81000	飞鸟	50000—60000
阿勒颇	72000	毕万达	50000
甘吉布勒姆	70000	南京	50000
瓦塔比	70000	罗马	50000
马杜赖	70000	大马士革	50000
伊萨纳普	70000	埃泽萨	50000
阿努拉德普勒	70000	埃罗	50000
雷伊	65000—70000	耶路撒冷	50000

公元900年

城市	人口规模（人）	城市	人口规模（人）
巴格达	900000	吴哥	90000
长安	500000	苏州	81000
君士坦丁堡	300000	安尼华达	80000
京都	200000	卡瑙季	80000
科尔多瓦	200000	撒马尔罕	80000
亚历山德里亚	175000	杭州	75000
洛阳	150000	成都	75000
福斯塔特	150000	托兰	75000
曼尼亚凯塔	100000	久纳尔	65000—75000
凯鲁万	100000	武昌	65000—75000
布哈拉	100000	曼苏拉	65000
雷伊	100000	南京	60000—65000
内沙布尔	100000	普兰巴南	60000—65000
塔里	90000	扬州	60000

公元1150年

城市	人口规模（人）	城市	人口规模（人）
梅尔夫	200000	塞维利亚	125000
君士坦丁堡	200000	提尼斯	125000
开罗	175000	巴格达	100000
非斯	160000	北京	100000
马拉喀什	150000	大理	100000
蒲甘	150000	卡瑙季	92000
京都	150000	内沙布尔	90000
开封	150000	纳迪亚	80000—90000
杭州	145000	广州	80000
吴哥	140000	雷伊	80000
安尼华达	135000	布里	75000—80000
南京	130000	伊斯法罕	75000
巴勒莫	125000	苏州	72000
格利扬	125000		

公元 1400 年

城市	人口规模（人）	城市	人口规模（人）
南京	487000	布拉格	95000
毗奢耶那伽罗	450000	格拉纳达	90000
开罗	360000	古尔伯加	90000
巴黎	280000	巴格达	90000
杭州	235000	达米埃塔	90000
大不里士	150000	开封	90000
广州	150000	武昌	90000
京都	150000	福州	83000
北京	150000	米兰	80000
撒马尔罕	130000	鲁昂	80000
苏州	129000	设拉子	80000
非斯	125000	卡塔克	75000
西安	115000	卡法	75000
威尼斯	110000	君士坦丁堡	75000
汉城	100000	景德镇	75000

公元 1550 年

城市	人口规模（人）	城市	人口规模（人）
北京	690000	西安	132000
君士坦丁堡	660000	苏州	128000
毗奢耶那伽罗	480000	汉城	125000
开罗	360000	京都	100000
杭州	260000	非斯	100000
巴黎	210000	高尔	100000
那不勒斯	209000	成都	90000
南京	182000	卡塔克	90000
威尼斯	171000	瓜廖尔	80000
广州	160000	开封	80000
阿德里安堡	156000	太原	79000
大不里士	150000	福州	79000
勃固	150000	加奥	75000
大城	150000	米兰	75000
艾哈迈达巴德	140000	莫斯科	75000

公元 1700 年

城市	人口规模（人）	城市	人口规模（人）
君士坦丁堡	700000	奥兰加巴德	200000
江户	688000	里斯本	188000
北京	650000	开罗	175000
伦敦	550000	西安	167000
巴黎	530000	汉城	158000
艾哈迈达巴德	380000	达卡	150000
大阪	380000	大城	150000
伊斯法罕	350000	威尼斯	143000
京都	350000	苏州	140000
杭州	303000	南京	140000
阿姆斯特丹	210000	罗马	138000
那不勒斯	207000	士麦那	135000
广州	200000	斯利那加	125000

城市	人口规模（人）	城市	人口规模（人）
巴勒莫	125000	米兰	113000
莫斯科	114000	武昌	110000

公元1800年

城市	人口规模（人）	城市	人口规模（人）
北京	1100000	西安	224000
伦敦	861000	圣彼得堡	220000
广州	800000	阿姆斯特丹	195000
江户	685000	汉城	194000
君士坦丁堡	570000	穆尔斯希达巴德	190000
巴黎	547000	开罗	184000
那不勒斯	430000	马德里	182000
杭州	387000	贝拿勒斯	179000
大阪	383000	阿玛拉布拉	175000
京都	377000	海得拉巴	175000
莫斯科	248000	柏林	172000
苏州	243000	帕特纳	170000
勒克瑙	240000	都柏林	165000
里斯本	237000	景德镇	164000
维也纳	231000	加尔各答	162000

公元1900年

城市	人口规模（人）	城市	人口规模（人）
伦敦	6480000	格拉斯哥	1015000
纽约	4241000	大阪	970000
巴黎	3330000	利物浦	940000
柏林	2707000	君士坦丁堡	900000
芝加哥	1717000	汉堡	895000
维也纳	1698000	布宜诺斯艾利斯	806000
东京	1497000	布达佩斯	785000
圣彼得堡	1439000	孟买	780000
曼彻斯特	1435000	鲁尔区	766000
费城	1418000	里约热内卢	735000
伯明翰	1248000	华沙	724000
莫斯科	1120000	天津	700000
北京	1100000	上海	619000
加尔各答	1085000	纽卡斯尔	615000
波士顿	1075000	圣路易斯	614000

3.13　公元900—1950年，欧洲人口最多的19座~30座城市

公元900年

城市	人口规模（人）	城市	人口规模（人）
君士坦丁堡	300000	阿蒂尔	40000
科尔多瓦	200000	梅里达	40000
萨罗尼加	50000	罗马	40000
塞维利亚	42000	伯巴斯特罗	36000
普雷斯拉夫	40000	巴勒莫	35000

续表

城市	人口规模（人）	城市	人口规模（人）
威尼斯	35000	基辅	20000
托莱多	25000	普罗夫迪夫	20000
那不勒斯	25000	甘地亚	20000
帕维亚	22000	赫尔森	20000
米兰	20000		

公元1000年

城市	人口规模（人）	城市	人口规模（人）
科尔多瓦	450000	那不勒斯	30000
君士坦丁堡	300000	米兰	30000
塞维利亚	90000	普雷斯拉夫	30000
巴勒莫	75000	美因茨	25000
基辅	45000	赫尔森	25000
威尼斯	45000	埃尔维拉	22000
奥赫里德	40000	科隆	21000
萨罗尼加	40000	巴黎	20000
阿玛尔菲	35000	帕尔马（西班牙）	20000
罗马	35000	普罗夫迪夫	20000
阿尔梅里亚	35000	鲁昂	20000
卡塔赫纳	33000	维罗纳	20000
托莱多	31000	特里尔	20000
帕维亚	30000		

公元1100年

城市	人口规模（人）	城市	人口规模（人）
君士坦丁堡	200000	美因茨	30000
塞维利亚	125000	帕维亚	30000
巴勒莫	90000	莱昂	30000
科尔多瓦	60000	维罗纳	30000
格拉纳达	60000	那不勒斯	30000
威尼斯	55000	帕尔马（西班牙）	27000
基辅	50000	昂热	27000
萨莱诺	50000	拉蒂斯邦	25000
米兰	42000	伦敦	25000
萨罗尼加	40000	鲁昂	25000
施派尔	35000	阿玛尔菲	25000
罗马	35000	奥尔良	25000
阿尔梅里亚	35000	科隆	25000
托莱多	31000	阿尔勒	25000
巴黎	30000	诺夫哥罗德	25000

公元1200年

城市	人口规模（人）	城市	人口规模（人）
君士坦丁堡	150000	科尔多瓦	60000
巴勒莫	150000	格拉纳达	60000
塞维利亚	150000	科隆	50000
巴黎	110000	伦敦	40000
威尼斯	70000	鲁昂	40000
米兰	60000	莱昂	40000

城市	人口规模（人）	城市	人口规模（人）
墨西拿	35000	热那亚	30000
博洛尼亚	35000	比萨	30000
罗马	35000	基辅	30000
特尔诺沃	35000	萨罗尼加	30000
斯摩棱斯克	35000	奥尔良	27000
那不勒斯	35000	沃尔姆斯	25000
维罗纳	33000	根特	25000
托莱多	32000	普瓦捷	25000
施派尔	30000	诺夫哥罗德	25000

公元 1300 年

城市	人口规模（人）	城市	人口规模（人）
巴黎	228000	布拉格	40000
威尼斯	110000	卡法	40000
君士坦丁堡	100000	科尔多瓦	40000
瑟赖	100000	博洛尼亚	40000
格拉纳达	90000	帕多瓦	39000
塞维利亚	90000	克里莫纳	38000
热那亚	85000	巴伦西亚	37000
米兰	60000	奥尔良	36000
佛罗伦萨	60000	维罗纳	36000
科隆	54000	里斯本	35000
鲁昂	50000	图卢兹	35000
萨罗尼加	50000	特尔诺沃	35000
布鲁日	50000	蒙彼利埃	35000
伦敦	45000	巴勒莫	35000
根特	42000	托莱多	33000

公元 1400 年

城市	人口规模（人）	城市	人口规模（人）
巴黎	280000	特拉卡	50000
威尼斯	110000	巴伦西亚	45000
布拉格	95000	诺夫哥罗德	45000
格拉纳达	90000	博洛尼亚	43000
米兰	80000	萨洛尼卡	42000
鲁昂	80000	科隆	40000
卡法	75000	那不勒斯	40000
君士坦丁堡	75000	马拉加	40000
根特	70000	巴塞罗那	36000
热那亚	66000	科尔多瓦	36000
佛罗伦萨	61000	阿德里安堡	36000
塞维利亚	60000	维罗纳	35000
布鲁日	60000	克里莫纳	35000
里斯本	55000	雅典	35000
伦敦	50000	里昂	35000

公元 1500 年

城市	人口规模（人）	城市	人口规模（人）
君士坦丁堡	200000	博洛尼亚	55000
巴黎	185000	伦敦	50000
阿德里安堡	127000	斯摩棱斯克	50000
威尼斯	115000	特尔戈维什特	50000
那不勒斯	114000	塞维利亚	46000
米兰	89000	普斯科夫	45000
莫斯科	80000	里昂	40000
根特	80000	于斯屈布	40000
布拉格	70000	巴伦西亚	40000
佛罗伦萨	70000	巴利亚多利德	40000
格拉纳达	70000	布雷西亚	40000
热那亚	62000	维也纳	40000
布鲁日	60000	克里莫纳	40000
鲁昂	60000	萨洛尼卡	40000
里斯本	55000	维罗纳	39000

公元 1600 年

城市	人口规模（人）	城市	人口规模（人）
君士坦丁堡	700000	格拉纳达	68000
巴黎	245000	热那亚	65000
那不勒斯	224000	佛罗伦萨	65000
伦敦	187000	墨西拿	63000
威尼斯	151000	博洛尼亚	62000
阿德里安堡	150000	巴伦西亚	61000
塞维利亚	126000	托莱多	60000
布拉格	110000	布加勒斯特	60000
罗马	109000	维罗纳	54000
米兰	107000	斯摩棱斯克	50000
巴勒莫	105000	于斯屈布	50000
里斯本	100000	萨洛尼卡	50000
莫斯科	80000	但泽	49000
马德里	79000	安特卫普	49000
鲁昂	71000	阿姆斯特丹	48000

公元 1700 年

城市	人口规模（人）	城市	人口规模（人）
君士坦丁堡	700000	阿德里安堡	85000
伦敦	550000	塞维利亚	80000
巴黎	530000	都柏林	80000
阿姆斯特丹	220000	里昂	80000
那不勒斯	207000	马赛	75000
里斯本	188000	布鲁塞尔	70000
罗马	149000	汉堡	70000
威尼斯	143000	佛罗伦萨	68000
巴勒莫	125000	鲁昂	68000
莫斯科	114000	安特卫普	67000
米兰	113000	热那亚	67000
马德里	110000	博洛尼亚	63000
维也纳	105000	莱顿	63000

续表

城市	人口规模（人）	城市	人口规模（人）
哥本哈根	62000	鹿特丹	55000
里尔	55000	但泽	50000

公元 1800 年

城市	人口规模（人）	城市	人口规模（人）
伦敦	861000	汉堡	130000
君士坦丁堡	570000	米兰	122000
巴黎	547000	巴塞罗那	113000
那不勒斯	430000	里昂	110000
莫斯科	248000	哥本哈根	100000
里斯本	237000	塞维利亚	96000
维也纳	231000	波尔多	96000
圣彼得堡	220000	马赛	91000
阿姆斯特丹	195000	加的斯	87000
柏林	172000	鲁昂	85000
马德里	169000	格拉斯哥	84000
都柏林	165000	爱丁堡	82000
罗马	153000	曼彻斯特	81000
威尼斯	146000	阿德里安堡	80000
巴勒莫	135000	布拉格	77000

公元 1861 年

城市	人口规模（人）	城市	人口规模（人）
伦敦	2803000	布鲁塞尔	283000
巴黎	1800000	里斯本	280000
君士坦丁堡	800000	阿姆斯特丹	268000
维也纳	670000	米兰	226000
柏林	582000	汉堡	225000
圣彼得堡	565000	利兹	222000
利物浦	505000	布达佩斯	210000
曼彻斯特	488000	爱丁堡	205000
那不勒斯	447000	谢菲尔德	204000
格拉斯哥	429000	罗马	194000
莫斯科	346000	巴塞罗那	193000
伯明翰	338000	波尔多	184000
里昂	333000	都灵	176000
都柏林	313000	布里斯托尔	175000
马德里	303000	巴勒莫	175000

公元 1900 年

城市	人口规模（人）	城市	人口规模（人）
伦敦	6480000	格拉斯哥	1072000
巴黎	3330000	利物浦	940000
柏林	2707000	君士坦丁堡	900000
维也纳	1698000	汉堡	895000
圣彼得堡	1439000	布达佩斯	785000
曼彻斯特	1435000	鲁尔区	766000
伯明翰	1248000	华沙	724000
莫斯科	1120000	那不勒斯	563000

城市	人口规模（人）	城市	人口规模（人）
布鲁塞尔	561000	慕尼黑	499000
巴塞罗那	552000	米兰	491000
德累斯顿	540000	罗马	487000
马德里	539000	布拉格	474000
莱比锡	532000	哥本哈根	462000
阿姆斯特丹	510000	敖德萨	449000
里昂	508000	科隆	437000

公元 1950 年

城市	人口规模（人）	城市	人口规模（人）
伦敦	8860000	格拉斯哥	1320000
巴黎	5900000	利物浦	1260000
莫斯科	5100000	那不勒斯	1210000
鲁尔区	4900000	利兹	1164000
柏林	3707000	哥本哈根	1150000
列宁格勒	2700000	雅典	1140000
曼彻斯特	2382000	布加勒斯特	1100000
伯明翰	2196000	伊斯坦布尔	1035000
维也纳	1755000	布鲁塞尔	964000
罗马	1665000	阿姆斯特丹	940000
汉堡	1580000	斯德哥尔摩	923000
马德里	1527000	布拉格	921000
布达佩斯	1500000	卡托维兹	885000
巴塞罗那	1425000	里斯本	875000
米兰	1400000	慕尼黑	870000

3.14　公元 900—1950 年，南美洲人口最多的 10 座城市

公元 1400 年

城市	人口规模（人）	城市	人口规模（人）
特斯科科	60000	昌昌	30000
里奥班巴	50000	乌塔特兰	30000
卡哈马基亚	40000	玛雅潘	25000

公元 1500 年

城市	人口规模（人）	城市	人口规模（人）
特诺奇提特兰	80000	乌塔特兰	40000
特斯科科	60000	乔卢拉	36000
库斯科	50000	伊西姆切	30000
钦春钱	40000	基多	30000
特拉斯卡拉	40000	塞姆博拉	30000

公元 1600 年

城市	人口规模（人）	城市	人口规模（人）
波托西	105000	墨西哥城	58000

城市	人口规模（人）	城市	人口规模（人）
库斯科	25000	万卡韦利卡	20000
普埃布拉	25000	基多	20000
危地马拉	25000	塔亚萨尔	15000
萨卡特卡斯	25000	利马	14000

公元 1700 年

城市	人口规模（人）	城市	人口规模（人）
波托西	82000	萨卡特卡斯	35000
墨西哥城	78000	库斯科	34000
普埃布拉	63000	基多	30000
利马	37000	危地马拉	30000
奥鲁罗	35000	巴伊亚	26000

3.15 公元 900—1950 年，美洲人口最多的 10 座城市

公元 1800 年

城市	人口规模（人）	城市	人口规模（人）
墨西哥城	128000	利马	54000
费城	68000	瓜纳华托	53000
普埃布拉	65000	里约热内卢	44000
纽约	63000	巴伊亚	43000
哈瓦那	60000	波士顿	35000

公元 1861 年

城市	人口规模（人）	城市	人口规模（人）
纽约	1295000	里约热内卢	208000
费城	590000	辛辛那提	200000
波士顿	318000	哈瓦那	199000
巴尔的摩	217000	新奥尔良	183000
墨西哥城	215000	圣路易斯	176000

公元 1900 年

城市	人口规模（人）	城市	人口规模（人）
纽约	4242000	里约热内卢	744000
芝加哥	1717000	圣路易斯	614000
费城	1418000	匹兹堡	603000
波士顿	1075000	巴尔的摩	508000
布宜诺斯艾利斯	806000	旧金山	439000

公元 1950 年

城市	人口规模（人）	城市	人口规模（人）
纽约	12300000	底特律	2784000
布宜诺斯艾利斯	5000000	墨西哥城	2550000
芝加哥	4906000	里约热内卢	2510000
洛杉矶	3900000	波士顿	2233000
费城	2894000	圣保罗	2227000

3.16 城市规模首次超过10万人的历史时期

城市	时间（年）	城市	时间（年）	城市	时间（年）
阿瓦里斯	前1650	布哈拉	900	莫斯科	1530
底比斯	前1375	吴哥	910	勃固	1545
洛阳	前1000	开封	920	加兹温	1560
尼尼微	前670	哈萨	940	阿格拉	1560
巴比伦	前600	伊斯法罕	975	安特卫普	1565
孟菲斯	前550	安尼华达	1000	比贾布尔	1566
罗马	前525	坦贾武尔	1010	伦敦	1568
燕下都	前500	马拉喀什	1080	波托西	1569
埃克巴坦那	前500	格利扬	1085	景德镇	1575
雅典	前475	非斯	1090	米兰	1582
雪城	前450	塞维利亚	1090	大阪	1583
帕特纳	前350	提尼斯	1095	拉合尔	1584
迦太基	前340	蒲甘	1100	布拉格	1590
亚历山德里亚	前320	梅尔夫	1100	里斯本	1600
塞琉西亚—泰西封	前310	巴勒莫	1130	骏府城	1600
安条克	前275	杭州	1132	成都	1600
咸阳	前220	北京	1150	长春	1605
长安	前205	镰仓	1185	若开	1609
阿努拉德普勒	前200	广州	1185	马德里	1612
白沙瓦	90	巴黎	1190	布尔汉普尔	1615
南京	320	达米埃塔	1200	阿姆斯特丹	1620
君士坦丁堡	330	撒马尔罕	1218	沈阳	1621
邺城	357	科尼亚	1230	苏拉特	1625
特奥蒂瓦坎	450	卡塔克	1250	达卡	1625
卑谬	600	威尼斯	1275	阿尔及尔	1630
卡瑙季	620	瑟赖	1280	拉杰马哈尔	1639
巴士拉	650	大不里士	1295	斯利那加	1640
库费	660	德里	1300	里昂	1660
大马士革	670	高尔	1300	士麦那	1670
拉萨	750	苏丹尼耶	1313	奥兰加巴德	1684
奈良	750	毗奢耶那伽罗	1350	武昌	1690
巴格达	763	苏州	1360	维也纳	1694
科尔多瓦	765	汉城	1400	穆尔斯希达巴德	1704
京都	795	格拉纳达	1410	梅克内斯	1705
雷伊	800	布尔萨	1435	都柏林	1720
萨迈拉	845	江布尔	1440	海得拉巴	1724
内沙布尔	850	阿瑜陀耶	1450	瓦拉纳西	1725
大理	865	阿德里安堡	1470	焦特布尔	1735
凯鲁万	876	那不勒斯	1490	马什哈德	1736
曼尼亚凯塔	900	艾哈迈达巴德	1500	柏林	1745

续表

城市	时间（年）	城市	时间（年）	城市	时间（年）
墨西哥城	1746	乌贾因	1800	马尼拉	1832
加尔各答	1746	哥本哈根	1800	都灵	1833
金德讷格尔	1753	突尼斯	1805	波士顿	1834
圣彼得堡	1753	格拉斯哥	1818	金泽	1834
勒克瑙	1765	利物浦	1809	谢菲尔德	1836
福州	1768	爱丁堡	1810	曼谷	1837
天津	1770	纽约	1810	佛罗伦萨	1839
帕格尔布尔	1770	费城	1811	巴尔的摩	1839
阿瓦	1770	曼彻斯特	1812	新奥尔良	1840
浦那	1772	上海	1815	鹿特丹	1841
塞林加帕坦	1774	伯明翰	1819	伯南布哥	1842
佛山	1775	那格浦尔	1820	弗罗茨瓦夫	1843
孟买	1776	布里斯托尔	1822	根特	1845
汉堡	1780	哈瓦那	1825	坎普尔	1845
阿玛拉布拉	1783	利兹	1826	苏拉卡尔塔	1845
马赛	1785	里约热内卢	1828	纽卡斯尔	1846
波尔多	1787	布达佩斯	1829	鲁昂	1847
巴塞罗那	1787	布鲁塞尔	1831	辛辛那提	1847
热那亚	1848	诺丁汉	1853	南特	1864
阿姆利则	1848	加的斯	1854	安拉阿巴德	1864
伍尔弗汉普顿	1848	列日	1854	的里雅斯特	1864
巴雷利	1850	图卢兹	1855	路易斯维尔	1864
巴伦西亚	1850	名古屋	1856	旧金山	1864
长沙	1850	伍珀塔尔	1856	普雷斯顿	1864
兰州	1850	朴茨茅斯	1857	邓迪	1864
斋浦尔	1850	敖德萨	1858	曼德勒	1865
巴罗达	1850	阿勒颇	1858	梅瑟蒂德菲尔	1865
巴伊亚	1850	香港	1858	莱比锡	1865
普利茅斯	1851	墨尔本	1858	基什尼奥夫	1866
波尔图	1851	匹兹堡	1858	蒙特利尔	1866
布拉德福德	1851	芝加哥	1858	鲁贝	1866
德累斯顿	1851	布宜诺斯艾利斯	1858	里加	1866
贝尔法斯特	1851	圣地亚哥	1859	哥尼斯堡	1866
里尔	1851	利马	1860	布法罗	1867
科隆	1852	斯托克	1861	纽瓦克	1869
布加勒斯特	1852	马拉加	1862	桑德兰	1869
宁波	1853	悉尼	1863	苏腊巴亚	1870
圣路易斯	1853	赫尔	1863	蒙得维的亚	1870
马德拉斯	1790	班加罗尔	1832	基辅	1870
华沙	1790	慕尼黑	1832	萨拉托夫	1870

续表

城市	时间（年）	城市	时间（年）	城市	时间（年）
镇江	1870	塔什干	1883	奥马哈	1893
喀山	1872	堪萨斯城	1883	圣保罗	1893
克利夫兰	1872	罗彻斯特	1883	斯克兰顿	1893
科伦坡	1872	巴达维亚	1883	多特蒙德	1893
仰光	1873	亚琛	1883	布吕恩	1894
圣埃蒂安圣埃蒂安	1873	开姆尼茨	1883	哥伦布	1894
布莱顿	1874	杜塞多夫	1883	伍斯特	1894
莱斯特	1874	多伦多	1884	德比	1895
汉诺威	1874	卡塔尼亚	1884	厦门	1895
海牙	1874	维尔纳	1884	西贡	1895
第比利斯	1875	罗兹	1884	广岛	1895
德黑兰	1875	埃森	1885	约翰内斯堡	1896
斯图加特	1875	萨罗尼加	1885	克拉科	1896
不来梅	1875	横滨	1885	雪城	1896
法兰克福	1875	加的夫	1885	哈利法克斯	1896
伊巴丹	1875	什切青	1886	乌得勒支	1897
济南	1875	贝鲁特	1886	基尔	1897
伦贝格	1876	博洛尼亚	1887	罗萨里奥	1897
瓦尔帕莱索	1876	神户	1887	纽黑文	1897
斯特拉斯堡	1877	恩图曼	1888	布雷斯特	1898
底特律	1877	叶卡捷琳诺斯拉夫	1888	图拉	1898
普罗维登斯	1877	波哥大	1888	长崎	1898
特洛伊	1877	哥德堡	1888	尼斯	1898
但泽	1877	兰斯	1889	马杜赖	1898
勒阿弗尔	1878	印第安纳波利斯	1889	查塔姆	1898
密尔沃基	1878	曼海姆	1889	巴塞尔	1898
阿伯丁	1878	克雷菲尔德	1889	卡塞尔	1899
博尔顿	1878	丹佛	1890	巴塞尔	1899
奥斯陆	1878	罗斯托夫	1890	波森	1899
哈尔科夫	1879	不伦瑞克	1890	蒂鲁吉拉帕利	1899
布莱克本	1880	哈勒	1890	福尔里弗	1899
重庆	1880	卡拉奇	1890	杰尼瓦	1900
南昌	1880	无锡	1890	洛杉矶	1900
霍茹夫	1880	诺里奇	1890	瓜达拉哈拉	1900
纽伦堡	1881	布里斯班	1891	圣约瑟夫	1900
阿德莱德	1881	阿斯特拉罕	1891	奥格斯堡	1900
格拉茨	1882	萨马拉	1892	南安普顿	1900
马图拉	1882	巴库	1892	孟菲斯	1900
明尼阿波利斯	1882	开普敦	1892	塞格德	1900
华盛顿	1882	苏黎世	1893	贵阳	1900

3.17 公元100—1970年，各国城市规模的此消彼长

我所说的"城市"指市区，即城市本身加上邻近的郊区，但不计算农村区域。公元1962年起，这一定义被扩大到更偏远的通勤郊区。本章数据主要来自我在杰拉德·福克斯的帮助下写的《城市增长3000年》一书。其中，1962和1976年的数据源自兰德·麦克纳利公司（Rand McNally & Co.）和理查德·福斯特（Richard Forstall），江户时代的东京数据源自与吉尔伯特·罗兹曼（Gilbert Rozman）的通信，部分有关中国城市的数据由刘涵修正，其他时期的数据修订均是由本人完成。本章的一系列人口规模排序，揭示出历史不同时期各国城市人口规模的此消彼长，间接反映了全球发展及国家实力的演变脉络。

公元1400—1800年，中国城市的上榜次数最多（达到11次）。仅在1600年，全球人口规模最多的10座城市里就有2座来自中国（相比之下，西班牙语占主导的城市只有1座），全球人口规模最多的40座城市里有7座来自中国（而有6座西班牙语占主导的城市，其中3座来自意大利、1座来自美洲、1座来自葡萄牙）。1700年，全球人口规模最多的40座城市里有9座来自中国，领先于其他任何国家。1800年，全球人口规模最多的40座城市里，有近一半来自中国与英国，包括9座中国城市和10座隶属英国的城市（其中仅1座位于英国本土）。该时期内，法国与印度也发展出许多较大规模的城市。1400年，法国有4座城市的人口规模进入全球前40名，它们分别是巴黎、鲁昂、根特和热那亚。而印度上榜的城市数量，则从1500年的3—5座，攀升至1600年的6座，并在1800年超过8座。

公元1900年起，各国城市的平均人数以及全球城市规模位序均出现变化。一方面，全球人口规模最多的40座城市，其平均人数已是1800年的5倍多。另一方面，全球城市规模的榜单格局发生了重大改变，英国和美国的城市快速崛起。其中，英国有10座城市进入全球规模前40位，伦敦取代北京成为世界上人口最多的城市（比排名第二的纽约市多了近200万人）。该时期的美洲有8座城市进入全球规模前40位，其中6座来自美国（1800年这一数字为0）。相比之下，该时期全球人口规模的前40位城市里，有5座来自德国，中国下降为3座，而法国仅剩1座。

至公元1914年，美国城市的人口规模已十分庞大。全球人口规模最多的40座城市里，英国仍然有9座城市上榜，美国增加至7座，德国降至3座。中国有4座城市上榜，但没有任何城市出现在规模位序的前25位。

公元1925年左右，美国诞生出全球人口规模最大的城市——纽约（包括新泽西的郊区部分）。在该时期的全球城市规模前40位榜单中，有9座城市来自美国，8座城市来自英国，中国仅剩下2座城市。

公元1936年前后，德国与日本的城市人口规模出现大幅增长。该时期的全球城市

规模前40位榜单中,有4座城市来自日本,3座城市来自德国。尽管这些城市的人口规模达到了历史上的较高水平(如其中的2座日本城市),但与美国城市相比仍存在明显差距。

发展到公元1950年,世界各国的城市人口规模的差距逐步缩小。全球人口规模最大的40座城市,分属于23个国家和地区(上榜国家数量为公元1500年以来最多)。其中,纽约的人口数量虽然仍遥遥领先,但全美上榜的城市数量已下降至7座。英国与中国均有4座城市进入全球规模的前40位,而苏联仅有2座(虽然它作为战争的胜利一方,且拥有广袤的国土)。

公元1962—1975年,世界各国的城市人口规模普遍加快增长,日本、墨西哥、南美洲的部分城市尤其显著。1962年,美国有7座城市位列全球城市规模的前40位(但均未进入前25名),纽约的全球最大城市地位也受到了东京的挑战。中国有5座城市进入榜单,英国有4座城市上榜(但位次都低于往年),而苏联仅有2座。

公元1975年,东京以700万的领先优势超过纽约,成为全球第一大城市,大阪则取代伦敦成为全球第三大城市。墨西哥城人口增长迅猛,规模升至全球第四位。在该时期的全球人口规模最多的40座城市里,美国依然占据6个席位,南美洲有4座城市上榜,中国可能仅有3座(这并不意味着中国的城市停止增长,只是世界其他地区的人口增速更快)。

3.18 公元1400—1975年,世界上人口规模前40位的城市

公元1400年

城市	人口规模(人)	城市	人口规模(人)
南京	487000	开封	90000
毗奢耶那伽罗	400000	武昌	90000
开罗	360000	福州	81000
巴黎	280000	米兰	80000
杭州	235000	鲁昂	80000
大不里士	150000	设拉子	80000
广州	150000	卡塔克	80000
京都	150000	卡法	75000
北京	150000	君士坦丁堡	75000
撒马尔罕	130000	景德镇	75000
苏州	129000	阿勒颇	75000
非斯	125000	大马士革	74000
西安	115000	根特	70000
威尼斯	110000	特莱姆森	70000
汉城	100000	布尔萨	70000
布拉格	95000	阿斯卡波察尔科	70000
格拉纳达	90000	阿瑜陀耶	70000
古尔伯加	90000	热那亚	66000
巴格达	90000	泉州	65000
达米埃塔	90000	佛罗伦萨	61000

公元 1500 年

城市	人口规模（人）	城市	人口规模（人）
北京	672000	米兰	89000
毗奢耶那伽罗	500000	成都	85000
开罗	400000	福州	83000
杭州	250000	特诺奇提特兰	80000
大不里士	250000	莫斯科	80000
君士坦丁堡	200000	德里	80000
高尔	200000	根特	80000
巴黎	185000	开封	80000
广州	150000	佛罗伦萨	70000
南京	147000	布拉格	70000
卡塔克	140000	格拉纳达	70000
非斯	130000	曼杜	70000
阿德里安堡	127000	阿勒颇	67000
西安	127000	突尼斯	65000
汉城	125000	肯帕德	65000
阿瑜陀耶	125000	武昌	64000
苏州	122000	热那亚	62000
威尼斯	115000	太原	61000
那不勒斯	114000	加奥	60000
艾哈迈达巴德	100000	奥约	60000

公元 1600 年

城市	人口规模（人）	城市	人口规模（人）
北京	706000	布拉格	110000
君士坦丁堡	700000	米兰	107000
阿格拉	500000	波托西	105000
大阪	360000	巴勒莫	105000
京都	300000	罗马	102000
杭州	270000	里斯本	100000
巴黎	245000	伊斯法罕	100000
那不勒斯	224000	骏府城	100000
开罗	200000	成都	100000
比贾布尔	200000	阿瑜陀耶	100000
南京	194000	非斯	100000
艾哈迈达巴德	190000	布哈拉	100000
伦敦	187000	若开	90000
广州	180000	长春	85000
威尼斯	151000	大不里士	80000
阿德里安堡	150000	莫斯科	80000
西安	138000	海得拉巴	80000
苏州	134000	帕特纳	80000
塞维利亚	126000	山口	80000
马拉喀什	125000	拉杰马哈尔	80000

公元 1700 年

城市	人口规模（人）	城市	人口规模（人）
君士坦丁堡	700000	伦敦	550000
江户	688000	巴黎	530000
北京	650000	艾哈迈达巴德	380000

城市	人口规模（人）	城市	人口规模（人）
大阪	380000	罗马	138000
伊斯法罕	350000	士麦那	135000
京都	350000	斯利那加	125000
杭州	303000	巴勒莫	125000
阿姆斯特丹	210000	莫斯科	114000
那不勒斯	207000	米兰	113000
广州	200000	武昌	110000
奥兰加巴德	200000	马德里	105000
里斯本	188000	维也纳	105000
开罗	175000	帕特纳	100000
西安	188000	景德镇	100000
汉城	167000	里昂	97000
达卡	150000	阿尔及尔	85000
阿瑜陀耶	150000	阿德里安堡	85000
威尼斯	143000	墨西哥城	85000
苏州	140000	波托西	82000
南京	140000		

公元 1800 年

城市	人口规模（人）	城市	人口规模（人）
北京	1100000	开罗	186000
伦敦	861000	马德里	182000
广州	800000	瓦拉纳西	179000
江户	685000	阿玛拉布拉	175000
君士坦丁堡	570000	海得拉巴	175000
巴黎	547000	柏林	172000
那不勒斯	430000	帕特纳	170000
杭州	387000	都柏林	165000
大阪	383000	景德镇	164000
京都	377000	加尔各答	162000
莫斯科	248000	武昌	160000
苏州	243000	威尼斯	146000
勒克瑙	240000	罗马	142000
里斯本	237000	孟买	140000
维也纳	231000	德里	140000
西安	224000	巴勒莫	135000
圣彼得堡	220000	天津	130000
阿姆斯特丹	195000	福州	130000
汉城	194000	墨西哥城	128000
穆尔斯希达巴德	190000	士麦那	125000

公元 1900 年

城市	人口规模（人）	城市	人口规模（人）
伦敦	6480000	东京	1497000
纽约	4242000	圣彼得堡	1439000
巴黎	3330000	曼彻斯特	1435000
柏林	2707000	费城	1418000
芝加哥	1717000	伯明翰	1248000
维也纳	1698000	莫斯科	1120000

续表

城市	人口规模（人）	城市	人口规模（人）
北京	1100000	天津	700000
加尔各答	1085000	上海	619000
波士顿	1075000	纽卡斯尔	615000
格拉斯哥	1015000	圣路易斯	614000
大阪	970000	开罗	595000
利物浦	940000	广州	585000
君士坦丁堡	900000	那不勒斯	563000
汉堡	895000	匹兹堡	562000
布宜诺斯艾利斯	806000	布鲁塞尔	561000
布达佩斯	785000	巴塞罗那	552000
孟买	780000	德累斯顿	540000
鲁尔区	766000	马德里	539000
里约热内卢	744000	莱比锡	532000
华沙	724000	阿姆斯特丹	510000

公元 1914 年

城市	人口规模（人）	城市	人口规模（人）
伦敦	7585000	君士坦丁堡	1125000
纽约	6700000	里约热内卢	1090000
巴黎	4000000	孟买	1080000
东京	3500000	布达佩斯	1050000
柏林	3200000	上海	1000000
芝加哥	2420000	北京	1000000
维也纳	2149000	华沙	906000
彼得格勒	2133000	圣路易斯	804000
莫斯科	1805000	天津	785000
鲁尔区	1800000	匹兹堡	775000
费城	1760000	开罗	735000
布宜诺斯艾利斯	1630000	悉尼	725000
曼彻斯特	1600000	旧金山	709000
伯明翰	1500000	广州	700000
大阪	1480000	汉口	700000
加尔各答	1400000	纽卡斯尔	700000
波士顿	1304000	那不勒斯	691000
利物浦	1300000	布鲁塞尔	685000
汉堡	1300000	布拉格	670000
格拉斯哥	1125000	米兰	655000

公元 1925 年

城市	人口规模（人）	城市	人口规模（人）
纽约	7774000	费城	2085000
伦敦	7742000	维也纳	1865000
东京	5300000	波士顿	1764000
巴黎	4800000	莫斯科	1764000
柏林	4013000	曼彻斯特	1725000
芝加哥	3564000	伯明翰	1700000
鲁尔区	3400000	上海	1500000
布宜诺斯艾利斯	2410000	列宁格勒	1430000
大阪	2219000	格拉斯哥	1396000

城市	人口规模（人）	城市	人口规模（人）
底特律	1394000	开罗	1000000
加尔各答	1390000	克利夫兰	990000
汉堡	1369000	旧金山	935000
布达佩斯	1318000	圣路易斯	930000
北京	1266000	米兰	917000
里约热内卢	1240000	墨尔本	912000
利物浦	1235000	那不勒斯	852000
孟买	1170000	匹兹堡	823000
洛杉矶	1147000	汉口	818000
悉尼	1039000 1002000	君士坦丁堡	817000
华沙	1002000	巴塞罗那	803000

公元 1936 年

城市	人口规模（人）	城市	人口规模（人）
纽约	10015000	洛杉矶	1850000
伦敦	9710000	北京	1556000
东京	7000000	汉堡	1500000
巴黎	5950000	布达佩斯	1492000
柏林	4226000	格拉斯哥	1335000
大阪	4100000	孟买	1330000
莫斯科	4050000	开罗	1315000
芝加哥	3900000	天津	1292000
鲁尔区	3500000	利物浦	1290000
上海	3489000	墨西哥城	1275000
布宜诺斯艾利斯	3225000	悉尼	1261000
列宁格勒	2983000	巴塞罗那	1235000
曼彻斯特	2390000	华沙	1229000
费城	2381000	马德里	1220000
波士顿	2076000	克利夫兰	1169000
里约热内卢	1990000	圣保罗	1155000
加尔各答	1950000	罗马	1155000
伯明翰	1900000	旧金山	1112000
底特律	1900000	米兰	1103000
维也纳	1870000	名古屋	1089000

公元 1950 年

城市	人口规模（人）	城市	人口规模（人）
纽约	12463000	柏林	3707000
伦敦	8860000	大阪	3480000
东京	7000000	费城	2900000
巴黎	5900000	墨西哥城	2872000
上海	5406000	里约热内卢	2866000
莫斯科	5100000	底特律	2776000
布宜诺斯艾利斯	5000000	开罗	2750000
芝加哥	4906000	列宁格勒	2700000
鲁尔区	4900000	孟买	2680000
加尔各答	4800000	曼彻斯特	2382000
洛杉矶	3986000	波士顿	2233000

续表

城市	人口规模（人）	城市	人口规模（人）
圣保罗	2227000	汉堡	1580000
伯明翰	2196000	汉城	1550000
香港	2100000	马德里	1527000
北京	2031000	约翰内斯堡	1520000
旧金山	1937000	布达佩斯	1500000
天津	1795000	广州	1495000
维也纳	1755000	雅加达	1452000
罗马	1655000	巴塞罗那	1425000
悉尼	1635000	马尼拉	1400000

公元 1962 年

城市	人口规模（人）	城市	人口规模（人）
纽约	15775000	列宁格勒	3875000
东京	14700000	旧金山	3500000
伦敦	10900000	天津	3200000
大阪	8350000	波士顿	3000000
莫斯科	8200000	雅加达	2950000
上海	7800000	香港	2850000
巴黎	7750000	曼彻斯特	2815000
布宜诺斯艾利斯	7175000	德里	2750000
洛杉矶	6955000	汉城	2700000
芝加哥	6735000	马尼拉	2650000
加尔各答	6000000	沈阳	2600000
墨西哥城	5150000	伯明翰	2590000
圣保罗	4900000	米兰	2575000
里约热内卢	4900000	武汉	2500000
鲁尔区	4825000	马德里	2430000
孟买	4475000	罗马	2325000
底特律	4110000	汉堡	2280000
费城	4100000	悉尼	2265000
北京	4000000	曼谷	2250000
开罗	4000000	圣地亚哥	2225000

公元 1975 年

城市	人口规模（人）	城市	人口规模（人）
东京	23000000	芝加哥	7655000
纽约	17150000	孟买	7060000
大阪	15500000	汉城	6889000
墨西哥城	11339000	鲁尔区	5500000
莫斯科	10700000	马尼拉	5400000
伦敦	10500000	雅加达	5300000
圣保罗	10041000	费城	5275000
巴黎	9400000	北京	5200000
洛杉矶	8960000	底特律	4800000
布宜诺斯艾利斯	8498000	天津	4657000
开罗	8400000	卡拉奇	4465000
里约热内卢	8328000	旧金山	4450000
上海	8000000	德里	4400000
加尔各答	7875000	曼谷	4300000

续表

城市	人口规模（人）	城市	人口规模（人）
列宁格勒	4280000	罗马	3600000
德黑兰	4210000	马德拉斯	3600000
马德里	4150000	利马	3595000
香港	3900000	西贡	3500000
波士顿	3855000	仰光	3500000
米兰	3800000	巴塞罗那	3500000

3.19 主要历史时期，西亚城市的人口规模

公元前 1360 年

城市	人口规模（人）	城市	人口规模（人）
波格斯凯	45000	苏萨	25000
杜尔·库里加尔祖	40000	埃雷克	25000
泰西封	25000—40000	乌加里特	24000

公元前 430 年

城市	人口规模（人）	城市	人口规模（人）
巴比伦	200000	马里卜	50000
苏萨	70000	耶路撒冷	49000
波斯波利斯	50000	西顿	40000

公元 100 年

城市	人口规模（人）	城市	人口规模（人）
塞琉西亚—泰西封	250000	扎法尔	60000
安条克	150000		

公元 622 年

城市	人口规模（人）	城市	人口规模（人）
泰西封	500000	凯撒里亚	60000
阿勒颇	72000	大马士革	50000
雷伊	60000—72000	埃泽萨	50000

公元 740 年

城市	人口规模（人）	城市	人口规模（人）
大马士革	300000	库费	90000
巴士拉	100000	麦加	80000

公元 900 年

城市	人口规模（人）	城市	人口规模（人）
巴格达	900000	耶路撒冷	48000—100000
雷伊	100000	塔尔苏斯	48000

公元 1150 年

城市	人口规模（人）	城市	人口规模（人）
巴格达	100000	巴士拉	60000
雷伊	80000	库姆	60000
伊斯法罕	60000—80000	大马士革	57000

公元 1250 年

城市	人口规模（人）	城市	人口规模（人）
巴格达	100000	伊斯法罕	70000
科尼亚	100000	特拉布宗	60000
大马士革	90000	阿卡	57000

公元 1500 年

城市	人口规模（人）	城市	人口规模（人）
大不里士	250000	大马士革	60000
阿勒颇	67000	霍尔木兹	50000
设拉子	60000	布尔萨	45000

公元 1700 年

城市	人口规模（人）	城市	人口规模（人）
伊斯法罕	350000	大马士革	70000
士麦那	135000	阿勒颇	67000
大不里士	75000	加兹温	60000

公元 1750 年

城市	人口规模（人）	城市	人口规模（人）
马什哈德	200000	阿勒颇	70000
士麦那	130000	巴格达	65000
大马士革	75000	布尔萨	55000

公元 1800 年

城市	人口规模（人）	城市	人口规模（人）
士麦那	135000	阿勒颇	72000
大马士革	90000	巴士拉	60000
巴格达	80000	布尔萨	50000

公元 1850 年

城市	人口规模（人）	城市	人口规模（人）
士麦那	150000	布尔萨	73000
大马士革	108000	德黑兰	70000
阿勒颇	90000	大不里士	70000

公元 1900 年

城市	人口规模（人）	城市	人口规模（人）
士麦那	201000	大不里士	175000
巴库	179000	大马士革	165000
第比利斯	175000	德黑兰	150000

公元 1925 年

城市	人口规模（人）	城市	人口规模（人）
巴库	416000	巴格达	200000
第比利斯	274000	大马士革	193000
德黑兰	243000	大不里士	180000

公元 1950 年

城市	人口规模（人）	城市	人口规模（人）
德黑兰	989000	巴格达	500000
巴库	840000	阿勒颇	362000
第比利斯	585000	大马士革	335000

公元 1975 年

城市	人口规模（人）	城市	人口规模（人）
德黑兰	4716000	巴库	1383000
巴格达	3200000	特拉维夫	1250000
安卡拉	1698000	第比利斯	1148000

附 表

书中非高频城市的城址所在地　　　　　　　　　　　　　　　　附表1

城市名称	城址所在地
阿博	位于芬兰西部，该城市也叫图尔库
阿格里真托	位于西西里岛南部海岸的中部
艾瓦勒克	遥望莱斯博斯岛，是小亚细亚西部的港口城市
阿帕米亚	位于叙利亚北部、安条克东南部
阿奎莱亚	距离威尼斯较近
阿拉德	位于贝尔格莱德以北约100英里处
阿尔戈斯	位于雅典西南方向约60英里处
阿拉	距离帕特纳很近
欧坦	位于里昂以北约90英里处
巴比伦	位于巴格达以南约50英里处
巴恩斯利	位于谢菲尔德以北约15英里处
贝鲁尔	位于班加罗尔以西约100英里处
巴特冈	距离加德满都约8英里处
普杰	位于加德满都以北约30英里处
布莱克本	位于曼彻斯特西北方向25英里处
比得哥什	位于柏林以东约200英里处
布鲁日	位于捷克斯洛伐克中部地带的布尔诺
布道恩	位于巴里伊西南方向约28英里处
伯顿	位于伦敦西北方向约127英里处
贝里	位于曼彻斯特西北方向约10英里处
拉什卡尔加	位于阿富汗中南部，赫尔曼德河与阿尔亨达卜河汇合处
卡尔皮	位于卡恩波以南约51英里处
卡米洛特	位于伦敦东北方向约50英里处的科尔切斯特
卡普阿	位于那不勒斯以北约16英里处
查莱碉	位于德卡东北方向约350英里处
占婆	位于帕特纳以东约60英里，帕格尔布尔以西约4英里处
占帕内尔	位于艾哈迈达巴德以东约75英里处
钱达	位于那格浦尔东南方向约80英里处
恰普拉	位于帕特纳西北方向的恒河上游约25英里处
查塔姆	位于伦敦以东约34英里处
切尔滕纳姆	位于里斯托尔东北方向约35英里处
科特布里奇	位于格拉斯哥以东约8英里，是其如今的郊区地带
科尔丘拉岛	位于希腊西部的科孚岛
泰西封	位于巴格达以南约25英里处

续表

城市名称	城址所在地
昔兰尼	地处利比亚的北部隆起地带，略靠内陆
德波伊	位于巴罗达东南方向约20英里处
弹陀普罗	位于加尔各答西南方向的安得拉邦，是卡林加的首府
德拉伊耶	位于麦加东北方向约450英里处，非常靠近利雅得
达灵顿	位于米德尔斯堡以西约15英里处
迪斯伯里	位于利兹西南方向约8英里处
迪纳杰普尔	位于兰普尔西南方向约41英里处
多尔帕特	位于圣彼得堡西南方向约175英里处的塔尔图
都拉斯	地处幼发拉底河中游
埃克巴坦那	地处现在的哈马丹
叶列兹	距奥雷尔东南方向约122英里处
基洛夫格勒	位于敖德萨东北方向约80英里处的基洛沃格勒
埃雷克	位于幼发拉底河下游距离巴格达约15英里处
菲罗兹布尔	位于朱伊伦杜尔附近
加维尔格	位于那格浦尔西北方向约100英里处
加兹普尔	位于贝拿勒斯以东约44英里处
哈拉帕	位于拉合尔西南方向约100英里处
哈斯蒂纳普尔	可能距离德里很近
哈特勒斯	位于阿格拉北部约29英里处
哈措尔	位于大马士革西南方向约50英里处
瓦里	在阿亚库奇附近
伊斯梅尔	位于多瑙河三角洲上游
卡迭石	位于大马士革以北约60英里处
坎普提	距离那格浦尔约10英里
哈尔和林	距离贝加尔湖约250英里
柏原	位于大阪以东约7英里处
卡斯塔莫努	距离君士坦丁堡约300英里
憍赏弥	地处现在的科萨姆
卡瓦瑞	位于卡维河口
克拉特或卡拉特	位于奎达西方向约85英里处
卡尔巴拉	位于巴格达西南方向约60英里处
波格斯凯	位于安卡拉西北方向约75英里处
霍伊	位于大不里士西北方向约77英里处
甲府	位于东京以西约60英里处
科尔凯	地处现在的蒂鲁内尔维利
贡伯戈讷姆	位于坦乔东北方向约20英里处
拉昆迪	位于孟买东南方向约340英里处
利耶帕亚	位于里加以西约110英里处的利帕亚
利格尼茨	位于布雷斯劳西北方向约40英里处
默霍巴	位于卡恩波以南约200英里处
曼德维	位于卡拉奇东南方向约182英里的港口地区
门格洛尔	位于班加罗尔西北方向的海港地区
马尔吉兰	位于塔什克以东约150英里处
马里卜	位于亚丁以北约200英里处
默苏利珀德姆	位于海得拉巴东部约400英里的港口地区
迈加洛波利斯	位于伯罗奔尼撒中部
麦罗埃（不是当代的麦洛维）	位于喀土穆北以东约150英里处
米利都	位于斯米马尔塔以南约60英里处、焦特布尔东北方向约76英里处
米尔塔	距离焦登布尔约76英里
米特拉	位于瓦哈卡附近的莫达克地区，现在是伊费的一部分

402

续表

城市名称	城址所在地
迈锡尼	位于科林斯以南约 15 英里处
那法	地处冲绳岛南端附近
内加帕坦	位于布达佩斯东南方向约 153 英里处
纳加帕蒂南	位于艾哈迈达巴德以西约 160 英里处
纳加帕蒂南	位于马德拉斯以南约 300 英里处
尼普尔	位于巴比伦西南方向约 75 英里处
尼赞伯德讷姆	位马苏里帕塔姆以南约 35 英里的港口地区
努朱法巴德	位于伊斯法罕西北方向约 20 英里处
奥卡塞尔	距离拉布约 5 英里
讹答剌	位于中亚钦肯特东北方向约 82 英里处
乌东	位于菲律宾西北方向约 200 英里处
巴尔卡德	位于卡利卡特东南方向约 70 英里处
帕尼帕特	位于德里西北方向约 100 英里处
皮利比特	位于巴里西北方向约 30 英里处
普尔尼亚	位于盖尔以北约 12 英里处
王舍城（罗阅）	位于帕特纳以南数英里处
雷姆沙伊德	距离巴门约 6 英里，现在是伍珀塔尔的一部分
雷瓦里	位于德里以南约 45 英里处
罗瑟勒姆	位于谢菲尔德以北 5 英里处的城市郊区地带
鲁贝	位于现在的里尔郊区地带
梁赞	位于莫斯科东南方向约 124 英里处
森柏尔	位于尼奥拉达巴德西南方向约 22 英里处
萨格尔	位于朱布尔波西北方向约 90 英里处
塞兰坡	位于加尔各答以北约 15 英里处的城市郊区地带
西顿	现为德马科斯的一个港口城市
辛比尔斯克	位于喀山以南约 100 英里处的乌里扬诺夫斯克
松布蕾蕾特	位于萨卡特卡斯以北约 90 英里处
舍卫城	位于帕特纳西北方向约 250 英里处
苏萨	位于巴格达东南方向约 300 英里处
斯温登	位于伦敦以西约 77 英里的斯温登地区
苏博蒂察	位于贝尔坡西北方向约 100 英里处
多久	地处坦特辛东南海岸
塔尼斯	地处尼罗河三角洲下东部
塔克锡拉	位于白沙瓦附近
特奥蒂瓦坎	位于墨西哥城以西约 30 英里处
蒂鲁内尔维利	距离印度南端约 40 英里的内陆城市
蒂鲁文纳默莱	位于檀迦尔附近
睹舍离	靠近加尔各答西南方向约 200 英里的马哈纳迪河口
图尔奈	位于里尔东部约 15 英里处
东莱	位于釜山西北方向约 5 英里处
乌尔	位于幼发拉底河与特格里河交汇处的北部约 80 英里处
乌尔加	位于贝加尔湖以南约 500 英里处
毗舍离	位于帕特纳以北约 50 英里处
瓦拉比	位于古吉拉特半岛东部边缘地带
凡城	距离提夫利斯西南方向约 250 英里
毗诃罗普尔	靠近达卡
维沙卡帕特南	位于马德拉斯东北方向约 484 英里的维沙卡帕特南港地带
沃吕比利斯	地处非斯附近
瓦什舒坎	可能位于幼发拉底河中部
霍奇卡尔科	距离库埃纳瓦卡约 17 英里
吉野	位于奈良以南约 22 英里处

各历史时期，面积大于指定规模的城市数量分布　　附表2

时间（年）	城市数量（座）			
	城市面积100000公顷	城市面积400000公顷	城市面积1000000公顷	城市面积10000000公顷
前1150	1	0	0	0
前650	1	0	0	0
前430	7	0	0	0
前200	8	1	0	0
100	8	2	0	0
361	8	1	0	0
500	9	2	0	0
622	6	2	0	0
800	10	2	0	0
925	15	1	1	0
1000	12	2	0	0
1100	17	1	0	0
1200	19	0	0	0
1300	15	3	0	0
1400	15	2	0	0
1500	20	3	0	0
1600	32	3	0	0
1700	34	5	0	0
1800	50	7	1	0
1900	287	61	16	0
1975	很多	409	192	7

参考文献

[1] Abd-al-Basit, in Brunschweig, ed.
[2] Abd-er-Razzaq, in Major
[3] Abjul-Hak, Selim, "Aspects of Ancient Damascus," no date
[4] Abid-Ali, "Memoirs of Gaur and Pandua," 1931 Calcutta (Bengal Secretariat Book Depot)
[5] Abu'l-Fazl, "Ayeen Akbery," 1800 London
[6] Abulfeda, Ismail, "Géographie," 1848–88 Paris
[7] Abu-Lughod, Janet, "Cairo," 1971 Princeton (Princeton U.)
[8] "Abu-Lughod, " by correspondence
[9] Abun-Nasr, Jamil, "A History of the Maghrib," 1975 Cambridge (U. Press)
[10] Abu Salih, "The Churches and Monasteries of Egypt," 1895 Oxford
[11] Acedémie Nationale de Reims, "Travaux"
[12] Accioli, Ignacio, and Braz do Amaral, "Memorias Históricas e Politicas da Provincia da Bahía," 1919–40 Bahía (State Press)
[13] Acharya, Paramananda, "Studies in Orissan History," 1969 Cuttack (Cuttack Student's Store)
[14] Acosta, Jorge, in G. Wiley, ed., "Archaeology of Southern Mesoamerica," 1965 Austin (Univ. of Texas)
[15] Acsay, Leslie, "Save the Splendor of Budapest," 1965 New York (American Hungarian Library & Historical Soc.)
[16] Adachi, Kinnosuke, "Manchuria," 1925 New York (McBride)
[17] Adams, Francis, "History of Japan, 1853–1864," 1875 London
[18] Adams, captain John, in Hodgkin
[19] Adams, Richard, "Prehistoric Mesoamerica," 1977 Boston (Little, Brown)
[20] Adams, Robert, "The Evolution of Urban Society," 1966 Chicago (Aldine)
[21] Adams, "Land behind Beghdad," 1965 Chicago (U. of Chicago)
[22] Adams and Hans Nissen, "The Uruk Countryside," 1972 Chicago (U. of Chicago)
[23] Adams, Williams, "Flowers of Modern Voyages and Travels," 1820 London
[24] Adeleye, R., in Ajayi & Crowther, I
[25] Ademović, Fadil, "Sarajevo," 1965 Sarajevo ("Zadruggar")
[26] Adorne, Anselme, in Brunschvig, ed.
[27] Affagart, Greffin, "Relation de Terre Sainte," 1902 Paris (Lecoffre)
[28] Ahnlund, Nils, "Stockholms Historie före Gustav Vasa," 1953 Stockholm (Norstedt)
[29] Ahrens, Peter, "Die Entwicklung der Stadt Teheran," 1966 Opladen (Leske)
[30] Aillard, L., "Chroniques du Vieux Nimes," 1923 Nimes
[31] Ajayi, J., and Michael Crowder, "History of West Africa," 1972 New York (Columbia U.)
[32] Albert-Petit, A., "Histoire de Normandie," n.d., Paris (Boivin)

[33] Alexander, James, "Travels from India to England," 1827 London
[34] Allan, Francis, "De Stad Utrecht," 1856 Amsterdam
[35] Allen, A. M., "A History of Verona," 1910 New York（Putnam）
[36] Allen, David, "India, Ancient and Modern," 1856 Boston
[37] Allen, William E. D., "A History of the Georgian People," 1832 London（Paul, Trench, Trubner）
[38] Alsop, Joseph, "From the Silent Earth," 1964 New York（Harper & Row）
[39] Altekar, Anant, "Rashtrakutas and Their Times," 1934 Poona（Oriental Book Agency）
[40] Amador, Elias, "Bosquejo Histórico de Zacatecas," 1892 Zacatecas
[41] Amari, Michele, "Storia dei Musulmani di Sicilia," 1868 Florence
[42] "American Cyclopaedia," 1873–1876 New York
[43] Ammann, Hektor, chapter in "Studien zu den Anfängen der europäischer Städtewesens," 1958 Lindau（Thorbecke）
[44] Ammann, "Die wirtschaftliche Stellung der Reichsstadt Nürnberg im Spätmittelalter," 1970 Nuremberg（Verein Für Geschichte der Stadt Nürnberg）
[45] Ammian, Marcelinus, "History"
[46] Amsterdam, city of, "Statistisch Jaarbuch der Gemeente Amsterdam 1938–1939," 1941 Amsterdam
[47] Andrade, José Ignacio, "Cartas Escriptas de India e da China," 1847 Lisbon
[48] Andréades, A., in "Métron," I, no. 2, 1920
[49] Andrée, Karl, new edition of Balbi, "Handbuch der Erdbeschreibung," 1850 Brunswick
[50] Angelov, chapter in "Medieval Bulgarian Culture," 1964 Sofia（Foreign Language Press）
[51] "Annuario Stmtiatieo della Città di Roma, 1951," 1954 Rome
[52] Arberry, Arthur, "Shiraz," 1960 Norman（U. of Oklahoma Press）
[53] Archangelskaya, "Nizhny–Novgorod v XVII Veke," n.d.
[54] "Archives de la Gironde"
[55] Arciniegas, German, "The Kinght of El Dorado," 1942 New York（Viking）
[56] Arellano Moreno, Antonio, "Carácas," 1966 Carácas（Comisión Nacional de Cuatrocentenario）
[57] Arkell, Anthony, "History of the Sudan," 1961 London（London U.）
[58] Arlegui, José, "Crónica de la Provincia de San Francisco de Zacatecas," 1851 Mexico City
[59] Arnold, Stanislaw, "Polska w Rozwoju Dziejowym," 1966 Warsaw（Zaklady）
[60] Arnould, Maurice, "Les Dénombrements de Foyers dans le Comté de Hainault（XIV–XVIe Siècle）," 1956 Brussels（Palais des Académies）
[61] Arrate, José de, "Llave del Nuevo Mundo," in Cowley, ed., "Los Tres Primeros Historiadores de la Isla de Cuba," 1876–1877
[62] Arvieux, L. d', "Mémoires," 1717 Paris
[63] Arzans, Bartolomé, "Historia de la Villa Imperial de Postosí," 1965 Providence（Brown U.）
[64] Asakawa, H., "The Documents of Iriki," 1929 New Haven（Yale）
[65] Aslanapa, Oktay, "Edirne Osmanli devri Abedeleri," 1949 Istanbul（Üçler Basimevi）
[66] Asso, Ignacio de, "Historia de la Economía Politica de Aragón," 1798 Zaragoza
[67] Astour, Michel, "Hellennsemitica," 1961 Leiden（Brill）
[68] Aubin, Jean, in "Studia Islamica," 1963
[69] Aufauvre, Amédée, "Les Tablettes Historiques de Troyes," 1858 Troyes
[70] Averanga, Asthemio, "Algunos Aspectos de la Población de Bolivia," n.d., La Paz
[71] Awe, B., in P. Lloys, ed., "The city of Ibadan," 1967 London（Cambridge U.）
[72] Azadaev, P., "Tashkent," 1959 Tashkent（Russian National Acad.）
[73] Azevedo, Thales de, et al, "Povoamento da Cidade do Salvador," 1950 São Paulo（National Press）
[74] Babeau, Albert, "La Ville sous l'Ancien Régime," 1884 Paris
[75] Baddeley, John, ed., "Russia, Mongolia, China⋯to 1676," 1919 London（Macmillan）
[76] Badger, George, "Travels of Ludovico di Varthema," 1863 London

[77] Badia, Domingo, "Travels of Ali Bey," 1816 London
[78] Baedaker, Karl, co., "Belgium and Holland," 1901
[79] Baedaker, "Die Rheinlände," 1881
[80] Baedaker, "Konstantinopel," 1914
[81] Baedaker, "Österreich–Ungarn," 1896
[82] Bajko, Mátyás, ed., "A Hatszézéves Debrecen," 1961 Debrecen（Komoróczy）
[83] Bakewell, Peter, "Silver Mining and Society in⋯Zacatecas 1546–1700," 1971 Cambridge, England（Cambraidge U.）
[84] Bakhrushin, S., et al, "Istoriya Moskvii," 1952 Moscow（Russian National Academy）
[85] Balabanov, Kosta, et al, "Ohrid," 1978 Skoplje
[86] Balandier, Georges, "Daily Life in the Kingdom of Kongo," 1968 New Youk（Random）
[87] Balasubrahanyan, S., "Early Chola Temples," 1971 Delhi（Orient Longmans）
[88] Balazs, Etienne, "Les Foires en Chine," 1953 Paris
[89] Balazs, "La Bureaucratie Céleste," 1968 Paris（Gallimard）
[90] Balbi, Adriano, "Abrégée de Géographie," 1853 Paris
[91] Balbi, "Essai Statistique sur le Royaume de Portugal," 1822 Paris
[92] Balfour, Edward, "Cyclopaedia of India," 1885 London
[93] Ballesteros, Antonio, "Sevilla en el Siglo XIII," 1913 Madrid
[94] Ballesteros G., Manuel, "Descubrimiento y Fundación del Potosí," 1950 Potosí
[95] Banerji, Rakhal, "History of Orissa," 1930 Calcutta（R. Chatterji）
[96] Baratier, Edouard, "Histoire de Marseille," 1973 Toulouse（Privat）
[97] Barbier, Charles, edition of Yaqut, 1861 Paris
[98] Barbosa, Josaphat, in Kerr
[99] Barbot, Jean, in A. Churchill, V
[100] Bardet, Jean–Pierre, "Rouen aux XVIIe et XVIIIe Siècles," 1983 Paris（Enseignment Supérieur）
[101] Barker, William, "Lares and Penates," 1853 London
[102] Barlow, Glyn, "The story of Madras," 1921 London and Bombay（Oxford U.）
[103] Barros Aranha, Diego, "Historia General de Chile," 1930–1937 Santiago（Nascimento）
[104] Barrow, John, "Travels in China," 1804 London
[105] Barrow, "A Voyage to Cochinchina," 1806 London
[106] Barth, Heinrich, "Travels and Discoveries in North and Central Africa," 1857–1858 London
[107] Barthold, Vasili, "Herat unter Husein Baiqara," 1938 Leipzig（Brockhaus）
[108] Bartolotti, Davide "Descrizione di Torino, " 1840, Turin
[109] Bascom, William, in American Journal of Sociology, March 1955
[110] Basham, Arthus, "The Wonder That Was India," 1967 London（Sidgwick & Jackson）
[111] Bastin, John, and Robin Winks, "Malaysia: Selected Historical Readings, " 1966 Kuala Lumpur and New York（Oxford U.）
[112] "Batavia," 1782 Amsterdam
[113] Bátori, Ingrid, "Die Reichsstadt Augsburg in 18 Jahrhundert," 1969 Göttingen（Vandenhouck & Ruprecht）
[114] Battel, Andrew, in Pinkerton, XVI
[115] Baurain, Paul, "Alep," in 1930 Aleppo（Castoun）
[116] Bausani, A., chapter in "Cambridge History of Iran," vol. V, 1968 Cambridge（Cambridge U.）
[117] Bazaz, Prem, "Struggle for Freedom in Kashmir," 1954 Delhi（Kashmir Publ. Co.）
[118] Beaumont, Pablo, "Crónica de Michoacán," 1932 Mexico City（written 1565）
[119] Beazley, Charles, "The Dawn of Modern Geography," 1901 London（Frowde）
[120] Beechey, Frederick, in Harnisch, X
[121] Bégin, Émile, "Metz depuis Dix–Huit Siecles," 1845 Paris
[122] Begley. John, "The Diocese of Limerick in the Sixteenth and Seventeenth Centuries," 1927 Dublin（Browne

& Nolan）

[123] Bekri, Abdullah el-, "Description de l' Afrique Septentrionale," 1913 Algiers（Jourdan）
[124] Bel, Alfred, "Tlemcen," 1922 Paris（Thiriat）
[125] Bellew, T., In Forsyth
[126] Beloch, Julius, "Bevölkerungsgeschichte Italiens," 1937–1961 Berlin（De Gruyter）
[127] Beloch, "Die Bevölkerung der griechisch-römischen Welt," 1886 Leipzig
[128] Belotti, Bertolo, "Storia di Bergamo e dei Bergamaschi," 1940 Milan（Ceschina）
[129] Bémont, Fredy, "Les Villes de l' Iran," 1969–1973 Paris（privately published）
[130] Benedict, Philip, "Rouen during the War of Religion," 1981 Cambridge（Cambria U.）
[131] Benham, William, and Charles Welch, "Medieval London," 1901 London（Seeley）
[132] Benjamin of Tudela, "viajes," 1918 Madrid（Sanz Calleja）
[133] Bennassar, Bartolomé, "Valladolid au Siècle d'Or," 1967 Paris（Mouton）
[134] Bergmann, Eugen von, "Zur Geschichte der Entwicklung deutscher, polnischer und jüdischer Bevölkerung in der Provinz Posen," 1883 Tübingen
[135] Bernal, Ignacio, "Ancient Mexico in Color," 1968 New York（McGraw-Hill）
[136] Bernal, "The Olmec World," 1969 Berkeley（U. of California）
[137] Bernard, Maurice, "La Minicipalité de Brest de 1750 à 1790," 1915 Paris（Champion）
[138] Berncastle, "A Voyage to China," 1850 London
[139] Bernier, François, "Travels in the Mogul Empire 1656–1668," 1915 Paris（Champion）
[140] Berry Lloyd, and Robert Crummey, "Rude & Barbarous Kingdom," 1968 Madison（U. of Wisconsin）
[141] Beveridge, Henry, "History of India," 1862 London
[142] Beylié, Léon de, "La Kalaa des Beni-Hammad," 1909 Paris（Leroux）
[143] Bhargava, Visheshwar, "Marwar & the Mughal Emperors," 1966 Delhi（Manoharlal）
[144] Bhattacharya, Sudhindra Nath, "A History of Mughal North-East Frontier Policy," 1929 Calcutta（Chuckervatty, Chatterjea & Co.）
[145] Bible
[146] Bieber, Friedrich, "Kaffa," 1920–1923 Münster（Aschendorff）
[147] Bielenstein, Hans, lecture Feb. 10, 1977
[148] Biervillas, Innigo de, "Voyage," 1736 Paris
[149] Bihar & Orissa Research Society, "Journal"
[150] Blobaku, Saburi, "The Egba and Their Neighbors," 1957 Oxford（Clarendon）
[151] Biruni, Mohammed al-, "Alberuni's India," 1964 Delhi（Chand）
[152] Bishop, Mrs.J.（Bird）, "The Yangtze Valley and Bengal," 1900 New York（Putnam）
[153] Bittel, Kurt, "Grundzüge der Vor und Frühgeschichte Kleinasiens," 1945 Tübingen（Wasmuth）
[154] Bittel, "Hattusha," 1970 New York（Oxford U.）
[155] Bivar, A., and P. Shinnie, in "Journal of African History," 1962
[156] Björkman, Walther, "Ofen zur Türkenzeit," 1920 Hamburg（Friedrichsen）
[157] Blackie, William, "The Imperial Gazetteer," 1860 Glasgow
[158] Blanchard Raoul, "Le Flandre," 1906 Paris（Colin）
[159] Blanchet, Adrien, "Les Enceintes Romaines de la Gaul," 1907 Paris（Leroux）
[160] Blaquiere, E., "Letters from the Mediterranean," 1813 London
[161] Bleeker, in "Tijdschrift voor Nederlandsch Indië," VIII, 1846, part 2
[162] Bleiberg, Germán, "Diccionario Geográfico de España," 1956–1961 Madrid（Prensa Gráfica）
[163] Blockmans, Frans, chapter in "Antwerpen in de XVIIIde Eeuw," 1952 Antwerp（de Sikkel）
[164] Blok, Petrus, "Geschiedenis eenen Hollandsche Stad," 1882–1884 the Hague
[165] Blok, "History of the People of the Netherlands," 1898–1912 New York
[166] Blondel, Louis, "Histoire de Genève" 1951 Geneva
[167] Blundell, Peter, "A City of Many Waters," 1923 London（Arrowsmith）

[168] Boardman, John, "The Greeks Oversees," 1964 Baltimore（Penguin）

[169] Bochkareva, "Bolgaria," 1953 Moscow（Inostrannoi Litri）

[170] Bofarull, Prospero de, "Censo de Cataluña Ordenado en Tiempo del Rey Don Pedro el Ceremonioso," 1856 Barcelona

[171] Böhme, Helmut, "Frankfurt und Hamburg," 1968 Frankfurt（Europäische Verlaganstalt）

[172] Boix, Vicente, "Historia de la Ciudad de Valencia," 1845 Valencia

[173] Boix, "Valencia," 1862 Valencia

[174] Bolato, Andrés, "Monografia de Guayaquil," 2 ed., 1887 Quito

[175] Boldizar, Ivan, ed., "Hungary," 1969 New York（Hastings House）

[176] Bonnassie, Pierre, "La Catalogne du Milieu du Xe à la Fin du Xie Siècle," 1975 Toulouse（U. of Toulouse-le Mirail）

[177] Bonnycastle, Richard, "Account of the Dominions of Spain in the Western Hemisphere," 1818 London

[178] Boos, Heinrich, "Geschichte der rheinischen Städtekultur," 1897-1901 Berlin

[179] Borah, Woodrow, "New Spain's Century of Depression," 1951 Berkeley（U. of California）

[180] Bory de St.-Vincent, Jean, "Voyage dans les Quatre Principales Iles des Mers d'Afrique," 1804 Paris

[181] Bose, Nemai, "History of the Candellas of Jejakabhukti," 1956 Calcutta（Mukhopadhay）

[182] Bosque, Joaquín, "Geografía Urbana de Granada," 1962 Zaragoza

[183] Bosworth, Clifford, "The Ghaznavids," 1963 Edinburgh（Edinburgh U.）

[184] Boturini, Lorenzo, "Tezcoco en los Tiempos de Sus Ultimos Reyes," 1826 Mexico City

[185] Boucher, E., "A Short History of Antioch," 1921 Oxford（Clarendon）

[186] Boudet, Jacques, ed. "Jerusalem, a History," 1967 New York（Putnam）

[187] Bouinais, A., and A. Paulus, "L'Indo-Chine Française Contemporaine," 1885 Paris

[188] Boulainvilliers, Henri "État de la France," 1752 London

[189] Bourdigné, Jean de, in "L'Anjou Historique," 1908

[190] Bourges, Jacques de, "Reise des Bischofs von Béryte nach China," 1671 Leipzig

[191] Boussinesq, Georges, chapter in "La Vie d'une Cité-Reims," 1970 Paris（Nouvelles Éditions Latines）

[192] Boutin, Vincent, "Reconnaissance des Villes," 1927 Paris

[193] Bowen, Thomas, "Grammar and Dictionary of the Yoruba Language with Introductory Description of the Country and People of Yoruba," in "Smithsonian Contributions to Knowledge," X, 1858 Washington

[194] Bowrey, Thomas, "A Geographical Account of Countries Round the Bay of Bengal 1669 to 1679," 1905 Cambridge, England（Hakluyt Soc.）

[195] Bowring, John, "The Kingdom and People of Siam," 1856-1857 London

[196] Boxer, Charles, "The Dutch In Brazil," 1957 Oxford（Clarendon）

[197] Boxer, "The Golden Age of Brazil," 1962 Berkeley（U. of California）

[198] Boyle, J., ed., "Cambridge History of Iran," V, 1968 Cambridge, England（Cambridge U.）

[199] Braam, André van, "An Authentic Account of the Embassy of the Dutch East-India Company to the Court of the Emperor of China," 1798 London

[200] Brading, D., "Miners & Merchants in Bourban Mexico 1763-1810," 1971 Cambridge, England（Cambridge U.）

[201] Bragadino, Marc' Antonio, "Histoire des Républiques Maritimes Italiennes," 1955 Paris（Payot）

[202] Brand, John, "The History and Antiquities of the Town and County of Newcastle upon Tyne," 1789 London

[203] Braudel, Fernand, "La Méditerranée et le Monde Méditerranéenne a l'Époque de Philippe II," 1949 Paris（Colin）

[204] Brazil, government of, "Relatorio, 1922," 1923 Rio de Janeiro

[205] Breasted, James, "Ancient Records of Egypt," 1906 Chicago

[206] Bredsdorff, Peter, in "Kφbenhavn fφr og Nu," I, 1949 Copenhagen（Hassing）

[207] Bretschneider, Emil, "Medieval Researches," 1910 London（Paul, Trench, Trübner）

[208] Briggs, Lawrence, "The Ancient Khmer Kingdom," 1951 Philadelphia（Am. Philosophical Soc.）

[209] Brigham, William, "Guatemala, Land of the Quetzal," 1887 New York
[210] Broadbent, Sylvia, in "Nawpa Pacha," 1966
[211] Brockelmann, Carl, "History of the Islamic Peoples," 1947 New York (Capricorn)
[212] Brockhaus, Friedrich, co., "Conversation-Lexikon," 1851–1855; 1864–1868; 1882–1887, 1898 Leipzig; "Grosse Brockhaus," 1928, 1952 Leipzig
[213] Brodrick, James, "Saint Francis Xavier," 1952 London (Burns & Bates)
[214] Broshi, Magen, and Ram Gophna, "Bulletin of the American Schools of Oriental Research," winter 1984
[215] Brosse, Jacques, ed., "Dictionnaire des Églises de France," 1966 Paris (Lafont)
[216] Brosset, Marie, "Les Ruines d'Ani," 1860 St. Petersburg
[217] Brougham, Henry, "Journey through Albania," 1858 London
[218] Brown, Edward, "Travels," 1753 London
[219] Brown, Harold, and P. Harris, "Bristol, England," 1964 Bristol (Burleigh)
[220] Brown, J. Macmillan, "People and Problems of the Pacific," 1927 New York (Sears)
[221] Brown, Percy, "Indian Architecture," 1948, Bombay (Taraporevala)
[222] Browne, William G., "Travels in Africa, Egypt, and Syria," 1806 London
[223] Bruce, James, "Travels," 1790 London
[224] Brugmans, Hajo, "Opkomst en Bloei van Amsterdam," 1911 Amsterdam (Meulenhoff)
[225] Brugmans, and Peters, "Oud-Nederlandsche Steden," 1909–1911 Leiden (Sijthoff)
[226] Brunot, Louis, in "École Superieur de Langue Arabe," 1920
[227] Brunschvig, Robert, "La Berberie Orientale sous les Hafsides," 1940–1947 Paris (Adrien-Maisonneuve)
[228] Brunschvig, ed., "Deux Récits de Voyage Inédits en Afrique du Nord au XVe Siècle," 1936 Paris (Larose)
[229] Bruton, William, in Acharya
[230] Bruzen de la Martinière, Antoine, "La Grande Dictionnaire Géographique," 1737 and 1768 editions, Paris
[231] Bryce, James, "A Cyclopaedia of Geography," 1856 London
[232] Bücher, Karl, "Die Bevölkerung von Frankfurt am Main im XIV und XV Jahrhundert," 1886 Tübingen
[233] Buckingham, J., "Travels among the Arab Tribes East of Syria and Palestine," 1825 London
[234] Budge, E. A. Wallis, "A History of Ethiopia," 1928 London (Methuen)
[235] Bueno, Cosmé, in "Colección de Historiadores de Chile," 1876ff Santiago
[236] Bühler, Fedor, "Kochuiushchik i Osiedlozhivushchie v Astrakhanskoi," 1846 St. Petersburg
[237] Bulliet, Richard, "The Patricians of Nishapur," 1972 Cambridge, U.S. (Harvard)
[238] Burckhardt, Johann, "Travels in Arabia," 1829 London
[239] Burgess, James, "Archaeological Survey of Western India: Bidar and Aurangabad Districts," 1878 London
[240] Burgoa, João, "Tratado de Lisbôa," 1923 Lisbon (Feria)
[241] Burigny, J., "Histoire Générale de Sicile," 1745 the Hague
[242] Burkart, Joseph, "Mexico," 1836 Stuttgart
[243] Burton, Richard, "Abeokuta and the Cameroons Mountains," 1863 London
[244] Burton, Richard, "A Mission to Gelele, King of Dahomey," 1966 New York (Praeger)
[245] Bury, John, "History of the Eastern Roman Empire," 1912 London (Macmillan)
[246] Busch, Moritz, "Die Türkei," 1860 Triest
[247] Büsching, Anton, "Géographie," 1776–1782 Lausanne
[248] Büsching, Anton, "Grosse Erdbeschreibung," 1784 Troppau
[249] Büsching, Anton, "Magazin," 1773–1793 Hamburg
[250] Büsching, Anton, "Neue Erdbeschreibung," 1767–1771 Hamburg
[251] Busquet, Raoul, "Histoire de Marseille," 1945 Paris (Laffont)
[252] Bustron, Florio, "Chronique de l'Ile de Chypre," 1886 Paris
[253] Butler, William F., "The Lombard Communes," 1906 London (Unwin)
[254] Buzonnière, Léon de, "Histoire Architecturale de la Ville d'Orléans," 1849 Paris
[255] Cadoux, Cecil, "Ancient Smyrna," 1938 Oxford (Blackwell)

[256] Cahen, Claude, "Pre-Ottoman Turkey," 1971 New York (Taplinger)

[257] Caillé, Jacques, "La Ville de Rabat jusqu'au Protectorat Français," 1949 Paris (Vanoest)

[258] Caldas, José, "Noticias Geral de Toda Este Capitanía de Bahia," 1951 Salvador (Tip. Beneditina)

[259] Calkins, Phil1p, in Richard Park, "Urban Bengal," 1969 East Lansing (Asian Studies Center, Michigan State U.)

[260] Camavitto, Dino, "La Decadenza delle Popolazioni Messicane al Tiempo della Conquista," 1935 Rome (Failli)

[261] Campbell, Geroge A., "The Knights Templars," 1937 London (Duckworth)

[262] Campbell, James H., "Oazetteer of the Bombay Presidency," 1877-1904 Bombay

[263] Campbell, William, "Formosa under the Dutch," 1967 Taipei (Ch'eng-wen)

[264] Canale, Michele, "Nuova Istoria della Repubblica di Genova," 1858 Florence

[265] Canard, Marius, "Histoire de la Dynastie des H'amdanides," 1951 Algiers (Typo-Litho & Carbonel)

[266] Cantù, Ignacio, "Bergamo," 1861 Milan

[267] Capper, Benjamin, "A Topographical Dictionary of the United Kingdom," 1808 London

[268] Carden, Robert, "The City of Genoa," 1908 London (Pott)

[269] Carles, W., "Life in Caria," 1888 London

[270] Caron, Francis, and Joost Schouten, "A True Description of the Mighty Kingdoms of Japan and Siam," 1935 London (Argonaut)

[271] Carré, abbé, "Travels in India," 1947-1948 London (Hakluyt)

[272] Carrera, Jaume, "La Barcelona del Segle XVIII," 1951 Barcelona (Bosch)

[273] Carrière, Charles, "Marseille, Ville Morte, la Peste de 1720," 1968 Marseille (Robert)

[274] Carter, Francis, "A Journey from Gibraltar to Málaga," 1780 London

[275] Carter, Thomas F., "The Invention of Printing in China," 2ed.,1955 New York (Ronald)

[276] Cassel, Georg, "Der Chazarische Königsbrief aus dem 10 Jahrhundert," 1877 Berlin

[277] Cassius, Dio, "Roman History"

[278] Castles, Lance, in "Indonesia," 1967,p.157 (Cornell U.)

[279] Castro, João de, "Roteiros," 1939-1940 Lisbon (Colonial Agency)

[280] Cat, Édouard, "Petit Histoire de l'Algérie," 1889 Algiers

[281] "Catholic Encyclopedia," 1907-1914 New York (Appleton)

[282] Caton-Thompson, Gertrude, "The Zimbabwe Culture," 1970 NewYork (Negro Universities Press)

[283] Cavanilles, Antonio, "Observaciones sobre…la Reina de Valencia," 1797 Valencia

[284] Cavitelli, Lodovico, "Cremonenses Annales," 2 ed.,1968 Bologna (Forni)

[285] CEGAN (organization), "Libro de…Quito," 1950-1951 Quito

[286] "Censo de España,1797," Madrid

[287] "Censo de 1a Población de España," 1857 and 1877, Madrid

[288] "Census of Jamaica," 1943, Kingston

[289] "Census of the Canadas," see "First Report"

[290] "Census of the Philippine Islands," 1904 Washington

[291] Cernik, Joseph, in "Petermanns Mittheilungen," 1876

[292] Cerqueira, Edgard de, "Reliquias de Terra de Ouro," 1946

[293] Chadwick, Irene, in "San Francisco Examiner," Aug. 29, 1982: Travel

[294] Chalmel, J., "Histoire de Touraine," 1828 Paris

[295] Chambers, R. & w., co., "Concise Gazetteer of tho world," 1907 London

[296] Chambers, R. & w., co., "Chambers's Cyclopaedia," 1870-1871; 1888-1892 Edinburgh: 1907 London

[297] Chancellor, Richard, in Berry & Crummey

[298] Chandler, Richard, "Travels in Aaia Minor," 1775 Oxford

[299] Chandler, Tertius, (r) "Remote Kingdoms," 1976 Hicksville (Exposition)

[300] Chandler, Tertius, (g) "Godly Kings and Early Ethics," 1976 Hicksville (Exposition)

[301] Chandra, Jag Parvesh, "Delhi," 1969 Delhi (Metropolitan)

[302] Chang Chi-yun, "The Essence of Chinese Culture," 1957 Taipei (China News Press)

[303] Chang Kwang-chih, "The Arahaeology of Ancient China," 1968 New Haven (Yale)
[304] Chanut, Pierre, & Richard Gascon, v. I in Braudel & Labrousse, eds., "Histoire Economique et Sociale de la France," 1977 Paris
[305] Chardin, Jean, "Voyage en Perse," 1711 Amsterdam
[306] Chart, D., "The Story of Dublin," 1907 London (Dent)
[307] Chau Ju-kua, see Hirth &Rockhill
[308] Chaudhury, B.N., "Buddhist Centers in India," 1969 Calcutta (Sanskrit College)
[309] Chauhan, D., "Trends in Urbanization in Agra," 1966 Bombay and New York (Allied Publishers)
[310] Chaumont, Alexandre, "Relation de l'Ambassade de Mr.le Chevalier de Chaumont à la Court du Roy de Siam," 1687 Paris
[311] "Chekiang Tung Chih," 1934 Shanghai
[312] Chen Cheung, in Drake
[313] "Chengteh Fu Chih," 1968 Shanghai
[314] Chenier, Louis, "Empire of Morocco," 1788 London
[315] Chesneaux, Jean, "Contribution a l'Histoire de la Nation Vietnamienne," 1955 Paris (Éditions Sociales)
[316] "Chi Fu Tung Chih," 1934 Shanghai
[317] "Chiangnan Tung Chih," 1737 China
[318] Chien Lung, "Éloge de la Ville de Moukden," 1770 Paris
[319] Childs, Gladwyn, in "Journal of African History," 1960 Cambridge, England
[320] "Chinese Repository"
[321] "Chinese Yearbook," 1940
[322] Choy, Bong-youn, "The old Korea," 1971 Rutland and Tokyo (Tuttle)
[323] "Chronicle and Direotory for China, Japan, Korea...1902," Hong Kong (Hongkong Daily Press)
[324] "Chüanchow Fu Chih," 1870 China
[325] Chula Chakrabongse, "Lords of Life," 1967 London (Redman)
[326] "Chung Hsui Kao Lan Hsien Chih," 1967 Taipei
[327] Church, Roy, "Economic and Social Change in a Midland Town," 1966 London (Cass)
[328] Churchill, Awnsham, "A Collection of Voyages and Travels," 1744–1746 London
[329] Ciborowski, Adolf, "Warszawa," 1964 Warsaw (Wstep Napisal Karol Malcuzynski)
[330] Clapperton, Hugh, "Journal of a Second Expedition into the Interior of Africa," 1829 Philadelphia
[331] Clapperton, Hugh, and D. Denham, "Narrative of Travels and Discoveries in Northern and Central Africa," 1828 London
[332] Clapperton, Hugh in Cooley, "Modern Voyages of Discovery," 1830 London
[333] Claude, Dietrich, "Topographie und Verfassung des Städte Bourges und Poitiers bis in das ll Jahrhundert," 1960 Lübeck (Matthiesen)
[334] Clavigero, Francisco Javier, "The History of Mexico," 1807 London
[335] Clavijo, Ruy González de, "Embassy to Tamerlane," 1928 London (Routledge)
[336] Clennell, Walter, "Report of His Majesty's Consul at Kiukiang," 1903
[337] Clennell, Walter in "New China Review," 1922 Shanghai
[338] Clerget, Marcel, "Le Caire," 1934 Cairo (Schindler)
[339] Cloud, Frederick, "Hangchow," 1906 Shanghai (Presbyterian Mission Press)
[340] Cobb, Gwendolyn, "Potosí and Huancavelica...1545 to 1640," 1947 Berkeley (U. of California)
[341] Cobo, Bernabé, in "Biblioteca de Autores Españoles," 1945 Madrid (Atlas)
[342] Coe, Michael, "Mexico," 1962 New York (Praeger)
[343] Coe, Michael, "The Maya," 1966 New York
[344] Coedes, Georges, "Angkor," 1963 Hong Kong (Oxford U.)
[345] Cole, Wendell, "Kyoto in the Momoyama Period," 1967 Norman (U. of Oklahoma)
[346] Coleridge, Henry, "The Life and Letters of st.Francis Xavier," 1872 London

[347] "Collier's Encyclopedia," 1968 New York（Crowell-Collier）

[348] Collis, Maurice, "Foreign Mud," 1956 London（Faber & Faber）

[349] Collis, Maurice, "The Land of the Great Image," 1943 New York（Knopf）

[350] Colombia, government of, "Estádistica Jeneral de 1a Nueva Granada," 1852 Bogotá

[351] "Columbia Encyclopedia," 1975 New York（Columbia U.）

[352] "Columbia Lippincott Gazetteer," 1952 New York（Columbia U.）

[353] Commissariat, M.s., "History of Gujarat," 1938-1957 New York（Longmans, Green）

[354] Compton, Herbert, "The European Adventurers in Hindustan," 1894 London

[355] Condon, Josiah, "Brazil," 1830 Iondon

[356] Condon, Josiah, "India," 1830s London

[357] Condon, Josiah, "Turkey," 1827 London

[358] Conti, Nicolo di, in Major

[359] Cook, Sherburne, and Lesley Simpson, in "Ibero-Americana," v.31（1948, but volumes are not in chronological order）

[360] Cook, Theodore, "The Story of Rouen," 1928 London（Dent）

[361] Coole, Arthur, "A Commercial Gazetteer of China," 1931 Tientsin

[362] Cooley, W., "The Negroland of the Arabs," 1841 London

[363] Copenhagen, city, "Aarbog for Kφbenhavn, 1942," Copenhagen

[364] Coppolani, Jean, "Toulouse au XXe Siècle," 1963 Toulouse（Privat）

[365] Cordier, Henri, "The Book of Ser Marco Polo," 1903 London（Murray）

[366] Cordier, Henri,（a）in "T'oung Pao," 1907

[367] Correnti, Cesare, "Annuario Statistico Italiano," 1858 Turin

[368] Corridore, Francesco, "La Popolazione dello Stato Romano 1656-1901," 1906 Rome（Loescher）

[369] Cortesão, Armando, "A Cidade de Bangala," 1944 Lisbon（Sociedad de Geografia）

[370] Coryat, Thomas, "Coryat's Crudities," 1776 London

[371] Costa, Nelson, "Historia de Cidade do Rio de Janeiro," 1935 Rio de Janeiro（Livraria Jacintho）

[372] Cottineau, D., "A Historical Sketch of Goa," 1831 Madrid

[373] Couling, Samuel, "Encyclopaedia Sinica," 1917 Shanghal（Kelly & Walsh）

[374] Courcy, "L'Empire du Milieu," 1867 Paris

[375] Cousens, Henry, "Bijapur and Its Architectural Remains," 1916 Bombay

[376] Covarrubias, Miguel, "Indian Art in Mexico and Central America," 1957 New York

[377] Cox, Warren, "Pottery and Porcelain," 1945 New York（Crown）

[378] Crane, H., and J. Griffin, in "Radiocarbon," 1961-1962

[379] Crawford, Dirom, "A Brief History of the Hughli District," 1902 Calcutta（Bengal Secretariat）

[380] Creel, Herrlee, "The Birth of China," 1937 Boston（Little, Brown）

[381] Cressey, George, "China's Geographical Foundations," 1934 New York（McGraw-Hill）

[382] Cressey, George, "Land of the 500 Million," 1955 New York（McGraw-Hill）

[383] Cross, Anthony, ed., "Russie under Western Eyes 1517-1825," 1971 London（Elek）

[384] Crouvezier, G., chapter in "La Vie d'une Cité-Reims," 1970 Paris（Nouvelles Éditions Latines）

[385] Crow, Carl, "Handbook for China," 1915 San Francisco（Kelly & Walsh）

[386] Crozet, René, "Histoire d'Orléanais," 1936 Paris（Boivin）

[387] Crutwell, Clement, "A New Universal Gazetteer," 1798 London

[388] Cuinet, Vital, "La Turquie d'Asie," 1890-1895 Paris

[389] Cummings, Lewis, "Alexander the Great," 1940 Boston（Houghton Mifflin）

[390] Cunningham, Alexander, "The Ancient Geography of India," 1871 London

[391] Curtin, Philip, "The Atlantic Slave Trade," 1969 Madison（U.of Wisconsin）

[392] Curtis, Edmund, "A History of Medieval Ireland," 1938 London（Methuen）

[393] Cuvelier, Joseph, "Formation de la Ville de Louvain," 1935 Brussels

[394] Cuvelier, Joseph, "Les Dénombrements de Foyer en Brabant (XIV–XVI Siècles)," 1912 Brussels (Kiessling)
[395] Dabrowski, Jan, "Krakow," 1957 Krakow (Wydawn. Literaćkie)
[396] Dabrowski, Jan, "Krakow," 1965 Warsaw (Arkady)
[397] Dainville, François de, in "Population," 1958 Paris
[398] Dameto (anon.) , "The Ancient and Modern History of the Balearic Islands," 1716 London
[399] Dani, Ahmad, "Peshawar," 1969 Peshawar (Zakaullah)
[400] Daniel, Hermann, "Handbuch der Geographie," 1866–1868 Leipzig
[401] Dannenbauer, Heinrich, "Die Entstehung Europas, von der Spätantike zum Mittelalter," 1959–1962 Stuttgart
[402] Danvers, Frederick, "The Portuguese in India," 1894 London
[403] Dapper, Olfert, "Description de l'Afrique," 1686 Amsterdam
[404] Daru, Pierre, "Histoire de la République de Venise," 1863 Paris
[405] Das Gupta, Yogendra Nath, "Bengal in the Sixteenth Century," 1914 Caloutta
[406] Dathe, M., "An Essay on the History of Hamburgh," 1766 London
[407] Datta, V. N., "Amritsar, Past and Present," 1967 Amritsar (Municipal Committee)
[408] Davids, A. Mervyn, "Clive of Plassey," 1939 NewYork (Scribner)
[409] Davies, Oliver, "West Africa before the Europeans," 1967 London (Methuen)
[410] Davila, Enrico, "History of the Civil Wars in France," 1758 London
[411] Davis, John, in Purchas, II
[412] Davis, John K., "The Chinese," 1840 London
[413] Debo, Angie, "The Rise and Fall of the Choctaw Republic," 1961 Norman (U. of Oklahoma)
[414] de Camp, L., "Great Cities of the Ancient World," 1972 Garden City (Doubleday)
[415] Decaux, Alain, "La Belle Histoire de Versailles," 1962 Paris (Berger–Levrault)
[416] Delarue, Gervaise, "Nouveaux Essais Historiques sur la Ville de Caen," 1842 Caen
[417] de l'Isle, "Description de la Ville de Péking," 1766 Paris
[418] Della Valle, Pietro, "Voyages," 1745 Rouen
[419] Delumeau, J., manuscript
[420] Demey, J., in "Revue Belgique de Philologie et d' Histoire," 1950
[421] Denham, Dixon, in Harnisch, X
[422] Dermigny, Louis, "La Chine et l'Orient: le Commerce a Canton au XVIII Siècle," 1964 Paris (S.E.V.P.E.N.)
[423] Desai, Govindbhai, "Gazetteer of the Baroda State," 1923 Bombay (Times)
[424] Desai, W., "History of the British Residency 1n Burma 1826–1840," 1939 Rangoon (U. of Rangoon)
[425] Desmarquets, Jean, "Mémoires Chronologiques pour Servir à l' Histoire de Dieppe," 1785 Paris
[426] Desportes, in "Moyen Age," 1966
[427] "Deutsches Städtebuch," see Keyser
[428] Deverdun, Gaston, "Marrakech des Origines a 1912," 1912 Rabat (Éditions Techniques Nord–Africains)
[429] Dey, Nundo Lal, "The Geographical Dictionary of Ancient and Medieval India," 1927 London (Luzac)
[430] Deyon, Pierre, "Amiens au 17e Siècle," 1967 Paris (Mouton)
[431] Dias da Silva Carvalho, Anna, chapter in "Citade do Salvador," 1960 Salvador (Coleção Estudios Baianos)
[432] Díaz, Bernal, "The True History of the Conquest of Mexico," 1928 London (Harrap)
[433] Dickinson, Robert, "The West European City," 1951 London (Routledge & Paul)
[434] "Dictionnaire Statistique de la France," 1804–1805 Paris
[435] Diehl, Charles, "Palerme et Syracuse," 1907 Paris (Laurens)
[436] Diodorus, "The Library of History"
[437] Divakar, R., ed., "Bihar through the Ages," 1959 Bombay (Orient Longmans)
[438] Dlugoborski, Waclaw, and Jozef Gierowski, and Karol Maleczynski, "Dzieje Wroclaw do roku 1807," 1958 Warsaw (Panstwowe Wydawn. Naukowe)
[439] Dobrzanski, Flavian, "Staraya i Novaya Vilnia," 1904 Vilna
[440] Dollinger–Leonard, Y., chapter in "Studien zu den Anfängen der europäischen Städtewesens," 1955–1956

参考文献

[441] Doria, Gino, "Storia di una Capitale, Napoli," 1958 Milan（Ricciardi）

[442] Downey, Glanville, "A History of Antioch," 1961 Princeton（Princeton U.）

[443] Downey, Glanville, "Antioch in the Time of Theodosius the Great," 1962 Norman（U. of Oklahoma）

[444] Downey, Glanville, "Constantinople in the Age of Justinian," 1960 Norman（U. of Oklahoma）

[445] Dozy, Reinhard, "Spanish Islam," 1913 London（Chatto & Windus）

[446] Drake, F. S., ed., "Symposium of Historical, Archaeological, and Linguistic Studies," 1967 London and Hong Kong

[447] Drew, Frederic, "The Jummoo and Kashmir Territories," 1875 London

[448] Dreyfus, F. G., "Sociétés et Mentalités à Mayence dans la Seconde Moitié du XVIIIe Siècle," 1968 Paris（Colin）

[449] Duby, Georges, and Robert Mandrou, "Histoire de la Civilization Française," 1958 Paris（Colin）

[450] Duclos, Adrien, "Bruges," 1918 Bruges（Yvere–Petyt）

[451] Duffy, James, "Portuguese Africa," 1959 Cambridge, U.S.（Harvard）

[452] Du Halde, Jean B., "The General History of China," 1736 London

[453] Du Halde, Jean B（a）., "Description de l' Empire de Chine," 1736 the Hague

[454] Dulaure, Jacques, "Histoire de Paris," 1846 Paris

[455] Dunlop, D., "History of the Jewish Khazars," 1954 Princeton（Princeton U.）

[456] Dupuis, Joseph, "Journal of a Residence in Ashantee," 1824 London

[457] Duran, Diego, "Aztecs," 1964 New York（Orion）

[458] Durand, John, in "Population Studies," 1960

[459] Durant, Will, "The Age of Faith," 1950 New York（Simon & Schuster）

[460] Durant, Will, "Caesar and Christ," 1944 New York（Simon & Schuster）

[461] Dureau de la Male, "Province de Constantine," 1836 Paris

[462] Eastwick, Edward, "A Handbook for India," 1859 London

[463] Eberhard, Wolfram, "Settlement and Social Change in Asia," 1967 Hong Kong（Hong Kong U.）

[464] "Edinburgh Encyclopaedia," 1832 Philadelphia

[465] Edrisi（Idrisi）, Mohammed, "Géographie," 1836 Paris

[466] Edwardes, Stephen, "The Gazetteer of Bombay City and Island," 1909–1910 Bombay（Times）

[467] Edwardes, Stephen, and H. Garrett, "Mughal Rule in Indla," 1962 Delhi（Chand）

[468] Edwards, Bryan, "An Historical Survey of the Island of Santo Domingo," 1801 London

[469] Edwards, Bryan, "The History, Civil and Commercial, of the British Colonies in the West Indies," 1794 London

[470] Egharevba, Jacob, "A Short History of Benin," 1960 Ibadan（Ibadan U.）

[471] Eisenbach, Artur, and Barbara Brochulska, "Population en Pologne（Fin XIIIe au Début XIX Siecle）," in "Annales de Démographie Historique," 1965 Paris

[472] Elers, J., "Stockholm," 1800–1801 Stockholm

[473] Elliott, L., "Central America," 1924 London（Methuen）

[474] Ellis, A., "The Yorubas," 1894 London

[475] Elphinstone, Mountstuart,（a）, "An Account of the Kingdom of Caubul," 1815 London

[476] Elphinstone, Mountstuart,（a）, "History of India," 7th ed., 1889 London

[477] Elvin, Harold, "The Incredible Mile," 1970 London（Heinemann）

[478] Elvin, Mark, "The Pattern of the Chinese Past," 1973 Stanford（Stanford U.）

[479] Elvin, Mark, and W. Skinner, "The Chinese City," 1974 Stanford（Stanford U.）

[480] "Enciclopedia Italiana," 1929–1937 Rome（Treccani）

[481] "Enciclopedia Universal Ilustrada Europeo—Americana," 1908–1930 Barcelona

[482] "Enciklopedija Jugoslavije," 1955–Zagreb

[483] "Encyclopaedia Americana," 1829 Philadelphia; 1975 New York

[484] "Encyclopaedia Britannica," 1853–1860 Edinburgh; 1878–1889: 1902 Boston; 1970, 1973 Chicago

[485] "Encyclopaedia Edinensis," 1827 Edinburgh

[486] "Encyclopaedia of Islam," 1913–1934; 1960–Leiden（Brill）
[487] "Encyclopedia Slovar." 1890–1907 St. Petersburg
[488] "Encyclopedia Americana," 1969 New York（Grolier）
[489] Engel, Josef, "Grosse Historischer Weltatlas," II, 1970 Munich（Bayerischer Schulbuch-Verlag）
[490] Engelmann, Erika, "Zur städtischen Volksbewegung in Sudfrankreich," 1959 Berlin（Akademie）
[491] English, Paul, "City and Village in Iran," 1966 Madison（U. of Wisconsin）
[492] "English Cyclopaedia," 1856–1858 London
[493] Enlart, Camille, "Les Monuments des Croisés," 1925 Paris（Geuthner）
[494] Ennen, L., "Geschichte der Stadt Köin," 1880 Düsseldorf
[495] Ennin, "Diary," 1955 New York（Ronald）
[496] Enríquez B., Eliecer, "Guayaquil á través de los Siglos," 1946 Quito（Gráf. Nacionales）
[497] Enríquez B., Eliecer, "Quito á través de los Siglos," 1938 Quito（Imprenta Municipal）
[498] Erichsen, Nelly, "The Story of Prague," 1902 London（Dent）
[499] Ersch, Johann, and J. Gruber, "Allgemeine Encyclopädie," 1827 Leipzig
[500] Erskine, William, "A History of India," 1854 London
[501] Ewig, E., in "Rheinische Fünfjahresblatt," 1952
[502] Eyriès, Jean, and Alfred Jacobs, "Voyage en Asie et en Afrique," 1855 Paris
[503] Paber, Karl, "Die Haupt-und Residenz-Stadt Königsberg," 1840 Königsberg
[504] Fabre, Augustin, "Histoire de Marseille," 1829 Paris
[505] Fabre, Augustin, "Histoire de Provence," 1833–1835 Marseille
[506] Fagan, Brian, "Southern Africa," 1965 New York（Praeger）
[507] Fallmereyer, Jacob, "Geschichte des Kaisertums von Trapezunt," 1964 Hildesheim（Olms）
[508] Faria e Sousa, Manuel, "Portuguese Asia," 1695
[509] Farmer, Edward, "The Dual Capital System of the Early Ming Dynasty," 1968 Cambridge, U.S.（thesis）
[510] Favier, Alphonse, "Péking," 1902 Lille（Desolée, De Brouwer）
[511] Fell, Barry, "America B. C.," 1976 New York（New York Times Book Co.）
[512] Felloni, Giuseppe, in Annales E. S. C., 1960（Paris）
[513] Ferguson, Jamos, "Kashmir," 1961 London（Centaur）
[514] Fergusson, James, "History of Indian and Eastern Architecture," 1910 London（Murray）
[515] Ferishta, Mohammed, "History of the Rise of the Mahometan Power in India," 1829 London
[516] Ferishta, Mohammed,（a）"H1story of Dekkan," 1794 Shrewsbury
[517] Fernandes Gama, Jozé Bernardo, "Memorias Históricas de Provincia de Pernambuco," 1844 Pernambuco
[518] Février, Paul, "Développement Urbaine en Provence," 1964 Paris（Boogard）
[519] Feÿ, Henri, "Hstoire d'Uran," 1858 Oran
[520] Fiala, Alojz, ed., "Slovanská Bratislava," 1948 Bratislava（Ustredny Narodny Vybor）
[521] Fienes, Celia, "Through England on a Side Saddle," 1888 London
[522] Finch, W., in Foster
[523] Finlayson, George, "The Mission to Siam and Hué," 1826 London
[524] Firatli, Nezih, "Guide to Iznik," 1961 Istanbul（Istanbul Matbaasi）
[525] "First Report-Census of the Canadas for 1851–1852," 1853 Québec
[526] Fisher, Humphrey, in "Journal of African History," 1972
[527] Fisher, Richard, "The Book of the World," 1851 Mow York
[528] Fitch, Ralph, in Moorehead, 1920
[529] Fitton, Mary, "Málaga," 1971 London（Allen & Unwin）
[530] Fitz, Jenö, "Székesfehérvár," 1966 Budapest（Müszaki Konyvliadó）
[531] Fitzgerald, Charles, "China," 1961 Now York（Praeger）
[532] Foerstl, J., "Kleine Kirchengeschichte der Stadt Ragensburg," 1946 Regensburg（Deutsch Verlag, Habbel）
[533] Fohlen, Claude, ed., "Histoire de Besançon," 1964–1965 Paris（Nouvelle Librairie de France）

[534]　Fologno, Cesare, "The Story of Padua," 1910 London (Dent)
[535]　"Fong Chih Tung Su"
[536]　Forbes, Alexander, "Ras Mala," 1924 London (Oxford U.)
[537]　Ford, Franklin, "Strasbourg in Transition," 1958 Cambridge, U.S. (Harvard)
[538]　Forde, Daryll, "The Yoruba-Speaking Peoples or South-western Nigeria," 1951 London (International African Institute)
[539]　Forrest, G., "Cities of India," 1903 New York (Dutton)
[540]　Forstall, Richard, by correspondence
[541]　Forster, Edward M., "Alexandria," 1938 Gloucester, U.S. (P.Smith)
[542]　Forster, G., "A Journoy from Bengal to England," 1798 London
[543]　Forsyth, T., "Report of a Mission to Yarkand in 1873," 1875 Calcutta
[544]　Fortia, "Description de la Chine," 1840 Paris
[545]　Fortune, Robert, "Wanderings in China," 1854 Leipzig
[546]　Foster, George M., "Tzintzuntzán," 1967 Boston (Little, Brown)
[547]　Foster, William, "Early Travels in India, 1583–1619," 1968 Dolhi (Chand)
[548]　Fowler, Melvin, in Hardoy, 1969
[549]　França, José Augusto, "Lisbôa Pombalina," 1965 Lisbon (Livros Horizonte)
[550]　Franke, Otto, "Geschichte des chinesischen Reiches," 1930–1952 Berlin (De Gruyter)
[551]　Franz, Anton, "Pressburg." 1935 Stuttgart (Verlag Grenze und Ausland)
[552]　Frescobaldi, Leonardo, "Visit to the Holy Places," 1948 Jerusalem
[553]　Fris, Victor, "Histoire de Gand," 1913 Ghent
[554]　Froger, François, "Relation du Premier Voyage des Français a la Chine," 1926 Leipzig (Verlag Asin Minor)
[555]　Froissart, Jean, "Chronicles," 1901 London (Nott)
[556]　Frye, Richard, "Bukhara," 1965 Norman (U. of Oklahoma)
[557]　Fryer, John, "East India and Persia," 1908 London (Hakluyt Society)
[558]　"Fuchow Fu Chih," 1967 Taipel
[559]　Fuentes, Francisco, "Recordación Florida," 1922 Guatemala City
[560]　Fuentes, Hildebrando, "El Cuzco y Sus Ruinas," 1905 Lima
[561]　Fujioka, Michio, "Angkor Wat," 1972 Tokyo (Kodansha)
[562]　Fussing, Hans, "Bybefolkning 1600–1660," 1957 Aarhus (Aarhus U.)
[563]　Gabarete, F. (anon.), "Geográfia de la República de Guatemala," 1868
[564]　Gabriel, Albert, "Une Capitale Turque, Brousse," 1958 Paris (Boccard)
[565]　Gabrieli, Francesco, "Arab Hstorians of the Cruaades," 1969 Berkeley (U. of California)
[566]　Gadgil, D.R., "Poona: a Socio-Economic Survey," 1945–1952 Poona (private)
[567]　Gage, Thomas, "Travels in the New World," 1958 Norman (U. of Oklahoma)
[568]　Gait, Edward, "A History of Assam," 1926 Calcutta (Thacker,Spink)
[569]　Galdames, Luis, "History of Chile," 1941 Chapel Hill (U. of North Carolina)
[570]　Gallego, Antonio, "Granada," 1961 Madrid (Fundación Rodríguez-Acosta)
[571]　Gallenkamp, Charles, "Maya," 1959 New York (McKay)
[572]　Gangoli, O., "Tne Art of the Rashtrakutas," 1958 Bombay (Orient Longmans)
[573]　Ganguly, Dhirendra, "History of the Paramara Dynasty," 1933 Dacca (Dacca U.)
[574]　Ganguly, Manomohan, "Orissa," 1912 Calcutta (Bangiya Sahitya Parishad)
[575]　Ganiage, Jean, "Les Origines du Protectorat Français en Tunisie," 1919 Paris (Presses Universitaires de France)
[576]　Ganshof, Francois, "Études sur la Développement des villes entre Loire et Rhin au Moyen Age," 1943 Paris (Presses Universitaires de France)
[577]　García Paster, Jesús, by correspondence
[578]　García Payón, José, "El Tajín," 1957 Mexico City (Edimax)
[579]　Garden, Maurice, "Lyon et le Lyonnais au XVIII Siecle," 1970 Paris (Société d'Edition "Belles-Lettres")

[580] Gardner, Gorge, "Travels in the Interior of Brazil," 1849 London
[581] Gardner, Percy, "New Chapters in Greek History," 1892 London
[582] Garibay, Angel, "Diccionario Porruá," 1964 Mexico City (Porruá)
[583] Garlake, P. "Great Zimbabwe," 1973 London (Thames & Hudson)
[584] Garnier, Francis, "Voyage d'Exploration en Indo-Chine," 1885 Paris
[585] Gaury, Gerald de, "Rulers of Mecca," 1951 London (Harrap)
[586] Gause, Fritz, "Die Geschichte der Stadt Königsberg," 1968 Cologne (Böhlau)
[587] Gautier, Émile, "Le Passé de l'Afrique du Nord," 1952 Paris (Payot)
[588] "Gazetteer of the World," anonymous, 1850–1856 Edinburgh
[589] Geil, William, "Eighteen Capitals of China," 1911 Philadelphia (Lippincott)
[590] Geil, William, "The Great Wall of China," 1909 New York (Sturgis & Walton)
[591] Gemelli, Giovanni, "A Voyage around the World," 1724 London
[592] George, Pierre, "La Ville," 1952 Paris (Presses Universitaires)
[593] Géraud, Hercule, "Paris sous Philippe-le-Bol," 1837 Paris
[594] Gorber, in Voelcker
[595] Gerbillon, Jean, in Murray, ed.
[596] Ghillany, F., "Nürnberg," 1863 Munich
[597] Ghosh, Manoranjan, "The Pataliputra," 1919 Patna (Patna Law Press)
[598] Gibert, L., "Dictionnaire Historique et Géographique de la Mandchourie," 1934 Nazareth and Hong Kong (Société des Missions-Étrangeres)
[599] Gibson, C., "Tlaxcala in the 16th Century," 1952 Stanford (Stanford U.)
[600] Gibson, C., "Spain in Moxico," 1966 Berkeley (U. of California)
[601] Gierowski, Josef, "Historia Polski 1492–1864," 1967 Warsaw (Panstwowe Wydawn. Naukowe)
[602] Gillion, Kenneth, "Ahmedabad," 1968 Berkeley (U. of California)
[603] Giraudet, Eugene, "Histoire de la Ville de Tours," 1873 Tours
[604] Giulini, G., "La Piazza del Duomo di Milano," 1927 Milan
[605] Giurescu, Constantin, "Istoria Bucureștilor," 1966 Bucharest (Editure pentru Literatura)
[606] Göbel, Ernst, in "Statistische Mitteilungen der Stadt Köln," no. i, 1948
[607] Godinho, Manuel, in Mirray, ed I.
[608] Goes, Bento, in Pinkerton, VII
[609] Golubovsky, P., "Istoria Smolenskoi zemli do Nachala XV Veka," 1895 Kiev
[610] Gomme, Arnold, "The Population of Athens in the Fifth and Fourth Centuries B.C.," 1933 Oxford (Elackwell)
[611] Gonen, Rivka, in "Bulletin of the American Schools of Oriental Research," winter 1984
[612] Góngora, A. de, "Materiales para la Historia de Jérez," 1901 Jérez (El Guadalete)
[613] Gonzàlez, Tomás, "Censo de Población de..Castilla en el Siglo XVI," 1829 Madrid
[614] González de Mendoza, Juan, "The History of the Great and Mighty Kingdom of China," 1853–1854 London
[615] Goodsell, Fred, in Clarence Johnson
[616] Gopal, M. H., "The Finances of the Mysore State," 1960 Bombay (Orient Longmans)
[617] Gorani, Giuseppe, "Corte e Paese," 1938 Milan (Mondadori)
[618] Gordilho, Walter, in Azevedo
[619] Gordon-Brown, Alfred, "Southern Africa, Year Book & Guide," 1963
[620] Gower, Ronald, "Joan of Arc," 1893 London
[621] Grabski, Wladyslaw, "300 Miast Wrocila do Polski," 1960 Warsaw (Pax)
[622] Graham, John, course lecture at U. of California, 1968 Berkeley
[623] Grabam, Stephen, "Ivan the Terrible," 1933 New Haven (Yale)
[624] Graham, Walter, "Siam," 1913 Chicago (Moring)
[625] "Grande Enciclopedia Portuguesa," 1935–1960 Lisbon
[626] "Grande Encyclopédie," 1886–1902 Paris

[627] "Gran Enciclopedia Catalana," 1970 Barcelona (Ediciones 62)

[628] Grant, Charles, "The Gazetteer of the Central Provinces of India," 1870 Nagpur

[629] Grant, James, "Cassel's Old and New Edinburgh," 1881–1885 Edinburgh

[630] Gutkind, Erwin, "The Royal Capital or the Buganda," 1963 the Hague (Mouton)

[631] Gutkind, Erwin,ed., "Urban Development of Central Europe," 1964 New York (Free Press of Glencoe)

[632] Gutkind, Erwin, ed., "Urban Development in East–Contral Europe," 1972 New York (Free Press)

[633] Gutkind, Erwin, ed., "Urban Development in Scandinavia," 1964 New York (Free Press of Glencoe)

[634] Gutzlaff, Charles, "The Journal of Two Voyages along the Coast of China," 1833 New York

[635] Haberland, Günther, "Grosse–Haiderabad," 1960 Hamburg (private)

[636] Habesci, Elias, "The Present State of the Ottoman Empire," 1784 London

[637] Hadri-Vasiljević, "Skoplje i Njegova Okolina," 1930 Belgrade

[638] Haider, Aly, "Histoire Abrégée de Tunis," 1857 Paris

[639] Haig, Wolseley, "The Cambridge History of India," 1922–1937 Cambridge, England (Cambridge U.)

[640] Hail, William, "Tseng Kuo–fan and the Taiping Rebellion," 2nd ed., 1964 New York (Paragon)

[641] Hall, R. H., "Great Zimbabwe," 1905 London (Methuen)

[642] Hambly, Gavin, "Cities of Mughal India," 1968 London (Elek)

[643] Hamdan, G., in "Geography," 1964

[644] Hamdani, Hasan, "The Antiquities of South Arabia," 1938 Princeton (Princeton U.)

[645] Hamilton, Alexander, "A Hew Account of the East Indies," 1930 London (Argonaut)

[646] Hamilton, Walter, "East Indian Gazetteer," 1828 London

[647] Han Woo-keun, "The History of Korea," 1970 Honolulu (East–West Center)

[648] "Handbuch der Weltgeschichte," 1954–1956 01ten, Switzerland (Walter)

[649] Häpke, Rudolf, "Brugges Entwicklung zum mittelalterlichen Weltmarkt," 1908 Berlin (Curtius)

[650] Hardoy, Jorge, "Ciudades Precolombinos," 1964 Buenos Aires (Ediciones infinito)

[651] Hardoy, Jorge, ed., "The Urbanization Process in America," 1969 Buenos Aires (Instituto Torcuato DiTella)

[652] Harff, Arnold von, "Pilgrimage," 1946 London (Hakluyt Soc.)

[653] Harlez, C. de., (translator), "Histoire de l' Empire de Kin," 1887 Louvain

[654] Harniach, Wilhelm, "Die Weltkunde," 1847–1855 Leipzig

[655] "Harper's Statistioal Gazetteer of the World," 1855 New York

[656] Harris, Chauncy, "Cities of the Soviet Union," 1970 Chicago (Rand McNally)

[657] Harris, John, "Collection of Voyages and Travels," 1705 London

[658] Harsin, Paul, "Études Critiques sur l'Histoire de la Principauté de Liège 1477–1795," 1955 Liège (Science & Lettres)

[659] Hartmann, R., "Geschichte der Residenzstadt Hannover," 1880 Hannover

[660] Hartwell, Robert, in "Journal of the Economic and Social History of the Orient," 1967

[661] Harvey, Godfrey, "History of Burma from the Earliest Times to 1824," 1925 London (Longmans, Green)

[662] Hasan, Mohiobut, "Kashmir under the Sultans," 1939 Calcutta (Iran Soc.)

[663] Hasan, Yusuf Fadl, "The Arabs of the Sudan," 1967 Edinburgh (Ed.U.)

[664] Hassel, Georg, "Ceographiscbes–statistisches Handwörterbuch," 1817 Weimar

[665] Hassel, Georg, with collaborators, "Vollständiges Handwörterbuch der neuesten Erdbeschreibung," 1819–1825 Weimar

[666] Hasselquist, Frederik, "Voyages and Travels in the Levant," 1766 London

[667] Haulleville, Prosper, "Histoire des Communes Lombardes," 1857–1858 Paris

[668] Havell, Ernest, "A Handbook of Agra," 1912 London (Longmans, Green)

[669] Havemann, Wilhelm, "Geschichte der Lande Braunschweig und Lüneburg," 1857 Göttingen

[670] Haviland, Wlliam, in "American Antiquity," 1969

[671] Hawkins, in Foster

[672] Haxthausen, Franz von, "The Russian Empire," 1970 New York (Arno)

[673] Hayavadana Rao, C., "History of Mysore," 1946 Bangalore (govt. press)

[674] Hazañas y la Rua, Joaquín, "Historia de Sevilla," 1932 Sville (Gómez)

[675] Hazewinkel, Henrik, "Geschiedenis van Rotterdam," 1940–1942 Amsterdam (Joost. van den Vondel)

[676] Hazlitt, Wlliam C., "The Venetian Republic," 1900 London (Black)

[677] Gravesande, Adrian s', "Tweede Eeuw-Gedachtenis de Middelburg sche Vryheid," 1774 Middelburg

[678] Gray, John H., "China," 1878 London

[679] Greece, government of, "Annuaire Statistique de le Grece, 1930," 1932 Athens

[680] Gribble, James, "A History of the Deccan," 1896–1924 London (Luzac)

[681] Griffis, William, "Corea, the Hermit Kingdom," 1905 London (Harper)

[682] Griffith, F., in "Journal of Egyptian Archaeology," 1924

[683] Groome, Francis, "Ordnance Gazetteer of Scotland," 1901 Edinburgh (Jack)

[684] Grose, John, "A Voyage to the East–Indies," 1772 London

[685] Grosier, abbé, "Description Générale de la Chine," 1785 Paris

[686] Grosvenor, Edwin, "Constantinople," 1895 Boston

[687] Grousset, René, "L' Empire des Steppes," 1939 Paris (Payot)

[688] Growse, Frederic, "Mathura," 1883 Allahabad

[689] Grühl, Max, "The Citadel of Ethiopia," 1932 London (Cape)

[690] Guatini, M., and D. Carli, in Pinkerton, XVI

[691] Guépin, Ange, "Histoire de Nantes," 1839 Nantes (Brelet)

[692] Guignes, Joseph de, "Voyages à Péking, Manilla, et i'Ile de France," 1808 Paris

[693] Guilbert, Aristide, "Histoire des villes de France," 1844–1849 Paris

[694] Guillén Robles, Francisco, "Málaga Musulmane," 1957 Málaga (Oliver)

[695] Guilloux, F., "Précis d'Histoire de Nantes," 1922 Nantes

[696] Guiteras, A., "Historia de Cuba," 1927–1928

[697] Gumprecht, Thaddeus, "Handbuch der Geographie und Statistik," 1855–1857 Leipzig

[698] Gumprecht, Thaddeus, in "Petermanns Mittheilungen," 1856

[699] Gupta, Ashin, in Richards

[700] Gupta, Hari Ram, in "Indian Historical Records Commission, Proceedings." XVIII, 1942

[701] Gupta, K. S., "Mewar and the Maratha Relations," 1971 Delhi (Chand)

[702] Guth, K., in Vojtišek et al

[703] Guthrie, Chester, "Riots in Seventeenth Century Mexico City," 1937 Berkeley (U. of California)

[704] Hearn, Gordon, "The Seven Cities of Delhi," 1928 London (Thacker, Spink)

[705] Hebberer, Michael, "Aegyptiaca Servitus," 1967 Graz (Akademische Druck)

[706] Hedin, Sven, "Through Asia," 1898 London

[707] Heers, Jacques, "Gênes au XVE siècle," 1961 Paris (S. E. V. P. E. N.)

[708] Heins, Maurice, "La Belgique et Ses Grandes Villes au XIXe Siècle," 1897 Ghent

[709] Helfert, Josef, "Drei Stadtpläne und eine Stadtansicht von alten Prag," 1893 Prague

[710] Hélin, Étienne, "Le Paysage Urbain de Liège avant la"

[711] "Révolution Industrielle," 1963 Liège (Commission Communale de l' Histoire)

[712] Hemingway, F., "Trichinopoly," 1907 Madras (Govt. Press)

[713] Hemming, John, "The Conquest of the Incas," 1970 London (Macmillan)

[714] Hemming, John, "Red Gold," 1978 Cambridge, U.S. (Harvard)

[715] Henne, Alexandre, and Alphonse Wauters, "Histoire de la Ville de Bruxelles," 1845 Brussels

[716] Hennings, Fred, "Das Barocke Wien," 1965 Munich (Herold)

[717] Henríquez de Jorquera, Francisco, "Anales de Granada... 1588 a 1646," 1961 Madrid (Fundación Rodríquez–Acosta)

[718] Henthorn, William, "A History of Korea," 1971 New York (Free Press)

[719]　Heras, Henry, "Beginnings of vijayanagar History," 1929 Bombay(Indian Historical Research Society)
[720]　Heras, Henry, "The Aravidu Dynasty in Vijayanagar," 1927 Madras(Paul)
[721]　Herbert, Thomas, "Some Years of Travel in Africa and Asia," 1677 London
[722]　Hermosa, Jesus, "Geográfia y Estadística de la República Mejicana," 1870 Paris and Mexico City
[723]　Herrmann, Abert, "Historical and Commercial Atlas of China," 1935 Cambridge, U.S.(Harvard U.)
[724]　Hessel, Alfred, "Geschichte der Stadt Bologna von 1116 bis 1280," 1910 Berlin(Eberling)
[725]　Heymann, Frederick, "John Zizka and the Hussite Revolution," 1955 Princeton(Princeton U.)
[726]　Higounet, Charles, "Histoire de Bordeaux," 1962–1969 Bordeaux
[727]　Hildreth, J., ed. "Bulletin," fall 1973, San Francisco(Standard Oil of California)
[728]　Hill, George, "Cyprus," 1948 Cambridge England(Cambridge U.)
[729]　Hirth, Friedrich, and William Rockhill, "Chau Ju-kua," 1911 New York((Paragon)
[730]　"Histoire de Tours," 1985 Tours(private)
[731]　Hitti, Philip, "History of Syria," 1957 London(Macmillan)
[732]　Ho, Ping-ti, in "Harvard Journal of Asiatic Studies," 1966 Cambridge, U.S.(Harvard)
[733]　Ho, Ping-ti, "Studies in the Population of China," 1959 Cambridge, U.S.(Harvard)
[734]　Hocquard, Gabriel, "Metz," 1961 Pari(Hachette)
[735]　Hodges, William, "Travels in India," 1783 London
[736]　Hodgkin, T., ed., "Nigerian Perspectives," 1960 London(Oxford U.)
[737]　Hoefer, Ferdinand, "Stats Tripolitains" bound with Rozet, "Algérie," 1850 Paris
[738]　Hoffmann, Wilhelm, "Encyclopädie der Erd-, Vöker-, und staatkunde," 1864–9 Leipzig
[739]　Hogarth, David, "The Penetration of Arabia," 1904 New York(Stokes)
[740]　Hogben, Sidney, "History of the Islamic States of Northern Nigeria," 1967 Ibadan(Oxford U.)
[741]　Hogben, and A. Kirk-Greene, "The Emirates of Northern Nigeria," 1966 London(Oxford U.)
[742]　Holden, Edward, "The Mogul Emperors of Hindustan," 1895 New York
[743]　Holinski, chapter in Humberto Toscaro, ed., "El Ecuador Visto por los Extranjeros," 1960 Puebla(Cajica)
[744]　Hollingsworth, Thomas, "Historical Demography," 1969 London(Hodder & Stoughton)
[745]　Homer, "Iliad"
[746]　"Honan Tung Chih," 1914 China
[747]　Honjo, eijiro, by correspondence
[748]　Horsey, Jerome, in Berry & Crummey
[749]　Hosie, Alexander, "szechwan," 1922 shanghai(Kelly & Walsh)
[750]　Höst, Georg, "Efterretningar om Marokos og Fes," 1779 Copenhagen
[751]　Hourani Albert, and S. Stern, eds., "The Islamic City," 1970 Oxford(clarendon)
[752]　Howell, Roger, "Newcasle upon Tyne and the Puritan Revolution," 1967 Oxford(Clarendon)
[753]　"Hsia Men Chih," 1839 China
[754]　Hsu, Cho-yun, "Ancient China in Transition," 1935 Stanford(Stanford U.)
[755]　Hsü, Immanuel, "The Ili Crisis," 1965 Oxford(Clarendon)
[756]　"Hsu Honan Tung Chih," 1914 China
[757]　"Hsu Hsiu Shensi Shen Tun Chih Hao," 1934 China
[758]　Hsüan Dsang(or Hsüan Tsang), "Buddhist Records of the Western World," 1906 London(Paul, Trench, Trübner)
[759]　Hsüeh, Chu-tou, "Hsin Chiao Tienchin Wei Chih," 1674
[760]　Huart, Clément, in "T'oung Pao," 1896
[761]　Hubrecht, Alphonse, "Grandeur et Suprematie de Péking," 1928 Peking(Lazarists)
[762]　Huffman, T., in "Journal of African History," 1972
[763]　Hughes, William, "The Treasury of Geography," 1860 London
[764]　Hulbert, Homer, "History of Korea," 2nd ed., 1962 New York(Hillary)
[765]　Humboldt, Alexander von, "Essai Politique sur la Nouvelle Espagne," 1811 Paris

[766] Humboldt, Alexander von, "Essai Politique sur l'Ile de Cuba," 1826 Paris
[767] Humboldt, Alexander von, "Población de Nueva España," 1820 Mexico city
[768] Humboldt, Alexander von, "Political Essay on the Kingdom of New Spain," 1814 London
[769] Humboldt Alexander von, "Selections," 1824 London
[770] Humboldt Alexander von, "Travels to the Equinoctial Regions of the New Continent," 1826 and 1852 editions, London
[771] "Hunan Tung Chih," 1885 China
[772] Hunter, C. Bruce, "A Guide to Ancient Mexican Ruins," 1977 Norman(U. of Oklahoma)
[773] Hunter, W., "Imperial Gazetteer of India," 1881 London
[774] Hunter, W. W., et al, "A History of Orissa," 1956 Calcutta(Gupta)
[775] "Hupeh Tung Chih," 1885 China
[776] Hürliman, Martin, "Moscow and Leningrad," 1958 London(Thames & Hudson)
[777] Husaini, S., "The History of the Pandya Country," 1962 Karaikudi, Madras State(Padippakam)
[778] Hymans, Henri, "Bruges Ypres," 1907 Paris(Laurens)
[779] Ibn Asakir, Hafiz, "La Description de Damas," 1959 Damascus (Institut Français)
[780] Ibn(el-)Balkhi, in "Journal of the Royal Asiatic Society," 1912
[781] Ibn Battuta, Mohammed, "Travels in Asia and Africa," 1929 London(Routledge)
[782] Ibn Hawqal, Mohammed, "Iracae Persicae Descriptio," 1822 Leiden
[783] Ibn Hawqal, Mohammed, "Oriental Geography," 1800 London
[784] Ibn Hawqal, Mohammed, "The History, Antiquities, Topography, and Statistics of Eastern India," 1838 London
[785] Ibn Hawqal, Mohammed, "The Indian Empire Illustrated," 1858–61 London
[786] Ibn Jubayr, Mohammed, "Travels," 1952 London(Cape)
[787] Ibn(el-)Qalamisi, "The Damascus Chronicle of the Crusades," 1932 London(Luzac)
[788] Ibn Wahhab, in Kerr
[789] Ides, Evert, "Driejaerige Reize naar China," 1710 Amsterdam
[790] Iglesias, Josep, "Estadístiques de Població de Catalunya el Primer Vicenni del Seglo XVIII," 1974 Barcelona (Fundació Salvador Vives Casajuana)
[791] Ilenko, Alexander, "Smolensk," 1894 St. Petersburg
[792] Illert, Friedrich, "Worms in wechselnden Spiel der Jahrtau-sende," 1958 Worms(Norberg)
[793] Illiers, Louis d', "Histoire d'orléans," 1954 orléans (houzé)
[794] "Imperial Gazetteer of India," 1st ed.–see Hunter
[795] "Imperial Gazetteer of India," 2nd ed., 1907-9 and (arranged alphabetically)1908 Oxford
[796] India Tourism Development Corp., "Jaipur, Udaipur, Chittorgarh," 1967 Delhi
[797] Instituto de Estudios Historicós, "La Reconquista y Defensa de Buenos Aires," 1907 Buenos Aires
[798] "Inventory of the Ancient and Historical Monuments of the city of Edinburgh," 1951 Edinburgh (government publication)
[799] Ioly, H., "Histoire Particulaire...Siège de Montauban," 1623
[800] Iranian Army, "A Guide to Hamadan," 1963 Tehran(Taban)
[801] Irvine, Willam, "The Later Mughals," reprint, 1971 London(Oriental Books Reprint Corp.)
[802] Irving, Washington, "The Conquest of Granada," 1910 New York(Dutton)
[803] "Islam Ansiklopedesi," 1949 Istanbul(Milli Egitim Basimevi)
[804] Issawi, Charles, in Richards
[805] Istoja, Andrea, in "Ferrara" magazine, no. 22, 1957
[806] Ivanov, I., et al, "Iubeleina Kniga na Grad Sofia," 1928 Sofia(Komitet za Istoria na Sofia)
[807] Ives, Edward, "A Voyage from England to India," 1773 London
[808] Jacob, William, "Travels in the South of Spain," 1811 London
[809] Jacoby, David, in "Byzantion," XXXI, 1961

[810] Jackson, "An Account of Timbuctoo and Houssa" 1820 London
[811] Jackson, James, "An Account of the Empire of Morocco," 1809 London
[812] Jadart, Henri, in "Travaux de l'Académle Nationale de Reims," v.71, 1881-2
[813] Jairazbhoy, Rafique, "Art and cities of Islam," 1964 London (Asia Publishing House)
[814] Jake man, M. Wells, "The Maya States of Yucatăčn, 1441-1541," 1938 Berkeley (U. of California)
[815] Janaček, in Vojtisek et al
[816] "Japan Yearbook," 1922 Tokyo
[817] Jen, Yu-wen, "The Taiping Revolutionary Movement," 1973 New Haven (Yale)
[818] Jenkinson, Anthony, in Purchas, XII
[819] "Jewish Encyclopedia," 1901-6 New York (Funk & Wagnalls)
[820] Johnson, Clarence, ed., "Constantinople Today," 1922 New York (Macmillan)
[821] Johnson, Samuel, "History of the Yorubas," 1921 Boston and New York (C.M.S. Bookshops, Nigeria)
[822] Jones, (J.) Felix, "Reports from Baghdad," 1857 Bombay
[823] Jones, Susan, in Willmott
[824] Josephy, Alvin, "The Indian Heritage of America," 1968 New York (Bantam)
[825] Josyer, G., "History of mysore," no date, Mysore (private)
[826] Joubert, André, "Étude sur les Misères de l'Anjou aux XVe et XVI Siècles," 1886 Angers
[827] Jourdain, John, "Journal," 1905 Cambridge, England (Hakluyt Soc.)
[828] Jowaini, Alaeddin, "The History of the World Conqueror," 1958 Cambridge, U.S. (Harvard)
[829] Joyce, Thomas, "Mexican Archaeology," 1914 London (Warner)
[830] Juan, Jorge, and Antonio Ulioa, "A Voyage to South America," 1758 London
[831] Juarros, Domingo, "A Statistical and Commercial History of the Kingdom of Guatemala," 1823 London
[832] Jullian, Camille, cited in Vivier & Millet
[833] Jumsai, Manich, "History of Laos," 1967 Bangkok (Chalermnit)
[834] Jürgens, Oskar, "Spanische Städte," 1926 Hamburg (Friedrichsen)
[835] Jurginis, Juozas, "Vilnius miesto Istoriya," 1968 Vilna (Mintes)
[836] Kalinin, N. "Kazan," 1955 Kazan (Tatknigoizdat)
[837] Kalinowski, Wojciech, in Gutkind, 1972
[838] Kallsen, Otto, "Gründung und Entwecklung der deutschen städte in Mittelalter," 1891 Halle
[839] Kanitz, Felix, La Bulgarie Danubienne, 1882 Paris
[840] Kasymenko, Olexander, ed., "IstoriJa Kieva," 1960-4 Kicv (Akademii Nauk)
[841] Katz, Friedrich, "The Ancient Am. Civilizations," 1972 NY (Praeger)
[842] Kaul, G., "A Six Millennium Review of Kashmir," 1969 Srinagar (Chronicle Publ. House)
[843] Keeler, Clyde, in "Epigraphical Society Papers," v. 5, 1978
[844] Keerseboom, W., "Derde Verhandeling," 1742 the Hague
[845] Kees, Hermann, "Ancient Egypt," 1961 Chicago (Chicago U.)
[846] Kemp, Emily, "The Face of China," 1909 New York (Duffield)
[847] Kěrçiku, K., "Zhvillimi i Shendetesisi nä Shkoder," 1962 Tirana
[848] Kerr, Robert, ed. "General History and Collection of voyages and Travels," 1811-24 London
[849] Keyser, Erich, "Bevölkerungsge schichte Deutschlands," 1941 Leipzig (Hirzl). Keyser in the text refers to this book.
[850] Keyser, Erich, "Deutsche Städtebuch," 1939-62 Stuttgart (Kohlhammer)
[851] Khoja, Shadi, in Kerr
[852] Khovansky, N., "O Proshlom Goroda Saratova" 1891 Saratov
[853] Khramtsovsky, Nikolai, "Kpratki Ocherk Istorli i Opisanie Nizhny-Novgorod," 1857 Nizhny-Novgorod
[854] Khusraw, Hazrat, "The Campaigns of Ala'ud-din Khilji," 1931 Madras
[855] "Kiangnan Tung Chih," China
[856] "Kiangning Tung Chih," 1794

[857] "Kiangsi Tung Chih," 1881 china
[858] Kidder, Alfred II, in conversation
[859] King, Gregory, "Natural...Condition of England," 1696 London
[860] king, Wilson, "Chronicles of Three Free Cities," 1914 London（Dent）and New York（Dutton）
[861] Kinneir, John, "Geographical Memoir of the Persian Empire," 1813 London
[862] Keinclausz, A., "Histoire de Lyon," 1948 Lyon（Masson）
[863] Kloeden, Gustav von, "Handbuch der Länder-und Staatskunde," 1873-7 Berlin
[864] Knudsen, J., "Roskilde," 1929 Copenhagen（Gad）
[865] Kolb, G., "Handbuch der Vergleichenden Statistik," 1857 zürich
[866] Komroff, Manuel, "Contemporaries of Marco Polo," 1928 New York（Boni& Liveright）
[867] Korostowetz, Ivan, "Von Chinggis khan bis Sowjetrepublik," 1926 Berlin（De Gruyter）
[868] Krader, Lawrence, "Peoples of Central Asia," 1966 Bloomington（Indiana U.）
[869] Kralik, Richard, and Hans Schlitter, "wion," 1912 vienna（Holzhausen）
[870] Kravchenko, I., and N. Kamensky, "Polotsk," 1962 Minsk（Akademii Nauk VSSR）
[871] Kremer, Alfred von, "Mittelsyrien und Damascus," 1853 Vienna
[872] Kremer, Alfred von, "The Orient under the Caliphs," 1920 Calcutta（U. of Calcutta）
[873] Krieger, Konrad, in "Germany," no. 11, 1935
[874] Krishnaswamy Ayyanger, S., "Sources of Vijayanagar History," 1919 Madras（Madras U.）
[875] Krom, Nicolaas, "Hindoe-Javaansche Geschiedenis," 1931 Hague（Nijhoff）
[876] Kubinyi, A., in "Nouvelle Etudes Historiques," 1965 Budapest
[877] Kurth, Godefroid, "La Cité de Liège au Moyen Age," 1909-10 Brussels（Dewit）
[878] Kurth, Godefroid, "Notger de Liège," 1905paris（Picard）
[879] Kutschera, Hugo von, "Die Chasaren," 1910 Vienna（Holzhausen）
[880] "Kwangchow Fu," 1879 Canton
[881] "Kwangtung Tung Chih," 1934 Shanghai
[882] "Kweichow Tung Chih," 1741
[883] Laborde, Alexandre, "A View of Spain," 1809 London
[884] La Brocqulère, Bertrandin de, in T. Wright
[885] Lacerda, Francisco, "The Lands of Cazembe," 1873 London
[886] Lach, Donald, "Asia in the Making of Europe," 1965 Chicago（U. of Chicago）
[887] Lacombe, Francis, "Histoire de la Bourgeoisie de Paris," 1851 Paris
[888] LaFay, Howard, in "National Geographic," Dec. 1978
[889] Lafuente, Miguel, "Historia de Granada," 1852 Paris
[890] Lake, Nathan, in Richard Morse, "The Urban Development of Latin America 1750-1920," 1971 Stanford（Center for Latin American Studies）
[891] Lal, K. S., "Growth of Muslim Population in Medieval India," 1973 Delhi（Research Publs.）
[892] La Maza, Francisco de, "La Ciudad de Cholula y Sus Iglesias," 1959 Mexico city（Imprenta Universitaria）
[893] Lamb, Harold, "Genghis Khan," 1927 New York（McBride）
[894] Lamb, Harold, "Tamerlane," 1928 New York（Garden City Publ. Co.）
[895] Lamb, Harold, "The Crusades," 1930 New York（Doubleday）
[896] La Mène, M., "La ville de Nantes au XVe Siècle," 1959 Rennes, mimeographed
[897] Lander, Richard and John, "Journal of an Expedition to the Niger," 1832 London
[898] Lander, Richard and John, Richard（only）, "Records of Captain Clapperton's Last Expedition to Africa," 1830 London
[899] Landon, Perceval, "Nepal," 1929 London (Constable)
[900] Lane-Poole, Stanley, "A History of Egypt in the Middle Ages," 1901 New York (Scribner)
[901] Lane-Poole, Stanley, "Babar," 1899 Oxford
[902] Lane-Poole, Stanley, "Medieval India," 1900 New York (Putnam)

[903]　Lane-Poole, Stanley, "Saladin," 1898 New York (Putnam)
[904]　Lander, Richard and John, "The Moors in Spain," 1907 New York（Putnam）
[905]　Lanning, Edward, "Peru before the Incas," 1967 Englewood Cliffs（Prentice-Hall）
[906]　Lanning, George, and Samuel Couling, "The History of Shanghai," 1921 Shanghai（Kelly & Walsh）
[907]　Lannoy, Ghillebert de, "Oeuvres," 1878 Louvain
[908]　Lapidus, Ira, "Muslim Cities the Late Middle Ages," 1967 Cambridge, U. S.（Harvard）
[909]　Larousse, Pierre, "Grand Dictionnaire Universel," 1866–76 Paris
[910]　Larras,C., in "Le Géographie," 1906
[911]　Lassner, J., in "Journal of the Economic and Social History of the Orient," 1967
[912]　Latif, Muhammad, "History of the Panjab," 1964 Delhi（Eurasia）
[913]　Latif, Muhammad, "Lahore," 1892 Lahore
[914]　Latimer, John, "The Annals of Bristol in the Eighteenth Century," 1893 Prome and London
[915]　Latimer, John, "The Annals of Bristol the Seventeenth Century," 1900 Bristol（Wm. George's Sons）
[916]　Lauks, A., ed. "Riga i Rizhskoe Vzmore," 1954 Riga（Latgosizdat）
[917]　Lavallée, Théophile, "Histoire de Paris," 1852 Paris
[918]　Law, C., in "Population Studies," March 1969
[919]　Law, R., in "Journal of African History," 1972
[920]　Lazistan, Eugen, "Bratislava," 1956 Martin（Osveta）
[921]　Lebrun, Francois, "Les Hommes et la Mort en Anjou aux 17e et 18e Siècles," 1971 Paris（Mouton）
[922]　Leclerc, Francine, "Clermont," 1962 Clermont
[923]　Leclère, Adhémard, "Histoire de Cambodge," 1914 paris（Geuthner）
[924]　Lee, Edward,（Li Ping-jui）, "Modern Canton," 1936 Shanghai（Mercury）
[925]　Leewen, Simm van, "Korte Besgryvning van Ieyden," 1672 Leiden
[926]　Lelewel, Joachim, "Histoire de Lithuanie," 1861 Paris
[927]　Le Long, Nicolas, "Histoire du Diocese de Laon," 1783 Chalons
[928]　Lemaitre, E., "Laon-Guide," 1896 Laon
[929]　Le Mée, Roné, "in Annales de Démographie Historique," 1971
[930]　Lemoine, H., "Manuel de l'Histoire de Paris," n.d., Paris（Michel）
[931]　Le Moine, James, "Quebec, Past and Present," 1876 Québec
[932]　Lempriere, Charles, "Notes in Mexico," 1862 London
[933]　Lenthéric, Charles, "The Riviera, Ancient and Modern," 1895 London
[934]　Leo Africanus, "Description of Africa," 1896（Hakluyt Soc.）
[935]　Leroy Ladourie, Émmanuel, "Histoire de la France Urbaine," III,1981 Paris（Seuil）
[936]　Lesage, Georges, "Marseille Angevine," 1950 Paris（Boccard）
[937]　Lessner, Erwin, "Cradle of Conquerors," 1955 Garden City（Doubleday）
[938]　Lestocquoy, Jean, "Aux Origines de la Bourgeoisie: les villes de Flandre et d'Italie," 1922 Paris（Presses Universitaires de France）
[939]　Le Strange, Guy, "Baghdad during the Abbasid Caliphate," 1900 Oxford（clarendon）
[940]　Le Tourneau, Roger, "Fès avant le Portectorat," 1949 Casablanca（SMLE）
[941]　Levainville, Jacques, "Rouen," 1913 Paris（Colin）
[942]　Levasseur, Emile "La Population Francais," 1889–92 Paris
[943]　Leveel, Pierre, "Histoire de la Touraine," 1956 Paris（Presses Universitaires de France）
[944]　Lévi, Sylvain, "Le Népal," 1905–8 Paris
[945]　Lévi-Provencal, Évariste, "Histoire de l'Espagne Musulmane," 1953 Paris（Haisonneuve）
[946]　Lévi-Provencal, Évariste, "L'Espagne Musulmane au Xme Siècle," 1932 Paris（Larose）
[947]　Levron, Jacques, "Versailles, Ville Royale," 1957 Paris（Nef de Paris）
[948]　Levy, Reuben, "Sociology of Islam," n. d., London（Williams & Norgate）
[949]　Lewis, Samuel, "A Topographical Dictionary of Ireland," 1837 London

[950]　Li Chi, "Manchuria in History," 1932 Peking（Peking Union Bookstore）
[951]　Li Ch'i-chang, "The Travels of an Alchemist," 1931 London（Routledge）
[952]　Li Hsiung-cheng, In Michael
[953]　Lichtheim, Mriam, "Ancient Literature of Egypt," 1973 Berkeley（U. of California）
[954]　Lin Yu-tang, "Pékin cité Imperiale," 1961 Paris（Michel）
[955]　"Lippincott's Pronouncing Gazetteer," 1868; 1880; 1898:1906 Philadelphia
[956]　List, Rudolf, "Brünn," 1942 Sankt Polton（Sankt Pölten Zeitung）
[957]　Livi, Livio, "Prime Linee par una Storia Demografia di Rodi," 1944 Florence（Sansoni）
[958]　Livy, Titus "History"
[959]　Lizárraga, Reginaldo de, in "Cusco," 1945 Lima
[960]　Ljungstedt, Anders, "An Historical Sketch of the Portuguese Settlements in China," 1836 Boston
[961]　Lloyd, W., "Narrative of a Journey from Cawnpoor," 1846 London
[962]　Lockhart, Lawrence, "Famous cities in Iran," 1939 Brantford（Pearce）
[963]　Lockhart, Lawrence, "Nadir Shah," 1938 London（Luzac）
[964]　Lockhart, Lawrence, "Persian cities," 1960 London（Luzac）
[965]　Lockhart, William, in "Petermanns Mittheilungen," 1872
[966]　Loewe, Michael "Imperial China," 1965 New York（Praeger）
[967]　Loewe, Michael "Everyday Life in Imperial China," 1968 London（Batsford）
[968]　Loftie, William, "A History of London," 1892 London
[969]　Logan, William, "Malabar," 1951 Madras（Government Press）
[970]　Logio, George, "Bulgaria Past and Present," 1936 Manchester（Sherratt & Hughes）
[971]　Lonati, Guido, "Stato Totalitario della Fine del Secolo XIV," 1936 Toscalona, in "Ateneo de Brescia," 1935 supplement
[972]　Long, Austin, in "Radiocarbon," 1965
[973]　Long, Edward, "The History of Jamaica," 1774 London
[974]　Longford, Joseph, "The Story of Korea," 1911 New York（Scribner）
[975]　Longford, Joseph, "The Story of Old Japan," 1910 New York（Longmans, Green）
[976]　"Longmans' Gazetteer of the World," 1895 Iondon
[977]　López, Roberto, "Stortia delle Colonie Genovesi," 1938 Bologna（Zanichelli）
[978]　López de Velasco, Juan, "Georaría y Descripción Universal de las Indias," 1894 Madrid
[979]　López Mata, Teofilo. "La Ciudad y Castilla de Burgos," n.d., Burgos
[980]　Loridan, Jules, "Valenciennes au XVIII Siècle," 1913 Roubaix（Reboux）
[981]　Lot, Ferdínand, "La Gaule," 1947 Paris（Fayard）
[982]　Lot, Ferdínand, "Récherches sur la Population et la Superficie des Cités," 1945 Paris（Champion）
[983]　Louville, Charles, "Mémoires," 1818 Paris
[984]　Lowmianska, Marja, in "Bibijoteczka Wilenska," no.3, 1929 Vilna
[985]　Luchaire, Achille, "Les Communes Francaises," 1890 Paris
[986]　Lugard, Flora, "A Tropical Dependency...Nigeria," 1905 London（Nisbet）
[987]　Lukaszewicz, Joseph, "Historisch-statistisches Bild der Stadt Posen," 1878 Posen
[988]　Luke, Harry, "Cyprus under the Turks," 1921 London（Oxford U.）
[989]　"Lungchi Hsien Chih," 1967 Taibei
[990]　Ma, Laurence, "Commercial Developmet and Urban Change in Sung China," 1971 Ann Arbor（U. of Michigan）
[991]　Mabogunje, Akin, "Urbanization in Nigeria," 1968 London（London）
[992]　Macartney, George, "A Complete view of the Chinese Empire," 1798 London
[993]　MacBride, in "A Citade de Evora," March 1943
[994]　Mc Carthy, Justin, in "Middle Eastern Studies"（London）, Oct. 1976
[995]　M' Culloch, John, "A Dictionary... of Commerce," 1846 and 1852 Philadelphia

[996]　MacGregor, C. M.,"Central Asia,"1871 Calcutta
[997]　McIntosh, Susan and Roderick,in "National Geographic," sept.1982
[998]　Madoz, Pascual,"Diccionario Geográfico. Estadístico y Histórico ae Espana y Sus Posesiones de Ultramar," 1848-50 Madrid
[999]　Madrolle, Claudius,"Chine du Sud, Jave, Japon," 1916 Paris（Hachette）
[1000]　Madrolle, Claudius,"Indochine du Sud," 1926 Paris（Hachette）
[1001]　Madrolle, Claudius,"Northern China, Korea," 1912 Paris（Hachette）
[1002]　Mahajan, V.,"The Muslim Rule in India," 1965 Delhi（Chand）
[1003]　Mahtab, Harekrishna,"The history of Orissa," 1959-60 Cuttack（Prejantra Prachar Samity）
[1004]　Mai, June, thesis on Kaifeng under the Ming, due for completion at Harvard 1975
[1005]　Mailla, Joseph de,"Histoire Générale de la Chine," 1777-85 Paris
[1006]　Major, Richard,"India in the Fifteenth Century," 1857 London
[1007]　Majumdar, Asoka,"Chaulukyas of Gujarat," 1956 Bombay（Bharatiya Vidya Bhavan）
[1008]　Majumdar, R. C.,"Ancient Indian Colonies in the Far East," 1937 Dacca（Punjab Sanskrit Book Depot）
[1009]　Majumdar, R. C.,"History of Medieval Bengal," 1973 Calcutta（G. Mukherji）
[1010]　Malcolm, John,"A Memoir of Central India," 1823 London
[1011]　Malcom, John,（a）in "Asiatic Journal," 1823
[1012]　Malcom, Howard,"Travels in South-eastern Asia," 1839 Boston
[1013]　Maleczynski, in Dlugoborski et al
[1014]　Malkani, H.,"A Socio-economic Survey of Baroda City," 1958 Baroda（Planning Commission of India, and Maharaja Sayajirao U.）
[1015]　Malleson, G.,"Dupleix," 1890 Oxford
[1016]　Malte-Brun, Conrad,"Universal Geography," 1826 Boston
[1017]　Mandelslo, J. Albert de,"Voyages and Travels," 1669 London
[1018]　Mandeville, John,"Travels," 1905 London（Macmillan）
[1019]　Manrique, Sebastiao,"Travels," 1927 oxford（Hakluyt Soc.）
[1020]　Mantran, Robert,"Istanbul dans la Seconde Moitié du XVIIIe Siècle," 1962 Paris（Maisonneuve）
[1021]　Manucci, Niccolao,"A Pepys of Mogul India," 1913 London（Murray）
[1022]　Maqqari, Ahmed,"The Breath of Perfume from the Branch of Green Andalusia," 1840 London
[1023]　Maquet, Jacques,"Afrique: les Civilizations Noires," 1962 Paris（Horizons de France）
[1024]　Marcais, Georges,"Les Arabes en Berberie du XIe au XIV e Siècle," 1913 Paris（Leroux）
[1025]　Marees, Pieter de,"Beschryvinghe...van Guinea," 1912 the Hague（Nijhoff）
[1026]　Margoliouth, David,"Cairo, Jerusalem, and Damascus," 1907 London（Chatto & Windus）
[1027]　Mari, E., and G. Savonuzzi,"Sviluppo Urbanistico di Ferrara attraverso i Tempi," 1952 Florence
[1028]　Mariana, Juan de,"The History of Spain," 1699 London
[1029]　Maricq, André,"Le Minaret de Djam," 1959 Paris（Klincksieck）
[1030]　Markgraf, Hermann,"Geschichte Breslaus," 1888 Breslau
[1031]　Karkham, Clements,"The Conquest of New Granada," 1912 New York（Dutton）
[1032]　Marmol, Luis de,"Descripción General de Africa," 1573-9 Granada
[1033]　Marquant, Robert,"La vie Economique à Lille sous Philippe le Bon," 1940 Paris（Champion）
[1034]　Marshall, John,"John Marshall in India," 1927 London（Oxford U.）
[1035]　Martin, H. Desmond,"The Rise of Chingis Khan and His Conquest of Northern China," 1971 New York（Octagon）
[1036]　Martin,（R.）Montgomery,"China," 1847 London
[1037]　Martin,（R.）Montgomery,"Statistics of the Colonies of the British Empire," 1839 London
[1038]　Martin,（R.）Montgomery,"The History, Antiquities, Topography, and Statistics of Eastern India," 1838 London
[1039]　Martin,（R.）Montgomery,"The Indian Empire Illustrated," 1858-61 London

[1040] Martineau, Gilbert, ed., "Nagel's Morocco: Travel Guide," 1953 Paris
[1041] Martínez, Alberto, in "Censo General···de Buenos Aires," III, 1910 Buenos Aires
[1042] Martinez y Vela, Bartolomé, "Anales de la Villa Imperial de Potosí," 1939 La Paz（Artística）
[1043] Martini, Martino, in Semmedo
[1044] Marx, Leonhard, "Geschichte der Reichsstadt Nürnberg," 1872 Nuremberg
[1045] Mascarenhas, Jerónimo de, "Historia de la Ciudad de Ceuta," 1918 Lisbon（Academia de Sciencias）
[1046] Maspéro, Georges, "La Royaume de Champa," 1928 Paris（Van Oest）
[1047] Maspéro, Georges,（a）"La Royaume de Champa," first chapter, translated, 1949 New Haven（Yale, Southeast Asian Studies）
[1048] Masson, A., in "Annales de la Faculté des Lettres d'Aix," 1955
[1049] Matute, Justino, "Anales Eclesiásticos y Seculares de...Sevilla," 1887 Seville
[1050] Matveeva, E., ed., "Riga, "1967 Riga（Liesma）
[1051] Maucomble, Jean Francois, "Histoire Abrégée de la Ville de Nimes," 1767 Amsterdam
[1052] Mauersberg, Hans, "Wirtschafts-und Sozialgeschichte zentraleuropäischer städte in neuerer Zeit," 1960 Göttingen（Vandenhoeck & Ruprecht）
[1053] Mauny, Raymond, "Tableau Géographique de l'Ouest Africain au Moyen Age," 1961 Dakar（IFAN）
[1054] Mauritius, census comnissioner, "Census of Maurit1us, 1871," Port Louis
[1055] Mauvillon, Eléazar, "Histoire du Prince Eugène de Savoye," 1770 vienna
[1056] Maxwell, Constantia, "Dublin under the Georges," 1936 London（Routledge）
[1057] Maxwell, Constantia, "Irish History from Contemporary Sources（1509-1610），" 1923 London（Allen & Unwin）
[1058] Maxwell, Herbert, "Robert the Bruce," 1897 New York
[1059] Maybon, Charles, "Histoire Moderne du Pays d'Annam," 1919 Paris（Plon）
[1060] Mayer, Brant, "Mexicom," 1853 Hartrord
[1061] Mayers, William, "The Treaty Ports of China and Japan," 1867 London
[1062] Mazza, Antonio, "Hstoriarum Epitome de Rebus Salernitanis," 1681 Naples
[1063] Meakin, Budgett, "The Moorish Empire," 1890 London
[1064] Means, Philip Ainsworth, "Ancient civilizations of the Andes," 1931 New York（Scribner）
[1065] Mecham, John, "Francisco de Ibarra and the Founding of Nueva Viscaya," 1927 Durham（Duke U）
[1066] Meek, Charles, "A Sudanese Kingdom," 1931 London（Paul, Trench, Trubner）
[1067] Mehta, K., "Ahmedabad," 1958 Ahmedabad
[1068] Meilink-Roelofsz, M., "Asian Trade and European Influence in the Indonesian Archipelago between 1500 and about 1630," 1962 the Hague（Nijhoff）
[1069] Menon, K. N., "Portuguese Pockets in India," 1953 Delhi（private）
[1070] Méry, Louis, "Histoire Analitique et Chronologique des Actes et des Délibérations du Corps et du Conseil de Marseille depuis le Xme Siècle," 1841-73 Marseille
[1071] Meskhia, Shota, "Goroda i Gorodskoi stroi Feodalni Grusii" 1959 Tiflis（Ied-vo Tbilisskogo）
[1072] Mesny, in Moule et al
[1073] Messance, "Nouvelles Récherches sur la Population de la France," 1788 Lyon
[1074] Messance, "Récherches sur la Population···en France," 1765 Paris
[1075] Meyer, Christian, "Geschichte des Landes Posen," 1881 Posen
[1076] Meyer, Joseph, "Neues Konversations-Lexicon"（title varies），1839-53; 1874-8; 1902-9 Leipzig
[1077] Michael, Franz, ed., "The Taiping Rebellion," 1971 Seattle（U. of Washington）
[1078] Michalowski, Kazimierz, in "Time," Sept. 5, 1969
[1079] Michie, A., in "Journal of the Royal Asiatic Society," 1863
[1080] Michovia, in Olearius
[1081] Middlebrook, S., "Newcastle," 1968（S. R. Publications）
[1082] Miège, J., "Le Maroc et l'Europe 1830-94," 1961-3 Paris

[1083] Mier, Adolfo, in "Journal of the Royal Asiatic Society," 1863
[1084] Mikhov, Nikola, "Bibliographie de la Turquie, de la Bulgarie et de la Macédoine," 1908 Sofia
[1085] Mikhov, Nikola, (a), Bulgarien und die Bulgaren, 1929 Sofia (govt. press)
[1086] Mikhov, Nikola, (b), "La Population de la Turquie et de la Bulgarie," 1934–67 Sofia (govt. press)
[1087] Miller, Roy, "Accounts of Western Nations in the History of the Northern Chou Dynasty," 1959 Berkeley (U. of California)
[1088] Miller, William, "Trebizond," 1926 New York and London (Macmillan)
[1089] Miller, William E., quoted in "Chillicothe," 1941 (WPA Project)
[1090] Millon, René, in "Science," Dec. 1970
[1091] Miltner, Franz, "Ephesos," 1958 Vienna (Deuticke)
[1092] Minano, Sebastian, "Diccionario Geográfico-estadístico de Espana y Portugal," 1826-9 Madrid
[1093] Miner, Horace, "The Primitive City of Timbuctoo," 1965 Garden city (Doubleday)
[1094] Mitchell, Samuel, "A General View of the World," 1842 Philadelphia
[1095] Mitton, Geraldine, "The Lost Cities of Ceylon," 1916 London (Murray)
[1096] Modignani, L., et al, "Milano e Il Suo Territorio," 1975 Milan (Anastatica)
[1097] Moll, Hermann, "Atlas Geographicus," 1711-4
[1098] Mollat, Michel, "Le Commerce Maritime Normand à la Fin du Moyen Age," 1952 Paris (Plon)
[1099] Moller, Ignatius, "Sitio de la Ciudad de Barcelona en 1697," 1697
[1100] Mols, Roger, "Introduction à la Démographie Historique des Villes d'Europe du XVIIIe XVIIIe Siècle," 1954-6 Gembloux, Belgium (Duculot)
[1101] Monedzhikova, A., "Sofia pres Vekovete," 1946 Sofia (Fakel)
[1102] Monneret, Ugo, "Aksum," 1938 Rome (Pontificum Institutum Biblicum)
[1103] Montalto de Jesús, C., "Hstoric Shanghai," 1909 Shanghai (Shanghai Mercury)
[1104] Montano A., Mario, "Síntesis Hiatórica de Oruro," 1972 Oruro
[1105] Montenegro, F., (anon.), "Geografía General," 1834 Carácas
[1106] Monstrelet, Enguerrand de, "Chroniques," 1826 Paris
[1107] Mookerji, Radha, "The Gupta Empire," 1959 Bombay (Hind)
[1108] Moorcroft, William, "Travels in the Himalayan Provinces of Hindustan and Panjab; in Ladakh and Kashmir," 1841 London
[1109] Moorehead, William, "Relations of Golconda in the Early Seventeenth Century," 1931 London (Hakluyt Soc.)
[1110] Moorehead, William, "India at the Death of Akbar," 1920 London (Macmillan)
[1111] Moorehead, William, and Chatterjea, "A Short History of India," 1953 Iondon (Longmans, Green)
[1112] Moreau de Jonnea, Alexandre, "Estadístic de España," 1835 Barcelona
[1113] Moreland, William, "The Cahokia Mounds," 1929 Urbana (U. of Illinois)
[1114] Morga, Antonio de, "The Philippine Islands," 1868 London
[1115] Morier, James, "Morier's Second Journey through Persia," 1818 London
[1116] Morley, Sylvanus, "The Ancient Maya," 1946 London (Oxford U.)
[1117] Morse, Hosea, "The Trade and Administration of the Chinese Empire," 1921 London (Longmans, Green)
[1118] Morse, Jedidiah, "The American Universal Geography," 1812 Boston
[1119] Morse, Richard, ed., "The Urban Development of Latin America 1750-1920," 1971 Stanford (Center for Latin American studies)
[1120] Moacardo, Lodovico, "Historia de Verona," 1668 Verona
[1121] Moseley, Michael, in "Science," Jan. 24, 1975
[1122] Moses, Bernard, "Flush Times at Potosí," n.d. Berkeley
[1123] Mote, S., in Skinner, 1977 (cf. Skinner)
[1124] Moule, A., "Quinsai," 1957 Cambridge, England (Cambridge U.)
[1125] Moule, George, et al, "Miscellaneous Papers on Chinese Affairs," 1854-89 Hong Kong etc.
[1126] Muir, Dorothy, "A History of Milan under the Visconti," 1924 London

[1127] Muir, Ramsay, "The Making of British India," 1923 Mancheater (Manch.U.)
[1128] Muir, William, "The Caliphate," 1898 London
[1129] Mulhall, Michael, "Dictionary of statistics," 1892 London
[1130] Miminov, I, "Istoria Samarkanda," 1969 Tashkent (Government Press)
[1131] Mummenhof Wilhelm, in "Zeitschrift des Aachener Geschichtsvereins," 1956
[1132] Mundy, Peter, "Travels," 1914–9 London (Hakluyt Soc.)
[1133] Munro, Innes, "A Narrative of the Military Operations on the Coromandel Coaat," 1789 London
[1134] Munshi, K. M., "Glory that Was Gurjaradesa," 1955 Bombay (Bharatiya Vidya Bhavan)
[1135] Münzer, Hieronymus, "Viaje por Espana y Portugal, 1494–1495," 1951 Madrid (Colección Almenara)
[1136] Murdoch, James, "A History of Japan," 1925 London (Kegan, Paul, Trench, Trubner)
[1137] Murphey, Rhoads, "Shanghai: Key to Modern China," 1953 Cambridge, U.S. (Harvard)
[1138] Murray, Hugh, "The Encyclopaedia of Geography," 1837; 1840 Philadelphia, ed. "Discoveries and Travels in Asia," 1820 Edinburgh
[1139] Murray, John, co., "A Handbook for Travellers in Turkey," 1854 London
[1140] Mutsu, Iso, "Kamakura," 1930 Tokyo (Times Publ. Co.)
[1141] Myres, A., "London in the Age of Chaucer," 1972 Norman (U. of Oklahoma)
[1142] Nadal Oller, Jorge, and Giralt, "La Population Catalane de 1553 à 1717," 1960 Paris (S.E.V.P.E.N.)
[1143] Nadal, S., "A Black Byzantium," 1942 London (Oxford U.)
[1144] Nagam Aiya, V., "The Travancore State Manual," 1906 Trivandrum (Travancore State Press)
[1145] Nagoya city, "City Planning for the city of Nagoya," 1962 Nagoya
[1146] Naidenov, Nikola. ed., "Bulgaria,1000 Godini 927–1927," 1930 Sofia (Ministerstvoto na Narodnoto Prosvishchenne)
[1147] Naqar, Umar al–, in "Journal of African History," 1969
[1148] Naqui, H., "Urban Centers and Industries in Upper India 1556–1803," 1968 Bombay and New York (Asia Publ. House)
[1149] Narasimhachar, L., "A Guide to Halebid," 1950 Mysore (Govt. Presa)
[1150] Narasimhachar, R., "The Kesava Temple at Belur," 1919 Bangalore (Mysore Goverrment Press)
[1151] "Narodna Enciklopedoja srpski–Hrvatsko–Slovenacka," 1927 Zagreb
[1152] Nasir-i-Khusraw, "Sefer Nameh," 1881 Paris
[1153] Navarrete, Domingo, "Travels and Controversies," 1962 Cambridge, England (Hakluyt Soc.)
[1154] Navarro G., Luis, chapter in José calderón Q., "Los Virreyes de Nueva Espana en el Reinado de carlos IV," 1967 Seville
[1155] Nayudu, "Old Madras," 1965 Madras
[1156] Nazarevsky, Vladimir, "Histoire de Moscou," 1932 Paris (Payot)
[1157] Negenman, Jan, "Atlas of the Bible," 1969 New York (Doubleday)
[1158] Nelson, James, "The Madura Country," 1868 Madras
[1159] Nevill, H., "Gazetteer of Allahabad," 1911 Allahabad (Govt. Press)
[1160] "New American Cyclopaedia," 1858–63 New York
[1161] "New Catholic Encyclopedia," 1967 New York (McGraw-Hill)
[1162] "New Century Cyclopedia of Names," 1954 New York (Appleton–Century–Crofts)
[1163] Newell, H., "Lucknow," n.d., London
[1164] "New International Encyclopaedia," 1930 New York (Dodd, Mead)
[1165] "The New Statistical Account of Scotland," 1845 Edinburgh
[1166] Nieuwenhuis, G. M., "De Stad aan Het Spaarn in Zeven Eeuwen," 1946 Amsterdam (Uitgeversmaatschappij Holland)
[1167] Nieuwenhuis, Gerrit, "Nieuwenhuis'Woordenboek," 1866 Leiden
[1168] Nikitin, in Oaten
[1169] Nilakanta Sastri, K., "A History of South India," 1958 and 1966 eds., Madras and New York (Indian Branch,

Oxford U.)

[1170] Nilakanta Sastri, K., ed., "Foreign Notices of South India from Megasthenes to Ma Huan," 1939 Madras (U. of Madras)
[1171] Nilakanta Sastri, K., ed., "History of Sri Vijaya," 1949 Madras (U. of Madras)
[1172] Nilakanta Sastri, K., ed., "The Colas," 1937 and 1955 eds., Madras (U. of Madras)
[1173] "Ninghsia Sin Chih," 1501
[1174] "Ningpo Fu Chih," 1957 Taipei
[1175] Noah, Samuel, "Travels in England, France, Spain, and the Barbary," 1819 London
[1176] Noiret, Hippolyte, ed., "Documents Inédits pour Servir a l'Histoire Vénitienne en Crete de 1380 a 1485," 1892 Paris
[1177] Noort, Oliver van, in Purchas, II
[1178] "Nordisk Familjebok, "1923 Stockholm
[1179] Norris, Robert, "Memoirs of the Reign of Bossa Ahádee, King of Dahomey," 1789 London
[1180] North, S., and helpers, "A Century of Population Growth," 1967 Baltimore (Genealogical Publ. Co.)
[1181] Nouët, Noël, "Histoire de Tokyo," 1961 Paris (Presses Universitaires)
[1182] Novo, Salvador, "México," 1968 Barcelona (Ediciones Destino)
[1183] "Novy Encyclopedia Slovar," 1904-16 S. Petersburg
[1184] Nweeya, Samuel, "Persia," 1913 Urmia (private)
[1185] Oaten, Edward, "Travellers in India during the 15th, 16th, and 17th Centuries," 1909 London (Paul, Trench, Trubner)
[1186] Oates, David, "Studies in the Ancient History of Northern Iraq," 1968 London (British Academy)
[1187] Obolensky, Dimitri, "The Byzantine Commonwealth," 1971 New York (Praeger)
[1188] O'Brien, George, "The Economic History of Ireland in the Eighteenth Century," 1918 Dublin and London (Maunsell)
[1189] Odoric, "Les Voyages," ed. Cordier, 1891 Paris
[1190] Oehschlaeger, Emil, "Posen," 1866 Posen
[1191] "Official Guide to Eastern Asia," 1913 Tokyo (Japanese Government Railways)
[1192] Ogée, Jean, "Dictionnaire Historique et Géographique de la Province de Bretagne," 1853 Rennes
[1193] Ojo, G., "Yoruba Culture," 1966 Ife (U. of London)
[1194] Ojo, Samuel, "The Origin of the Yorubas," 1953 Ibadan (private)
[1195] Okey, Thomas, "The Story of Avignon," 1911 New York (Dutton)
[1196] Olearius, Adam, "Travels in Seventeenth-Century Russia," 1967 Stanford (Stanford U.)
[1197] Oliphant, Laurence, "Narrative of the Earl of Egin's Mission to China and Japan," 1860 New York
[1198] Olivas Escudero, Fidel, "Apuntes para la Historia de Huamanga o Ayacucho," 1924 Ayacucho
[1199] Oliver, Roland, and Gervase Mathew, eds., "History of East Africa," 1963 Oxford (Clarendon)
[1200] Omari, Ibn Fadl Allah el-, "Masalik el Absar," 1927 Paris (Geuthner)
[1201] Orléans, Pierre d', "History of the Two Tartar Conquerors of China," 1854 New York
[1202] Orlers, Jan, "Bescnrijvinghe der Stadt Leyden," 1641 Leiden
[1203] Orlich, Leopold von, "Reise in Ostindien" 1845 Leipzig
[1204] Ortiz Armengol, Pedro, "Intramuros de Manila," 1958 Madrid (Ediciones de Cultura Hispánica)
[1205] Ortvay, Theodor, "Geschichte der Stadt Pressburg," 1892 Pressburg
[1206] Osgood, Cornelius, "The Koreans and Their Culture," 1951 New York (Ronald)
[1207] Ostrogorsky, George, "History of the Byzantine State," 1956 Oxford (Blackwell)
[1208] O'Sullivan, William, "The Economic History of Cork city," 1937 Cork (Cork U.)
[1209] Otter, Jean, "Voyage en Turquie et en Perse," 1748 Paris
[1210] Otway-Ruthven, A., "A History of Medieval Ireland," 1968 London (Benn)
[1211] Ouchterlony, John, "The Chinese War," 1844 London
[1212] Oudenhoven, Jacobus van, "Beschrijvinghe van Dordrecht," 1670 Haarlem

[1213] "Oud Soerabaja," 1931 Surabaja (city publication)
[1214] "Pa Hsien Chih," 1967 Taibei
[1215] Páez, Pedro, "Historia de Etiopia," 1945 Oporto (Livraria Civilizacao)
[1216] Páez Brotchie, Luis, "Guadalajara, Jalisco, México," 1951 Guadalajara
[1217] Pahud, Charles, ed., "Kolonial Verslag, 1849," no. 47, the Hague
[1218] Paillard, Charles, "Histoire des Troubles Réligieux de Valenciennes," 1874–6 Paris
[1219] Paillegoix, "Description de Royaume Thai ou Siam," 1854 Paris
[1220] Palacios, Enrique, "La Misteriosa Ciudad de Calakmul," 1937 Mexico city (Secretaria de Educación Pública)
[1221] Palacios, Enrique, in "Memorias y Revista de la Sociedad 'Antonio Alzate'," 1916
[1222] Palafox y Mendoza, Juan de, "Historia de la Conquista de la China por los Tartaros," 1670 Paris
[1223] Palmer, (H.) Richmond, "Sudanese Memoirs," 1967 London (Cass)
[1224] Palmer, (H.) Richmond, The Carthaginian Voyage to West Africa in 500 B.C., together with Sultan Mohammed Bello's Account of the Origin of the Fulbe," 1931 Bathurst (government printer)
[1225] Papinot, E., "Historical and Geographical Dictionary of Japan," 1910 New York (Ungar)
[1226] Paranavitana, S., "Guide to Polonnaruwa," 1950 Colombo
[1227] Pardi, Giuseppe, "Napoli attraverso i Secoli," 1924 Milan (Albright, Segati)
[1228] Pardi, Giuseppe, Storia Demografica di Messina," 1921 Milan (Dante Alighieri)
[1229] Parihar, G. R., "Marwar and the Marathas," 1968 Jodhpur (Hindi Sahitya Mandir)
[1230] Parish, Elijah, "Modern Geography," 1810 Newburyport
[1231] Park, Mungo, "Travels in the Interior of Africa," 1800 London
[1232] Parkhurst, Charles, in "Ethiopian Observor," IX, no. 1
[1233] Paton, A. A., "A History of the Egyptian Revolution," 1870 London
[1234] Paul, Pramode, "The History of Early Bengal," 1940 Calcutta (Indian Research Institute)
[1235] Paullin, Charles, "Atlas of the Historical Geography of the United States," 1932 Washington (Carnegie Institution, and Am. Geog. Society)
[1236] Paunović, Marinko, "Beograd," 1968 Belgrade (Svetozar Marković)
[1237] Paz Soldán, Mariano, "Diccionario Geográfico–estadistico del Perú," 1877 Lima
[1238] Paz Soldán, Geograía del Perú," 1861 Lima
[1239] Pazyra, Stanislaw, "Studia z Dziejów Miast na Mazoszu," 1939 Lwow (Institut Popierania Polskiej Tworczosci)
[1240] Peet, Stephen, "The Mound–Builders," 1892
[1241] Pegolotti, Francesco Balducci, in Yule, 1866
[1242] Pek, Nam-shan, "Seoul Tae Kwan," 1955 Seoul
[1243] Pelham, Cavendish, "The World," 1808 London
[1244] Pelikanova, in "Praszky Sbornik Historiéky," 1967
[1245] Pellegrin, Arthur, "Histoire de la Tunisie," 1938 Paris (Peyronnet)
[1246] Pelliot, Paul, "Histoire Ancienne du Tibet," 1961 Paris (Maisonneuve)
[1247] Pelsaert, Francisco, "Jahangir's India," 1925 Cambridge, England (Heffer)
[1248] Pennant, Thomas, "The View of India extra Gangem, China, and Japan," 1800 London
[1249] Pennant, Thomas, "Iondon," 1793 London
[1250] Pereira de Sousa, Francisco, "O Terremoto de i de Nov. de 1755 em Portugal," 1919 Lisbon
[1251] Perényi, Imre, in Gutkind, 1972
[1252] Perpiña Grau, Ramón, "Historia de la Economía Española," 1943–7 Barcelona (Bosch)
[1253] Pessard, Gustave, "Nouveau Dictionnaire Historique de la Paris," 1904 Paris (Rey)
[1254] "Petermanns Geographische Mittheilungen," 1865ff Gotha
[1255] Petrushevsky, I., in Boyle
[1256] Pfeiffer, Gerhard, ed., "Nürnberg," 1971 Munich (Beck)

[1257] Pfeiffer, Ida, "A Lady's Voyage around the World," 1852 New York

[1258] Pfeifer, John, in "Horizon," spring 1974 New York

[1259] Phillips, Richard, "New Voyages and Travels," n.d., London

[1260] Phipps, John, "A Practical Treatise on the China and Eastern Trade," 1836 London

[1261] Pigafetta, Antonio, "The First Voyage around the World," 1874 London

[1262] Pigafetta, Filippo, "History of the Kingdom of Congo," 1881 London

[1263] Pigeaud, Th., "Java in the 14th Century," 1863 the Hague（Nijhoff）

[1264] Pinkerton, Jobn, "A General Collection..of Voyages and Travels," 1808–14 London

[1265] Plancquaert, Michel, "Les Jagas et les Bayaka du Kwango," 1932 Brussels（Institut Royal Colonial Belge）

[1266] Planitz, Hans, "Die deutsche Stadt im Mittelalter," 1954 Graz（Böhlau）

[1267] Plath, Johann, "Die völker der Mandschurey," 1831 Göttingen

[1268] Platter, Felix, "Beloved Son, Felix," 1961 London（Muller）

[1269] Plato, "Critias"

[1270] Playfair, James, "A System of Geography," 1808–14 London

[1271] Pliny, Caius, "Natural History," 1938–63 London（Heinemann）

[1272] Ploetz co., "Bevölkerung–Ploetz," 1955–6 Würzburg

[1273] Poedjosoedarno, S., and M. Ricklefs, in "Indonesia," v. 4, 1967 Ithaca（Cornell U.）

[1274] Poëte, Marcel, "L' Enfance de Paris," 1908 Paris（Colin）

[1275] Poëte,（a）"Une Vie de Cité: Paris," 1924–31 Paris（Picard）

[1276] Poggiali, cristoforo, "Memorie storiche di Piacenza," 1757–66

[1277] Poinsett, Joel, "Notes on Mexico," 1822 New York（2 ed. 1969）

[1278] Polish Research Center, "The Story of Wilno," 1942 London

[1279] Polo, Marco, "The Book of Ser Marco Polo," 1903 New York（Scribner）

[1280] Poncet, Charles, in Pinkerton, XV

[1281] Ponsonby–Pane, R., "Kyoto," 1956 Kyoto（Ponsonby Memorial Society）

[1282] Popelka, Fritz, "Geschichte der Stadt Graz," 1959–60 Graz（Verlag Styria）

[1283] "Popol Vuh," 1950 Norman（U. of Oklahoma）

[1284] Popović, Dusan, "Srbije i Beograd, " 1950 Belgrade（Kultura）

[1285] Popovski, Jovan, "Ohrid, " 1967 Skopje（Izdava）

[1286] Porter, Josias, "Five Years in Damascus," 1855 London

[1287] Posac M., Carlos, "Estudio Arqueológico de Ceuta," 1962 Ceuta（Instituto Nacional de Enseñanza Media）

[1288] Posthumus, N., "De geschiedenis van de Leidsche lakenindustrie," 1939 the Hague

[1289] Pozo, Manuel, "Historia de Huamanga," 1924 Ayacucho（Tipografía de la República）

[1290] Preisich, Gábor, "Budapest városépétének Törtenete," 1960 Budapest（Müszaki Könyvkiad ó）

[1291] Prentout, Henri, "La Prise de Caen en 1340," 1904 Caen（Delesques）

[1292] Prescott, William, "Conquest of Mexico," 1868 Philadelphia

[1293] Price, c., "Malta and the Maltese," 1954 Melbourne（Georgian House）

[1294] Priem, Johann Paul, "Geschichte der Stadt Nürnberg," 1875 Nürnberg

[1295] Prinz, F., chapter in Nax Spindler, ed., "Handbuch der bayerischen Geschichte, " 1968 Munich（Beck）, I

[1296] Pronshtein, Alexander, "Veliki Novgorod e XVI Veke," 1957 Kharkov（Kharkov U.）

[1297] Proskouriakoff, Tatiana, in "American Antiquity," 1960

[1298] Purchas, Samuel, "Purchas His Pilgrims," 1905–6 Glasgow（Glasgow U.）

[1299] Puri, Baij Nath, "Cities of Ancient India," 1966 Meerut（Meenakshi Prakashan）

[1300] Püschel, Alfred, "Das Anwachsen der deutschen Städte in der Zeit der mittelalterlichen Kolonialbewegung," 1910 Berlin（Curtius）

[1301] Qalqashandi, Ahmed el–, "Marruecos á Comienzos del sieglo XV," 1952 Tetuán（Editora Marroqui）

[1302] Quazza, Romolo, "Mantova attraverso i Secoli," 1933 Mantua

[1303] Raffles, Stamford, "History of Java," 1965 New York（Oxford U.）

[1304] Raffles, Stamford, 1830 edition, London
[1305] Rambert, Gaston, "Histoire du Commerce de Marseille," 1949 Paris（Plon）
[1306] Ramírez. de AreiIano, Teodoniro, "Paseos por Córdoba," 1873–7 Cordove
[1307] Ramsay, Cynthia, in "Splendors of the Past," 1981 Washington
[1308] Ramusio, Gian Battista, "Navigations," 1873 London
[1309] Randles, W., "L' Ancien Royaume du Congo des Origines à la Pin du xIXe Siècle," 1968 Paris（Mouton）
[1310] Rangeard, in "L' Anjou Historique," 1905
[1311] Ransford, Oliver, "The Rulers of Rhodesia," 1968 London（Murray）
[1312] Rashideddin, Fadlallah, "The Successors of Genghis Khan, 1971 New York（Columbia U.）
[1313] Rasmussen, Otto, "Tientsin," 1925 Tientsin（Tientsin Press）
[1314] Raven, Susan, "Rome in Africa," 1969 London（Evans）
[1315] Raven-Hart, Rowland, "Ceylon: History in Stone," 1964 Colombo（Associated Newspapers of Ceylon）
[1316] Raychaudhuri, Tapankumar, "Bengal under Akbar and Jahangir," 1953 Calcutta（A. Mukherji）
[1317] Rebello da Costa, Agostinho, "Descripcao...do Porto," 1789 Oporto
[1318] Reclus, Élisée, "Nouvelle Géographie Universelle," 1876–94 Paris
[1319] Reclus, Élisée, The Earth and Its Inhabitants," 1882–97 New York
[1320] Reinaud, Joseph, "Géographie d'Aboulféda," 1848 Par1s
[1321] Reincke, Heinrich, "Forschungen und Skizzen zur hamburgischer Geschichte," 1951 Bremen
[1322] Reischauer, Edwin, and John Fairbank, "East Asia: the Great Tradition," 1960 Boston（Houghton, Mifflin）
[1323] Reischauer, Edwin, John Fairbank, Fairbank and craig, "East Asia: Tradition and Transition," 1973 Boston（Houghton, Miffiin）
[1324] Reisner, Wilhelm, "Die Einwohnerzahl... Lübecks," 1902 Halle（dissertation）
[1325] Reitemeyer, Else, "Die Städtegründungen der Araber im Islam," 1912 Munich（Straub）
[1326] Renouard, Yves, "Les Villes d' Italie de la Fin du Xe Siècle au Début du XIVe Siècle," 1961–5 Paris（Centre de Documentation Universitaire）
[1327] Rentz, George, "The Mameluke Empire at the Close of the 14th Century," 1937 Berkeley（U. of California）
[1328] Reu, Bisheshwar, "History of the Rashtrakutas," 1933 Jodhpur（Archaeological Dept.）
[1329] "Révai Nagy Lexikona," 1911–35 Budapest（Révai）
[1330] Rhoads, Edward, in Elvin & Skinner
[1331] Ricci, Matteo, "China in the Sixteenth Century," 1942 New York（Random）
[1332] Rice, Tamara, "The Sel juks in Asia Minor," 1961 London（Thames & Rudson）
[1333] Richard, Louis, "Comprebensive Geography of the Chineae Empire," 1908 Shanghai（T'usewei Press）
[1334] Richards, D. ed., "Islam and the Trade of Asia," 1970 Oxford（Cassirer）
[1335] Ricks, Thomas, in "African Historical Studies," 1970（Boston U.）
[1336] Riefstahl, Elizabeth, "Thebes in the Time of Amenhotop III." 1964 Norman（U. of Oklahoma）
[1337] Riera y Sans, Pablo, "Diccionario Geográfico, Histórico, Biográfico, Postal, Municipal, Militar, Maritimo y Eclesiaástico de Espaa," 1881–7 Barcelona
[1338] Riezler, Sigmund, "Geschichte Baierns," 1880 Gotha
[1339] Rigault, Georges, "Orléans," 1914 Paris（Renouard）
[1340] Ringrose, David, "Madrid and the Spanish Economy," 1983 Berkeley（U. of California）
[1341] Roberts, Prederick, "Porty-one Years in India," 1897 London
[1342] Robertson, D. S., "Chaucer's London," 1968 New York（Wiley）
[1343] Robinson, K. R., in E. Stokes & Brown, "The Zambezian Past," 1966 Manchester（Manchester U.）
[1344] Rocher, Emile, in "T' oung Pao," 1899
[1345] Rock, Joseph, "The Ancient Na-khi Kingdom of Southwest china," 1947 Cambridge, U.S.（Harvard）
[1346] Rockhill, William, in "T'oung Pao," 1915
[1347] Roey, Jan van, chapter in "Antwerpen in de XVI de Eeuw", 1975 Antwerp（Genootschap voor antwerpse Geschiedenis）

[1348] Rogers, Michael, "The Chronicle of Fu Chion," 1968 Berkeley（U. of California）

[1349] Romstorfer, Konrad, "Cetatea Suceava," 1913 Bucharest（Inst. de Arte Grafica "Carol Göbl"）

[1350] Rosenblatt, Angel, in "Tierra Pirme," 1935. III

[1351] Rosenblatt, Angel, La Población Indigena y el Mestizaje en América," 1954 Buenos Aires（Editorial Nova）

[1352] Rosny, Léon de, "Étudoa Asiatiquos," 1864 Paris

[1353] Ross, John, "History of Corea," 1879 Paisley

[1354] Rossi, Ettore, "Storia di Tripoli e della Tripolitania," 1968 Rome（Instituto per l'Oriente）

[1355] Rostworowski, María, "Pachutec Inca Yupanqui," 1953 Lima（privato）

[1356] Roth, H., "Great Benin, " 1903 London（King）

[1357] Rothert, Hermann, "Das älteste Bürgerbuch der Stadt Soest," 1958 Münster（Aschondorff）

[1358] Roupnel, Gaston, "La Ville et la Campagne au XVIIIe Siècle," 1922 Paris（Loroux）

[1359] Rowe, John, in "Acta Americana," Jan. 1948

[1360] Rowe, John, in "Nawpa Pacha," 1963

[1361] Roy, Jyotirmoy, "The History of Manipur," 1968 Imphal（Mukhopadhyay）

[1362] Roy, Surindranath, chapter in "La Ville," 1954 Brussels

[1363] Rozman, Gilbert, "Population and Marketing Settlements in Ch'ing China, " 1982 Cambridge（Cambridge U.）

[1364] Rozman, Gilbert, "Urban Networks in Ch'ing China and Tokugawa Japan, " 1973 Princeton（Princeton U.）

[1365] Rozman, Gilbert, "Urban Networks in Russia: 1750–1800," 1976 Princeton（Princeton U.）

[1366] Rübling, Eugen, "Die Reichstadt Ulm...（1378–1556），" 1904 Ulm（Rübling）

[1367] Rubruquis, Guillaume, in Kerr

[1368] Rudniĉki, Jozef, "Lwow, Karta z Dzie Jów Polski," 1943 Glasgow（Polish Research Center）

[1369] Ruiz Powler, José, "Monografía Ristórico-geográfica del Departamento de Ayacucho," 1924 Lima（Torres Aguirre）

[1370] Runciman, Steven, "The History of the First Bulgarian Empire," 1930 London（Bell）

[1371] Rundall, T., "Narratives of Voyages towards the Northwest," 1849 London

[1372] Russell, Dorothea, "Medieval Cairo," 1962 London（Weidenfelt & Nicholson）

[1373] Russell, Josiah, in "American Philological Society, Transactions," 1958

[1374] Russell, Josiah, in "Annales du Midi," 1962 Toulouse

[1375] Russell, Josiah, "British Medieval Population, " 1948 Albuquerque（U. of New Mexico）

[1376] Russell, Josiah, in "Demography, " III, no 2, 1966

[1377] Russell, Josiah, "Medieval Regions and Their Cities," 1972 Bloomington（Indiana U.）

[1378] Rutter, Eldon, "The Holy cities of Arabia," 1928 London（Putnam）

[1379] Sadi, Abderrahman es–, "Tarikh es–Soudan," 1898–1900 Paris

[1380] Sadler, A., "The Maker of Modern Japan," 1937 London（Allen & Unwin）

[1381] Saint-Léger, "Histoire de Lille," 1942

[1382] Sakharov, Anatol, "Goroda Severo-Vostchnoi Rusi XIV–XV Vekov," 1959 Moscow（Gos. Uchebno-pedagog.）

[1383] Salil, "History of the Imams and Sayyids of Oman," 1871 London

[1384] Salinas, Gabriel, "Testimonias de Zacatecas," 1946 Mexico City

[1385] "Salmonsens Konversationslexikon," 1915–30 Copenhagen（Schultz）

[1386] Samper Ortega, Deniel, "Bogotá, 1538–1938," 1938 Bogotá（lithographed）

[1387] Sánchez Albornoz, Nicolas, and José Luis Moreno, "La Población de América Latina," 1968 Buenos Aires（Paidós）

[1388] Sánchez Mazas, Rafael, "Diccionario Geográfioo de Espafá," 1957 Madrid（Ediciones del Novimiento）

[1389] Sangermano, "A Description of the Burmese Empire," 5th ed., 1966 London（Gupta）

[1390] Sansom, George, "A History of Japan," 1958–63 Palo Alto（Stanford U.）

[1391] Sarda, Har, "Ajmer," 1911 Ajmer（Scottish Mission Industries）

[1392] Sarmiento, Pedro, "History of the Incas," 1907 Cambridge, England（Hakluyt Soc.）

[1393] Sasaki, G., ed., "Nihon no Rekishi," 1975 Tokyo（Shoggokkan），v. XIII: "Muromachi Bakufu"

[1394] Satterthwaite, Linton, "Tikal Report, I," 1958 Philadelphia (University Museum)
[1395] Sauvaget, Jean, "Alep," 1941 Paris (Geuthner)
[1396] Savary, Claude, "Lettres sur l'Égypte," 1801 Paris
[1397] Saysse-Tobiczek, Kazimierz, "Cracow," 1961 Warsaw (Polonia)
[1398] Scalabrini, Giuseppe, "Memorie Istoriche delle Chiese di Ferrara," 1773 Ferrara
[1399] Schebesta, P., in "Anthropos," 1926
[1400] Schiltberger, Johann, "Bondage and Travels," 1879 London
[1401] Schiltberger, Johann, "Tagebuch," 1885 Tübingen (German version of the above)
[1402] Schmökel, Hartmut, "Hammurabi von Babylon, " 1958 Munich (Janus)
[1403] Schmoller, Gustav von, "Deutsches Städtewesen in älterer Zeit," 1922 Bonn and Leipzig (Bonner Staatswissenschaft-liche Untersuchung)
[1404] Schneider, Alfons, in "Akademie der Wissenschaften in Göttingen, philologisch-historisch Klasse," 1949
[1405] Schneider, Alfons, and Walter Karnapp, "Die Stadtmauer von Iznik," 1938 Berlin (Archäologisches Institut)
[1406] Schneider, Frederik, "Danish Grammar...to Which Are Added, a Short Historical Description of Copenhagen," 1803 Copenhagen
[1407] Schneider, Jean, "La Ville de Metz aux XIII et XIVe Siecles, " 1950 Nancy
[1408] Schraa, P., in "Amstelodanum," 1954 Amsterdam
[1409] Schultes, D., "Chronik von Ulm, " 1915 Dm (Höhn)
[1410] Schünemann, Konrad, "Die Entstehung des Städtewesens in Sudeuropa," 1929 Breslau (Priebatsch)
[1411] Schürer, Oskar, "Prag, " 1940 Minich (Callwey)
[1412] Schwarzwälder, Herbert, "Reise in Bremens Vergangenheit," 1966 Bremen (Schünemann)
[1413] Scidmore, Eliza, "China: the Long-Lived Empire," 1900 New York (Century)
[1414] Scott, Edmund, "An Expert Discourse of... Bantam," 1606 London
[1415] Scott, James G., "Burma from the Earliest Times to the Present Day," 1924 London (Unwin)
[1416] Scott-Moncrieff, George, "Edinburgh," 1965 Edinburgh (Oliver & Boyd)
[1417] Segal, Judah, "Edessa," 1970 Oxford (Oxford U.)
[1418] Se-jong, "Se-jong Sillokjiriji," 1938 Seoul
[1419] Sekiyama, Naotoro, "Kinsei Nihon no Jinko Kozo," 1969 Tokyo
[1420] Semmedo, Alvaro, "The History of China," 1655 London
[1421] Septien, José, "Memoria Estadistica del Estado de Querétaro," 1875 Querétaro
[1422] Setton, Kenneth, "Catalan Domination of Athens 1311-1388," 1948 Cambridge, U.S. (Medieval Academy of America)
[1423] Sewell, Robert, "A Forgotten Empire (Vijayanagar) ," 1900 London (Sonnensche in)
[1424] Shakabpa, Tsepon, "Tibet: a Political History," 1967 New Haven (Yale)
[1425] Shakespear, A., "Memoir on the Statistics of the North Western Provinces of the Bengal Presidency, " 1848 Calcutta
[1426] Shakespear, Leslie, "History of Upper Assam, Upper Burmah, and North-Eastern Frontier," 1914 London (Macmillan)
[1427] Shakespear, Leslie, "Shantung Tung Chih," 1934 Shanghai
[1428] Sharma, Gautam, "History of the Jaipur State," 1969 Jaipur (Rajasthan Institute of Historical Research)
[1429] Sharma, Gautam, "Indian Army through the Ages," 1966 Bombay, New York, etc. (Allied Publs.)
[1430] Sharma, Gautam, "Mewar and the ilughal Fmperors," 1951 Agra (Agarwalla)
[1431] Sharma, S., "Mughal Emperors in India," 1934 Agra (Agarwalla)
[1432] Shaw, Thomas, in Pinkerton, XV
[1433] Sherwani, Haroon, "Muhammad-Quli Qutb Shah," 1967 London (Asia Publ. House)
[1434] Sherwani, Haroon, "The Bahmani Kingdom," 1947 Bombay (National Information)
[1435] Sherwani, Haroon, "The Behmanis of the Deccan," 1953 Hyderabad (State Press)

[1436] Sherwani, Haroon, "Short History of and Guide to Lucknow," anon., no date（Methodists）

[1437] Sherwani, Haroon, "Shou Tu Chih," 1935

[1438] Shungoony, P., "The History of Travamcore," 1878 Madras

[1439] Shyam, Radhay, "Life and Times of Malik Ambar," 1968 Delhi（Manoharlal）

[1440] Shyam, Radhay, "Sian," 1970 Taiwan

[1441] Shyam, Radhay, "Siangtan Hsien chih," 1889

[1442] Sibinović, Milorad, "Vardar," 1968 Skopje（Zavod za Vodostopanstvo na C P Macedonia）

[1443] Sigüenza, Carlos de, "Alboroto y Motín de México...1692," 1932 Mexico city（Museo Nacional）

[1444] Silvestre, Jules, "L'Empire d' Annam et le Peuple Annamite," 1889 Paris

[1445] Simonet, Francisco X., "Descripción del Reino de Granada," 1872 Granada

[1446] Simonsen, Roberto, "Historia Económica do Brasil 1500–1820," 1957 São Paulo（Companha Editora Nacional）

[1447] Simson, Paul, "Geschichte der Stadt Danzig," 1967 Aalen, württomberg（Scientia）

[1448] Singh, R. L., "Bangalore," 1964 Varanasi（National Geog. Society of India）

[1449] Sinha, Narendra Krishna, "The Economic History of Bengal from Plassey to the Permanent Settlement," 1956–62 Calcutta（private）

[1450] Sirafi, Abu Said Hasan, in Kerr

[1451] Sircar, Dineschandra, "Ancient Malwa," 1969 Delhi（Manoharlal）

[1452] Sirén, Oswald, "The Walls and Gates of Peking," 1924 London（John Lane）

[1453] Skinner, G. William, "Chinese Society in Thailand," 1957 Ithaca, U.S.（Cornell U.）

[1454] Skinner, G. William, "The city in Late Imperial China," 1977 Stanford（Stanford U.）

[1455] Skrine, Prancis, and E. Denison Ross, "The Heart of Asia," 1899 London

[1456] Smeaton, W. 0liphant, "The Story of Edinburgh," 1905 London（Dent）

[1457] Smet, Jeseph de, "Brugge in Het Begin van de XIIe Eeuw," 1941 Bruges（van Poelvoorde）

[1458] Smith, Charles, "The Ancient and Present State of the County of Cork," 1893–4 Cork

[1459] Smith, Denis, "Medieval Sicily," 1968 New York（Viking）

[1460] Smith, Eli, and G. Dwight, "Missionary Researches in Armenia," 1834 London

[1461] Smith, George, in "Chinese Repository," 1846

[1462] Smith, George, "The Geography of British India," 1882 London

[1463] Smith, H. F. C., chapter in Ajayi & Crowder, I

[1464] Smith, Robert, "History of the Yoruba," 1969 London（Methuen）

[1465] Smith, Vincent, "History of India," vol. II, 1906 Oxford（Clarendon）

[1466] Smith, Vincent, "Akbar the Great Mogul," 1917 Oxford（Oxford U.）

[1467] Smith, William, "Everyman's Atlas of Ancient and Classical Geography," 1952 London（Dent）

[1468] Soames, Jane, "The Coast of Barbary," 1938 London

[1469] Somasundaram, J., "The Great Temple at Tanjore," 1935 Madras（private）

[1470] Somasundaram, J., "Soochow Fu Chih," 1970 Taipei; and 1883 China

[1471] Souciet, P., "Observations... ā la Chine," 1729 Paris

[1472] Southall, A., and P. Gutkind, in "East African Studies," 1956 Nairobi

[1473] Southey, Robert, "History of Brazil," 1817–22 London

[1474] Southgate, Horatio, "A Tour through Armenia, Persia, and Mesopotamia," 1840 New York

[1475] Spaulding, Jay, in "Journal of African History," 1972

[1476] Spearman, Horace,（anon.）, "The British Burma Gazetteer," 1879 Rangoon

[1477] Spies, Werner, "Geschichte der Stadt Bremen in Nachmittelalter," 1966 Brunswick（Waisenhaus）

[1478] Spuler, Bertold, "Iran in Früh–islamischer Zeit," 1952 Wiesbaden（Steiner）

[1479] Squier, E. George, "Pamphlets"

[1480] Srivastava, Ashirbadi, "History of India,1000–1707," 1964 Agra（Agarwala）

[1481] Stagg, Frank Noel, "West Norway and Its Fiords," 1953 London（Allen&Unwin）

[1482] Stagg, Frank Noel, Statesmans' Yearbook,1864ff, London
[1483] Stagg, Frank Noel, "Statistisches Jahrbuch fer Stadt Wien, 1909," 1911 Vienna
[1484] Stagg, Frank Noel, "Statistiska Arsbök för Stockholms Stad 1960," 1961
[1485] Stockholm Steele, R. W., in K. Barbour and R. Prothero, "Essays on African Population," 1961 New York（Praeger）
[1486] Stephens, Edmund, ed., "Guide to the city of Moscow," 1937 Moscow（Cooperative Publishing Society）
[1487] Stephens, John Lloyd, "Incidents of Travel in Central America, Chiapas, and Yucatán," 1843 New York
[1488] Stevenson, W. L. in Harnisch, IX
[1489] Stewart, Charles, "The History of Bengal," 1813 London
[1490] Steyert, André, "Nouvelle Histoire de Lyon," 1895-9 Lyon
[1491] Strabo, "Geography," 1917-32 London（Heinemann）
[1492] Strachey, John, "Hastings and the Rohilla War," 1892 Oxford
[1493] Stratton, Mary, "Bruges," 1914 London（Batsford）
[1494] Strauss, Bettina, "La Culture francaise à Francfort au XVIIIe Siècle," 1914 Paris（Bibliographie de Littérature Comparée）
[1495] Strauss Gerald. "Nuremberg in the Sixteenth Century," 1966 London（Willey）
[1496] Stutterheim, Willem, "De Kraton van Majapahit," 1948 the Hague（Koningklijk Institut voor de Tael-, Land-, en Volkenkunde van Nederlandsch-Indië）
[1497] Subrahmanya Aiyar, R., "History of the Nayaks of Madura," 1924（Oxford U.）
[1498] Sukhareva, Olga, "K Istorii Gorodov Bukharskogo," 1958 Tashkent（Akademii Nauk Uzbekskoi SSR）
[1499] Sullivan, Richard, "Aix-la-Chapelle in the Age of Charlemagne," 1963 Norman（U. of Oklahoma）
[1500] Sully, Francois, ed., "We the Vietnamese," 197 New York（Praeger）
[1501] Summers, Roger, in "Journal of African History," 1961
[1502] Summers, Roger, "Ancient Mining in Rhodesia," 1969 Salisbury（National Museum of Rhodesia）
[1503] Sykes, Percy, "A History of Persia," 1915 London（Macmillan）
[1504] Syme, Michael, in Pelham
[1505] Syme, Michael, "Szechwan Tung Chih," 1815 China
[1506] Szücz, István, "Szabad Kiralyi Debrecen város Törtenelme," 1870-1 Debrecen
[1507] Tabard, A. in "The Journal of the Mythic Society（Bangalore）," 1911 Madras
[1508] Tafrali, O., Thessalonique au Quatrième Siècle, 1913 Paris（Geuthner）
[1509] Tafrali, O., Thessalonique des Origines au XIVe Siècle, 1919 Paris（Leroux）
[1510] Tabmankar, D., "The Rani of Jhansi," 1958 London（McGibbon & Kee）
[1511] Tabmankar, D., "Talyüan Hsien Chih," 1826 China
[1512] Takekoshi, Yosaburo, "The Economic Aspects of the History of the Civilization of Japan,"1930 London（Allen & Unwin）
[1513] Tamghruti, Abu'l-Hasan Ali et-, "En-Nafhat el-Miskiya," 1929 Paris（Geuthner）
[1514] Tancoigne, M., "A Narrative of a Journey into Persia," 1820 London
[1515] Tarakianova, S., "Dvernii Pskov," 1946 Moscow（Akademii Nauk SSSR）
[1516] Tasis Marca, Rafael "Barcelon: Imatge i Historia d'une Ciutat," 1961 Barcelona（Dalmau）
[1517] Tauxier, Louis, "Le Noir du Soudan," 1912 Paris（Larose）
[1518] Tavernier, Jean, "The Six Voyages," 1678 London
[1519] Tekeli, Ikhan, chapter in L. C. Brown, ed., "From Madina to Metropolis," 1973 Princeton（Darwin）
[1520] Tennant, Wiliiam, "Indian Recreations," 1804 London
[1521] Tennent, Emerson," Ceylon," 1860 London
[1522] Termizi, S., "Ajmer through Inscriptions: 532-1852 A.D.," 1968 Delhi
[1523] Terry, Edward, "A voyage to East-India," 1777 London
[1524] Terry, T. "Guide to the Japanese Empire," 1930 Boston（Houghton, Mifflin）
[1525] Thévenot, Jean de, "The Travels of Monsieur de Thévenot into the Levant," 1687 London

[1526] Thomas, George, "Military Memoirs," 1805 Calcutta

[1527] Thompson, Michael W., "Novgorod the Great," 1962 London (Evelym, Adams, Mackay)

[1528] Thompson, Virginia, "French Indo-China," 1937 London (Allen & Unwin)

[1529] Thompson, William, "Malacca, Indo-China, and India," 1875 New York

[1530] Thorn, William, "Memoir of the Conquest of Java," 1815 London

[1531] Thornton, Edward, "A Gazetteer of Indla," 1854 London

[1532] Thornton, Edward, "A Gazetteer of Indla," 1886 London

[1533] Tien, H. Yüan, "China's Population Struggle," 1973 Columbus (Ohio State U.)

[1534] Tien, H. Yüan, "Tientsin Fu Chih," 1968 Taipei

[1535] Tikhomirov, Mchael, "The Towns of Ancient Rus," 1959 Moscow (Foreign Languages Publ. House)

[1536] Tikhomirov, Mchael, (a) "Pskovskoe Vosstanie 1650 Goda," 1935 Leningrad (Akademii Nauk SSSR)

[1537] Tilley, Arthur, ed., "Medieval France," 1922 Cambridge, England (Cambridge U.)

[1538] Timkovsky, George, "Travels of the Russian Mission through Mongolia to China," 1827 London

[1539] Tivčev, P., in "Byzantinobulgaric," 1962

[1540] Todorov, Nikolai, "Balkanskiyat Grad XV-XIX Vek," 1972 Sofia (Nauka i Iskustvo)

[1541] Tollenare, L., "Notas Dominicais Tomadas durante uma Viagem en Portugal e no Brasil," 1956 Bahia (Livreria Progreso)

[1542] Tolstova, S. otal, "Istoriya Uzbekskoy SSR," 1955 Tashkent (Akademii Nauk Uzbekskogo SSR)

[1543] Tombourel, "Anuaire Administrati et Commereiele de l'Algérie," 1859

[1544] Tomek, Wenzel, "Geschichte der Stadt Prag," 1856 Prague

[1545] Torre R., José, "Crónicas del Buenos Aires Colonial," 1953 Buenos Afres (Editorial Bajel)

[1546] Torres Balbas, Leopoldo, in "Reaumen Histórico del Urbanismo en España," 1954 Madrid (Instituto de Estudios de Administración Local)

[1547] Torres Balbas, Leopoldo, in "Studia Islamica," 1955

[1548] Tournefort, Joseph de, "A Voyage to the Levant," 1715 London

[1549] Toussaint, Manuel, "Pátzcuaro," 1942 Mexico City (Imprenta Universitaria)

[1550] Toynbee, Arnold, ed. "Cities of Destiny," 1967 London (Thames Hudson)

[1551] Toynbee, G., "A Sketch of the History of Orissa from 1803 to 1828," 1873 Calcutta

[1552] Tozzer, Alfred, "Chichen Itza and Its Cenote Sacrifice," 1957 Cambridge, U.S. (Harvard)

[1553] Trasselli, Carmelo, "I Privilegi di Messina e di Trapani," 1949 Palermo (Segesta)

[1554] Treccani, Giovanni, publisher, Storia di Brescia, 1961 Brescia (Morcelliana)

[1555] Treccani, Giovanni, "Sstoria di Milano," 1953-62 (Treccani)

[1556] Trevellion, B., "Metropolitan Kano," 1963 Oxford (clarendon)

[1557] Tripathi, Rama Shankar, "History of Kanauj," 1959 Delhi (Banarsidass)

[1558] Trocmé, Etienne, and Marcel Delafosse, "Le Commerce Rochelais," 1952 Paris (Colin)

[1559] Troedsson, Carl, "The Growth of the Western City during the Middle Ages," 1959 Göteborg (Elander)

[1560] Tronko, P., et al, "Kiev," 1968 Kiev (Akademii Nauk USSR)

[1561] Tronson, "A Voyage to Japan, Kamtschatka, Siberia, China etc.," 1859 London

[1562] Trusler, John, "The Habitable World," 1788-93 London

[1563] Tsui Chi, "A Short History of Chinese Civilization," 1943 New York (Putnam)

[1564] Tsui Chi, "Tung-chih Shanghai Hsien Chih," 1863 China

[1565] Turner, William, "Tour in the Levant," 1820 London

[1566] Turpin, "Histolre Civile et Naturelle du Royaume de siam," 1771 Paris

[1567] Turpin, "24 Histories," 1968 Taibei

[1568] Turpin, "25 Hiatories," 1934 Peking

[1569] Twiss, Richard, "Travels," 1775 London

[1570] Ulloa, see with Juan

[1571] Ungewitter, F., "Neueate Erdbeschreibung und Staatenkunde," 1858-9 Dresden

[1572] U. K. census, 1851, London

[1573] U. S. census, 1800, 1810, 1850

[1574] "Universal Jewish Encyelopedia," 1939–43 New York

[1575] Unverzagt, Georg, "Die Gesandschaft Ihro Kayserl. Majest. von Gross–Russland an den sinesischen käyser," 1725 Lübeck

[1576] Urvoy, Yves, "Histoire de l'Empire du Bornou," 1949 Paris (Larose)

[1577] Uztariz, Geróntmo de, "The Theory and Practice of Commerce and Maritime Arrairs," 1751 London

[1578] Vacalopoulos, Apostolos, "A History of Thessaloniki," 1963 Thessaloniki (Thessalonuki Press)

[1579] Vaonefa, "D. I., co., Odessa," 1900 Odessa

[1580] Vaidya, C., "History of Medieval Hindu Indla," 1921–6 Poona (Oriental Book–supplying Ageney)

[1581] Valllant, George, "Aztecs of Mexico," 1941 Garden City (Doubleday)

[1582] Valentia, George, "Voyages and Travels," 1809 London

[1583] Vámbéry, Arminius, "History of Bokhara," 1873 London

[1584] Van de woude, A., and G. Mentink, in "Population," 1966 Paris

[1585] Varallanos, José, "Historia de Huánuco," 1959 Buenos Aires (López)

[1586] Vargas, José de, "Descripelones de las Islas Pithiusas. Baleares," 1787 Madrid

[1587] Varthema, Ludovico di, "Travels," 1863 London

[1588] Vasillev, Ivan, "Istoryko–statiaticheakil Ucazetel Goroda Pskova," 1889 Pskov

[1589] Vasselle, François, by correspondence

[1590] Vázquez de Espinosa, A., "Compendio de las Indias Occidentales," 1942 Washington (Smithsonian Institution)

[1591] Vázquez Santa Ana, Higinio, "Apuntes Geográfico e Histórico del Estado de Tlaxcala," 1927 Tlaxcala (state Gov't Press)

[1592] Velasco, Juan de, "Historia del Reino de Quito," 1946 Quito (El Comercio)

[1593] Venedikov, in "Byzantinobulgarica," 1962 Soria

[1594] Venkatakrishna Rao, Bhavaraju, "History of the Eastern Calukyas of Vengi," 1973 Hyderabad (Andhra Pradesh Sahitya Akademi)

[1595] Venkataramanayya, N., "The Early Muslim Expansion In Southorn India," 1942 Madras (U.of Madras)

[1596] Venkataramanayya, N., "The Eastern Calukyas of Vengi," 1950 Madras (Venkataraya)

[1597] Venkataramanayya, N., in Munshi, VI, 1960

[1598] Verbeemen, J., in "Revue belge de Philologie et d' Histoire," 1956

[1599] Verbruggen, J., "Het Gemeentelegen van Brugge van 1338 tot 1340," 1962 Brussels (Palais des Académtes)

[1600] Vercauteren, Fernand, "Études sur les Civitates de la Belgique Seconde," 1934 Brussels (Académie Royale de Belgique)

[1601] Verniers, Louis, "Un Millénnaire d'Histoire de Bruxelles," 1965 Brussels

[1602] Vicéns Vives, Jaime, "An Economic History of Spain," 1969 Princeton (Princeton U.)

[1603] Vienna, city of, "Statistisches Jahrbuch der Stadt Wien, 1909," 1911 Vienna

[1604] Vieyra, Maurice, "Les Assyriens," 1961 Paris (Seuil)

[1605] Vilar, Plerre, "La Catalogne dans l'Espagne Moderne," 1962 Paris (S.E.V.P.E.N.)

[1606] Villacorte Calderón, J. Antonio, "Prehistoria y Historia Antigua de Guatemala," 1938 Guatemala city

[1607] Vivien de Ct. Martin, Louis, "Nouveau Dictionnaire de Géographte Universelle," 1879–95 Paris

[1608] Vivier, Robert, and E. Millet, "Promenade dans Tours," 1943 Tours (Arrault)

[1609] Voelcker, Henry, "Die Stadt Goethes," 1932 Frankfurt (Blazek & Bergmann)

[1610] Vojtišek, V., et al, "Praha," 1935 Prague (Sportovni a Turistické Nakladetelatví)

[1611] Volney, Constantin, "Travels through Syria and Egypt," 1787 London

[1612] Voyce, Arthur, "Moscow and the Roots of Russian Culture," 1964 Norman (U. of Oklahoma)

[1613] Vryonis, Speros, "The Decline of Medieval Hellenism in Asia Minor," 1971 Berkeley (U.of Callfornia)

[1614] Vucković, Ivan, "Niš," 1966 Belgrade（Turistička Stampa）

[1615] Waddell, L., "Lhasa and Its Mysteries," 1905 London（Murray）

[1616] Wade, Richard, "The Urban Frontier…1780–1830," 1967 Cambridge,U.s.（Harvard U.）

[1617] Waern, Cecilia, "Medieval Sicily," 1910 London（Duckworth）

[1618] Wakefield, Edward, "An Account of Ireland, Statistical and Political," 1812 London

[1619] Wald, Royal, "The Development of Osaka during the Sixteenth Century," 1943 Berkeley（U. of California）

[1620] Waldendorff, Hugo von, "Regensburg," 1896 Regensburg

[1621] Walker, Richard, "The Multi-State System of Ancient China," 1953 Hamden, Connecticut（Shoe String）

[1622] Ward, Philip, "Sabratha," 1970 Harrow（Oleander）

[1623] Ward and Conner, "Geographical and Statistical Memoir of the Survey of the Travancore and Cochin States," 1893 Madras

[1624] Warner, Richard, "History and Antiquities of Bath," 1901 Bath

[1625] Warren, Edward von, in Harnisch, XV

[1626] Watkeys, Frederick, "Old Edinburgh," 1908 Boston（Page）

[1627] Watt, W. Montgomery, "Muhammad at Medina," 1956 London（Oxfor）

[1628] "Webster's Geographical Dictionary," 1949 Springfield（Merriam）

[1629] Wegener, Georg, Im innersten China, 1920 Berlin（Scherl）

[1630] Weiss, Konrad, "Geschichte der stadt Nürnberg," 1928 Nuremberg（Koch）

[1631] Weiss, Konrad, "Geschichte der Stadt Wien," 1882-3 Vienna

[1632] Weitnauer, Alfred, "Die Bevölkerung des Hochstifts Augsburg im Jahre 1650," 1941 Kempten in Allgau（Wechelhäuser）

[1633] Wells, Margaretta, "Guide to Chiang Mai," 1962 Bangkok（Kramol Tiranasar）

[1634] Wellstedt, in Harnisch, X

[1635] Werveke, Hans van, "Bruges & Anvers," 1944 Brussels（Librairie Encyclopédique）

[1636] Werveke, Hans van, "Gand," 1946 Brussels（La Renalssance du Livre）

[1637] West, Michael, in "American Antiquity," Jan.1970

[1638] Westropp, Thomas, "The Antiquities of Limerick," 1916 Dublin（Royal Society of Antiquarians of Ireland）

[1639] Wheatley, Paul, "The Golden Khersonese," 1961 Kuala Lumpur（U. of Malaya）

[1640] Wheatley, Paul, "The Pivot of the Four Quarters," 1971 Chicago（Aldine）

[1641] Wheeler, George, "Voyage de Dalmatia, de Grèce et du Levant," 1723 the Hague

[1642] Wheeler, J. T., "Madras in the Olden Times 1702-1727," 1861 London

[1643] Wheeler, Mortimer, "The Indus Civilization," 1968 Cambridge, England（Cambridge U.）

[1644] Whittaker, Arthur, "The Huancavelica Mercury Mine," 1941 Cambridge, U. S.（Harvard）

[1645] White, John, in Sully

[1646] Whitecotton, Josech, "The Zapotecs," 1977 Norman（U. of OkIalionu）

[1647] Whittington," Travels through Spain," 1808 Boston

[1648] Widmann, Leonhart, "Chronik von Regensburg" in "Die Chroniken der deutschen stadte," 1878 Leipzig

[1649] Wiens, Harold, in "Annals of the Association of American Geographers," Dec.1963

[1650] Wiens, Harold, "China's March toward the Tropics," 1954 Hamden, Conn.（Shoe String Press）

[1651] Wijffels, M., in Belgisch Tijdschrift voor Philologle en Geschiedenis," 1958

[1652] Wiley, I., "China and Japan," 1879 New York

[1653] Wilks, Mark, "History of Mysore," 1810-7 London

[1654] Willett, Frank, in "Journal of African History," 1960

[1655] Willey, Gordon, in "Collier's Encyclopedia," 1968

[1656] Willey, Gordon, "Archeology of Mesoamerica,"1965 Austin（U. of Texas）

[1657] Williams, Gwyn, "Medieval London," 1962 London（Athlone）

[1658] Williama, S.Wells, "The Middle Kingdom," 1853 and 1914 New York（W. H. Allen）

[1659] Willis, John R., in Ajayi & Crowder, I

[1660] Willmott, W., ed., "Economic Organization in Chinese Society," 1972 Stanford (Stanford U.)
[1661] Windus, John, "A Journey to Mequinez," 1725 London
[1662] Withington, Nicholas, in Foster
[1663] Wohlhage, Max, in Zeitschrift des aachener Geschichtsvereins, 1911
[1664] Wolff, Philippe, "Histoire de Toulouse," 1958 Toulouse (Privat)
[1665] Wolter, Ferdinand, "Geschichte der stadt Magdeburg, "1901 Magdeburg (Faber)
[1666] Wood, William A., "A History of Siam," 1933 Bangkok (Siam Barnakich)
[1667] Woodcock, George, "Kerala," 1967 London
[1668] Woolley, Leonard," Excavations at Ur," 1955 London (Benn)
[1669] Wright, Arthur, in A. Toynbee
[1670] Wright, J., ed., "Annual Register," 1763 London
[1671] Wright, Thomas, ed., "Early Travels in Palestin," 1848 London
[1672] Wright, Thomas, ed., "Wuchang Hslen Chih," 1885
[1673] Wüstenfeld, Ferdinand, "Die Chroniken der stadt Mekka," 1857–61 Leipzig
[1674] Xavier, see Coleridge
[1675] Ximenes Paton, Bartolomé, "Historia de la Antigua, y Continuada, Nobleza de 1a Cludad de Jaén," 1628 Jaén
[1676] Yaqut, "Dictionnatre Géographique, Historique ot Litératre de la Perse," 1861 Paris
[1677] Yazakt, Takeo, "Social Change and the City in Japan," 1968 Tokyo (Japan Publications Trading Co.)
[1678] Yazdani, G., "Bidar, Its History and Monuments," 1947 London (Oxford U.)
[1679] Yule, Henry, "Cathay and the Way Thither," 1866 London
[1680] Yule, Henry, Mareo Polo, "the Misaton to the Court of ava in 1855," 1968 New York (Oxford U. Press)
[1681] Yule, Henry, "Yünnanfu Chih," 1967 Taipei
[1682] Yvo of Narbonne, In Kerr
[1683] Zabala, Romulo, and Enrique de Gandía, "Historia de la Ciudad de Buenos Afres," 1937 Buenos Aires (Buenos Aires)
[1684] Zeller, Gaston, "La Réunton de Metz à la Prance (1552–1648)," 1926 London (Oxford U.)
[1685] Zeuss, (J.) Kaspar, "Die freier Reiehstadt Speyer," 1961 Bad Honnef, Westfalen (Peters)
[1686] Ziadeh, Nicola, "Damasous under the Mamelukes," 1964 Norman (U. of Oklahoma)
[1687] Ziadeh, Nicola, "Urban Life in Syria," 1953 Beirut (American Press)
[1688] Ziegler, Philip, "The Black Death," 1969 New York (Day)
[1689] Zocca, Mario, "Sommario di Storia Urbanistica delle Città Italiana dalle Origint à 1861," 1961 Naples (Liguori)
[1690] Zosimus, "New History"
[1691] Zsolnay, Vilmos von, "Vereinigungsversuche Südosteuropas im XV Jahrhundert," 1967 Frankfurt (Selke)

部分国家、地区及城市名称索引

译文名称	原著中的名称	译文名称	原著中的名称
阿贝奥库塔	Abeokuta	阿卡德	Akkad
阿比让	Abidjan	阿卡亚布	Akyab
阿波美	Abomey	阿克拉	Accra
阿伯丁	Aberdeen	阿克伦	Akron
阿博	Abo	阿克曼	Akkerman
阿查尔布尔	Ellichpur	阿克苏	Aksu
阿达纳	Adana	阿克苏姆	Aksum, Axum
阿德莱德	Adelaide	阿奎莱亚	Aquileia
阿德里安堡	Adrianople	阿拉	Arrah
阿蒂尔	Atil	阿拉伯	Arabian
阿多	Ado	阿拉布克尔	Arabkir
阿尔巴尼亚	Albania	阿拉达	Allada, Ardra
阿尔班山遗址	Monte Alban	阿拉德	Arad
阿尔达比勒	Ardabil	阿拉哈巴德	Allahaba
阿尔戈斯	Argos	阿拉木图	Alma-Ata
阿尔果德	Arcot	阿拉斯	Arras
阿尔汉格尔斯克	Archangel	阿勒楚喀	Altchuku
阿尔及尔	Algiers	阿勒颇	Aleppo
阿尔及利亚	Algria	阿雷格里港	Porto Alegre
阿尔卡拉瓦	Alkalawa	阿雷基帕	Arequipa
阿尔勒	Arles	阿里格尔	Aligarh
阿尔梅里亚	Almeria	阿利坎特	Alicante
阿尔斯特	Alost	阿伦敦	Allentown
阿尔塔娜	Artanna	阿罗阿	Aloa
阿尔滕堡	Altenburg	阿马西亚	Amasia
阿尔瓦尔	Alwar	阿玛尔菲	Amalfi
阿菲永卡拉希萨尔	Afyonkarahissar	阿玛拉布拉	Amarapura
阿富汗	Afghanistan	阿玛纳	Amarna
阿格拉	Agra	阿曼	Oman
阿格里根图姆	Agrigentum	阿米达	Amida
阿格里真托	Acragas, Agrigentum	阿棉	Amons
阿根廷	Argentina	阿姆拉提	Amraoti
阿贡古	Argunju	阿姆利则	Amritsar
阿瓜卡连特	Aguascalientes	阿姆斯特丹	Amsterdam
阿赫塔顿	Akhetaton	阿加德兹	Agades

续表

译文名称	原著中的名称	译文名称	原著中的名称
阿杰梅尔	Ajmer	阿纳姆	Arnhem
阿努拉德普勒	Anuradhapura	阿嫩达布尔	Anantpur
阿帕米亚	Apamea	艾登	Aidin, Aydin
阿钦	Achin	艾丁	Aydin
阿萨	Ahsa	艾哈迈达巴德	Ahmedabad
阿斯卡波察尔科	Azcapotzalco	艾哈迈德讷格尔	Ahmednagar
阿斯特拉罕	Astrakhan	艾克斯	Aix
阿提卡	Attica	艾克斯拉沙佩勒	Aix-La-Chapelle
阿瓦	Ava	艾姆弗拉斯	Emfras
阿瓦里斯	Avaris	艾斯尤特	Asyut
阿维尼翁	Avignon	艾瓦利	Aivali
阿温拉	Aonla	爱丁堡	Edinburgh
阿亚库乔	Ayacucho	爱尔福特	Erfurt
阿瑜陀耶	Ayutia	爱森纳赫	Eisenach
阿约提亚	Ayodhya	爱斯那	Esneh
阿泽穆尔	Azammur	安巴尔	Anbar
阿兹台克	Aztecs	安巴拉	Ambala
奥古斯塔	Augusta	安贝西	Ambessi
埃卜拉	Ebla	安伯	Amber
埃代	Ede	安德拉邦	Andhras
埃德蒙顿	Edmonton	安德里亚	Andria
埃尔伯费尔德	Elberfeld	安戈尔诺	Ngornu
埃尔布隆格	Elbing, Elblag	安戈拉	Angora
埃尔帕索	El Paso	安集延	Andijan
埃尔维拉	Elvira	安卡拉	Ankara
埃尔祖鲁姆	Erzurum	安科伯尔	Ankober
埃及	Egypt	安科纳	Ancona
埃克巴坦那	Ecbatana	安拉阿巴德	Allahabad
埃克塞特	Exeter	安洛哈	Amroha
埃雷克	Erech	安曼	Amman
埃里温	Erivan	安南	Annam
埃卢鲁	Ellore	安尼华达	Anhilvada
埃罗	Aror	安诺吉	Annoji
埃洛拉	Ellora	安庆	Anking
埃塞俄比亚	Ethiopia	安顺	Nganshun
埃森	Essen	安特卫普	Antwerp
埃斯泰尔戈姆	Esztergom	安条克	Antioch
埃托瓦	Etowah	安阳	Anyang
埃文斯维尔	Evansville	鞍山	Anshan
埃武拉	Evora	昂古莱姆	Angouleme
埃西哈	Ecija	昂热	Angers
埃泽萨	Edessa	敖德萨	Odeaaa
奥本	Auburn	奥斯若恩	Osroene
奥伯伦	Oppeln	奥斯坦德	Ostend
奥博莫绍	Ogbomosho	奥约	Oyo
奥布	Hoppo	澳大利亚	Australia
奥达戈斯特	Awdaghost	澳门	Macao
奥得河畔法兰克福	Frankfurt-on-Order	八剌沙衮	Balasaghun
奥德萨	Odessa	巴埃萨	Bazea
奥地利	Austria	巴比伦	Babylon

续表

译文名称	原著中的名称	译文名称	原著中的名称
奥杜	Oedo	巴查查兰	Pajajaran
奥恩特	Chent	巴达霍斯	Badajoz
奥尔巴尼	Albany	巴达米	Badami
奥尔堡	Aalborg	巴达维亚	Batavia
奥尔比亚	Olbia	巴恩斯利	Barnsley
奥尔德姆	Oldham	巴尔的摩	Baltimore
奥尔德肖特	Aldershot	巴尔赫	Balkh
奥尔良	Orléans	巴尔卡德	Palghat
奥发	Offa	巴尔瑙尔	Barnaul
奥格斯堡	Augsburg	巴格达	Bagdad
奥赫里德	Ohrid, Ochrida	巴格兰	Baglan
奥胡斯	Aarhus	巴格伦	Baghlan
奥卡塞尔	Ockaseer	巴哈瓦尔布尔	Bahawalpur
奥克兰	Auckland	巴赫曼尼	Bahmanids
奥肯	Oke-Okan	巴基西梅托	Barquisimeto
奥拉迪亚	Nagyvarad	巴卡拉尔	Bakhalal
奥兰	Oran	巴卡塔	Bacata
奥兰多	Orlando	巴克特拉	Bactra, Balkh
奥兰加巴德	Aurangabad	巴库	Baku
奥里萨邦	Orissa	巴拉那	Paraná
奥廖尔	Orel	巴拉瑞特	Ballarat
奥鲁罗	Oruro	巴拉特布尔	Bharatpur
奥伦堡	Orenburg	巴拉特普尔	Bharatpur, Bhurtpore
奥罗佩萨	Oropesa	巴兰基利亚	Barranquilla
奥马哈	Omaha	巴勒莫	Palermo
奥皮恩—卡拉希萨	Afyon-Karahissar	巴雷利	Bareilly
奥绍博	Oshogbo	巴黎	Paris
奥什	Osh	巴里	Bari
奥斯蒂亚	Ostia	巴利亚多利德	Valladolid
奥斯陆	Oslo	巴连弗邑	Pataliputra
奥斯纳布吕克	Osnabrück	巴列塔	Barletta
巴伦西亚	Valencia	北安普顿	Northampton
巴罗	Barrow	北非	Norythern
巴罗达	Baroda	北京	Beijing, Peking
巴拿马	Panamá	北九州	Kitakyushu
巴切沙雷	Bakhchiserai	贝济耶	Beziers
巴塞尔	Basel	贝加莫	Bergamo
巴塞罗那	Barcelona	贝拉里	Bellary
巴士拉	Basra	贝里	Bury
巴斯	Bath	贝鲁尔	Belur
巴特冈	Bhatgaon	贝鲁特	Beirut
巴特—萨里	Rabat-Sale	贝洛奥里藏特	Belo Horizonte
巴西	Brazil	贝拿勒斯	Banaras, Benares
巴西利亚	Brasilia	贝内文托	Benevento
巴亚齐德	Bayazid	贝宁	Benin
巴伊亚	Bahia	贝努贡达	Penukonda
拔都萨莱	Sarai	贝桑松	Besancon
白沙瓦	Peshawar	奔那伐弹那	Pundravardhana
柏林	Berlin	奔萨	Penza
柏崎	Kashiwazaki	本德	Bender

续表

译文名称	原著中的名称	译文名称	原著中的名称
柏原	Kashiwara	彼得瓦丁	Peterwardein
拜滕	Paithan	彼德	Petra
拜占庭	Byzantium	彼德拉斯内格拉斯	Piedras Negras
班巴拉	Bambara	彼尔姆	Perm
班巴拉州	Bambara States	毕尔巴鄂	Bilbao
班贝格	Bamberg	毕万达	Bezwada
班达	Banda	汴梁，汴京	Bienliang, Pienliang
班杜瓦	Pandua	别尔季切夫	Berdichev
班戈	Bangor	宾德拉邦	Bindrabun
班加罗尔	Bangalore	宾厄姆顿	Binghamton
班图斯	Bantus	槟榔屿	Penang
坂井	Sakai	兵库	Hyogo
邦加	Bonga	波城	Pau
包纳加尔	Bhavnagar	波茨坦	Potsdam
包普拉	Baupura	波恩	Bonn
包奇州	Bauchi	波尔多	Bordeaux
包头	Paotow	波尔塔瓦	Poltava
保定	Paoting	波尔图	Oporto
保加利亚	Bulgaria	波哥大	Bogotá
卑谬	Prome	波格斯凯	Khattushash
贝城	Baycity	波拉	Pola
贝德福德	Bedford	波兰	Poland
贝德努尔	Bednur	波里纳日	Borinage
贝尔法斯特	Belfast	波隆纳鲁瓦	Polonnaruwa
贝尔高姆	Belgaum	波尼	Bone
贝尔格莱德	Belgrade	波若尼	Pozsony
本迪戈	Bendigo	波森	Poznan, Posen
本地治里	Pondichéry	波士顿	Boston
本溪	Benxi	波斯	Persia
比达	Bida	波斯波利斯	Persepolis
比得哥什	Bromberg	波斯尼亚	Bosnia
比德尔	Bidar	波特兰	Portland
比尔卡舒瓦曼	Vilcaahuaman	波托西	Potosí
比尔宁凯比	Birni-N-Kebbi	波西米亚	Bohemia
比尔森	Pilsen	波兹南	Poznán
比哈尔	Bihar	伯巴斯特罗	Bobastro
比贾布尔	Bijapur	伯蒂亚拉	Patala, Patiala
比卡内尔	Bikaner	伯顿	Burton
比拉斯布尔	Bilaspur	伯恩伯格	Bernberg
比勒费尔德	Bielefeld	伯恩茅斯	Bournemouth
比勒陀利亚	Pretoria	伯尔尼州	Bern
比利时	Belgium	伯根	Bergen
比萨	Pisa	伯明翰	Birmingham
比特利斯	Bitlis	伯南布哥	Pernambuco
比亚韦斯托克	Bialystok	伯塞恩	Bassein
比尤特城	Butte	伯威克	Berwick
彼得伯勒	Peterborough	勃艮第	Burgundy
彼得格勒	Petrograd	勃固	Pegu
彼得库夫	Piotrkow	勃兰登堡	Brandenburg
彼得斯堡	Petersburg	亳州	Pochow

续表

译文名称	原著中的名称	译文名称	原著中的名称
博布鲁伊斯克	Bobruisk	布吕恩	Bruun
博多	Hakata	布日伊	Bougie
博尔本德尔	Porbandar	布萨	Bussa
博尔顿	Bolton	布特	Buth
博尔加尔	Bolgary	布宜诺斯艾利斯	Buenos Aires
博尔努	Bornu	采法特	Safed
博格利波尔	Bogota	曹州	Tsaochow
博克哈恩	Boknarn	查尔斯顿	Charleston
博洛尼亚	Bologna	查坎普通	Chakanputun
博帕尔	Bhopal	查莱碉	Chairadeo
博斯特	Bust, Bost	查谟	Jammu
不来梅	Bremen	查普	Chapu
不来梅港	Bremerhaven	查萨达	Pushkalavati
不伦瑞克	Braunschweig, Brunswick	查塔姆	Chatham
布达	Buda	查塔努加	Chattanooga
布达佩斯	Budapest	查亚普拉	Jayapuram
布道恩	Budaun	察里津	Tsaritsyn
布尔戈斯	Burgos	柴阳	Chiehyang
布尔汉普尔	Burhanpur	昌昌	Chanchan
布尔诺	Brno, Brünn	昌达昌达	Chandachanda
布尔日	Bourges	昌达加尔	Chandalgar
布尔萨	Buraa, Bursa	常德	Changteh
布法罗	Buffalo	潮州	Chaochow
布哈拉	Bokhara	车里亚宾斯克	Chelyabinsk
布哈里	Buari	成都	Chengdu
布加勒斯特	Bucharest	赤城	Chicheng
布拉德福德	Bradford	崇加	Chonga
布拉斯	Buras	重庆	Chungking
布拉索夫	Brasso	茨维考	Zwickau
布莱克本	Blackburn	达博伊	Dabhoi
布莱克浦	Blackpool	达尔	Dhar
布赖顿	Brighton	达尔彭加	Darbhanga
布勒伊拉	Braila	达喀尔	Dakar
布雷斯劳	Breslau	达卡	Dacca, Dhaka
布雷斯特	Brest	达拉斯	Dallas
布雷西亚	Brescia	达累斯萨拉姆	Dar-Es-Salaam
布里	Puri	达灵顿	Darlington
布里奇波特	Bridgeport	达米埃塔	Damietta
布里奇敦	Bridgetown	达姆施塔特	Darmstadt
布里斯班	Brisbane	达尼丁	Dunedin
布里斯托尔	Bristol	达文波特	Davenport
布列斯特—里托夫斯克	Breast—Litovsk	大阪	Osaka
布隆	Brno, Brünn	大不里士	Tabriz
布鲁日	Bruges	大金	Kins
布鲁塞尔	Brussels	大津	Otsu
布伦	Brunn	大莱普提斯	Leptis
布罗德	Brody	大理	Dali, Tali
布罗克顿	Brockton	大连	Dairen
布罗奇	Broach	大马士革	Damascus
布洛涅	Boulogne	大邱	Taegu

续表

译文名称	原著中的名称	译文名称	原著中的名称
大田	Taejon, Daejeon	第戎	Dijon
大同	Tatung	第乌	Diu
大溪城	Grand Rapids	蒂昂	Thieung
大夏	Bactria	蒂奥	Tiho
大雅茅斯	Great Yarmouth	蒂比里	Chibiri
代顿	Dayton	蒂尔堡	Tilburg
代尔夫特	Delft	蒂尔西特	Tilsit
丹巴德	Dhanbad	蒂霍	Tiho
丹东	Antung	蒂卡尔	Tikal
丹佛	Denver	蒂兰顿戈	Tilantongo
丹吉尔	Tangier	蒂鲁吉拉帕利	Trichinopoly
丹麦	Denmark	蒂鲁内尔维利	Tinnevelly
但泽	Danzig	蒂鲁文纳默莱	Tiruvannamalai
淡目	Demak	蒂米什瓦拉	Temesvar, Timisoara
弹陀普罗	Dantapura	蒂亚瓦纳科	Tiahuanaco
道德纳加尔	Daudnagar	东柏林	East Berlin
道拉塔巴德	Daulatabad	东戈	Dongo, Pungu
得梅因	Des Moines	东哥德	Ostrogoths
得土安	Tetuan	东格拉	Dongola
德班	Durban	东京	Tokyo
德比	Derby	东莱	Tungnai, Dongnae
德布勒森	Debrecen	东奈	Tüngnai
德岛	Tokushima	东吁	Toungoo
德黑兰	Tehran	栋格	Tonk
德拉加齐汗	Dera Ghazi Khan	都柏林	Dublin
德拉伊斯梅尔汗	Dera Ismail Khan	都拉斯	Duras
德拉伊耶	Deraiya	都灵	Turin
德累斯顿	Dreaden, Dresden	睹舍离	Tosali
德里	Delhi	杜埃	Douai
德卢斯	Duluth	杜比	Durbi
德伦格巴尔	Tranquebar	杜尔—库里加尔祖	Dur-Kurigalzu
德绍	Dessau	杜兰戈	Durango
德温	Dvin	杜塞多夫	Düsseldorf
的黎波里	Tripoli	敦煌	Tunhuang
的里雅斯特	Triest, Trieste	敦刻尔克	Dunkerque
登州	Tengohow	顿涅茨克	Donetsk
邓迪	Dundee	多德雷赫特	Dordrecht
迪比克	Dubuque	多尔帕特	Dorpat
迪夸	Dikwa	多佛尔	Dover
迪摩缕波	Kamarupa	多赫德	Dohad
迪纳杰普尔	Dinajpur	多拉萨穆德拉	Dorasamudra
迪斯伯里	Dewsbury	多伦多	Toronto
迪亚巴克尔	Diyarbekir	多特蒙德	Dortmund
迪扬内	Dienné	讹答剌	Otrar
迪耶普	Dieppe	讹迹邗	Üzkend
底比斯	Thebes	俄克拉荷马城	Oklahoma City
底村	Ajodhya	俄克喜林库斯	Oxyrhyncus
底特律	Detroit	俄罗斯	Russia
第比利斯	Tiflis	俄斯特拉发	Ostrava, Ostrau
第聂伯罗彼得罗夫斯克	Dnepropetrovsk	厄瓜多尔	Ecuador

续表

译文名称	原著中的名称	译文名称	原著中的名称
鄂木斯克	Omsk	符拉迪沃斯托克	Vladivostok
恩东戈	N'Dongo	符兹堡	Würzburg
恩戈尔努	Ngornu,Angornu	福尔里弗	Fall River
恩吉米	Njimiye	福冈	Fukuoka
弗里敦	Freetown	福贾	Foggia
弗林特	Flint	福井	Fukui
弗鲁佐科	Firuzkoh	福克斯通	Folkestone
弗伦斯堡	Flensburg	福沙尼	Focshany
恩加拉	Ngala	福山	Fukuyama
恩加扎尔加穆	Kazargamu,Nkazargamu	福斯塔特	Fostat
恩图曼	Omdurman	福斯特	Forst
法蒂玛	Fatimids	福塔莱萨	Fortaleza
法尔马	Farma	福州	Fuchow
法兰克	Franks	抚顺	Fushun
法兰克福	Frankfurt	釜山	Pusan
法鲁卡巴德	Farrukhabad	富山	Toyama
法特普希克里	Fatehpur Sikri	富瓦	Fua,Fuwa
法维亚	Favia	盖勒阿	Kalâa
法扎巴德	Fyzabad	盖穆	Guemu
凡城	Van	甘地亚	Candia
凡尔赛	Versailles	甘吉布勒姆	Conjeeveram
飞鸟	Asuka	赣州	Kanchow
非斯	Fez	冈山	Okayama
菲尔特	Fürth	刚果	Congo
菲罗兹布尔	Ferozepore	高尔	Gaur
菲律宾	Philippines	高尔基	Gorki
菲尼克斯	Phoenix	高冈	Takaoka
费奥多西亚	Theodosia,Feodosiya	高句丽	Koguryo
费城	Philadelphia	高卢	Gaul
费拉拉	Ferrara	高崎	Takasaki
费罗尔	Ferrol	高沙	Gauda
费奇伯格	Fitchburg	高松	Takamatsu
费萨拉巴德	Faisalabad	格罗兹尼	Grozny
费思	Ferth	格洛斯特	Gloucester
汾州	Fenchow	戈尔哈布尔	Kolhapur
丰萨	Funza	戈尔康达	Golconda
丰沙尔	Funchal	戈尔廷	Gortyn
佛罗伦萨	Firenze,Florence	戈尔韦	Galway
佛山	Fatshan,Foshan	戈拉尔	Kolar
弗拉基米尔	Vladimir	戈拉克普尔	Gorakhpur
弗拉季高加索	Vadikavkaz	戈梅利	Gomel
弗赖堡	Freiburg,Freiberg	纥升骨城	Tonggoo
高雄	Kaohsiung	哥本哈根	Copenhagen
高知	Kochi	哥达	Gotha
戈比尔	Gobir	哥德堡	Gö teborg,Gothenburg
戈尔	Gawil	哥利亚尼亚	Goiania
弗罗茨瓦夫	Wroclaw,Breslau	哥伦布	Columbus
弗洛里亚诺波利斯	Florianopolis	哥尼斯堡	Königsberg
伏尔加格勒	Volgograd	哥印拜陀	Coimbatore
伏见	Fushimi	格巴拉	Gbara

续表

译文名称	原著中的名称	译文名称	原著中的名称
格博	Gboho	果阿	Goa
格博贡	Gbogun	哈巴罗夫斯克	Khabarovsk
格但斯克	Gdansk	哈措尔	Hazor
格迪	Gedi	哈德斯菲尔德	Huddersfield
格尔利茨	Görlitz	哈恩	Jaén
格拉	Gera	哈尔滨	Harbin
格拉茨	Graz	哈尔伯施塔特	Halberstadt
格拉德巴赫	Gladbach	哈尔和林	Karakorum
格拉根兹	Graudenz	杭州，临安	Hangchow
格拉纳达	Granada	哈拉和林	Karakorum, Qarakorum
格拉斯哥	Glasgow	哈拉帕	Jalapa
格勒诺布尔	Genoble	哈勒	Halle
格雷西克	Gresik, Grisée	哈勒比德	Halebid
格里姆斯比	Grimsby	哈勒姆	Haarlem
格里诺克	Greenock	哈里斯堡	Harrisburg
格利维采	Gleiwitz	哈利奔猜	Haripunjai
格利扬	Kalyan	哈利法克斯	Halifax
格鲁吉亚	Georgia	哈马	Hama
格罗德诺	Grodno	哈马丹	Hamadan
格罗宁根	Groningen	哈密尔顿	Hamilton
哈尔科夫	Kharkov	哈姆	Hamm
哈拉尔	Harrar	哈姆达拉西	Hamdallahi
格木	Guěmu	哈萨	Hasa
格涅兹诺	Gniezno	哈斯蒂纳普尔	Hastinapura
格廷根	Göttingen	哈特尔浦	Hartlepool
根特	Ghent	哈特福德	Hartford
贡伯戈讷姆	Kumbakonam	哈特勒斯	Hathras
贡德尔	Gondar	哈瓦那	Havana, Habana
贡土尔	Guntur	哈维里	Havery
古巴	Cuba	哈伊勒	Hail
古本	Guben	海得拉巴	Hyderabad
古比雪夫	Kuibyshev	海德堡	Heidelberg
古德洛尔	Cuddalore	海地角	Cap Francois, Cap Haltien
古尔	Ghor	海防	Haiphong
古尔伯加	Gulbarga	海口	Haikow
古尔甘杰	Gurganj	海宁	Hweinng
古尔冈	Gargaon	海牙	The Hague, Gravenhage
古吉拉特	Gujarat	海阳	Haidzuong
古斯	Kus, Qus	邯郸	Hantan
古突士	Kudus	函馆	Hakodate
瓜达拉哈拉	Guadalajara	韩国	South Korea
瓜廖尔	Galior, Gwalior	汉堡	Hamburg
瓜纳华托	Guanajuato	汉城，首尔	Seoul
瓜亚基尔	Guayaquil	汉口	Hankow
光州	Kwangju	汉诺威	Hannover
广岛	Hiroshima	汉阳	Hanyang
圭亚那	Guyana	汉中	Hanchung
贵霜	Kushans	惠州	Huichow
贵阳	Guiyang, Kweiyang	郝雷斯	Jeréz, Xerez
桂林	Guilin, Kweilin	浩罕	Kokand

续表

译文名称	原著中的名称	译文名称	原著中的名称
合肥	Hefei	基多	Quito
和歌山	Wakayama	基尔	Kiel
河内	Hanoi	基尔马诺克	Kilmarnock
河州	Hochow	基尔瓦	Kilwa
荷兰	Holland	基辅	Kiev
荷台达	Hodeida	基基瓦里	Kikihary
赫尔	Hull	基洛沃各勒	Elizvetgrad
赫尔森	Cherson	基什岛	Qish, Kish
赫尔松	Kherson	基什孔费莱吉哈佐	Kiskunfélegyháza
赫尔辛福斯	Helsingfors	基什尼奥夫	Kishiněv
赫尔辛基	Helsinki	基洼岛	Kiawa
赫拉克来俄波利斯	Heracleopolis	基亚马	Kiama
赫拉特	Herat	吉达	Jiddah
赫雷斯	Xérez	吉大港	Chittagong
赫利奥波利斯	Heliopolis	吉尔吉斯斯坦	Kirghiz
黑弗里尔	Haverhill	吉夫特	Coptos, Qift, Quft
黑斯廷斯	Hastings	吉林	Kirin
横滨	Yokohama	吉隆坡	Kuala Lumpur
衡州	Hengchow	吉马	Jima
弘前	Hirosaki	吉野	Yoshino
呼和浩特	Hohhot, Kukukhoto	笈多	Guptas
胡布利	Hubli	几内亚	Guinea
胡富夫	Hofuf	季比桥顿	Dzibalchaltum
胡格利	Hooghly	济南	Tsinan
胡志明	Saigon, Hochiminh	济宁	Tsining
湖州	Huchow	加奥	Gao
花剌子模	Khwarizm	加德满都	Katmandu
华雷斯	Juárez	加的夫	Cardiff
华沙	Warsaw	加的斯	Cadiz
华盛顿	Washington	加尔各答	Calcutta
淮安	Hwaian	加拉茨	Galatz, Galati
淮南	Huainan	加拉加斯	Caracas
黄坑	Hwangkeng	加拉加斯湾	Carácas
会稽	Hsüeh	加莱	Calais
会宁	Hweining	加勒	Galle
惠灵	Wheeling	加里宁	Kalinin
惠灵顿	Wellington	加利波利	Gallipoli
火奴鲁鲁	Honolulu	加纳	Ghana, Chana
霍巴特	Hobart	加雅	Gaya
霍德梅泽瓦沙海伊	Hódmező–Vásárhely	加兹尼	Ghazni
霍尔木兹	Hormuz, Ormuz	加兹普尔	Ghazipur
霍夫	Hof	加兹温	Qazvin, Kazvin
霍肯特	Khojent	迦太基	Carthage
霍利奥克	Holyoke	嘉定	Kiating
霍利夫卡	Gorlovka	嘉兴	Kashing
霍姆斯	Homs	甲府	Kofu
霍奇卡尔科	Xochicalco	贾巴尔普尔	Jabalpur
霍茹夫	Kŏnlgahutte	贾夫纳	Jaffna
霍伊	Khoi	贾朗达尔	Jullundur
姬路	Himeji	贾姆讷格尔	Jamnagar

续表

译文名称	原著中的名称	译文名称	原著中的名称
贾姆谢德布尔	Jamshedpur	卡迪斯	Cádiz
贾延孔达姆	Gangaikondapuram	卡迭石	Kadesh
柬埔寨	Cambodia	卡尔巴拉	Kerbela
剑桥	Cambridge	卡通加	Katunga
江布尔	Jaunpur	卡托尔塞	Catorce
江户	Yedo	卡托维兹	Katowice
江门	Kongmoon	卡尔什	Karshi
江南	Chiangnan	卡尔斯鲁厄	Karlsruhe
江西	Kiangsi	卡尔塔尼塞塔	Caltanisetta
焦特布尔	Jodhpur	卡尔塔苏拉	Kertasura
憍赏弥	Kausambi	卡法	Caffa, Kaffa
杰克逊维尔	Jacksonville	卡哈马基亚	Cajamarquilla
卡尔干	Kalgan	卡哈马卡	Caxamarca
卡尔马特	Qarmatians	卡霍基亚	Cahokia
卡尔皮	Calpi	卡拉	Kalaa, Calah
杰拉	Gela	卡拉干达	Karaganda
杰内	Jenné	卡拉克穆尔	Calakmul
杰尼瓦	Geneva	卡拉曼	Karaman
杰普尔	Jeypore	卡拉奇	Karachi
捷尔诺波尔	Tarnopol, Ternopil	卡莱尔	Carlisle
捷克布杰约维采	Budwies	卡利	Cali
金边	Phnompenh	卡利卡特	Calicut
金德讷格尔	Chandernagore	卡利亚里	Cagliari
金福	Kinfao	卡林加纳加尔	Kalinganagara
金沙萨	Kinshasa	卡琳加尔	Kalinjar
金斯敦	Kingston, Kinston	卡卢加	Kaluga
金泽	Kanazawa	卡马塔普尔	Kamatapur
津巴布韦	Zimbabwe	卡米洛特	Camelot
津市	Tsu	卡瑙季	Kanauj
锦石	Gresik	卡诺	Kano
锦州	Chinchow	卡普阿	Capua
京赤	Kerch	卡齐纳	Katsina
京都	Kyoto	卡奇奎尔	Cakchiquels
泾阳	Kingyang	卡萨	Kassa
荆州	Kingchow	卡萨布兰卡	Casablanca
景德镇	Kingtehchen	卡塞尔	Cassel
静冈	Shizuoka	卡尚	Kãshãn
九江	Kiukiang	卡斯蒂尔	Castile
久纳尔	Chunar, Junnar	卡斯塔莫努	Kastamuni
旧金山	San Francisco	卡斯特尔	Castres
巨港	Palembang	卡塔赫纳	Cartagena
君士坦丁堡	Constantinople	卡塔克	Cuttack
君士坦丁	Constantine	卡塔尼亚	Catania
骏府城	Sumpu	卡瓦巴	Kawaban
喀布尔	Kabul	卡瓦瑞	Kavery
喀琅施塔得	Kronstadt	卡西姆巴扎尔	Cossimbazar
喀山	Kazan	卡辛巴扎尔	Kasimbazar
喀什	Kashgar	卡亚勒	Kayal
喀土穆	Khartoum	开城	Kaesong
卡昂	Caen	开封	Kaifeng (Bienliang, Pienliang)

续表

译文名称	原著中的名称	译文名称	原著中的名称
开罗	Cairo	科塔	Kotah
开姆尼茨	Chemnitz，Karl-Marx-Stadt	科特布里奇	Coatbridge
开姆尼斯	Chemnitz	科特布斯	Cottbus
开普敦	Cape Town	科特赖克	Courtrai
开塞利	Kayseri	科威特	Kuwait
凯比	Kebbi	科英布拉	Coimbra
凯鲁万	Kairwan	科兹洛夫	Kozlov
凯奇凯梅特	Kecskemet	克尔曼	Kerman
凯撒里亚	Caesarea	克尔曼沙阿	Kermanshah
凯撒斯劳滕	Kaiserslautern	克哈特	Kohat
凯特利	Keightley	克久拉霍	Khajuraho
堪萨斯城	Kansas City	克拉科	Krakow
坎大哈	Kandahar	克拉诺亚尔斯克	Krasnoyarsk
坎纳诺尔	Cannanore	克拉斯诺达尔	Ekaterinodar，Krasnodar
坎普尔	Cawnpore，Kanpur	克拉特	Kelat
坎普提	Kamptu	克拉约瓦	Craiova
康布雷	Cambrai	克莱蒙	Clermont
康定	Tatsienlu	克赖斯特彻奇	Christchurch
康吉韦兰	Conjeeveram	克雷菲尔德	Krefeld
康塞普西翁	Concepcion	克雷尼克	Krenik
康斯坦丁	Constantine	克雷塔罗	Querétaro
考卡班	Kawkaban	克里米亚	Crim，Krim
考文垂	Coventry	克里莫纳	Cremona
柯克卡迪	Kirkcaldy	克里姆	Crim
柯鲁拉	Coruña	克里斯蒂昂	Christiania
柯尼斯堡	Königsberg	克里沃罗格	Krivoi Rog
柯钦	Cochin	克利夫兰	Cleveland
科布多	Kobdo	克列门丘格	Kremenchug
科布伦茨	Coblenz	克卢日—纳波卡	Kolozsvár
科东格阿尔卢尔	Cranganore	克鲁	Crewe
科尔多瓦	Córdova	克罗顿	Croton
科尔凯	Kolkai	克麦罗沃	Kemerovo
科尔马	Colmar	克尼格什特	Königshütte
科尔丘拉岛	Corcyra	克诺索斯	Knossós
科夫诺	Kovno	克萨尔特南戈	Quezaltenango
科孚	Corfu	肯帕德	Cambay
科克	Cork	肯普隆格	Campulung
科勒金矿	Kolar Goldfields	库伯	Üsküb
科利马	Colima	库尔贾	Khurja
科林斯	Corinth	库尔斯克	Kursk
科隆	Cologne	库尔瓦坎	Culhuacan
科伦坡	Colombo	库费	Kufa
科洛米亚	Kolomea	库卡	Kuka
科马亚瓜	Comayagua	库卡纳达	Kokanada
科纳克里	Conakry	库卡瓦	Kukawa
科尼亚	Konia，Konya	库库托	Kukukhoto
科潘	Copan	库里尼基	Curityba
科普托斯	Coptos	库里提巴	Curitiba
科恰班巴	Cochabamba	库马西	Kumasi
科斯特罗马	Kostroma	库玛哈	Utatlán

453

续表

译文名称	原著中的名称	译文名称	原著中的名称
库姆	Qom	赖布尔	Raipur
库纳乌	Kurnaul	赖格尔	Raigarh
库斯科	Cuzco	赖久尔	Raichur
库斯曼库	Cuismancu	赖兴贝格	Reichenberg
库塔伊西	Kutais	兰巴耶克	Lambayeque
库亚巴	Cuyaba, Cuiabá	兰布尔	Rampur
奎奎尔科	Cuicuilco	兰茨贝格	Landsberg
奎隆	Quilon	兰基	Lanki
魁北克	Québec	兰开斯特	Lancaster
昆都士	Kunduz, Quzduz	兰斯	Reims
昆卡	Cuenca	兰州	Lanchow
昆明	Kunming	琅勃拉邦	Luang Prabang
拉昂	Laon	朗布尔	Rangpur
拉奥	Rao	朗达	Rhondda
拉巴	Rabba	朗斯	Lens
拉巴斯	La Paz	劳伦斯	Lawrence
拉巴特	Rabat	劳滕斯托	Rawtenstall
拉蒂斯邦	Ratisbon	老挝	Laos
拉多姆	Radom	叻空	Lakhon
拉格什	Lagash	勒阿弗尔	Lehavre
拉各斯	Lagos	勒德兰	Ratlam
拉合尔	Lahore	勒克瑙	Lucknow
拉赫瑙蒂	Lakhnaut	勒芒	Lemans
拉基贡迪	Lokkigundi	雷丁	Reading
拉基普特	Rajputs	雷恩	Rennes
拉贾蒙德里	Rajahmundry	雷根斯堡	Regensburg
拉杰果德	Rajkot	雷焦	Reggio
拉杰马哈尔	Rajmahal	雷姆沙伊德	Remscheid
拉杰沙希	Rampur Boalia	雷瓦尔	Reval
拉昆迪	Lakkundi	雷瓦里	Rewari
拉兰达	Laranda	雷伊	Rayy
拉罗谢尔	Larochelle	雷扎维	Rezayeh
拉马瓦蒂	Ramavati	累西腓	Recife
拉普拉塔	La Plata	里昂	Lyon
拉萨	Lhasa	里奥班巴	Riobamba
拉绍德封	Chaux De Fonds	里尔	Lille
拉什卡	Lashkar	里加	Riga
拉什特拉库塔	Rashtrakutas	里加镇	Vila Rica
拉斯帕尔马斯	Las Palms	里士满	Richmond
拉斯塔	Lasta	里斯本	Lisbon
拉瓦尔品第	Rawalpindi	里窝那	Livorno, Leghorn
拉韦纳	Ravenna	里约热内卢	Rio De Janeiro
莱昂	León	立陶宛	Lithuania
莱巴赫	Laibach	利奥波德维尔	Léopoldville
莱比锡	Leipzig	利比亚	Libya
莱顿	Leiden	利格尼茨	Liegnitz
莱尔	Lejre	利马	Lima
莱切	Lecce	利摩日	Limoges
莱斯特	Leicester	利默里克	Limerick
莱阳	Laiyang	利沃夫	Lvov, Emberg

续表

译文名称	原著中的名称	译文名称	原著中的名称
利物浦	Liverpool	罗萨里奥	Rosario
利雅得	Riyadh	罗塞塔	Rosetta
利耶帕亚	Libau, Liepaja	罗瑟勒姆	Rotherham
利兹	Leeds	罗什福尔	Rochefort
镰仓	Kamakura	罗斯基勒	Roskilde
凉州	Liangchow	罗斯托夫	Rostov
梁赞	Ryazan	罗斯托克	Rostock
辽东	Liaotung	罗兹	Lodz
辽阳	Liaoyang	洛厄尔	Lowell
列克星敦	Lexington	洛尔卡	Lorca
列宁格勒	Leningrad	洛里昂	Lorient
列日	Liège	洛桑	Lausanne
林茨	Linz	洛杉矶	Los Angeles
林恩	Lynn	洛韦	Lovek
林肯	Lincoln	洛阳	Loyang
临潢	Linhuang	吕贝克	Lübeck
临清	Linching	马达班	Martaban
临淄	Lintzu	马达加斯加	Madagascar
刘易斯顿	Lewiston	马德拉斯	Madras
隆达首都	Lunda's Capital	马德里	Madrid
卢安果	Loango	马杜赖	Madurai
卢布林	Lublin	马尔吉兰	Marghelan
卢迪亚纳	Ludhiana	马尔凯德	Malkhed
卢顿	Luton	马尔默	Malmö
卢卡	Lucca	马尔瓦	Malwa
卢萨卡	Lusaka	马耳他	Malta
鲁昂	Rouen	马格德堡	Magdeburg
鲁贝	Roubaix	马格里布	Maghreb
鲁尔区	Ruhr	马格尼托哥尔斯克	Magnitogorsk
鲁汶	Louvain	马赫迪耶	Mahdia
鹿儿岛	Kagoshima	马拉蒂亚	Malatya
鹿港	Lukang	马拉盖	Maragheh
鹿特丹	Rotterdam	马拉加	Málaga
路德维希港	Ludwigshafen	马拉喀什	Marrakesh
路斯契克	Rustchuk	马拉开波	Maracaibo
路易港	Portlouis	马拉库塔	Malakuta
路易斯维尔	Louisville	马拉莫科	Malamocco
潞城	Lucheng	马拉尼昂	Maranhão
伦贝格	Lemberg	马拉什	Marash
伦敦	London	马拉塔	Marathas
伦敦德里	Londonderry	马来	Malays
罗阿讷	Roanne	马里卜	Marib
罗安达	Luanda	马里乌波尔	Mariupol
罗彻斯特	Rochester	马里亚纳	Mariana
罗得斯	Rhodes	马六甲州	Malacca
罗克福德	Rockford	马那瓜	Managua
罗里	Rori	马南	Manan
罗马	Rome	马瑙斯	Manaus
罗马尼亚	Rumania	马尼	Mani
罗奇代尔	Rochdale	马尼卡	Manica

455

续表

译文名称	原著中的名称	译文名称	原著中的名称
马尼拉	Manila	梅赫伦	Malines，Mechelen
马尼萨	Manisa	梅克内斯	Meknes
马其顿	Macedon	梅勒	Melle
马塞尼亚	Masenya	梅里达	Mérida
马塞约	Maceio	梅罗伊岛	Meroe
马赛	Marseille	梅瑟蒂德菲尔	Merthyrtydfil
马桑波	Masampo	梅斯	Metz
马瑟韦尔	Motherwell	梅斯特·科尼利斯	Meester Cornelis
马什哈德	Meshhed	梅县	Meihsien
马斯喀特	Muscat	美因茨	Mainz
马斯特里赫特	Maastricht	门多萨	Mendoza
马塔兰	Mataram	门戈	Mengo
马坦	Matan	门格洛尔	Mangalore
马坦萨斯	Matanzas	蒙彼利埃	Montpellier
马图拉	Mathura，Muttra	蒙得维的亚	Montevideo
马瓦尼	Marwanids	蒙多维	Mondovi
马扎卡	Mazaca	蒙吉尔	Monghyr
马扎里沙里夫	Mazar-I-Sharif	蒙吕松	Montlucon
玛琅	Malang	蒙特雷	Monterrey
玛雅	Maya	蒙特利尔	Montreal
玛雅潘	Mayapan	蒙托邦	Montauban
迈阿密	Miami	蒙扎	Monza
迈迪奈	Medina	蒙自	Mengtze
迈加洛波利斯	Megalopolis	孟菲斯	Memphis
迈科普	Maikop	孟加拉	Bangladesh
迈索尔	Mysore	孟加拉湾	Bengal
迈锡尼	Mycenae	孟买	Mumbai，Bombay
麦德林	Medellín	米德尔堡	Middelburg
麦加	Mecca	米德尔斯伯勒	Middlesbrough
麦克尔斯菲尔德	Macclesfield	米尔塔	Mirta
满者伯夷	Majapahit	米尔扎布尔	Mirzapur
曼彻斯特	Manchester	米兰	Milan
曼达索尔	Mandasor	米利都	Miletus
曼德勒	Mandalay	米卢斯	Mühlhausen
曼德维	Mandvi	米什科尔茨	Miskolc
曼杜	Mandu	米斯特克	Mixtecs
曼谷	Bangkok	米特拉	Mitla
曼海姆	Mannheim	米托	Mitau
曼尼亚凯塔	Manyakheta	米泽	Yonezawa
曼苏拉	Mansura	密尔沃基	Milwaukee
曼图亚	Mantua	密拉特	Meerut
芒斯特	Münster	棉兰	Medan
毛淡棉	Moulmein	名古屋	Nagoya
毛科	Makó	明尼阿波利斯	Minneapolis
毛里求斯	Mauritius	明斯克	Minsk
梅德斯通	Maidstone	谬杭	Mrauk-U
梅迪纳德尔坎波	Medina Del Campo	摩德纳	Modena
梅迪内特法尤姆	Medinet-El-Fayyum	摩尔达维亚	Moldavia
梅迪尼普尔	Midnapur	摩亨朱达罗	Mohenjo-Daro
梅尔夫	Merv	摩洛哥	Morocco

续表

译文名称	原著中的名称	译文名称	原著中的名称
摩苏尔	Mosul	南昌	Nanchang
莫比尔	Mobile	南定	Namdinh
莫达克克	Modakeke	南汉	Namhan
莫迪卡	Modica	南京，建康	Nanjing, Nanking
莫吉廖夫	Mogilev	南宁	Nanning
莫拉达巴德	Moradabad	南平	Nanping
莫雷利亚	Morelia	南特	Nantes
莫洛夫	Molotov	南通	Nantung
莫纳斯提尔	Monastir	南锡	Nancy
莫切	Moche	南雄	Nanhsiung
莫斯科	Moscow	南诏	Nanchao
莫扎法尔	Mozaffarids	内加帕坦	Nagypatam
墨尔本	Melbourne	内罗毕	Nairobi
墨西哥	México	内洛尔	Nellore
墨西哥城	Mexico City	内沙布尔	Nishapur
墨西拿	Messina	尼泊尔	Nepal
默黑什沃尔	Maheshwar	尼古拉耶夫	Nikolayev
默霍巴	Mahoba	尼科西亚	Nicosia
默苏利珀德姆	Masulipatam	尼肯	Nekhen
牟罗兹	Mülhausen	尼赖吉哈佐	Nyiregyháza
姆豪	Mhow	尼姆	Nimes
木尔坦	Multan	尼姆根	Nimeguen
慕尼黑	Munich	尼姆鲁德	Nimrud
穆尔斯希达巴德	Murshidabad	尼尼微	Nineveh
穆尔西亚	Murcia	尼普尔	Nippur
穆卡陵迦姆	Mukhalingam	尼什	Nish
穆罗	Muro	尼斯	Nice
穆桑巴	Musumba	尼西比斯	Nisibis
穆赞加耶	Mouzangaye	尼西亚	Nicaea
穆扎法布尔	Muzaffarpur	尼亚尼	Niani
那不勒斯	Naples	尼赞伯德讷姆	Nizampatam
那法	Nafa	尼兹尼—吉尔	Nizhny-Tagil
那格尔土邦	Nagar	涅辛	Nezhin
那格浦尔	Nagpur	宁波	Ningpo
那慕尔	Namur	牛津	Oxford
纳什维尔	Nemphis, Nashville	牛庄	Newchwang
纳巴塔	Napata	纽堡	Newburgh
纳博讷	Narbonne	纽波特	Newport
纳迪亚	Nadiya	纽汉	Nukha
纳加帕蒂南	Negapatam	纽黑文	New Haven
纳曼干	Namangan	纽卡斯尔	Newcastle
纳尼威亚	Nanih Waiya	纽伦堡	Nuremberg
纳什维尔	Nashville	纽瓦克	Newark
纳瓦纳加	Navanagar	纽约	New York
纳西克	Nasik	努飞	Nufi
纳亚	Naya	努佩	Nupe
奈良	Nara	努朱法巴德	Nujufabad
南安普顿	Southampton	挪威	Norway
南奔	Lampun	诺丁汉	Nottingham
南本德	South Bend	诺尔雪平	Norrköping

续表

译文名称	原著中的名称	译文名称	原著中的名称
诺夫哥罗德	Novgorod	匹兹堡	Pittsburgh
诺福克	Norfolk	平城	Pingcheng
诺克斯维尔	Knoxville	平凉	Pienliang
诺里奇	Norwich	平泉町	Hiraizumi
诺沃切尔斯克	Novocherkask	平壤	Pyongyang
欧丹多富梨寺	Udantapura	珀斯	Perth
欧登塞	Odense	葡萄牙	Portugal
欧鲁普雷图	Ouro Preto	蒲甘	Pagan
欧坦	Autun	朴茨茅斯	Portsmouth
帕查卡马克	Pachacamac	浦那	Poona, Pune
帕茨夸罗	Pátzcuaro	普埃布拉	Puebla
帕多瓦	Padua	普尔尼亚	Purneah
帕尔马（西班牙）	Palma	普福尔茨海姆	Pforzheim
帕尔马（意大利）	Parma	普吉	Puje
帕格尔布尔	Bhagalpur	普杰	Bhuj
帕加马	Pergamum	普兰巴南	Prambanan
帕拉	Pará	普劳恩	Plauen
帕拉格	Prayag	普雷斯堡	Pressburg, Pozsony
帕拉马里博	Paramaribo	普雷斯顿	Preston
帕拉瓦斯	Pallavas	普雷斯拉夫	Preslav
帕尼帕特	Panipat	普里兹伦	Prizren
帕丘卡	Pachuca	普利茅斯	Plymouth
帕萨尔加德	Pasargade	普利斯卡	Pliska
帕坦	Patan	普鲁哈	Puruha
帕特拉	Patala	普鲁士	Prussia
帕特拉斯	Patras	普罗夫迪夫	Plovdiv
帕特纳	Patna	普罗科皮耶夫斯克	Prokopievsk
帕特森	Paterson	普罗万	Provins
帕维亚	Pavia	普罗旺斯	Provence
帕章	Pajang	普罗维登斯	Providence
帕兹卡洛	Patzciaro	普洛耶什蒂	Ploesti
潘迪	Pandyas	普热梅希尔	Przemysl
潘普洛纳	Pamplona	普斯科夫	Pskov
佩克	Pecs	普瓦捷	Poitiers
佩皮尼昂	Perpignan	齐齐哈尔	Qiqihar, Tsitsihar
佩斯利	Paisley	齐陶	Zittau
佩图纳	Petuna	岐阜	Gifu
朋迪谢里	Pondichery	奇利科西	Chillicothe
彭福	Pengfu	奇拉岛	Chira
皮奥里亚	Peoria	奇廉	Chillán
皮尔马森斯	Pirmasens	奇穆	Chimor
皮利比特	Pilibhit	奇奇梅克	Chichimecs
皮洛斯	Pylos	奇奇瓦里	Kikiwhary
皮默沃勒姆	Bhimavarman	奇琴伊察	Chichen-Itza
皮斯托亚	Pistoia	奇陶尔加尔	Chitako
皮瓦尼	Bhiwani	奇瓦瓦	Chihuahua
皮亚琴察	Piacenza	契丹	Khitans
毗诃罗普尔	Vikrampura	契卡洛夫	Chkalov
毗奢耶那伽罗	Vijayanagar	契卡洛夫斯科	Chiengmai
毗舍离	Vaisali	契托	Chitor

458

续表

译文名称	原著中的名称	译文名称	原著中的名称
恰普拉	Chapra	萨尔茨堡	Salzburg
前桥	Maebashi	萨尔瓦多	Salvador
钱达	Chanda	萨凡纳	Savannah
钱德拉西里	Chandragiri	萨格勒布	Zagreb
钱德里	Chanderi	萨哈兰普尔	Saharanpur
钱多西	Chandausi	萨吉诺	Saginaw
乔卢拉	Cholula	萨卡特卡斯	Zacatecas
乔治城	Georgetown	萨克拉门托	Sacramento
切布查	Chibchas	萨拉戈萨	Saragossa, Zaragoza
切尔诺夫策	Cernauti, Czernowitz	萨拉曼卡	Salamanca
切尔滕纳姆	Cheltenham	萨拉热窝	Sarajevo
切里尼奥拉	Cerignola	萨拉托夫	Saratov
切斯特	Chester	萨莱诺	Salerno
钦查	Chincha	萨罗尼加	Thessalonica, Salonica
钦春钱	Tzintzuntzan	萨洛尼卡	Salonica
琴斯托霍瓦	Czestochowa	萨马尔罕	Semarkand
青岛	Qingdao, Tsingtao	萨马拉	samara
清江浦	Tsingkiangpo	萨迈拉	Samarra
清莱	Chiengrai	萨曼尼德	Samanids
清迈	Chiangmai	萨纳	Sanaa
庆州	Kyongju	萨萨里	Sassari
琼山	Kiungshan	塞戈维亚	Segovia
丘基卡马塔	Chuquimancu	塞格德	Szeged
丘基萨卡	Chuquisaca	塞古	Segu
秋田	Akita	塞康德拉巴德	Secunderabad
萩市	Hagi	塞克什白堡	Székesfehérvár
屈塔希亚	Kutahia	塞德港	Port Said
曲女城	Kanuauj	塞尔维亚	Serbia
泉州	Chuanchow, Chuangchow	塞尔柱克	Seljukids
热河	Jehol	塞拉	Salé, Sallee
热那亚	Genoa	塞兰坡	Serampur
仁川	Inchon	塞勒—拉巴特	Sale-Rabat
日丹诺夫	Zhdanov	塞勒姆	Salem
日惹	Jogjakarta	塞雷斯	Seres, Serrai
日托米尔	Zhitomir	塞林加帕坦	Seringapatam
荣枯	Turunku	塞琉西亚	Seleucia
瑞典	Sweden	塞琉西亚—泰西封	Seleucia-Ctesiphon
瑞马克	Rimac	塞姆博拉	Zempoala, Cempoala
瑞士	Switzerland	塞浦路斯	Cyprus
若开	Arakan	塞图巴尔	Setúbal
若松	Wakamatsu	塞瓦斯托波尔	Sevastopol
撒马尔罕	Samarkand	塞维利亚	Seville
撒马利亚	Samaria	塞兹兰	Syzran
萨阿其拉	Zaachila	赛里斯	Seres
萨巴岛	Saba	赛斯	Sais
萨巴特克	Zapotecs	三宝垄	Semarang
萨达拉	Satara	三居	Sanju
萨德冈	Satgaon	桑德兰	Sunderland
萨迪斯	Sardis	桑给巴尔岛	Zanzibar
萨尔布吕肯	Saarbrücken	桑加河	Sangha

续表

译文名称	原著中的名称	译文名称	原著中的名称
桑坦德	Santander	尸罗夫	Siraf
桑托斯	Santos	施派尔	Spires
瑟堡	Cherbourg	施派尔河	Speyer
瑟赖	Serai	石家庄	Shijiazhuang
森柏尔	Sambhal	石龙	Shihlung
森纳尔	Sennar	士麦那	Smyrna
森特斯	Szentes	舒姆拉	Shumla
莎车	Yarkand	双城堡	Shuangchengpu
厦门	Xiamen, Amoy	顺德	Shunteh
山口	Yamaguchi	斯巴达	Sparta
山田	Yamada	斯波坎	Spokane
山形	Yamagata	斯大林格勒	Stalingrad
汕头	Shentou, Swatow	斯大林诺	Stalino
商丘	Kweuteh	斯大林斯克	Stalinsk
上都	Xanadu	斯德哥尔摩	Stockholm
上海	Shanghai	斯蒂亚夫尼察	Schemnitz
上饶	Shangjao	斯海尔托亨博斯	S'Hertogenbosch
绍拉布尔	Sholapur	斯堪的纳维亚半岛	Scandinavia
绍斯波特	Southport	斯科普里	Skoplje, Skopje
绍兴	Shaohing	斯克兰顿	Scranton
舍马罕	Shemakha	斯克内克塔迪	Schenectady
舍卫城	Sravasti	斯库塔里	Scutari
设拉子	Shiraz	斯里兰卡,锡兰	Srilanka, Ceylon
什切青	Stettin	斯利那加	Srinagar, Sringagar
神户	Kobe	斯摩棱斯克	Smolensk
省略查文	Omit Chavin	斯普林菲尔德	Springfield
圣埃蒂安	St. Etienne	斯塔夫罗波尔	Stavropol
圣安东尼奥	San Antonio	斯塔万格	Stavanger
圣奥梅尔	St. Omer	斯坦尼斯劳	Stanislau
圣保罗	São Paulo	斯特拉尔松德	Stralsund
圣贝纳迪诺	San Bernardino	斯图加特	Stuttgart
圣彼得堡	Leningrad, St.Petersburg	斯特拉斯堡	Strasbourg, Strassburg
圣地亚哥	Santiago	斯托克	Stoke
圣迭戈	San Diego	斯托克波特	Stockport
圣多明各	Santo Domingo	斯托克顿	Stockton
圣菲	Santafé	斯旺西	Swansea
圣海伦斯	St.Helens	斯维尔德洛夫斯克	Sverdlovsk, Ekaterinburg
圣胡安	San Juan	斯温登	Swindon
圣加仑	Sankt Gallen	泗水,苏腊巴亚	Surabaya, Surabaja
圣康坦	St.Quentin	松布蕾蕾特	Sombrerete
圣克鲁斯	Santa Cruz	松都	Songdo
圣路易斯	St.Louis	松格阿德	Songarh
圣路易斯波托西	San Luis Potosi	松江	Sungkiang
圣马洛	St.Malo	松尼	Su
圣皮埃尔	St. Pierre	松前城	Matsmaye
圣萨尔瓦多	Sao Salvador	松山	Matsuyama
圣塞巴斯蒂安	San Sebastian	苏博蒂察	Szabadka, Subotica
圣约翰	St. John's	苏城	Sioux City
圣约瑟夫	St.Joseph	苏达克	Sudak
盛冈	Morioka	苏丹尼耶	Sultaniya

续表

译文名称	原著中的名称	译文名称	原著中的名称
苏格兰	Scotland	台中	Taichung
苏克雷	Sucre	台州	Taichow
苏拉卡尔塔	Surakarta	太原	Taiyüan
苏拉梅	Surame	太子港	Port-Au-Prince
苏拉特	Surat	泰安	Taian
苏黎世	Zürich, Zvrich	泰恩茅斯	Tynemouth
苏恰瓦	Suceava	泰西	Tedsi
苏萨	Susa	泰西封	Ctesiphon
苏瓦松	Soissons	坦波夫	Tambov
苏州	Soochow	坦达	Tanda
素可泰	Sukotai	坦贾武尔	Tanjore
素万那里	Suvarnagiri	坦佩雷	Tampere
索巴	Soba	坦乔尔	Tampa
索尔兹伯	Salisbury	坦塔	Tanta
索耳得亚港	Soldaia	汤顿	Taunton
索非亚	Sofia	唐山	Tangshan
索戈尔	Saugor	陶格夫匹尔斯	Dvinsk, Daugavpils
索科托	Sokoto	特奥蒂瓦坎	Teotihuacan
索林根	Solingen	特达	Tatta
索姆纳特	Somnath	特尔戈维什特	Tirgovishtea
索纳尔冈	Sonargan	特尔诺沃	Trnovo
索帕拉	Sopara	特古拉特	Tagulat
索斯特	Soset	特拉布宗	Trebizond
塔德梅卡	Tademekka	特拉卡	Troki
塔尔诺	Tarnow	特拉帕尼	Trapani
塔尔萨	Tulsa	特拉斯卡拉	Tlaxcala
塔尔苏斯	Tarsus	特拉维夫	Tel Aviv
塔尔瓦尔	Dharwar	特莱姆森	Tlemcen
塔甘罗格	Taganrog	特雷德	Tlade
塔高维斯塔	Tirgovishtea, Targoviste	特雷霍特	Terre Haute
塔古斯特	Tagust	特雷吉娜	Therezina
塔哈尔	Takhar	特雷斯萨波特斯	Treszapotes
塔赫特	Tahert	特里波利斯	Tripolitza
塔金	Tajin	特里尔	Trier
塔克西拉	Taxila	特里凡得琅	Trivandrum
塔拉斯卡	Patzcuaro	特鲁瓦	Troyes
塔兰托	Tarentum	特伦顿	Trenton
塔里	Tali	特洛伊	Troy
塔林	Tallinn	特纳尤卡	Tenayuca
塔墨尔福斯	Tammerfors	特诺奇提特兰	Tenochtitlan
塔那那利佛	Tananarive	特斯科科	Texcoco
塔纳	Thana	特维尔	Tver
塔内瑟尔	Thaneswar	滕州	Tengchow
塔尼斯	Tanis	提尔	Tyre
塔什干	Tashkent	提尼斯	Tinnis
塔亚萨尔	Tayasal	提亚雷特	Tiaret
塔扎	Taza	天津	Tianjin, Tientsin
台北	Taipei, Taihoku	天王寺	Tennoji
台东	Taitung	帖木儿	Timurids
台南	Tainan	廷巴克图	Timbuktu

续表

译文名称	原著中的名称	译文名称	原著中的名称
通贝斯	Tumbez	威尔明顿	Wilmington
同州	Tungchow	威根	Wigan
突厥斯坦	Turkestan	威海卫	Weihaiwei
突尼斯	Tunis，Tunisia	威尼斯	Venice
图尔	Tours	威斯巴登	Wiesbaden
图尔库	Turku，Abo	韦恩堡	Fort Wayne
图尔奈	Tournai	韦尔维耶	Verviers
图库曼	Tucumán	韦克菲尔德	Wakefield
图拉	Tula	韦拉克鲁斯	Veracruz
图卢兹	Toulouse	韦洛尔	Vellore
图米班巴	Tumibamba	维埃纳	Vienne
土耳其	Turkey	维堡	Viborg
土伦	Toulon	维达	Whydah
吐鲁番	Turfan	维丁	Vidin
托巴	Tobas	维尔茨堡	Würzburg
托基	Torquay	维尔纳	Vilna
托卡特	Tokat	维贾亚	Vijaya
托莱多	Telodo	维捷布斯克	Vitebsk
托兰	Tollan	维罗纳	Verona
托卢卡	Toluca	维普利	Viipuri
托木斯克	Tomsk	维齐亚纳格拉姆	Vizianagram
托皮卡	Topeka	维琴察	Vicenza
托托纳克	Totonacs	维沙卡帕特南	Vizagapatam
瓦尔纳	Varna	维斯比	Visby
瓦尔帕莱索	Valparaíso	维也纳	Vienna，Wien
瓦哈卡	Oaxaca	维也纳新城	Wiener-Neustadt
瓦哈卡州	Oaxaca	潍县	Weihsien
瓦加杜古	Ouagadougou	温哥华	Vancouver
瓦拉比	Valabhi	温尼伯	Winnipeg
瓦拉几亚	Walachia	温州	Wenchow
瓦拉纳西	Varanasi	文吉	Vengi
瓦拉塔	Walata	文莱	Brunei
瓦莱塔	Valetta	沃尔姆斯	Worms
瓦朗加尔	Warangal	沃尔索尔	Walsall
瓦朗谢讷	Valenciennes	沃灵顿	Warrington
瓦里	Huari	沃罗涅什	Voronezh
瓦曼加	Huamanga	沃罗希洛夫格拉	Voroshilovgrad
瓦努科	Huanuco	沃吕比利斯	Volubilis
瓦萨赫利	Vasarhely	沃什卡尼	Whashshukani
瓦什舒坎	Washshukani，Washshukkani	沃斯堡	Fort Worth
瓦塔比	Vatapi	沃特伯里	Waterbury
万丹	Bantam	沃特福德郡	Waterford
万卡韦利卡	Huancavelica	渥太华	Ottawa
万隆	Bandung	乌代布尔	Udaipur
万县	Wanhsien	乌岛	Uajima
汪达尔	Vandals	乌得勒支	Utrecht
王舍城	Rajagriha	乌东	Oudong
望加锡	Makassar	乌尔	Ur
危地马拉	Guatemala，Quichés	乌尔法	Urfa
威尔克斯—巴里	Wilkes-Barre	乌尔加	Urga

译文名称	原著中的名称	译文名称	原著中的名称
乌尔米亚	Urmia	锡耶纳	Siena
乌尔姆	Ulm	下关	Shimonoseki
乌法	Ufa	下诺夫哥罗德	Nizhny-Novgorod
乌加里特	Ugarit	仙台	Sendai
乌贾因	Ujjain	暹罗	Siam
乌里扬诺夫斯克	Ulyan-Ovsk	咸阳	Fenghsiang, Hsienyang
乌鲁木齐	Urumchi	岘港	Danang
乌斯季	Aussig	香顿	Siangton
乌斯马尔	Uxmal	香港	Hongkong
乌塔特兰	Utatlan	湘潭	Siangtan, Iangtan
乌特索诺米亚	Utsonomiya	襄阳	Siangyang, Siangfan
乌兹别克斯坦	Uzbeks	肖普朗	Sopron
无锡	Wuhsi, Wuxi	小石城	Little Rock
芜湖	Wuhu	外高加索	Transcaucasia
吴哥	Angkor	小亚细亚半岛	Asia Minor
吴市	Kure	小樽	Otaru
梧州	Wuchow	谢菲尔德	Sheffield
伍伯塔尔	Wuppertal	辛比尔斯克	Simbirsk
伍尔弗汉普顿	Wolverhampton	辛菲罗波尔	Simferopol
伍珀塔尔	Barmen-Elberfeld	辛基安普	Tsubgkianpu
伍斯特	Worcester	辛吉	Hsingi
武昌	Wuchang	辛辛那提	Cincinnati
武汉	Wuhan	新奥尔良	New Orleans
婺城	Wucheng	新贝德福德	Newbedford
西安	Sian	新店	Hsintien
西伯利亚	Sibir	新会	Hsinhui
西顿	Sidon	新加坡	Singapore
西贡	Saigon	新库兹涅茨克	Novokuznetsk
西里斯特拉	Silistria	新罗	Silla
西宁	Sining, Xining	新西伯利亚	Novosibirsk
西萨特拉普	Kshatrapas	新潟	Niigata
西斯托瓦	Sistova	信德	Sind
西西里岛	Sicily	匈牙利	Hungary
西雅图	Seattle	熊本	Kumamoto
希巴	Sheba	熊津	Ungjin
希波	Hippo	休达	Ceuta
希尔德斯海姆	Hildesheim	休斯敦	Houston
希卡尔普尔	Shikarpur	叙利亚	Syria
希腊	Greece	薛国都城	Hsüeh
希洛	Silow	徐州	Hsuchow, Suchow, Suifu,
希瓦	Khiva	雪城	Syracuse
昔兰尼	Cyrene	雅典	Athens
悉尼	Sydney	雅各巴	Yakoba
锡尔塔	Cirta	雅加达	Djakarta, Jakarta
锡吉勒马萨	Sijilmessa, Sidjilmasa	雅罗斯拉夫尔	Yaroslavl
锡拉	Sira	雅茅斯	Yarmouth
锡兰	Ceylon	雅西	Iasi
锡利斯特拉	Sillstria	亚琛	Aachen
锡瓦斯	Sivas	亚的斯亚贝巴	Addis Ababa
锡亚尔科特	Sialkot	亚丁	Aden

续表

译文名称	原著中的名称	译文名称	原著中的名称
亚历山大	Alexandria	伊万诺沃	Ivanovo
亚历山德里亚	Alessandria	伊沃	Iwo
亚历山德罗夫斯克	Alexandrovsk	伊西姆切	Iximche
亚美尼亚	Armenia	伊辛	Isin
亚眠	Amiens	伊泽夫斯克	Izhevsk
亚尼纳	Yannina	伊兹拉岛	Hydra
亚述	Assur	伊兹密尔	Izmir
亚松森	Asuncion	伊兹尼克	Iznik
亚特兰大	Atlanta	宜昌	Ichang
亚兹德	Yezd	以弗所	Ephesus
烟台	Chefoo	易卜拉欣普尔	Ibrahimpur
鄢郢	Yenying	意大利	Italy
延迪	Yendi	因陀罗补罗	Indrapura
盐湖城	Salt Lake City	印第安纳波利斯	Indianapolis
彦根	Hikone	印度	India
燕下都	Yenhsiatu	印度尼西亚	Indonesia
扬斯敦	Youngstown	印多尔	Indore
扬州	Yangchow	印加	Incas
仰光	Rangoon	英帕尔	Imphal
耶路撒冷	Jerusalem	伊拉德	Ilade
叶卡捷林诺斯拉夫	Ekaterinoslav	伊拉克里欧	Irakleion
叶卡捷琳堡	Ekaterinburg	伊丽莎韦特波尔	Elizavetpol
叶列茨	Eherson	于斯屈布	Uskub
叶列兹	Elets	宇和岛	Uwajima
邺城	Ye	约翰内斯堡	Johannesburg
嚈哒	Hephthalites	约翰斯敦	Johnstown
伊巴丹	Ibadan	约克	York
伊尔库茨克	Irkutsk	泽米	Zyrmi
伊费	Ife	泽费尔	Zofar，Seezafar
伊基克	Iquique	泽扬	Zenjan
伊贾耶	Ijaye	扎波罗热	zaporozhye
伊杰布	Ijebu	扎法尔	Zafar
伊卡索	Ikoso	扎哈	Zagha
伊凯里	Ikkeri	扎加齐格	Zagazig
伊科尼恩，科尼亚	Konia（Now Konya）	扎里尔	Zaria
伊利	Erie	扎姆法拉	Zamfara
伊利斯	Elis	札幌	Sapporo
伊洛林	Ilorin	斋浦尔	Jaipur
伊犁	Kulja, Ili	占帕内尔	Champaner
伊珀尔	Ypres	占婆	Champa
伊普斯威奇	Ipswich	占西	Jhânsi
伊萨纳普	Isanapura	漳州	Changchow
伊萨帕	Izapa	长安	Changan
伊塞因	Iseyin	长春	Changchun
伊什塔克尔	Stakhr, Istakhr	长冈	Nagaoka
伊斯法罕	Isfahan	长崎	Nagasaki
伊斯梅尔	Ismail	长沙	Changsha，Changaha
伊斯坦布尔	Istanbul	长野	Nagano
伊斯特本	Eastbourne	爪哇	Java
伊塔瓦	Etawah	照金	Chaoking

续表

译文名称	原著中的名称	译文名称	原著中的名称
遮娄其	Chalukyas	中克	Chungo
镇江	Chinkiang	中山	Chungshan
正定	Chengting	重庆	Chongqing, Chungking
郑州	Chengchow, Zhengzhou	朱罗	Cholas
芝加哥	Chicago	兹里德	Zirids
直布罗陀	Gibraltar	淄博	Zibo
营口	Newchawang	自贡	Zigong
永珍,万象	Vientiane	遵义	Tsunyi
尤蒂卡	Utica	佐世保	Sasebo